Criptomoneda

Guía para Navegar en el Mundo de los Activos Digitales

Richard Skiba

AFTER MIDNIGHT
PUBLISHING

Skiba, Richard (author)

Criptomoneda: Guía para Navegar en el Mundo de los Activos Digitales

ISBN 978-1-7636595-5-1 (paperback) 978-1-7636595-6-8 (eBook)

Non-fiction

Este libro ha sido traducido de la versión original en inglés con la ayuda de TranslateGPT.

Contents

1. Introducción a las Criptomonedas 1
2. Descentralización, Blockchain y Criptografía 33
3. El Nacimiento de Bitcoin 58
4. Entendiendo la Tecnología Blockchain 87
5. Principales Criptomonedas 118
6. Billeteras y Exchanges de Criptomonedas 155
7. Invertir en Criptomonedas 200
8. Entorno Legal y Regulatorio 274
9. Aplicaciones en el Mundo Real 304
10. Seguridad y Prevención de Fraudes 333
11. El Futuro de las Criptomonedas 358
12. Minería de Criptomonedas 371
13. Contratos Inteligentes y DApps 434
14. Criptomonedas y Sociedad 458
15. Organizaciones Autónomas Descentralizadas (DAOs) 493
16. Fondos Cotizados en Bolsa (ETFs) de Criptomonedas 518
17. Creando una Nueva Criptomoneda 533

Referencias 556

Índice 580

1

Introducción a las Criptomonedas

¿Qué es una Criptomoneda?

Las criptomonedas son formas digitales o virtuales de moneda aseguradas por criptografía, que operan de forma independiente de las autoridades centrales y utilizan tecnologías descentralizadas como la cadena de bloques [1]. Esta descentralización elimina la necesidad de intermediarios como bancos, permitiendo la accesibilidad global y transacciones sin fronteras geográficas [2]. La seguridad de las criptomonedas se asegura mediante técnicas criptográficas que protegen las transacciones y controlan la creación de nuevas unidades, haciéndolas resistentes al fraude y a la falsificación [3]. Aunque las transacciones se registran en un libro mayor público, las identidades de las partes involucradas suelen ser seudónimas, ofreciendo un grado de anonimato [4].

La criptomoneda, a menudo denominada "crypto", es una forma digital o virtual de moneda que depende de la criptografía para su seguridad. A diferencia de las monedas tradicionales emitidas y reguladas por gobiernos, las criptomonedas operan en redes descentralizadas, típicamente basadas en la tecnología blockchain. Las criptomonedas funcionan mediante [5]:

- **Naturaleza Digital y Descentralizada:** Las criptomonedas existen puramente en forma digital y no tienen un equivalente físico como monedas o billetes. Operan en redes descentralizadas, lo que significa que no hay una autoridad o institución central que las controle. En su lugar, las transacciones y la emisión de nuevas unidades son gestionadas colectivamente por la red de usuarios.

- **Transacciones de Persona a Persona:** Las criptomonedas permiten transacciones directas de persona a persona sin la necesidad de intermediarios como bancos. Las transacciones se verifican y registran en un libro mayor público llamado blockchain, que es mantenido por los participantes de la red.

- **Seguridad a través de la Criptografía:** La criptografía juega un papel crucial en la seguridad de las transacciones de criptomonedas. Involucra técnicas matemáticas avanzadas para cifrar datos, lo que asegura la transferencia de fondos y la integridad de los registros de transacciones.

- **Libro Mayor Público (Blockchain):** La blockchain es un libro mayor descentralizado y distribuido que registra todas las transacciones a lo largo de la red. Cada transacción es verificada por nodos de la red mediante algoritmos criptográficos y añadida a la blockchain en un orden cronológico. Esta transparencia e inmutabilidad hacen de la blockchain un sistema confiable para registrar transacciones.

- **Minería y Creación de Criptomonedas:** Las nuevas unidades de criptomonedas se crean típicamente a través de un proceso llamado minería. La minería implica resolver complejos rompecabezas matemáticos usando potencia computacional. Los mineros compiten para validar transacciones y son recompensados con monedas recién acuñadas. Este proceso también ayuda a asegurar la red y verificar transacciones.

- **Carteras de Criptomonedas:** Las criptomonedas se almacenan en carteras digitales, que pueden ser aplicaciones de software, dispositivos de hardware o incluso copias en papel que almacenan claves públicas y privadas. Estas claves son esenciales para acceder y gestionar las tenencias de criptomonedas de forma segura.

- **Especulación e Inversión:** Las criptomonedas han ganado popularidad no solo por su potencial como medio de intercambio, sino también como activos especulativos. La volatilidad de precios y el comercio especulativo han contribuido a su atractivo como vehículos de inversión.

- **Aplicaciones Futuras:** Más allá de las transacciones financieras, la tecnología blockchain, que subyace a las criptomonedas, tiene el potencial de revolucionar diversas industrias. Podría utilizarse para el comercio de activos financieros como bonos y acciones, la gestión de la cadena de suministro, sistemas de votación y más, aprovechando su transparencia, seguridad y eficiencia.

Figura 1: Bitcoin (₿) es una criptomoneda inventada en 2008 por una persona o grupo de personas desconocidas bajo el nombre de Satoshi Nakamoto y comenzó en 2009, cuando su implementación fue lanzada como software de código abierto. Jorge Franganillo, CC BY 2.0, a través de Wikimedia Commons.

Las criptomonedas se han diversificado significativamente desde la introducción de Bitcoin en 2009 [5]. A continuación, una exploración detallada de algunos ejemplos destacados [5]:

- **Bitcoin:**
  - **Introducción:** Bitcoin, lanzado en 2009 por una entidad anónima conocida como Satoshi Nakamoto, marcó el inicio de las criptomonedas. Opera en una red descentralizada de igual a igual, utilizando tecnología blockchain para asegurar las transacciones.
  - **Características Clave:** Bitcoin es conocido por su suministro limitado (con un máximo de 21 millones de monedas), su papel como reserva de valor y su

aceptación generalizada como moneda digital. Sigue siendo la criptomoneda más reconocida y negociada a nivel mundial.

- **Ethereum:**
  - **Introducción:** Creado en 2015 por Vitalik Buterin, Ethereum no es solo una criptomoneda sino una plataforma descentralizada que permite a los desarrolladores construir y desplegar contratos inteligentes y aplicaciones descentralizadas (DApps).
  - **Características Clave:** La criptomoneda de Ethereum se llama Ether (ETH). Se diferencia de Bitcoin en que facilita transacciones más complejas más allá de los simples pagos de igual a igual. La blockchain de Ethereum soporta contratos programables y se ha convertido en una base para varias innovaciones basadas en blockchain.
- **Litecoin:**
  - **Introducción:** Introducido en 2011 por Charlie Lee, Litecoin a menudo se denomina como la "plata frente al oro de Bitcoin". Fue diseñado para proporcionar tiempos de confirmación de transacciones más rápidos y un algoritmo de hash diferente (Scrypt) en comparación con el SHA-256 de Bitcoin.
  - **Características Clave:** Litecoin tiene como objetivo ser una criptomoneda más eficiente para transacciones menores y uso diario. Comparte muchas similitudes tecnológicas con Bitcoin pero ha implementado ciertas mejoras para aumentar la usabilidad y la velocidad de las transacciones.
- **Ripple (XRP):**
  - **Introducción:** Ripple fue lanzado en 2012 por Ripple Labs Inc. como un protocolo de pago y una criptomoneda digital (XRP). A diferencia de Bitcoin y Ethereum, Ripple se centra en facilitar pagos y liquidaciones transfronterizos rápidos y de bajo costo.
  - **Características Clave:** El libro mayor de consenso de Ripple, conocido como XRP Ledger, no requiere minería como Bitcoin y utiliza un protocolo

de consenso para validar transacciones. Ha atraído atención por sus asociaciones con instituciones financieras y su potencial para revolucionar los sistemas bancarios tradicionales.

- **Altcoins:**
  - **Definición:** Altcoins se refiere a todas las criptomonedas distintas a Bitcoin. Abarcan una amplia gama de monedas digitales, cada una con características y propósitos únicos.
  - **Diversidad:** Las altcoins incluyen miles de criptomonedas, cada una diseñada con objetivos específicos en mente, como mejorar la privacidad (por ejemplo, Monero), facilitar contratos inteligentes (por ejemplo, Cardano) o servir a comunidades de nicho.
- **Características Generales:**
  - **Descentralización:** La mayoría de las criptomonedas operan en redes descentralizadas, reduciendo la dependencia de las autoridades centrales.
  - **Seguridad Criptográfica:** Todas las criptomonedas utilizan criptografía para asegurar las transacciones y controlar la creación de nuevas unidades.
  - **Accesibilidad Global:** Las criptomonedas permiten transacciones globales sin la necesidad de intermediarios, ofreciendo inclusión financiera a poblaciones no bancarizadas.

La utilidad de las criptomonedas como medio de intercambio ha evolucionado desde el inicio de Bitcoin, aunque su adopción generalizada para transacciones diarias sigue siendo un trabajo en progreso. A continuación, una exploración detallada de lo que actualmente se puede comprar con criptomonedas y cómo ha expandido su uso [5]:

- **Tecnología y Sitios de Comercio Electrónico:**
  - **Newegg.com, AT&T, Microsoft:** Estos gigantes tecnológicos aceptan pagos con criptomonedas en sus sitios web, permitiendo a los clientes comprar una variedad de productos y servicios tecnológicos utilizando Bitcoin y, a veces, otras criptomonedas.

- **Overstock, Shopify, Rakuten, Home Depot:** Overstock fue uno de los pioneros en aceptar Bitcoin para compras en línea. Shopify y Rakuten también han integrado pagos con criptomonedas, mientras que Home Depot ha explorado avenidas similares, ampliando el alcance de los productos disponibles para la compra con cripto.

- **Bienes de Lujo:**
    - **Bitdials:** Este minorista de lujo en línea se especializa en relojes de alta gama como Rolex y Patek Philippe, ofreciéndolos a cambio de Bitcoin. Los bienes de lujo están cada vez más accesibles para los poseedores de cripto que buscan diversificar sus carteras o hacer compras extravagantes.
- **Automóviles:**
    - **Concesionarios de Automóviles:** Desde marcas de automóviles convencionales hasta concesionarios de lujo, algunos concesionarios de automóviles han adoptado la criptomoneda como opción de pago. Esto incluye tanto automóviles nuevos como usados, reflejando una tendencia creciente en el sector automotriz hacia los pagos digitales.
- **Seguros:**
    - **AXA:** En abril de 2021, la aseguradora suiza AXA anunció su aceptación de Bitcoin para pagos de primas de seguros en diversas líneas de seguros, excepto seguros de vida debido a restricciones regulatorias. Este movimiento subraya el potencial de utilidad de las criptomonedas en sectores tradicionalmente dependientes de monedas fiduciarias.
    - **Premier Shield Insurance:** Esta aseguradora con sede en EE. UU. permite a los titulares de pólizas pagar seguros de hogar y automóviles utilizando Bitcoin, proporcionando flexibilidad y conveniencia para los poseedores de cripto que buscan cobertura de seguros.
- **Tarjetas de Débito de Criptomonedas:**
    - **BitPay:** Para los consumidores que buscan gastar criptomonedas en minoristas que no aceptan directamente monedas digitales, las tarjetas de

débito de criptomonedas como BitPay ofrecen una solución. Estas tarjetas convierten las tenencias de criptomonedas en moneda fiduciaria en el punto de venta, permitiendo transacciones sin problemas en millones de comerciantes en todo el mundo.

Aunque la adopción de criptomonedas para compras diarias ha avanzado significativamente, persisten desafíos, incluyendo la volatilidad de precios, incertidumbres regulatorias y complejidades de integración para los comerciantes. A pesar de estos obstáculos, la lista en expansión de industrias y empresas que aceptan criptomonedas ilustra su creciente aceptación e integración en el comercio global. A medida que la tecnología avanza y la demanda de los consumidores evoluciona, el futuro de las criptomonedas como una alternativa viable a los métodos de pago tradicionales sigue desarrollándose.

Figura 2: Un cajero automático de Bitcoin o máquina de caja de bitcoin (BTM) actualmente ubicada en Ave. BU-5, Santa Juanita, Bayamón, Puerto Rico 00960, dentro de la estación de gasolina Puma. PuertoCrypto, CC0, a través de Wikimedia Commons.

Comprar criptomonedas implica varios pasos para garantizar seguridad y eficiencia. A continuación se detalla cómo comprar criptomonedas [5]:

Paso 1: Elegir una Plataforma

El primer paso es seleccionar una plataforma donde puedas comprar e intercambiar criptomonedas. Generalmente tienes dos opciones principales:

- **Corredores Tradicionales:** Estos corredores en línea ofrecen una gama de activos financieros, incluidas criptomonedas, junto con acciones, bonos y ETFs. A menudo tienen costos de negociación más bajos, pero pueden ofrecer menos características específicas para criptomonedas.

- **Intercambios de Criptomonedas:** Estas plataformas se especializan en la compra, venta e intercambio de criptomonedas. Ofrecen una amplia variedad de activos digitales, soluciones de almacenamiento en billeteras, cuentas con intereses, y más. Sin embargo, pueden cobrar tarifas más altas en comparación con los corredores tradicionales.

Al elegir una plataforma, considera los siguientes factores [5]:

- **Selección de Criptomonedas:** Verifica qué criptomonedas están disponibles para el comercio.

- **Tarifas:** Compara las tarifas de negociación, tarifas de depósito y retiro, y cualquier otro cargo asociado con la plataforma.

- **Seguridad:** Busca plataformas con medidas de seguridad robustas, como la autenticación de dos factores (2FA) y opciones de almacenamiento en frío para fondos.

- **Métodos de Pago:** Evalúa los métodos de pago aceptados, como tarjetas de débito/crédito, transferencias ACH y transferencias bancarias.

- **Interfaz de Usuario:** Evalúa la usabilidad de la plataforma, incluyendo sus interfaces web y móviles.

- **Cumplimiento Regulatorio:** Asegúrate de que la plataforma opere dentro de los marcos regulatorios para proteger tus inversiones.

Paso 2: Financiar tu Cuenta

Una vez que hayas elegido una plataforma, el siguiente paso es financiar tu cuenta para comenzar a comerciar criptomonedas. Los métodos para financiar tu cuenta generalmente incluyen:

- **Tarjetas de Débito/Credito:** Muchos intercambios permiten comprar criptomonedas directamente usando monedas fiduciarias (por ejemplo, USD, EUR, GBP) mediante tarjetas de débito o crédito. Ten en cuenta que algunas compañías de tarjetas de crédito pueden restringir las transacciones de criptomonedas debido a su volatilidad.

- **Transferencias ACH:** Algunas plataformas soportan transferencias ACH para depositar fondos desde tu cuenta bancaria.

- **Transferencias Bancarias:** Las transferencias directas son otro método común para financiar cuentas, especialmente para montos más grandes.

Cada método de financiamiento puede tener diferentes tiempos de procesamiento y tarifas asociadas, por lo que es esencial revisar estos detalles cuidadosamente antes de proceder.

Paso 3: Realizar una Orden

Una vez que tu cuenta esté financiada, puedes realizar una orden para comprar criptomonedas:

- **Colocación de Orden:** Navega a la sección de comercio de tu plataforma elegida (web o móvil), selecciona la criptomoneda que deseas comprar y especifica la cantidad.

- **Tipos de Orden:** Elige entre diferentes tipos de órdenes, como órdenes de mercado (ejecutadas inmediatamente al precio de mercado actual) u órdenes limitadas (ejecutadas solo cuando el precio alcance un nivel específico).

- **Confirmación:** Revisa los detalles de tu orden, incluidas las tarifas y el costo total, antes de confirmar la compra.

Vehículos de Inversión Alternativos

Más allá de las compras directas en intercambios, existen formas alternativas de invertir en criptomonedas:

- **Servicios de Pago:** Plataformas como PayPal, Cash App y Venmo permiten a los usuarios comprar, vender o mantener criptomonedas dentro de sus aplicaciones.

- **Fideicomisos y ETFs de Bitcoin:** Estos vehículos de inversión permiten exposición indirecta a criptomonedas a través de cuentas de corretaje tradicionales, ofreciendo acciones vinculadas al valor de Bitcoin u otros activos digitales.

- **Acciones o ETFs de Blockchain:** Invierte indirectamente en criptomonedas comprando acciones o ETFs de empresas involucradas en el desarrollo de tecnología blockchain o transacciones de criptomonedas.

Elegir el mejor enfoque de inversión depende de tus objetivos financieros, tolerancia al riesgo y método de inversión preferido. Ya sea que optes por intercambios de criptomonedas directos o inversiones indirectas a través de productos financieros tradicionales, entender los riesgos y beneficios es crucial para tomar decisiones informadas en el mercado de criptomonedas en evolución.

Almacenar criptomonedas de forma segura es crucial para proteger tus activos digitales de hackeos y robos. A continuación se detalla cómo almacenar criptomonedas [5]:

Las billeteras de criptomonedas son herramientas digitales que almacenan tus claves privadas, que son esenciales para acceder y gestionar tus criptomonedas. Las claves privadas son claves criptográficas únicas que te permiten autorizar transacciones en la red blockchain asociada a cada criptomoneda.

Tipos de Billeteras de Criptomonedas

- **Billeteras en Línea (Hot Wallets):**
    - **Definición:** Las billeteras en línea son billeteras basadas en software que almacenan tus claves privadas en línea, generalmente proporcionadas por intercambios de criptomonedas o accesibles a través de plataformas en línea.
    - **Accesibilidad:** Convenientes para el comercio frecuente y las transacciones debido al acceso inmediato a través de Internet.
    - **Seguridad:** Vulnerables a hackeos y ciberataques, ya que están conectadas a Internet.
    - **Ejemplos:** Billeteras proporcionadas por intercambios como Coinbase, Binance, o billeteras de software como Electrum o MyEtherWallet.
- **Billeteras en Frío (Cold Wallets o Hardware Wallets):**
    - **Definición:** Las billeteras en frío son dispositivos físicos diseñados para

almacenar claves privadas fuera de línea, proporcionando un nivel más alto de seguridad.

- **Seguridad:** Ofrecen protección contra amenazas en línea como hackeos porque las claves privadas están almacenadas fuera de línea.
- **Uso:** Ideales para el almacenamiento a largo plazo de grandes cantidades de criptomonedas que no planeas intercambiar frecuentemente.
- **Ejemplos:** Ledger Nano S, Ledger Nano X, Trezor Model T.

Pasos para Almacenar Criptomonedas de Forma Segura

- **Elegir un Proveedor de Billetera:**
  - Investiga y selecciona un proveedor de billetera de buena reputación que ofrezca el tipo de almacenamiento (en línea o en frío) que se ajuste a tus necesidades.
  - Considera factores como características de seguridad, interfaz de usuario, criptomonedas soportadas y soporte al cliente.
- **Configurar tu Billetera:**
  - Sigue las instrucciones del proveedor para crear y configurar tu cuenta de billetera.
  - Genera y almacena de forma segura tu frase de recuperación. Esta frase es crucial para recuperar el acceso a tu billetera si olvidas tu contraseña o pierdes el acceso.
- **Transferir tu Criptomoneda:**
  - Si tu criptomoneda está actualmente almacenada en un intercambio u otra billetera, inicia una transferencia a tu billetera recién configurada.
  - Asegúrate de ingresar la dirección correcta de la billetera y verifica los detalles de la transacción antes de confirmar.
- **Mejores Prácticas de Seguridad:**

  - **Habilitar la Autenticación de Dos Factores (2FA):** Añade una capa adicional de seguridad a tu cuenta de billetera habilitando 2FA siempre que sea posible.
  - **Mantén el Software Actualizado:** Actualiza regularmente el software de tu billetera para protegerte contra vulnerabilidades y amenazas de seguridad.
  - **Usa Contraseñas Fuertes:** Crea contraseñas fuertes y únicas para tus cuentas de billetera y evita usar información fácilmente adivinable.

- **Copias de Seguridad Regulares:**
  - Realiza copias de seguridad de tu billetera regularmente, especialmente si es una billetera de software. Almacena las copias de seguridad de forma segura en múltiples ubicaciones (por ejemplo, unidades USB cifradas, almacenamiento fuera de línea) para prevenir la pérdida de datos.

- **Monitorea tus Cuentas:**
  - Monitorea regularmente tus cuentas y transacciones de billetera en busca de cualquier actividad no autorizada.
  - Mantente informado sobre las mejores prácticas de seguridad y actualizaciones de tu proveedor de billetera.

El fraude y las estafas de criptomonedas se han vuelto lamentablemente prevalentes a medida que ha aumentado la popularidad de las monedas digitales. A continuación se detalla los tipos de fraude y estafas en criptomonedas, así como las medidas de seguridad y consejos para invertir de forma segura [5]:

Tipos de Estafas con Criptomonedas

- **Sitios Web Falsos:**
  - **Descripción:** Sitios web fraudulentos imitan intercambios de criptomonedas legítimos o plataformas de inversión. Utilizan testimonios falsos y promesas de altos rendimientos garantizados para atraer a inversionistas desprevenidos.
  - **Riesgo:** Los inversionistas que depositan fondos en estas plataformas falsas

a menudo pierden todo su dinero, ya que los estafadores desaparecen una vez que han recogido suficientes fondos.

- **Esquemas Ponzi Virtuales:**
    - **Descripción:** Similar a los esquemas Ponzi tradicionales, los esquemas Ponzi de criptomonedas prometen altos rendimientos a los inversionistas. Los fondos de nuevos inversionistas se utilizan para pagar rendimientos a los inversionistas anteriores, creando un ciclo de aparente rentabilidad hasta que el esquema colapsa.
    - **Ejemplo:** BitClub Network, que defraudó a inversionistas por más de $700 millones antes de que sus operadores fueran capturados en 2019.
- **Endosos y Rumores de Celebridades:**
    - **Descripción:** Los estafadores se hacen pasar por celebridades o figuras influyentes en línea, afirmando que respaldan una criptomoneda en particular. Crean un falso entusiasmo para inflar el precio, permitiéndoles vender sus participaciones con ganancias antes de que se descubra el esquema.
    - **Riesgo:** Los inversionistas que compran en estos rumores a menudo sufren pérdidas cuando el precio se desploma después de que se revela la estafa.
- **Estafas de Romance:**
    - **Descripción:** Los estafadores establecen relaciones con víctimas en aplicaciones de citas o plataformas de redes sociales, luego las persuaden para invertir en criptomonedas. Las víctimas transfieren fondos a la cuenta del estafador, creyendo que están invirtiendo, pero terminan perdiendo su dinero.
    - **Estadísticas:** El FBI recibió más de 1,800 informes de estafas de romance centradas en criptomonedas en los primeros siete meses de 2021, resultando en pérdidas de $133 millones.
- **Intercambios y Comerciantes Falsos:**
    - **Descripción:** Los defraudadores crean intercambios de criptomonedas fal-

sos o se hacen pasar por comerciantes legítimos ofreciendo rendimientos poco realistas en inversiones.

  - **Riesgo:** Los inversionistas que depositan fondos o comercian con estas entidades fraudulentas arriesgan perder sus inversiones por completo, ya que estas operaciones están diseñadas únicamente para defraudar.

- **Hackeos de Criptomonedas:**
  - **Descripción:** Los hackers atacan intercambios de criptomonedas y billeteras para robar activos digitales. Explotan vulnerabilidades en los sistemas de seguridad o utilizan ataques de phishing para obtener acceso a las claves privadas.
  - **Ejemplos:** Hackeos notables incluyen a Coincheck perdiendo $534 millones y BitGrail perdiendo $195 millones en 2018.

Medidas de Seguridad y Consejos para Invertir en Criptomonedas

- **Elige Intercambios Reputados:**
  - Investiga y selecciona intercambios de criptomonedas bien establecidos con fuertes medidas de seguridad y buena reputación. Lee reseñas y considera recomendaciones de inversionistas experimentados.
- **Utiliza Billeteras Seguras:**
  - Preferiblemente utiliza billeteras de hardware (billeteras en frío) para almacenar grandes cantidades de criptomonedas de forma segura fuera de línea. Alternativamente, utiliza billeteras de software reputadas (billeteras en línea) con fuertes características de seguridad.
- **Infórmate:**
  - Comprende los conceptos básicos de la tecnología blockchain, cómo funcionan las criptomonedas y los riesgos involucrados en la inversión.
  - Mantente informado sobre las estafas comunes y las tácticas fraudulentas para reconocer señales de advertencia.

- **Diversifica tus Inversiones:**
    - Distribuye tus inversiones entre diferentes criptomonedas para mitigar el riesgo. Evita poner todos tus fondos en un solo activo, como Bitcoin, a pesar de su popularidad.
- **Prepárate para la Volatilidad:**
    - Los precios de las criptomonedas pueden ser altamente volátiles, lo que lleva a ganancias o pérdidas sustanciales. Solo invierte fondos que puedas permitirte perder sin afectar tu estabilidad financiera.
- **Sé Cauteloso con Promesas Irrealistas:**
    - Evita inversiones que prometan altos rendimientos garantizados o que estén respaldadas por celebridades sin una verificación exhaustiva.
    - Verifica la información de forma independiente y evita sucumbir al FOMO (Miedo a Perderse Algo) inducido por el entusiasmo en las redes sociales.
- **Prácticas de Seguridad:**
    - Habilita la autenticación de dos factores (2FA) en todas las cuentas asociadas con transacciones de criptomonedas.
    - Usa contraseñas fuertes y únicas y mantenlas seguras. Actualiza regularmente el software y el firmware en las billeteras y dispositivos.

Una de las características clave de las criptomonedas es su suministro limitado, con muchas de ellas teniendo un número máximo de monedas o tokens que se pueden crear, impuesto a través de protocolos incrustados en el código de la criptomoneda [6]. Más allá de las transacciones simples, las criptomonedas sirven para varios propósitos, como facilitar contratos inteligentes, aplicaciones descentralizadas (DApps) y la tokenización de activos [7]. Bitcoin, introducido en 2009 como la primera criptomoneda descentralizada por una entidad anónima conocida como Satoshi Nakamoto, sigue siendo la más conocida en el mercado [8]. Desde entonces, se han creado miles de otras criptomonedas, a menudo denominadas altcoins, cada una con características y aplicaciones únicas [9].

La integración de las criptomonedas, especialmente Bitcoin, en los planes de ahorro para la jubilación ha ganado atención significativa, destacando la creciente aceptación y adopción de los activos digitales en los sistemas financieros tradicionales [10]. Las criptomonedas operan en redes descentralizadas, utilizando típicamente la tecnología blockchain para asegurar la transparencia, seguridad e inmutabilidad de las transacciones [11]. La aparición de las criptomonedas ha desafiado a los sistemas bancarios convencionales y las políticas monetarias, ofreciendo ventajas para superar las limitaciones de los sistemas financieros tradicionales [12]. A pesar de las ventajas, existen debates en torno a la seguridad de las criptomonedas debido a la falta de control autoritativo, generando preocupaciones sobre su seguridad y fiabilidad [13].

La alta volatilidad y el riesgo inherente asociado con las inversiones en criptomonedas han llevado a estudios para analizar los determinantes de la percepción de valor y los factores que influyen en las intenciones de los individuos con respecto a la adopción de criptomonedas y las decisiones de inversión [14]. Las criptomonedas se han identificado como una nueva forma de activo digital que funciona a través de la tecnología blockchain, con el objetivo de servir como un instrumento de intercambio [15]. La naturaleza global de las criptomonedas permite transferencias potencialmente más seguras y de menor costo accesibles para individuos en regiones remotas a través de teléfonos inteligentes [16]. La tecnología blockchain, fundamental para la popularidad de las criptomonedas, también ha sido reconocida por su potencial en mejorar el rendimiento de la cadena de suministro y la gestión logística [17].

La investigación ha demostrado que las criptomonedas como Bitcoin han impactado el panorama legal financiero actual, subrayando la creciente importancia de regular estos activos digitales [18]. El aumento de la adopción de criptomonedas en diversas regiones, incluyendo Pakistán, ha sido facilitado por el establecimiento de intercambios de criptomonedas, iniciativas educativas e infraestructura de apoyo [19]. El impacto de los sistemas monetarios en la desigualdad de ingresos y la distribución de la riqueza ha sido explorado, sugiriendo que el uso de sistemas de criptomonedas podría promover la igualdad económica al proporcionar acceso equitativo a oportunidades financieras e inversiones [20]. Además, los estudios han cuantificado la sostenibilidad de Bitcoin y las tecnologías blockchain, destacando la necesidad de evaluar el impacto ambiental y la viabilidad a largo plazo de estos activos digitales [21].

Las criptomonedas representan una fuerza transformadora en el panorama financiero global, ofreciendo medios descentralizados, seguros y eficientes para las transacciones y la gestión de activos. La adopción y aceptación de las criptomonedas sigue creciendo, desafiando a los sistemas financieros tradicionales y provocando consideraciones regulatorias para asegurar su integración sostenible en la economía. A medida que el mercado evoluciona y las tecnologías avanzan, la investigación y el análisis adicionales serán cruciales para comprender las implicaciones, riesgos y oportunidades que presentan las criptomonedas en el ecosistema financiero moderno.

La clasificación de las criptomonedas como 'dinero' es un tema de debate, a menudo evaluado en función de las características clave que definen las formas tradicionales de dinero [22]:

1. **Medio de Pago Aceptado Universalmente:** El dinero generalmente se reconoce y acepta universalmente dentro de la economía de una nación para las transacciones. Aunque las criptomonedas pueden usarse para comprar y vender bienes y servicios, su aceptación sigue siendo limitada en comparación con las monedas nacionales. Las encuestas indican que solo un pequeño porcentaje de los poseedores de criptomonedas las utiliza regularmente para transacciones diarias, lo que indica una falta de aceptación generalizada.

2. **Reserva de Valor:** El dinero debe conservar su poder adquisitivo con el tiempo, permitiéndole servir como una reserva confiable de valor. Las criptomonedas, sin embargo, son conocidas por su volatilidad de precios. Las fluctuaciones significativas en el valor pueden ocurrir rápidamente, lo que hace difícil para las criptomonedas mantener un poder adquisitivo estable. Esta volatilidad socava su efectividad como reserva de valor en comparación con formas de dinero más estables.

3. **Unidad de Cuenta:** El dinero sirve como una medida estándar para la fijación de precios de bienes y servicios dentro de una economía. En muchos países, los precios se cotizan y las transacciones se realizan en la moneda nacional (por ejemplo, dólares australianos). Aunque algunos negocios aceptan criptomonedas como pago, no se utilizan comúnmente como unidad de cuenta. Esto significa que las criptomonedas no se adoptan ampliamente para comparaciones de precios diarias o informes financieros.

Dado estos criterios, las criptomonedas actualmente no cumplen completamente con los estándares típicamente asociados con el dinero tradicional. Pueden funcionar como un medio de pago en ciertos contextos, pero carecen de aceptación amplia, estabilidad de precios y uso generalizado como unidad de cuenta [22].

Vale la pena señalar que los bancos centrales están explorando el concepto de monedas digitales emitidas por ellos mismos, a menudo denominadas monedas digitales de banco central (CBDC). A diferencia de las criptomonedas, las CBDC serían emitidas y reguladas por una autoridad central, ofreciendo potencialmente características más alineadas con el dinero tradicional, como estabilidad y reconocimiento oficial dentro del sistema financiero. Por lo tanto, aunque las criptomonedas tienen características de dinero hasta cierto punto, no cumplen con todos los criterios requeridos para un reconocimiento más amplio como una forma principal de dinero [22].

Una Moneda Digital de Banco Central (CBDC) representa una forma digital de moneda soberana emitida y regulada por el banco central de un país. A diferencia de las criptomonedas, que son descentralizadas y operan de manera independiente de cualquier autoridad central, las CBDC están respaldadas por la plena fe y crédito del gobierno emisor. Están diseñadas para funcionar de manera similar al efectivo físico, pero en forma digital, proporcionando un medio seguro y regulado para realizar transacciones dentro de una economía [22].

Uno de los aspectos fundamentales que distinguen a las CBDC de las criptomonedas es su estatus de moneda de curso legal. Como una forma oficial de moneda, las CBDC serían aceptadas universalmente como medio de pago, al igual que el efectivo físico o los depósitos bancarios electrónicos. Esta aceptación garantiza que las CBDC puedan utilizarse para diversas transacciones, desde compras diarias hasta liquidaciones financieras a gran escala, en toda la economía [22].

Otra diferencia crítica radica en la estabilidad y fiabilidad de las CBDC como reserva de valor. A diferencia de muchas criptomonedas, que son conocidas por su volatilidad de precios impulsada por la especulación del mercado y la demanda, las CBDC estarían diseñadas para mantener un poder adquisitivo estable. Esta estabilidad es crucial para fomentar la confianza entre los usuarios y las empresas, apoyar la planificación financiera y facilitar las transacciones económicas sin el riesgo de fluctuaciones significativas en el valor [22].

Además, las CBDC servirían como una unidad estándar de cuenta dentro de sus respectivas economías. Por ejemplo, una CBDC emitida por el Banco de la Reserva estaría denominada en dólares australianos, permitiéndole servir como una medida consistente para fijar precios de bienes y servicios. Esta característica mejora la eficiencia de las transacciones económicas, simplifica la contabilidad y los informes financieros, y promueve la transparencia de precios en todos los sectores [22].

Transacciones de Criptomonedas

Las transacciones de criptomonedas operan a través de mensajes electrónicos dentro de una red descentralizada, empleando tecnología blockchain para la confirmación y seguridad. El proceso comienza cuando Alice inicia una transacción enviando un mensaje que contiene la dirección electrónica del destinatario (clave pública), la cantidad de criptomonedas a transferir y una marca de tiempo que indica el inicio de la transacción [22].

Una vez iniciada, la transacción de Alice se difunde a través de todos los nodos que participan en la red de criptomonedas. Cada nodo mantiene un libro de registro completo de todas las transacciones realizadas, conocido como blockchain. Las transacciones, incluida la de Alice, entran en una piscina de transacciones (mempool), esperando validación e inclusión en un nuevo bloque [22].

Los mineros, participantes especializados con computadoras poderosas, compiten para resolver un complejo rompecabezas criptográfico basado en las transacciones pendientes. El primer minero en resolver el rompecabezas crea un nuevo bloque, incorporando la transacción de Alice junto con otras del mempool.

Al resolver el rompecabezas, el minero difunde el nuevo bloque creado a la red. Otros nodos verifican la validez del bloque, asegurando que todas las transacciones dentro de él sean legítimas y que la prueba criptográfica de trabajo proporcionada por el minero sea precisa. El consenso entre los nodos es crucial, logrado a través de mecanismos como Proof of Work (PoW), para confirmar la autenticidad del bloque [22].

Una vez validado y aceptado por la red, el nuevo bloque se agrega al final de la blockchain. Esta blockchain sirve como un libro de registro descentralizado e inmutable, registrando secuencialmente todas las transacciones realizadas dentro de la red de criptomonedas. La transacción de Alice ahora está confirmada y añadida permanentemente al registro de la blockchain.

La confirmación de una transacción como la de Alice ocurre relativamente rápido tras su inclusión en un bloque. Sin embargo, para mejorar la seguridad y la irreversibilidad, es una práctica común en las redes blockchain, como Bitcoin, esperar a que se añadan varios bloques adicionales sobre el bloque que contiene la transacción de Alice. Este proceso, que a menudo requiere seis bloques adicionales, asegura que la transacción esté profundamente enterrada dentro de la blockchain, haciéndola computacionalmente poco práctica y altamente segura de revertir. Así, se garantiza la finalización y confianza en las transacciones de criptomonedas [22].

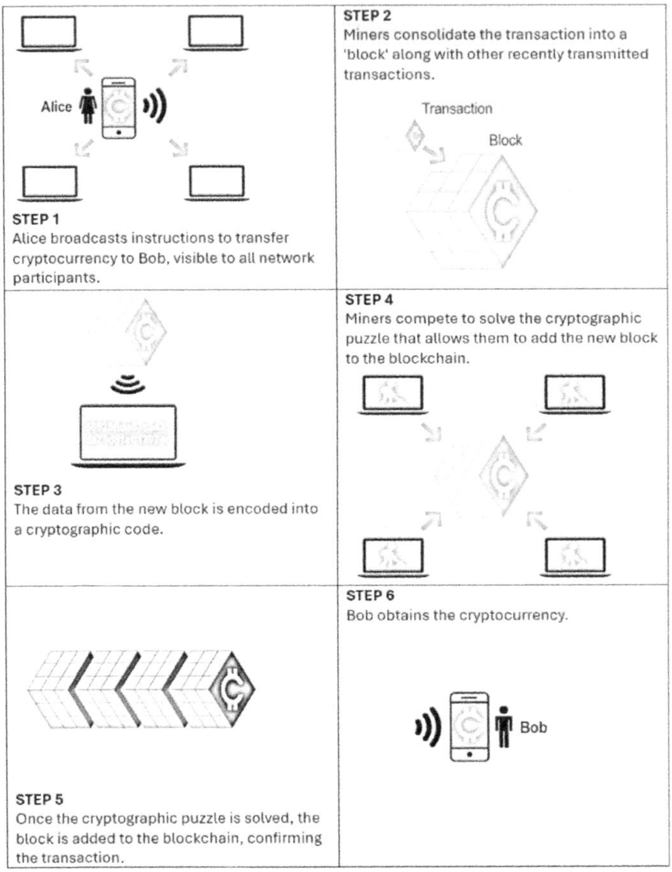

Figura 3: Transacciones de criptomonedas [22].

Historia de la Moneda Digital

La historia de la moneda digital se remonta a varias décadas, caracterizada por avances tecnológicos transformadores y cambios de paradigma en las finanzas. Aquí hay un resumen cronológico detallado de sus hitos clave.

En las décadas de 1980 y principios de 1990, se produjo un período significativo en el desarrollo de sistemas de dinero digital y protocolos criptográficos antes del uso generalizado de Internet. David, un criptógrafo estadounidense, realizó importantes contribuciones durante esta era al introducir conceptos innovadores relacionados con el dinero digital anónimo y los protocolos criptográficos [23]. El trabajo de David fue fundamental para establecer transacciones digitales seguras, visualizando un futuro en el que la privacidad y la seguridad financiera pudieran mejorarse considerablemente a través de medios digitales. Empresas como DigiCash y CyberCash surgieron como pioneras en el dinero electrónico durante la década de 1990, siendo DigiCash, fundada por David, quien creó eCash, una de las primeras formas de moneda digital respaldada por monedas del mundo real [23].

El extenso trabajo de Chaum sobre protocolos anónimos incondicionales tenía como objetivo crear el equivalente digital del efectivo, garantizando anonimato y seguridad en las transacciones [23]. Su visión de seguridad sin identificación en los sistemas de transacciones proporcionó una solución práctica a las preocupaciones sobre la privacidad, con el objetivo de volver obsoletos conceptos como el de "Gran Hermano" [24]. El desarrollo de esquemas de dinero digital implicó protocolos criptográficos para retiro, transferencia, depósito y división, satisfaciendo las necesidades de seguridad y anonimato de todos los participantes [25]. Estos esquemas fueron diseñados para prevenir la reutilización o falsificación no detectada, ofreciendo seguridad de autenticidad para clientes y bancos [25].

El concepto de dinero digital y protocolos criptográficos está estrechamente vinculado a la idea de precios basados en el uso y transacciones digitales, como lo exploraron Mackie-Mason y Varian [26]. La aparición de sistemas de dinero digital requirió herramientas y metodologías criptográficas innovadoras [27]. Su investigación se centró en metodologías para dinero digital fuera de línea utilizando herramientas criptográficas generales, destacando la importancia de unas bases criptográficas robustas para asegurar la seguridad e integridad de las transacciones digitales [27].

Además, las pruebas de ocultación de testigos y aplicaciones, como las discutidas por Chen [28], mejoraron significativamente la seguridad de los sistemas de dinero electrónico. Las pruebas de ocultación de testigos fueron cruciales para aplicaciones como el dinero electrónico y las firmas digitales, asegurando la confidencialidad e integridad de las transacciones [28]. La integración del dinero digital en protocolos multiparte, facilitada por el intercambio verificable de firmas, como discutido por Franklin & Reiter [29], permitió subastas distribuidas seguras y servicios de custodia de efectivo, mejorando aún más la utilidad y seguridad de los sistemas de dinero digital.

En el campo de la criptografía, el algoritmo RSA, utilizado en protocolos de criptografía aplicada [30], desempeñó un papel vital en la seguridad de las transacciones digitales. Los algoritmos criptográficos robustos como RSA fueron esenciales para salvaguardar la confidencialidad e integridad de los sistemas de dinero digital [30]. Además, el desarrollo de sistemas de dinero electrónico fuera de línea que protegen la privacidad desafió la noción de que tales sistemas deben basarse en protocolos de firma ciega, como destacó Brands [31]. Esta investigación desmintió la creencia popular, enfatizando la importancia de enfoques criptográficos diversos para garantizar la privacidad y seguridad de los sistemas de dinero electrónico [31].

En general, la Era Pre-Internet de las décadas de 1980 y principios de 1990 fue testigo de un período transformador en el desarrollo de sistemas de dinero digital y protocolos criptográficos. Visionarios como David Chaum y empresas pioneras como DigiCash sentaron las bases para transacciones digitales seguras y anónimas, moldeando el futuro de la privacidad y seguridad financiera en la era digital.

En las décadas de 1990 y principios de 2000 surgieron iniciativas pioneras en moneda digital como DigiCash y CyberCash, que enfrentaron desafíos que llevaron a su cierre. Estos primeros emprendimientos destacaron los importantes obstáculos para integrar las monedas digitales en los sistemas financieros tradicionales y lograr una aceptación generalizada por parte de los consumidores. Las incertidumbres regulatorias, las limitaciones tecnológicas y la recepción en el mercado fueron obstáculos significativos durante este período [32].

El concepto de dinero digital precede a Bitcoin, con sus orígenes en las décadas de 1980 y 1990, ejemplificado por proyectos como DigiCash de David Chaum y b-money de Wei Dai [32]. Estos primeros experimentos sentaron las bases para el desarrollo de monedas digitales y enfatizaron las complejidades involucradas en el establecimiento de estas formas innovadoras de transacciones financieras dentro de los marcos existentes.

A medida que las monedas digitales evolucionaron, la investigación exploró sus características, funciones e impactos potenciales en el panorama financiero. Los estudios han comparado las monedas digitales con las monedas fiduciarias tradicionales, destacando las ventajas y desventajas inherentes en estas nuevas formas de intercambio monetario [33]. Comprender estas diferencias es crucial para los responsables de políticas, las instituciones financieras y los consumidores que navegan por el cambiante panorama de las finanzas digitales.

El desarrollo de monedas digitales no ha estado exento de desafíos. Problemas como la seguridad de los datos y las vulnerabilidades a ciberataques han sido analizados, subrayando la importancia de proteger los activos digitales en un ecosistema financiero cada vez más interconectado [34]. Abordar estas preocupaciones de seguridad es esencial para construir confianza y seguridad en los sistemas de moneda digital.

Además, el auge de las monedas digitales ha suscitado discusiones sobre sus implicaciones para las sanciones económicas y los marcos regulatorios. La naturaleza descentralizada de las criptomonedas ha generado preocupaciones sobre los riesgos potenciales de evasión de sanciones, lo que ha llevado a enfoques regulatorios diversos a nivel global [35]. Equilibrar la innovación con la supervisión regulatoria es una consideración crítica en la evolución continua de las monedas digitales.

En el centro de las discusiones sobre las monedas digitales está el papel de los bancos centrales y su posible emisión de monedas digitales. La introducción de las monedas digitales emitidas por bancos centrales (CBDC, por sus siglas en inglés) ha iniciado debates sobre su impacto en las criptomonedas existentes y en el panorama financiero más amplio [36]. Comprender las dinámicas entre las CBDC y las monedas digitales privadas es crucial para anticipar posibles cambios en el sistema monetario.

La adopción de las monedas digitales se ha estudiado en diversas regiones, proporcionando información sobre los diferentes impulsores, desafíos e historias de éxito en distintos contextos. La investigación ha examinado la adopción de monedas digitales en África, ofreciendo perspectivas únicas sobre el panorama global de las finanzas digitales [37]. Estos análisis ofrecen valiosos conocimientos sobre los diversos caminos de integración de las monedas digitales en todo el mundo.

Además, la intersección de las monedas digitales con la inclusión financiera ha sido un enfoque clave de la investigación. Los académicos han explorado cómo las monedas digitales emitidas por los bancos centrales podrían mejorar el acceso financiero para poblaciones desatendidas [36]. Al investigar la conexión entre las monedas digitales y la inclusión financiera, los investigadores buscan identificar formas de aprovechar estas tecnologías para reducir las disparidades económicas.

En el contexto del sistema monetario en evolución, la aparición de las monedas digitales ha provocado reflexiones sobre su impacto en los sectores bancarios tradicionales. Los estudios han analizado cómo las monedas digitales influyen en las operaciones bancarias en Europa, destacando el potencial transformador de estas tecnologías [38]. Comprender las implicaciones de las monedas digitales en las instituciones bancarias es crucial para navegar el cambiante panorama financiero.

A medida que las monedas digitales ganan impulso, las discusiones sobre su gobernanza legal y los marcos regulatorios se han vuelto cada vez más relevantes. Los académicos han subrayado la importancia de establecer marcos legales claros para las monedas digitales para mitigar riesgos como el lavado de dinero y las violaciones de datos [39]. Desarrollar mecanismos regulatorios robustos es esencial para crear un entorno seguro y estable para las transacciones financieras digitales.

El período de los años 1990 a principios de 2000 fue testigo de las primeras etapas del desarrollo de las monedas digitales, caracterizado por la innovación y los desafíos. Las experiencias de empresas pioneras como DigiCash y CyberCash sentaron las bases para los avances posteriores en las finanzas digitales. A medida que los investigadores profundizan en las complejidades de las monedas digitales, abordar cuestiones relacionadas con la regulación, la seguridad y la adopción será crucial para dar forma a la trayectoria futura de los sistemas financieros.

La aparición de Bitcoin en 2008 marcó un hito significativo en el ámbito de las monedas digitales y la tecnología blockchain. Satoshi Nakamoto presentó Bitcoin a través de un whitepaper que describía un sistema de moneda digital descentralizado [40]. Este sistema aprovechó la tecnología blockchain para permitir transacciones de igual a igual sin la necesidad de intermediarios como los bancos [41]. La publicación de este whitepaper fue un momento crucial, estableciendo el escenario para la primera transacción de Bitcoin en enero de 2009, que inició la blockchain de Bitcoin y la emisión de bitcoins como su criptomoneda nativa [42].

El whitepaper de Nakamoto describía a Bitcoin como un sistema de efectivo de igual a igual donde una red de nodos verificaba las transacciones para prevenir el doble gasto, sentando las bases para la naturaleza descentralizada y sin confianza de las transacciones de Bitcoin [41]. Este concepto innovador de un libro mayor descentralizado, distribuido y criptográficamente asegurado formó la base de Bitcoin y los sistemas basados en blockchain posteriores [40]. El whitepaper introdujo un protocolo con una robusta seguridad criptográfica, destacando el nacimiento de Bitcoin como una moneda digital revolucionaria [40].

El impacto del whitepaper de Nakamoto se extendió más allá de la creación de Bitcoin, influyendo en la adopción generalizada de la tecnología blockchain en diversos sectores. El whitepaper no solo presentó a Bitcoin, sino que también catalizó el desarrollo de la tecnología blockchain, que desde entonces ha encontrado aplicaciones en campos como la agricultura, las finanzas y la gestión de la cadena de suministro [43]. El éxito de Bitcoin como la primera aplicación de la tecnología blockchain generó debates en los sectores bancarios y financieros, con algunos considerándolo un posible sucesor de los sistemas de moneda fiduciaria tradicional [44].

La publicación del whitepaper en 2008 allanó el camino para el desarrollo de la tecnología blockchain, que ha evolucionado hasta convertirse en una innovación ampliamente adoptada en la sociedad moderna [45]. El diseño arquitectónico de blockchain, caracterizado por el almacenamiento distribuido y cifrado de datos, ha permitido transacciones seguras y transparentes en diversas industrias [42]. La naturaleza descentralizada de la tecnología blockchain ha llevado a la creación de aplicaciones diversas más allá de las criptomonedas, incluidas las smart contracts, las finanzas descentralizadas y los sistemas de gestión de la cadena de suministro [46].

Además, el énfasis del whitepaper en la descentralización, la ausencia de confianza y la seguridad criptográfica sentó las bases para la aparición de nuevos sistemas basados en blockchain y criptomonedas [40]. Los principios descritos en el whitepaper de Nakamoto han influido en los mecanismos de gobernanza y control de la tecnología blockchain, dando forma a sus aplicaciones en sectores como la atención médica, la energía y el comercio electrónico [47]. Los conceptos innovadores del whitepaper han impulsado la evolución de la tecnología blockchain, permitiendo una mayor descentralización y seguridad en las aplicaciones de la Web 3.0 [48].

La publicación del whitepaper de Bitcoin en 2008 por Satoshi Nakamoto fue un momento seminal que presentó al mundo un sistema de moneda digital descentralizado impulsado por la tecnología blockchain. Este evento no solo condujo a la creación de Bitcoin, sino que también catalizó la adopción generalizada de la tecnología blockchain en diversas industrias, revolucionando la forma en que se realizan las transacciones y se asegura la información. El whitepaper de Nakamoto sentó las bases para una nueva era de sistemas descentralizados, sin confianza y transparentes que continúan dando forma al panorama digital en la actualidad.

La década de 2010 marcó un período significativo en el mundo de las criptomonedas con la aparición de criptomonedas alternativas, comúnmente conocidas como altcoins, tras el éxito de Bitcoin. Estas altcoins, como Litecoin, Ripple y Ethereum, trajeron diversas innovaciones destinadas a mejorar las limitaciones de Bitcoin. Por ejemplo, Ethereum, presentado en 2015, revolucionó el panorama al introducir smart contracts, que son contratos autoejecutables con los términos del acuerdo directamente escritos en código. Esta innovación allanó el camino para las aplicaciones descentralizadas (dApps) y la tokenización de activos, ampliando la utilidad de la tecnología blockchain más allá de ser solo una moneda digital [49].

Ethereum, en particular, desempeñó un papel crucial en el avance de las capacidades de la tecnología blockchain al ofrecer un lenguaje de programación completo llamado Solidity para el desarrollo de smart contracts. Este lenguaje permitió a los desarrolladores crear acuerdos y aplicaciones complejas que podían ser ejecutados automáticamente en la blockchain, mejorando la eficiencia y seguridad de las transacciones [49]. La introducción de los smart contracts en la plataforma Ethereum representó un avance significativo en la evolución de las criptomonedas, permitiendo la creación de una amplia gama de aplicaciones descentralizadas en su red.

Los smart contracts, tal como se implementan en plataformas como Ethereum, son esencialmente contratos autoejecutables con los términos del acuerdo directamente escritos en líneas de código. Estos contratos aplican y ejecutan automáticamente los términos del acuerdo cuando se cumplen condiciones predefinidas, eliminando la necesidad de intermediarios y mejorando la seguridad y transparencia de las transacciones [50]. La naturaleza descentralizada de los smart contracts asegura que la información sobre transacciones y contratos sea abierta, transparente y a prueba de manipulaciones, contribuyendo a un sistema más confiable y eficiente [51].

El auge de Ethereum y sus capacidades de smart contracts llevó a un aumento en la investigación y desarrollo enfocados en analizar y mejorar la seguridad y funcionalidad de estos contratos. Se han realizado varios estudios para evaluar las vulnerabilidades y riesgos asociados con los smart contracts, con el objetivo de mejorar su resistencia a ataques y explotaciones [52]. Además, se han desarrollado herramientas como SolidityCheck para detectar rápidamente problemas potenciales en los smart contracts mediante expresiones regulares, destacando la importancia de asegurar la solidez de estos acuerdos automatizados [53].

Además, las implicaciones económicas de los smart contracts, particularmente en el contexto de Ethereum, han sido un tema de interés. La ejecución de smart contracts en la blockchain de Ethereum incurre en costos en forma de gas, una unidad utilizada para medir el esfuerzo computacional necesario para procesar transacciones. Comprender la economía detrás de los smart contracts es crucial para optimizar su eficiencia y asegurar una utilización rentable de los recursos de la blockchain [54].

En el ámbito de la seguridad, la integridad y protección de los smart contracts han sido un punto focal de investigación. Se han desarrollado herramientas como ContractGuard para proteger los smart contracts de Ethereum mediante la incorporación de mecanismos de detección de intrusiones, protegiéndolos contra posibles amenazas y vulnerabilidades [55]. Asegurar la seguridad de los smart contracts es primordial para mantener la confianza y fiabilidad de las aplicaciones y transacciones basadas en blockchain.

Además, el rendimiento y escalabilidad de las plataformas blockchain que soportan smart contracts, como Ethereum, han sido objeto de investigación. Se han realizado estudios para analizar la eficiencia de las redes inteligentes basadas en blockchain y para comparar implementaciones en plataformas como Ethereum y Hyperledger, con el objetivo de mejorar la funcionalidad y usabilidad de las aplicaciones de smart contracts [56]. Mejorar el rendimiento de las redes blockchain es esencial para permitir la adopción generalizada de aplicaciones descentralizadas y asegurar experiencias de usuario fluidas.

La expansión de criptomonedas alternativas y la introducción de smart contracts en la década de 2010 han transformado significativamente el panorama de la tecnología blockchain. Plataformas como Ethereum han liderado innovaciones que van más allá de las monedas digitales tradicionales, permitiendo el desarrollo de aplicaciones descentralizadas y acuerdos automatizados que mejoran la seguridad, transparencia y eficiencia en las transacciones. Los esfuerzos de investigación y desarrollo enfocados en los smart contracts subrayan la importancia de mejorar continuamente su seguridad, rendimiento y viabilidad económica para desbloquear el pleno potencial de la tecnología blockchain en los años venideros.

El período desde 2017 hasta el presente ha visto un aumento en la atención general hacia las criptomonedas, resultando en un crecimiento significativo del mercado y en la introducción de numerosos nuevos activos digitales a través de ofertas iniciales de monedas (ICOs) [57]. Este interés creciente no solo ha llevado a inversiones globales sustanciales, sino que también ha impulsado a gobiernos y reguladores financieros en todo el mundo a desarrollar marcos regulatorios para supervisar el mercado de criptomonedas en expansión [57]. Los reguladores enfrentan el desafío de equilibrar la innovación en el espacio de las criptomonedas con las preocupaciones sobre la protección del consumidor, la estabilidad financiera y la prevención de actividades ilícitas [57].

La investigación académica se ha centrado predominantemente en los aspectos regulatorios y en las ICOs, mientras que los artículos de la industria han puesto más énfasis en los intercambios y en las criptomonedas mismas [57]. El auge de las criptomonedas ha generado preocupaciones sobre posibles actividades ilícitas, especialmente el lavado de dinero, lo que ha resultado en respuestas regulatorias variadas, desde prohibiciones absolutas hasta enfoques más inclusivos que integran las criptomonedas en los marcos regulatorios financieros existentes [58]. La necesidad de un marco regulatorio integral para las criptomonedas, incluidas opciones populares como Bitcoin y Ethereum, se ha vuelto cada vez más evidente [59].

Los marcos regulatorios juegan un papel crítico en la configuración de la adopción y el uso de las criptomonedas al proporcionar claridad sobre cómo las transacciones deben adherirse a los límites legales que rigen las monedas fiduciarias tradicionales [60]. Las inconsistencias en las regulaciones pueden crear incertidumbre entre los usuarios e impedir la adopción generalizada de las criptomonedas [14]. A pesar de la naturaleza descentralizada de las criptomonedas, los gobiernos y los reguladores están participando activamente en discusiones para establecer marcos apropiados que aseguren el cumplimiento y mitiguen los riesgos asociados con los activos digitales [61].

El panorama regulatorio respecto a las criptomonedas varía significativamente entre diferentes jurisdicciones, con algunos países abogando por regulaciones estrictas para combatir el lavado de dinero y la financiación del terrorismo, mientras que otros exploran enfoques más flexibles para acomodar el mercado de criptomonedas en evolución [62]. La naturaleza dinámica y la alta volatilidad del mercado de criptomonedas subrayan la importancia de las intervenciones regulatorias para proteger a los inversores y mantener la estabilidad del mercado [63]. Además, la aparición de nuevos activos digitales como Ethereum, Litecoin y Dogecoin ha resaltado aún más la necesidad de claridad y supervisión regulatoria [63].

A medida que el mercado de criptomonedas evoluciona, hay un reconocimiento creciente de la necesidad de marcos regulatorios que no solo aborden las características únicas de los activos digitales, sino que también se alineen con los marcos legales existentes relacionados con el fraude y el comercio con información privilegiada [64]. El desarrollo de marcos éticos para aplicaciones responsables de IA y aprendizaje automático en el comercio de criptomonedas refleja un esfuerzo más amplio para asegurar la integridad y transparencia de las transacciones de activos digitales [64]. Al sintetizar la literatura existente y las perspectivas de expertos en regulación, los responsables de políticas pueden esforzarse por establecer marcos regulatorios robustos que fomenten la innovación mientras protegen a los inversores y mantienen la integridad del mercado [65].

La mayor atención general y la regulación de las criptomonedas desde 2017 hasta el presente han marcado una transformación significativa en el panorama financiero, impulsando a gobiernos, reguladores e investigadores a participar en discusiones sobre cómo gestionar de manera efectiva los desafíos y oportunidades presentados por los activos digitales. El establecimiento de marcos regulatorios claros e integrales es crucial para garantizar el crecimiento sostenible y la integridad del mercado de criptomonedas mientras se abordan las preocupaciones relacionadas con la protección del consumidor, la estabilidad financiera y las actividades ilícitas.

Las Monedas Digitales de Bancos Centrales (CBDCs) han ganado una atención significativa a nivel mundial, particularmente con el aumento en la popularidad de las criptomonedas. Estas representaciones digitales de las monedas soberanas están siendo exploradas por bancos centrales en todo el mundo para aprovechar la tecnología blockchain para mejorar los sistemas de pago y actualizar las infraestructuras financieras mientras se asegura la supervisión regulatoria y la estabilidad [66]. Aunque muchos países aún se encuentran en las fases piloto y de investigación de la implementación de CBDCs, algunas naciones de altos ingresos han comenzado a integrar cautelosamente estas monedas digitales en sus economías [67].

La investigación confirma que las CBDCs son esencialmente versiones digitales de las monedas nacionales emitidas por los bancos centrales, con una unidad de cuenta equivalente a la moneda nacional respectiva [68]. El objetivo principal detrás del desarrollo de las CBDCs es abordar las amenazas potenciales que representan las emisiones de monedas digitales del sector privado para la política monetaria y la estabilidad del mercado financiero. Los bancos centrales están investigando las CBDCs como un medio para mantener la estabilidad del mercado financiero, mantener la efectividad de la política monetaria y contrarrestar los riesgos [69]. Estas monedas digitales se consideran pasivos de los bancos centrales que pueden facilitar pagos, ofreciendo beneficios como la reducción de las fuentes de inestabilidad financiera, la mejora de la eficiencia y seguridad del sistema de pagos, y la disuasión de la evasión fiscal y actividades ilícitas [70].

La exploración de las CBDCs es una tendencia global, con bancos centrales en todo el mundo considerando la emisión de estas monedas digitales. Las ventajas potenciales de las CBDCs incluyen mejorar la demanda de dinero, optimizar los sistemas de pago, expandir el efecto multiplicador del dinero e influir directamente en la efectividad de la política monetaria [71]. Además, la introducción de las CBDCs se considera una progresión inevitable en el ámbito de las finanzas digitales, exigida por el aumento de la digitalización [72].

Un aspecto crucial asociado con las CBDCs es su impacto en la inclusión financiera. Los estudios sugieren que las CBDCs que devengan intereses podrían disminuir la demanda de efectivo, promover la inclusión financiera y permitir la tenencia de moneda digital del banco central sin requerir una cuenta bancaria tradicional [73]. Además, las CBDCs tienen el potencial de ofrecer opciones de pago mejoradas para transacciones financieras en la economía circular, fomentando una mayor inclusión financiera para las personas no bancarizadas y apoyando a las empresas en dificultades en la economía circular [74].

Mientras que las CBDCs ofrecen promesas en la mejora de los sistemas financieros y la inclusión, existen desafíos y consideraciones. Los riesgos asociados con la implementación de las CBDCs incluyen problemas de gobernanza, desafíos regulatorios, preocupaciones sobre la interoperabilidad para pagos transfronterizos y posibles impactos en la regulación monetaria [75]. Los bancos centrales son responsables de establecer marcos de gobernanza para las CBDCs para asegurar una regulación efectiva y mitigar los riesgos asociados [76].

La exploración y el desarrollo de las Monedas Digitales de Bancos Centrales (CBDCs) significan un cambio significativo en el panorama financiero global. Estas representaciones digitales de las monedas soberanas tienen el potencial de transformar los sistemas de pago, mejorar la inclusión financiera y modernizar los marcos de política monetaria. Sin embargo, la integración de las CBDCs en las economías nacionales requiere una cuidadosa consideración de los aspectos regulatorios, de gobernanza y de interoperabilidad para asegurar una implementación exitosa y la mitigación de riesgos.

Las criptomonedas están en constante evolución, impulsadas por avances tecnológicos como las aplicaciones de finanzas descentralizadas (DeFi), las stablecoins vinculadas a monedas tradicionales y las soluciones de escalabilidad mejoradas [77]. La entrada de inversores institucionales, instituciones financieras y gigantes tecnológicos en el espacio criptográfico está aportando capital, credibilidad e infraestructura que podrían impulsar una adopción más amplia y una maduración del mercado [77]. A pesar de estos avances, persisten desafíos, incluidos las incertidumbres regulatorias, los riesgos de ciberseguridad y las preocupaciones medioambientales relacionadas con las prácticas de minería intensivas en energía [77]. Sin embargo, la promesa de las monedas digitales radica en su potencial para la inclusión financiera, facilitando pagos transfronterizos y fomentando innovaciones transformadoras en las finanzas globales [77].

El desarrollo y la adopción de soluciones de Capa 2 se identifican como una tendencia significativa para mejorar la escalabilidad y la eficiencia de las redes blockchain [78]. Estas soluciones juegan un papel crucial en la resolución de los desafíos de escalabilidad que enfrentan las tecnologías blockchain, haciéndolas más viables para su uso generalizado [78]. Además, el creciente interés en soluciones blockchain sostenibles y el potencial impacto de las monedas digitales de bancos centrales se espera que moldeen aún más el futuro del ecosistema de criptomonedas [77].

La tecnología blockchain, la base de criptomonedas como Bitcoin, opera sobre principios descentralizados y conceptos criptográficos para proporcionar soluciones descentralizadas seguras y fiables [79]. La naturaleza descentralizada de blockchain, mantenida a través de pruebas de trabajo, no solo asegura la integridad de las transacciones, sino que también sirve para generar la oferta monetaria en las criptomonedas [79]. Los avances recientes en la tecnología blockchain han mostrado una promesa significativa en la mejora de varios sectores, incluyendo el cuidado de pacientes y la gestión de información en el sector salud [80].

El auge de las monedas digitales y la tecnología blockchain subyacente ha atraído una atención significativa en varios sectores, indicando un creciente interés en las aplicaciones y beneficios potenciales de estas innovaciones [81]. Las criptomonedas descentralizadas basadas en blockchain se han convertido en un punto focal de interés y despliegue en los últimos años, reflejando la creciente relevancia y adopción de esta tecnología [82]. Las Aplicaciones Descentralizadas (DApps) construidas sobre blockchains proporcionan aplicaciones distribuidas confiables que aprovechan la seguridad y la transparencia de la tecnología blockchain [83].

La criptografía forma la base fundamental de la tecnología blockchain, asegurando la seguridad e integridad de los sistemas descentralizados [84]. Innovaciones como los canales de pago anónimos basados en Zk-SNARKs buscan mejorar las velocidades de transacción en las criptomonedas, permitiendo transacciones de alta frecuencia a nivel global [85]. La integración de la criptografía en los sistemas blockchain es esencial para asegurar la privacidad y seguridad de las transacciones, especialmente en escenarios como los sistemas de votación electrónica segura [86].

Los esfuerzos para abordar los problemas de escalabilidad en los sistemas blockchain han llevado a la exploración de soluciones como el sharding, los sistemas de minería cooperativa y las redes de canales de pago conscientes de la demanda [87-89]. Estos enfoques buscan mejorar la escalabilidad y eficiencia de las redes blockchain, haciéndolas más capaces de manejar volúmenes de transacciones aumentados y diversos dominios de aplicación [87-89]. Además, la investigación sobre almacenamiento blockchain, escalabilidad y disponibilidad subraya la importancia de estos aspectos en la garantía de la robustez y sostenibilidad de los sistemas blockchain [90].

A medida que la adopción de las criptomonedas continúa creciendo, la escalabilidad de las tecnologías blockchain se ha vuelto cada vez más crucial para su aceptación y utilidad generalizada [91]. Los desafíos de escalabilidad que enfrentan los sistemas blockchain se están abordando a través de varios mecanismos, incluidos las transacciones fuera de la cadena, las redes de canales de pago y las técnicas de sharding [91-93]. Estas soluciones buscan mejorar el rendimiento y la escalabilidad de las redes blockchain, haciéndolas más eficientes y adaptables a las demandas en evolución [91-93].

Las aplicaciones potenciales de la tecnología blockchain se extienden más allá de las criptomonedas a áreas como la gestión de la cadena de suministro, la genómica y la integración del Internet de las Cosas (IoT) [94-96]. El papel de blockchain en la mejora de la trazabilidad, la seguridad y la transparencia en las cadenas de suministro lo ha posicionado como una tecnología transformadora para las operaciones modernas de la cadena de suministro [94]. Además, la integración de blockchain en la genómica y los sistemas IoT destaca su versatilidad y potencial para revolucionar diversas industrias [95, 96].

Las tendencias actuales en criptomonedas y tecnología blockchain reflejan un panorama dinámico caracterizado por innovaciones continuas, una mayor participación institucional y un enfoque en mejoras de escalabilidad y eficiencia. Aunque persisten desafíos como las incertidumbres regulatorias y los riesgos de ciberseguridad, el potencial transformador de las monedas digitales en fomentar la inclusión financiera y promover innovaciones financieras globales sigue siendo prometedor. Las perspectivas futuras para las criptomonedas y la tecnología blockchain dependen de los avances continuos en soluciones de escalabilidad, prácticas sostenibles de blockchain y la exploración de nuevas aplicaciones en diversos sectores.

2

Descentralización, Blockchain y Criptografía

Descentralización

La descentralización en el contexto de las criptomonedas se refiere al principio fundamental que sustenta muchas criptomonedas, incluyendo Bitcoin y Ethereum. Engloba varios aspectos clave que diferencian estas monedas digitales de los sistemas financieros tradicionales centralizados:

Aspectos Clave de la Descentralización en las Criptomonedas:

- **Libro Mayor Descentralizado (Blockchain):** Las criptomonedas operan en libros mayores descentralizados, conocidos típicamente como blockchains. Un blockchain es una base de datos distribuida mantenida por una red de computadoras (nodos) repartidos por todo el mundo. Cada nodo almacena una copia completa del blockchain, y todos los nodos trabajan juntos para validar y registrar transacciones en bloques.

- **Transacciones Peer-to-Peer:** Las criptomonedas permiten transacciones directas de igual a igual sin intermediarios como los bancos. Los usuarios pueden transferir fondos directamente entre sí a través de la red sin depender de una autoridad central para facilitar o verificar las transacciones. Esta descentralización reduce los costos de transacción y elimina la necesidad de instituciones financieras tradicionales.

- **Mecanismos de Consenso:** Los mecanismos de consenso descentralizados aseguran el acuerdo entre los participantes de la red sobre la validez de las transacciones y el estado del libro mayor. Bitcoin, por ejemplo, utiliza Proof of Work (PoW), donde los mineros compiten para resolver rompecabezas matemáticos complejos para añadir nuevos bloques al blockchain. Ethereum está en transición a Proof of Stake (PoS), donde los validadores son seleccionados para crear nuevos bloques basados en la cantidad de monedas que poseen.

- **Transacciones Inmutables y Transparentes:** Las transacciones registradas en un blockchain son inmutables, lo que significa que no se pueden alterar ni eliminar una vez confirmadas. Esta transparencia asegura que todo el historial de transacciones sea verificable públicamente, lo que mejora la confianza entre los participantes y reduce el riesgo de fraude o manipulación.

- **Resistencia a la Censura:** Las criptomonedas descentralizadas son resistentes a la censura y al control por parte de cualquier entidad o gobierno único. Esta característica es particularmente valiosa en regiones con sistemas financieros inestables o con acceso limitado a servicios bancarios tradicionales, donde las criptomonedas pueden proporcionar libertad financiera e inclusión.

La descentralización en las criptomonedas representa un alejamiento significativo de los sistemas financieros tradicionales al distribuir el control y la autoridad a través de una red de participantes en lugar de consolidar el poder en una entidad central. Este concepto transformador es ejemplificado por criptomonedas como Bitcoin y Ethereum, que operan en libros mayores descentralizados conocidos como blockchains. Estos blockchains son bases de datos distribuidas mantenidas globalmente por nodos, cada uno de los cuales almacena una copia completa del libro mayor, asegurando transparencia y resistencia [97]. Las transacciones dentro de estas criptomonedas se agrupan en bloques, se validan a través de mecanismos de consenso y se añaden a la cadena de forma cronológica, eliminando la necesidad de una autoridad central para gestionar los registros de transacciones y asegurando la integridad y seguridad de los datos mediante técnicas criptográficas [97].

Un aspecto crucial de la descentralización en las criptomonedas es la facilitación de transacciones peer-to-peer, permitiendo a los usuarios participar en transacciones directas sin intermediarios como los bancos. Esta interacción directa a través de claves criptográficas permite transferencias de fondos de manera fluida y eficiente a nivel global, eludiendo la infraestructura bancaria tradicional y reduciendo los costos de transacción asociados con intermediarios [97]. Además, las criptomonedas descentralizadas dependen de mecanismos de consenso para validar transacciones y mantener la integridad del blockchain. Por ejemplo, Bitcoin utiliza Proof of Work (PoW), donde los mineros compiten para resolver rompecabezas matemáticos complejos para validar transacciones y crear nuevos bloques, mientras que Ethereum está en transición a Proof of Stake (PoS), donde los validadores son seleccionados según la cantidad de criptomoneda que poseen, mejorando la seguridad y eficiencia mientras se reduce el consumo de energía en comparación con PoW [97].

Además, la inmutabilidad y transparencia de las transacciones registradas en un blockchain son aspectos críticos de la descentralización en las criptomonedas. Una vez que las transacciones son confirmadas y registradas en el blockchain, se vuelven inmutables, lo que significa que no se pueden alterar ni eliminar. Esta transparencia mejora la confianza entre los participantes, ya que el historial de transacciones es verificable públicamente, reduciendo el riesgo de fraude o manipulación [97]. Además, las criptomonedas descentralizadas muestran resistencia a la censura y al control por parte de cualquier entidad o gobierno único, proporcionando a los individuos en regiones con sistemas financieros inestables o acceso limitado a servicios bancarios tradicionales libertad financiera e inclusión [97].

La descentralización en las criptomonedas no solo revoluciona los sistemas financieros, sino que también ofrece varias ventajas, como ampliar la inclusión financiera, fomentar la innovación sin permisos, eliminar la necesidad de intermediarios, garantizar la inmutabilidad de las transacciones y permitir la resistencia a la censura. Estos beneficios se destacan en la literatura, subrayando el impacto positivo de las finanzas descentralizadas en el panorama financiero global [98]. Además, la naturaleza descentralizada de criptomonedas como Bitcoin se ha asociado con la facilitación de la transición hacia energías renovables, demostrando las implicaciones y aplicaciones más amplias de los sistemas descentralizados más allá de las transacciones financieras [99].

En el ámbito de la tecnología blockchain, que sustenta a las criptomonedas descentralizadas, varios estudios han explorado la superficie de ataque del blockchain, subrayando la importancia de medidas de defensa efectivas para mitigar vulnerabilidades y ataques [97]. Además, la investigación ha profundizado en el análisis de seguridad de las criptomonedas basadas en tecnología blockchain, enfatizando el papel crítico del blockchain en mantener la seguridad e integridad de las criptomonedas [100]. La utilización de la tecnología blockchain se ha extendido más allá de las criptomonedas para avanzar en las ciudades inteligentes, permitiendo un intercambio de datos confiable y transparente sin la necesidad de administradores centralizados [101].

Además, el desarrollo de aplicaciones descentralizadas (dApps) ha ampliado las capacidades de los sistemas descentralizados, facilitando actividades como sistemas de votación y gestión de tesorerías dentro de organizaciones autónomas descentralizadas (DAOs) [102]. Las estructuras de gobernanza de las infraestructuras de mercados financieros descentralizados, como Bitcoin, han sido analizadas, arrojando luz sobre la naturaleza descentralizada de estos sistemas y su importancia en el ámbito financiero [103]. Además, se ha explorado el potencial de utilizar blockchains públicas para la elusión de censura y la comunicación en IoT, mostrando la versatilidad y adaptabilidad de la tecnología blockchain en varios dominios [104].

Ventajas de la Descentralización en las Criptomonedas:

- **Seguridad:** La descentralización reduce el riesgo de puntos únicos de falla y mejora la seguridad de las transacciones y los fondos de los usuarios. Los atacantes necesitarían comprometer una parte significativa de la red para manipular transacciones, lo que hace que tales ataques sean económicamente imprácticos.

- **Sin Confianza:** Los participantes pueden interactuar y realizar transacciones sin necesidad de confiar entre sí o en intermediarios de terceros. Los protocolos criptográficos y los mecanismos de consenso garantizan que las transacciones sean válidas y seguras sin requerir confianza en una autoridad central.

- **Accesibilidad Global:** Cualquier persona con acceso a Internet puede participar en la red de criptomonedas, enviar y recibir fondos, y participar en actividades financieras sin restricciones geográficas ni necesidad de infraestructura bancaria tradicional.

La descentralización en las criptomonedas ofrece varias ventajas clave que contribuyen a la seguridad, la ausencia de confianza y la accesibilidad global de estos activos digitales. Un beneficio significativo de la descentralización es la mayor seguridad que proporciona al mitigar el riesgo de puntos únicos de falla dentro de la red [105]. Esta estructura descentralizada hace que sea económicamente impráctico y altamente seguro para los atacantes comprometer una parte significativa de la red para manipular transacciones, protegiendo así los fondos de los usuarios y la integridad de las transacciones [105]. Además, la descentralización fomenta la ausencia de confianza al permitir que los participantes realicen transacciones sin la necesidad de confiar entre sí o depender de intermediarios de terceros [106]. Los protocolos criptográficos y los mecanismos de consenso aseguran la validez y seguridad de las transacciones, eliminando la necesidad de confianza en una autoridad central y promoviendo un ecosistema sin confianza [106].

Además, la descentralización en las redes de criptomonedas facilita la accesibilidad global, permitiendo que cualquier persona con conectividad a Internet participe en actividades financieras sin restricciones geográficas ni dependencia de infraestructura bancaria tradicional [14]. Esta inclusividad promueve el empoderamiento financiero y la participación económica a escala global, democratizando el acceso a servicios y oportunidades financieras [14]. La naturaleza descentralizada de las criptomonedas, como Bitcoin, introducida por Satoshi Nakamoto en 2008, ha revolucionado el panorama financiero al ofrecer una alternativa segura y descentralizada a los sistemas centralizados tradicionales [107]. La característica descentralizada de criptomonedas como Bitcoin asegura que ninguna autoridad central pueda imponer impuestos, proporcionando a los usuarios un nivel de autonomía financiera y privacidad [108].

Aunque los sistemas descentralizados ofrecen numerosas ventajas, como una mayor seguridad y accesibilidad global, también enfrentan desafíos como la detección y prevención de transacciones fraudulentas [109]. A pesar de estos desafíos, las ventajas de la descentralización en las criptomonedas, como la auditabilidad, las transacciones descentralizadas y el anonimato, continúan impulsando su adopción y uso en varios sectores [110]. La naturaleza descentralizada de la tecnología blockchain elimina la necesidad de intermediarios, mejorando la eficiencia y seguridad de las transacciones [111]. Además, el anonimato y la descentralización de las criptomonedas ofrecen ventajas a los usuarios, pero también presentan riesgos para la soberanía digital individual y la privacidad, destacando la compleja interacción entre beneficios y desafíos en los sistemas descentralizados [112].

En el contexto de la naturaleza descentralizada de las criptomonedas, la tecnología blockchain que sustenta estos activos digitales juega un papel crucial en asegurar la seguridad, la transparencia y la descentralización [113]. La red descentralizada de la tecnología blockchain elimina la necesidad de confiar en terceros, reduce el riesgo de puntos únicos de falla y ofrece ventajas como bajos costos de almacenamiento y alta capacidad de procesamiento [114]. La naturaleza abierta y descentralizada de la tecnología blockchain permite esquemas de intercambio de datos seguros y confiables, mejorando aún más la seguridad e integridad de las transacciones en entornos descentralizados [115]. Además, los sistemas de identificación descentralizados proporcionados por la tecnología blockchain contribuyen a la seguridad e integridad de los datos, reforzando las ventajas de los sistemas descentralizados en la garantía de confianza y seguridad [116].

Desafíos y Consideraciones:

- **Escalabilidad:** Algunas criptomonedas descentralizadas enfrentan desafíos relacionados con la escalabilidad, especialmente a medida que los volúmenes de transacciones aumentan. Innovaciones como las soluciones de capa 2 (por ejemplo, la Lightning Network para Bitcoin) buscan mejorar la escalabilidad sin comprometer la descentralización.

- **Paisaje Regulatorio:** Los gobiernos y reguladores están lidiando con cómo regular las criptomonedas descentralizadas, equilibrando la innovación con preocupaciones como la estabilidad financiera, la protección del consumidor y las medidas contra el lavado de dinero (AML).

- **Consumo de Energía:** Los mecanismos de consenso de Prueba de Trabajo (PoW) utilizados por algunas criptomonedas, como Bitcoin, requieren una potencia computacional significativa y un alto consumo de energía. Esto ha suscitado preocupaciones ambientales y ha impulsado esfuerzos para desarrollar alternativas más eficientes en términos de energía.

La escalabilidad es un desafío significativo que enfrentan las criptomonedas descentralizadas a medida que aumentan los volúmenes de transacciones. La capacidad de manejar eficientemente un alto volumen de transacciones es crucial para la experiencia del usuario [82]. Las innovaciones como las soluciones de capa 2, tales como la Lightning Network para Bitcoin, se han desarrollado para abordar los desafíos de escalabilidad mientras se mantiene la descentralización [88]. Sin embargo, a pesar de estos esfuerzos, la escalabilidad sigue siendo un desafío importante para muchas criptomonedas, afectando su usabilidad y adopción [117]. El rendimiento máximo y la latencia son métricas clave de rendimiento que afectan directamente la calidad de la experiencia del usuario [82]. Los sistemas de minería cooperativa se han propuesto para mejorar la escalabilidad aumentando el rendimiento de las transacciones y reduciendo la latencia sin comprometer la descentralización y la seguridad [88].

En el frente regulatorio, los gobiernos y reguladores están trabajando para encontrar un equilibrio entre fomentar la innovación en criptomonedas descentralizadas y abordar las preocupaciones relacionadas con la estabilidad financiera, la protección del consumidor y las medidas contra el lavado de dinero [118]. El panorama regulatorio que rodea a las criptomonedas es complejo, con varios actores colaborando para navegar los desafíos y oportunidades presentados por estos activos digitales [118]. La aplicación internacional de las leyes de criptomonedas requiere soluciones colaborativas entre reguladores, agencias de cumplimiento de la ley y actores de la industria para garantizar que se realicen los beneficios de las criptomonedas mientras se mitigan los riesgos asociados [118]. La necesidad de regulación en el espacio de las criptomonedas es evidente, ya que puede ayudar a proteger a los consumidores, prevenir fraudes y garantizar la estabilidad de los sistemas financieros [119].

El consumo de energía es otro problema significativo que afecta a algunas criptomonedas, particularmente aquellas que dependen de mecanismos de consenso de prueba de trabajo como Bitcoin. La potencia computacional y la energía requeridas para las actividades de minería han suscitado preocupaciones ambientales y han impulsado esfuerzos para desarrollar alternativas más eficientes en términos de energía [82]. El impacto ambiental de las criptomonedas, especialmente en términos de consumo de energía, es una preocupación creciente que debe ser abordada mediante innovaciones tecnológicas y medidas regulatorias [82]. El alto consumo de energía asociado con los mecanismos de prueba de trabajo plantea un desafío para la sostenibilidad y escalabilidad de las criptomonedas [82].

Blockchain

La tecnología blockchain es una innovación transformadora que respalda las criptomonedas al proporcionar un método seguro, transparente y descentralizado para registrar y validar transacciones.

Un blockchain es una base de datos distribuida o un libro mayor compartido a través de una red de computadoras, conocidas como nodos. Aunque los blockchains son ampliamente reconocidos por su papel en los sistemas de criptomonedas, donde mantienen un registro seguro y descentralizado de transacciones, sus aplicaciones van más allá de las criptomonedas. Los blockchains también pueden usarse para garantizar la inmutabilidad de los datos en diversas industrias, lo que significa que los datos no pueden alterarse una vez ingresados [120].

El principio fundamental de un blockchain es que una vez que un bloque de datos se añade a la cadena, no puede ser cambiado. Esta característica minimiza la necesidad de terceros de confianza, como auditores o intermediarios, quienes típicamente añaden costos y pueden introducir errores [120]. La confianza en un blockchain se establece en el punto inicial de entrada de los datos en lugar de a través de procesos de verificación continuos.

Desde el lanzamiento de Bitcoin en 2009, la tecnología blockchain ha visto una adopción generalizada. Se ha aplicado en diversos dominios, incluyendo la creación de numerosas criptomonedas, aplicaciones de finanzas descentralizadas (DeFi), tokens no fungibles (NFTs) y contratos inteligentes [120].

En esencia, un blockchain se diferencia de una base de datos tradicional por la forma en que almacena la información. Los datos están organizados en bloques que están vinculados entre sí utilizando técnicas criptográficas, creando una cadena de bloques. Aunque los blockchains pueden almacenar varios tipos de información, su uso principal ha sido como un libro mayor para registrar transacciones [120].

Para Bitcoin, el blockchain es descentralizado, lo que significa que ninguna persona o grupo tiene control sobre él. En cambio, el control está distribuido entre todos los usuarios de la red. Esta descentralización, junto con la inmutabilidad del blockchain, asegura que una vez que las transacciones se registran, quedan fijadas de manera permanente y son visibles para todos los participantes [120].

En su núcleo, la tecnología blockchain opera como un libro mayor descentralizado distribuido a través de una red de computadoras, conocidas como nodos. A diferencia de los sistemas centralizados tradicionales donde una entidad controla el registro, el blockchain dispersa esta responsabilidad entre muchos nodos. Cada nodo mantiene una copia completa y sincronizada de todo el blockchain. Este enfoque descentralizado mejora la transparencia y minimiza la dependencia de una autoridad central, reduciendo el riesgo de puntos únicos de falla y aumentando la resiliencia general del sistema.

En el blockchain, las transacciones se organizan en estructuras llamadas bloques. Cada bloque comprende una colección de transacciones que han sido verificadas por la red. Junto con los datos de las transacciones, cada bloque incluye una marca de tiempo y una referencia al bloque anterior en la cadena. Esta vinculación de bloques en un orden secuencial forma la "cadena de bloques" (blockchain). Como resultado, cada bloque está conectado a su predecesor, creando una cadena continua e ininterrumpida de datos. Este método asegura que cada transacción sea registrada de manera cronológica y segura.

La tecnología blockchain emplea técnicas criptográficas avanzadas para asegurar los datos dentro de cada bloque. Cuando una transacción se añade a un bloque, se hash (proceso que convierte los datos de la transacción en una cadena de caracteres de tamaño fijo, única para esos datos). Cada bloque contiene un hash del bloque anterior, creando un vínculo criptográfico entre ellos. Esta cadena de hashes asegura que alterar cualquier información dentro de un bloque requeriría recalcular el hash de todos los bloques subsiguientes, lo cual es computacionalmente impráctico. El hash criptográfico garantiza así la integridad e inmutabilidad del blockchain, haciéndolo resistente a manipulaciones o cambios no autorizados.

Para mantener la integridad del blockchain, las redes utilizan mecanismos de consenso para acordar la validez de las transacciones y el estado del libro mayor. Estos mecanismos permiten la toma de decisiones descentralizada sin depender de una autoridad central. Los métodos de consenso populares incluyen:

• **Prueba de Trabajo (PoW)**: Utilizado por Bitcoin, PoW requiere que los participantes (mineros) resuelvan complejos rompecabezas matemáticos para validar transacciones y crear nuevos bloques. Este proceso consume recursos computacionales significativos pero asegura la seguridad de la red.

• **Prueba de Participación (PoS)**: Utilizado por Ethereum 2.0, PoS selecciona a los validadores en función de la cantidad de criptomoneda que poseen y están dispuestos a "apostar" como garantía. Los validadores son elegidos para crear nuevos bloques y confirmar transacciones, lo cual es más eficiente en términos de energía que PoW.

• **Prueba de Participación Delegada (DPoS)**: Una adaptación de PoS, DPoS implica que los participantes voten por delegados que validan transacciones y crean bloques en su nombre, mejorando la escalabilidad y la gobernanza.

Estos mecanismos de consenso son cruciales para mantener la naturaleza descentralizada del blockchain mientras se asegura que todos los participantes estén de acuerdo sobre la validez de las transacciones.

La tecnología blockchain ofrece un alto nivel de transparencia e inmutabilidad. Todas las transacciones registradas en el blockchain son accesibles públicamente y pueden ser vistas por cualquiera que participe en la red. Una vez que una transacción se añade al blockchain, se convierte en parte de un registro inmutable, lo que significa que no puede ser alterada o eliminada. Esta permanencia crea un historial confiable y auditable de todas las transacciones. La naturaleza transparente del blockchain fomenta la confianza entre los participantes, ya que la autenticidad de cada transacción puede ser verificada por toda la red, reforzando la seguridad y fiabilidad del sistema.

La tecnología blockchain es central para procesar transacciones entre pares en las criptomonedas. Elimina la necesidad de intermediarios como los bancos al permitir que las transacciones se verifiquen y registren directamente en un libro mayor descentralizado. Las transacciones se agrupan en bloques y se añaden al blockchain a través de mecanismos de consenso, que aseguran la integridad y eficiencia del proceso de transacción. Este enfoque descentralizado no solo acelera las transacciones, sino que también reduce los costos asociados con los sistemas financieros tradicionales.

Uno de los principales beneficios del blockchain es su seguridad mejorada. Al distribuir copias del libro mayor a través de una red de computadoras, el blockchain elimina los puntos únicos de falla, lo que reduce significativamente el riesgo de fraude y hacking. Para alterar los registros de transacciones, un atacante necesitaría comprometer la mayoría de la red, lo que hace que tales ataques sean económicamente imprácticos. Además, el concepto de confianza sin confianza es inherente a la tecnología blockchain. Los participantes pueden realizar transacciones e interactuar con el sistema sin necesidad de confiar en ninguna autoridad central. En cambio, las transacciones se validan mediante pruebas criptográficas y mecanismos de consenso, asegurando que todas las partes puedan confiar en la seguridad y precisión del sistema sin necesidad de confiar en una institución central.

La utilidad del blockchain se extiende más allá de las transacciones monetarias para apoyar aplicaciones descentralizadas (DApps). Plataformas como Ethereum proporcionan una base para crear DApps, que pueden ejecutar contratos inteligentes y gestionar organizaciones autónomas descentralizadas (DAOs). Estas aplicaciones funcionan en el blockchain, aprovechando su seguridad y transparencia para ofrecer una amplia gama de servicios y funcionalidades que van más allá de las simples transacciones financieras. Las DApps tienen el potencial de revolucionar diversas industrias, incluyendo las finanzas, la gestión de cadenas de suministro y las redes sociales, al permitir nuevas formas de interacción y automatización.

La tecnología detrás del blockchain está en constante evolución para abordar desafíos como la escalabilidad, la interoperabilidad y la privacidad. Innovaciones como las sidechains, el sharding y las soluciones de Capa 2 están siendo desarrolladas para mejorar el rendimiento y la eficiencia del blockchain. Las sidechains permiten la creación de blockchains separadas que pueden interactuar con el blockchain principal, mejorando la escalabilidad. El sharding divide el blockchain en partes más pequeñas para manejar más transacciones simultáneamente. Las soluciones de Capa 2, como la Lightning Network para Bitcoin, operan sobre el blockchain principal para facilitar transacciones más rápidas y económicas. Estos avances tienen como objetivo equilibrar la necesidad de escalabilidad con los principios fundamentales de descentralización.

A medida que la tecnología blockchain y las criptomonedas ganan prominencia, los gobiernos y los organismos reguladores están lidiando con cómo regular estas innovaciones de manera efectiva. Las consideraciones regulatorias implican equilibrar la necesidad de proteger la estabilidad financiera, garantizar la protección del consumidor y mantener el cumplimiento legal con el deseo de fomentar la innovación. Diferentes jurisdicciones están explorando varios enfoques para la regulación, que pueden incluir medidas para combatir el lavado de dinero, garantizar la privacidad de los datos y abordar cuestiones fiscales. El panorama regulatorio en evolución jugará un papel crucial en dar forma al desarrollo futuro y la adopción de la tecnología blockchain y las criptomonedas.

Un blockchain opera como un tipo de base de datos que comparte similitudes con hojas de cálculo o bases de datos tradicionales, pero difiere significativamente en cómo se estructura y accede a los datos. Mientras que una base de datos convencional almacena información en tablas y filas, un blockchain organiza los datos en bloques que están vinculados entre sí en una cadena [120].

En un blockchain, los datos se ingresan y almacenan a través de scripts, que realizan tareas similares a las de una base de datos tradicional. Sin embargo, la característica clave de un blockchain es su naturaleza distribuida. Múltiples copias del blockchain se mantienen a través de varias máquinas o nodos, y todas estas copias deben ser idénticas para que los datos se consideren válidos. Esta distribución asegura que ningún punto único de falla pueda comprometer la integridad del blockchain [120].

Por ejemplo, el blockchain de Bitcoin registra la información de las transacciones en bloques que pueden contener hasta 4 megabytes de datos. Cuando un bloque alcanza su capacidad, se sella y se genera un hash criptográfico. Este hash, conocido como el hash del encabezado del bloque, es un número hexadecimal creado mediante un algoritmo de cifrado. Este hash se incluye en el encabezado del siguiente bloque, vinculándolo al anterior y formando una cadena continua de bloques.

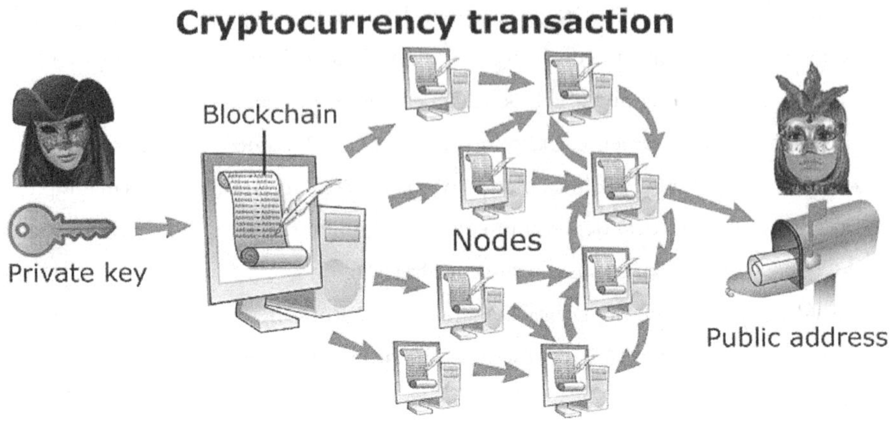

Figura 4: Proceso figurativo simplificado de una transacción de criptomoneda: El remitente utiliza su clave privada para registrar una transacción a su nombre en el blockchain; El blockchain se actualiza en todos los nodos de la red; El destinatario recibe la transacción en su dirección pública. Mikael Häggström, CC0, a través de Wikimedia Commons.

El proceso de transacción en un blockchain puede variar dependiendo de la red específica. En el caso de Bitcoin, cuando inicias una transacción utilizando tu billetera de criptomonedas, la transacción se envía primero a un pool de memoria. Allí, se mantiene y se pone en cola hasta que un minero la selecciona. Los mineros trabajan para incluir esta transacción en un nuevo bloque, que, una vez lleno, se cierra y comienza el proceso de minería [120].

Los mineros compiten para resolver un rompecabezas criptográfico variando un campo llamado nonce en el encabezado del bloque. El nonce es un valor que los mineros ajustan de manera incremental en sus intentos de generar un hash que cumpla con el objetivo de dificultad establecido por la red. El proceso de encontrar este hash válido se conoce como "prueba de trabajo" y requiere una cantidad significativa de poder computacional y energía. Una vez que un minero encuentra un hash válido, el bloque se añade al blockchain y el minero es recompensado.

Sin embargo, un bloque no se considera completamente confirmado hasta que ha sido seguido por cinco bloques adicionales. Este proceso, conocido como confirmación, generalmente toma alrededor de una hora en la red de Bitcoin debido al tiempo promedio de aproximadamente 10 minutos por bloque [120].

Otros blockchains, como Ethereum, utilizan procesos diferentes. Ethereum, por ejemplo, selecciona validadores de usuarios que han "apostado" ether para confirmar bloques.

Este método es generalmente más rápido y menos intensivo en energía en comparación con el sistema de prueba de trabajo de Bitcoin [120].

La tecnología blockchain, inicialmente popularizada por criptomonedas como Bitcoin, se ha expandido mucho más allá de las transacciones financieras. Hoy en día, se utiliza en diversas industrias para mejorar la integridad de los datos, la transparencia y la seguridad [120].

Blockchain en la Industria Alimentaria: En la industria alimentaria, empresas como Walmart y Pfizer han adoptado la tecnología blockchain para mejorar la transparencia y trazabilidad en la cadena de suministro. El blockchain Food Trust de IBM, por ejemplo, rastrea el viaje de los productos alimenticios desde su origen hasta su destino final. Este sistema aborda problemas significativos como las enfermedades transmitidas por alimentos causadas por patógenos como E. coli y salmonela. Anteriormente, identificar la fuente de contaminación podía llevar semanas. Con blockchain, cada paso que toma un producto alimenticio se registra, lo que permite una identificación y resolución más rápida de los problemas, salvando vidas y mejorando la seguridad alimentaria.

Banca y Finanzas: El sector financiero puede beneficiarse enormemente de la tecnología blockchain. Los procesos bancarios tradicionales implican retrasos, ya que las transacciones se procesan generalmente durante el horario laboral y pueden tardar varios días en ser confirmadas. Blockchain ofrece una solución al permitir que las transacciones se procesen casi instantáneamente, sin importar la hora o el día. Esta capacidad se debe a la naturaleza descentralizada de blockchain, que opera continuamente sin interrupciones. Los bancos que integren blockchain podrían ver un procesamiento más rápido de las transacciones, menores costos asociados con las transferencias de fondos entre instituciones y un proceso de liquidación y compensación más eficiente para las operaciones bursátiles.

Moneda: Blockchain es fundamental para el funcionamiento de criptomonedas como Bitcoin, proporcionando una plataforma descentralizada para las transacciones de moneda. Esta tecnología facilita las transacciones transfronterizas al eludir los sistemas e infraestructuras tradicionales de cambio de divisas. Los usuarios de cualquier parte del mundo pueden participar en transacciones sin las limitaciones impuestas por barreras geográficas y financieras.

Salud: En el sector salud, blockchain puede asegurar los registros de pacientes al proporcionar un sistema a prueba de manipulaciones para almacenar información médica. Una vez que se crea y valida un registro médico, se graba en el blockchain, garantizando que no pueda ser alterado. Este método ofrece a los pacientes confianza en la exactitud de sus registros y proporciona acceso controlado a través de cifrado, protegiendo la privacidad mientras mantiene la integridad de los datos.

Registros de Propiedad: Blockchain también promete revolucionar la gestión de registros de propiedad. El proceso actual de registrar escrituras de propiedad es engorroso y propenso a errores, involucrando entradas manuales y papeleo físico. Al registrar la propiedad en un blockchain, el proceso podría volverse más ágil, preciso y menos susceptible a errores humanos. Este sistema podría ser particularmente beneficioso en regiones con gobernanza inestable o infraestructura limitada, donde blockchain podría ofrecer un método confiable para documentar y verificar la propiedad de bienes.

Contratos Inteligentes: Los contratos inteligentes son acuerdos programables incrustados dentro del blockchain que se ejecutan automáticamente cuando se cumplen condiciones predefinidas. Estos contratos facilitan y hacen cumplir las transacciones sin intermediarios, mejorando la eficiencia y reduciendo el potencial de disputas. Los contratos inteligentes se utilizan en diversas aplicaciones, desde transacciones financieras hasta la gestión de cadenas de suministro.

Cadenas de Suministro: Al igual que en su aplicación en la industria alimentaria, blockchain puede rastrear y verificar los orígenes de los materiales en las cadenas de suministro. Esta tecnología garantiza la autenticidad de los productos y etiquetas, como "Orgánico" o "Comercio Justo." Las empresas pueden utilizar blockchain para registrar cada paso del viaje de un producto, mejorando la transparencia y la confianza en la cadena de suministro.

Votación: La tecnología blockchain también tiene aplicaciones potenciales en los sistemas de votación. Ofrece una forma de registrar los votos de manera segura y transparente, haciendo casi imposible la manipulación y aumentando potencialmente la participación electoral. Ensayos, como los realizados en West Virginia durante las elecciones intermedias de 2018, han demostrado la capacidad de blockchain para proporcionar resultados instantáneos y reducir la necesidad de recuentos.

Pros y Contras de Blockchain:

Pros:

- **Precisión Mejorada:** Al eliminar la intervención humana en la verificación, blockchain mejora la precisión de los datos.

- **Reducción de Costos:** Reduce costos al eliminar la necesidad de verificación por terceros.

- **Seguridad Aumentada:** La descentralización dificulta la manipulación, aumentando la seguridad de las transacciones.
- **Eficiencia:** Las transacciones se realizan de manera más segura y eficiente.
- **Transparencia:** La tecnología blockchain es inherentemente transparente, proporcionando registros claros de las transacciones.
- **Inclusión Financiera:** Ofrece un sistema bancario alternativo y un medio para asegurar información personal, especialmente en regiones inestables o subdesarrolladas.

Contras:

- **Costos Tecnológicos:** Implementar la tecnología blockchain puede ser costoso.
- **Velocidad de Transacción:** Algunos blockchains sufren de baja capacidad de transacciones.
- **Uso Ilícito:** Blockchain ha sido asociado con actividades ilegales en la web oscura.
- **Incertidumbre Regulatoria:** Las regulaciones sobre blockchain varían según la jurisdicción y todavía están en evolución.
- **Almacenamiento de Datos:** Las capacidades de almacenamiento de datos de blockchain pueden ser limitadas en comparación con las bases de datos tradicionales.

Criptografía

La criptografía es un campo de estudio y práctica centrado en asegurar la comunicación y la información mediante diversas técnicas. Juega un papel crítico en garantizar la confidencialidad, integridad y autenticidad de los datos, especialmente en entornos digitales y en red.

El término "crypto" deriva de la palabra griega "kryptos", que significa "oculto" o "concebido". En el contexto de la criptografía, "crypto" refleja el concepto central de secreto y protección de la información. La criptografía en sí se traduce como "escritura secreta", que abarca técnicas y métodos utilizados para asegurar que los mensajes o datos solo sean accesibles para aquellos destinados a leerlos. Esta práctica es esencial para asegurar la comunicación, los datos y las transacciones contra el acceso no autorizado y la manipulación.

La criptografía se basa fundamentalmente en mantener la información oculta de partes no autorizadas. Esto se logra a través de diversas técnicas que transforman la información legible en un formato que parece datos aleatorios, conocido como texto cifrado. Solo aquellos con la clave de descifrado correcta pueden revertir este texto cifrado a su forma original y legible. El objetivo principal es asegurar que los datos sensibles, como los mensajes personales o las transacciones financieras, permanezcan confidenciales y protegidos contra espías o actores maliciosos. Al emplear algoritmos y claves, la criptografía asegura las comunicaciones y garantiza que se mantenga la integridad y privacidad de los datos.

En el ámbito de las criptomonedas, la criptografía cumple varias funciones críticas. Uno de sus usos principales es asegurar las transacciones que ocurren en la red. Cuando se inicia una transacción de criptomoneda, esta se cifra para asegurar que solo el destinatario previsto pueda acceder a los detalles. La transacción se verifica y se registra en la blockchain, un libro mayor descentralizado que mantiene un registro seguro e inmutable de todas las transacciones. Esta seguridad criptográfica asegura que las transacciones estén protegidas contra la manipulación y el acceso no autorizado, preservando así la integridad de todo el sistema de criptomonedas.

La criptografía también juega un papel vital en el control de la generación de nuevas unidades de moneda dentro de una red de criptomonedas. Por ejemplo, en Bitcoin, el proceso de minería implica resolver complejos rompecabezas criptográficos. Estos rompecabezas están diseñados para ser computacionalmente intensivos, asegurando que nuevos bloques se añadan a la blockchain a una tasa controlada. El proceso de minería no solo asegura la red, sino que también regula la emisión de nuevos bitcoins, adhiriéndose a un cronograma de suministro predeterminado. Este mecanismo de control criptográfico ayuda a prevenir la inflación y mantener la estabilidad del valor de la criptomoneda.

Otra aplicación crítica de la criptografía en las criptomonedas es la verificación de transferencias de activos digitales y tokens. Las técnicas criptográficas se utilizan para generar firmas digitales que validan la autenticidad de las transacciones. Cuando un usuario inicia una transferencia, firma la transacción con su clave privada, creando una firma digital única. Esta firma puede ser verificada por otros utilizando la clave pública del remitente, asegurando que la transacción fue autorizada por el propietario legítimo. Este proceso de verificación es crucial para prevenir fraudes y garantizar que los activos y tokens se transfieran de manera segura y precisa.

La criptografía se puede configurar para proporcionar diferentes niveles de anonimato en las transacciones de criptomonedas. La pseudo-anonimidad, como se ve en Bitcoin, asegura que las transacciones no estén directamente vinculadas a identidades del mundo real, sino que estén asociadas con direcciones criptográficas. Aunque esto ofrece un grado de privacidad, no oculta completamente los detalles de la transacción del análisis. Por otro lado, las criptomonedas que se centran en el anonimato completo, como Monero, utilizan técnicas criptográficas avanzadas como firmas en anillo y pruebas de conocimiento cero para ocultar completamente los detalles de la transacción. Este nivel de privacidad asegura que las transacciones no puedan rastrearse hasta usuarios individuales, mejorando la confidencialidad y protegiendo las identidades de los usuarios.

La criptografía, como campo de estudio, abarca varios conceptos fundamentales que son esenciales para garantizar la seguridad e integridad de la información en diversos sistemas digitales. Entre estos principios fundamentales se encuentran la confidencialidad, integridad, autenticación y no repudio. La confidencialidad, el primer concepto central, implica cifrar datos para prevenir el acceso no autorizado, asegurando que solo las partes autorizadas puedan descifrar la información. Este proceso de cifrado transforma el texto plano en texto cifrado utilizando algoritmos y claves de cifrado, protegiendo datos sensibles como transacciones financieras e información personal de miradas curiosas. La integridad, el segundo concepto, se enfoca en mantener la precisión y consistencia de los datos durante el almacenamiento o la transmisión. Técnicas como las funciones hash generan valores hash únicos para los datos, permitiendo la detección de cualquier alteración o manipulación al comparar los valores hash originales y recalculados.

La autenticación, el tercer concepto central, juega un papel crucial en la verificación de las identidades de usuarios o sistemas para prevenir la suplantación y asegurar comunicaciones seguras. Las firmas digitales y los certificados se utilizan comúnmente en criptografía para confirmar la identidad de los remitentes y mantener la integridad del mensaje. El no repudio, el cuarto concepto, aborda la responsabilidad de las partes involucradas en las transacciones al prevenir que nieguen sus acciones. Las firmas digitales proporcionan una prueba criptográfica de participación, asegurando que las personas no puedan desentenderse de sus compromisos posteriormente. Estos conceptos centrales forman colectivamente la base de la comunicación segura y la protección de datos en entornos digitales.

En el ámbito de la criptografía, se emplean diversas técnicas y algoritmos de cifrado para implementar estos conceptos fundamentales de manera efectiva. Los métodos de cifrado comúnmente utilizados incluyen DES, 3DES, AES, Kasumi Encryption Core, Blowfish, RC4 y X-MODDES [126]. Estos algoritmos juegan un papel vital en la seguridad de datos y comunicaciones al aplicar principios criptográficos para garantizar la confidencialidad, integridad, autenticación y no repudio. Además, el uso de cifrado asimétrico, que involucra pares de claves públicas y privadas, mejora la seguridad al permitir el intercambio seguro de claves y firmas digitales [127]. Al aprovechar estas técnicas de cifrado, las organizaciones pueden establecer sistemas criptográficos robustos que protejan la información sensible contra el acceso no autorizado y la manipulación.

Además, la evolución de la criptografía ha visto la integración de principios cuánticos en los protocolos criptográficos, dando lugar a la criptografía cuántica. El entrelazamiento cuántico, un concepto central en la mecánica cuántica, se ha aprovechado para desarrollar canales de comunicación seguros que utilizan las propiedades únicas de los estados cuánticos para el cifrado [128]. Los protocolos de distribución de claves cuánticas utilizan partículas entrelazadas para permitir el intercambio seguro de claves, ofreciendo un nuevo paradigma para sistemas criptográficos resistentes a ataques cuánticos. La fusión de conceptos cuánticos con métodos criptográficos tradicionales ha allanado el camino para medidas de seguridad mejoradas frente a tecnologías avanzadas y amenazas cibernéticas sofisticadas.

En el contexto de la criptografía visual, otro área especializada dentro de la criptografía, los conceptos fundamentales giran en torno al intercambio de información en una forma visualmente cifrada [129]. Los esquemas de criptografía visual se basan en los principios de difusión y confusión, donde los datos se dividen en partes que individualmente no revelan información pero que, en conjunto, descifran el contenido original. Este enfoque es particularmente útil para el intercambio seguro de imágenes y procesos de autenticación, asegurando que los datos visuales sensibles permanezcan protegidos contra el acceso no autorizado. Al entender y aplicar los conceptos fundamentales de la criptografía visual, los profesionales pueden implementar técnicas de cifrado de imágenes seguras que protejan la privacidad y la confidencialidad.

Además, la aplicación de la criptografía va más allá del cifrado de datos tradicional para abarcar diversos campos como la tecnología blockchain y la seguridad en redes. La blockchain, en su núcleo, se basa en mecanismos criptográficos para asegurar transacciones y datos mediante consenso descentralizado y hash criptográfico [130]. Al interconectar bloques de datos utilizando funciones hash criptográficas, la tecnología blockchain asegura la integridad e inmutabilidad de los registros, fomentando la confianza en los sistemas descentralizados. Además, los protocolos de seguridad en redes aprovechan los principios criptográficos para establecer canales de comunicación seguros y proteger los datos contra amenazas cibernéticas [131]. Conceptos como el cifrado simétrico y asimétrico, junto con funciones hash, forman la columna vertebral de los marcos de seguridad en redes, permitiendo a las organizaciones fortalecer sus infraestructuras digitales contra actividades maliciosas.

Las técnicas criptográficas clave son esenciales para asegurar datos y comunicaciones. El cifrado simétrico implica el uso de una sola clave tanto para el cifrado como para el descifrado, requiriendo confidencialidad y el intercambio de claves entre las partes. Algoritmos de cifrado simétrico comunes como AES y DES son ampliamente utilizados [132]. El cifrado asimétrico, o criptografía de clave pública, utiliza una clave pública para el cifrado y una clave privada para el descifrado, eliminando la necesidad de una clave secreta compartida. Métodos de cifrado asimétrico bien conocidos incluyen RSA y ECC [132].

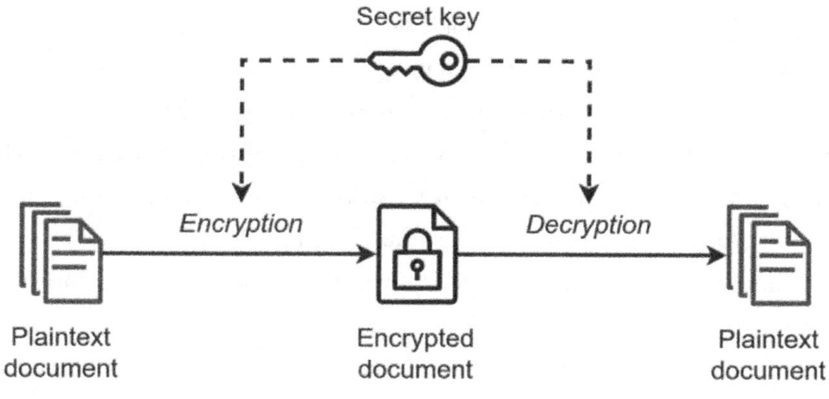

Figura 5: Diagrama simple de un esquema de cifrado simétrico. MarcTOK (iconos por JGraph), CC BY-SA 4.0, a través de Wikimedia Commons.

Las funciones hash son cruciales para la integridad y seguridad de los datos, generando valores hash únicos a partir de datos de entrada. Ejemplos como SHA-256 y MD5 se utilizan extensamente [132]. Las firmas digitales, que combinan hashing y cifrado asimétrico, verifican la autenticidad e integridad de los mensajes digitales. Al crear una firma digital con una clave privada y verificarla con la clave pública correspondiente, se confirma la identidad del remitente, asegurando la integridad del mensaje [132].

La criptografía es la columna vertebral de los sistemas de criptomonedas, proporcionando seguridad y funcionalidad esenciales a las monedas digitales. En el contexto de las criptomonedas, la criptografía asegura que las transacciones sean seguras, las identidades estén protegidas y la integridad de toda la red se mantenga. A continuación, se detalla cómo se utiliza la criptografía en varios aspectos de las criptomonedas:

En las criptomonedas, el cifrado se utiliza para asegurar las transacciones y proteger los datos sensibles. Cuando un usuario inicia una transacción, los detalles se cifran para garantizar que solo el destinatario previsto pueda acceder a ellos. Este proceso implica convertir datos legibles en un formato ilegible mediante algoritmos de cifrado. Por ejemplo, en Bitcoin, los detalles de la transacción se cifran utilizando la clave pública del destinatario. Solo el destinatario, que posee la clave privada correspondiente, puede descifrar y acceder a los detalles de la transacción. Este cifrado asegura que la información de la transacción permanezca confidencial y protegida contra accesos no autorizados durante la transmisión.

Las firmas digitales son cruciales para verificar la autenticidad de las transacciones y asegurar que sean realmente iniciadas por el propietario de los fondos. En un sistema de criptomonedas como Bitcoin, cuando un usuario desea enviar monedas, debe firmar la transacción con su clave privada. Esta firma digital actúa como una prueba criptográfica de la identidad del remitente y confirma que posee la clave privada necesaria. La transacción, junto con la firma digital, se transmite a la red. Otros participantes pueden entonces usar la clave pública del remitente para verificar la firma y autenticar la transacción. Este proceso asegura que solo se acepten transacciones legítimas y previene el gasto no autorizado de fondos.

Las funciones hash desempeñan un papel vital en el mantenimiento de la integridad de la cadena de bloques. Cuando las transacciones se recopilan en bloques, cada bloque se procesa a través de una función hash criptográfica para generar un valor hash único. Este valor hash sirve como una huella digital del contenido del bloque. Si incluso un solo detalle dentro del bloque cambia, el valor hash será diferente, señalando una posible manipulación. Además, cada bloque incluye el hash del bloque anterior, creando una cadena de bloques (la cadena de bloques). Este enlace asegura que alterar cualquier bloque requeriría recalcular los valores hash de todos los bloques posteriores, lo cual es computacionalmente impráctico. Las funciones hash proporcionan así un mecanismo para verificar que los datos no han sido alterados y mantener la integridad de toda la cadena de bloques.

Los mecanismos de consenso son protocolos criptográficos utilizados para alcanzar un acuerdo entre los participantes de la red sobre la validez de las transacciones y el estado de la cadena de bloques. Por ejemplo, Bitcoin emplea Proof of Work (PoW), donde los mineros compiten para resolver complejos rompecabezas criptográficos. El primer minero en resolver el rompecabezas obtiene el derecho de añadir el nuevo bloque a la cadena de bloques y es recompensado con nuevos bitcoins. Este proceso implica un trabajo computacional significativo y asegura que solo se añadan bloques válidos a la cadena de bloques. Otros mecanismos de consenso, como Proof of Stake (PoS), utilizan enfoques criptográficos diferentes para alcanzar el consenso. Estos mecanismos aseguran que la cadena de bloques permanezca segura y resistente a ataques al requerir que los participantes de la red realicen tareas computacionales intensivas o demuestren la propiedad de la criptomoneda.

La criptografía también apoya la privacidad y el anonimato dentro de los sistemas de criptomonedas. En algunas criptomonedas como Bitcoin, mientras las transacciones se registran en un libro mayor público, las identidades de las partes involucradas son seudónimas, representadas por direcciones criptográficas en lugar de nombres del mundo real. Técnicas criptográficas avanzadas, como las pruebas de conocimiento cero y las firmas en anillo, se utilizan en criptomonedas enfocadas en la privacidad como Monero para mejorar el anonimato. Estas técnicas permiten verificar las transacciones sin revelar las identidades de los participantes o los montos involucrados. Estas características de privacidad son cruciales para los usuarios que priorizan la confidencialidad y desean proteger sus actividades financieras del escrutinio público.

En plataformas de blockchain como Ethereum, la criptografía respalda la funcionalidad de los contratos inteligentes y las aplicaciones descentralizadas (DApps). Los contratos inteligentes son contratos autoejecutables con los términos directamente escritos en código. Utilizan algoritmos criptográficos para asegurar que se cumplan las condiciones del contrato y para validar automáticamente las transacciones. Esta automatización reduce la necesidad de intermediarios y mejora la confiabilidad de los acuerdos contractuales. La criptografía asegura que los contratos inteligentes sean seguros, a prueba de manipulaciones y se ejecuten exactamente como se programaron, permitiendo una amplia gama de aplicaciones descentralizadas más allá de las transacciones simples.

La criptografía implica técnicas matemáticas diseñadas para proteger la información transformándola de un formato legible a uno ilegible. Este proceso es crucial para garantizar que las transacciones y los datos de las criptomonedas permanezcan seguros frente al acceso no autorizado.

Claves y Algoritmos de Cifrado: Para cifrar datos, la criptografía se basa en claves de cifrado, que son esencialmente algoritmos o fórmulas que codifican y decodifican información. Estas claves desempeñan un papel crucial al hacer que los mensajes, transacciones o valores de datos sean ilegibles para cualquiera que no tenga la clave correcta. En los sistemas de criptomonedas, el cifrado asegura que solo los usuarios autorizados puedan acceder o interpretar información sensible [121].

En el contexto de Bitcoin, por ejemplo, los datos de un bloque se procesan a través de un algoritmo criptográfico para generar un número hexadecimal de 64 dígitos. Este número hexadecimal representa una huella digital única del contenido del bloque. Independientemente de la cantidad de datos, el resultado siempre es una cadena de 64 dígitos, lo que resalta el tamaño fijo de la salida criptográfica. Esto asegura que incluso los pequeños cambios en los datos produzcan números hexadecimales completamente diferentes, lo cual es vital para mantener la integridad de los datos [121].

Algoritmos de Cifrado Comunes: Varios algoritmos de cifrado se utilizan comúnmente en las criptomonedas para asegurar los datos. Algunos notables incluyen [121]:

- **Advanced Encryption Standard (AES):** Un algoritmo de cifrado simétrico ampliamente utilizado para asegurar datos.

- **Rivest-Shamir-Adelman (RSA):** Un algoritmo de cifrado asimétrico que utiliza un par de claves (pública y privada) para la transmisión segura de datos.

- **Elliptic Curve Cryptography (ECC):** Un método de cifrado asimétrico que proporciona alta seguridad con longitudes de clave relativamente cortas.

Bitcoin, en particular, utiliza criptografía de curvas elípticas, específicamente la curva secp256k1. Este método utiliza la fórmula de la curva elíptica y2=x3+7y^2 = x^3 + 7y2=x3+7 para generar pares de claves públicas y privadas [121]. Estas claves son esenciales para realizar transacciones de manera segura y mantener la seguridad general de la red Bitcoin.

Funciones Hash: El hashing es otra técnica criptográfica crítica utilizada en la tecnología blockchain. Bitcoin emplea el Algoritmo de Hash Seguro 256 (SHA-256) para codificar datos almacenados en bloques. Las funciones hash convierten los datos de entrada en una cadena de caracteres de tamaño fijo, que es una representación única de esos datos. Este proceso es vital para varias funciones [121]:

- **Verificación de Integridad:** Las funciones hash aseguran que los datos no hayan sido alterados durante la transmisión o el almacenamiento. Cualquier cambio en los datos resulta en un valor hash completamente diferente, lo que facilita la detección de manipulaciones.

- **Cifrado de Transacciones:** El hashing se utiliza para codificar direcciones de cuentas y para mantener la estructura de la cadena de bloques al vincular bloques entre sí.

- **Minería y Validación:** En Bitcoin, el hashing es central en el proceso de minería, donde los mineros compiten para resolver rompecabezas criptográficos y agregar nuevos bloques a la cadena de bloques.

Criptografía Simétrica vs. Asimétrica: Los métodos criptográficos se pueden categorizar ampliamente en tipos simétricos y asimétricos [121]:

- **Criptografía Asimétrica:** Este método utiliza un par de claves—pública y privada. La clave pública se comparte abiertamente, mientras que la clave privada permanece confidencial para el propietario. Los datos cifrados con la clave pública solo pueden ser descifrados usando la clave privada correspondiente. Este enfoque asegura tanto el cifrado como la autenticación. En las criptomonedas, la criptografía asimétrica se utiliza para crear pares de claves públicas y privadas, que son fundamentales para asegurar transacciones y verificar identidades.

- **Criptografía Simétrica:** Esta técnica utiliza una sola clave secreta tanto para el cifrado como para el descifrado. La misma clave se utiliza para codificar el mensaje en la fuente y descifrarlo en el destino. Un ejemplo de cifrado simétrico es un simple cifrado de sustitución, donde las letras se reemplazan por números. Aunque la criptografía simétrica es eficiente y rápida, requiere una gestión segura de las claves para prevenir el acceso no autorizado.

SHA-256 y Su Papel en las Criptomonedas

SHA-256, o Algoritmo de Hash Seguro de 256 bits, es una función criptográfica fundamental utilizada extensamente en el mundo de las criptomonedas, particularmente en Bitcoin. Desarrollado por la Agencia de Seguridad Nacional de los Estados Unidos (NSA) y publicado en 2001, SHA-256 está diseñado para tomar cualquier entrada y producir una salida única de longitud fija, conocida como hash. Este hash es un código de 256 bits representado en un formato hexadecimal de 64 caracteres, compuesto por números (0-9) y letras (A-F) [133].

El propósito principal de SHA-256 es transformar datos de entrada—como las coordenadas x e y de una clave pública—en una cadena de caracteres de longitud fija. Este proceso es crucial para varios aspectos de las criptomonedas, incluyendo la generación de direcciones de billeteras y la seguridad de las transacciones. Cuando una clave pública se cifra usando SHA-256, se obtiene un hash único de 256 bits que sirve como una representación segura y compacta de los datos originales. Este hash es prácticamente imposible de invertir, lo que significa que no se puede derivar la clave pública original a partir del hash solo [133].

SHA-256 se considera una función "de puerta trasera" o "determinística". Estos términos describen funciones que son fáciles de computar en una dirección pero inviables de revertir. En términos prácticos, esto significa que, aunque puedes generar un hash a partir de una clave pública o cualquier otra entrada, no es factible reconstruir la entrada original a partir del hash. Esta naturaleza unidireccional es crucial para la seguridad en las aplicaciones criptográficas. Por ejemplo, es sencillo crear una clave pública a partir de una clave privada, pero revertir este proceso para obtener la clave privada a partir de la clave pública es computacionalmente impráctico [133].

Para ilustrar el concepto de irreversibilidad, considera la analogía de mezclar pinturas para crear un color único. Imagina que tienes una vasta selección de colores de pintura y mezclas cantidades específicas de estas pinturas para crear un color único. Si conoces las proporciones exactas utilizadas, puedes reproducir el mismo color. Sin embargo, si no tienes la fórmula exacta, tratar de determinar la mezcla de pintura original a partir del color solo sería extremadamente desafiante [133].

Esta analogía ayuda a explicar cómo funciona SHA-256. El algoritmo toma una entrada (como una clave pública), la procesa a través de una fórmula matemática compleja, y produce un hash. Mientras que puedes verificar fácilmente que un hash dado corresponde a una entrada particular, reconstruir la entrada original a partir del hash es tan difícil como descifrar la mezcla exacta de pintura a partir del color resultante.

En Bitcoin, SHA-256 se utiliza en varias funciones críticas. Al crear una dirección de billetera de Bitcoin, la clave pública se cifra usando SHA-256 para producir una dirección segura y compacta. Esta dirección se utiliza luego para recibir y gestionar transacciones de Bitcoin. La seguridad de las transacciones de Bitcoin se basa en el hecho de que, aunque la dirección se puede compartir públicamente y las transacciones pueden ser verificadas, la clave pública subyacente y la clave privada asociada permanecen seguras y ocultas [133].

3

El Nacimiento de Bitcoin

El Génesis de Bitcoin

El génesis de Bitcoin marca el inicio de una tecnología revolucionaria que ha transformado el mundo de las finanzas y más allá. La creación de Bitcoin implicó una combinación de innovación tecnológica, avances criptográficos y una visión de un sistema monetario descentralizado.

El surgimiento de Bitcoin como una moneda digital descentralizada surgió de un período de desilusión con los sistemas financieros tradicionales y las autoridades centralizadas tras la crisis financiera global de 2008 [134]. Esta crisis erosionó la confianza en los sistemas bancarios convencionales, allanando el camino para la exploración de sistemas alternativos que pudieran ofrecer mayor transparencia, seguridad y descentralización [134]. Aunque Bitcoin no fue el primer intento de crear dinero digital, esfuerzos previos como "e-gold" y "Hashcash" no lograron ganar aceptación generalizada ni abordar problemas críticos como el doble gasto y la centralización [134].

El diseño de Bitcoin, introducido en 2008 por un individuo o grupo bajo el seudónimo de Satoshi Nakamoto, propuso un sistema descentralizado que utilizaba la tecnología blockchain para permitir transacciones seguras y transparentes sin la necesidad de una autoridad central [32]. La estabilidad del sistema se argumenta que depende de una compleja interacción de factores socioeconómicos que son difíciles de modelar con precisión, haciendo que un caso convincente para su solidez sea esquivo [134]. Bitcoin opera en una red peer-to-peer de voluntarios, distribuyendo transacciones, verificándolas y manteniendo colectivamente un libro mayor replicado acordado por todos los participantes [135].

El concepto de una moneda digital descentralizada como Bitcoin ha desafiado el panorama financiero tradicional, provocando discusiones sobre la necesidad de una base teórica y un modelo conceptual para su funcionamiento [136]. La tecnología subyacente a Bitcoin, el blockchain, ha sido fundamental en la revolución de las transacciones financieras al proporcionar un libro mayor públicamente distribuido asegurado mediante mecanismos criptográficos [135]. Este libro mayor asegura la integridad y transparencia de las transacciones, abordando preocupaciones relacionadas con la falsificación y el doble gasto [137].

El auge de las criptomonedas descentralizadas, incluida Bitcoin, ha introducido competencia en el sistema monetario internacional, llevando a algunos gobiernos a considerar el desarrollo de monedas virtuales centralizadas conocidas como monedas digitales de bancos centrales (CBDCs) [138]. Estos desarrollos destacan la naturaleza evolutiva de los sistemas financieros y el impacto de las tecnologías descentralizadas en las políticas monetarias tradicionales [138]. Además, el uso de la criptografía en criptomonedas como Bitcoin asegura transacciones seguras y anónimas, aumentando la resistencia de la moneda contra la falsificación y el fraude [137].

La introducción de Bitcoin en el aftermath de la crisis financiera fue en parte una respuesta a las preocupaciones sobre las monedas fiduciarias respaldadas por el gobierno, ofreciendo un sistema alternativo que opera de manera independiente de las autoridades centrales [139]. La naturaleza descentralizada de la tecnología y su dependencia de los principios criptográficos han posicionado a Bitcoin como un instrumento financiero único con el potencial de remodelar los paradigmas económicos tradicionales [139]. Además, la tecnología blockchain que respalda a Bitcoin ha facilitado innovaciones en varios campos, extendiendo sus aplicaciones más allá de la moneda digital hacia áreas como contratos inteligentes y redes colaborativas confiables [140].

La red de Bitcoin se lanzó oficialmente el 3 de enero de 2009, con la minería del primer bloque, conocido como el "bloque génesis" o "Bloque 0". Este bloque génesis, minado por Satoshi Nakamoto, contenía un mensaje oculto que decía: "The Times 03/Jan/2009 Chancellor on brink of second bailout for banks." Este mensaje no solo sirvió como una marca temporal, sino que también proporcionó un comentario sobre la inestabilidad financiera prevalente en ese momento [78]. La primera transacción registrada en este bloque fue la recompensa de 50 bitcoins, que fue codificada en el blockchain y no podía gastarse debido a ser parte del bloque inicial sin un bloque previo al que referirse [78].

Figura 6: Logo de Bitcoin. BitCoin, Dominio público, a través de Wikimedia Commons.

La cadena de bloques de Bitcoin funciona como una cadena de bloques hash, donde cada bloque contiene un conjunto de transacciones en un orden específico y un hash del bloque anterior, comenzando desde el bloque génesis [141]. El proceso de verificación de bloques en la red de Bitcoin se conoce como minería, que implica resolver problemas matemáticos complejos y validar las transacciones y el encabezado del bloque según las reglas de consenso de la red [142]. La cadena de bloques en sí misma es un libro de contabilidad público distribuido y de solo anexar que registra todas las transacciones de manera segura y transparente [143].

La creación de la cadena de bloques de Bitcoin por Nakamoto en 2009 marcó el inicio de una revolución en los sistemas descentralizados y las criptomonedas [144]. La tecnología blockchain que sustenta a Bitcoin ha sido reconocida como una innovación significativa, con su potencial para descentralizar aplicaciones tradicionalmente centralizadas [145]. El papel de la blockchain como un libro de contabilidad digital distribuido que registra transacciones de forma segura ha sido fundamental para permitir la transferencia de propiedad de Bitcoin y otras criptomonedas [143].

Los aspectos de seguridad y privacidad de la tecnología blockchain, incluidos los de Bitcoin, han sido extensamente estudiados [143, 144]. Las propiedades básicas de seguridad de la blockchain, como la inmutabilidad y la transparencia, son esenciales para sistemas de criptomonedas similares a Bitcoin, con propiedades adicionales deseadas para diversas aplicaciones de blockchain [144]. El uso de algoritmos criptográficos como el Algoritmo de Hash Seguro (SHA) y el Resumen de Primitivas de Integridad RACE (RIPEMD) en Bitcoin garantiza la integridad y seguridad de la blockchain [146].

La escalabilidad y los mecanismos de consenso de la cadena de bloques de Bitcoin, como Proof-of-Work (PoW), han sido objeto de investigación y desarrollo para abordar desafíos relacionados con el rendimiento y la latencia [147, 148]. Varias propuestas, incluida Bitcoin-NG, han buscado mejorar la escalabilidad y la eficiencia de redes de blockchain como Bitcoin [149]. El diseño de protocolos de cadena paralela seguros y el ajuste de la dificultad de minería en Bitcoin contribuyen a la robustez y estabilidad de la red [150].

El lanzamiento de la red de Bitcoin con la minería del bloque génesis en 2009 marcó un hito significativo en la historia de las criptomonedas y los sistemas descentralizados. El mensaje oculto en el bloque génesis no solo proporcionó una marca de tiempo, sino que también reflejó el contexto financiero de la época. Desde entonces, la tecnología blockchain que sustenta a Bitcoin ha evolucionado para convertirse en una piedra angular de los sistemas descentralizados, ofreciendo un registro seguro y transparente de las transacciones. La investigación continua sigue enfocada en mejorar los aspectos de escalabilidad, seguridad y privacidad de las redes de blockchain como Bitcoin para satisfacer las demandas de un paisaje digital en rápida evolución.

Después del lanzamiento de Bitcoin, su creador, Nakamoto, siguió involucrado activamente en el proyecto, proporcionando actualizaciones de software y participando con los primeros adoptantes a través de plataformas en línea [151]. Esta dedicación al desarrollo y la comunicación ayudó a establecer una base para el crecimiento de la criptomoneda. La primera transacción registrada de Bitcoin tuvo lugar el 22 de mayo de 2010, cuando Laszlo Hanyecz intercambió 10,000 bitcoins por dos pizzas, marcando un hito significativo en la aplicación real de Bitcoin [151].

Durante su fase inicial, Bitcoin atrajo principalmente a entusiastas y expertos en criptografía, con un valor relativamente bajo y su potencial aún no ampliamente reconocido [152]. Sin embargo, a medida que más individuos se adentraron en la tecnología y sus posibilidades, la popularidad de Bitcoin aumentó, acompañada de un aumento constante en su valor. Este reconocimiento gradual de las capacidades de Bitcoin y la expansión de su base de usuarios sentaron las bases para su eventual aceptación y adopción generalizada.

Los estudios han demostrado que los primeros usuarios de Bitcoin abarcaban una variedad de individuos, incluidos entusiastas de la programación informática, inversores especulativos, libertarios e incluso personas involucradas en actividades ilícitas [153]. Esta base de usuarios variada destaca el atractivo multifacético de Bitcoin durante sus años formativos. A medida que más personas exploraban la criptomoneda, su demografía de usuarios evolucionó, reflejando las percepciones y aplicaciones cambiantes de Bitcoin dentro de diferentes segmentos de la sociedad.

La aparición de Bitcoin como un instrumento financiero novedoso provocó una investigación extensiva sobre sus aspectos económicos, tecnológicos y de gobernanza [154]. Los académicos han examinado los principios de diseño, las propiedades y las posibles aplicaciones de Bitcoin para audiencias tanto técnicas como no técnicas, arrojando luz sobre los riesgos y desafíos regulatorios asociados con su integración en los sistemas financieros tradicionales [155]. Este análisis exhaustivo ha contribuido a una comprensión más profunda del papel de Bitcoin en el panorama financiero en evolución.

A medida que Bitcoin ganaba tracción, su dinámica de precios y comportamiento en el mercado atrajeron una atención significativa de los investigadores [156]. Los estudios han investigado las propiedades de precios de los activos de las criptomonedas, analizando las estadísticas de retorno, las variaciones del mercado y las propiedades de escalado de las fluctuaciones de precios en los mercados de Bitcoin [157]. Al explorar las características estadísticas de los mercados de criptomonedas, los investigadores han tratado de desentrañar los mecanismos subyacentes que impulsan los movimientos de precios y las tendencias del mercado en el ámbito de los activos digitales.

La evolución de Bitcoin de un interés de nicho a un fenómeno global ha impulsado investigaciones sobre su impacto social y los patrones de adopción [158]. Los investigadores han explorado factores que influyen en las intenciones de las personas de adoptar Bitcoin, considerando elementos como los efectos de red, los mecanismos de aprendizaje y las influencias sociales [159]. Comprender los impulsores de la adopción de Bitcoin es crucial para predecir su trayectoria futura y evaluar su papel en la remodelación de comportamientos y normas financieras.

Además, la interacción entre los avances tecnológicos y las prácticas financieras ha sido un punto focal en el estudio del auge de las criptomonedas como Bitcoin [160]. Las investigaciones sobre las ofertas iniciales de monedas (ICO) han destacado la convergencia de las tecnologías digitales y los procesos de financiamiento, subrayando cómo estas dinámicas configuran el panorama financiero contemporáneo [161]. Al esclarecer las conexiones entre tecnología y finanzas, los académicos buscan esclarecer el potencial transformador de las criptomonedas en la redefinición de los paradigmas económicos tradicionales.

El concepto de confianza ha sido central en la adopción y utilización de Bitcoin, con estudios que enfatizan la importancia de la confianza en el fomento del compromiso con las monedas digitales [162]. La investigación sobre el diseño de la confianza en los ecosistemas de Bitcoin subraya el papel de las motivaciones y percepciones de los usuarios finales en la configuración de las dinámicas de confianza dentro de las redes de criptomonedas [163]. Al examinar los marcos de confianza y los comportamientos de los usuarios, los académicos buscan mejorar la comprensión de los mecanismos de confianza en los sistemas financieros descentralizados.

El viaje de Bitcoin de un experimento digital oscuro a un fenómeno global implicó varios hitos clave. El desarrollo del ecosistema de Bitcoin, incluidos los intercambios, las billeteras y la aceptación por parte de los comerciantes, jugó un papel crucial en su crecimiento. Con el tiempo, Bitcoin ganó reconocimiento tanto como moneda digital como activo de inversión.

La tecnología blockchain subyacente inspiró una ola de innovación, que condujo a la creación de numerosas otras criptomonedas y aplicaciones descentralizadas. El éxito de Bitcoin demostró la viabilidad de las monedas digitales descentralizadas y allanó el camino para una exploración más amplia de la tecnología blockchain.

El génesis de Bitcoin y su evolución posterior han tenido profundas implicaciones para las finanzas, la tecnología y la sociedad. Ha desafiado los sistemas financieros tradicionales, introducido nuevos conceptos como las finanzas descentralizadas (DeFi) y los contratos inteligentes, y ha suscitado debates sobre el futuro del dinero y la gobernanza.

La creación de Bitcoin marcó el comienzo de una nueva era en la moneda digital y la tecnología blockchain. Su impacto sigue resonando, moldeando el desarrollo de futuras tecnologías e influyendo en los sistemas financieros globales. La visión articulada en el white paper de Satoshi Nakamoto se ha convertido en una realidad, impulsando la innovación y la exploración continua en el mundo de las criptomonedas.

Satoshi Nakamoto: El Creador Misterioso

Satoshi Nakamoto es ampliamente reconocido como el individuo o grupo seudónimo detrás de la creación de Bitcoin y la autoría de su documento fundamental. A pesar del impacto significativo de Bitcoin en el mundo de las finanzas y la tecnología, la verdadera identidad de Satoshi Nakamoto sigue envuelta en misterio, con diversas teorías y especulaciones circulando sobre quién podría ser esta figura o grupo enigmático. El nombre "Satoshi Nakamoto" en sí mismo tiene una influencia japonesa, lo que añade al misterio en torno a la identidad del creador de Bitcoin [164].

La introducción de Bitcoin en 2008 a través del documento titulado "Bitcoin: A Peer-to-Peer Electronic Cash System" marcó un momento crucial en la historia de las criptomonedas. Este innovador documento, escrito por el misterioso Satoshi Nakamoto, sentó las bases para un sistema de moneda digital descentralizado que opera sin la necesidad de intermediarios como bancos o instituciones financieras [165]. El documento describió el concepto innovador de usar una red de igual a igual para facilitar transacciones electrónicas, revolucionando la forma en que las personas perciben y se relacionan con los sistemas financieros tradicionales.

La visión de Satoshi Nakamoto para Bitcoin se basaba en los principios de descentralización y ausencia de confianza. Al aprovechar la tecnología blockchain, Nakamoto introdujo un enfoque novedoso para llevar a cabo transacciones seguras y transparentes en una red distribuida. La creación de Bitcoin no solo introdujo una nueva forma de moneda digital, sino que también desencadenó una ola de interés e inversión en la tecnología subyacente del blockchain [166]. La naturaleza descentralizada de Bitcoin, tal como fue concebida por Nakamoto, desafió las nociones convencionales de moneda y sistemas financieros, allanando el camino para un cambio de paradigma en cómo se intercambia y almacena el valor.

La importancia de la contribución de Satoshi Nakamoto al mundo de las criptomonedas va más allá de la creación de Bitcoin. El documento de Nakamoto sirvió como un catalizador para el desarrollo de un ecosistema vibrante de activos digitales y aplicaciones basadas en blockchain. El concepto de un sistema de efectivo electrónico de igual a igual, articulado por Nakamoto, inspiró una ola de innovación en la industria fintech, dando lugar a la aparición de diversas criptomonedas y plataformas descentralizadas [167]. El legado de Satoshi Nakamoto reside no solo en la creación de Bitcoin, sino también en el impacto transformador que esta moneda digital pionera ha tenido en la economía global y el panorama tecnológico.

La naturaleza enigmática de la identidad de Satoshi Nakamoto ha alimentado la especulación y la intriga dentro de la comunidad de criptomonedas y más allá. La decisión de permanecer en el anonimato y usar un seudónimo ha añadido un aura de misterio a la persona de Nakamoto, provocando innumerables investigaciones y teorías sobre la verdadera identidad del individuo o grupo detrás de la creación de Bitcoin [168]. A pesar de los persistentes esfuerzos por descubrir la identidad de Satoshi Nakamoto, el misterio persiste, contribuyendo a la fascinación duradera con los orígenes de Bitcoin y las motivaciones de su elusivo creador.

En el ámbito de las monedas digitales y la tecnología blockchain, Satoshi Nakamoto ocupa un estatus legendario como el visionario detrás de una de las innovaciones más disruptivas del siglo XXI. La decisión de publicar el documento de Bitcoin bajo un seudónimo no solo añadió al misterio en torno a Nakamoto, sino que también subrayó el ethos descentralizado del movimiento de las criptomonedas [169]. El legado duradero de la creación de Satoshi Nakamoto sigue moldeando la evolución de las criptomonedas y las aplicaciones blockchain, inspirando una nueva ola de avances tecnológicos y posibilidades financieras.

Como creador de Bitcoin y arquitecto de sus principios subyacentes, Satoshi Nakamoto sigue siendo una figura central en la narrativa del ascenso de las criptomonedas a la prominencia. La decisión de mantener el anonimato y comunicarse únicamente a través de canales en línea ha contribuido al misterio perdurable en torno a la persona de Nakamoto [170]. El impacto de la visión de Nakamoto se extiende mucho más allá del ámbito de las monedas digitales, influyendo en las discusiones sobre descentralización, ausencia de confianza y el futuro de los sistemas financieros en un mundo cada vez más interconectado.

Satoshi Nakamoto, el creador seudónimo de Bitcoin, comenzó a distanciarse del proyecto entre 2010 y 2011, dejando de comunicarse públicamente [166]. A pesar de los extensos esfuerzos por descubrir la verdadera identidad de Nakamoto, no ha surgido evidencia definitiva, preservando el anonimato del creador de Bitcoin [166]. El retiro de Nakamoto no impidió el avance de Bitcoin; en cambio, la comunidad más amplia y varios desarrolladores continuaron progresando con la criptomoneda, contribuyendo a su adopción generalizada y a la aparición de numerosas otras criptomonedas y tecnologías blockchain [166].

El trabajo fundamental de Nakamoto sobre Bitcoin ha tenido un impacto duradero en el panorama financiero, con la naturaleza descentralizada de la criptomoneda atrayendo un interés significativo de los inversores debido a su innovadora tecnología blockchain [166]. El documento publicado por Nakamoto en 2008 describió los principios de Bitcoin como un sistema de efectivo electrónico de igual a igual, estableciendo las bases para un sistema de intercambio monetario y financiero descentralizado [166]. Esta visión resonó con muchos, despertando curiosidad y sentando las bases para el desarrollo de monedas digitales y aplicaciones basadas en blockchain [166].

El desarrollo de Bitcoin bajo la guía de Nakamoto allanó el camino para el surgimiento de iniciativas de tecnología financiera (fintech), que han transformado la industria financiera [171]. Fintech, impulsada por la transformación digital, se ha convertido en una piedra angular de la innovación financiera, ofreciendo nuevas vías para realizar transacciones y gestionar servicios financieros [171]. La introducción de la tecnología blockchain, tal como la explicó Nakamoto, ha jugado un papel crucial en la remodelación de los sistemas financieros tradicionales y en el advenimiento de una nueva era de interacciones financieras descentralizadas [171].

La explicación meticulosa de Nakamoto sobre los principios operativos de Bitcoin y los conceptos fundamentales de la tecnología blockchain en el documento estableció las bases para el éxito de la criptomoneda y la aceptación más amplia de las soluciones basadas en blockchain [172]. El enfoque innovador hacia las transacciones digitales y la naturaleza segura y descentralizada de la tecnología blockchain han desbloqueado numerosas posibilidades más allá de las criptomonedas, incluyendo aplicaciones en la gestión de la cadena de suministro, la verificación de identidad y los contratos inteligentes [169].

La influencia de Nakamoto se extiende más allá de Bitcoin, moldeando el desarrollo de las finanzas descentralizadas (DeFi) e inspirando a los emprendedores a explorar el potencial de la tecnología blockchain en diversos sectores [173]. Los principios descritos en el documento de Nakamoto han actuado como un catalizador para la innovación, impulsando la investigación en aplicaciones novedosas del blockchain en áreas como los sistemas energéticos, la educación digital y la gestión de la cadena de suministro [170]. Las características inmutables y transparentes del blockchain han revolucionado la seguridad de datos y los sistemas de autenticación, ofreciendo soluciones a desafíos de larga data en diferentes industrias [136].

Además, la visión de Nakamoto para Bitcoin como un sistema de efectivo electrónico de igual a igual ha suscitado debates sobre el papel de las criptomonedas en el panorama macroeconómico. El potencial disruptivo de las monedas virtuales como Bitcoin ha provocado debates sobre su viabilidad como monedas nacionales y su impacto en las transacciones financieras tradicionales. La aparición de las criptomonedas no solo ha atraído a inversores, sino que también ha generado preguntas sobre su clasificación como activos digitales y sus implicaciones para los marcos legales.

Existen diversas teorías sobre la verdadera identidad de Satoshi Nakamoto, el individuo o grupo anónimo detrás de la creación de Bitcoin y la tecnología blockchain. Las especulaciones incluyen atribuciones a individuos como Hal Finney, Nick Szabo y Craig Wright, así como sugerencias de esfuerzos colectivos por parte de organizaciones. Hal Finney, un criptógrafo respetado, fue uno de los primeros en apoyar a Bitcoin y recibió una de las primeras transacciones de Bitcoin de Nakamoto [174]. Nick Szabo, conocido por su trabajo en conceptos de moneda digital y contratos inteligentes, también ha sido vinculado con el seudónimo de Nakamoto [175]. Por otro lado, Craig Wright, un empresario australiano, afirmó de manera controvertida ser Nakamoto, una declaración recibida con escepticismo dentro de la comunidad de criptomonedas [175].

A pesar de estas conjeturas, la verdadera identidad de Satoshi Nakamoto sigue siendo desconocida, sin evidencia definitiva que confirme ninguna de las teorías propuestas [175]. La enigmática figura de Nakamoto ha suscitado debates e investigaciones continuas dentro de las comunidades de criptomonedas y blockchain, ya que investigadores y entusiastas siguen explorando los orígenes de Bitcoin y la tecnología innovadora que introdujo [176].

El génesis de la tecnología blockchain, atribuida a Satoshi Nakamoto, data de 2008 cuando Nakamoto presentó el concepto en un documento titulado "Bitcoin: A Peer-to-Peer Electronic Cash System" [177]. Este documento seminal describió el marco para un sistema de moneda digital descentralizada basado en principios criptográficos y redes de igual a igual para facilitar transacciones seguras y transparentes [177]. El lanzamiento de Bitcoin en 2009 marcó la implementación práctica de la visión de Nakamoto, transformando el panorama financiero y allanando el camino para el ascenso de criptomonedas y aplicaciones blockchain [178].

La contribución pionera de Satoshi Nakamoto con Bitcoin no solo introdujo una nueva forma de moneda digital, sino que también estableció las bases para el desarrollo de la tecnología blockchain [179]. La integración innovadora de blockchain en la arquitectura de Bitcoin proporcionó un registro seguro e inmutable para el registro de transacciones, abordando desafíos en la confianza digital y sistemas descentralizados [180]. Al combinar técnicas criptográficas, algoritmos de consenso y sistemas distribuidos, la creación de Bitcoin por parte de Nakamoto demostró el potencial de blockchain más allá de las aplicaciones monetarias [181].

El impacto del trabajo de Satoshi Nakamoto se extiende más allá de las finanzas, con la tecnología blockchain encontrando aplicaciones en diversos sectores como la salud, el transporte y la gestión de la cadena de suministro [182]. La naturaleza descentralizada y transparente de blockchain ha generado interés en su capacidad para revolucionar la gestión de datos, la seguridad y la interoperabilidad en diversas industrias [181]. La visión original de Nakamoto para blockchain como una herramienta para el consenso descentralizado y la confianza ha inspirado la innovación y la investigación orientadas a desbloquear el potencial completo de la tecnología.

El legado de Satoshi Nakamoto y el surgimiento de la tecnología blockchain han provocado un cambio en cómo percibimos y interactuamos con los activos digitales y la información [176]. Las características descentralizadas e inviolables de blockchain han desafiado los sistemas centralizados tradicionales, ofreciendo nuevas oportunidades para el intercambio de datos seguro y eficiente. A medida que los investigadores profundizan en los orígenes y las implicaciones de las contribuciones de Nakamoto, la influencia transformadora de la tecnología blockchain sigue siendo un punto focal de la investigación académica y el progreso tecnológico.

En conclusión, el misterio que rodea la identidad de Satoshi Nakamoto y el impacto duradero de Bitcoin y la tecnología blockchain destacan la significativa influencia de este innovador anónimo en el panorama digital. Aunque la identidad de Nakamoto sigue sin revelarse, el legado de su trabajo continúa moldeando la evolución de las criptomonedas, los sistemas descentralizados y las transacciones sin confianza en la era digital. A medida que los investigadores profundizan en los orígenes y las implicaciones de las contribuciones de Nakamoto, la importancia de la tecnología blockchain como motor de innovación y disrupción se vuelve cada vez más evidente.

Cómo Funciona Bitcoin

Bitcoin es una moneda digital descentralizada que permite transacciones entre pares sin la necesidad de intermediarios como bancos o instituciones financieras. A diferencia de las monedas tradicionales, que son emitidas y reguladas por autoridades centrales, Bitcoin opera en una red descentralizada de computadoras, basándose en principios criptográficos y una tecnología conocida como blockchain.

En el núcleo del funcionamiento de Bitcoin se encuentra el blockchain, un libro mayor distribuido que registra todas las transacciones de Bitcoin. El blockchain es una cadena continua de bloques, donde cada bloque contiene una lista de transacciones. Una vez que un bloque está lleno de transacciones, se vincula criptográficamente con el bloque anterior, formando una cadena inmutable. Esta cadena de bloques es mantenida por una red de nodos, cada uno de los cuales tiene una copia del blockchain, asegurando la transparencia y la seguridad en toda la red.

El blockchain de Bitcoin es una base de datos descentralizada que registra todas las transacciones de Bitcoin de manera segura e inmutable. Funciona a través de una combinación de técnicas criptográficas, computación distribuida y mecanismos de consenso para garantizar la integridad y seguridad de los datos [183].

El blockchain de Bitcoin no se almacena en un solo lugar. En cambio, se distribuye a través de una red de computadoras, conocidas como nodos. Cada nodo mantiene una copia completa del blockchain, lo que significa que cada transacción y bloque se replica en toda la red. Cuando se realiza un cambio en el blockchain, como la adición de un nuevo bloque, todos los nodos actualizan sus copias del blockchain para reflejar este cambio. Esta naturaleza distribuida asegura que el blockchain sea resistente a manipulaciones y fallos, ya que no hay un punto central de control ni un único punto de falla.

El blockchain en sí está compuesto por una serie de bloques, cada uno de los cuales contiene varios componentes críticos. Los bloques son las unidades fundamentales del blockchain y están diseñados para almacenar datos sobre transacciones, enlaces a bloques anteriores, direcciones y el código necesario para ejecutar y validar transacciones. Para entender cómo funciona el blockchain, es crucial comprender la estructura y el papel de estos bloques [183].

Cuando se crea un nuevo bloque, contiene varias piezas clave de información, todas las cuales están codificadas en un número de 256 bits conocido como el hash del bloque. Este hash identifica de manera única el bloque y lo vincula con el bloque anterior en la cadena. Los componentes de un bloque incluyen [183]:

- **Versión del Software Actual**: La versión del software cliente de Bitcoin que se usa para procesar y validar el bloque.

- **Hash del Bloque Anterior**: El hash del bloque que precede al actual, vinculando los bloques en una cadena.

- **Transacción Coinbase**: La primera transacción en el bloque, que se usa para emitir la recompensa por minar el bloque. Esta recompensa es en forma de bitcoins recién creados y tarifas de transacción.

- **Número de Altura del Bloque**: Una representación numérica de la posición del bloque en el blockchain, indicando qué tan lejos está del primer bloque (conocido como el bloque génesis).

- **Raíz de Merkle**: Un número de 256 bits que representa un hash de todas las transacciones incluidas en el bloque. Esta raíz asegura que los datos dentro del bloque permanezcan inalterados y es integral para verificar el contenido del bloque.
- **Timestamp**: La fecha y hora exactas en que el bloque fue creado y añadido al blockchain.
- **Objetivo en Bits**: Esto representa el nivel de dificultad del problema criptográfico que debe resolverse para minar el bloque. Se usa para controlar la tasa a la que se añaden nuevos bloques al blockchain.
- **Nonce**: Un número de 32 bits que los mineros ajustan para encontrar un hash de bloque válido. El nonce es una parte crítica del proceso de minería y se usa para producir un hash que cumpla con los requisitos de dificultad de la red.

Una vez que un bloque está lleno de transacciones, se "cierra" y se genera un hash único. Este hash no solo identifica el bloque, sino que también incluye información de bloques anteriores, creando una cadena de bloques. La interconexión de los bloques es lo que hace que el blockchain sea seguro e inmutable. El hash de cada bloque depende del hash del bloque anterior, creando una cadena continua e irrompible [183].

El proceso de agregar nuevos bloques al blockchain se conoce como minería. La minería implica resolver un problema matemático complejo, conocido como prueba de trabajo, que requiere una potencia computacional significativa. Los mineros compiten para resolver este problema, y el primer minero en tener éxito puede añadir el bloque al blockchain y recibe una recompensa en forma de nuevos bitcoins y tarifas de transacción. La minería sirve para validar transacciones, asegurar la red y regular la creación de nuevos bitcoins [183].

Las transacciones de Bitcoin se procesan y verifican mediante un proceso llamado minería. La minería implica resolver problemas matemáticos complejos, conocidos como prueba de trabajo, que requiere una potencia computacional significativa. Los mineros compiten para resolver estos problemas, y el primer minero en encontrar una solución es recompensado con bitcoins recién creados y las tarifas de transacción asociadas con las transacciones incluidas en el bloque.

La prueba de trabajo cumple dos propósitos principales: asegura la red al hacer que sea computacionalmente inviable para cualquier entidad alterar el blockchain, y garantiza la distribución justa de nuevos bitcoins. La dificultad de los problemas matemáticos se ajusta periódicamente para asegurar que nuevos bloques se añadan aproximadamente cada diez minutos, manteniendo una tasa constante de creación de bloques.

Cuando un usuario inicia una transacción de Bitcoin, la transacción se transmite a la red y se recoge en un pool de memoria, donde espera ser incluida en un bloque. Cada transacción contiene una firma digital que verifica la identidad del remitente y asegura que la transacción no haya sido manipulada. Las transacciones se agrupan en un bloque por los mineros, quienes validan las transacciones a través del proceso de prueba de trabajo.

Una vez que un bloque es minado y añadido al blockchain, las transacciones dentro de ese bloque se consideran confirmadas. El proceso de confirmación implica que se añadan varios bloques al blockchain después del que contiene la transacción, lo que aumenta la seguridad e inmutabilidad del registro de transacciones.

Para interactuar con la red de Bitcoin, los usuarios necesitan una billetera de Bitcoin, que es una herramienta de software o hardware que almacena sus claves privadas y públicas. La clave pública se usa para recibir bitcoins, mientras que la clave privada se usa para firmar transacciones y probar la propiedad de los bitcoins asociados con la clave pública. La seguridad de una billetera de Bitcoin depende del secreto de la clave privada; cualquiera que tenga acceso a la clave privada puede controlar los bitcoins asociados.

La naturaleza descentralizada de Bitcoin significa que ninguna entidad única controla la red. En cambio, el control está distribuido a través de una red de nodos, cada uno de los cuales valida y mantiene una copia del blockchain. Esta descentralización mejora la seguridad al reducir el riesgo de un único punto de falla y dificultar que actores malintencionados alteren los registros de transacciones.

El límite de suministro fijo de 21 millones de monedas de Bitcoin es un elemento fundamental de su diseño, asegurando escasez y preservación del valor [184]. El proceso de minería, que genera nuevos bitcoins, se reduce a la mitad aproximadamente cada cuatro años, disminuyendo la tasa de creación de nuevas monedas y ayudando en el control de la inflación [185]. Este mecanismo continúa hasta que se extraigan los 21 millones de bitcoins, un hito que se proyecta alcanzar alrededor del año 2140 [185]. La introducción del halving de Bitcoin por Nakamoto tenía como objetivo regular la emisión de monedas y mantener la escasez dentro del ecosistema blockchain [185].

La relación entre la tasa de hash y el precio de Bitcoin ha sido objeto de estudio, utilizando metodologías como el suavizado exponencial para modelar la dinámica de eficiencia energética de la red de Bitcoin [186]. Además, se han abordado la escalabilidad y la velocidad de transacción de los sistemas blockchain, incluido Bitcoin, a través de enfoques como la prueba de trabajo paralela para mejorar el rendimiento del sistema [187]. Se ha analizado el impacto de los eventos de halving en el valor justo de mercado de Bitcoin, arrojando luz sobre cómo este proceso influye en el panorama económico de la criptomoneda [188].

Los pools de minería juegan un papel crucial en el ecosistema de Bitcoin, siendo actores significativos en la red [189]. Estos pools contribuyen a la seguridad, validez y estabilidad del sistema al minar bloques de manera colectiva [190]. Además, los pools de minería dominan los recursos computacionales dentro de la red de Bitcoin, ejerciendo una influencia considerable en la seguridad y el rendimiento de la red [191]. Se han explorado las implicaciones económicas de los eventos de halving de Bitcoin, revelando sus efectos en el mercado de capitales de EE.UU. y enfatizando la volatilidad y las fluctuaciones rápidas asociadas con este activo digital [192].

Las transacciones de Bitcoin son seudónimas, lo que significa que, aunque las identidades de los participantes no se revelan directamente, sus transacciones se registran en el blockchain y son accesibles públicamente. Esta transparencia permite a los usuarios verificar las transacciones y auditar la red sin revelar información personal.

Bitcoin enfrenta varios desafíos, incluidos problemas de escalabilidad, altas tarifas de transacción durante períodos de alta demanda y preocupaciones sobre su impacto ambiental debido a la naturaleza intensiva en energía de la minería. Innovaciones como la Lightning Network buscan abordar estos desafíos al permitir transacciones más rápidas y económicas fuera de la cadena, mientras se mantiene la seguridad de la red de Bitcoin.

Minería de Bitcoin

La minería de Bitcoin es un proceso crucial que sustenta el funcionamiento de la red de Bitcoin. Implica validar transacciones, asegurar el blockchain e introducir nuevos bitcoins en circulación. Este proceso se ejecuta mediante software y hardware especializados, y requiere una potencia computacional significativa. A continuación, se explica cómo funciona la minería de Bitcoin [183]:

La minería es esencialmente el proceso de validar transacciones y crear un nuevo bloque en el blockchain de Bitcoin. Cuando se realizan transacciones en la red de Bitcoin, se recopilan en un pool de transacciones pendientes. Los mineros luego seleccionan estas transacciones, las agrupan en un bloque e intentan agregar este bloque al blockchain. Este proceso es crítico para mantener la integridad y seguridad del libro mayor de Bitcoin.

En el núcleo de la minería está el concepto de hashing. Un hash es una cadena de caracteres de longitud fija generada por un algoritmo criptográfico que representa de manera única los datos dentro de un bloque. Los mineros trabajan para encontrar un hash que cumpla con ciertos criterios definidos por el objetivo de dificultad de la red de Bitcoin. El objetivo de dificultad es un número que dicta qué tan difícil es encontrar un hash válido.

Para encontrar este hash, los mineros utilizan un proceso llamado "prueba de trabajo". Comienzan con los datos del bloque y un nonce—un número variable que los mineros cambian con cada intento. Al modificar el nonce y hashear los datos del bloque repetidamente, los mineros generan diferentes valores de hash. El objetivo es producir un hash que sea igual o menor que el valor objetivo de la red. Este proceso requiere un esfuerzo computacional inmenso, ya que el nonce correcto no se conoce de antemano y debe ser descubierto mediante prueba y error.

La eficiencia de la minería se mide por la tasa de hash, que es el número de hashes que un minero puede calcular por segundo. Las tasas de hash altas mejoran la probabilidad de encontrar un hash válido y obtener la recompensa del bloque. Los mineros utilizan varios tipos de hardware para lograr altas tasas de hash, que van desde computadoras de propósito general hasta dispositivos especializados conocidos como Circuitos Integrados de Aplicación Específica (ASICs). Los ASICs son máquinas personalizadas optimizadas específicamente para la minería, ofreciendo un rendimiento superior en comparación con el hardware de propósito general.

Figura 7: Máquinas de Minería de Bitcoin Canaan AvalonMiner A10. Canaan, CC BY-SA 4.0, vía Wikimedia Commons.

La minería es un proceso competitivo. Los mineros de la red están trabajando para resolver el rompecabezas criptográfico y encontrar el hash correcto. El primer minero que encuentra un hash válido lo transmite a la red, y si otros nodos confirman que el hash es correcto, el nuevo bloque se añade a la cadena de bloques. Este minero es recompensado con bitcoins recién acuñados y las tarifas de transacción de las transacciones incluidas en el bloque.

La red de Bitcoin ajusta la dificultad de la minería aproximadamente cada dos semanas, o cada 2,016 bloques. Este ajuste asegura que los bloques se añadan a la cadena de bloques aproximadamente cada 10 minutos, independientemente de la potencia computacional total de la red. Si más mineros se unen a la red o si el hardware de minería se vuelve más eficiente, la dificultad aumenta, requiriendo una cadena más larga de ceros en el hash para cumplir con el objetivo. Por el contrario, si los mineros abandonan la red o el hardware se vuelve menos eficiente, la dificultad disminuye.

La minería es una actividad intensiva en energía. El proceso consume una cantidad significativa de electricidad debido a la necesidad de ejecutar el hardware de minería continuamente a altas velocidades. A medida que la dificultad de la minería ha aumentado con el tiempo, también lo ha hecho la potencia requerida para resolver los rompecabezas criptográficos. Esto ha llevado al desarrollo de granjas de minería, operaciones a gran escala con numerosas máquinas de minería trabajando en paralelo para aumentar la tasa de hash y mejorar las posibilidades de obtener recompensas.

Figura 8: Instalación de Minería de Bitcoin Argo Blockchain Mirabel (2018). MikeBogosian, CC BY-SA 4.0, a través de Wikimedia Commons.

Dada la naturaleza competitiva de la minería y los recursos sustanciales requeridos, muchos mineros individuales se unen a grupos de minería. Un grupo de minería es una colectiva de mineros que combinan su poder computacional y comparten las recompensas en función de su contribución. Este enfoque ayuda a estabilizar las ganancias y reduce la variabilidad asociada con la minería.

Figura 9: Una granja de minería de Bitcoin. Marko Ahtisaari, CC BY 2.0, vía Wikimedia Commons.

La minería de Bitcoin ha evolucionado significativamente desde el inicio de la criptomoneda, y esta evolución ha influido en los tipos de hardware y software utilizados para la minería. Inicialmente, era posible minar Bitcoin en computadoras personales debido a la menor dificultad de la red y la competencia. Sin embargo, a medida que Bitcoin ganó popularidad y más mineros se unieron a la red, la complejidad de la minería aumentó, requiriendo equipos más especializados [193].

Cuando Bitcoin se introdujo por primera vez en 2009, era posible minar utilizando computadoras personales estándar. En ese momento, la dificultad de la red era relativamente baja y la potencia computacional requerida para resolver los rompecabezas criptográficos estaba al alcance de las computadoras domésticas promedio. Los entusiastas primeros adoptantes podían minar Bitcoin de manera efectiva utilizando sus CPU (unidades de procesamiento central) y, más tarde, las GPU (unidades de procesamiento gráfico) a medida que se hicieron disponibles. Estas GPU, diseñadas para manejar tareas paralelas en la renderización gráfica, demostraron ser más eficientes que las CPU para la minería debido a su capacidad para procesar múltiples cálculos simultáneamente.

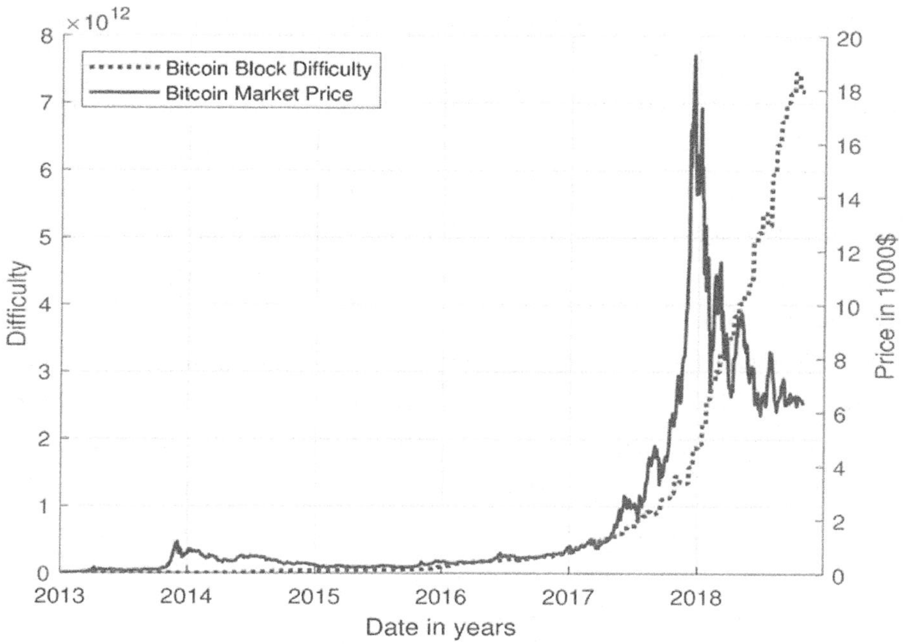

Figura 10: Desarrollo de la dificultad de bloque de Bitcoin y el precio de mercado desde enero de 2013 hasta octubre de 2018 (Blockchain Luxembourg S.A., 2018). Zade, Myklebost, Tzscheutschler y Wagner, CC BY-SA 4.0, a través de Wikimedia Commons.

La minería de Bitcoin ha evolucionado significativamente desde el inicio de la criptomoneda, y esta evolución ha influido en los tipos de hardware y software utilizados para la minería. Inicialmente, minar Bitcoin era factible en computadoras personales debido a la menor dificultad de la red y la competencia. Sin embargo, a medida que Bitcoin ganó popularidad y más mineros se unieron a la red, la complejidad de la minería aumentó, requiriendo equipos más especializados [193].

Cuando Bitcoin se introdujo por primera vez en 2009, era posible minar utilizando computadoras personales estándar. En ese momento, la dificultad de la red era relativamente baja, y la potencia computacional requerida para resolver los rompecabezas criptográficos estaba al alcance de las computadoras domésticas promedio. Los entusiastas adoptantes tempranos podían minar Bitcoin de manera efectiva utilizando sus CPU (unidades de procesamiento central) y, más tarde, sus GPU (unidades de procesamiento gráfico) a medida que se hicieron disponibles. Estas GPU, diseñadas para manejar tareas paralelas en la renderización de gráficos, demostraron ser más eficientes que las CPU para la minería debido a su capacidad para procesar múltiples cálculos simultáneamente.

El poder computacional requerido para la minería ha crecido exponencialmente. A partir del 15 de mayo de 2024, la red de Bitcoin genera aproximadamente 600 quintillones de hashes por segundo. Este número asombroso resalta la escala de la competencia dentro de la red. En contraste, una computadora personal moderna típica, incluso con el hardware más reciente, puede alcanzar una tasa de hashing de alrededor de 100 megahashes por segundo (100 millones de hashes por segundo). Esta comparación ilustra por qué minar en computadoras personales se ha vuelto en gran medida poco práctico para los mineros individuales [193].

Los mineros ASIC representan la vanguardia de la tecnología de minería. Estos dispositivos pueden generar más de 400 billones de hashes por segundo, superando con creces las capacidades de las computadoras personales e incluso las GPU. La eficiencia de los ASIC es el resultado de su diseño especializado, que se enfoca exclusivamente en realizar los cálculos repetitivos de hashing necesarios para la minería. El significativo poder de hashing de los ASIC permite a los mineros competir de manera efectiva dentro de la red y tener una mejor oportunidad de resolver el rompecabezas criptográfico y obtener recompensas [193].

Para los mineros individuales que utilizan computadoras personales, las posibilidades de minar Bitcoin con éxito por su cuenta son extremadamente bajas. El vasto poder computacional de los mineros ASIC significa que las computadoras personales ya no son competitivas en esta arena. Como resultado, muchos mineros individuales han recurrido a los grupos de minería, donde pueden combinar sus recursos con otros mineros para aumentar sus posibilidades de resolver el hash y compartir las recompensas. Los grupos de minería distribuyen el trabajo y las recompensas entre los participantes, haciendo que la minería sea más accesible y rentable para aquellos que no tienen acceso a hardware especializado [193].

La evolución del hardware de minería, desde las computadoras personales hasta los ASIC, refleja los cambios más amplios en el panorama de la minería de Bitcoin. A medida que la red creció y la dificultad aumentó, la necesidad de hardware más eficiente y potente se hizo evidente. Hoy en día, minar Bitcoin requiere una inversión sustancial en equipos e infraestructura especializados. El cambio hacia los ASIC y las granjas de minería demuestra la creciente escala y profesionalismo de la industria minera, destacando los desafíos que enfrentan los mineros individuales y la creciente importancia de los esfuerzos colectivos en el proceso de minería [193].

Opciones para una Minería de Bitcoin Exitosa

La minería de Bitcoin implica una variedad de opciones de hardware y software, cada una con sus propias ventajas y limitaciones. Aquí están los métodos principales para una minería exitosa [193]:

1. Uso de Computadoras Personales y Software de Minería

Inicialmente, la minería de Bitcoin era factible con computadoras personales, pero a medida que la red creció, la complejidad de la minería aumentó. Hoy en día, aunque las computadoras personales aún se pueden utilizar para la minería, su eficiencia es limitada en comparación con el hardware especializado. Para mejorar tus posibilidades de minar Bitcoin con una computadora personal, puedes unirte a un grupo de minería. Los grupos de minería son colaboraciones donde múltiples mineros combinan su potencia computacional para aumentar la probabilidad de resolver un bloque. Al agrupar recursos, los mineros comparten las recompensas proporcionalmente a su contribución, lo que lo convierte en una opción más práctica para los mineros individuales.

Varios programas de software pueden facilitar la minería en computadoras personales, como CGMiner y BFGMiner. Estos programas son compatibles con el software de Bitcoin y proporcionan varias características para una minería eficiente. Los grupos de minería populares incluyen Foundry Digital, Antpool, F2Pool, ViaBTC y Binance.com. Unirse a un grupo de minería te permite aprovechar el poder colectivo y mejorar tus posibilidades de recibir recompensas en Bitcoin, aunque las recompensas se dividen entre los miembros del grupo según su contribución.

2. Compra de Circuitos Integrados Específicos de Aplicación (ASICs)

Para aquellos con recursos sustanciales, invertir en mineros ASIC es una opción viable. Los ASIC son máquinas especializadas diseñadas específicamente para minar Bitcoin, ofreciendo un rendimiento muy superior en comparación con las computadoras personales. Los nuevos mineros ASIC generalmente cuestan alrededor de $10,000, aunque los usados pueden estar disponibles a precios más bajos. Estas máquinas pueden producir hasta 400 billones de hashes por segundo, superando con creces las capacidades de las computadoras personales, que típicamente generan alrededor de 100 megahashes por segundo (100 millones).

Sin embargo, poseer y operar ASICs conlleva costos significativos más allá de la compra inicial. El consumo de electricidad y la refrigeración son gastos importantes, ya que los

ASICs requieren una gran cantidad de energía y generan mucho calor. La naturaleza competitiva de la minería significa que incluso con ASICs, el éxito no está garantizado. Las grandes operaciones mineras, como las realizadas por empresas como CleanSpark, que ordenó 100,000 ASICs en abril de 2024, dominan el panorama de la minería. Este nivel de inversión ilustra la escala en la que opera la minería competitiva.

Elegir el Grupo de Minería Adecuado

Si decides unirte a un grupo de minería, es crucial investigar la estructura de pagos del grupo, las políticas de tarifas y la reputación general. Los grupos de minería ofrecen varios esquemas de pago, como Pay-Per-Share (PPS) o Proporcional, cada uno con diferentes implicaciones sobre cómo se distribuyen las recompensas. Las tarifas del grupo, que generalmente varían entre el 1% y el 3%, pueden afectar tus ganancias totales. Leer reseñas y comparar diferentes grupos puede ayudarte a seleccionar uno que se alinee con tu estrategia de minería y maximice tus posibles rendimientos.

Aquí tienes un análisis detallado de algunos de los grupos de minería más populares:

Foundry Digital Foundry Digital es un destacado grupo de minería conocido por su infraestructura sustancial e influencia en el espacio de las criptomonedas. Opera bajo Foundry Services, una filial de Digital Currency Group (DCG), que es un jugador importante en la industria de los activos digitales. Foundry Digital ofrece servicios que incluyen operaciones de grupos de minería, así como adquisición de hardware y servicios financieros para los mineros. El grupo está diseñado para apoyar tanto a operaciones de minería a gran escala como a mineros más pequeños que buscan aprovechar el poder de minería colectivo. Foundry Digital es conocido por sus operaciones transparentes y estructuras de tarifas competitivas.

Antpool Antpool, operado por Bitmain Technologies, es uno de los grupos de minería de Bitcoin más grandes y conocidos a nivel mundial. Bitmain es un fabricante líder de hardware de minería, y Antpool se beneficia de la amplia experiencia de la empresa en tecnología de minería. Antpool soporta una amplia gama de algoritmos de minería y ofrece varios métodos de pago, incluyendo Pay-Per-Share (PPS) y Pay-Per-Last-N-Shares (PPLNS). El grupo tiene una reputación de fiabilidad y proporciona a los mineros estadísticas y análisis detallados para rastrear su rendimiento en la minería. La significativa participación de mercado de Antpool y su infraestructura robusta lo convierten en una opción popular entre los mineros.

F2Pool F2Pool es otro jugador importante en el mercado de grupos de minería de Bitcoin y es conocido por su presencia global. Fundado en China, F2Pool ha expandido sus operaciones a nivel mundial, haciéndolo accesible para mineros en diversas regiones. El grupo soporta múltiples criptomonedas más allá de Bitcoin, incluyendo Ethereum y Litecoin. F2Pool ofrece opciones de pago flexibles y mantiene una reputación de rendimiento consistente y fiabilidad. Proporciona informes y análisis detallados para ayudar a los mineros a optimizar sus operaciones y entender sus ganancias.

ViaBTC ViaBTC es un grupo de minería que ha ganado popularidad por su interfaz amigable y características innovadoras. Establecido en China, ViaBTC soporta una variedad de criptomonedas y ofrece varios métodos de pago para acomodar diferentes estrategias de minería. El grupo es conocido por su estructura de tarifas transparente y su enfoque centrado en el usuario, lo que lo convierte en una opción atractiva tanto para mineros novatos como experimentados. ViaBTC también proporciona estadísticas completas de minería y herramientas para ayudar a los usuarios a monitorear y gestionar sus actividades mineras de manera efectiva.

Binance.com Binance, uno de los intercambios de criptomonedas más grandes del mundo, también opera un grupo de minería conocido como Binance Pool. Aprovechando su extensa infraestructura y recursos del intercambio Binance, Binance Pool ofrece una experiencia fluida para los mineros, incluyendo integración con la plataforma de trading de Binance. Binance Pool soporta varias criptomonedas y ofrece tarifas y recompensas competitivas. Está diseñado para atender tanto a mineros individuales como a operaciones a gran escala, proporcionando análisis detallados de minería y soporte. La integración de Binance Pool con el ecosistema Binance ofrece ventajas adicionales, como la conversión más fácil de las recompensas de minería en otras criptomonedas o monedas fiduciarias.

Cada uno de estos grupos de minería—Foundry Digital, Antpool, F2Pool, ViaBTC y Binance.com—ofrece características y beneficios únicos adaptados a diferentes tipos de mineros. Foundry Digital es conocido por sus extensas conexiones en la industria, Antpool por su infraestructura masiva y rendimiento fiable, F2Pool por su alcance global y soporte para diversas criptomonedas, ViaBTC por su diseño amigable para el usuario y características innovadoras, y Binance Pool por su integración con un importante intercambio de criptomonedas. Elegir el grupo de minería adecuado depende de varios factores, incluyendo tarifas, estructuras de pago, consideraciones geográficas y las necesidades específicas del minero.

Uso de un ASIC para la Minería de Bitcoin

1. Entendiendo la Minería con ASIC: Los mineros ASIC (Circuito Integrado de Aplicación Específica) son hardware especializado diseñado específicamente para la minería de criptomonedas, particularmente Bitcoin. A diferencia de las computadoras de propósito general o las GPU (Unidades de Procesamiento Gráfico), los ASIC están diseñados para realizar un único tipo de tarea—en este caso, resolver los complejos rompecabezas matemáticos requeridos para la minería de Bitcoin—con mucha mayor eficiencia. Ofrecen altas tasas de hash, lo que significa que pueden procesar vastas cantidades de hashes por segundo, lo que aumenta significativamente las posibilidades de minar un bloque con éxito y ganar recompensas.

2. Elegir el Minero ASIC Adecuado: Al seleccionar un minero ASIC, considera factores como la tasa de hash, el consumo de energía y el costo. La tasa de hash, medida en terahashes por segundo (TH/s), indica cuántos hashes puede calcular la máquina en un segundo. Las tasas de hash más altas generalmente significan un mejor rendimiento, pero a un costo de mayor consumo de energía. Por ejemplo, el Antminer S19 Pro ofrece una alta tasa de hash, pero también requiere una cantidad sustancial de electricidad para operar. Evalúa tu presupuesto, tarifas de electricidad y espacio para determinar el modelo de ASIC más adecuado para tu operación minera.

3. Configuración del Hardware: Una vez que hayas adquirido un minero ASIC, el proceso de configuración incluye varios pasos:

- **Desembalaje y Ensamblaje:** Desempaqueta cuidadosamente el minero ASIC y ensámblalo de acuerdo con las instrucciones del fabricante. Esto generalmente implica conectar la unidad de fuente de alimentación (PSU) y conectar el minero a un sistema de enfriamiento si es necesario. El enfriamiento adecuado es esencial ya que los mineros ASIC generan mucho calor durante la operación.

- **Conexión a la Energía y a Internet:** Conecta el minero ASIC a una fuente de energía y conéctalo a tu router o módem usando un cable Ethernet. Algunos modelos pueden soportar Wi-Fi, pero una conexión por cable generalmente es preferida para estabilidad y rendimiento.

4. Configuración del Minero: Para comenzar a minar, necesitas configurar el minero ASIC:

- **Acceso a la Interfaz del Minero:** Usa un navegador web para acceder al panel de control del minero. La dirección IP del minero generalmente se puede encontrar a través de la lista de dispositivos conectados de tu router o utilizando herramientas de escaneo de red.

- **Ingreso de la Información del Pool:** Dentro de la interfaz del minero, ingresa los detalles del grupo de minería que has elegido. Esto incluye la URL del pool, el número de puerto y tus credenciales de trabajador (nombre de usuario y contraseña). Los pools de minería son grupos de mineros que comparten su poder computacional y recompensas, lo que ayuda a mitigar la variabilidad en el éxito de la minería.

- **Ajuste de Configuraciones:** Configura otros ajustes como la velocidad del ventilador, opciones de overclocking y límites de potencia si están disponibles. Algunos mineros permiten ajustes para optimizar el rendimiento y el consumo de energía.

5. Monitoreo y Mantenimiento: Después de la configuración, el minero ASIC comenzará a minar y a contribuir a la red blockchain. El monitoreo y mantenimiento regular son cruciales para un rendimiento óptimo:

- **Monitoreo del Rendimiento:** Usa el panel de control del minero para rastrear su tasa de hash, temperatura y rendimiento general. La mayoría del software de minería también proporciona datos en tiempo real y alertas para cualquier problema.

- **Mantenimiento Regular:** Limpia periódicamente el minero para eliminar polvo y escombros que pueden acumularse y afectar la eficiencia del enfriamiento. Verifica las conexiones y asegúrate de que los sistemas de enfriamiento estén funcionando correctamente para prevenir el sobrecalentamiento.

- **Actualizaciones de Software:** Mantén el firmware del minero actualizado para asegurar que opere de manera eficiente y segura. Los fabricantes suelen lanzar actualizaciones para mejorar el rendimiento y abordar cualquier vulnerabilidad.

6. Evaluación de la Rentabilidad: Operar un minero ASIC implica varios costos, principalmente electricidad y gastos de hardware. Para evaluar la rentabilidad, calcula lo siguiente:

- **Costos de Electricidad:** Multiplica el consumo de energía del minero (en vatios) por el costo por kilovatio-hora (kWh) de electricidad en tu área. Esto te dará el costo diario de electricidad.

- **Recompensas de Minería:** Determina el número promedio de bitcoins o fracciones de bitcoins ganados por día basado en la tasa de hash del minero y la dificultad de la red actual. Usa calculadoras de minería en línea para estimar las ganancias potenciales y compáralas con tus costos de electricidad.

- **Inversión Inicial:** Considera el costo del hardware ASIC y cualquier costo adicional de configuración. Compara estos gastos con tus recompensas estimadas de minería para evaluar el retorno de inversión (ROI).

Uso de un Pool de Minería para la Minería de Bitcoin

1. Entendiendo los Pools de Minería Un pool de minería es un colectivo de mineros que combinan su poder computacional para aumentar sus posibilidades de resolver los complejos rompecabezas matemáticos requeridos para la minería de Bitcoin. Al agrupar recursos, los miembros comparten las recompensas de minería en función de su esfuerzo computacional contribuido. Los pools de minería abordan el desafío de la dificultad de minería y la variabilidad en la distribución de recompensas, haciendo el proceso más predecible y estable en comparación con la minería en solitario.

2. Elegir un Pool de Minería Seleccionar el pool de minería adecuado implica evaluar varios factores clave:

- **Reputación y Fiabilidad:** Investiga pools con un sólido historial de fiabilidad y equidad. Busca pools con reseñas positivas de la comunidad minera y prácticas de operación transparentes.

- **Comisiones del Pool:** Los pools de minería suelen cobrar una comisión por sus servicios, que se deduce de tu parte de las recompensas. Las comisiones generalmente oscilan entre el 1% y el 3% de las ganancias totales. Compara las estructuras de comisiones de diferentes pools para encontrar uno que se alinee con tus objetivos de rentabilidad.

- **Estructura de Pagos:** Los pools tienen diferentes modelos de pago, como Pay-Per-Share (PPS), Pay-Per-Last-N-Shares (PPLNS) o Proporcional (PROP). Cada modelo tiene su propia forma de distribuir recompensas, por lo que elige un pool con un método de pago que se ajuste a tu estrategia de minería y tolerancia al riesgo.

- **Ubicación del Servidor:** Opta por un pool con servidores geográficamente cercanos a tu ubicación para minimizar la latencia y mejorar la estabilidad de la conexión.

3. Unirse a un Pool de Minería Una vez que hayas seleccionado un pool de minería, sigue estos pasos para unirte:

- **Registrar una Cuenta:** La mayoría de los pools de minería requieren que crees una cuenta en su sitio web. Proporciona la información necesaria, como tu dirección de correo electrónico y crea una contraseña segura.

- **Configurar el Software de Minería:** Descarga e instala software de minería compatible con tu hardware y el pool de minería. El software de minería popular incluye CGMiner, BFGMiner y NiceHash.

- **Ingresar la Información del Pool:** Abre el software de minería e ingresa la dirección del servidor del pool, el número de puerto y tus credenciales de cuenta (nombre de usuario y contraseña). Esta información generalmente es proporcionada por el pool de minería cuando te registras.

4. Configurar tu Minero Configura tu hardware de minería para conectarte al pool de minería:

- **Acceder a la Interfaz del Minero:** La mayoría de los mineros ASIC tienen una interfaz web que permite ingresar configuraciones y configurar conexiones. Accede a esta interfaz usando un navegador web y la dirección IP del minero.

- **Ingresar los Detalles del Pool:** Introduce la dirección del servidor del pool y el número de puerto en la configuración del minero. Asegúrate de usar los ajustes correctos para el pool específico al que te has unido.

- **Configurar Credenciales de Trabajador:** Ingresa las credenciales de trabajador proporcionadas por el pool. Los trabajadores son dispositivos de minería individuales o procesos dentro del pool, y las credenciales aseguran que el pool pueda atribuir tus contribuciones correctamente.

- **Optimizar Configuraciones:** Ajusta configuraciones como la velocidad del ventilador, el overclocking y los límites de potencia para optimizar el rendimiento de tu minero. Algunos mineros permiten ajustar estos parámetros para equilibrar rendimiento y consumo de energía.

5. Monitorear y Gestionar la Actividad Minera Una vez que tu minero esté conectado al pool, el monitoreo y la gestión continua son esenciales:

- **Rastrear el Rendimiento:** Usa el panel de control del pool para monitorear el rendimiento de tu minería, incluyendo la tasa de hash, ganancias y tiempo de actividad. Muchos pools proporcionan estadísticas en tiempo real e informes detallados sobre la actividad minera.

- **Verificar los Pagos:** Verifica regularmente el estado de tus pagos y asegúrate de que las recompensas se distribuyan correctamente según la estructura de pagos del pool. Los pools suelen tener umbrales mínimos de pago, y las ganancias se transfieren a tu billetera periódicamente.

- **Ajustar Configuraciones:** Si encuentras problemas como una reducción en el rendimiento o problemas de conexión, revisa y ajusta las configuraciones de tu minero. Asegúrate de que tu hardware esté funcionando correctamente y que no haya problemas de red que afecten tu conexión al pool.

6. Evaluar el Rendimiento del Pool Evalúa periódicamente el rendimiento de tu pool de minería para asegurarte de que continúe cumpliendo con tus expectativas:

- **Revisar Ganancias:** Compara tus ganancias con las de otros pools y analiza si la estructura de comisiones y el modelo de pago del pool son ventajosos para ti.

- **Evaluar la Estabilidad del Pool:** Asegúrate de que el pool mantenga un tiempo de actividad consistente y no experimente tiempos de inactividad frecuentes o problemas técnicos.

- **Considerar Cambios de Pool:** Si descubres que tu pool actual no está satisfaciendo tus necesidades, considera cambiar a otro pool. Investiga y compara opciones basadas en comisiones, rendimiento y retroalimentación de la comunidad.

4

Entendiendo la Tecnología Blockchain

La Estructura de una Blockchain

Una blockchain es una tecnología de libro mayor descentralizado y distribuido que sustenta criptomonedas como Bitcoin. Funciona como una cadena secuencial de bloques, cada uno conteniendo un conjunto de registros de transacciones. Esta estructura está diseñada para garantizar la integridad de los datos, la seguridad y la transparencia en una red descentralizada. A diferencia de las bases de datos tradicionales, donde los datos se almacenan en tablas, una blockchain organiza los datos en bloques, que luego se enlazan entre sí en un orden cronológico.

Componentes de un Bloque

Cada bloque en una blockchain está compuesto por varios componentes clave:

- **Encabezado del Bloque**: Esta sección contiene metadatos sobre el bloque, incluyendo:

- **Versión**: Indica la versión del protocolo de blockchain utilizado.
- **Hash del Bloque Anterior**: El hash criptográfico del bloque anterior en la cadena, que enlaza los bloques entre sí y asegura la integridad de la blockchain.
- **Raíz de Merkle**: Un hash que representa el hash combinado de todas las transacciones dentro del bloque. Se deriva del árbol de Merkle, que es una estructura de datos utilizada para resumir y verificar de manera eficiente la integridad de grandes conjuntos de datos.
- **Marca de Tiempo**: Registra el momento en que se creó el bloque. Esto ayuda a mantener el orden cronológico de los bloques.
- **Objetivo de Dificultad**: Especifica el nivel de dificultad del rompecabezas criptográfico que los mineros deben resolver para validar el bloque.
- **Nonce**: Un número aleatorio utilizado en el proceso de minería para encontrar un hash que cumpla con el objetivo de dificultad.

* **Lista de Transacciones**: Contiene todas las transacciones incluidas en el bloque. Cada transacción registra detalles como las direcciones del remitente y del receptor, la cantidad transferida y un identificador único de la transacción. Las transacciones son verificadas, agregadas y luego incluidas en el bloque.

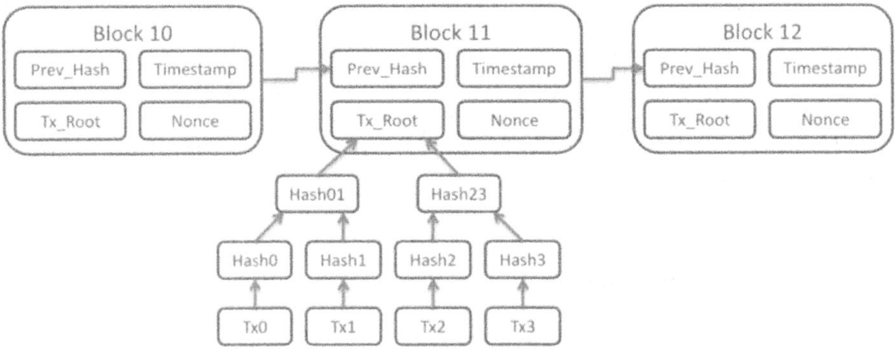

Figura 11: Gráfico de campos de datos en la cadena de bloques de Bitcoin. Representación simplificada: algunos campos están ausentes. Matthäus Wander, CC BY-SA 3.0, a través de Wikimedia Commons.

Vinculación de Bloques

La vinculación entre bloques es una característica fundamental de la tecnología blockchain. Cada bloque contiene una referencia al hash del bloque anterior. Esto crea una cadena de bloques, donde cada bloque depende de su predecesor. El proceso asegura que cualquier intento de alterar la información en un bloque anterior invalidaría todos los bloques subsiguientes debido a los cambios en sus hashes. Esta inmutabilidad es una característica clave de seguridad de las blockchains, haciendo que manipular datos pasados sea altamente impráctico.

Minería y Creación de Bloques

Los nuevos bloques se crean a través de un proceso llamado minería, que implica resolver complejos rompecabezas criptográficos. Los mineros compiten para resolver estos rompecabezas encontrando un nonce que, al ser hasheado junto con los datos del bloque, produce un hash que cumple con el objetivo de dificultad de la red. El minero exitoso añade el nuevo bloque a la cadena de bloques y es recompensado con criptomoneda. Este proceso asegura la red y garantiza que los bloques se añadan a la cadena de manera consistente y fiable.

Descentralización y Consenso

La tecnología blockchain se basa en una red descentralizada de nodos, cada uno de los cuales mantiene una copia de toda la cadena de bloques. Los nodos colaboran para alcanzar consenso sobre la validez de los nuevos bloques y transacciones. Se utilizan diferentes mecanismos de consenso, como Proof of Work (PoW) o Proof of Stake (PoS), para acordar qué bloques se añaden a la blockchain. Este enfoque descentralizado elimina la necesidad de una autoridad central, reduciendo el riesgo de puntos únicos de fallo y mejorando la resiliencia y seguridad del sistema.

Características de Seguridad

La seguridad de una blockchain se asegura a través de varias características:

- **Hashing Criptográfico**: Cada bloque contiene un hash criptográfico de su contenido. Cualquier cambio en los datos del bloque resultaría en un hash diferente, haciendo detectables las modificaciones no autorizadas.
- **Mecanismos de Consenso**: Estos mecanismos aseguran que todos los nodos en la red estén de acuerdo con la validez de las transacciones y bloques. Al requerir consenso, la blockchain previene el doble gasto y otras actividades fraudulentas.
- **Descentralización**: Al distribuir copias de la blockchain entre muchos nodos, la red reduce el riesgo de pérdida de datos o manipulación. Cada nodo verifica los datos de forma independiente, dificultando que actores maliciosos alteren la blockchain sin ser detectados.

Tipos de Arquitectura de Blockchain

Blockchain Pública

Una blockchain pública es una red abierta y transparente en la que cualquier persona puede participar. Esto significa que cualquiera puede unirse a la red, acceder a los datos de la blockchain y contribuir a la validación de las transacciones. Las blockchains públicas están diseñadas para ser descentralizadas, sin que ninguna entidad tenga control sobre la red. En cambio, todos los participantes tienen acceso igualitario a los datos y pueden participar en diversas actividades como leer, escribir y auditar la blockchain.

La característica central de una blockchain pública es su transparencia y accesibilidad. Dado que opera en un modelo descentralizado, ninguna autoridad central gestiona la red, y todas las operaciones son realizadas por el esfuerzo colectivo de sus participantes. Esta naturaleza abierta asegura que los datos registrados en la blockchain sean inmutables: una vez que una transacción es validada y añadida a la blockchain, no puede ser alterada o eliminada. Esta inmutabilidad es un aspecto clave de las blockchains públicas, contribuyendo a su seguridad y fiabilidad.

Ventajas:

- **Descentralización y Transparencia:** Las blockchains públicas operan en una red descentralizada donde ninguna parte controla el sistema. Esto promueve la transparencia, ya que todas las transacciones y actividades son visibles para cualquiera que se una a la red. La naturaleza descentralizada también fomenta la participación de una amplia gama de participantes en la red, mejorando su seguridad y resiliencia.

- **Inmutabilidad:** Una vez que los datos se añaden a una blockchain pública, son inmutables. Esto significa que no pueden ser cambiados o manipulados. Esta característica asegura la integridad de los datos y genera confianza entre los usuarios.

- **Transacciones Rápidas:** Las blockchains públicas a menudo soportan transacciones rápidas, gracias al poder de procesamiento colectivo de los participantes de la red. Esto puede resultar en tiempos de confirmación más rápidos para las transacciones en comparación con los sistemas tradicionales.

Desventajas:

- **Costo:** Operar una blockchain pública puede ser costoso. Los participantes necesitan invertir en hardware y software para ejecutar nodos, y el consumo de energía para mantener la red puede ser significativo. Estos costos pueden ser una barrera para algunos individuos u organizaciones.

- **Riesgos de Anonimato y Seguridad:** Dado que las blockchains públicas no requieren que los participantes proporcionen verificación de identidad, existe el riesgo de que actores maliciosos exploten el sistema. El anonimato puede llevar a vulnerabilidades de seguridad y corrupción potencial si la red es objetivo de atacantes.

- **Velocidad de Procesamiento:** Las blockchains públicas pueden enfrentar problemas de escalabilidad, lo que lleva a velocidades de procesamiento más lentas a medida que la red crece. La necesidad de consenso entre un gran número de nodos puede ralentizar los tiempos de procesamiento de transacciones en comparación con los sistemas centralizados.

- **Problemas de Integración:** Integrar blockchains públicas con sistemas o aplicaciones existentes puede ser un desafío. La naturaleza abierta y descentralizada de las blockchains públicas puede crear problemas de compatibilidad e interoperabilidad con los sistemas tradicionales.

En general, las blockchains públicas ofrecen ventajas significativas en términos de descentralización, transparencia e inmutabilidad. Sin embargo, también enfrentan desafíos relacionados con el costo, la seguridad y la escalabilidad que deben ser abordados a medida que la tecnología evoluciona.

Blockchain Privada

Una blockchain privada es un tipo de red blockchain donde el acceso está restringido y controlado por una entidad autorizada. A diferencia de las blockchains públicas, donde cualquiera puede participar en la red, una blockchain privada requiere permisos para unirse e interactuar con el sistema. Esta restricción se basa en un modelo autorizado, lo que significa que solo las entidades o usuarios aprobados pueden acceder a la red y sus datos.

En una blockchain privada, la entidad que controla la red, a menudo llamada administrador o consorcio, gestiona todos los aspectos de la operación de la blockchain. Esto incluye la configuración de permisos, la gestión de nodos y el control de quién puede unirse a la red y participar en transacciones. La blockchain privada opera con un mayor nivel de confidencialidad y control en comparación con las blockchains públicas, ya que las transacciones y los datos solo son visibles para aquellos que forman parte de la red.

Ventajas de las Blockchains Privadas

- **Acceso Controlado:** Una de las principales ventajas de una blockchain privada es el acceso controlado a la red. Los participantes deben ser invitados y verificados, lo que asegura que solo individuos o entidades autorizadas puedan unirse. Esto ayuda a mantener un entorno seguro y confiable donde las transacciones son conocidas y verificadas por los participantes.

- **Eficiencia:** Las blockchains privadas suelen ofrecer una mayor eficiencia en términos de velocidad de transacción y tiempos de procesamiento. Dado que la red está limitada a un conjunto predefinido de participantes, el mecanismo de consenso puede ser optimizado, reduciendo el tiempo necesario para validar y procesar transacciones.

- **Parcialmente Inmutable:** Aunque las blockchains privadas no son tan inmutables como las públicas, aún proporcionan un nivel de integridad de datos y resistencia a la manipulación. La autoridad central o consorcio que supervisa la blockchain asegura que, una vez que las transacciones están registradas, no pueden ser alteradas por usuarios no autorizados.

Desventajas de las Blockchains Privadas

- **Problemas de Confianza:** Una blockchain privada depende en gran medida de la confiabilidad de la entidad controladora. Dado que la red es autorizada y gestionada por una autoridad central o consorcio, existe una confianza inherente en esta entidad. Esto puede ser una desventaja si la entidad controladora es comprometida o incurre en comportamientos deshonestos, ya que el modelo de confianza descentralizado de las blockchains públicas no está presente.

- **Preocupaciones de Escalabilidad:** A medida que aumenta el número de participantes en una blockchain privada, pueden surgir problemas de escalabilidad. La necesidad de gestionar permisos y mantener la integridad de la red se vuelve más compleja con un mayor número de usuarios, lo que puede exponer la red a riesgos de seguridad o cuellos de botella en el rendimiento.

- **Transparencia Limitada:** En una blockchain privada, la visibilidad de los datos y las transacciones está restringida a los participantes autorizados. Aunque esto puede mejorar la privacidad, también limita la transparencia y apertura que ofrecen las blockchains públicas. Esta falta de transparencia puede ser una desventaja en escenarios donde la apertura y la responsabilidad son críticas.

Blockchain de Consorcio

Una blockchain de consorcio representa un modelo híbrido entre las blockchains públicas y privadas. Está gobernada por un grupo de organizaciones o entidades, en lugar de un solo individuo o entidad, como en el caso de las blockchains privadas. Este modelo de gobernanza asegura que la blockchain sea autorizada, lo que significa que el acceso a la red está restringido y controlado por las reglas y acuerdos del consorcio. A diferencia de una blockchain puramente privada, donde el control está centralizado en una sola organización, una blockchain de consorcio distribuye la autoridad y la toma de decisiones entre múltiples partes de confianza [194].

En una blockchain de consorcio, las organizaciones participantes colaboran en la creación y mantenimiento de la blockchain, compartiendo la responsabilidad de su operación. Este enfoque colaborativo mejora la descentralización en comparación con una blockchain privada, proporcionando una mayor seguridad y privacidad para la red. El consorcio establece y hace cumplir las reglas para la participación, incluyendo quién puede unirse a la red y cómo se accede y gestiona la información. Esta estructura permite un entorno más equilibrado y cooperativo en el que todas las organizaciones miembros tienen una participación igual en el éxito de la red [194].

Una de las ventajas significativas de las blockchains de consorcio es su capacidad para ofrecer un procesamiento de transacciones más rápido en comparación con las blockchains públicas. Esto se debe a que el número de participantes está limitado a un grupo predefinido de organizaciones, lo que reduce la complejidad y los gastos generales asociados con los mecanismos de consenso. Además, las blockchains de consorcio suelen ofrecer menores costos de transacción, ya que la necesidad de recursos computacionales extensivos se minimiza en comparación con las blockchains públicas que requieren altos niveles de poder de minería.

Sin embargo, las blockchains de consorcio no están exentas de desafíos. Las relaciones entre las organizaciones participantes pueden ser inestables, especialmente si surgen conflictos o si hay cambios en la composición del consorcio. Esto puede afectar la estabilidad y continuidad de la blockchain. Además, las blockchains de consorcio a menudo carecen de un modelo económico robusto, ya que típicamente no están diseñadas para manejar una participación pública a gran escala o incentivar a los usuarios a través de la tokenomía. Asimismo, la flexibilidad de las blockchains de consorcio puede estar limitada debido a las estructuras de gobernanza rígidas y las reglas predefinidas establecidas por los miembros del consorcio [194].

En general, las blockchains de consorcio ofrecen un término medio entre la apertura de las blockchains públicas y la naturaleza restringida de las blockchains privadas, proporcionando un entorno controlado pero colaborativo adecuado para casos de uso que requieren un equilibrio entre privacidad, seguridad y eficiencia.

Componentes Básicos de la Arquitectura de Blockchain

Nodo: En la arquitectura de blockchain, un nodo es un participante crítico en la red. Los nodos son dispositivos o sistemas que mantienen una copia del libro mayor distribuido de la blockchain y facilitan la comunicación en toda la red. Cada nodo almacena una copia completa o parcial de la blockchain y contribuye a la red validando y retransmitiendo transacciones y bloques. Cuando un minero añade un nuevo bloque a la blockchain, este bloque se difunde a todos los nodos de la red. Luego, los nodos verifican la validez del bloque antes de integrarlo en su copia de la blockchain, asegurando consistencia e integridad en toda la red [194].

Transacciones: Las transacciones representan el núcleo de las operaciones de blockchain. Una transacción implica la transferencia de activos o información entre partes, a menudo involucrando un contrato o acuerdo. En el contexto de las criptomonedas, estos activos suelen ser monedas digitales. La red blockchain almacena los datos de las transacciones en un libro mayor digital, que se distribuye entre todos los nodos. Cada transacción se registra con un identificador único y está vinculada a transacciones anteriores para mantener un historial preciso e inalterable. Este almacenamiento descentralizado previene manipulaciones y asegura transparencia y trazabilidad.

Bloque: Un bloque en una blockchain funciona de manera similar a un registro en un libro mayor. Cada bloque contiene una colección de transacciones que han sido validadas y agrupadas. Los bloques están enlazados entre sí en una estructura en cadena, con cada bloque haciendo referencia al anterior mediante un hash criptográfico. Esta estructura asegura que una vez que un bloque se añade a la cadena, sus datos están seguros y no pueden ser alterados sin afectar a todos los bloques subsecuentes. Los bloques están cifrados en un árbol de hashes, lo que mejora la seguridad e integridad al crear una cadena única y de longitud fija de caracteres para cada bloque basada en su contenido.

Cadena: La cadena es la secuencia continua de bloques enlazados a través de sus hashes criptográficos. Cada bloque en la cadena contiene el hash del bloque anterior, formando una cadena de registros segura y evidente para manipulaciones. Este mecanismo de encadenamiento asegura que cada bloque esté firmemente anclado al anterior, creando un libro mayor cronológico e inmutable de todas las transacciones. La integridad de la blockchain se mantiene a través de esta estructura interconectada, lo que hace virtualmente imposible alterar cualquier bloque sin afectar a toda la cadena.

Minadores: Los minadores juegan un papel crucial en el ecosistema de blockchain al validar transacciones y crear nuevos bloques. La minería implica resolver rompecabezas matemáticos complejos para confirmar y asegurar transacciones, lo que requiere un poder computacional significativo. Los minadores compiten para resolver estos rompecabezas, y el primero en tener éxito es recompensado con criptomonedas recién acuñadas y el derecho a añadir un nuevo bloque a la blockchain. Este proceso asegura que solo las transacciones legítimas sean registradas y que la blockchain se mantenga segura y consistente.

Consenso: Los mecanismos de consenso son fundamentales para la tecnología blockchain, permitiendo que una red distribuida acuerde un único estado de la blockchain. Estos mecanismos están diseñados para lograr acuerdo entre los nodos sobre la validez de las transacciones y el estado del libro mayor. Se utilizan varios algoritmos de consenso en los sistemas blockchain, incluyendo [194]:

- **Prueba de Trabajo (PoW):** Requiere que los nodos (minadores) realicen trabajos computacionales intensivos para validar transacciones y crear nuevos bloques. El primer nodo en resolver el rompecabezas obtiene el derecho a añadir el bloque y es recompensado con criptomonedas.

- **Prueba de Participación (PoS):** Implica nodos (validadores) que son elegidos para crear nuevos bloques en función de la cantidad de criptomonedas que poseen y están dispuestos a "apostar" como garantía. PoS es menos intensivo en energía que PoW.
- **Prueba de Capacidad (PoC):** Utiliza el espacio de disco disponible de los nodos para realizar operaciones de minería. Los nodos con mayor capacidad de almacenamiento pueden almacenar más soluciones potenciales y tienen más posibilidades de ganar el derecho a añadir nuevos bloques.
- **Prueba de Tiempo Transcurrido (PoET):** Se basa en pruebas criptográficas de tiempo transcurrido para alcanzar el consenso sin un consumo extenso de recursos. Asegura equidad al requerir que los nodos esperen un período elegido aleatoriamente antes de poder proponer un nuevo bloque.

Arquitectura de Blockchain vs. Base de Datos

Control: La blockchain es descentralizada, lo que significa que carece de una autoridad central y no tiene un único punto de falla. El control está distribuido entre todos los participantes de la red, quienes mantienen y validan colectivamente la blockchain. En contraste, las bases de datos tradicionales son centralizadas, con una única entidad o administrador que tiene control sobre la base de datos y sus operaciones [194].

Operaciones: La blockchain admite principalmente la operación de inserción, donde se añaden nuevos datos en forma de transacciones o bloques. Una vez que los datos se añaden, se convierten en una parte permanente de la blockchain. Las bases de datos tradicionales, en cambio, admiten una variedad de operaciones: Crear, Leer, Actualizar y Eliminar (CRUD). Esta flexibilidad permite modificaciones dinámicas a los datos almacenados en una base de datos.

Fortaleza: La tecnología blockchain es robusta debido a su naturaleza descentralizada y sus medidas de seguridad criptográficas. Está diseñada para resistir manipulaciones y asegurar la integridad de los datos. Las bases de datos tradicionales, aunque generalmente seguras, pueden no ofrecer el mismo nivel de robustez contra manipulaciones, especialmente si son centralizadas y vulnerables a puntos de falla únicos.

Inmutabilidad: La blockchain es inmutable, lo que significa que una vez que los datos se registran en un bloque y se añaden a la cadena, no pueden ser alterados ni eliminados. Esta inmutabilidad asegura un registro permanente y transparente de las transacciones. En contraste, las bases de datos son mutables, permitiendo que los datos sean editados o eliminados según sea necesario, lo cual puede ser útil para gestionar y corregir datos pero también puede introducir riesgos de cambios no autorizados.

Derechos: En una blockchain, cualquier persona con la prueba necesaria de trabajo o participación puede participar en la escritura de nuevos datos en la blockchain, dependiendo del mecanismo de consenso utilizado. Esta naturaleza de acceso abierto contrasta con las bases de datos, donde los permisos de lectura y escritura son controlados por una autoridad central o un administrador de la base de datos.

Velocidad: Las transacciones de blockchain pueden ser más lentas en comparación con las bases de datos tradicionales debido al tiempo requerido para los mecanismos de consenso y la validación en toda la red. Este retraso asegura seguridad e integridad, pero puede afectar el rendimiento. Las bases de datos, al ser centralizadas, pueden realizar operaciones mucho más rápido, ya que no requieren procesos extensivos de validación y pueden aprovechar el acceso directo a los datos.

Estructura en Capas de la Arquitectura de Blockchain

Capa de Aplicación: La capa de aplicación es la capa superior en la arquitectura de blockchain y se encarga de proporcionar a los usuarios finales productos y servicios que aprovechan la tecnología blockchain. Esta capa aloja aplicaciones que interactúan directamente con la red blockchain. Los componentes clave incluyen contratos inteligentes, aplicaciones descentralizadas (DApps) e interfaces de usuario. Los contratos inteligentes son contratos autoejecutables con los términos del acuerdo directamente escritos en código. Automatizan procesos y transacciones sin necesidad de intermediarios, funcionando de manera similar a los contratos tradicionales pero de manera digital y automatizada. Ejemplos incluyen los "programas" en Solana o el "chaincode" en Hyperledger [195].

Los usuarios generalmente interactúan con los contratos inteligentes a través de una interfaz frontal o API, en lugar de directamente con el código subyacente. Por ejemplo, Uniswap es un intercambio descentralizado que combina una interfaz amigable con contratos inteligentes para habilitar el comercio de criptomonedas de manera fluida. Aunque los contratos inteligentes son poderosos, también son objetivos potenciales para los hackers debido a la complejidad de su código. Cualquier vulnerabilidad en el código puede ser explotada, lo que resalta la importancia de auditorías de seguridad rigurosas y revisiones de código en esta capa.

Servicios y Componentes Opcionales: Esta capa mejora la funcionalidad principal de la blockchain con servicios y características adicionales que facilitan la interacción, gestión y gobernanza. Los servicios incluyen las Organizaciones Autónomas Descentralizadas (DAOs), que ayudan a gestionar y tomar decisiones dentro de redes descentralizadas como Arbitrum y Polygon [195]. Las DAOs están gobernadas por contratos inteligentes y proporcionan un enfoque estructurado para la toma de decisiones y la gestión de fondos.

Los oráculos son otro servicio crítico, que llena el vacío entre las redes blockchain y los datos del mundo real. Proporcionan información externa, como precios de activos o condiciones meteorológicas, que los contratos inteligentes necesitan para ejecutar de manera precisa. Las carteras calientes, como MetaMask o Kaikas, almacenan criptomonedas y proporcionan un acceso fácil para que los usuarios gestionen sus activos. Los monitores de blockchain y los exploradores también juegan un papel vital, permitiendo a los usuarios rastrear la salud de la blockchain, detectar posibles problemas y asegurar la seguridad y eficiencia de la red [195].

Capa de Protocolo (Consenso): La capa de protocolo establece las reglas y mecanismos para cómo los nodos en la red blockchain logran consenso, o acuerdo, sobre el estado actual de la blockchain. Los mecanismos de consenso son fundamentales para mantener la integridad y seguridad de la blockchain. Incluyen Proof of Work (PoW), donde los mineros resuelven acertijos complejos para validar transacciones y crear nuevos bloques; Proof of Stake (PoS), que implica que los validadores sean elegidos en función de la cantidad de criptomonedas que apuestan; y otros métodos de consenso como Proof of Capacity (PoC) y Proof of Elapsed Time (PoET) [195].

Esta capa también abarca las cadenas laterales, que son blockchains separadas que funcionan en paralelo a la blockchain principal e interactúan con ella. Las cadenas laterales ayudan a mejorar las capacidades y escalabilidad de la blockchain principal. Además, la capa de protocolo define si una blockchain es permissioned (acceso restringido) o permissionless (abierta a todos). Los protocolos de propagación aseguran que los nuevos bloques y transacciones se transmitan y distribuyan de manera eficiente a través de la red, mientras que los mecanismos de auditoría ayudan a proteger contra ataques y mantener la fiabilidad del consenso [195].

Capa de Red: La capa de red facilita la comunicación e interacción entre los nodos en la red blockchain. Los nodos son responsables de descubrirse entre sí y mantener conexiones para compartir datos y transacciones. El proceso típicamente comienza con un nodo encontrando un nodo de arranque (bootnode), que lo ayuda a conectarse con otros pares. Los mecanismos de comunicación y los Entornos de Ejecución Confiables (TEEs) protegen la integridad y seguridad de los datos durante la transmisión [195].

La capa de red también incluye herramientas como el Prefijo de Longitud Recursiva (RLP), utilizado en redes como Ethereum para definir cómo los nodos localizan, autentican e intercambian información. La interacción eficiente entre nodos y la propagación de datos son críticas para el rendimiento y la estabilidad general de la red.

Capa de Datos: La capa de datos se enfoca en el almacenamiento, gestión y cifrado de los datos de la blockchain. Incluye la blockchain en sí misma, una secuencia lineal de bloques que contienen datos de transacciones. La arquitectura de la capa de datos varía entre blockchains; por ejemplo, Bitcoin usa una lista sencilla de transacciones, mientras que Ethereum emplea una estructura de trie de estado más compleja para almacenar la información del estado del contrato.

Las primitivas criptográficas, como las firmas digitales, las funciones hash y el cifrado asimétrico, son integrales a esta capa, asegurando la seguridad y confidencialidad de los datos. Las firmas digitales validan transacciones y demuestran propiedad sin revelar las claves privadas, mientras que el cifrado asimétrico utiliza pares de claves públicas y privadas para asegurar los datos. Las funciones hash, como SHA-256, aseguran que los datos permanezcan inalterados y mantengan su integridad [195].

Capa de Hardware/Infraestructura: La capa de hardware e infraestructura proporciona los recursos físicos y computacionales necesarios para apoyar las operaciones de la blockchain. Esto incluye equipos de minería especializados para blockchains de Proof-of-Work, donde los mineros utilizan GPUs o ASICs potentes para resolver acertijos y crear nuevos bloques. Los validadores en los sistemas de Proof-of-Stake también requieren una infraestructura robusta para mantener sus nodos y participar en el consenso [195].

Los nodos vienen en varios tipos: nodos completos, que almacenan toda la blockchain y participan en el consenso; nodos ligeros, que solo almacenan resúmenes de bloques; y nodos de archivo, que retienen datos históricos completos desde el bloque génesis. La capa de infraestructura también incluye máquinas virtuales, como la Máquina Virtual de Ethereum (EVM) o la Máquina Virtual de Avalanche (AVM), que ejecutan contratos inteligentes y facilitan las operaciones de la blockchain [195].

En general, cada capa de la arquitectura de blockchain juega un papel crucial en asegurar la funcionalidad, seguridad y eficiencia de la red blockchain. La interacción entre estas capas apoya un sistema descentralizado, seguro y transparente para la gestión de transacciones digitales y datos.

El ecosistema blockchain a menudo se describe a través de un enfoque por capas, donde cada capa cumple funciones distintas y cruciales para la operación y escalabilidad de las redes blockchain. Comprender la distinción entre las soluciones de Capa 1 (L1) y Capa 2 (L2) es esencial para comprender cómo las blockchains abordan los desafíos de escalabilidad y mejoran el rendimiento.

Blockchains de Capa 1

Las blockchains de Capa 1, como Ethereum y Bitcoin, son las blockchains fundamentales que operan de manera independiente y son autosuficientes. Representan la capa base de la arquitectura blockchain e incorporan todos los componentes fundamentales, incluidos nodos, bloques y mecanismos de consenso. Las blockchains de Capa 1 son típicamente públicas y sin permiso, lo que significa que cualquier persona puede participar en la red sin necesidad de permiso de una autoridad central. Esta apertura y descentralización son características clave de las blockchains de Capa 1 [195].

A pesar de su robustez, las blockchains de Capa 1 a menudo enfrentan limitaciones de escalabilidad debido a restricciones técnicas. Por ejemplo, el tamaño del bloque de Bitcoin y el tiempo entre bloques restringen el número de transacciones que se pueden procesar por segundo. Ethereum también enfrenta problemas similares, lo que puede llevar a velocidades de transacción más lentas y tarifas más altas durante períodos de alta demanda. Para abordar estos problemas, algunas Capa 1 han comenzado a implementar soluciones de escalado nativas. Ethereum, por ejemplo, está trabajando en "sharding", un proceso que implica dividir la blockchain en piezas más pequeñas y manejables (shards) para mejorar el rendimiento y reducir la congestión [195].

Blockchains de Capa 2

Las soluciones de Capa 2 están diseñadas para mejorar la escalabilidad de las blockchains de Capa 1 proporcionando mayor capacidad de procesamiento y menores costos de transacción. A diferencia de las soluciones de Capa 1, que operan como blockchains independientes, las soluciones de Capa 2 dependen de la Capa 1 subyacente para la seguridad y las operaciones fundamentales, pero ofrecen mecanismos diferentes para aumentar la eficiencia. Las soluciones de Capa 2 tienen como objetivo abordar las limitaciones de las Capa 1 mediante la implementación de protocolos y estructuras adicionales [195].

Se utilizan varios métodos para lograr la escalabilidad en las blockchains de Capa 2 [195]:

• **Canales de Estado:** Son canales privados establecidos entre partes para realizar transacciones fuera de la cadena. Solo el estado final del canal se registra en la blockchain principal, lo que reduce la carga en la red principal. Un ejemplo de esto es el Lightning Network para Bitcoin, que permite transacciones rápidas y de bajo costo fuera de la blockchain principal.

• **Blockchains Anidadas:** Son blockchains secundarias construidas sobre una blockchain principal. Operan con su propio mecanismo de consenso, pero periodicamente liquidan los estados finales en la blockchain de Capa 1. Este método puede mejorar la escalabilidad al descargar el procesamiento de transacciones de la cadena principal.

• **Rollups:** Los rollups son soluciones que agrupan múltiples transacciones en un solo lote y luego las envían a la blockchain de Capa 1. Esto reduce el número de transacciones que deben procesarse directamente en la cadena principal. Los rollups pueden ser de dos tipos: Optimistic Rollups, que asumen que las transacciones son válidas y solo las verifican en caso de disputa, y zk-Rollups, que utilizan pruebas de conocimiento cero para validar transacciones fuera de la cadena.

• **Sidechains:** Son blockchains separadas que están vinculadas a la blockchain principal (Capa 1). Operan de manera independiente pero están conectadas a la cadena principal a través de un puente bidireccional. Las sidechains pueden ofrecer características especializadas y mejoras de escalabilidad mientras mantienen una conexión con la red principal. Polygon es un ejemplo de una sidechain que mejora la escalabilidad de Ethereum.

En resumen, las blockchains de Capa 1 son la infraestructura central de la red blockchain, proporcionando operaciones fundamentales y seguridad. Sin embargo, a menudo enfrentan desafíos de escalabilidad que pueden afectar el rendimiento y los costos de transacción. Las soluciones de Capa 2 abordan estas limitaciones al ofrecer métodos escalables, eficientes y rentables para mejorar las capacidades de las blockchains de Capa 1. Al comprender ambas capas y sus respectivas soluciones, los usuarios y desarrolladores pueden apreciar mejor cómo las redes blockchain gestionan la escalabilidad y el rendimiento.

Cómo se Procesan las Transacciones

Las transacciones en blockchain se procesan a través de una serie de pasos que implican la validación, el registro y la seguridad de los datos en la blockchain. El proceso garantiza que las transacciones sean transparentes, seguras e inmutables. Aquí se detalla cómo se procesan las transacciones en blockchain:

1. Creación de la Transacción

El proceso comienza cuando un usuario inicia una transacción. Esto implica crear un mensaje digital que detalla las especificaciones de la transacción, como la cantidad de criptomoneda que se envía, la dirección del destinatario y otros datos relevantes. La solicitud de transacción se firma digitalmente utilizando la clave privada del remitente, lo que asegura la autenticidad e integridad.

2. Difusión en la Red

Una vez creada, la transacción se difunde en la red blockchain. Esto significa que los datos de la transacción se envían a todos los nodos (computadoras) en la red. Los nodos son responsables de mantener una copia de la blockchain y verificar las transacciones. La transacción se añade entonces a un grupo de transacciones no confirmadas, a menudo denominado mempool.

3. Verificación de la Transacción

Antes de que una transacción pueda ser añadida a la blockchain, debe ser verificada. Los nodos en la red comprueban la transacción contra varios criterios:

- **Firma Digital:** Los nodos verifican la firma digital para asegurar que la transacción fue realmente firmada por el titular de la clave privada asociada con la dirección de envío.

- **Verificación de Saldo:** Los nodos comprueban que la cuenta del remitente tenga suficientes fondos para cubrir el monto de la transacción.

- **Prevención de Doble Gasto:** Los nodos aseguran que los mismos fondos no hayan sido gastados en múltiples transacciones (es decir, previniendo el doble gasto).

4. Selección de la Transacción

Los mineros (o validadores, dependiendo del mecanismo de consenso) seleccionan transacciones del mempool para incluirlas en el siguiente bloque. Este proceso de selección a menudo implica priorizar transacciones en función de la tarifa de transacción ofrecida por el remitente. Las tarifas más altas incentivan a los mineros a incluir una transacción más rápidamente.

5. Creación del Bloque

Los mineros agrupan las transacciones seleccionadas en un bloque. Junto con los datos de la transacción, el bloque incluye otra información como el hash del bloque anterior, una marca de tiempo y un nonce (en los sistemas de Prueba de Trabajo). El nonce es un número aleatorio que los mineros deben resolver para crear un hash de bloque válido.

6. Mecanismo de Consenso

El bloque se somete a un mecanismo de consenso para validar su corrección. Diferentes blockchains utilizan diferentes mecanismos de consenso:

- **Prueba de Trabajo (PoW):** Los mineros compiten para resolver un rompecabezas criptográfico. El primer minero en resolver el rompecabezas difunde el bloque a la red. Otros nodos verifican la solución, y si es válida, el bloque se añade a la blockchain.

- **Prueba de Participación (PoS):** Los validadores son elegidos para proponer y validar bloques en función de la cantidad de criptomoneda que poseen y están dispuestos a "apostar" como garantía. El validador elegido añade el bloque a la blockchain.

- **Prueba de Participación Delegada (DPoS):** Los titulares de tokens votan por delegados que son responsables de validar transacciones y crear bloques.

7. Adición del Bloque

Una vez que un bloque es validado a través del mecanismo de consenso, se añade a la blockchain. Esto implica vincularlo al bloque anterior a través de su hash, creando una cadena continua e ininterrumpida de bloques. Cada bloque contiene una referencia al bloque anterior, asegurando que cualquier cambio en los bloques anteriores invalidaría los bloques posteriores.

8. Confirmación de la Transacción

Después de que el bloque se añade a la blockchain, todas las transacciones dentro de ese bloque se consideran confirmadas. El proceso de confirmación es incremental, con cada nuevo bloque añadido a la cadena confirmando aún más las transacciones en los bloques anteriores. Cuantos más bloques se añaden sobre un bloque que contiene una transacción, más confirmaciones recibe la transacción, haciéndola cada vez más segura e inmutable.

9. Distribución y Actualización

Una vez añadido el bloque, se distribuye a través de la red. Cada nodo actualiza su copia de la blockchain para incluir el nuevo bloque y sus transacciones. Esta naturaleza distribuida asegura que todos los nodos tengan la misma versión de la blockchain y proporciona redundancia y seguridad.

10. Finalización de la Transacción

Con la transacción confirmada y añadida a la blockchain, la transferencia de activos está completa. El saldo del destinatario se actualiza y los detalles de la transacción están ahora registrados de forma permanente en la blockchain. Esta transparencia permite a cualquiera ver y verificar el historial de transacciones.

Mecanismos de Consenso: Prueba de Trabajo vs. Prueba de Participación

Los mecanismos de consenso son fundamentales para el funcionamiento de las redes blockchain, proporcionando un método para lograr un acuerdo entre nodos distribuidos sobre el estado de la blockchain. Dos de los mecanismos de consenso más comúnmente discutidos son Prueba de Trabajo (PoW) y Prueba de Participación (PoS). Cada uno tiene sus propias características, ventajas y desafíos. Aquí tienes una explicación detallada de cada uno:

Prueba de Trabajo (PoW)

La Prueba de Trabajo (PoW) es uno de los mecanismos de consenso más antiguos y ampliamente conocidos, utilizado de manera destacada por Bitcoin y varias otras criptomonedas. En PoW, los mineros compiten para resolver rompecabezas criptográficos complejos para validar y añadir nuevas transacciones a la blockchain. Este proceso implica un esfuerzo computacional significativo y un alto consumo de energía.

La Prueba de Trabajo (PoW) es el mecanismo de consenso original utilizado en las redes de criptomonedas, y fue implementado por primera vez por Bitcoin. Es un método diseñado para lograr un acuerdo entre nodos distribuidos en una red blockchain mediante un proceso que implica resolver rompecabezas matemáticos complejos. Este mecanismo es fundamental para entender cómo se verifican las transacciones y se añaden bloques a la blockchain [196].

El concepto detrás de la Prueba de Trabajo es relativamente sencillo: requiere que los participantes, conocidos como mineros, resuelvan rompecabezas computacionalmente intensivos para validar transacciones y añadir nuevos bloques a la blockchain. Estos rompecabezas implican encontrar un hash específico que cumpla con criterios predefinidos, un proceso que requiere una potencia de procesamiento considerable y tiempo. El primer minero en resolver el rompecabezas difunde la solución a la red. Otros nodos verifican la solución y las transacciones dentro del nuevo bloque. Una vez verificado, el bloque se añade a la blockchain, y el minero exitoso recibe una cantidad predeterminada de criptomoneda, como Bitcoin [196].

La Prueba de Trabajo tiene varias ventajas notables, especialmente para criptomonedas como Bitcoin. Proporciona un alto nivel de seguridad y descentralización, que son críticos para mantener la integridad de la blockchain. La naturaleza competitiva de la minería asegura que ninguna entidad única pueda controlar fácilmente la red, ya que manipular la blockchain requeriría una cantidad inmensa de poder computacional. A medida que aumenta el valor de una criptomoneda, más mineros se ven incentivados a participar, lo que mejora la seguridad y robustez general de la red. Esto hace que PoW sea un método probado y efectivo para mantener una blockchain descentralizada segura.

A pesar de sus ventajas, la Prueba de Trabajo no está exenta de desventajas. Una de las principales preocupaciones es su consumo de energía. El proceso de resolver rompecabezas complejos requiere recursos computacionales significativos, lo que lleva a un alto consumo de energía y los impactos ambientales asociados. Esto es particularmente problemático para criptomonedas que generan un gran volumen de transacciones, ya que los requisitos de energía pueden volverse insostenibles. Por ejemplo, redes como Ethereum, que admite contratos inteligentes y aplicaciones descentralizadas, enfrentan desafíos en la escalabilidad debido a las limitaciones de PoW.

Dado el carácter intensivo en energía de la Prueba de Trabajo y sus problemas de escalabilidad, se han desarrollado mecanismos de consenso alternativos. El más destacado de estos es la Prueba de Participación (PoS). A diferencia de PoW, PoS no requiere trabajo computacional extenso. En cambio, se basa en validadores que son elegidos en función de la cantidad de criptomoneda que poseen y están dispuestos a "apostar" como garantía. Este método reduce significativamente el consumo de energía y puede mejorar la escalabilidad [196].

Proceso

1. **Resolución de Rompecabezas:** Los mineros utilizan su potencia computacional para resolver un rompecabezas criptográfico, que implica encontrar un nonce (un número aleatorio) que, cuando se hash con los datos del bloque, produce un hash que cumple con ciertos criterios de dificultad. La dificultad del rompecabezas se ajusta periódicamente para garantizar que se añadan nuevos bloques a la blockchain a una tasa consistente.

2. **Creación del Bloque:** El primer minero en resolver el rompecabezas difunde el bloque recién creado a la red. Otros nodos verifican la solución y las transacciones del bloque para asegurarse de que cumplan con las reglas de la red.

3. **Validación y Adición:** Una vez que el bloque es verificado por otros nodos, se añade a la blockchain. El minero exitoso recibe una recompensa en criptomoneda recién acuñada (recompensa del bloque) y tarifas de transacción de las transacciones incluidas.

Ventajas

- **Seguridad:** PoW proporciona una seguridad robusta debido a la inmensa potencia computacional requerida para resolver los rompecabezas criptográficos. Esto hace que sea difícil para actores maliciosos alterar la blockchain.

- **Descentralización:** PoW ayuda a mantener la descentralización al permitir que cualquiera con suficiente potencia computacional participe en la minería y validación de bloques.

Desventajas

- **Consumo de Energía:** PoW es intensivo en energía, ya que requiere recursos computacionales significativos para resolver rompecabezas. Esto ha llevado a preocupaciones ambientales y altos costos operacionales.

- **Escalabilidad:** PoW puede enfrentar problemas de escalabilidad, ya que el proceso de resolver rompecabezas y validar transacciones puede ser lento, lo que lleva a tiempos de confirmación de transacciones más largos y tarifas más altas.

Prueba de Participación (PoS)

La Prueba de Participación (PoS) es un mecanismo de consenso alternativo diseñado para abordar algunas de las limitaciones de la Prueba de Trabajo (PoW). PoS se basa en validadores que son seleccionados en función de la cantidad de tokens de criptomoneda que poseen y están dispuestos a "apostar" como garantía. Su objetivo es lograr consenso con un menor consumo de energía y un procesamiento de transacciones más rápido.

La Prueba de Participación (PoS) es un mecanismo de consenso diseñado para abordar las limitaciones asociadas con la Prueba de Trabajo (PoW), particularmente en términos de escalabilidad y consumo de energía. Ethereum, una blockchain que inicialmente utilizaba PoW, enfrentó desafíos significativos a medida que sus protocolos de finanzas descentralizadas (DeFi) y otras aplicaciones crecieron en popularidad. Este aumento en la actividad llevó a altas tarifas de transacción y tiempos de procesamiento más lentos. Para superar estos problemas, Ethereum comenzó a hacer la transición a un nuevo sistema conocido como Ethereum 2.0, que utiliza PoS para mejorar la eficiencia y reducir las tarifas [196].

En un sistema PoS, los validadores juegan un papel crucial en el mantenimiento de la blockchain. En lugar de competir para resolver rompecabezas matemáticos complejos como en PoW, los validadores en una red PoS son seleccionados para añadir nuevas transacciones a la blockchain en función de la cantidad de criptomoneda que han apostado. Apostar implica comprometer una cierta cantidad de la criptomoneda nativa de la blockchain como garantía para participar en las operaciones de la red. Cuanta más criptomoneda apueste un validador, y cuanto más tiempo la mantenga apostada, mayores serán sus posibilidades de ser elegido para validar nuevas transacciones [196].

El proceso de selección en PoS está influenciado tanto por la cantidad de criptomoneda apostada como por la duración durante la cual ha sido apostada. Este sistema recompensa a los validadores que tienen más "piel en el juego", incentivándolos a actuar de manera honesta y mantener la integridad de la blockchain. Una vez seleccionado un validador, propone un nuevo bloque de transacciones. Otros validadores verifican este bloque y, una vez realizadas suficientes confirmaciones, el bloque se añade a la blockchain.

Los validadores son recompensados con la criptomoneda nativa de la blockchain por sus esfuerzos. Estas recompensas se distribuyen proporcionalmente en función de la cantidad de criptomoneda que cada validador ha apostado. Esto incentiva la participación y ayuda a mantener la seguridad y eficiencia operativa de la red.

Convertirse en validador en un sistema PoS no es una tarea trivial. Requiere una cantidad sustancial de conocimientos técnicos y una inversión significativa en criptomoneda. Por ejemplo, Ethereum 2.0 requiere que los validadores apuesten un mínimo de 32 ETH. Además, los validadores deben mantener sus nodos y asegurarse de que no validen transacciones fraudulentas, o arriesgan perder parte de su criptomoneda apostada, un proceso conocido como "slashing".

Para aquellos que encuentran que las responsabilidades de ser un validador son demasiado exigentes, existe una alternativa: los pools de staking. En estos pools, los participantes delegan su criptomoneda a un operador del pool que gestiona el proceso de validación en su nombre. Esto permite a los individuos ganar recompensas por staking sin necesidad de gestionar su propio nodo validador. Los pools de staking a menudo son facilitados por intercambios y otras plataformas, lo que hace que sea accesible y sencillo para los usuarios participar en el staking y ganar recompensas [196].

Proceso

1. **Apuesta:** Los validadores bloquean una cierta cantidad de criptomoneda (apuesta) como garantía. Esta apuesta representa su compromiso con la red y se utiliza para asegurar la blockchain.

2. **Creación del Bloque:** Los validadores son seleccionados para crear y validar nuevos bloques en función de varios factores, incluida la cantidad de criptomoneda apostada y la duración de la apuesta. El proceso de selección puede variar entre diferentes implementaciones de PoS, con algunos utilizando aleatorización o una combinación de factores.

3. **Validación y Recompensa:** Una vez que un validador propone un nuevo bloque, otros validadores verifican sus transacciones y aseguran que cumpla con las reglas de la red. Si el bloque es aceptado, se añade a la blockchain, y el validador recibe una recompensa en tarifas de transacción o criptomoneda recién acuñada.

Ventajas

- **Eficiencia Energética:** PoS requiere significativamente menos energía en comparación con PoW, ya que no implica resolver rompecabezas computacionales intensivos. Esto lo hace más ecológico y rentable.

- **Escalabilidad:** PoS puede mejorar la escalabilidad al reducir los tiempos de confirmación de transacciones y las tarifas, ya que no depende de procesos de minería intensivos en recursos.

Desventajas

- **Riesgo de Centralización:** PoS puede potencialmente llevar a la centralización, ya que los validadores con apuestas más grandes tienen una mayor probabilidad de ser seleccionados para validar bloques. Esto podría concentrar el poder en manos de unos pocos grandes interesados.

- **Preocupaciones de Seguridad:** Aunque PoS generalmente se considera seguro, puede ser vulnerable a ataques si un actor malicioso acumula una cantidad significativa de apuesta. Sin embargo, mecanismos como el "slashing" (penalización por comportamiento deshonesto) a menudo se implementan para mitigar este riesgo.

Comparación y Casos de Uso

La Prueba de Trabajo (PoW) es conocida por su alta seguridad y descentralización, pero enfrenta desafíos en términos de eficiencia energética y escalabilidad. Es más adecuada para redes donde la seguridad es primordial y el costo energético puede justificarse, como en el caso de Bitcoin.

La Prueba de Participación (PoS) ofrece una alternativa más eficiente en términos de energía y escalable en comparación con PoW. Es adecuada para redes que buscan equilibrar la seguridad con menores costos operativos y un procesamiento de transacciones más rápido. Ejemplos de implementaciones de PoS incluyen la transición de Ethereum a PoS y redes como Cardano y Tezos.

En resumen, tanto la Prueba de Trabajo como la Prueba de Participación son fundamentales para el funcionamiento de las redes blockchain, cada una con sus propias fortalezas y debilidades. PoW se destaca por su seguridad y descentralización, mientras que PoS ofrece mejoras en eficiencia energética y escalabilidad. La elección entre ambos depende de las necesidades y objetivos específicos de una red blockchain.

Consumo de Energía e Incentivos Económicos en Prueba de Trabajo vs. Prueba de Participación

Consumo de Energía

Una de las distinciones más significativas entre la Prueba de Trabajo (PoW) y la Prueba de Participación (PoS) radica en su consumo de energía. PoW, utilizado por criptomonedas como Bitcoin, requiere que los mineros resuelvan rompecabezas matemáticos complejos para validar transacciones y añadir nuevos bloques a la blockchain. Este proceso implica un esfuerzo computacional extenso, lo que lleva a un alto consumo de energía. Cada minero compite contra otros para resolver el mismo rompecabezas, y el primero en tener éxito agrega el bloque a la blockchain y recibe una recompensa. Esta competencia entre mineros significa que se gastan grandes cantidades de energía eléctrica en cálculos duplicados, ya que cada minero trabaja de manera independiente y redundante para resolver el rompecabezas.

En contraste, PoS opera sobre un principio fundamentalmente diferente que reduce significativamente los requisitos de energía. PoS no se basa en resolver rompecabezas matemáticos. En su lugar, los validadores son elegidos para crear nuevos bloques en función de la cantidad de criptomoneda que han apostado y la duración de la apuesta. Esto significa que no hay competencia entre los validadores para resolver el mismo rompecabezas. En su lugar, el sistema se basa en la participación económica de los validadores para garantizar la seguridad de la red. Este cambio de operaciones mineras intensivas en energía a validación basada en apuestas permite que las blockchains de PoS funcionen con un consumo de recursos considerablemente menor, ya que el proceso de validación no requiere el mismo nivel de potencia computacional.

Consecuencias Económicas y Penalizaciones

Ambos mecanismos, PoW y PoS, incorporan incentivos económicos y penalizaciones para mantener la integridad de la red y disuadir el comportamiento malicioso, pero lo hacen de diferentes maneras.

En PoW, la penalización económica por presentar información o bloques inválidos es el costo hundido de los recursos computacionales. Los mineros invierten grandes cantidades de electricidad, potencia computacional y tiempo para resolver rompecabezas y extraer bloques. Si un minero presenta un bloque que es inválido o de alguna manera erróneo, los recursos gastados en resolver el rompecabezas se desperdician. Esta inversión sustancial en recursos actúa como un disuasivo para la actividad maliciosa porque el costo de presentar bloques inválidos es alto debido a la energía y los recursos computacionales ya consumidos.

En PoS, el mecanismo económico se basa en el concepto de fondos apostados. Los validadores en una red PoS deben apostar una cierta cantidad de criptomoneda como garantía. Esta cantidad apostada sirve como incentivo económico para que los validadores actúen en el mejor interés de la red. Si un validador intenta validar un bloque malo o actúa de manera maliciosa, corre el riesgo de perder una parte de sus fondos apostados, un proceso conocido como "slashing". El proceso de slashing implica la pérdida de parte de la criptomoneda apostada como penalización. Este sistema de penalizaciones crea un riesgo financiero directo para los validadores, alineando sus incentivos con la seguridad y la integridad de la red. Los detalles del slashing, incluida la cantidad de fondos apostados que pueden perderse, varían según las reglas y protocolos de la red.

Seguridad y Anonimato

Seguridad en Blockchain

La tecnología blockchain es conocida por sus sólidas características de seguridad, que provienen de su naturaleza descentralizada y sus fundamentos criptográficos. A diferencia de los sistemas centralizados tradicionales, donde un único punto de falla puede comprometer todo el sistema, los blockchains distribuyen los datos a través de una red de nodos. Cada nodo mantiene una copia del blockchain, asegurando que el sistema sea resistente a ataques y fallos. Este enfoque descentralizado mejora significativamente la seguridad porque no existe una autoridad central o un punto único que pueda ser objetivo de actores maliciosos.

Clave para la seguridad del blockchain es el uso de técnicas criptográficas. Cada bloque en el blockchain está vinculado al bloque anterior mediante una función hash criptográfica, creando una cadena de bloques segura contra manipulaciones. Una función hash toma una entrada (o 'mensaje') y produce una cadena de caracteres de tamaño fijo, que parece aleatoria. Cualquier cambio en los datos del bloque alterará el valor del hash, haciendo evidente que se ha producido una manipulación. Esta inmutabilidad asegura que una vez que un bloque se añade al blockchain, no puede alterarse sin cambiar todos los bloques posteriores, lo cual requiere consenso de la red.

Además, mecanismos de consenso como Proof of Work (PoW) y Proof of Stake (PoS) refuerzan la seguridad. En PoW, los mineros compiten para resolver rompecabezas complejos, y el primero en resolverlo agrega un nuevo bloque a la cadena. Esta competencia hace que sea costoso computacionalmente y prácticamente inviable para cualquier entidad controlar la red o alterar transacciones. En PoS, los validadores son seleccionados para crear y verificar bloques basados en la cantidad de criptomoneda que tienen en juego. Este sistema alinea sus incentivos con la integridad de la red, ya que arriesgan perder parte de sus fondos apostados si actúan deshonestamente.

Desafíos de Seguridad en Blockchain

Ataques del 51%: Una de las amenazas de seguridad más significativas para las redes blockchain es el ataque del 51%. En los sistemas blockchain, las transacciones son verificadas y añadidas al blockchain por mineros que resuelven rompecabezas matemáticos complejos. Este proceso asegura que el blockchain se mantenga seguro y que las transacciones sean válidas. Sin embargo, si una sola entidad o una coalición de mineros obtiene control de más del 50% del poder computacional total de la red, podría socavar la integridad del blockchain. Con tal control, podrían ejecutar varias actividades maliciosas, incluyendo el doble gasto, que es el acto de gastar la misma criptomoneda más de una vez. Además, podrían revertir transacciones recientes, causando una interrupción en la historia del blockchain y erosionando la confianza en la red. La amenaza de los ataques del 51% es particularmente preocupante para blockchains más pequeñas con menos poder computacional, donde lograr el control mayoritario podría ser más factible [197].

Vulnerabilidades de los Contratos Inteligentes: Los contratos inteligentes son una piedra angular de la tecnología blockchain, particularmente en plataformas como Ethereum. Estos son contratos autoejecutables donde los términos están escritos directamente en el código, permitiendo transacciones automatizadas y sin necesidad de intermediarios. Aunque los contratos inteligentes ofrecen beneficios significativos, como la automatización y la reducción de la dependencia de intermediarios, no están exentos de riesgos. Errores o vulnerabilidades en el código del contrato inteligente pueden llevar a brechas de seguridad críticas. Por ejemplo, si el código contiene errores o fallos lógicos, podría ser explotado por actores maliciosos para desviar fondos o manipular la ejecución del contrato. Incidentes de alto perfil, como el hackeo del DAO, han demostrado cómo las vulnerabilidades en los contratos inteligentes pueden resultar en pérdidas financieras sustanciales y daños a la reputación del blockchain [197].

Preocupaciones de Privacidad en Blockchain

Pseudonimato, No Anonimato: La tecnología blockchain a menudo se elogia por su capacidad de proporcionar privacidad a través del pseudonimato. En una red blockchain, las transacciones están asociadas con direcciones digitales en lugar de vinculadas directamente a identidades del mundo real. Esto ofrece un nivel de privacidad en comparación con los sistemas financieros tradicionales. Sin embargo, este pseudonimato no equivale a una anonimidad completa. Herramientas y técnicas analíticas sofisticadas pueden rastrear y desanonimizar transacciones, potencialmente vinculándolas a individuos. Por ejemplo, si la dirección de un usuario se vincula a su identidad a través de fuentes de datos externas o actividades, todo su historial de transacciones en el blockchain podría ser expuesto. Este desafío destaca la necesidad de medidas de privacidad más robustas para proteger las identidades de los usuarios [197].

Fugas de Datos: La transparencia del blockchain, aunque esencial para mantener la confianza y prevenir el fraude, también puede llevar a fugas de datos no intencionadas. Una vez que la información se registra en un blockchain, es inmutable y visible para todos los participantes en la red. Esto significa que datos sensibles o confidenciales, si no se gestionan adecuadamente, se vuelven permanentemente accesibles para cualquiera con acceso al blockchain. Por ejemplo, acuerdos comerciales privados o información personal, si se registran en un blockchain público, podrían ser expuestos y mal utilizados. Esta paradoja de transparencia requiere una consideración cuidadosa de qué datos se almacenan en el blockchain y cómo equilibrar la privacidad con la necesidad de apertura [197].

Soluciones en Desarrollo

Mecanismos de Consenso: Para abordar el riesgo de ataques del 51%, se están desarrollando e implementando mecanismos de consenso alternativos. Proof of Stake (PoS) y Delegated Proof of Stake (DPoS) son ejemplos de estas alternativas. En PoS, los validadores son elegidos para crear y validar nuevos bloques basados en la cantidad de criptomoneda que poseen y están dispuestos a "apostar" como garantía. Este sistema hace que sea económicamente costoso para cualquier entidad obtener el control mayoritario, ya que necesitarían poseer una parte significativa del suministro total de la criptomoneda. DPoS refina aún más este enfoque al permitir que los participantes elijan delegados que luego se encargan de la creación y validación de bloques. Esto no solo reduce el riesgo de centralización, sino que también mejora la escalabilidad y eficiencia [197].

Auditoría de Contratos Inteligentes: Para mitigar las vulnerabilidades en los contratos inteligentes, se está dando cada vez más énfasis a las prácticas de auditoría rigurosas. La auditoría de contratos inteligentes implica una revisión exhaustiva del código del contrato por expertos en seguridad para identificar y corregir posibles fallos antes de su implementación. Este proceso incluye revisiones manuales del código, pruebas automatizadas y simulaciones para asegurar que el contrato funcione como se espera y sea resistente a ataques. Al detectar problemas de manera temprana, las auditorías pueden prevenir explotaciones costosas y mejorar la seguridad general de las aplicaciones blockchain [197].

Monedas de Privacidad: En respuesta a las preocupaciones de privacidad, algunos proyectos de blockchain han desarrollado criptomonedas enfocadas en la privacidad, conocidas como monedas de privacidad. Monedas como Monero y Zcash incorporan técnicas criptográficas avanzadas para mejorar la privacidad de las transacciones. Monero utiliza firmas de anillo y direcciones furtivas para ocultar los detalles de las transacciones y mejorar el anonimato del usuario. Zcash, por otro lado, emplea zk-SNARKs (argumentos de conocimiento concisos no interactivos de conocimiento) para permitir que las transacciones sean verificadas sin revelar detalles sobre el remitente, el destinatario o el monto de la transacción. Estas mejoras en la privacidad buscan abordar las limitaciones del pseudonimato y proporcionar a los usuarios un mayor control sobre su información personal [197].

Hackeos Famosos de Blockchain y Sus Implicaciones

Mt. Gox: En 2014, Mt. Gox, en su momento el mayor intercambio de Bitcoin, sufrió una brecha de seguridad catastrófica que llevó a la pérdida de aproximadamente 850,000 Bitcoins, valorados en alrededor de 450 millones de dólares en ese momento. El incidente se atribuyó a una combinación de vulnerabilidades de seguridad y malas prácticas de gestión. Este hackeo no solo resultó en pérdidas financieras sustanciales para los usuarios, sino que también suscitó graves preocupaciones sobre la seguridad de los intercambios de criptomonedas y su capacidad para proteger los activos de los usuarios. Las consecuencias del incidente de Mt. Gox resaltaron la necesidad de medidas de seguridad más estrictas y supervisión regulatoria en el sector de los intercambios de criptomonedas [197].

El Hackeo del DAO: En 2016, una vulnerabilidad en un contrato inteligente en la blockchain de Ethereum, conocido como The DAO, llevó al robo de más de 3.6 millones de Ether, valorados en más de 50 millones de dólares en ese momento. The DAO era un fondo de capital de riesgo descentralizado construido sobre Ethereum, y la explotación reveló fallos críticos en el código de su contrato inteligente. El hackeo provocó una decisión controvertida de ejecutar un hard fork en la blockchain de Ethereum para revertir los fondos robados y restaurar a los usuarios afectados. Este evento desató un debate más amplio sobre los principios de la inmutabilidad del blockchain y el alcance en el que las redes deberían intervenir para corregir brechas de seguridad. El hackeo del DAO subrayó la importancia de la seguridad de los contratos inteligentes y las posibles consecuencias significativas cuando se explotan vulnerabilidades [197].

Anonimato en Blockchain

El anonimato en los sistemas blockchain es un concepto matizado. Aunque las blockchains ofrecen características de privacidad, no garantizan un anonimato completo. El grado de anonimato depende del diseño de la blockchain y de las medidas de privacidad implementadas.

Las blockchains públicas como Bitcoin proporcionan pseudonimato en lugar de anonimato verdadero. En estas redes, cada participante está identificado por una clave pública o dirección en lugar de información personal. Las transacciones se registran en la blockchain y pueden ser vistas por cualquier persona con acceso a la red. Aunque las identidades detrás de estas claves públicas no son explícitamente conocidas, el historial de transacciones vinculado a cada dirección es visible y permanente. Esto significa que, con un análisis suficiente, es posible rastrear transacciones y potencialmente vincularlas a identidades del mundo real, especialmente cuando las direcciones se utilizan en conjunto con información identificable.

Para abordar estas preocupaciones de privacidad, varios proyectos de blockchain implementan características de privacidad adicionales. Por ejemplo, criptomonedas enfocadas en la privacidad como Monero y Zcash utilizan técnicas criptográficas avanzadas para mejorar el anonimato. Monero emplea firmas de anillo y direcciones furtivas para ocultar los detalles de las transacciones y mejorar la privacidad del usuario. Las firmas de anillo mezclan la transacción de un usuario con otras, dificultando el rastreo de la fuente. Las direcciones furtivas crean direcciones únicas para cada transacción, obscureciendo aún más la identidad del receptor. Zcash utiliza zk-SNARKs (argumentos de conocimiento concisos no interactivos de conocimiento) para demostrar que las transacciones son válidas sin revelar detalles sobre el remitente, el receptor o el monto de la transacción.

El auge de la tecnología blockchain, las criptomonedas y Web3 ha atraído una atención significativa de los gobiernos de todo el mundo. A medida que estas tecnologías se vuelven más integrales al sistema financiero global, los reguladores están cada vez más enfocados en cómo gestionar y controlar su uso, especialmente en lo que respecta al anonimato y pseudonimato [198].

Examen y Regulación Gubernamental

Los gobiernos han comenzado a examinar las actividades de blockchain y criptomonedas con mayor detenimiento, dada su potencialidad tanto para la innovación como para el uso ilícito. Este escrutinio ha llevado a un cuerpo creciente de regulaciones orientadas a integrar estas tecnologías en el sistema financiero tradicional. Uno de los desafíos centrales para los reguladores es reconciliar las características inherentes de privacidad y anonimato de las criptomonedas con la necesidad de transparencia y responsabilidad. El enfoque ha sido en gran medida en asegurar que las criptomonedas no se utilicen para actividades ilegales como el lavado de dinero o la financiación del terrorismo [198].

Regulaciones Know Your Customer (KYC) y Anti-Lavado de Dinero (AML)

Una preocupación principal para los reguladores es hacer cumplir las regulaciones Know Your Customer (KYC) y Anti-Lavado de Dinero (AML). Estas regulaciones están diseñadas para prevenir actividades ilegales al exigir a las instituciones financieras que verifiquen las identidades de sus clientes y monitoreen las transacciones en busca de actividades sospechosas. En el mundo de las criptomonedas, esto es particularmente desafiante debido a la naturaleza pseudónima de muchas transacciones. Las criptomonedas como Bitcoin permiten a los usuarios transaccionar sin revelar sus identidades del mundo real, lo que complica la aplicación de las regulaciones KYC y AML.

Para abordar este desafío, los reguladores se han enfocado en los intercambios centralizados (CEX), que actúan como intermediarios entre las monedas fiduciarias tradicionales y las criptomonedas. Los intercambios centralizados son más fáciles de regular porque operan bajo el control de entidades específicas que pueden ser responsables. Estos intercambios están obligados a implementar procedimientos KYC e informar actividades sospechosas, proporcionando un nivel de supervisión que es difícil de lograr con sistemas descentralizados [198].

Desafíos con los Intercambios Descentralizados (DEX)

Los intercambios descentralizados (DEX), por otro lado, presentan un desafío significativo para la regulación. Los DEX operan sin una autoridad central, lo que dificulta la aplicación de las regulaciones KYC y AML. Los usuarios en los DEX interactúan directamente entre sí a través de contratos inteligentes, eludiendo a los intermediarios financieros tradicionales. Esta naturaleza descentralizada significa que no hay un punto central de control o responsabilidad, complicando los esfuerzos para monitorear y regular las transacciones [198].

Sin un intermediario, los reguladores tienen dificultades para imponer controles KYC o rastrear transacciones de manera similar a como se hace con los CEX. Esta falta de centralización significa que los DEX pueden facilitar transacciones de una manera más privada y pseudónima, complicando aún más los esfuerzos regulatorios.

Implicaciones para la Privacidad y la Regulación

La tensión entre mantener la privacidad del usuario y hacer cumplir los requisitos regulatorios es un tema clave en el desarrollo continuo de las regulaciones de blockchain y criptomonedas. Aunque la privacidad es una característica fundamental de muchas aplicaciones de blockchain, los gobiernos están buscando cada vez más maneras de equilibrar esto con la necesidad de transparencia financiera y seguridad.

A medida que los reguladores continúan desarrollando e implementando reglas para el espacio de las criptomonedas, el enfoque probablemente seguirá en encontrar formas de incorporar medidas efectivas de KYC y AML sin socavar los principios fundamentales de descentralización y privacidad. La evolución de los marcos regulatorios será crucial para dar forma al futuro de la tecnología blockchain y su integración en el sistema financiero global [198].

5

Principales Criptomonedas

Bitcoin ha desempeñado un papel fundamental en el desarrollo y la popularización de las criptomonedas, estableciendo un precedente que ha moldeado significativamente la industria. Como la primera criptomoneda descentralizada, Bitcoin introdujo el concepto de una red peer-to-peer donde las transacciones podían llevarse a cabo sin necesidad de intermediarios como los bancos. Su uso innovador de la tecnología blockchain y el mecanismo de consenso Proof of Work (PoW) ha inspirado una ola de monedas digitales posteriores. Estas criptomonedas alternativas, o altcoins, a menudo buscan construir sobre los principios fundamentales de Bitcoin, ofreciendo diversas mejoras o funcionalidades especializadas [199].

A lo largo de los años, Bitcoin se ha establecido como el estándar de facto en el espacio de las criptomonedas. Lidera en términos de capitalización de mercado, que se refiere al valor total de todas sus monedas en circulación. El dominio de Bitcoin también es evidente en su amplia base de usuarios y en su popularidad general, convirtiéndolo en un referente contra el cual se miden otras criptomonedas. A pesar de su posición líder, Bitcoin no es la única criptomoneda disponible; el auge de las altcoins refleja la creciente diversidad dentro del ecosistema de monedas digitales [199].

Para entender el panorama más amplio de las criptomonedas, es esencial explorar las criptomonedas alternativas que han surgido junto a Bitcoin. Estas altcoins a menudo se esfuerzan por abordar algunas de las limitaciones de Bitcoin o por ofrecer nuevas características y mejoras. Por ejemplo, Ethereum, una de las altcoins más notables, ha introducido contratos inteligentes y aplicaciones descentralizadas (dApps), que permiten a los desarrolladores construir aplicaciones complejas en su blockchain. Esta capacidad ha allanado el camino para los sistemas de finanzas descentralizadas (DeFi), que buscan replicar y mejorar los servicios financieros tradicionales de manera descentralizada [199].

Otras altcoins han surgido con puntos de venta únicos, como una mayor escalabilidad o algoritmos de consenso alternativos. Por ejemplo, algunas criptomonedas están diseñadas para manejar más transacciones por segundo que Bitcoin, lo que puede aliviar la congestión y reducir las tarifas de transacción. Además, mientras Bitcoin depende del Proof of Work (PoW) para el consenso, varias altcoins utilizan mecanismos de consenso diferentes, como Proof of Stake (PoS), que pueden ofrecer una mayor eficiencia energética y escalabilidad [199].

Las criptomonedas son monedas digitales o virtuales que utilizan técnicas criptográficas para asegurar transacciones y controlar la creación de nuevas unidades. Existen en forma de tokens o monedas, que pueden utilizarse para diversos fines, desde transacciones simples hasta contratos inteligentes complejos. El término "criptomoneda" subraya el uso de métodos criptográficos para garantizar la seguridad y la integridad de la moneda [199].

Las altcoins, un término derivado de "monedas alternativas," son criptomonedas que se desarrollaron como alternativas a Bitcoin. Estas altcoins a menudo buscan presentarse como versiones mejoradas o modificadas de Bitcoin, ofreciendo nuevas características o abordando problemas específicos. Aunque comparten el principio fundamental de descentralización con Bitcoin, pueden introducir diferentes mecanismos de consenso, mejorar la velocidad de las transacciones o proporcionar funcionalidades adicionales [199].

Uno de los principios fundamentales de las criptomonedas es su compromiso con la descentralización. Esta característica significa que las criptomonedas están diseñadas típicamente para operar de forma independiente de autoridades centrales como gobiernos o instituciones financieras. La naturaleza descentralizada de las criptomonedas permite transacciones entre pares, mejorando la privacidad y reduciendo el riesgo de interferencia gubernamental [199].

Sin embargo, a medida que las criptomonedas han ganado aceptación general, han enfrentado un aumento en el escrutinio por parte de los organismos reguladores. Los gobiernos de todo el mundo están explorando formas de regular las monedas digitales para prevenir actividades ilegales, garantizar la estabilidad financiera y proteger a los consumidores. A pesar de estos desafíos, el principio fundamental de descentralización sigue siendo una fuerza motriz detrás del desarrollo y la evolución de las criptomonedas [199].

El papel pionero de Bitcoin ha sentado las bases para una gama diversa de criptomonedas, cada una con sus características y objetivos únicos. Aunque Bitcoin sigue liderando el mercado, explorar las criptomonedas alternativas proporciona una visión del panorama en evolución de las finanzas digitales y las posibles innovaciones que podrían dar forma al futuro de la tecnología blockchain.

Al explorar el mundo de las criptomonedas, a menudo te encontrarás con el término “altcoins”, que significa “monedas alternativas.” Este término abarca en general todas las criptomonedas distintas a Bitcoin. Bitcoin, lanzado en 2009, se considera la criptomoneda original y se ha establecido como el estándar contra el cual se miden otras monedas digitales. En contraste, las altcoins están diseñadas para ofrecer variaciones o mejoras en el modelo original de Bitcoin, utilizando diferentes marcos tecnológicos, mecanismos de consenso o casos de uso [200].

Las monedas basadas en minería son aquellas que siguen un proceso similar al de Bitcoin para generar nuevas unidades. Esto implica un proceso conocido como minería, donde las redes de computadoras resuelven complejos rompecabezas matemáticos para validar y agregar transacciones a la blockchain. La red recompensa a los mineros exitosos con nuevas monedas. Este método es intensivo en energía y ha generado un debate significativo sobre su impacto ambiental. Los críticos argumentan que el alto consumo de energía asociado con las monedas basadas en minería, incluida Bitcoin, puede superar sus beneficios, lo que lleva a una búsqueda de alternativas más eficientes en términos de energía [200].

Las stablecoins están diseñadas para abordar la volatilidad comúnmente asociada con las criptomonedas al vincular su valor a un activo estable, típicamente una moneda fiduciaria como el dólar estadounidense. Este mecanismo de vinculación busca proporcionar estabilidad en el precio, haciendo que las stablecoins sean un medio de intercambio y un depósito de valor confiable. Dos ejemplos prominentes son Tether (USDT) y USD Coin (USDC). Estas monedas son especialmente útiles en aplicaciones comerciales y financieras donde la estabilidad del valor es crucial, proporcionando un puente entre el volátil mundo de las criptomonedas y las monedas fiduciarias tradicionales [200].

Los tokens de seguridad representan la propiedad de un activo del mundo real, funcionando a menudo de manera similar a los valores tradicionales como acciones o bonos, pero en un formato digital. Pueden validar la propiedad y facilitar transacciones que involucran activos como bienes raíces, arte o acciones en una empresa. La aplicación de los tokens de seguridad se extiende a la verificación de propiedad y la transferencia de derechos de manera segura y transparente, aprovechando la naturaleza inmutable y descentralizada de la blockchain. Este concepto permite una gestión más eficiente, automatizada y accesible de los derechos de propiedad y las inversiones [200].

Los memecoins son criptomonedas inspiradas en memes de internet o fenómenos de la cultura popular. Dogecoin (DOGE) y Shiba Inu (SHIB) son ejemplos notables. A pesar de sus orígenes en el humor o la sátira, los memecoins pueden ganar una tracción y valor significativos, a menudo impulsados por el bullicio en las redes sociales y los respaldos de personas influyentes. El valor de estas monedas puede ser altamente volátil e influenciado por el sentimiento del mercado en lugar de avances tecnológicos fundamentales o casos de uso. Los memecoins destacan la naturaleza impredecible del mercado de criptomonedas y el impacto de la percepción pública y la atención de los medios [200].

Tipos de Altcoins

En el ecosistema de criptomonedas, las altcoins representan una amplia categoría de activos digitales más allá de Bitcoin, cada una diseñada para servir diferentes funciones o abordar casos de uso específicos. Entender estas distinciones puede ayudar a los usuarios e inversores a navegar por el diverso panorama de la tecnología blockchain [199].

Criptomonedas

Las criptomonedas están diseñadas principalmente para funcionar como dinero digital, facilitando la transferencia de valor a través de redes descentralizadas. A diferencia de las monedas tradicionales, que están controladas por bancos centrales y gobiernos, las criptomonedas operan de manera descentralizada, aprovechando la tecnología blockchain para garantizar seguridad y transparencia. Muchas altcoins caen en esta categoría, buscando proporcionar una alternativa al papel de Bitcoin como depósito de valor y medio de intercambio. Estas criptomonedas pueden ofrecer características mejoradas, como velocidades de transacción más rápidas o tarifas más bajas, para mejorar las limitaciones de Bitcoin.

Tokens

Por otro lado, los tokens son activos basados en blockchain que sirven para propósitos más allá de las simples transacciones monetarias. A diferencia de las criptomonedas, que operan como monedas digitales independientes, los tokens a menudo se crean y utilizan dentro de ecosistemas específicos de blockchain. Pueden representar una participación en un proyecto, acceso a un servicio o incluso una unidad de valor vinculada a un activo particular.

Tokens de Seguridad

Los tokens de seguridad son una categoría de tokens basados en blockchain que están vinculados al valor de activos del mundo real, como acciones de empresas o contratos de inversión. Estos tokens a menudo se emiten a través de Ofertas Iniciales de Monedas (ICO) y están regulados de manera similar a los valores tradicionales. Ofrecen una forma de tokenizar participaciones de propiedad y proporcionan un mecanismo basado en blockchain para comerciar y gestionar estos activos.

Tokens de Utilidad

Los tokens de utilidad están diseñados para proporcionar acceso a un producto o servicio específico dentro de una red blockchain. Por ejemplo, tokens como Storj se utilizan para facilitar el almacenamiento descentralizado de archivos, mientras que Namecoin proporciona un Sistema de Nombres de Dominio (DNS) descentralizado para direcciones de internet. Estos tokens son fundamentales para la funcionalidad de sus respectivas plataformas, permitiendo a los usuarios interactuar con y beneficiarse de los servicios ofrecidos.

Ethereum (ETH)

Ethereum, lanzado en 2015, es una plataforma de software descentralizada que permite la creación y ejecución de contratos inteligentes y aplicaciones descentralizadas (dApps) sin necesidad de intermediarios. Su criptomoneda nativa, Ether (ETH), cumple múltiples propósitos: como medio de intercambio, pago de tarifas de transacción y servicios computacionales dentro de la red Ethereum, y activo de inversión. La transición de Ethereum a un mecanismo de consenso de Prueba de Participación (PoS) en 2022 tuvo como objetivo reducir su consumo de energía, mejorar la escalabilidad y aumentar la eficiencia de la red.

Tether (USDT)

Tether (USDT) es una stablecoin prominente diseñada para mantener un valor estable al vincular su precio al dólar estadounidense. Lanzado en 2014, Tether busca proporcionar una moneda digital más estable que pueda utilizarse para transacciones y como depósito de valor estable dentro del ecosistema de criptomonedas. Al mantener reservas equivalentes a la cantidad de USDT en circulación, Tether facilita conversiones más fáciles entre criptomonedas y monedas fiduciarias mientras mitiga la volatilidad común en otros activos digitales.

XRP

XRP es la criptomoneda nativa del XRP Ledger, desarrollada por Ripple en 2012. A diferencia de los mecanismos de consenso tradicionales como Prueba de Trabajo o Prueba de Participación, XRP emplea el Protocolo de Consenso del XRP Ledger, donde las transacciones son verificadas por una red de servidores y validadores. Este enfoque busca proporcionar un procesamiento de transacciones más rápido y tarifas más bajas en comparación con otras criptomonedas. XRP ha ganado tracción por su uso en pagos transfronterizos y transacciones financieras.

Binance Coin (BNB)

Inicialmente un token ERC-20 en la blockchain de Ethereum, Binance Coin (BNB) es ahora la criptomoneda nativa de Binance Chain. BNB se utiliza para pagar tarifas de transacción en Binance Exchange, ofreciendo a los usuarios descuentos cuando usan el token para transacciones. Binance Coin también impulsa el intercambio descentralizado de Binance y varias otras aplicaciones dentro del ecosistema de Binance. Su transición a su propia blockchain y la adopción de un modelo de consenso PoS destacan su evolución de un token de utilidad a un componente más integrado de la red Binance.

USD Coin (USDC)

USD Coin (USDC) es otra stablecoin vinculada al dólar estadounidense, lanzada en 2018 por el Centro Consortium, que incluye a Circle y Coinbase. USDC mantiene su valor al mantener reservas fiduciarias equivalentes a su oferta en circulación, proporcionando un activo digital regulado y estable para transacciones e inversiones. Como stablecoin regulada, USDC se beneficia de la transparencia y el cumplimiento de las regulaciones financieras de EE. UU., mejorando su credibilidad y confianza en el mercado de criptomonedas.

Cardano (ADA)

Cardano (ADA) es una plataforma blockchain desarrollada con un enfoque basado en la investigación, centrado en la rigurosidad académica y la investigación revisada por pares. Co-fundada por Charles Hoskinson, uno de los cofundadores de Ethereum, Cardano busca proporcionar un ecosistema blockchain más escalable y seguro. El mecanismo de consenso Ouroboros Proof of Stake (PoS) de Cardano está diseñado para mejorar la escalabilidad y la eficiencia. La plataforma aspira a servir como un sistema operativo financiero integral, abordando cuestiones como la interoperabilidad de cadenas y el seguimiento de contratos legales.

Solana (SOL)

Fundada en 2017, Solana es una plataforma blockchain de alto rendimiento diseñada para soportar aplicaciones descentralizadas (dApps) y contratos inteligentes. Conocida por su alta capacidad de transacciones y bajas tarifas, Solana se posiciona como un "asesino de Ethereum" al ofrecer soluciones más rápidas y económicas para aplicaciones DeFi y NFT. La escalabilidad y eficiencia de la blockchain de Solana la convierten en una alternativa competitiva a Ethereum, atrayendo una atención y adopción significativas en el espacio blockchain.

Dogecoin (DOGE)

Dogecoin (DOGE), inicialmente creado como una broma por los ingenieros de software Billy Markus y Jackson Palmer en 2013, ha evolucionado hasta convertirse en una criptomoneda ampliamente reconocida. Conocido por su mascota Shiba Inu, Dogecoin ganó popularidad en 2021 debido a su cultura impulsada por memes y el fuerte apoyo de la comunidad. A pesar de sus orígenes como una novedad, Dogecoin ha sido aceptado como forma de pago por algunas empresas y ha alcanzado una capitalización de mercado significativa.

Shiba Inu (SHIB)

Shiba Inu (SHIB) es un memecoin inspirado en Dogecoin, creado con la intención de superar el éxito de Dogecoin. Ascendiendo a la prominencia en 2021, Shiba Inu superó brevemente la capitalización de mercado de Dogecoin, demostrando la influencia de las criptomonedas impulsadas por memes en el mercado. Aunque similar en tema a Dogecoin, Shiba Inu ha encontrado su propio nicho como un memecoin con su propia comunidad y tokenómica.

TRON (TRX)

Lanzado en 2017 por la TRON Foundation, TRON tiene como objetivo empoderar a los creadores de contenido mediante la tokenización y aplicaciones descentralizadas. TRON adquirió BitTorrent en 2018, integrando la plataforma de intercambio de archivos en su ecosistema blockchain. El token nativo de TRON, TRX, se utiliza para transacciones en la cadena y como método de pago en intercambios. Su mecanismo de consenso, denominado Prueba de Participación Delegada (DPoS), implica la votación de la comunidad para elegir a los validadores responsables de la creación de bloques y el mantenimiento de la red.

Polygon (MATIC)

Polygon (MATIC) comenzó inicialmente como una solución de capa-2 para abordar los problemas de escalabilidad de Ethereum, pero ha evolucionado hacia un ecosistema de múltiples cadenas. Su objetivo es mejorar el rendimiento de Ethereum facilitando la interoperabilidad entre diferentes blockchains. La arquitectura de Polygon incluye capas como Ethereum, Heimdall y Bor, que trabajan juntas para mejorar el procesamiento de transacciones y la escalabilidad. Polygon admite una amplia gama de aplicaciones, incluidos contratos inteligentes, dApps y NFT, convirtiéndolo en una plataforma versátil para los desarrolladores.

Ethereum y Contratos Inteligentes

Ethereum, introducido en 2015 por Vitalik Buterin, representa un avance significativo en la tecnología blockchain en comparación con Bitcoin, ofreciendo una plataforma descentralizada que no solo soporta transacciones de moneda digital, sino que también permite la creación y ejecución de contratos inteligentes y aplicaciones descentralizadas (dApps) [201]. A diferencia de Bitcoin, que sirve principalmente como una moneda digital descentralizada, la innovación de Ethereum radica en su versatilidad como una blockchain programable que puede acomodar una amplia gama de aplicaciones más allá de simples transferencias monetarias [201].

Los contratos inteligentes son contratos autoejecutables con los términos del acuerdo directamente escritos en código. Estos contratos aplican y ejecutan automáticamente los términos de un acuerdo cuando se cumplen condiciones predefinidas. El concepto de contratos inteligentes es integral para la funcionalidad de Ethereum, permitiendo a los desarrolladores construir y desplegar aplicaciones descentralizadas complejas. A diferencia de los contratos tradicionales, que dependen de intermediarios y pueden estar sujetos a retrasos y disputas, los contratos inteligentes operan de manera autónoma en la blockchain, garantizando transparencia, eficiencia y confianza sin intermediarios [202].

Los contratos inteligentes en Ethereum se escriben en lenguajes de programación como Solidity, que está específicamente diseñado para este propósito. Cuando un contrato inteligente se despliega en la blockchain de Ethereum, se le asigna una dirección única y se vuelve inmutable, lo que significa que su código no puede ser alterado. Esta inmutabilidad garantiza que una vez que el contrato esté activo, sus reglas y lógica permanezcan consistentes y ejecutables. Las transacciones que activan las condiciones del contrato se procesan y registran en la blockchain, asegurando que todas las partes tengan acceso a la misma información y reduciendo el riesgo de fraude.

Las aplicaciones de los contratos inteligentes son vastas y variadas. Se utilizan en finanzas descentralizadas (DeFi) para crear instrumentos financieros como plataformas de préstamos, intercambios descentralizados y stablecoins. En el ámbito de los tokens no fungibles (NFTs), los contratos inteligentes regulan la creación, transferencia y comercio de activos digitales únicos. Además, los contratos inteligentes se emplean en la gestión de cadenas de suministro para mejorar la transparencia y la trazabilidad, en sistemas de votación para asegurar la integridad, y en varios otros sectores donde la ejecución automática, transparente y segura de acuerdos es beneficiosa.

La flexibilidad de Ethereum y su soporte para contratos inteligentes han sido fundamentales en el auge de las finanzas descentralizadas (DeFi). DeFi representa un nuevo paradigma en los servicios financieros, ofreciendo alternativas a los sistemas bancarios y financieros tradicionales a través de plataformas y protocolos descentralizados. Los contratos inteligentes de Ethereum permiten la creación de una amplia gama de productos y servicios financieros, incluidos préstamos descentralizados, empréstitos, comercio y seguros. Este ecosistema opera sin intermediarios, lo que permite una mayor accesibilidad e innovación en los servicios financieros.

En septiembre de 2022, Ethereum experimentó una actualización significativa conocida como "The Merge", que transicionó de un mecanismo de consenso Proof of Work (PoW) a Proof of Stake (PoS). Este cambio tuvo como objetivo mejorar la escalabilidad, seguridad y eficiencia energética de la red. PoS reemplaza el proceso de minería intensivo en recursos con un sistema de staking donde los validadores son elegidos para crear nuevos bloques en función de la cantidad de criptomoneda que apuestan y su duración de staking. Se espera que esta transición reduzca significativamente el consumo de energía de Ethereum y mejore su capacidad para soportar un número creciente de dApps y contratos inteligentes.

La introducción de contratos inteligentes por parte de Ethereum ha revolucionado el espacio blockchain, proporcionando una base robusta para aplicaciones descentralizadas y soluciones financieras innovadoras. Al permitir la ejecución automática, transparente y sin confianza de acuerdos, Ethereum ha facilitado el crecimiento de aplicaciones diversas que van desde DeFi hasta NFTs. Sus desarrollos y actualizaciones en curso, incluida la transición a Proof of Stake, reflejan el compromiso de la plataforma con la escalabilidad, seguridad y eficiencia, asegurando su relevancia continua e impacto en el panorama en evolución de la tecnología blockchain.

Ethereum, la segunda criptomoneda más grande por capitalización de mercado, ha experimentado un crecimiento sustancial recientemente. Actualmente, el precio de Ethereum es de $1,591.12, y cuenta con una capitalización de mercado de aproximadamente $191.3 mil millones [203]. Esta impresionante valoración refleja la creciente influencia y adopción de Ethereum dentro del espacio de las criptomonedas. La actualización en curso de Ethereum 2.0 ha sido clave en este ascenso. La transición al mecanismo de consenso proof-of-stake (PoS), completada en 2022, marcó un cambio significativo del modelo proof-of-work intensivo en energía. Esta transición tiene como objetivo mejorar la eficiencia, escalabilidad y sostenibilidad de la red [203]. Actualmente, Ethereum se está preparando para actualizaciones adicionales, incluida la fragmentación (sharding), un método diseñado para mejorar el rendimiento de transacciones dividiendo la red en piezas más pequeñas y manejables. Se espera que estos avances refuercen aún más el rendimiento y el atractivo de Ethereum en los próximos años.

Casos de Uso Reales de Ethereum

La influencia de Ethereum va más allá de su rol como criptomoneda; sirve como una plataforma fundamental para numerosas aplicaciones en el mundo real a través de diversas industrias [203]:

- **Uniswap**: Uniswap es un destacado intercambio descentralizado (DEX) construido sobre Ethereum. A diferencia de los intercambios tradicionales, Uniswap opera sin intermediarios, aprovechando las capacidades de contratos inteligentes de Ethereum para facilitar el comercio directo de criptomonedas. Este enfoque descentralizado permite a los usuarios intercambiar varios activos cripto de manera fluida, mejorando la liquidez y accesibilidad dentro del ecosistema cripto.

- **Aave**: Aave es una plataforma de préstamos descentralizada que opera en la red de Ethereum. Permite a los usuarios pedir prestado y prestar criptomonedas de manera confiable y transparente. A través de contratos inteligentes, Aave elimina la necesidad de intermediarios financieros tradicionales, ofreciendo una experiencia de préstamo y préstamo más eficiente y accesible.

- **OpenSea**: Como uno de los principales mercados de NFT, OpenSea utiliza Ethereum para soportar la creación, compra, venta e intercambio de tokens no fungibles (NFTs). La funcionalidad de contratos inteligentes de Ethereum respalda las operaciones de OpenSea, proporcionando un entorno seguro y descentralizado para las transacciones de NFT y asegurando la autenticidad y propiedad de los activos digitales.

- **IBM**: IBM ha incorporado Ethereum en sus soluciones de gestión de la cadena de suministro. El gigante tecnológico está desarrollando una plataforma que mejora la transparencia y trazabilidad dentro de las cadenas de suministro. Al utilizar la tecnología blockchain de Ethereum, IBM busca proporcionar un registro más seguro e inmutable de las transacciones, mejorando la eficiencia y responsabilidad en las operaciones de la cadena de suministro.

- **Estonia**: El gobierno de Estonia está a la vanguardia de la adopción de blockchain, utilizando Ethereum para crear un sistema de votación seguro e inviolable. Esta iniciativa tiene como objetivo mejorar la integridad y confiabilidad de los procesos electorales al aprovechar la tecnología descentralizada de Ethereum para proteger contra posibles fraudes y manipulaciones.

Estas aplicaciones diversas destacan la versatilidad de Ethereum y su potencial para impulsar la innovación en varios sectores, consolidando su posición como una plataforma blockchain líder en la era digital.

Ripple y Pagos Internacionales

Ripple Labs, fundada en 2012, ha emergido como un actor significativo en el sector de la tecnología financiera, particularmente en el ámbito de los pagos internacionales. El objetivo principal de Ripple es mejorar la eficiencia y la velocidad de las transacciones financieras internacionales al abordar algunos de los problemas históricos asociados con los sistemas bancarios tradicionales.

Ripple opera en una tecnología de libro mayor distribuido (DLT) única que respalda su red RippleNet. A diferencia de los sistemas blockchain convencionales, RippleNet está diseñado para facilitar transferencias rápidas y seguras de dinero entre instituciones financieras a través de fronteras. La tecnología central de RippleNet es el Algoritmo de Consenso del Protocolo Ripple (RPCA), que no depende de la minería sino que utiliza un mecanismo de consenso para validar transacciones. Esta elección de diseño permite a Ripple procesar transacciones de manera significativamente más rápida que los sistemas tradicionales.

El activo digital nativo de Ripple, XRP, juega un papel crucial en su ecosistema. XRP se utiliza como una moneda puente en el servicio de provisión de liquidez de RippleNet, permitiendo conversiones más eficientes y rentables entre diferentes monedas fiduciarias. Al usar XRP como intermediario, Ripple puede reducir la necesidad de cuentas nostro prefinanciadas, que son típicamente requeridas para mantener liquidez en varias monedas. Este enfoque ayuda a las instituciones financieras a gestionar su liquidez de manera más efectiva y reduce el costo general de las transacciones internacionales.

Una de las principales ventajas del sistema de Ripple es su velocidad. Los pagos internacionales tradicionales pueden tardar varios días en procesarse debido a la participación de múltiples intermediarios y zonas horarias. En contraste, RippleNet permite la liquidación casi instantánea de las transacciones, típicamente en segundos. Este procesamiento rápido es particularmente beneficioso para empresas e individuos que necesitan transferir fondos de manera rápida y eficiente.

Otra ventaja significativa es la reducción de costos. La tecnología de Ripple elimina muchas de las tarifas asociadas con los pagos internacionales tradicionales, como las impuestas por bancos corresponsales e intermediarios. Al agilizar el proceso y utilizar XRP para la liquidez, Ripple ayuda a reducir los costos de transacción y ofrecer tasas de cambio más competitivas.

Ripple ha captado una considerable atención y adopción por parte de instituciones financieras a nivel mundial. Grandes bancos y proveedores de servicios de pago han integrado la tecnología de Ripple en sus sistemas para aprovechar su velocidad y eficiencia en costos. La empresa ha establecido asociaciones con un número creciente de instituciones financieras, ampliando aún más su alcance e influencia en el espacio de pagos internacionales.

Sin embargo, el camino de Ripple no ha estado exento de desafíos. La compañía ha enfrentado un escrutinio regulatorio, particularmente por parte de la Comisión de Bolsa y Valores de EE.UU. (SEC), respecto a la clasificación de XRP como un valor. Estos problemas legales han impactado las operaciones de Ripple y sus asociaciones con instituciones financieras. A pesar de estos desafíos, Ripple continúa innovando y trabajando para superar obstáculos regulatorios para consolidar su posición en el sector de la tecnología financiera.

Mirando hacia el futuro, Ripple apunta a expandir su red y continuar mejorando su tecnología para abordar las necesidades cambiantes del sistema financiero global. A medida que la transformación digital se acelera en la industria financiera, el enfoque de Ripple en mejorar la eficiencia de los pagos internacionales lo posiciona como un actor clave en la configuración del futuro de las finanzas internacionales.

RippleNet representa una desviación significativa de la red SWIFT tradicional, que ha dominado durante mucho tiempo las transacciones financieras internacionales. A diferencia de SWIFT, que involucra múltiples intermediarios y a menudo resulta en tiempos de transacción largos y altos costos, RippleNet agiliza el proceso al permitir transferencias directas, de principio a fin, entre bancos. Esta reducción de intermediarios permite una liquidación casi instantánea de las transacciones, típicamente en minutos, y ofrece una mayor transparencia a lo largo del proceso. Al aprovechar la tecnología blockchain, RippleNet elimina muchas de las barreras y eficiencias tradicionales asociadas con los pagos internacionales [204].

Inicialmente, RippleNet ofrecía tres productos distintos: xCurrent, xRapid y xVia. xCurrent servía como un sistema de pagos diseñado para bancos, facilitando transacciones internacionales seguras y eficientes. xRapid utilizaba XRP como proveedor de liquidez para mejorar la velocidad y rentabilidad de los intercambios de divisas. xVia permitía a los usuarios conectar e integrar los dos servicios anteriores a través de una interfaz de programación de aplicaciones (API). A finales de 2019, Ripple unificó estas ofertas bajo el paraguas de RippleNet, centrando su enfoque en expandir el uso de XRP en su red [204].

Una innovación fundamental de RippleNet es su uso del Protocolo Interledger (ILP), un protocolo basado en blockchain diseñado para facilitar pagos entre diferentes libros mayores. Al igual que el protocolo TCP/IP permite la comunicación entre diferentes sistemas informáticos en internet, el ILP permite que diferentes libros mayores financieros interactúen de manera fluida. Esta interoperabilidad reduce los costos y acelera los tiempos de transacción al eliminar intermediarios y el control central del sistema. Cuando se inicia un pago, RippleNet identifica automáticamente la ruta más eficiente para transferir valor, realiza evaluaciones de cumplimiento y verifica cuentas antes de ejecutar la transacción [204].

Durante las transacciones, los fondos se mantienen de forma segura en cuentas de depósito en los libros mayores de los bancos participantes hasta que la transacción se complete o falle según criterios predefinidos. RippleNet garantiza que los resultados de la transacción se comuniquen rápidamente a los bancos involucrados, los cuales actualizan sus libros mayores en consecuencia. Este proceso seguro y transparente mejora la fiabilidad y eficiencia de los pagos internacionales [204].

El viaje de Ripple comenzó a principios de 2011 cuando los ingenieros informáticos David Schwartz, Jed McCaleb y Arthur Britto buscaron crear un sistema más sostenible para transferir valor sin depender de la minería. En junio de 2012, lanzaron el XRP Ledger y posteriormente fundaron la empresa OpenCoin, que luego se renombró como Ripple. El XRP Ledger, junto con el Ripple Consensus Ledger y el Ripple Transaction Protocol, sentó las bases para RippleNet. A lo largo de los años, Ripple ha evolucionado, con hitos significativos que incluyen el lanzamiento de la XRPL Foundation en 2020, que tiene como objetivo apoyar el desarrollo y la adopción del XRP Ledger [204].

XRP, la criptomoneda nativa de Ripple, juega un papel crucial en el ecosistema de Ripple. Sirve como una moneda puente, facilitando el intercambio de diversas monedas con costos de transacción mínimos. Las principales ventajas de XRP incluyen bajas tarifas de transacción, tiempos de liquidación rápidos y escalabilidad, con la capacidad de procesar hasta 1,500 transacciones por segundo. El token está pre-minado, lo que significa que la mayoría de los tokens XRP se crearon antes del lanzamiento público del proyecto. Ripple utiliza XRP para proporcionar liquidez y apoyar su red, aunque ha enfrentado desafíos regulatorios por parte de la Comisión de Bolsa y Valores de EE.UU. (SEC) respecto a su clasificación y venta [204].

El XRP Ledger (XRPL) funciona como una blockchain inmutable y escalable, proporcionando un registro permanente de transacciones asegurado por pares de claves criptográficas. Las transacciones de XRP se liquidan rápidamente, permitiendo transferencias internacionales eficientes y el puenteo de divisas. El XRPL se utiliza para diversas aplicaciones, incluyendo su intercambio descentralizado (DEX), que ha estado en funcionamiento desde 2012 y permite el comercio de XRP y otras criptomonedas con tarifas mínimas. Los desarrollos recientes, como la integración del XRPL con plataformas de finanzas descentralizadas (DeFi) y soluciones de puenteo entre cadenas, aumentan aún más su utilidad y presencia en el mercado [204].

Litecoin y Transacciones Más Rápidas

Litecoin, a menudo denominado "la plata frente al oro de Bitcoin," fue introducido en 2011 por Charlie Lee como una moneda digital descentralizada con el objetivo de proporcionar transacciones más rápidas y eficientes en comparación con Bitcoin [205]. Aunque Bitcoin fue un pionero en el ámbito de las criptomonedas, Litecoin buscó abordar algunas de las limitaciones de Bitcoin, especialmente en lo que respecta a la velocidad de las transacciones y la eficiencia del procesamiento [205]. A pesar de compartir tecnología y arquitectura fundamentales con Bitcoin, Litecoin incorpora características distintas que mejoran su rendimiento [205].

La creación de Litecoin marcó un desarrollo significativo en el panorama de las criptomonedas, ofreciendo a los usuarios una alternativa que mitigaba algunos de los desafíos de Bitcoin [205]. La aparición de Litecoin y otras criptomonedas como Ethereum, Ripple y Namecoin demostró la versatilidad y adaptabilidad de la tecnología blockchain, permitiendo la creación de activos digitales diversos con características únicas [206]. Estas criptomonedas, incluida Litecoin, utilizaron la tecnología blockchain para establecer redes seguras, transparentes y descentralizadas para las transacciones [206].

La comparación entre Bitcoin y Litecoin resalta la evolución y diversificación dentro del ecosistema de criptomonedas [205]. El enfoque de Litecoin en mejorar la velocidad y eficiencia de las transacciones demuestra la naturaleza iterativa del desarrollo de criptomonedas, donde nuevos proyectos buscan mejorar los marcos existentes para ofrecer funcionalidades mejoradas [205]. La distinción entre Bitcoin y Litecoin ejemplifica las variaciones matizadas en el diseño y los objetivos que caracterizan la multitud de criptomonedas disponibles hoy en día [206].

La introducción de Litecoin y su posterior adopción por parte de los usuarios reflejaron una creciente demanda de monedas digitales que pudieran satisfacer necesidades y preferencias específicas de los usuarios [205]. El énfasis de Litecoin en las transacciones más rápidas resonó con individuos que buscaban soluciones de pago ágiles y económicas en el ámbito digital [205]. Este enfoque centrado en el usuario en el diseño de criptomonedas contribuyó a la popularidad de Litecoin y lo estableció como un jugador significativo en el mercado de activos digitales [205].

La integración de características innovadoras de Litecoin y su compromiso con la mejora de la velocidad y eficiencia de las transacciones lo posicionaron como una alternativa viable a Bitcoin y otras criptomonedas [205]. El éxito de Litecoin subrayó la importancia de la innovación continua y la mejora en el espacio de las criptomonedas para satisfacer las demandas en evolución de los usuarios y adaptarse a los avances tecnológicos

[205]. Al centrarse en mejorar las capacidades de transacción, Litecoin se hizo un hueco en el competitivo mercado de criptomonedas y demostró el valor de las mejoras tecnológicas dirigidas [205].

Una de las principales innovaciones de Litecoin es su tiempo de generación de bloques más rápido. La blockchain de Bitcoin genera un nuevo bloque aproximadamente cada 10 minutos, mientras que la blockchain de Litecoin produce un nuevo bloque cada 2.5 minutos. Esta reducción en el tiempo de generación de bloques acelera significativamente la tasa a la que las transacciones son confirmadas y añadidas a la blockchain. Como resultado, Litecoin puede procesar transacciones más rápidamente que Bitcoin, lo cual es particularmente beneficioso para los usuarios que buscan confirmaciones de transacciones más rápidas y tiempos de espera reducidos.

El tiempo de generación de bloques más rápido de Litecoin se traduce en un aumento en el rendimiento de transacciones. Dado que se añaden bloques nuevos a la blockchain con mayor frecuencia, Litecoin puede manejar un mayor volumen de transacciones por segundo en comparación con Bitcoin. Esta capacidad aumentada es crucial para mantener el rendimiento de la red y asegurar que las transacciones sean procesadas de manera oportuna, especialmente durante períodos de alta demanda de transacciones. La capacidad de Litecoin para gestionar un mayor número de transacciones por segundo lo convierte en una opción atractiva para transacciones diarias y microtransacciones.

Otra diferencia notable entre Litecoin y Bitcoin es el algoritmo de hashing utilizado en el proceso de minería. Mientras que Bitcoin utiliza el algoritmo de hashing SHA-256, Litecoin emplea el algoritmo Scrypt. Scrypt fue diseñado para ser más intensivo en memoria, lo cual tenía la intención de hacer que la minería fuera más accesible para una gama más amplia de participantes y reducir la ventaja del hardware especializado. Al usar Scrypt, Litecoin buscó democratizar el proceso de minería y fomentar una mayor participación en la seguridad de la red. Sin embargo, a medida que la tecnología de minería ha avanzado, incluso la minería basada en Scrypt se ha vuelto cada vez más competitiva y especializada.

Litecoin también ofrece tarifas de transacción más bajas en comparación con Bitcoin. Las tarifas reducidas son el resultado de su tiempo de generación de bloques más rápido y su mayor rendimiento de transacciones. Las tarifas más bajas hacen que Litecoin sea una opción atractiva para los usuarios que necesitan realizar transacciones frecuentes o pequeñas, ya que reduce el costo total de usar la red. La rentabilidad de las transacciones de Litecoin contribuye a su utilidad como método de pago práctico y lo distingue aún más de Bitcoin.

A lo largo de los años, Litecoin ha ganado una amplia aceptación y es aceptado por numerosos comerciantes y negocios en todo el mundo. Sus tiempos de transacción más rápidos y tarifas más bajas lo convierten en una opción viable para diversos casos de uso, incluidos pagos en línea, compras minoristas y transacciones transfronterizas. La reputación de Litecoin como una criptomoneda confiable y eficiente ha llevado a su integración con varios procesadores de pagos y plataformas financieras, lo que mejora aún más su accesibilidad y usabilidad.

Litecoin también ha estado a la vanguardia de la incorporación de innovaciones tecnológicas. Por ejemplo, Litecoin fue una de las primeras criptomonedas importantes en adoptar el protocolo Segregated Witness (SegWit), que mejora la escalabilidad y eficiencia de la red al separar los datos de las transacciones del bloque. Litecoin también ha estado involucrado en experimentos con la Lightning Network, una solución de escalado de segunda capa diseñada para facilitar transacciones más rápidas y económicas mediante la creación de canales de pago fuera de la cadena.

Criptomonedas Emergentes y Altcoins

Las criptomonedas emergentes y las altcoins representan la diversidad en constante expansión del mercado de criptomonedas, mostrando innovaciones y nuevos casos de uso más allá de los activos digitales más establecidos como Bitcoin y Ethereum.

Las criptomonedas emergentes son activos digitales recién lanzados que aún no se han establecido como actores principales en el mercado. A menudo, se basan en ideas innovadoras, tecnologías o casos de uso que las diferencian de las criptomonedas existentes. Aquí hay algunos aspectos clave de las criptomonedas emergentes:

- **Innovación y Tecnología**: Muchas criptomonedas emergentes se centran en resolver problemas específicos o mejorar las tecnologías existentes. Esto puede incluir velocidades de transacción más rápidas, tarifas más bajas, privacidad mejorada o mecanismos de consenso novedosos.

- **Ofertas Iniciales de Monedas (ICOs) y Ventas de Tokens**: Las criptomonedas emergentes suelen lanzarse a través de ICOs, ofertas iniciales de intercambio (IEOs) u otros métodos de recaudación de fondos. Estas ventas permiten a los proyectos recaudar capital mientras brindan a los primeros inversores la oportunidad de adquirir nuevos tokens.

- **Volatilidad del Mercado**: Debido a su etapa incipiente, las criptomonedas emergentes pueden experimentar una volatilidad significativa. Su valor puede fluctuar ampliamente según el sentimiento del mercado, los desarrollos tecnológicos y las tasas de adopción.

- **Examen Regulatorio**: Las nuevas criptomonedas pueden enfrentar diferentes niveles de escrutinio regulatorio mientras navegan por desafíos legales y de cumplimiento. El entorno regulatorio puede afectar su crecimiento y aceptación.

- **Comunidad y Desarrollo**: El éxito de las criptomonedas emergentes a menudo depende de la fortaleza de su comunidad y equipo de desarrollo. Una comunidad activa y fuerte puede impulsar la adopción y el apoyo, mientras que un equipo capacitado puede ejecutar la visión del proyecto de manera efectiva.

Las altcoins, o monedas alternativas, son cualquier criptomoneda distinta de Bitcoin. Incluyen una amplia gama de activos digitales con diferentes características, casos de uso y tecnologías subyacentes. Las principales características de las altcoins incluyen:

- **Casos de Uso Diversos**: Las altcoins a menudo abordan nichos específicos o problemas dentro del ecosistema criptográfico. Por ejemplo, algunas se centran en la privacidad (por ejemplo, Monero), contratos inteligentes (por ejemplo, Ethereum) o finanzas descentralizadas (DeFi) (por ejemplo, Aave).

- **Tecnología e Innovación**: Muchas altcoins aprovechan diferentes tecnologías de blockchain o mecanismos de consenso. Por ejemplo, algunas utilizan Proof of Stake (PoS) o Delegated Proof of Stake (DPoS) en lugar de Proof of Work (PoW).

- **Capitalización de Mercado y Adopción**: Las altcoins varían ampliamente en términos de capitalización de mercado y adopción. Algunas, como Ethereum y Binance Coin (BNB), tienen capitalizaciones de mercado significativas y casos de uso amplios, mientras que otras pueden ser más pequeñas y especulativas.

- **Competencia con Bitcoin**: Aunque Bitcoin sigue siendo la criptomoneda dominante, las altcoins ofrecen características alternativas o mejoras. Por ejemplo, Ethereum introdujo contratos inteligentes, mientras que Litecoin se centró en tiempos de transacción más rápidos.

- **Oportunidades de Inversión**: Las altcoins pueden presentar oportunidades de inversión para quienes buscan diversificar sus carteras. Sin embargo, también conllevan riesgos, incluida una mayor volatilidad e incertidumbre en comparación con Bitcoin.

Ejemplos de Criptomonedas Emergentes y Altcoins:

- **Polkadot (DOT)**: Busca habilitar la interoperabilidad entre diferentes blockchains, facilitando las transferencias y comunicaciones entre cadenas.

- **Chainlink (LINK)**: Proporciona oráculos descentralizados que conectan contratos inteligentes con datos del mundo real, mejorando su funcionalidad.

- **Solana (SOL)**: Se enfoca en transacciones de alta velocidad y escalabilidad, con el objetivo de soportar un gran número de transacciones por segundo con tarifas bajas.

- **Avalanche (AVAX)**: Presenta un mecanismo de consenso único y busca ofrecer alta capacidad y baja latencia para aplicaciones descentralizadas y redes blockchain personalizadas.

- **Polygon (MATIC)**: Sirve como una solución de escalado de capa 2 para Ethereum, con el objetivo de reducir las tarifas de transacción y mejorar la escalabilidad.

Las criptomonedas emergentes y las altcoins reflejan la naturaleza dinámica e innovadora del espacio criptográfico. Ofrecen diversas soluciones y mejoras sobre las tecnologías existentes, contribuyendo a la diversidad y al crecimiento del ecosistema de activos digitales.

El número de nuevas criptomonedas introducidas cada año puede variar significativamente debido a la naturaleza en rápida evolución de la industria criptográfica. En promedio, se lanzan cientos de nuevas criptomonedas y tokens anualmente. Esta variabilidad está influenciada por varios factores [207]:

- **Tendencias del Mercado**: La aparición de nuevas tecnologías blockchain, tendencias en finanzas descentralizadas (DeFi), tokens no fungibles (NFTs) y otras innovaciones pueden llevar a un aumento en la cantidad de nuevos proyectos [208].

- **Ofertas Iniciales de Monedas (ICOs) y Ventas de Tokens**: Durante períodos de alto interés, muchos proyectos recaudan fondos a través de ICOs, ofertas iniciales de intercambio (IEOs) u otras ventas de tokens, contribuyendo a la creación de nuevas criptomonedas [209].

- **Plataformas de Desarrollo**: Plataformas como Ethereum, Binance Smart Chain y otras permiten a los desarrolladores crear nuevos tokens con relativa facilidad, lo que lleva a una cantidad significativa de nuevos proyectos [208].

- **Condiciones del Mercado**: En condiciones de mercado alcista, donde los precios de las criptomonedas están en aumento y hay un interés creciente por parte de los inversores, la cantidad de nuevos proyectos tiende a aumentar. En contraste, durante períodos bajistas o caídas del mercado, la cantidad de nuevos lanzamientos puede disminuir [210].

- **En 2021**, por ejemplo, más de 4,000 nuevas criptomonedas fueron listadas en varias bolsas, reflejando un período de rápido crecimiento e interés alto en el mercado de criptomonedas [111]. El seguimiento del número exacto de nuevas criptomonedas introducidas en un año determinado se puede hacer a través de informes de la industria, sitios web de seguimiento de criptomonedas y plataformas de análisis blockchain [207].

- **La introducción de numerosas altcoins en la última década** destaca la expansión continua del mercado de criptomonedas [211]. Este crecimiento se ve impulsado aún más por la creciente importancia del análisis de sentimiento de los influencers de Twitter en la formación de inversiones en criptomonedas [209]. Además, la antigüedad y la capitalización de mercado de las criptomonedas juegan un papel significativo en la generación de grandes variaciones de precios dentro del mercado [212].

- **La interdependencia entre carteras de criptomonedas**, como lo demuestra el derrame de volatilidad, indica la compleja dinámica en juego dentro del ecosistema de criptomonedas [213]. Además, la aplicación de aprendizaje automático en la predicción de rendimientos de criptomonedas muestra la integración de las criptomonedas dentro de los mercados de materias primas más amplios [214].

La introducción de nuevas criptomonedas cada año es un proceso multifacético influenciado por las tendencias del mercado, los mecanismos de recaudación de fondos, las plataformas de desarrollo y las condiciones generales del mercado. La rápida evolución del mercado de criptomonedas requiere una comprensión profunda de estos factores para navegar por las complejidades de esta dinámica industria. Los investigadores continúan explorando varios aspectos de los mercados de criptomonedas, desde la predicción de precios hasta el comportamiento del mercado, aprovechando metodologías avanzadas como el aprendizaje automático y el análisis de sentimiento para obtener información sobre este paisaje en constante cambio.

Tether (USDT)

Tether (USDT) es un actor destacado en el mundo de las criptomonedas, particularmente dentro de la categoría de stablecoins. Las stablecoins son activos digitales diseñados para mantener un valor estable al vincular su valor a activos del mundo real, como las monedas fiduciarias. En el caso de Tether, su valor está vinculado directamente al dólar estadounidense, lo que significa que un USDT debería siempre ser igual a un dólar estadounidense. Este mecanismo de vinculación busca mitigar la volatilidad que a menudo se asocia con otras criptomonedas, proporcionando una reserva de valor estable y haciendo que USDT sea una opción popular para diversas transacciones financieras [203].

Posición Actual en el Mercado

Tether ocupa una posición significativa en el mercado de criptomonedas, tanto en términos de tamaño como de volumen de comercio. Como la stablecoin más grande, juega un papel crucial en el ecosistema criptográfico. Con una capitalización de mercado de 83,22 mil millones de dólares a partir del 27 de septiembre de 2023, Tether tiene una presencia considerable. Su volumen de comercio es aún más impresionante, superando regularmente los 16,74 mil millones de dólares diarios. Este alto volumen de comercio subraya la función crítica de Tether como proveedor de liquidez y par de comercio en varias bolsas de criptomonedas, superando incluso a muchas criptomonedas principales en la actividad diaria de transacciones [203].

Casos de Uso en la Vida Real de Tether (USDT)

A pesar de los desafíos enfrentados por el mercado de criptomonedas en general, incluidos los descensos como el invierno criptográfico de 2022, Tether ha demostrado ser resiliente y continúa viendo una adopción generalizada. Aquí hay varios casos de uso en la vida real de Tether que destacan su versatilidad [203]:

- **Crypto Emporium**: La estabilidad y aceptación generalizada de Tether lo convierten en una opción práctica para las compras en línea. Crypto Emporium, un mercado digital, permite a los usuarios comprar una amplia gama de productos, incluyendo electrónica, joyería y artículos de lujo, utilizando USDT. Esta integración demuestra cómo las stablecoins como Tether pueden cerrar la brecha entre las criptomonedas y los bienes de consumo cotidianos.

- **Travala.com**: Para los entusiastas de los viajes, Travala.com ofrece un caso de uso único para Tether. Esta plataforma de reservas de viajes acepta USDT para una variedad de servicios, incluyendo reservas de vuelos, reservas de hoteles y boletos de autobús. Al permitir transacciones en Tether, Travala.com atiende al número creciente de usuarios de criptomonedas que buscan aprovechar sus activos digitales para experiencias de viaje en el mundo real.

- **Bitrefill**: Tether también se utiliza en Bitrefill, una plataforma que facilita la recarga de crédito para teléfonos móviles y la compra de tarjetas de regalo. Este servicio facilita a los usuarios el uso de USDT para gestionar sus gastos móviles y comprar tarjetas de regalo para diversos minoristas, destacando la practicidad de Tether para transacciones diarias.

- **Coinsbee**: Similar a Bitrefill, Coinsbee permite a los usuarios comprar tarjetas de regalo de minoristas conocidos utilizando Tether. Esta plataforma proporciona otra vía para utilizar USDT de manera práctica, facilitando a los titulares de criptomonedas convertir sus activos en créditos de retail utilizables.

- **Cloudbet**: La aplicación de Tether se extiende al ámbito de los juegos en línea y las apuestas. Cloudbet, una plataforma que ofrece apuestas deportivas y juegos de casino, acepta USDT como opción de pago. Este caso de uso subraya el papel de Tether en la industria del juego en línea, donde su estabilidad y liquidez lo convierten en una opción atractiva tanto para jugadores como para operadores.

Tether (USDT) desempeña un papel fundamental en el ecosistema de criptomonedas al proporcionar un activo digital estable y confiable que está ampliamente adoptado en varias plataformas. Su integración en servicios cotidianos y transacciones financieras demuestra su versatilidad y utilidad en cerrar la brecha entre las monedas digitales y las aplicaciones del mundo real.

Binance Coin (BNB)

Binance Coin (BNB) es la criptomoneda nativa de Binance, uno de los intercambios de criptomonedas más grandes e influyentes del mundo. Lanzado en 2017, BNB inicialmente sirvió como un token de utilidad para la plataforma Binance, ofreciendo a los usuarios diversos beneficios, como tarifas de transacción reducidas. Con el tiempo, los casos de uso de BNB se han expandido, integrándose en múltiples facetas del ecosistema de Binance y más allá. Como token de utilidad, BNB facilita una gama de funciones que incluyen el pago de tarifas de transacción, la participación en ventas de tokens y más, convirtiéndolo en un activo versátil dentro del espacio cripto [203].

Posición Actual en el Mercado de Binance Coin (BNB)

A partir del 27 de septiembre de 2023, Binance Coin ocupa una posición significativa en el mercado de criptomonedas con una capitalización de mercado de 32 mil millones de dólares. Esta impresionante valoración refleja un aumento sustancial en el valor, con BNB habiendo visto un aumento de más del 1,000% en el último año [203]. El sólido desempeño del mercado de la moneda se puede atribuir a su amplia utilidad dentro del ecosistema de Binance y su creciente adopción en varias plataformas. La capitalización de mercado de BNB lo coloca entre las principales criptomonedas, destacando su relevancia e influencia en el mundo cripto.

Casos de Uso en la Vida Real de Binance Coin (BNB)

- **Crypto.com**: La utilidad de BNB se extiende más allá de la plataforma Binance a otros servicios cripto. En Crypto.com, una prominente plataforma de comercio y préstamo de criptomonedas, los usuarios pueden pagar facturas de tarjetas de crédito utilizando BNB. Esta funcionalidad ilustra cómo BNB puede ser utilizado para transacciones diarias, añadiendo valor práctico a la moneda más allá de su papel en el ecosistema de Binance.

- **Integración con Shopify**: Shopify, una plataforma líder en comercio electrónico, ha adoptado las criptomonedas al integrar varias opciones de pago. Una integración notable es el plugin Binance Pay, que permite a los negocios en Shopify aceptar pagos en BNB. Esta integración amplía los casos de uso de BNB, convirtiéndolo en una opción viable de pago para transacciones en línea y demostrando su aceptación en el ecosistema de comercio electrónico más amplio.

- **Binance Launchpad**: Binance Launchpad es una plataforma para lanzar nuevos proyectos de criptomonedas. Para participar en ventas de tokens a través de

Binance Launchpad, los usuarios deben poseer y usar BNB. Este requisito posiciona a BNB como una puerta de entrada a oportunidades de inversión en proyectos cripto emergentes, proporcionando a los titulares acceso temprano a empresas prometedoras y aumentando el atractivo de la moneda para los inversores.

- **Binance NFT Marketplace**: El Binance NFT Marketplace es otra área donde BNB juega un papel crucial. Los usuarios pueden utilizar BNB para pagar tarifas de transacción asociadas con la compra, venta o intercambio de tokens no fungibles (NFTs) en esta plataforma. La integración de BNB en el mercado NFT subraya su utilidad en varios tipos de transacciones digitales y refuerza su posición como un activo clave dentro del ecosistema de Binance.

En resumen, Binance Coin (BNB) ha evolucionado de ser un simple token de utilidad a un activo multifacético con una variedad de aplicaciones prácticas. Su papel en la reducción de tarifas de transacción, la facilitación de pagos y la participación en ventas de tokens demuestra su versatilidad y creciente importancia. Con una sólida posición en el mercado y diversos casos de uso en la vida real, BNB sigue siendo un actor prominente en el espacio de las criptomonedas.

Moneda en Dólares de EE.UU. (USDC)

La Moneda en Dólares de EE.UU., o USDC, es una stablecoin prominente en el paisaje de las criptomonedas. Al igual que otras stablecoins como Tether (USDT), USDC está diseñada para mantener un valor equivalente a un dólar estadounidense, lo que la convierte en un activo confiable para minimizar la volatilidad dentro del mercado cripto. Al vincular su valor al dólar estadounidense, USDC busca proporcionar un medio de intercambio estable y una reserva de valor, diferenciándose de las criptomonedas más volátiles [203].

Posición Actual en el Mercado

A partir del 27 de septiembre de 2023, USDC es la segunda stablecoin más grande por capitalización de mercado, con un valor sustancial de 25 mil millones de dólares [203]. Esto la posiciona como un jugador clave en el sector de las stablecoins, aunque ha enfrentado desafíos durante las caídas del mercado, como el "invierno cripto" de 2022. A pesar de estos contratiempos, USDC ha demostrado resiliencia y recuperación, reflejando su papel como un componente crítico en el ecosistema de las criptomonedas.

Casos de Uso en la Vida Real de USDC

La estabilidad de USDC y su amplia aceptación han llevado a diversas aplicaciones prácticas en diferentes plataformas y servicios [203]:

- **Visa y Mastercard**: Redes de pago importantes como Visa y Mastercard han integrado pagos en criptomonedas en sus sistemas. Ambas permiten a los comerciantes aceptar pagos en USDC, conectando las finanzas tradicionales con el mundo en evolución de las monedas digitales. Esta integración ayuda a facilitar transacciones más suaves y una mayor adopción de las stablecoins en el comercio cotidiano.

- **Circle Pay**: Circle, el emisor de USDC, ofrece Circle Pay, un servicio que permite a los usuarios enviar y recibir USDC a nivel mundial sin costo alguno. Este servicio apoya las transacciones transfronterizas, facilitando a los individuos el manejo de pagos digitales sin incurrir en las tarifas bancarias tradicionales.

- **Tarjeta Coinbase**: Para aquellos que buscan utilizar sus tenencias de USDC en transacciones diarias, la Tarjeta Coinbase ofrece una solución práctica. Esta tarjeta permite a los usuarios gastar USDC en cualquier comerciante que acepte pagos con Visa, convirtiendo sin problemas las tenencias de cripto en moneda fiduciaria para diversas compras.

La estabilidad de USDC, combinada con sus crecientes aplicaciones en el mundo real, subraya su importancia en el mercado de criptomonedas. Al ofrecer una stablecoin confiable y ampliamente aceptada, USDC sigue desempeñando un papel crucial en conectar las finanzas tradicionales con el mundo de las monedas digitales.

Cardano (ADA)

Cardano (ADA) se destaca en el paisaje de las criptomonedas por su enfoque único en el desarrollo y su énfasis en la investigación científica y metodologías revisadas por pares. Lanzado en 2017 por Charles Hoskinson, uno de los cofundadores de Ethereum, Cardano busca proporcionar una plataforma segura y escalable para el desarrollo de contratos inteligentes y aplicaciones descentralizadas (DApps). Su objetivo fundamental es crear un ecosistema más equilibrado y sostenible para la industria de blockchain al integrar la investigación académica y un proceso de desarrollo estructurado en su marco [203].

Posición Actual en el Mercado

A partir del 27 de septiembre de 2023, Cardano ocupa una posición destacada en el mercado de criptomonedas con una capitalización de mercado de 8.6 mil millones de dólares. Aunque enfrentó desafíos significativos durante la caída del mercado en 2022, Cardano ha mostrado signos de recuperación. Esta resiliencia destaca su papel como un jugador importante en el espacio cripto, ofreciendo a inversores y desarrolladores una plataforma robusta para diversas aplicaciones de blockchain.

Casos de Uso en la Vida Real de Cardano (ADA)

- **Gestión de Identidad**: Cardano se ha utilizado en proyectos de gestión de identidad para mejorar la seguridad y la accesibilidad. Un ejemplo notable es la iniciativa del gobierno etíope para utilizar Cardano para crear identidades digitales para cinco millones de estudiantes. Este proyecto tiene como objetivo agilizar la verificación y gestión de identidades, proporcionando una solución segura y escalable para el seguimiento de la información educativa y personal.

- **Gestión de la Cadena de Suministro**: En el ámbito de la gestión de la cadena de suministro, el proyecto Atala PRISM de Cardano demuestra su capacidad para mejorar la transparencia y la trazabilidad. Esta iniciativa utiliza la tecnología blockchain de Cardano para rastrear la cadena de suministro del vino georgiano, asegurando que todas las etapas de producción y distribución estén registradas y verificadas. Esta aplicación de Cardano ayuda a mejorar la integridad y la eficiencia de las operaciones de la cadena de suministro.

- **Sistemas de Votación**: Cardano también se está utilizando para desarrollar sistemas de votación seguros y transparentes. El proyecto Aeternity, que opera en la blockchain de Cardano, está trabajando en un sistema de votación destinado a su uso en las elecciones nigerianas de 2023. Este sistema tiene como objetivo proporcionar un método a prueba de manipulaciones para emitir y contar votos, mejorando la integridad electoral y la confianza pública en el proceso de votación.

- **Servicios Financieros Descentralizados (DeFi)**: En el sector de finanzas descentralizadas, Cardano está avanzando a través de plataformas como SundaeSwap. Esta plataforma DeFi, construida sobre la blockchain de Cardano, permite a los usuarios intercambiar Cardano y otras criptomonedas de manera segura y descentralizada. SundaeSwap ejemplifica el compromiso de Cardano con la expansión de las capacidades de DeFi y la provisión de servicios financieros innovadores.

En general, el énfasis de Cardano en la investigación científica y sus diversos casos de uso en la vida real la posicionan como una criptomoneda visionaria con el potencial de abordar diversos problemas globales a través de la tecnología blockchain.

Dogecoin (DOGE)

Dogecoin (DOGE) se destaca en el mundo de las criptomonedas como una memecoin única e influyente. Lanzado en diciembre de 2013 por los ingenieros de software Billy Markus y Jackson Palmer, Dogecoin fue concebido inicialmente como una broma. Su inspiración proviene del popular meme "Doge", que presenta a un perro Shiba Inu acompañado de texto humorístico, multicolor y en inglés roto. A pesar de sus inicios juguetones, Dogecoin ha evolucionado hasta convertirse en un actor significativo en el mercado de criptomonedas, ganando considerable atención y valor, particularmente debido a respaldos de alto perfil y la cultura viral de internet [203].

Posición Actual en el Mercado

A partir del 27 de septiembre de 2023, Dogecoin tiene una capitalización de mercado de aproximadamente 8.56 mil millones de dólares, lo que refleja su presencia sustancial en el espacio cripto. El suministro total de tokens de Dogecoin supera los 141 mil millones, y notablemente, Dogecoin no tiene un suministro máximo fijo [203]. Esta emisión continua contribuye a su naturaleza inflacionaria, distinguiéndolo de muchas otras criptomonedas que tienen suministros limitados. A pesar de esto, la popularidad de Dogecoin ha permanecido robusta, respaldada por su sólida comunidad y figuras prominentes que lo apoyan.

Casos de Uso en la Vida Real de DOGE

Dogecoin ha trascendido sus orígenes como un meme para convertirse en una criptomoneda práctica con aplicaciones en el mundo real. Aquí algunos casos de uso notables [203]:

- **Tesla**: En enero de 2022, Tesla, la empresa de vehículos eléctricos dirigida por Elon Musk, comenzó a aceptar Dogecoin como método de pago. El afecto público de Musk por Dogecoin contribuyó significativamente a su aumento en popularidad y aceptación general. Este movimiento demostró el potencial de utilidad de Dogecoin más allá de la mera especulación, integrándolo en transacciones diarias para mercancías de Tesla.

- **AMC Theatres**: AMC Theatres, una cadena de cines líder, anunció en octubre de 2021 que aceptaría Dogecoin para compras de tarjetas de regalo en línea. Esta decisión amplió la utilidad de Dogecoin, permitiendo a los fanáticos de la criptomoneda usarla para transacciones relacionadas con el entretenimiento y destacando su creciente aceptación en varios sectores de consumo.

- **AirBaltic**: En enero de 2022, la aerolínea letona AirBaltic se convirtió en una de las primeras aerolíneas en aceptar Dogecoin para reservas de vuelos. Al incorporar Dogecoin en sus opciones de pago, AirBaltic abrazó el paisaje financiero en evolución y atendió a un creciente grupo demográfico de entusiastas de las criptomonedas.

- **Sheetz**: En abril de 2022, Sheetz, una conocida cadena de tiendas de conveniencia, comenzó a aceptar Dogecoin para transacciones. Este movimiento fue parte de la estrategia más amplia de Sheetz para integrar criptomonedas en sus sistemas de pago, reflejando la creciente aceptación general de las monedas digitales.

La transición de Dogecoin de una novedad a una criptomoneda funcional subraya su impacto significativo y aceptación dentro del ecosistema financiero más amplio. Sus casos de uso en la vida real, impulsados por el respaldo de figuras influyentes y la adopción por parte de diversas empresas, destacan su creciente relevancia y potencial como activo digital.

Solana (SOL)

Solana (SOL) es una plataforma de blockchain diseñada para hacer que las finanzas descentralizadas (DeFi) sean más accesibles y escalables. Lanzada en marzo de 2020 por la Fundación Solana, Solana tiene como objetivo abordar las limitaciones de las redes de blockchain existentes al mejorar significativamente la velocidad y el rendimiento de las transacciones. Esto se logra a través de sus mecanismos de consenso innovadores: Prueba de Historia (PoH) y Prueba de Participación (PoS) [203].

Posición Actual en el Mercado

A partir del 27 de septiembre de 2023, Solana (SOL) se destaca en el mercado de criptomonedas con una capitalización de mercado de 7.96 mil millones de dólares, asegurando su posición como una de las principales criptomonedas a nivel mundial [203]. El suministro total de tokens SOL está limitado a 500 millones, reflejando su papel sustancial en el ecosistema. A pesar de enfrentar desafíos como la volatilidad del mercado y obstáculos técnicos, Solana ha logrado mantener una presencia significativa y continúa siendo un jugador prominente en el espacio blockchain.

Casos de Uso en la Vida Real de Solana

Las aplicaciones en el mundo real de Solana destacan su creciente influencia y utilidad dentro de la industria cripto [203]:

- **Solana Pay**: Solana Pay es una solución de procesamiento de pagos diseñada para facilitar transacciones rápidas y de bajo costo utilizando SOL. Esta plataforma permite a empresas y plataformas de comercio electrónico, como Shopify, aceptar SOL como método de pago. Al integrar Solana Pay, los comerciantes pueden beneficiarse de las transacciones rápidas y con bajas comisiones características de la red Solana, mejorando la eficiencia general de los pagos digitales.

- **DeFi en la Vía Rápida de Solana**: La red de alto rendimiento de Solana ha atraído numerosos proyectos DeFi, incluidos Raydium y Serum. Estas plataformas aprovechan las capacidades de Solana para ofrecer a los usuarios una variedad de servicios financieros. Por ejemplo, Raydium proporciona servicios de liquidez y creación de mercado automatizada, mientras que Serum opera como un intercambio descentralizado con características avanzadas de trading. Ambas plataformas se benefician de la capacidad de Solana para manejar grandes volúmenes de transacciones y ofrecer tiempos de procesamiento rápidos, convirtiéndolas en opciones atractivas para usuarios que buscan prestar, pedir prestado o comerciar criptomonedas.

El enfoque de Solana en la escalabilidad a través de sus mecanismos de consenso únicos y sus aplicaciones prácticas en el procesamiento de pagos y servicios DeFi demuestran su impacto significativo en el panorama de las criptomonedas. Su capacidad para manejar grandes volúmenes de transacciones de manera eficiente la convierte en un jugador clave en el mundo en evolución de las finanzas descentralizadas [203].

TRON (TRX)

TRON es una plataforma basada en blockchain fundada por Justin Sun en 2017 con el objetivo de revolucionar el intercambio de contenido digital. Su misión es crear un mundo digital descentralizado en el que los usuarios puedan compartir contenido libremente sin la necesidad de intermediarios. Para lograr esta visión, TRON emplea un mecanismo de consenso Delegated Proof of Stake (DPoS). Este sistema permite una alta escalabilidad y eficiencia, ya que se basa en un menor número de nodos para validar las transacciones, acelerando el proceso y reduciendo costos en comparación con los sistemas tradicionales de Proof of Work (PoW) [203].

Posición Actual en el Mercado

A partir del 17 de septiembre de 2023, TRON (TRX) se posiciona como un jugador significativo en el panorama de las criptomonedas con una capitalización de mercado de aproximadamente 7.5 mil millones de dólares. Esto lo coloca como una de las principales criptomonedas a nivel global [203]. La red cuenta con más de 98 millones de cuentas activas, lo que refleja su amplia adopción y utilización. La sólida posición de mercado de TRON se refuerza con su enfoque en crear un internet descentralizado y su uso efectivo de la tecnología blockchain para facilitar este objetivo.

Casos de Uso en la Vida Real de TRX

La utilidad de TRON se extiende más allá de sus innovaciones tecnológicas, ya que se ha integrado en varias aplicaciones y asociaciones del mundo real [203]:

- **BitTorrent**: La adquisición de BitTorrent por TRON en 2018 le permitió aprovechar la popular plataforma de intercambio de archivos para integrar los tokens TRX. Los usuarios de BitTorrent ahora pueden ganar tokens TRX como recompensas por compartir archivos en la red, incentivando así la participación y mejorando la utilidad de la plataforma.

- **Samsung**: Como líder global en tecnología, Samsung ha incorporado soporte para los tokens TRX en sus smartphones Galaxy. Esta integración permite a los usuarios almacenar y gestionar sus tenencias de TRX directamente desde sus dispositivos, reflejando el compromiso de Samsung con el apoyo a las tecnologías emergentes y las criptomonedas.

- **JustLend**: La presencia de TRON en el espacio de las finanzas descentralizadas (DeFi) se ejemplifica con JustLend, una plataforma de préstamos descentralizados que opera en la blockchain de TRON. Los usuarios pueden prestar y pedir prestados activos utilizando tokens TRX, aprovechando la naturaleza descentralizada de la plataforma para facilitar transacciones y servicios financieros entre pares sin intermediarios.

En general, el compromiso de TRON con la descentralización, combinado con sus asociaciones estratégicas y aplicaciones prácticas, subraya su papel como una criptomoneda prominente e influyente en el mercado global.

Avalanche (AVAX)

Avalanche (AVAX) es un jugador destacado en el mercado de criptomonedas, distinguido por su enfoque innovador en el consenso de blockchain. Lanzado por Ava Labs, Avalanche se destaca debido a su protocolo de consenso único, Avalanche Consensus, que se diferencia de los mecanismos tradicionales de Proof of Work (PoW) y Proof of Stake (PoS). En lugar de eso, Avalanche Consensus permite un proceso de validación más escalable y eficiente al permitir que los participantes determinen la validez de las transacciones a través de un proceso que involucra muestreo aleatorio repetido de validadores. Este diseño promueve un alto rendimiento y baja latencia, convirtiendo a Avalanche en un fuerte contendiente en el espacio de blockchain [203].

A partir del 17 de septiembre de 2023, Avalanche (AVAX) posee una capitalización de mercado de aproximadamente 3.19 mil millones de dólares, posicionándolo entre las criptomonedas notables [203]. El suministro total de AVAX está limitado a 720 millones de tokens, lo que ayuda a gestionar la inflación y mantener el valor a lo largo del tiempo. A pesar de su capitalización de mercado relativamente menor en comparación con algunas de las principales criptomonedas, la tecnología innovadora de Avalanche y su creciente ecosistema contribuyen a su presencia significativa en el mercado.

En términos de aplicaciones en el mundo real, la versatilidad de Avalanche es evidente a través de diversas plataformas y servicios que utilizan su token nativo, AVAX. Ava Labs, la organización detrás de Avalanche, está desarrollando continuamente una gama de productos y servicios financieros, todos los cuales se pueden acceder y pagar utilizando AVAX. Esta integración subraya la utilidad del token más allá de la mera especulación.

Además, Avalanche apoya aplicaciones de finanzas descentralizadas (DeFi) a través de plataformas como Trader Joe y Pangolin. Trader Joe es un intercambio descentralizado (DEX) donde los usuarios pueden intercambiar criptomonedas y acceder a liquidez utilizando AVAX, mientras que Pangolin ofrece servicios similares, destacando aún más el papel de AVAX en la facilitación del comercio descentralizado y la provisión de liquidez. Estos casos de uso ilustran cómo Avalanche no solo es un proveedor de tecnología, sino también un habilitador clave en el creciente ecosistema DeFi [203].

Polkadot (DOT)

Polkadot (DOT) representa un avance significativo en la tecnología blockchain al abordar uno de los problemas más desafiantes en el espacio: la interoperabilidad. Lanzado por el Dr. Gavin Wood, uno de los cofundadores de Ethereum, Polkadot es una plataforma blockchain de Capa 1 diseñada para permitir que diferentes blockchains se interconecten y se comuniquen entre sí. Este concepto de interoperabilidad es crucial para crear un ecosistema blockchain más cohesivo, donde diversas aplicaciones y sistemas puedan trabajar juntos sin problemas. Polkadot logra esto a través de su único protocolo de sharding multichain de código abierto, que soporta múltiples blockchains funcionando en paralelo, conocidos como parachains. Esta capacidad de procesamiento paralelo mejora la escalabilidad y eficiencia de la plataforma al permitir que numerosas transacciones ocurran a través de varias cadenas simultáneamente [203].

A partir del 27 de septiembre de 2023, Polkadot (DOT) ocupa una posición destacada en el mercado de criptomonedas con una capitalización de mercado de aproximadamente 4.92 mil millones de dólares [203]. El suministro máximo de DOT está limitado a 1.36 mil millones de tokens, lo que ayuda a mantener su valor y gestionar la inflación. A pesar de su sólida capitalización de mercado, la verdadera fortaleza de Polkadot radica en su enfoque innovador hacia la interoperabilidad y escalabilidad blockchain, convirtiéndolo en un jugador significativo en el paisaje blockchain en evolución.

En términos prácticos, la arquitectura de Polkadot ha llevado al desarrollo de varios proyectos y plataformas notables que aprovechan sus capacidades. Un ejemplo destacado es Acala, una plataforma de finanzas descentralizadas (DeFi) que utiliza la infraestructura de Polkadot para ofrecer una amplia gama de servicios DeFi. Acala se beneficia de la escalabilidad e interoperabilidad de Polkadot para proporcionar soluciones financieras robustas dentro del espacio DeFi.

Otro proyecto clave es Moonbeam, una plataforma de contratos inteligentes que opera en la red de Polkadot. Moonbeam permite a los desarrolladores implementar contratos inteligentes en Solidity, un lenguaje de programación popular para Ethereum, en la red de Polkadot. Esta compatibilidad cruzada permite una mayor flexibilidad e integración dentro del ecosistema blockchain, con DOT siendo utilizado para todas las transacciones en la plataforma [203].

Además, Kusama sirve como la red canaria de Polkadot, proporcionando un campo de pruebas para nuevas características y actualizaciones antes de que se implementen en la red principal de Polkadot. Este enfoque permite a los desarrolladores experimentar y refinar innovaciones en un entorno real, asegurando que cualquier desarrollo nuevo sea rigurosamente probado y funcional antes de su lanzamiento oficial. El papel de Kusama subraya el compromiso de Polkadot con la mejora continua y adaptación, contribuyendo a su efectividad y relevancia en el sector blockchain [203].

Polygon (MATIC)

Polygon, anteriormente conocido como Matic Network, es una plataforma innovadora basada en Ethereum diseñada para mejorar la escalabilidad y la usabilidad de las redes blockchain. Lanzado en 2017, Polygon opera como una solución de escalado de Capa 2, abordando las limitaciones de Ethereum con respecto a la velocidad de transacción y los costos [203]. A diferencia del mecanismo de consenso Proof of Work (PoW) nativo de Ethereum, Polygon utiliza un algoritmo de consenso Proof of Stake (PoS), lo que contribuye a su eficiencia y escalabilidad. Este sistema permite a Polygon manejar un alto volumen de transacciones a un costo mucho menor que la red principal de Ethereum. El token MATIC, que es integral para el ecosistema de Polygon, se utiliza para pagar las tarifas de transacción y participar en la gobernanza de la red, incentivando a los usuarios a contribuir con recursos computacionales para mantener y asegurar la red.

Posición en el Mercado Actual

A partir del 27 de septiembre de 2023, Polygon (MATIC) ocupa una posición significativa en el mercado de criptomonedas con una capitalización de mercado de aproximadamente 4.76 mil millones de dólares [203]. El token tiene un suministro en circulación de alrededor de 9.32 mil millones de MATIC, lo que refleja su amplia adopción y utilización. La presencia en el mercado de Polygon se refuerza por su capacidad para ofrecer transacciones más rápidas y económicas en comparación con Ethereum, lo que ha impulsado su integración en diversas plataformas y aplicaciones.

Casos de Uso en la Vida Real de MATIC

La utilidad de Polygon va más allá del simple procesamiento de transacciones, influyendo en varios sectores a través de su tecnología innovadora [203].

- **Certificados de Casta:** En una aplicación notable de la tecnología blockchain, el gobierno de la India se ha asociado con Polygon para emitir certificados de casta verificables. Esta iniciativa, anunciada en 2023, tiene como objetivo aprovechar la blockchain de Polygon para documentación segura e inalterable, ilustrando el potencial de la plataforma para soluciones administrativas del mundo real.

- **Marketplace de NFTs de Coinbase:** Coinbase, un intercambio de criptomonedas líder, utiliza la tecnología de Polygon para potenciar su mercado de NFTs. Al integrar Polygon, Coinbase reduce las altas tarifas de gas asociadas con las transacciones de Ethereum, haciendo que sea más rentable para los usuarios comprar, vender e intercambiar NFTs. Esta aplicación destaca el papel de Polygon en la optimización de las experiencias de los usuarios en plataformas de criptomonedas importantes.

- **Animoca Brands:** Polygon juega un papel clave en la industria de los videojuegos a través de su colaboración con Animoca Brands. Esta empresa utiliza

Polygon para sus experiencias de juegos Play-to-Earn (P2E), permitiendo a los jugadores ganar recompensas y participar en un ecosistema de juegos descentralizado. Al aprovechar la infraestructura eficiente y escalable de Polygon, Animoca Brands mejora la experiencia de juego y asegura transacciones más fluidas.

La solución de Capa 2 de Polygon, a través del uso del token MATIC, aborda problemas críticos de escalabilidad y costos de transacción mientras expande su utilidad en varios dominios. Esto posiciona a Polygon como un jugador fundamental en la evolución continua de la tecnología blockchain [203].

Terra (LUNA)

Terra (LUNA) es una criptomoneda y un protocolo blockchain destacado diseñado para mantener la estabilidad de las stablecoins mientras facilita la adopción de monedas fiduciarias en el espacio digital. Lanzado en 2018 por el equipo de Terra, el protocolo opera con un modelo único que vincula su token nativo LUNA a la estabilidad de las stablecoins de Terra. El token LUNA cumple múltiples funciones dentro del ecosistema de Terra: se utiliza para colateralizar las stablecoins de la red, participar en decisiones de gobernanza y asegurar la estabilidad general del ecosistema. Al aprovechar una combinación de mecanismos algorítmicos e incentivos económicos, Terra busca ofrecer soluciones financieras estables, escalables y descentralizadas [203].

Posición en el Mercado Actual

A partir del 27 de septiembre de 2023, Terra (LUNA) tiene una capitalización de mercado de aproximadamente 173 millones de dólares. Esto lo posiciona como un jugador significativo en el espacio de criptomonedas, aunque más pequeño en comparación con algunas de las criptomonedas con mayor capitalización de mercado. Con alrededor de 385 millones de tokens LUNA en circulación, la moneda refleja un suministro sustancial pero controlado, destinado a mantener su valor y utilidad dentro del ecosistema de Terra [203].

Casos de Uso en la Vida Real de Terra (LUNA)

La utilidad de Terra se extiende a varias aplicaciones prácticas, demostrando su relevancia y eficacia en escenarios del mundo real [203].

- **Chai:** Chai es una popular aplicación de pagos móviles con sede en Corea del Sur. Integra la blockchain de Terra para facilitar transferencias de dinero rápidas y seguras. Los usuarios pueden aprovechar el token LUNA dentro de la aplicación Chai para diversas transacciones financieras, mejorando la accesibilidad y adopción de criptomonedas en pagos cotidianos.

- **KwonPay:** Otra aplicación significativa de la tecnología de Terra es KwonPay, un procesador de pagos también operativo en Corea del Sur. Esta plataforma permite a los comerciantes aceptar pagos utilizando LUNA, integrándolo en el ecosistema financiero del país. La adopción de KwonPay resalta la creciente influencia de Terra en la habilitación de pagos en criptomonedas y la expansión de sus casos de uso.

- **Mirror Protocol:** Mirror Protocol ofrece un enfoque único al permitir a los usuarios crear y comerciar activos sintéticos que reflejan el valor de activos del mundo real como acciones, ETFs y commodities. Este protocolo utiliza la blockchain de Terra para facilitar transacciones, proporcionando a los usuarios formas innovadoras de participar en los mercados financieros sin comerciar directamente con activos tradicionales.

- **Anchor Protocol:** Anchor Protocol es una plataforma de préstamos y empréstitos descentralizada construida sobre la blockchain de Terra. Ofrece a los usuarios la oportunidad de obtener altos rendimientos al depositar tokens LUNA, demostrando la capacidad de la plataforma para ofrecer productos financieros atractivos. Al aprovechar la infraestructura de stablecoin de Terra, Anchor Protocol apoya transacciones financieras seguras y eficientes.

Terra (LUNA) es un jugador versátil e influyente en el espacio de las criptomonedas, con una variedad de aplicaciones que mejoran su estabilidad y usabilidad. Su papel en la estabilización de las stablecoins y su integración en varias plataformas de pagos y financieras destacan su potencial y adaptabilidad en la economía digital en evolución [203].

Chainlink (LINK)

Chainlink (LINK) es un jugador destacado en el mundo de las criptomonedas, particularmente conocido por su papel en conectar contratos inteligentes con datos del mundo real. Lanzado en 2017, Chainlink fue diseñado para abordar una limitación crítica en la tecnología blockchain: la necesidad de que los contratos inteligentes interactúen con fuentes de datos externas de manera segura y confiable. Chainlink logra esto proporcionando una red descentralizada de oráculos—fuentes de datos que conectan contratos inteligentes con APIs externas, bases de datos y otra información fuera de la cadena [203].

Posición en el Mercado Actual

A partir del 27 de septiembre de 2023, Chainlink (LINK) tiene una capitalización de mercado de aproximadamente 4.1 mil millones de dólares. Su sólida posición en el mercado es un testimonio de su papel significativo en el ecosistema blockchain. La propuesta de valor de Chainlink radica en su capacidad para mejorar la funcionalidad de los contratos inteligentes al integrar datos del mundo real, lo que ha impulsado su ascenso como una de las principales criptomonedas. Su adopción generalizada y su papel crítico en la infraestructura contribuyen a su sólida presencia en el mercado.

Casos de Uso en la Vida Real de Chainlink

El impacto de Chainlink se extiende a través de diversos dominios, demostrando su versatilidad e importancia en el espacio cripto. Aquí algunos casos clave [203]:

- **Uniswap:** Uniswap, un intercambio descentralizado (DEX) líder, utiliza Chainlink para proporcionar feeds de precios precisos y otros datos esenciales. Los oráculos de Chainlink ayudan a garantizar que las operaciones de trading descentralizado de Uniswap se basen en información actualizada y confiable. Los usuarios que contribuyen con datos al protocolo de Uniswap pueden ganar recompensas en LINK, destacando el papel del token en la incentivación de la provisión de datos y el mantenimiento de la integridad de la plataforma.

- **Axie Infinity:** Este popular juego basado en blockchain, conocido por su modelo de jugar para ganar, integra Chainlink para mejorar su experiencia de juego. Específicamente, el servicio de generación de números aleatorios de Chainlink se utiliza para garantizar resultados justos e impredecibles en las batallas dentro del juego. Los operadores de nodos que proporcionan este servicio son compensados en tokens LINK, demostrando la utilidad de Chainlink en el sector de los juegos.

- **SWIFT:** La Sociedad para las Telecomunicaciones Financieras Interbancarias Mundiales (SWIFT), una red global de mensajería financiera, está explorando la tecnología blockchain para innovar sus sistemas de pago. Chainlink está siendo utilizado por SWIFT para desarrollar nuevas soluciones de pago descentralizadas. Esta participación subraya el papel de Chainlink en la conexión de los sistemas financieros tradicionales con la tecnología blockchain moderna, transformando potencialmente las transacciones transfronterizas y las operaciones bancarias.

La capacidad de Chainlink para integrar datos fuera de la cadena con contratos inteligentes en la cadena a través de su red de oráculos descentralizada lo ha establecido como un componente crucial tanto en el espacio DeFi como en los sistemas financieros tradicionales. Sus aplicaciones en la vida real demuestran su amplia utilidad e impacto significativo en diversos sectores [203].

6

Billeteras y Exchanges de Criptomonedas

Las billeteras y los exchanges de criptomonedas son componentes fundamentales del ecosistema de criptomonedas, cada uno cumpliendo roles distintos pero complementarios.

Las billeteras de criptomonedas son herramientas digitales utilizadas para almacenar, gestionar y asegurar criptomonedas. Vienen en diversas formas, incluyendo billeteras de software (digitales), billeteras de hardware y billeteras de papel. A continuación, se detallan sus funciones:

- **Almacenamiento de Criptomonedas:** Las billeteras guardan las claves privadas que permiten a los usuarios acceder y gestionar sus tenencias de criptomonedas. Pueden almacenar varios tipos de criptomonedas, dependiendo de la compatibilidad de la billetera.

- **Gestión de Transacciones:** Las billeteras permiten a los usuarios enviar y recibir criptomonedas. Utilizando la clave privada, los usuarios pueden firmar transacciones e interactuar con redes blockchain.

- **Seguridad:** Las billeteras ofrecen diferentes niveles de seguridad para proteger los activos contra robos o pérdidas. Por ejemplo, las billeteras de hardware almacenan las claves privadas fuera de línea, reduciendo el riesgo de hackeos en línea, mientras que las billeteras de software pueden ofrecer características de encriptación y firma múltiple.

- **Copia de Seguridad y Recuperación:** La mayoría de las billeteras ofrecen opciones de copia de seguridad y recuperación, permitiendo a los usuarios restaurar sus activos si pierden el acceso a su billetera o dispositivo. Esto generalmente implica generar y almacenar una frase de recuperación.

- **Interfaz de Usuario:** Las billeteras a menudo vienen con una interfaz fácil de usar que permite a los usuarios ver sus saldos, historial de transacciones y otra información relevante.

Tipos de Billeteras de Criptomonedas

- **Billeteras de Software:** Estas son aplicaciones digitales que se pueden instalar en computadoras o teléfonos inteligentes. Ejemplos incluyen MetaMask y Trust Wallet. Son convenientes pero podrían ser más vulnerables a amenazas cibernéticas.

- **Billeteras de Hardware:** Dispositivos físicos que almacenan las claves privadas fuera de línea. Ejemplos incluyen Ledger Nano S y Trezor. Ofrecen una mayor seguridad y son menos susceptibles a ataques en línea.

- **Billeteras de Papel:** Documentos físicos que contienen claves privadas y direcciones públicas. Son altamente seguras contra amenazas en línea pero pueden perderse o dañarse fácilmente.

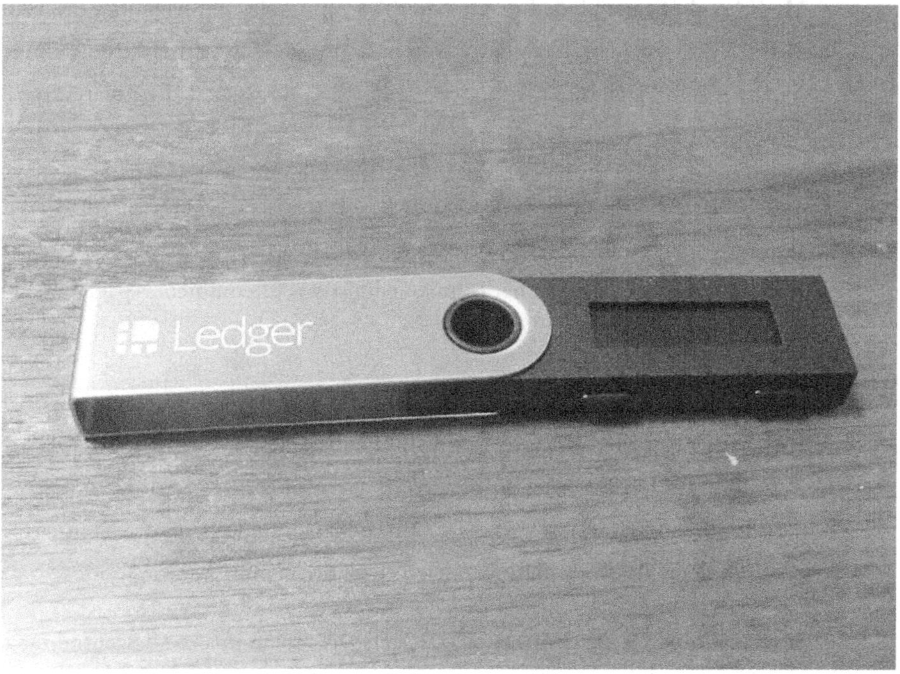

Figura 12: Ledger Nano S - Billetera de Hardware - Almacenamiento en Frío para Criptomonedas. Motokoka, CC BY-SA 4.0, vía Wikimedia Commons.

Los intercambios de criptomonedas son plataformas donde los usuarios pueden comprar, vender e intercambiar criptomonedas. Actúan como intermediarios, facilitando las transacciones entre compradores y vendedores. Esto es lo que hacen:

- **Comercio e Intercambio:** Los intercambios permiten a los usuarios convertir una criptomoneda en otra o intercambiar monedas fiduciarias (como USD o EUR) por criptomonedas. Proporcionan liquidez y descubrimiento de precios para varios activos digitales.

- **Acceso al Mercado:** Los intercambios ofrecen acceso a una amplia gama de criptomonedas y pares de comercio, permitiendo a los usuarios diversificar sus carteras y aprovechar las oportunidades del mercado.

- **Ejecución de Órdenes:** Los intercambios admiten diferentes tipos de órdenes, como órdenes de mercado, órdenes limitadas y órdenes de stop-loss. Estas características ayudan a los usuarios a ejecutar operaciones basadas en sus estrategias y preferencias.

- **Medidas de Seguridad:** Los intercambios reputables implementan diversas medidas de seguridad, incluidas la autenticación de dos factores (2FA), almacenamiento en frío para los fondos y auditorías de seguridad regulares, para proteger los activos de los usuarios.

- **Servicios Adicionales:** Algunos intercambios ofrecen características adicionales como staking, préstamos, comercio de futuros y comercio con margen. También pueden proporcionar recursos educativos y herramientas para el análisis del mercado.

Tipos de Intercambios de Criptomonedas:

- **Intercambios Centralizados (CEXs):** Operados por entidades centralizadas, estos intercambios manejan transacciones y custodia de fondos. Ejemplos incluyen Binance, Coinbase y Kraken. Ofrecen alta liquidez y soporte al usuario, pero requieren que los usuarios confíen en el intercambio con sus fondos.

- **Intercambios Descentralizados (DEXs):** Operan en una red descentralizada sin intermediarios. Ejemplos incluyen Uniswap y SushiSwap. Permiten a los usuarios comerciar directamente entre sí, a menudo con mayor privacidad, pero pueden tener menor liquidez y tarifas más altas.

- **Intercambios Híbridos:** Combinan características de intercambios centralizados y descentralizados. Buscan ofrecer los beneficios de ambos sistemas, como alta liquidez y control descentralizado.

Tipos de Carteras: Calientes vs. Frías

Las carteras de criptomonedas son herramientas esenciales para gestionar y asegurar activos digitales. Almacenan las llaves que permiten acceder a tus criptomonedas y son cruciales para ejecutar transacciones. La elección entre una cartera caliente y una cartera fría depende de tus prioridades en cuanto a accesibilidad y seguridad [215].

Carteras Calientes

Las carteras calientes están conectadas a internet, lo que las hace convenientes para transacciones frecuentes. Se pueden acceder a través de aplicaciones de software en tu computadora o smartphone. Aquí están algunas características clave [215]:

- **Precio:** Las carteras calientes suelen ser gratuitas, y algunas incluso ofrecen características adicionales como intereses sobre las criptomonedas almacenadas. Esto las convierte en una opción económica para los comerciantes activos.

- **Conveniencia:** Estas carteras son ideales para transacciones regulares porque están siempre conectadas a internet. Esta conectividad permite a los usuarios enviar, recibir y comerciar criptomonedas rápidamente.

- **Número Máximo de Criptomonedas:** Las carteras calientes pueden soportar una amplia gama de criptomonedas, desde un solo activo hasta miles, dependiendo de la plataforma.

- **Ciberseguridad:** Las carteras calientes ofrecen seguridad promedio. Dado que están conectadas a internet, son potencialmente vulnerables a hackeos y ciberataques. Sin embargo, a menudo incluyen características de seguridad como cifrado y autenticación de dos factores.

- **Protección Contra Pérdidas:** Generalmente ofrecen buena protección contra pérdidas con opciones de respaldo y recuperación. La mayoría de las carteras calientes permiten el acceso desde múltiples dispositivos, facilitando la recuperación de fondos si tu dispositivo se pierde o es robado.

- **Facilidad de Transferencia a Intercambios:** Las carteras calientes destacan en esta área ya que están conectadas a internet, facilitando transferencias y comercio sin problemas en intercambios.

A continuación, se presentan algunas de las carteras calientes más comunes y lo que ofrecen [216]:

- **Coinbase Wallet:** Esta cartera está diseñada específicamente para los usuarios del intercambio Coinbase. Como producto de uno de los intercambios de criptomonedas más grandes y reputables, Coinbase Wallet permite una integración fluida con la plataforma Coinbase. Soporta una variedad de criptomonedas y proporciona características como funcionalidad integrada de intercambio, lo que la convierte en una opción conveniente para aquellos muy invertidos en el ecosistema de Coinbase. Los usuarios se benefician de su interfaz amigable y las medidas de seguridad respaldadas por la marca Coinbase.

- **MetaMask:** MetaMask es una cartera específica para el ecosistema, diseñada principalmente para Ethereum y tokens basados en Ethereum (tokens ERC-20). Opera como una extensión de navegador y aplicación móvil, permitiendo a los usuarios interactuar con aplicaciones descentralizadas (dApps) directamente desde su navegador o teléfono. El soporte de MetaMask para Ethereum y su compatibilidad con varias dApps la convierten en una opción popular para los usuarios involucrados en finanzas descentralizadas (DeFi) y proyectos basados en Ethereum. Su integración con contratos inteligentes y otros servicios de Ethereum la convierte en una herramienta versátil para entusiastas de Ethereum.

- **Trust Wallet:** Trust Wallet es una cartera no custodial que soporta una amplia gama de criptomonedas y tokens, con compatibilidad que abarca más de 300 activos digitales. Disponible en plataformas web y móviles, Trust Wallet ofrece un alto grado de inclusividad y flexibilidad. Su naturaleza no custodial significa que los usuarios mantienen el control total sobre sus llaves privadas, mejorando la seguridad y privacidad. Trust Wallet también proporciona características como staking dentro de la aplicación y acceso a intercambios descentralizados, atendiendo a una amplia variedad de usuarios de criptomonedas.

- **Exodus Wallet:** Exodus es una cartera de software conocida por su amplio soporte para cientos de criptomonedas. Combina una interfaz amigable con características avanzadas, como capacidades integradas de intercambio y seguimiento de cartera. Exodus está disponible en plataformas de escritorio y móviles, lo que la hace accesible para los usuarios que buscan una solución de cartera integral y visualmente atractiva. Su funcionalidad de intercambio incorporada permite a los usuarios comerciar criptomonedas directamente dentro de la cartera, añadiendo conveniencia a su conjunto de características.

Al elegir una cartera caliente, los usuarios deben considerar factores como el diseño, las tarifas y la integración con intercambios o ecosistemas específicos de criptomonedas. Cada cartera tiene fortalezas únicas que se adaptan a diferentes necesidades, ya sea facilidad de uso, soporte integral para múltiples criptomonedas o características específicas alineadas con ciertas plataformas. Realizar una investigación exhaustiva para comprender la funcionalidad y las medidas de seguridad de cada cartera puede ayudar a los usuarios a seleccionar la mejor opción para sus actividades con criptomonedas.

Carteras Frías

Las carteras frías, por otro lado, son dispositivos físicos o documentos en papel que almacenan criptomonedas fuera de línea. Ofrecen un nivel de seguridad más alto debido a la falta de conexión directa a internet. Las características clave incluyen [215]:

- **Precio:** Las carteras frías requieren una compra, con precios que oscilan entre $50 y $250. A pesar de la inversión inicial, su seguridad mejorada puede valer bien el costo.

- **Mejor para:** Las carteras frías son más adecuadas para almacenamiento a largo plazo y grandes cantidades de criptomonedas que no necesitas acceder con frecuencia. Están diseñadas para la seguridad en lugar de la conveniencia.

- **Número Máximo de Criptomonedas:** Las carteras frías pueden almacenar desde unas pocas hasta miles de criptomonedas, dependiendo de la capacidad del dispositivo.

- **Ciberseguridad:** Las carteras frías ofrecen una excelente seguridad ya que están fuera de línea y no pueden ser hackeadas remotamente. Las llaves privadas se almacenan en un entorno seguro que no está expuesto a amenazas en línea.

- **Protección Contra Pérdidas:** Aunque las carteras frías proporcionan una robusta protección contra ataques en línea, ofrecen una protección promedio contra pérdidas físicas. Si una cartera fría se pierde o se daña, generalmente puedes recuperar tus fondos usando una frase de recuperación, pero necesitarás un nuevo dispositivo para acceder a ellos.

- **Facilidad de Transferencia a Intercambios:** Las carteras frías requieren un paso adicional para conectarse en línea, a menudo a través de una conexión USB, Wi-Fi o código QR. Esto las hace menos convenientes para transacciones frecuentes en comparación con las carteras calientes.

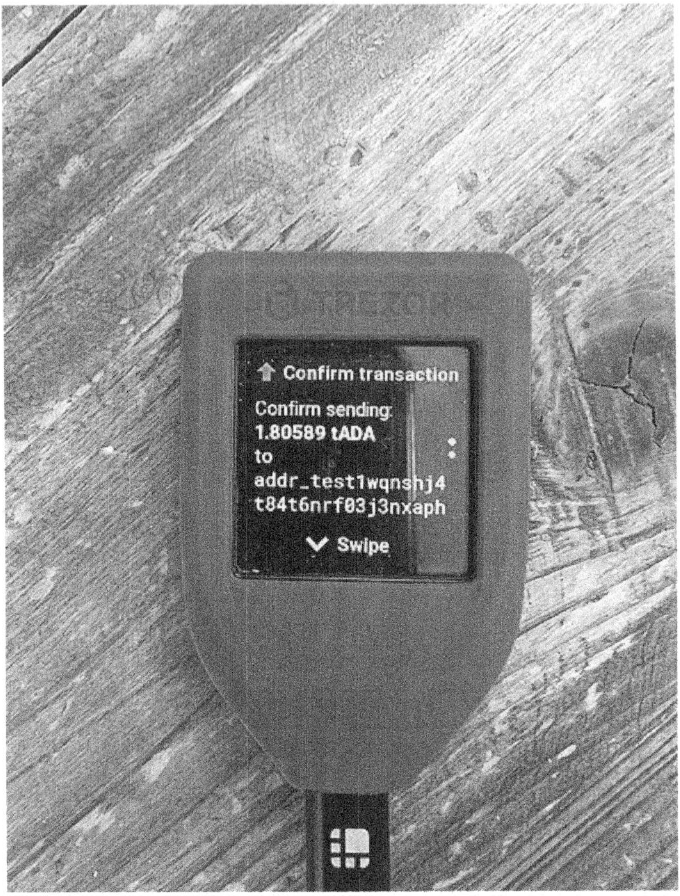

Figura 13: Un hardware wallet Trezor modelo T mostrando una transacción de Cardano Ada justo antes de la confirmación manual. FlippyFlink, CC0, a través de Wikimedia Commons.

Las carteras de criptomonedas en papel ofrecen una forma segura de almacenar activos digitales sin conexión, eliminando los riesgos asociados con amenazas en línea como el hacking o el phishing. Estas carteras son una forma de "almacenamiento en frío," lo que significa que no están conectadas a Internet, lo que mejora significativamente su seguridad. Aquí hay una explicación detallada de cómo funcionan las carteras en papel y sus características clave:

1. Entendiendo las Carteras en Papel: Una cartera en papel es esencialmente un documento físico que contiene las claves públicas y privadas de tu criptomoneda. Estas claves son cadenas criptográficas de letras y números que te permiten acceder y gestionar tus activos digitales. La clave pública actúa como una dirección a la que otros pueden enviar criptomonedas, mientras que la clave privada se usa para firmar transacciones y acceder a los fondos. La cartera en papel está diseñada para almacenar estas claves de forma segura sin conexión, protegiéndolas de las amenazas en línea.

2. **Generación de una Cartera en Papel** Para crear una cartera en papel, utilizas un método seguro y fuera de línea para generar un par de claves públicas y privadas. Esto se puede hacer utilizando varias herramientas y servicios, a menudo con pasos específicos para garantizar la seguridad:

- **Generación sin Conexión:** Es crucial generar tus claves en una computadora o dispositivo fuera de línea para evitar la exposición a malware o amenazas en línea. Muchos usuarios descargan y utilizan herramientas generadoras de carteras en papel diseñadas para funcionar fuera de línea.

- **Creación de la Cartera:** Generas el par de claves y luego imprimes o anotas las claves públicas y privadas en papel. Este documento a menudo incluye un código QR para facilitar el escaneo de las claves.

- **Impresión Segura:** La impresión debe realizarse en una impresora segura, preferiblemente no conectada a Internet, para minimizar aún más los riesgos de seguridad.

3. **Almacenamiento y Uso de las Carteras en Papel:**

- **Almacenamiento de la Cartera:** Después de generar e imprimir la cartera en papel, debes almacenarla en un lugar seguro, como una caja de seguridad o un cajón seguro. La clave es mantenerla en un lugar protegido contra daños físicos, robo o pérdida.

- **Uso de la Cartera:** Para usar la cartera en papel, normalmente escaneas los códigos QR con una aplicación de cartera compatible o ingresas manualmente las claves. Por ejemplo, para realizar una transacción, importarías la clave privada en una cartera de software o en un intercambio que soporte la importación de carteras en papel. Después de la transacción, es importante eliminar de manera segura las claves de cualquier dispositivo digital para evitar el acceso no autorizado.

4. **Ventajas de las Carteras en Papel:**

- **Seguridad Mejorada:** Las carteras en papel son inmunes al hacking en línea y al malware, ya que están almacenadas sin conexión. Esto las convierte en una opción segura para el almacenamiento a largo plazo de criptomonedas.

- **Costo Efectivo:** Las carteras en papel son gratuitas para crear y usar, requiriendo solo materiales básicos como papel y una impresora.

- **Simplicidad:** Ofrecen un método directo para almacenar de forma segura tus claves privadas sin necesidad de hardware adicional.

5. **Desventajas y Riesgos:**
   - **Daño o Pérdida Física:** Las carteras en papel son vulnerables al daño físico, como agua, fuego o desgaste general. Perder la cartera en papel significa perder el acceso a tus fondos, ya que no hay forma de recuperar las claves.

   - **Falta de Conveniencia:** Usar carteras en papel para transacciones regulares puede ser engorroso, ya que implica ingresar o escanear manualmente las claves cada vez que necesites acceder a tus fondos.

   - **Riesgo de Robo:** Si la cartera en papel no está almacenada de forma segura, puede ser robada. Cualquiera que tenga acceso a la clave privada puede acceder a la criptomoneda asociada.

6. **Mejores Prácticas para las Carteras en Papel:**
   - **Usa un Generador Confiable:** Asegúrate de utilizar un generador de carteras en papel reputado y seguro. Es mejor descargar la herramienta desde un sitio web oficial y verificar su integridad.

   - **Imprime de Forma Segura:** Usa una impresora segura y evita conectar el dispositivo a Internet durante el proceso de impresión.

   - **Almacena de Forma Segura:** Guarda la cartera en papel en un lugar seguro y seco, protegido contra daños físicos y ambientales.

   - **Respaldo:** Considera hacer múltiples copias de la cartera en papel y almacenarlas en diferentes ubicaciones seguras.

Figura 14: Una cartera de Bitcoin imprimible en papel con código QR que consta de una dirección de bitcoin para recibir y la clave privada correspondiente para gastar. FlippyFlink, CC BY-SA 4.0, vía Wikimedia Commons.

Las carteras de criptomonedas en papel son un método eficaz para asegurar activos digitales sin conexión, ofreciendo protección contra amenazas en línea y hacking. Sin embargo, presentan su propio conjunto de riesgos relacionados con la seguridad física y la conveniencia. Al seguir las mejores prácticas para la generación, almacenamiento y uso de carteras en papel, puedes proteger tus criptomonedas y gestionarlas de forma segura.

Elegir la Cartera Adecuada

La elección entre carteras calientes y frías implica un equilibrio entre seguridad y conveniencia. Las carteras calientes son ideales para usuarios que necesitan un acceso fácil a sus fondos y realizan transacciones regulares, mientras que las carteras frías son adecuadas para aquellos que priorizan la seguridad y almacenan sus activos a largo plazo.

Para un enfoque equilibrado, muchos usuarios emplean ambos tipos de carteras: manteniendo una menor cantidad de fondos en una cartera caliente para uso diario y una mayor porción en una cartera fría para una mayor seguridad. Esta estrategia ayuda a mitigar riesgos mientras se mantiene la accesibilidad a tus activos.

Otras Opciones de Cartera: Cartera Custodial

Las carteras custodiales son otra opción, gestionadas por plataformas en línea de terceros como intercambios de criptomonedas. Estas carteras ofrecen un enfoque más automático, ya que la plataforma maneja la seguridad y el almacenamiento de tus fondos. A menudo proporcionan beneficios como la obtención de intereses o recompensas sobre tus activos.

Ventajas:

- Conveniencia: Más fácil de acceder y recuperar, ya que el intercambio gestiona la cartera.
- Características: Algunas carteras custodiales ofrecen servicios adicionales, incluyendo pagos de intereses sobre activos criptográficos.

Desventajas:

- Riesgos de Seguridad: Las carteras custodiales pueden ser objetivos atractivos para los hackers debido a los grandes volúmenes de criptomonedas que gestionan. También conllevan el riesgo de fallos en la plataforma o cierres de negocios, lo que podría afectar el acceso a tus fondos.

En resumen, elegir la cartera de criptomonedas adecuada depende de tus necesidades de seguridad, conveniencia y accesibilidad. Entender las diferencias entre las carteras calientes y frías, así como considerar las carteras custodiales, puede ayudarte a tomar una decisión informada para gestionar tus activos digitales.

Cómo Asegurar tus Activos en Criptomonedas

La seguridad de tus activos en criptomonedas depende en gran medida de cómo almacenes tus claves privadas. Las carteras frías, también conocidas como almacenamiento en frío, ofrecen una forma altamente segura de proteger estas claves. A diferencia de las carteras calientes, que están conectadas a Internet y, por lo tanto, son vulnerables a amenazas en línea, las carteras frías permanecen fuera de línea, reduciendo significativamente el riesgo de hackeo o acceso no autorizado [217].

Las carteras frías vienen en diversas formas, como dispositivos de hardware que se parecen a unidades USB o incluso modelos más avanzados que parecen teléfonos inteligentes. Estos dispositivos almacenan tus claves privadas fuera de línea, lo que significa que no están expuestas a posibles ataques en línea. Sin embargo, ningún dispositivo de almacenamiento es completamente infalible, y las carteras frías no son una excepción. Si pierdes la cartera de hardware o se daña, podrías perder el acceso a tus criptomonedas de manera permanente, a menos que tengas una copia de seguridad segura de tu frase de recuperación [217].

Para equilibrar seguridad y accesibilidad, muchos usuarios optan por una combinación de carteras frías y calientes. Al mantener la mayoría de tus fondos en una cartera fría y solo transferir lo que necesitas para transacciones inmediatas a una cartera caliente, minimizas tu exposición a amenazas en línea. Este enfoque asegura que solo una pequeña porción de tus activos esté en riesgo si una cartera caliente se ve comprometida.

Por ejemplo, si estás operando con criptomonedas o necesitas acceder a fondos con frecuencia, usar una cartera caliente para estos fines mientras mantienes la mayor parte de tus holdings en almacenamiento en frío ofrece un equilibrio práctico. Una vez que las transacciones estén completas, puedes transferir los fondos restantes de vuelta a la cartera fría, manteniendo la seguridad de tus inversiones a largo plazo.

La mayoría de las personas utilizan intercambios de criptomonedas para las transacciones debido a su conveniencia. Los intercambios ofrecen servicios de custodia, lo que significa que gestionan el almacenamiento de tus claves privadas [217]. Los intercambios reputados suelen tener medidas de seguridad robustas, incluyendo almacenamiento en frío de nivel institucional y seguros contra robos. Por ejemplo, plataformas como Coinbase y Gemini ofrecen seguridad de nivel empresarial y, en algunos casos, seguros para proteger contra pérdidas debido a hackeos u otras violaciones de seguridad.

Sin embargo, almacenar tus criptomonedas en un intercambio también conlleva sus riesgos. Si el intercambio se ve comprometido o cierra, tus activos podrían estar en riesgo. A diferencia de las cuentas bancarias tradicionales, que están aseguradas por instituciones como la FDIC, los holdings de criptomonedas en los intercambios generalmente carecen de tal protección. Aunque algunos intercambios ofrecen seguros para ciertos tipos de pérdidas, esta cobertura suele ser limitada y no cubre todos los escenarios potenciales, como la pérdida debido a credenciales de cuenta comprometidas.

Una estrategia prudente para asegurar tus activos en criptomonedas es utilizar una combinación de métodos de almacenamiento. Al mantener una parte de tus activos en almacenamiento en frío para seguridad a largo plazo y mantener una cantidad menor en una cartera caliente o en un intercambio para operaciones, reduces el riesgo asociado con amenazas en línea mientras aseguras que tengas fondos accesibles para transacciones. Este método también ayuda a gestionar los balances de trading, ya que puedes asignar solo la cantidad necesaria a tu cartera caliente o intercambio, protegiendo el resto en almacenamiento en frío [217].

Para inversiones a largo plazo, el almacenamiento en frío es la opción ideal. Asegúrate de que tu cartera fría esté almacenada en un lugar seguro, a prueba de fuego y que tengas copias de seguridad de tu frase de recuperación. Revisar regularmente tu cartera y actualizar las copias de seguridad según sea necesario puede ayudar a proteger tus activos contra posibles pérdidas.

La elección entre carteras calientes y frías depende de tus necesidades de accesibilidad y seguridad. Las carteras frías ofrecen una protección superior al mantener tus claves privadas fuera de línea, reduciendo la vulnerabilidad a amenazas en línea. Combinar carteras frías y calientes puede proporcionar un enfoque equilibrado, protegiendo la mayoría de tus activos mientras permite un acceso conveniente a los fondos necesarios para transacciones. Independientemente del método que elijas, es crucial mantener el control sobre tus claves privadas e implementar prácticas de seguridad sólidas para salvaguardar tus inversiones en criptomonedas [217].

Espera Estafas en la Inversión en Criptomonedas

El mercado de criptomonedas, caracterizado por su amplia variedad de activos digitales y su regulación mínima, se ha convertido en un objetivo principal para los estafadores [218]. A diferencia de los sistemas financieros tradicionales, que están más regulados y monitoreados, el mundo de las criptomonedas opera en un entorno en gran medida no regulado, lo que lo convierte en un espacio atractivo para actividades fraudulentas. Los inversores en criptomonedas deben ejercer una cautela extraordinaria y mantenerse vigilantes contra estafas que explotan la complejidad y novedad de los activos digitales. A continuación se detallan los tipos de estafas más comunes y cómo los inversores pueden protegerse:

Estafas Comunes en Criptomonedas

1. **Estafas de Sorteos** Una estafa prevalente en el espacio cripto involucra esquemas de sorteos fraudulentos. Los estafadores prometen rendimientos extraordinarios en inversiones a través de supuestos "fondos de inversión", respaldos de "gestores experimentados" o promociones con celebridades o grandes firmas de inversión. En estos esquemas, los estafadores pueden ofrecer inicialmente un pequeño retorno para atraer a las víctimas a invertir más, solo para desaparecer una vez que se haya invertido una cantidad significativa de dinero. En otros casos,

la estafa puede implicar simplemente tomar el pago inicial sin entregar ningún retorno. Estas estafas aprovechan el atractivo de altos beneficios y la credibilidad de supuestos respaldos para engañar a los inversores [218].

2. **Inflación de Valor** Las estafas de inflación de valor apuntan a inversores con nuevas monedas o tokens que supuestamente tienen un valor en aumento vertiginoso. Los estafadores crean la ilusión de un activo que se aprecia rápidamente, convenciendo a los inversores de invertir dinero en estos tokens. Sin embargo, estos tokens a menudo no tienen valor o están diseñados para atrapar a los inversores, haciendo imposible que puedan retirar sus inversiones. El valor del token puede parecer aumentar continuamente, pero esto es solo una fachada para alentar más inversiones. Una vez que los inversores están comprometidos, descubren que sus inversiones no se pueden canjear ni retirar, lo que lleva a una pérdida financiera considerable [218].

3. **Estafas de Romance** Las estafas de romance son un tipo de fraude más personal que aprovecha las conexiones emocionales. Los estafadores establecen relaciones con las víctimas a través de plataformas de citas como Tinder y, después de ganarse su confianza, introducen el tema de oportunidades de inversión. Los estafadores luego manipulan a la víctima para que invierta dinero o proporcione detalles financieros personales bajo la apariencia de un gesto romántico. La conexión emocional ayuda a reducir las defensas de la víctima, haciéndola más susceptible a esquemas de inversión fraudulentos [218].

4. **Intercambios o Plataformas de Inversión de Criptomonedas Falsos** Los intercambios de criptomonedas falsos y las plataformas de inversión son otra estafa común. Estas plataformas imitan servicios legítimos para engañar a los usuarios y que ingresen los detalles de su billetera de criptomonedas. A diferencia de los esquemas de phishing que apuntan a la información de tarjetas de crédito, estas estafas se centran en acceder a las billeteras de criptomonedas. Una vez que los estafadores obtienen los detalles de la billetera, pueden robar los fondos. Estas plataformas fraudulentas a menudo parecen auténticas, utilizando tácticas sofisticadas para replicar el aspecto y la funcionalidad de los intercambios reales [218].

Métodos de Protección

1. **Verifica la Validez de Empresas y Ofertas:** Para protegerte de estafas, siempre verifica minuciosamente la legitimidad de cualquier empresa, individuo o sitio web que ofrezca oportunidades de inversión. Los estafadores a menudo crean fachadas convincentes, por lo que es esencial realizar una investigación exhaustiva antes de involucrarse en transacciones financieras. Asegúrate de que cualquier entidad con la que trates sea reputada y tenga un historial comprobado [218].

2. **Evita Decisiones Aceleradas:** Los estafadores frecuentemente emplean tácticas de alta presión para apresurar a las víctimas a tomar decisiones rápidas. Evita hacer inversiones apresuradas y tómate el tiempo para evaluar cuidadosamente cualquier nueva oportunidad. Los estafadores utilizan la urgencia para evitar que realices una debida diligencia adecuada, así que tómate tu tiempo para evaluar la legitimidad de la inversión [218].

3. **Ignora Ofertas Inesperadas:** Desconfía de ofertas no solicitadas u oportunidades de inversión que lleguen a través de redes sociales, correos electrónicos o mensajería instantánea. Si no buscaste la oferta tú mismo, es probable que sea una estafa. No pierdas tiempo investigando cada oportunidad no solicitada; en su lugar, concédele atención a las ofertas que hayas buscado activamente o investigado [218].

4. **Utiliza Protección contra Phishing:** Implementa protección contra phishing en todos tus dispositivos para protegerte contra sitios web fraudulentos y intentos de phishing. Herramientas como Kaspersky Premium pueden ayudar bloqueando el acceso a sitios falsos conocidos y proporcionando capas adicionales de seguridad. Asegúrate de que todos los dispositivos, incluidos computadoras y teléfonos, tengan una protección robusta contra estafas de phishing.

5. **Emplea un VPN Confiable:** Aunque un VPN por sí solo no protege contra el phishing o el fraude, puede protegerte contra la suplantación de sitios web y el espionaje, especialmente cuando utilizas redes Wi-Fi públicas en lugares como cafeterías, aeropuertos u hoteles. Un VPN cifra tu conexión a internet, añadiendo una capa adicional de seguridad al acceder a cuentas de criptomonedas y realizar transacciones.

En el mundo no regulado y en rápida evolución de las criptomonedas, las estafas son un riesgo prevalente y serio. Al entender los tipos comunes de estafas e implementar medidas de protección efectivas, puedes reducir la probabilidad de ser víctima de fraude. Siempre verifica la autenticidad de las oportunidades de inversión, evita decisiones apresuradas y utiliza herramientas de seguridad para proteger tus activos. Ser proactivo y cauteloso es crucial para navegar en el complejo panorama de la inversión en criptomonedas [218].

Protege tu computadora y teléfono

Proteger tu computadora y teléfono es crucial para salvaguardar tus criptomonedas y tokens de robos y otras amenazas cibernéticas. Los criminales informáticos pueden emplear diversas tácticas para obtener acceso no autorizado a tus activos digitales, y comprender estos métodos ayuda a implementar contramedidas efectivas [218].

Tipos de Amenazas

Los delincuentes pueden explotar vulnerabilidades en tus dispositivos para comprometer tus tenencias de criptomonedas de varias maneras [218]:

1. **Interceptar Contraseñas de Billeteras**: Los atacantes pueden instalar malware que graba las pulsaciones de teclas o captura datos introducidos en sitios web. Al secuestrar tu sesión, pueden obtener acceso a tus cuentas de intercambio de criptomonedas. Una vez que tienen tus credenciales de inicio de sesión, pueden robar tus activos directamente.

2. **Sustitución de Direcciones**: Una táctica común implica malware que modifica la dirección del destinatario en tu portapapeles. Cuando copias y pegas una dirección de billetera para una transacción, el malware la cambia por una controlada por el atacante. Este engaño a menudo pasa desapercibido debido a la longitud y complejidad de las direcciones de criptomonedas, lo que resulta en que tus fondos sean enviados a la billetera equivocada.

3. **Cryptojacking**: Esto implica la instalación secreta de software de minería en tu computadora que utiliza los recursos de tu sistema para minar criptomonedas para el atacante. Este "cryptojacking" puede ocurrir sin tu conocimiento y puede ralentizar significativamente tu dispositivo. Monero es un objetivo popular para

tales ataques debido a los bajos requisitos de recursos de su algoritmo de minería.

4. **Exploits de Aplicaciones de Minería**: Si usas una aplicación de minería para generar criptomonedas, los atacantes podrían alterar la aplicación para desviar tus ganancias a sus propias billeteras. Esto puede ocurrir a través de actualizaciones maliciosas o versiones trojanizadas de software de minería legítimo.

5. **Aplicaciones Falsas o Trojanizadas de Criptomonedas**: Los estafadores pueden crear aplicaciones fraudulentas que parecen billeteras de criptomonedas o plataformas de intercambio legítimas. Una vez instaladas, estas aplicaciones pueden robar tus claves privadas o credenciales de inicio de sesión, lo que resulta en la pérdida de tus activos digitales. Un ejemplo incluye juegos falsos que prometen recompensas en criptomonedas pero están diseñados para robar tus fondos.

Métodos de Protección

Para defenderte contra estas amenazas, considera las siguientes estrategias [218]:

1. **Utiliza Soluciones de Ciberseguridad Integral**Emplea un programa de ciberseguridad robusto que incluya características como monitoreo del comportamiento de aplicaciones, altas tasas de detección de malware, protección contra keyloggers y entrada segura de contraseñas. Herramientas como Kaspersky Premium ofrecen protección extensa, incluyendo salvaguardias contra accesos remotos, seguridad del navegador y actualizaciones automáticas para vulnerabilidades de software.

2. **Adhiérete a una Higiene Rigurosa del Dispositivo**Descarga aplicaciones solo de fuentes confiables, como tiendas de aplicaciones oficiales, y evita usar software desconocido o crackeado, ya que estos son vectores comunes para malware. Actualiza regularmente tu software para parchear vulnerabilidades y prevenir su explotación.

3. **Restringe el Acceso al Dispositivo**Limita el uso de tus dispositivos de transacción de criptomonedas a personas autorizadas únicamente. Usa contraseñas fuertes y configura tus dispositivos para que se bloqueen automática-

mente después de un período de inactividad. Implementa cifrado completo de disco, como Bitlocker, para proteger tus datos de accesos no autorizados.

Adoptando estas medidas de protección, puedes reducir significativamente el riesgo de perder tus activos en criptomonedas debido a amenazas cibernéticas. Asegurarte de que tus dispositivos estén seguros y seguir las mejores prácticas para la seguridad digital ayudará a mantener seguros tus inversiones.

Crea Múltiples Repositorios de Criptoactivos

Para gestionar y proteger grandes cantidades de criptomonedas, es crucial establecer múltiples repositorios para tus activos. Almacenar grandes sumas exclusivamente en "billeteras calientes"—bóvedas en línea o dispositivos conectados a Internet—ofrece un acceso conveniente pero aumenta sustancialmente el riesgo de robo y hackeo. Como buena práctica, los inversores deben mantener solo una pequeña parte de sus activos en billeteras calientes para necesidades operativas, mientras transfieren la mayoría a una "billetera fría", que está completamente fuera de línea. Las billeteras frías, que a menudo se asemejan a dispositivos USB, ofrecen una forma más segura de almacenar activos cripto porque no están conectadas a Internet, reduciendo la exposición a amenazas cibernéticas [218].

Formas de Proteger Activos en una Billetera Fría

1. **Selecciona un Modelo Seguro:** Elige un modelo de billetera fría reputado y seguro. Es importante investigar y revisar las características de seguridad de los diferentes modelos. Busca información sobre vulnerabilidades potenciales y evaluaciones de seguridad. Algunos modelos de billeteras frías pueden tener debilidades conocidas, por lo que es crucial seleccionar uno que haya sido minuciosamente revisado y probado para garantizar su seguridad [218].

2. **Compra de Fuentes Confiables:** Compra billeteras frías solo de vendedores autorizados y confiables. Se sabe que los estafadores crean billeteras falsificadas que parecen ser de marcas conocidas y las venden a través de subastas en línea o tablones de mensajes. Asegúrate de comprar en una fuente legítima para evitar ser víctima de estos esquemas [218].

3. **Usa una Computadora Segura para Transacciones:** Realiza todas las transacciones de billetera en una computadora personal que sepas que está segura. Evita usar dispositivos públicos o compartidos para manejar tus criptomonedas, ya que pueden estar comprometidos o ser inseguros [218].

4. **Almacena la Billetera de Forma Segura:** Protege la billetera fría física. Perderla es equivalente a perder el acceso a tus fondos. Considera opciones de almacenamiento seguro, como una caja de seguridad o una caja fuerte en casa. Ten en cuenta riesgos como robo, pérdida accidental, incendio o desastres naturales. Asegurar la seguridad del dispositivo físico es tan crucial como proteger la seguridad digital [218].

5. **Crea una Contraseña Fuerte y Única:** Asegura tu billetera fría con una contraseña fuerte y única. Esta contraseña debe ser difícil de adivinar y no debe ser fácil de olvidar. Evita compartirla con nadie y asegúrate de que no se almacene de manera que pueda ser fácilmente accesible por personas no autorizadas. Usa un administrador de contraseñas si es necesario para mantener un registro seguro de contraseñas complejas [218].

Al implementar estas estrategias, puedes mejorar significativamente la seguridad de tus activos en criptomonedas y mitigar los riesgos asociados con el robo y la pérdida en línea.

Cuida las Contraseñas y Claves

La protección de contraseñas y frases semilla es crucial para salvaguardar los activos en criptomonedas, ya que perder o tener estas credenciales robadas puede resultar en una pérdida irreversible de activos. Para prevenir tales escenarios, es esencial adoptar prácticas rigurosas para la creación y gestión de contraseñas y claves [218].

Métodos de Protección:

1. **Usa Contraseñas Largas y Únicas:** Para mejorar la seguridad, emplea contraseñas largas, complejas y únicas para cada cuenta y servicio que utilices. Evita usar contraseñas fáciles de adivinar o comunes, ya que estas son más susceptibles a ataques de fuerza bruta. Almacenar estas contraseñas en un administrador de contraseñas cifrado ofrece una manera conveniente y segura de gestionar múltiples credenciales. Los administradores de contraseñas como los incluidos en Kaspersky Premium pueden sincronizar contraseñas en todos tus dispositivos

mientras las mantienen cifradas [218].

2. **Autenticación en Dos Factores (2FA):** Habilita la autenticación en dos factores siempre que sea posible para añadir una capa adicional de seguridad. Prefiere métodos de 2FA basados en hardware, como una clave USB o una aplicación móvil dedicada, sobre la autenticación basada en SMS, que es vulnerable a la interceptación. Las claves de hardware y las aplicaciones de autenticación proporcionan una forma más segura de confirmar tu identidad y prevenir accesos no autorizados [218].

3. **Revisa Regularmente las Credenciales Expuestas:** El monitoreo regular de tus credenciales es esencial para identificar posibles compromisos. Herramientas como el Verificador de Contraseñas de Kaspersky Premium pueden alertarte si tus contraseñas han sido filtradas en una violación de datos o si son débiles. Este servicio utiliza el algoritmo de hash criptográfico SHA-256 para verificar compromisos sin enviar tus contraseñas a través de Internet [218].

4. **Verificación de Fugas de Datos:** Utiliza servicios que escanean Internet y la dark web en busca de datos personales filtrados. El Verificador de Fugas de Datos de Kaspersky Premium puede informarte si tus contraseñas o información sensible, como las credenciales de la billetera cripto, están expuestas en brechas públicas. Este enfoque proactivo ayuda a mitigar el riesgo de robo de identidad y acceso no autorizado [218].

5. **Almacenamiento Seguro de Documentos Sensibles:** Usa herramientas como la Cartera de Protección de Identidad de Kaspersky para almacenar de manera segura documentos sensibles, incluidos detalles del pasaporte y frases semilla de la billetera cripto. Este almacenamiento en la nube cifrado asegura que tu información esté protegida contra accesos no autorizados y sincronizada en tus dispositivos [218].

6. **Cifra Datos Sensibles:** Convierte datos sensibles, como credenciales de criptomonedas, en un formato ilegible con herramientas de cifrado como la Bóveda Secreta de Kaspersky. Esta solución de almacenamiento local asegura que tus datos estén cifrados en el disco duro de tu dispositivo, no en la nube, reduciendo el riesgo de ataques en línea [218].

Aquí tienes ejemplos de otras herramientas y prácticas para asegurar contraseñas, utilizar la autenticación en dos factores (2FA) y proteger datos sensibles:

1. Usa Contraseñas Largas y Únicas:

Administradores de Contraseñas:

- **LastPass:** Ofrece una manera segura y cifrada de almacenar y gestionar tus contraseñas. Incluye funciones para la generación de contraseñas y sincronización entre dispositivos.
- **1Password:** Proporciona almacenamiento cifrado de contraseñas y la capacidad de crear y gestionar contraseñas fuertes y únicas. También se integra con varios dispositivos.
- **Bitwarden:** Un administrador de contraseñas de código abierto que almacena contraseñas de manera segura y las sincroniza entre dispositivos. Incluye funciones para la generación de contraseñas y soporte para autenticación en dos factores.

2. Autenticación en Dos Factores (2FA):

2FA Basada en Hardware:

- **YubiKey:** Una clave de seguridad de hardware que admite varios métodos de autenticación, incluidos U2F (Universal 2nd Factor) y FIDO2. Ofrece una sólida seguridad contra phishing y toma de control de cuentas.
- **Thetis FIDO U2F Security Key:** Otra opción de hardware que admite U2F y puede usarse para iniciar sesión de manera segura en varias cuentas.

Aplicaciones Móviles:

- **Google Authenticator:** Una aplicación móvil ampliamente utilizada que genera contraseñas de un solo uso basadas en tiempo (TOTPs) para autenticación en dos factores.
- **Authy:** Una aplicación móvil que proporciona códigos 2FA e incluye respaldo en la nube y soporte para múltiples dispositivos.
- **Microsoft Authenticator:** Ofrece tanto TOTP como 2FA basada en notificaciones, con funciones de respaldo en la nube y recuperación de dispositivos.

3. Revisa Regularmente las Credenciales Expuestas:

Herramientas de Monitoreo de Credenciales:

- **Have I Been Pwned:** Un servicio que te permite verificar si tus direcciones de correo electrónico o contraseñas han estado involucradas en violaciones de datos conocidas.

- **Pwned Passwords:** Una herramienta de Have I Been Pwned que te permite verificar si tus contraseñas han sido expuestas en violaciones.

- **Firefox Monitor:** Un servicio que verifica si tus direcciones de correo electrónico están involucradas en violaciones de datos y te alerta si tu información ha sido expuesta.

4. Verificación de Fugas de Datos:

Servicios de Notificación de Violaciones de Datos:

- **BreachAlarm:** Monitorea violaciones de datos y te alerta si tus direcciones de correo electrónico u otra información personal está expuesta.

- **Identity Guard:** Ofrece monitoreo de violaciones de datos y te alerta sobre posibles fugas de tu información personal.

- **SpyCloud:** Proporciona monitoreo en la dark web y servicios de detección de violaciones de datos para alertarte si tus credenciales están comprometidas.

5. Almacenamiento Seguro de Documentos Sensibles:

Almacenamiento en la Nube Cifrado:

- **NordLocker:** Una herramienta que proporciona almacenamiento en la nube seguro con cifrado para documentos y archivos sensibles.

- **Tresorit:** Ofrece almacenamiento en la nube cifrado de extremo a extremo para archivos, incluidos documentos sensibles como detalles del pasaporte e información de billeteras cripto.

- **Boxcryptor:** Cifra archivos almacenados en servicios de nube como Dropbox, Google Drive y OneDrive, asegurando que tus datos sensibles estén protegidos.

6. Cifra Datos Sensibles:

Herramientas de Cifrado:

- **VeraCrypt:** Una herramienta de cifrado de discos de código abierto que puede crear volúmenes cifrados para almacenar datos sensibles de manera segura en tu unidad local.
- **BitLocker:** Una herramienta de cifrado incorporada en Windows que proporciona cifrado de disco completo para proteger datos sensibles en tu disco duro.
- **AxCrypt:** Ofrece cifrado de archivos con cifrado AES-256, permitiéndote asegurar archivos y carpetas individuales en tu dispositivo.

Elegir y Utilizar un Intercambio de Criptomonedas

Los intercambios de criptomonedas facilitan el comercio de criptomonedas al permitir a los usuarios comprar, vender e intercambiar activos digitales. Estos intercambios funcionan de manera similar a los intercambios financieros tradicionales, pero están adaptados a las necesidades únicas de las monedas digitales.

El mercado de criptomonedas ha alcanzado una valoración que supera el billón de dólares, impulsado por un creciente interés en las monedas digitales y las finanzas descentralizadas (DeFi). Esta explosión en valor e interés ha llevado a la aparición de cientos, si no miles, de nuevas monedas virtuales. Como resultado, los inversores en criptomonedas están buscando cada vez más plataformas que les permitan negociar estos activos digitales de manera eficiente y segura. Los intercambios de criptomonedas, similares a los intercambios tradicionales de acciones y materias primas, sirven como las plataformas donde los participantes pueden negociar varias criptomonedas [219-221].

Funcionamiento de los Intercambios de Criptomonedas

Los intercambios de criptomonedas facilitan la compra, venta e intercambio de activos digitales, de manera similar a cómo operan las bolsas de valores con acciones y materias primas. Estas plataformas pueden ser accedidas a través de aplicaciones móviles o aplicaciones de escritorio, al igual que los corredores electrónicos, y proporcionan a los usuarios una gama de herramientas de comercio. Los intercambios soportan varios tipos de actividades comerciales, incluyendo operaciones con margen, futuros y opciones.

El modelo operativo de los intercambios de criptomonedas implica la coincidencia de compradores y vendedores. Los traders pueden realizar órdenes de mercado u órdenes límite. Una orden de mercado ejecuta la operación inmediatamente al mejor precio disponible, mientras que una orden límite establece un precio específico al cual debe ejecutarse la operación, dependiendo de las condiciones del mercado [219-221].

Tipos de Intercambios

1. **Intercambios Centralizados (CEXs):** Los intercambios centralizados, como Binance y Coinbase, son las plataformas más comunes. Los usuarios crean cuentas, depositan fondos y ejecutan operaciones a través de la interfaz del intercambio. Estos intercambios manejan la custodia de los activos y coinciden las órdenes de compra y venta a través de un libro de órdenes interno. Cobran tarifas basadas en el volumen de transacciones y el tipo de comercio. Los intercambios centralizados están sujetos a supervisión regulatoria y generalmente ofrecen una experiencia amigable para el usuario.

2. **Intercambios Descentralizados (DEXs):** Los intercambios descentralizados, como Uniswap y PancakeSwap, operan sin una autoridad central. Utilizan contratos inteligentes para facilitar el comercio directo entre pares desde las billeteras de los usuarios. Los DEXs dependen de grupos de liquidez para habilitar el comercio, y los usuarios interactúan directamente con estos grupos sin un intermediario. Este modelo mejora la privacidad, pero puede ser menos intuitivo para los principiantes.

3. **Intercambios Híbridos:** Los intercambios híbridos combinan características de los modelos centralizados y descentralizados. Su objetivo es ofrecer la liquidez y facilidad de uso que se encuentra en los intercambios centralizados mientras incorporan características de liquidación descentralizada.

Operar en Intercambios de Criptomonedas

Al operar en un intercambio de criptomonedas, los usuarios deben registrarse primero y completar un proceso de Conozca a su Cliente (KYC) para verificar su identidad.

Tras la verificación exitosa, los usuarios pueden depositar fondos en sus cuentas a través de diversos métodos, incluyendo transferencias bancarias, tarjetas de crédito o débito, e incluso tarjetas de regalo. Una vez depositados los fondos, los usuarios pueden negociar criptomonedas como Bitcoin (BTC), Ethereum (ETH) u otros activos digitales.

Por ejemplo, si un inversor desea comprar Bitcoin por valor de $10,000, seguiría estos pasos: seleccionar un intercambio confiable, registrarse y abrir una cuenta, depositar fondos, elegir Bitcoin como el activo a comprar, especificar la cantidad y luego completar la transacción. Después, el estado de la transacción se puede verificar en la cuenta del usuario.

Tipos de Órdenes y Ejecución

Los intercambios de criptomonedas soportan diferentes tipos de órdenes [219-221]:

- **Órdenes de Mercado:** Estas órdenes se ejecutan al mejor precio disponible en el mercado. Son ideales para operaciones inmediatas pero no garantizan un precio específico.

- **Órdenes Límite:** Estas órdenes se ejecutan solo cuando la criptomoneda alcanza un precio especificado. Aseguran un precio deseado pero pueden no ejecutarse de inmediato si no hay una orden de compra o venta que coincida.

Ventajas y Desventajas de los Intercambios de Criptomonedas

Ventajas:

- **Facilidad de Uso:** Los intercambios de criptomonedas simplifican el proceso de compra y venta de activos digitales, haciéndolo accesible para una amplia audiencia.

- **Transacciones Legítimas:** Ofrecen una plataforma para realizar transacciones legítimas, a menudo con supervisión regulatoria.

- **Reporte Fiscal:** Muchos intercambios proporcionan formularios fiscales que ayudan a los usuarios a calcular sus impuestos sobre criptomonedas.

Desventajas:

- **Riesgos de Seguridad:** Los intercambios son vulnerables a hacks y robos cibernéticos, lo que podría llevar a la pérdida de fondos.

- **Riesgos de Bancarrota:** Si un intercambio quiebra, los usuarios pueden perder el acceso a sus fondos.

- **Falta de Control sobre Claves Privadas:** Los usuarios típicamente no tienen las claves privadas de sus activos en los intercambios, lo que puede comprometer la seguridad.

Los intercambios de criptomonedas juegan un papel crucial en el mercado de activos digitales al proporcionar plataformas para negociar y gestionar criptomonedas. Entender su funcionamiento, tipos y riesgos asociados es esencial para cualquier persona involucrada en el comercio de criptomonedas.

Intercambios Centralizados, Descentralizados e Híbridos

1. Intercambios Centralizados (CEXs)

Los intercambios centralizados actúan como intermediarios entre compradores y vendedores de criptomonedas. Los usuarios crean cuentas en estas plataformas, depositan sus fondos y ejecutan operaciones a través de la interfaz del intercambio. Ejemplos prominentes incluyen Binance, Coinbase y Kraken [219-221].

Funcionamiento y Proceso: Los intercambios centralizados funcionan de manera similar a los intercambios de acciones tradicionales. Los usuarios registran una cuenta y completan procesos de verificación de identidad (KYC). Después de la verificación, depositan fondos, que pueden ser criptomonedas o moneda fiduciaria, en su billetera del intercambio. Las operaciones se ejecutan a través del libro de órdenes de la plataforma, donde las órdenes de compra y venta son emparejadas por el motor de emparejamiento del intercambio. Una vez completadas las operaciones, los usuarios pueden retirar sus fondos a billeteras personales o cuentas bancarias.

Los intercambios centralizados están gobernados por una autoridad única, que supervisa todas las transacciones y actividades de las cuentas. Este control centralizado permite una gestión eficiente de las operaciones y generalmente proporciona una mayor liquidez, lo que significa que los usuarios pueden comprar y vender activos rápidamente.

Ventajas:

- **Liquidez:** Los intercambios centralizados suelen ofrecer alta liquidez, lo que facilita transacciones más rápidas y una mejor profundidad del mercado.

- **Recuperación de Fondos:** Si surgen problemas, generalmente es posible recuperar fondos debido a la autoridad central que supervisa las transacciones.

- **Velocidad de Transacción:** Estos intercambios pueden manejar un alto volumen de transacciones rápidamente debido a su infraestructura centralizada.

Desventajas:

- **Riesgos de Seguridad:** Los intercambios centralizados son susceptibles a hackeos, ya que almacenan una gran cantidad de datos de usuarios y fondos en servidores centralizados.

- **Riesgos de Manipulación:** Ha habido casos de manipulación del volumen de comercio y otras formas de mala conducta en el pasado.

2. Intercambios Descentralizados (DEXs)

Los intercambios descentralizados operan sin una autoridad central, permitiendo el comercio entre pares directamente desde las billeteras de los usuarios. Ejemplos incluyen Uniswap, SushiSwap y PancakeSwap [219-221].

Funcionamiento y Proceso: Los DEXs se basan en la tecnología de registro distribuido y contratos inteligentes para facilitar las operaciones. Los usuarios conectan sus billeteras de criptomonedas al DEX, donde las transacciones se ejecutan directamente desde sus billeteras. Las operaciones se manejan a través de contratos inteligentes en la cadena de bloques, que automatizan el proceso de comercio sin la necesidad de un intermediario. Se utilizan pools de liquidez para soportar pares de comercio; los usuarios que proporcionan liquidez a estos pools ganan una parte de las tarifas de transacción.

Los intercambios descentralizados priorizan el control del usuario sobre sus fondos y a menudo no requieren información de identificación personal, ofreciendo mayor privacidad.

Ventajas:

- **Custodia Total:** Los usuarios mantienen el control de sus claves privadas y activos digitales, minimizando el riesgo de robo por hackeos.

- **Privacidad Aumentada:** Los DEXs generalmente requieren menos información personal, mejorando la privacidad del usuario.

- **Riesgo Reducido de Ataques Cibernéticos:** La distribución del hosting reduce el riesgo de ataques cibernéticos a gran escala.

Desventajas:

- **Problemas de Liquidez:** Algunos DEXs luchan con una liquidez más baja, lo que puede afectar la facilidad y rapidez de las operaciones.

- **Menos Recursos:** Los usuarios pueden tener menos opciones de recurso si caen víctimas de fraude u otros problemas en comparación con los intercambios centralizados.

3. Intercambios Híbridos

Los intercambios híbridos están diseñados para combinar las características de los intercambios centralizados y descentralizados, buscando ofrecer un enfoque equilibrado para el comercio.

Funcionamiento y Proceso: Los intercambios híbridos integran la alta liquidez y características amigables para el usuario de los intercambios centralizados con los aspectos de privacidad y seguridad de los intercambios descentralizados. Pueden ofrecer características de comercio centralizado mientras utilizan procesos de liquidación descentralizados, o viceversa. Ejemplos incluyen Deversifi y Nash [219-221].

Ventajas:

- **Lo Mejor de Ambos Mundos:** Los intercambios híbridos proporcionan las ventajas de los CEXs y DEXs, ofreciendo mayor liquidez y mejor privacidad.

- **Privacidad y Conveniencia:** Logran un equilibrio entre la privacidad del usuario y la conveniencia del comercio.

Desventajas:

- **Concepto Nuevo:** Los intercambios híbridos son relativamente nuevos y pueden no tener aún el volumen o la infraestructura de los CEXs o DEXs establecidos.

- **Limitaciones de Volumen:** Pueden seguir luchando con la liquidez y el volumen de comercio en comparación con intercambios más establecidos.

Cómo Operan los Intercambios Centralizados

Emparejamiento de Órdenes: Los intercambios centralizados utilizan un libro de órdenes para listar órdenes de compra y venta. El motor de emparejamiento del intercambio procesa estas órdenes, emparejando compradores con vendedores y ejecutando operaciones en consecuencia. Este sistema garantiza que las transacciones se realicen de manera eficiente y a precios competitivos.

Custodia y Seguridad: Los intercambios centralizados gestionan la seguridad y el almacenamiento de los fondos de los usuarios. Emplean diversas medidas de seguridad, incluyendo cifrado, autenticación de dos factores (2FA) y almacenamiento en frío para la mayoría de los activos, para proteger contra hackeos y brechas de seguridad.

Tarifas: Los intercambios centralizados cobran tarifas por el comercio y el retiro de fondos. Las tarifas de comercio suelen ser un porcentaje del monto de la transacción o una tarifa fija, mientras que las tarifas de retiro pueden variar según el método utilizado para trasladar los fondos del intercambio a una billetera personal o cuenta bancaria.

Cómo Operan los Intercambios Descentralizados

Contratos Inteligentes: Los intercambios descentralizados utilizan contratos inteligentes para automatizar los procesos de comercio y hacer cumplir las reglas sin una autoridad central. Estos contratos inteligentes garantizan que las transacciones se ejecuten de manera transparente y sin necesidad de confianza, con los usuarios manteniendo el control de sus fondos durante todo el proceso.

Pools de Liquidez: Los pools de liquidez se utilizan para facilitar el comercio en los DEXs. Los usuarios proporcionan criptomonedas a estos pools, lo que permite los pares de comercio en la plataforma. A cambio, los proveedores de liquidez ganan una parte de las tarifas de transacción generadas por las operaciones.

Tarifas: Las tarifas en los DEXs incluyen tarifas de transacción pagadas a los proveedores de liquidez y tarifas de red por ejecutar contratos inteligentes en la cadena de bloques. Estas tarifas apoyan la infraestructura descentralizada e incentivan la provisión de liquidez.

Los intercambios centralizados ofrecen facilidad de uso y alta liquidez, mientras que los intercambios descentralizados brindan privacidad y seguridad. Los intercambios híbridos buscan combinar las mejores características de ambos modelos. Entender el funcionamiento y las características de estos intercambios ayuda a los usuarios a tomar decisiones informadas sobre dónde y cómo comerciar criptomonedas [219-221].

Tarifas en los Intercambios de Criptomonedas

Tarifas de Depósito y Retiro

Al utilizar intercambios de criptomonedas, tanto los depósitos como los retiros de fondos suelen incurrir en tarifas, que pueden variar según el método de pago seleccionado. Los métodos de pago como las tarjetas de crédito y débito suelen tener tarifas más altas debido al mayor riesgo de contracargos asociado con estas transacciones. Los contracargos ocurren cuando una transacción se revierte y los fondos se devuelven al titular de la tarjeta, lo que puede llevar a posibles disputas y pérdidas financieras para el intercambio. Para mitigar este riesgo, los intercambios a menudo imponen tarifas más altas en las transacciones con tarjeta en comparación con otros métodos de pago [219-221].

En contraste, métodos como los giros bancarios o las transferencias bancarias generalmente involucran tarifas más bajas porque tienen un menor riesgo de contracargos. Los giros bancarios y las transferencias son transferencias directas de una cuenta bancaria a otra y no tienen las mismas capacidades de reversión que los pagos con tarjeta de crédito. Como resultado, los intercambios pueden permitirse cobrar tarifas más bajas por estos métodos.

Tarifas de Conversión de Moneda

Otro aspecto de las tarifas de intercambio involucra la conversión de moneda. Si un intercambio opera en una moneda diferente de la que un usuario está depositando, se aplicará una tarifa de conversión de moneda. Por ejemplo, si un usuario deposita dólares canadienses (CAD) en un intercambio que solo acepta dólares estadounidenses (USD), el intercambio o el banco convertirán los CAD a USD, generalmente con una tarifa adicional. Para evitar estas tarifas, es ventajoso utilizar un intercambio que acepte directamente tu moneda local, lo que reduce o elimina la necesidad de conversión de moneda [219-221].

Tarifas de Transacción

Todos los intercambios de criptomonedas imponen tarifas de transacción en las órdenes de compra y venta ejecutadas en sus plataformas. Estas tarifas pueden variar dependiendo del intercambio y del volumen de transacciones. Generalmente, la tasa de tarifa disminuye a medida que aumenta el volumen de comercio, incentivando una mayor actividad comercial en la plataforma. Por ejemplo, un intercambio podría cobrar una tarifa del 0.1% por cada transacción completada, aunque esta tasa puede diferir según las políticas del intercambio y el panorama competitivo [219-221].

Cómo Ganán Dinero los Intercambios

Comisiones por Transacción

El principal modelo de ingresos para los intercambios centralizados es a través de comisiones sobre las transacciones ejecutadas en sus plataformas. Por cada transacción, el intercambio cobra una tarifa de comisión, que suele ser un pequeño porcentaje del monto de la transacción. Esta tarifa puede ser tan baja como el 0.1%, pero puede variar según factores como el volumen de comercio y la estructura de precios del intercambio [219-221].

Tarifas de Listado y Ofertas Iniciales en el Intercambio (IEOs)

Además de las comisiones por comercio, los intercambios pueden generar ingresos cobrando tarifas de listado para nuevas criptomonedas. Cuando una nueva moneda o token se lista en un intercambio, el proyecto detrás de ella a menudo paga una tarifa al intercambio. Esta práctica es común entre intercambios más nuevos que pueden enfrentar dificultades con la liquidez y buscan fuentes de ingresos adicionales. De manera similar, los intercambios pueden facilitar Ofertas Iniciales en el Intercambio (IEOs), donde se venden nuevos tokens a inversionistas a través del intercambio, y una parte de los fondos recaudados se retiene como tarifa por el intercambio [219-221].

Tokens Nativos del Intercambio

Algunos intercambios bien establecidos emiten sus propios tokens nativos, que ofrecen varios beneficios a los titulares. Estos tokens pueden usarse para pagar tarifas de comercio con un descuento, participar en promociones especiales o acceder a características exclusivas en el intercambio. Al incentivar el uso de sus tokens nativos, los intercambios fomentan un ecosistema propio y crean flujos de ingresos adicionales. La emisión de estos tokens también ayuda a los intercambios a diferenciarse en un mercado competitivo [219-221].

Los intercambios de criptomonedas emplean una variedad de estructuras de tarifas y modelos de ingresos para sostener sus operaciones. Entender los diferentes tipos de tarifas, incluyendo las tarifas de depósito, retiro, transacción y conversión de moneda, así como cómo los intercambios monetizan a través de comisiones, tarifas de listado y tokens nativos, puede ayudar a los usuarios a tomar decisiones informadas sobre sus actividades de comercio.

Cosas a Verificar Antes de Elegir un Intercambio de Criptomonedas

Elegir un intercambio de criptomonedas es una decisión crucial para quienes desean comerciar o invertir en activos digitales. Dadas las complejidades y los posibles riesgos involucrados, es esencial evaluar cuidadosamente varios factores antes de comprometerse con un intercambio.

En primer lugar, la inscripción y la regulación son indicadores importantes de la legitimidad de un intercambio. Asegúrate de que el intercambio esté registrado como corredor de valores o con las autoridades financieras relevantes en el país donde opera. Por ejemplo, elegir un intercambio incorporado o registrado en India puede ofrecer una supervisión regulatoria adicional, lo cual puede ser beneficioso en caso de que surjan problemas. El estado regulatorio de un intercambio puede proporcionar un nivel de seguridad y garantía de que opera dentro de los marcos legales [220].

A continuación, la transparencia sobre la gestión de fondos es crucial. El intercambio debe comunicar claramente cómo maneja y asegura los fondos de los usuarios. Un intercambio que manipule o mezcle fondos puede presentar riesgos significativos, como lo ilustra la caída de FTX, que involucró prácticas de préstamos riesgosos que pusieron en peligro los activos de los usuarios. Asegurarse de que el intercambio mantenga prácticas claras y éticas en la gestión de fondos de los usuarios puede ayudar a mitigar las posibles pérdidas [220].

La presencia en redes sociales es otro factor a considerar. Un intercambio reputado debería tener una presencia legítima y activa en plataformas de redes sociales como LinkedIn, Twitter o Facebook. Esta presencia puede servir como una forma de rendición de cuentas y proporcionar canales adicionales para que los usuarios busquen información y soporte.

El sistema de atención al cliente de un intercambio también es crítico. Antes de tomar una decisión, prueba el soporte al cliente del intercambio contactándolos a través de los canales disponibles, como números de teléfono gratuitos o sistemas de chat. Un soporte al cliente efectivo y receptivo puede ser invaluable para resolver problemas de manera rápida y eficiente.

Además, es importante localizar y verificar las reservas de billeteras del intercambio. Un intercambio de confianza debe revelar información sobre sus reservas de criptomonedas. Si un intercambio no está dispuesto a proporcionar tales detalles, podría ser una señal de posible inestabilidad financiera o ilegalidad [220].

Diferencia Entre Intercambios de Criptomonedas y Billeteras de Criptomonedas

Entender la distinción entre intercambios de criptomonedas y billeteras es esencial para la gestión efectiva de tus activos digitales [220].

Los intercambios de criptomonedas son plataformas que facilitan el comercio de activos digitales. Permiten a los usuarios comprar, vender e intercambiar criptomonedas, a menudo incluyendo características para convertir moneda fiduciaria en cripto. Los intercambios pueden o no utilizar claves privadas para las transacciones, dependiendo de si ofrecen servicios de custodia. Están diseñados para fines de comercio en lugar de almacenamiento a largo plazo.

En contraste, las billeteras de criptomonedas son herramientas utilizadas específicamente para almacenar, enviar y recibir monedas digitales. Las billeteras utilizan claves privadas para garantizar la seguridad y permitir que los usuarios mantengan el control sobre sus activos. A diferencia de los intercambios, las billeteras no facilitan el comercio, pero son esenciales para gestionar criptomonedas de manera segura. Las billeteras pueden ser en línea (billeteras calientes) o fuera de línea (billeteras frías), dependiendo de su nivel de seguridad y accesibilidad.

Seleccionar el Intercambio Adecuado para tus Necesidades de Inversión

Al elegir un intercambio de criptomonedas, la investigación exhaustiva es fundamental. Investiga la reputación del intercambio, su desempeño histórico y cualquier problema relacionado con su seguridad. Entender el historial de los fundadores del intercambio y su enfoque en el soporte al cliente puede proporcionar valiosas ideas sobre su fiabilidad [220].

La alta seguridad es una característica no negociable. Dada la falta de regulación integral en el espacio cripto, los intercambios deben implementar medidas de seguridad robustas, incluyendo cifrado, autenticación de dos factores y auditorías de seguridad regulares.

Examina los pares de comercio y las estructuras de tarifas ofrecidas por el intercambio. Diferentes intercambios proporcionan opciones variadas para pares de comercio y pueden tener diferentes estructuras de tarifas. Selecciona un intercambio que se ajuste a tus necesidades de inversión y ofrezca tarifas competitivas para los tipos de transacciones que planeas ejecutar.

Por último, considera las opciones de retiro y depósito disponibles en el intercambio. Un buen intercambio debería ofrecer múltiples métodos para financiar tu cuenta y retirar fondos, incluyendo transferencias bancarias, tarjetas de crédito y débito, y opciones de peer-to-peer. Tener opciones de pago convenientes y flexibles puede mejorar tu experiencia general de comercio [220].

Entender los Pares de Comercio y la Liquidez

Los pares de comercio en intercambios de criptomonedas se refieren a las combinaciones de dos criptomonedas diferentes o una criptomoneda y una moneda fiduciaria que se pueden intercambiar entre sí en un intercambio. Estos pares definen cómo un activo puede ser intercambiado por otro y juegan un papel crucial en la determinación de la estrategia de comercio y la liquidez disponible para los comerciantes.

Los pares de comercio en criptomonedas son componentes cruciales de intercambios como Coinbase, Binance y KuCoin. Permiten a los usuarios intercambiar una criptomoneda directamente por otra sin necesidad de convertir primero cualquiera de ellas en moneda fiduciaria. Esta funcionalidad es fundamental para la eficiencia y flexibilidad del comercio en el mercado de criptomonedas [222].

Por ejemplo, Bitcoin (BTC) es la criptomoneda líder por capitalización de mercado, mientras que Tether (USDT) es una stablecoin prominente vinculada al dólar estadounidense. En los intercambios, estos a menudo se representan como pares de comercio como BTC/USDT o BTC-USDT, dependiendo de la plataforma. Estos pares permiten a los comerciantes intercambiar Bitcoin por Tether o viceversa, facilitando las transacciones entre diferentes criptomonedas [222].

Los pares de comercio proporcionan un medio para comparar los valores de diferentes criptomonedas en relación entre sí. Por ejemplo, un par como BTC/ETH permite a los comerciantes ver cuánto vale Bitcoin en términos de Ethereum. De manera similar, pares como ETH/BCH ilustran el valor relativo de Ethereum en comparación con Bitcoin Cash. Esta funcionalidad comparativa ayuda a los comerciantes a comprender el valor de varios activos y tomar decisiones informadas sobre el comercio en función de sus tenencias existentes. Los intercambios suelen ofrecer una variedad de combinaciones, permitiendo a los usuarios comerciar criptomonedas que ya poseen, como BTC, con cualquier par que incluya Bitcoin [222].

Entre los pares de criptomonedas, BTC y ETH son los más versátiles y comúnmente ofrecidos en los intercambios. Muchas plataformas también proporcionan pares que involucran criptomonedas y monedas fiduciarias como el dólar estadounidense (USD), aunque esto no es universal. Estos pares facilitan la valoración de activos sin depender del dinero fiduciario, lo cual es esencial para la liquidez y el funcionamiento de la economía cripto [222].

Para ilustrar la importancia de los pares de comercio, considera una analogía del mundo real relacionada con el intercambio de divisas. Un viajero estadounidense que planea un viaje a Francia necesitaría entender la tasa de cambio entre el euro y el dólar estadounidense para presupuestar de manera efectiva. El 12 de mayo de 2022, el par de comercio EUR/USD podría haber mostrado que 1 euro equivalía a aproximadamente $1.04. Esta comprensión ayuda al viajero a gestionar los gastos y tomar decisiones financieras informadas durante su viaje [222].

En el mundo de las criptomonedas, los pares de comercio sirven a un propósito similar al permitir a los usuarios intercambiar una criptomoneda por otra directamente. Esto evita la necesidad de conversiones intermedias y tarifas asociadas. Por ejemplo, si un comerciante desea intercambiar Dogecoin (DOGE) por monedas Shiba Inu (SHIB) pero el intercambio no ofrece un par directo DOGE/SHIB, podría usar una ruta indirecta. Podría intercambiar primero DOGE por USDT usando el par DOGE/USDT y luego intercambiar USDT por SHIB usando el par SHIB/USDT. Aunque este método funciona, implica múltiples transacciones y incurre en tarifas adicionales. Un par directo DOGE/SHIB simplificaría el proceso y reduciría los costos de comercio [222].

Este concepto también se puede conectar con los viajes internacionales. Si un viajero que se mueve de EE.UU. a Francia y luego a Inglaterra pudiera usar el par de comercio EUR/GBP, ahorraría en tarifas al evitar la necesidad de convertir euros de nuevo a dólares estadounidenses antes de cambiarlos por libras británicas. Este enfoque minimiza el número de transacciones y las tarifas asociadas, reflejando cómo los pares de comercio directos agilizan los intercambios de criptomonedas y reducen los costos [222].

En un par de comercio, la primera criptomoneda listada se llama la moneda base, mientras que la segunda moneda es la moneda cotizada. Por ejemplo, en el par de comercio BTC/USD, Bitcoin (BTC) es la moneda base, y el dólar estadounidense (USD) es la moneda cotizada. Esto significa que el precio de Bitcoin se expresa en términos de USD. Los comerciantes utilizan este par para intercambiar Bitcoin por USD y viceversa.

Tipos de Pares de Comercio

- **Criptomoneda a Criptomoneda (Crypto-Crypto):** Estos pares involucran dos criptomonedas diferentes. Por ejemplo, BTC/ETH es un par de comercio en el que Bitcoin (BTC) se intercambia por Ethereum (ETH) o viceversa. Los pares crypto-crypto son comunes en los intercambios y proporcionan liquidez para los comerciantes que buscan intercambiar un activo digital por otro sin necesidad de convertir primero a moneda fiduciaria.

- **Criptomoneda a Fiat (Crypto-Fiat):** Estos pares involucran el intercambio de una criptomoneda por una moneda fiduciaria, como BTC/USD o ETH/EUR. Este tipo de par es esencial para los usuarios que desean retirar sus criptomonedas en efectivo o comprar cripto utilizando dinero tradicional. Los pares fiat son cruciales para los puntos de entrada y salida en el mercado de criptomonedas.

- **Pares de Stablecoins:** Estos involucran el intercambio de una criptomoneda contra una stablecoin, como BTC/USDT (Tether) o ETH/USDC (USD Coin). Las stablecoins están diseñadas para mantener un valor estable al estar vinculadas a una moneda fiduciaria, proporcionando una forma de protegerse contra la volatilidad y simplificar las transacciones.

Importancia de los Pares de Comercio

- **Liquidez y Profundidad de Mercado:** La disponibilidad de pares de comercio impacta la liquidez y la profundidad del mercado de un intercambio. Una alta liquidez en un par de comercio significa que hay muchos compradores y vendedores, lo que lleva a márgenes más estrechos y precios más estables. Los intercambios con una amplia gama de pares de comercio tienden a atraer a más comerciantes y proporcionar mejor liquidez.

- **Estrategias de Comercio:** Diferentes pares de comercio ofrecen varias oportunidades para obtener beneficios y gestionar riesgos. Los comerciantes pueden usar ciertos pares para explotar ineficiencias en el mercado, diversificar sus carteras o protegerse contra posibles pérdidas. Por ejemplo, comerciar en pares que incluyen stablecoins puede ayudar a gestionar la volatilidad, mientras que los pares crypto-crypto pueden proporcionar exposición a activos digitales emergentes.

- **Descubrimiento de Precios:** Los pares de comercio son esenciales para el proceso de descubrimiento de precios en el mercado de criptomonedas. Los precios de las criptomonedas se determinan en función de la oferta y la demanda dentro de cada par de comercio. Al observar los movimientos de precios y los volúmenes de comercio en diferentes pares, los comerciantes pueden evaluar el valor relativo de los activos y tomar decisiones de comercio informadas.

- **Accesibilidad y Conveniencia:** La gama de pares de comercio disponibles puede afectar la facilidad con la que los usuarios pueden intercambiar entre diferentes criptomonedas y monedas fiduciarias. Los intercambios con una amplia selección de pares permiten a los comerciantes acceder a una gama más amplia de activos y ejecutar operaciones de manera más eficiente.

Los pares de comercio en los intercambios de criptomonedas son fundamentales para el funcionamiento de los mercados cripto. Definen las posibles transacciones entre diferentes criptomonedas o entre criptomonedas y monedas fiduciarias. Comprender los tipos de pares de comercio y su importancia ayuda a los comerciantes a navegar por el mercado de manera efectiva, gestionar sus estrategias de inversión y optimizar sus oportunidades de comercio.

En el comercio de criptomonedas, el concepto de moneda base es crucial para entender cómo funcionan los pares de comercio y para gestionar las operaciones de manera efectiva [223]. Una moneda base es esencialmente la moneda de referencia contra la cual se miden otras monedas. En los pares de comercio, la moneda base es la primera moneda listada, y su valor se usa para determinar la tasa de cambio con la segunda moneda en el par, conocida como moneda cotizada.

Por ejemplo, en el par de comercio BTC/USDT, Bitcoin (BTC) es la moneda base, y Tether (USDT) es la moneda cotizada. Esto significa que el valor de Bitcoin se expresa en términos de Tether. Si el par BTC/USDT se cotiza en 30,000, esto indica que un Bitcoin es equivalente a 30,000 Tether. Comprender cuál es la moneda base ayuda a los comerciantes a determinar el valor del activo en el que están interesados y a tomar decisiones informadas basadas en la fortaleza o debilidad relativa de la moneda base [223].

La importancia de las monedas base se extiende más allá de simplemente entender los pares de comercio. Para los comerciantes, especialmente aquellos nuevos en el mercado cripto, reconocer las monedas base es esencial para ejecutar operaciones de manera eficiente. La mayoría de los intercambios listan pares de comercio con criptomonedas populares como Bitcoin (BTC) o Ethereum (ETH) como monedas base porque son ampliamente reconocidas y tienen alta liquidez. Esto significa que si un comerciante desea comprar o vender una criptomoneda menos conocida, podría necesitar usar una moneda base más establecida para facilitar el comercio [223].

Por ejemplo, si un comerciante desea comprar un activo cripto más pequeño o nuevo que no está emparejado directamente con su moneda base deseada, podría necesitar convertir sus tenencias a una moneda base más comúnmente usada primero. Si el intercambio solo ofrece pares de comercio como BTC/NEWCOIN o ETH/NEWCOIN, entonces el comerciante necesitará usar BTC o ETH como la moneda base para comerciar por NEWCOIN [223].

Además de las criptomonedas populares, muchos intercambios ofrecen pares de comercio con stablecoins. Las stablecoins son activos digitales vinculados a monedas fiduciarias tradicionales como el USD, y proporcionan estabilidad en el comercio. Por ejemplo, un par de comercio como BTC/USDT permite a los usuarios intercambiar Bitcoin contra una stablecoin que mantiene un valor cercano al USD. Esto ayuda a reducir la volatilidad y hace que las transacciones sean más predecibles.

Comprender las monedas base es esencial para navegar por los intercambios de criptomonedas, ejecutar operaciones y gestionar efectivamente una cartera de comercio. Ayuda a los comerciantes a alinear sus estrategias con los pares de comercio disponibles en sus plataformas elegidas y a tomar decisiones de comercio más informadas basadas en los valores relativos de las diferentes criptomonedas [223].

Comprender cómo leer los pares de comercio de criptomonedas es crucial para navegar eficazmente en los mercados cripto. Los pares de comercio se representan con dos monedas separadas por una barra, como BTC/USDT o ETH/BTC, y cada parte del par proporciona información específica sobre cómo se relacionan las monedas entre sí [222, 223].

Moneda Base: En un par de comercio cripto, la primera moneda listada es la moneda base. Esta moneda es el punto de referencia para el par de comercio, lo que significa que es la que se valora o mide. Por ejemplo, en el par BTC/USDT, Bitcoin (BTC) es la moneda base. Esto es similar a cómo el euro (EUR) es la moneda base en el par EUR/USD. La moneda base es la que se compara con la segunda moneda en el par, conocida como moneda cotizada. Por lo tanto, el valor de la moneda base se expresa en términos de la moneda cotizada. En términos prácticos, si ves BTC/USDT, te dice cuánto vale un

Bitcoin en términos de Tether (USDT), que sirve como una stablecoin vinculada al dólar estadounidense.

Moneda Cotizada: La segunda parte de un par de comercio, después de la barra, es la moneda cotizada. La moneda cotizada se utiliza para expresar el valor de la moneda base. Representa la cantidad de la moneda cotizada necesaria para comprar una unidad de la moneda base. Por ejemplo, en el par BTC/USDT, USDT es la moneda cotizada y te dice cuántos USDT se necesitan para comprar un Bitcoin. De manera similar, en el par EUR/USD, el USD es la moneda cotizada y señala cuántos dólares estadounidenses se necesitan para comprar un euro.

Interpretación del Par: La combinación de las monedas base y cotizada en un par proporciona la tasa de cambio o el precio de una moneda en términos de otra. Esta relación ayuda a los comerciantes a entender cuánto de la moneda cotizada necesitan intercambiar para obtener una sola unidad de la moneda base. Por ejemplo, si el par ETH/BTC está cotizado en 0.0695, esto significa que 1 Ether (ETH) es equivalente a 0.0695 Bitcoin (BTC). Esencialmente, esto le dice a un comerciante cuánto Bitcoin necesitarían intercambiar para obtener un Ether.

En escenarios de comercio prácticos, leer estos pares ayuda a los comerciantes a tomar decisiones informadas basadas en sus objetivos comerciales y las condiciones del mercado. Si un comerciante quiere comprar Ether utilizando Bitcoin, observarían el par ETH/BTC para entender cuánto Bitcoin se requiere para comprar un Ether. Por el contrario, si quieren vender Ether por Bitcoin, el mismo par les indica la cantidad de Bitcoin que recibirán por su Ether [223].

Comerciar pares cripto con stablecoins es una práctica común en muchos intercambios de criptomonedas y juega un papel crucial en el mercado de activos digitales. Las stablecoins, como Tether (USDT), USD Coin (USDC) y Binance USD (BUSD), son activos digitales diseñados para mantener un valor estable al estar vinculados a monedas fiduciarias como el dólar estadounidense. Esta estabilidad las convierte en un componente esencial en los pares de comercio cripto por varias razones.

Rol de las Stablecoins en los Pares de Comercio Cripto

Las stablecoins se utilizan comúnmente en los pares de comercio porque proporcionan un punto de referencia estable para valorar otras criptomonedas. Por ejemplo, los pares de comercio como BTC/USDT o ETH/BUSD implican una criptomoneda importante emparejada con una stablecoin. Este enfoque ofrece varias ventajas [222]:

- **Estabilidad y Liquidez:** Las stablecoins están diseñadas para mantener un valor estable, generalmente vinculado 1:1 a una moneda fiduciaria como el dólar estadounidense. Esta estabilidad las convierte en una moneda de referencia ideal para los pares de comercio, ya que reducen la volatilidad y proporcionan una medida consistente para valorar otras criptomonedas. Las stablecoins importantes como USDT, USDC y BUSD tienen alta liquidez, lo que significa que se negocian y aceptan ampliamente, lo que aumenta su utilidad en los pares de comercio.

- **Facilidad de Cálculo:** Desde la perspectiva del inversor, usar stablecoins simplifica el proceso de calcular y comprender el valor de las criptomonedas en términos de moneda fiduciaria. Dado que las stablecoins están vinculadas al dólar estadounidense, los comerciantes pueden evaluar fácilmente el valor de sus tenencias o transacciones en USD, facilitando la evaluación de ganancias, pérdidas o condiciones del mercado.

- **Abundancia de Opciones de Emparejamiento:** Intercambios como Binance y KuCoin ofrecen una amplia gama de pares de comercio que involucran stablecoins, proporcionando a los comerciantes numerosas opciones para negociar diversas criptomonedas. Por ejemplo, BTC/USDT, ETH/BUSD y ADA/USDC son pares comunes que permiten a los comerciantes intercambiar Bitcoin, Ethereum y Cardano por stablecoins, o viceversa. Esta abundancia de pares mejora la liquidez y las oportunidades de comercio, facilitando el acceso a la compra y venta de diferentes criptomonedas.

Ejemplos y Uso Práctico

Considera un par de comercio como BTC/USDT. En este par, Bitcoin (BTC) es la moneda base, y Tether (USDT) es la moneda cotizada. Al negociar BTC/USDT, el precio de Bitcoin se expresa en términos de USDT, lo que permite a los comerciantes entender cuánto cuesta un Bitcoin en relación con una moneda de referencia estable. De manera similar, con un par como ETH/BUSD, Ethereum (ETH) se compara con Binance USD (BUSD), proporcionando una medida estable del valor de Ethereum [222].

Los pares con stablecoins también son beneficiosos para ejecutar operaciones en mercados volátiles. Por ejemplo, si un comerciante quiere evitar la volatilidad de Bitcoin convirtiendo temporalmente sus tenencias en un activo más estable, puede intercambiar

BTC por USDT. Esto les permite evitar las fluctuaciones del mercado mientras retienen un valor estable que puede ser fácilmente convertido de nuevo a otras criptomonedas o a moneda fiduciaria cuando lo deseen.

Estrategia de Arbitrario

Elegir pares de criptomonedas para una estrategia de comercio de arbitrario implica una comprensión matizada de las dinámicas del mercado y las correlaciones entre diferentes criptomonedas a través de diversos intercambios. El comercio de arbitrario se basa en las discrepancias de precios para el mismo activo o par de comercio entre diferentes mercados o intercambios. El objetivo es comprar barato en una plataforma y vender caro en otra, obteniendo así un beneficio de la diferencia de precio [223].

El comercio de arbitrario es una estrategia diseñada para explotar las diferencias de precios de los mismos o similares instrumentos financieros en distintos mercados o intercambios para generar una ganancia. Este enfoque aprovecha el principio de comprar barato en un mercado y vender caro en otro, capitalizando las discrepancias de precios para asegurar lo que a menudo se denomina como una "ganancia sin riesgo". A pesar del término "sin riesgo", esta estrategia implica riesgos operativos y costos de transacción que los comerciantes deben considerar.

Tipos de Arbitrario:

- **Arbitraje Espacial:** El arbitraje espacial implica comprar un activo en una ubicación geográfica o en un intercambio donde el activo está subvaluado y venderlo en otra ubicación o en un intercambio diferente donde se valore más. Por ejemplo, si Bitcoin se cotiza a un precio más bajo en un intercambio en comparación con otro, los comerciantes pueden comprar Bitcoin en el intercambio más barato y venderlo en el más caro, capitalizando la diferencia de precio.

- **Arbitraje Temporal:** Este tipo de arbitraje explota las diferencias de precios a lo largo del tiempo. Los comerciantes pueden comprar un activo cuando su precio es bajo y mantenerlo hasta que el precio aumente, para luego venderlo con una ganancia. El arbitraje temporal depende en gran medida del momento y de la capacidad para predecir los movimientos del mercado, haciéndolo más especulativo.

- **Arbitraje Estadístico:** El arbitraje estadístico utiliza modelos matemáticos y técnicas estadísticas para identificar y explotar ineficiencias de precios en diversos activos o mercados. Esta forma de arbitraje a menudo implica operaciones de alta frecuencia y algoritmos complejos para analizar y actuar sobre los datos del mercado, con el objetivo de obtener ganancias de discrepancias de precios menores que ocurren con alta frecuencia.

- **Arbitraje Triangular:** El arbitraje triangular implica convertir una moneda en otra a través de una serie de tres operaciones para explotar las discrepancias en los tipos de cambio. Por ejemplo, un comerciante podría convertir USD a EUR, luego EUR a GBP, y finalmente GBP de vuelta a USD. Al hacerlo, pueden beneficiarse de las diferencias en los tipos de cambio entre las monedas.

Cómo Funciona:

- **Identificar Discrepancias de Precios:** El primer paso en el comercio de arbitrario es identificar discrepancias de precios para el mismo activo en diferentes mercados o intercambios. Esto generalmente se logra utilizando varias herramientas y plataformas que monitorean y proporcionan datos de precios en tiempo real.

- **Ejecutar Operaciones:** Una vez identificada una discrepancia, el comerciante debe ejecutar las operaciones rápidamente. Esto implica comprar el activo en el mercado donde está subvaluado y venderlo en el mercado donde está sobrevaluado. La ejecución rápida es crucial para asegurar que la diferencia de precio se mantenga válida y rentable.

- **Realización de Beneficios:** El beneficio del comercio de arbitrario se realiza a partir de la diferencia de precios, después de contabilizar cualquier costo de transacción, tarifas o márgenes incurridos durante el proceso de compra y venta. La gestión eficiente de estos costos es esencial para asegurar que la oportunidad de arbitrario siga siendo rentable.

En los mercados de criptomonedas, las oportunidades de arbitrario son comunes debido a la naturaleza fragmentada del mercado, donde los precios pueden variar entre diferentes intercambios. Por ejemplo, Bitcoin puede tener un precio más bajo en un intercambio en comparación con otro. Los comerciantes pueden explotar estas diferencias comprando Bitcoin al precio más bajo y vendiéndolo donde el precio sea más alto, ganando así un beneficio de la discrepancia de precios.

Riesgos y Consideraciones:

- **Costos de Transacción:** Las tarifas de transacción, tarifas de retiro y márgenes pueden disminuir los beneficios del comercio de arbitrario. Los comerciantes deben considerar estos costos en su estrategia para asegurar que el arbitrario siga siendo rentable.

- **Velocidad de Ejecución:** Las oportunidades de arbitrario pueden ser de corta duración, y la ejecución rápida es crucial. Los retrasos en la ejecución de las operaciones pueden resultar en el cierre de la discrepancia de precios antes de que se complete la operación, reduciendo o eliminando los beneficios potenciales.

- **Liquidez del Mercado:** Es necesaria una liquidez adecuada para ejecutar operaciones sin impactar significativamente el precio del activo. La baja liquidez en un mercado puede llevar a deslizamientos, donde el precio real de la transacción se desvía del precio esperado, reduciendo así los beneficios potenciales.

- **Riesgos Regulatorios y de Intercambio:** Diferentes intercambios y jurisdicciones tienen regulaciones y riesgos variados. Los comerciantes deben estar al tanto del entorno regulatorio y de los posibles problemas con los intercambios que utilizan, incluidos los riesgos de cumplimiento y operativos.

El comercio de arbitrario es una estrategia sofisticada que implica explotar diferencias de precios entre mercados para asegurar beneficios. Aunque ofrece oportunidades de ganancia, requiere una consideración cuidadosa de los costos de transacción, la velocidad de ejecución, la liquidez y los factores regulatorios.

La complejidad de seleccionar los pares de criptomonedas adecuados para el arbitrario radica en los diferentes grados de correlación entre las criptomonedas. La correlación mide cuán estrechamente están relacionadas las fluctuaciones de precios de dos activos. Por ejemplo, Bitcoin (BTC) a menudo sirve como referencia para todo el mercado de criptomonedas debido a su alta liquidez e integración amplia en los intercambios. Debido a esto, BTC se utiliza frecuentemente en estrategias de arbitrario. Sin embargo, la correlación entre BTC y otras criptomonedas puede fluctuar según las condiciones del mercado y los volúmenes de comercio [223].

En la práctica, la efectividad de una estrategia de arbitrario está influenciada por la liquidez de los pares de comercio. La liquidez se refiere a cuán fácilmente un activo puede ser comprado o vendido sin afectar significativamente su precio. Las criptomonedas con altos volúmenes de comercio y uso generalizado generalmente exhiben una mayor liquidez, lo que facilita la ejecución de operaciones sin impactar el precio del mercado. En cambio, los pares de comercio con un volumen de comercio limitado o aquellos que involucran criptomonedas menos populares a menudo sufren de una menor liquidez. Esta iliquidez crea oportunidades para el arbitrario, ya que las discrepancias de precios entre diferentes intercambios se vuelven más pronunciadas [223].

Cuando se utilizan pares de comercio con un volumen de comercio limitado o se comercia en intercambios menos utilizados, el mercado puede experimentar discrepancias de precios que son más pronunciadas debido a la falta de liquidez. Por ejemplo, si una criptomoneda menos conocida se comercializa solo en unos pocos intercambios, y hay una diferencia significativa en su precio entre estos intercambios, puede surgir una oportunidad de arbitrario. Los comerciantes pueden explotar esta discrepancia comprando la criptomoneda a un precio más bajo en un intercambio y vendiéndola a un precio más alto en otro, obteniendo así un beneficio [223].

Sin embargo, implementar una estrategia de comercio de arbitrario requiere un enfoque sofisticado y una comprensión completa de los mecanismos del mercado. Implica monitorear múltiples intercambios, calcular los beneficios potenciales después de considerar las tarifas de transacción y ejecutar las operaciones rápidamente para capitalizar las oportunidades fugaces. Esta complejidad, combinada con la necesidad de un tiempo y ejecución precisos, hace que el comercio de arbitrario sea más adecuado para comerciantes experimentados en lugar de novatos [223].

7

Invertir en Criptomonedas

Los Fundamentos de la Inversión en Criptomonedas

Invertir en criptomonedas implica adquirir activos digitales con el objetivo de generar una ganancia a lo largo del tiempo. Los fundamentos de la inversión en criptomonedas incluyen entender qué son las criptomonedas, los diferentes tipos disponibles, las estrategias de inversión y los riesgos asociados.

Invertir en criptomonedas requiere una consideración cuidadosa y una comprensión profunda de los riesgos y oportunidades involucrados. Debido a su volatilidad inherente y al paisaje regulatorio en evolución, los inversores potenciales deben abordar las inversiones en criptomonedas con una estrategia bien informada y objetivos claros. A continuación, se presenta un examen detallado de los factores clave a considerar antes de invertir en criptomonedas [224]:

- **Volatilidad y Gestión del Riesgo:** Las criptomonedas son conocidas por su extrema volatilidad de precios. Los precios pueden experimentar fluctuaciones significativas en períodos cortos, influenciados por el sentimiento del mercado, noticias, cambios regulatorios y factores macroeconómicos. Para los inversores que son reacios al riesgo o incómodos con altos niveles de incertidumbre, esta volatilidad puede ser desalentadora. Es crucial evaluar su propia tolerancia al riesgo antes de adentrarse en el mercado de criptomonedas. La alta volatilidad significa que, aunque existen oportunidades de ganancias sustanciales, también hay un riesgo elevado de pérdidas significativas. Los inversores deben estar preparados para la posibilidad de movimientos bruscos en los precios y solo invertir fondos que puedan permitirse perder sin afectar su estabilidad financiera.

- **Entorno Regulatorio:** El marco regulatorio para las criptomonedas todavía está en desarrollo y varía significativamente de una jurisdicción a otra. En algunas regiones, las criptomonedas están bien reguladas, proporcionando cierto grado de protección al inversor, mientras que en otras, la postura regulatoria puede ser incierta o aún estar en evolución. La falta de un enfoque regulatorio uniforme puede llevar a incertidumbres y riesgos potenciales relacionados con el cumplimiento legal y la seguridad de sus inversiones. Antes de invertir, es esencial comprender el entorno regulatorio en su país y cualquier cambio potencial que pueda afectar el mercado de criptomonedas.

- **Diligencia Debida y Evitación de Estafas:** Dado que cualquiera puede crear una criptomoneda, existen numerosas estafas y proyectos fraudulentos en el espacio. Realizar una diligencia debida exhaustiva es crucial para evitar caer víctima de estafas. Investigue la credibilidad de la criptomoneda, su equipo de desarrollo, la tecnología detrás de ella y su caso de uso. Verifique si la criptomoneda tiene un whitepaper legítimo, una hoja de ruta de desarrollo clara y una comunidad activa. Busque reseñas y comentarios de fuentes reputables y evite invertir en proyectos con información limitada o aquellos que prometen rendimientos garantizados.

- **Motivación y Estrategia de Inversión:** Es importante aclarar sus razones para invertir en criptomonedas. ¿Está motivado por el deseo de seguir una tendencia del mercado, o tiene una estrategia de inversión bien definida? La inversión en criptomonedas no debe abordarse con la expectativa de obtener ganancias rápidas y fáciles. En su lugar, es recomendable tener una tesis de inversión clara y una estrategia que se alinee con sus objetivos financieros. Comprenda la tecnología subyacente y la propuesta de valor potencial a largo plazo de la criptomoneda que está considerando. Asegúrese de que su inversión se alinee con la estrategia general de su portafolio y el enfoque de gestión del riesgo.

- **Perspectiva a Largo Plazo:** Las criptomonedas pueden experimentar fluctuaciones dramáticas en los precios, lo que facilita que las emociones influyan en las decisiones de inversión. Los inversores pueden sentirse tentados a comprar impulsivamente durante un aumento de precios por miedo a perderse una oportunidad, o a vender apresuradamente durante una caída debido al pánico. Sin embargo, tales reacciones emocionales a menudo conducen a resultados de inversión pobres. Adoptar una perspectiva a largo plazo puede ayudar a mitigar el impacto de la volatilidad a corto plazo. Enfóquese en el valor fundamental y las perspectivas potenciales a largo plazo de la criptomoneda en lugar de dejarse llevar por los movimientos diarios de precios. Una estrategia de inversión bien pensada debe incorporar la posibilidad de oscilaciones de precios y enfatizar la paciencia y la disciplina.

- **Diversificación y Gestión del Riesgo:** Invertir exclusivamente en criptomonedas lo expone a riesgos significativos. La diversificación es un principio clave de la gestión del riesgo y consiste en distribuir sus inversiones en diferentes clases de activos para reducir el impacto de la volatilidad en una sola inversión. Considere equilibrar sus inversiones en criptomonedas con otras clases de activos como acciones, bonos o bienes raíces para gestionar el riesgo de manera efectiva. Además, reservar una parte de su portafolio específicamente para activos de alto riesgo como las criptomonedas puede ayudar a mantener la estabilidad financiera general.

- **Control Emocional:** Por último, mantener el control emocional es vital al invertir en activos altamente volátiles como las criptomonedas. Es fácil involucrarse emocionalmente, especialmente cuando se enfrentan a cambios rápidos en los precios. Desarrollar un plan de inversión claro, establecer objetivos específicos y apegarse a su estrategia puede ayudar a mitigar la influencia de las emociones en sus decisiones de inversión. Revisar regularmente su portafolio y hacer ajustes basados en sus objetivos a largo plazo en lugar de las fluctuaciones del mercado a corto plazo puede llevar a una inversión más disciplinada y exitosa.

Decidir si las criptomonedas son una buena inversión implica evaluar múltiples factores, incluidos su tolerancia al riesgo, horizonte de inversión, diversificación de portafolio y objetivos financieros generales. A continuación, se presenta una visión detallada de las consideraciones involucradas en determinar si las criptomonedas son una inversión adecuada para usted:

Las criptomonedas pueden ser una oportunidad de inversión atractiva, pero su idoneidad depende de varios factores individuales. La alta volatilidad de las criptomonedas significa que sus valores pueden fluctuar drásticamente en un corto período. Por ejemplo, el precio de Bitcoin o Ethereum puede aumentar o disminuir en cuestión de días, impulsado por el sentimiento del mercado, desarrollos tecnológicos o noticias regulatorias. Esta volatilidad puede llevar a ganancias sustanciales pero también a pérdidas significativas. Por lo tanto, es crucial evaluar su propia tolerancia tanto al riesgo financiero como al estrés psicológico antes de invertir en criptomonedas [224].

Su horizonte de inversión, el período durante el cual planea mantener una inversión antes de necesitar acceder a los fondos, también juega un papel importante. Las criptomonedas pueden experimentar volatilidad a corto plazo, pero si puede mantener una perspectiva a largo plazo, es posible que pueda superar las fluctuaciones. Además, tener un portafolio de inversión diversificado puede ayudar a mitigar algunos de los riesgos asociados con las inversiones en criptomonedas. La diversificación implica distribuir las inversiones en diversas clases de activos, lo que puede reducir el impacto del mal rendimiento en una sola inversión.

Al considerar cuánto invertir en criptomonedas, muchos expertos financieros recomiendan asignar no más del 1% al 5% de su patrimonio neto a esta clase de activos [224]. Esta pauta tiene como objetivo limitar su exposición a los altos riesgos asociados con las criptomonedas mientras se permite un posible crecimiento. El principio clave aquí es nunca invertir más de lo que pueda permitirse perder. Aunque una pequeña asignación a criptomonedas puede potencialmente mejorar el perfil de retorno ajustado al riesgo de un portafolio diversificado, la cantidad exacta debe alinearse con su estrategia de inversión general y tolerancia al riesgo.

Dentro del espacio de las criptomonedas, la diversificación también es esencial. Así como diversifica entre diferentes clases de activos, diversificar entre varias criptomonedas puede ayudar a gestionar el riesgo [224]. Algunas criptomonedas, como Bitcoin y Ethereum, se consideran que tienen un potencial más estable a largo plazo en comparación con monedas más pequeñas y especulativas. Las criptomonedas más grandes generalmente están más establecidas y son menos propensas a manipulaciones extremas de precios. Sin embargo, incluso las criptomonedas líderes pueden experimentar oscilaciones significativas en los precios. Por lo tanto, es prudente seleccionar cuidadosamente qué criptomonedas incluir en su portafolio y monitorear su rendimiento regularmente.

Ventajas de Invertir en Criptomonedas

- **Beneficios de Diversificación:** Históricamente, las criptomonedas han mostrado una baja correlación con clases de activos tradicionales como acciones y bonos. Esta característica permite beneficios potenciales de diversificación dentro de un portafolio. Aunque las correlaciones han aumentado en tiempos recientes, agregar una pequeña asignación de criptomonedas aún podría mejorar el perfil de retorno ajustado al riesgo de un portafolio diversificado.

- **Comparaciones con Activos Tradicionales:** Algunos expertos comparan ciertas criptomonedas, particularmente Bitcoin, con activos tradicionales como el oro. Ambos se consideran duraderos y escasos, con su valor no controlado por ninguna autoridad central. Esta comparación se basa en la idea de que las criptomonedas, al igual que el oro, son finitas y pueden actuar como una protección contra la inflación o la inestabilidad económica.

- **Descentralización y Transparencia:** Las criptomonedas operan en una tecnología de registro distribuido descentralizada y transparente (blockchains). Esta estructura mejora la seguridad de la red y reduce el riesgo de control o manipulación centralizada. La transparencia inherente de la tecnología blockchain puede proporcionar un alto nivel de integridad y seguridad en las transacciones.

Desventajas de Invertir en Criptomonedas

- **Alta Volatilidad:** El mercado de criptomonedas es conocido por su alta volatilidad. Predecir los movimientos de precios puede ser desafiante, y las razones detrás de las oscilaciones significativas de precios no siempre son claras. Esta imprevisibilidad puede llevar a pérdidas financieras sustanciales si no se maneja adecuadamente.

- **Riesgos de Seguridad:** Aunque la tecnología blockchain en sí misma es altamente segura, los inversores individuales pueden ser susceptibles a hackeos y amenazas cibernéticas. Los riesgos inherentes a la actividad en línea se extienden a las inversiones en criptomonedas, por lo que es crucial implementar medidas de seguridad robustas como billeteras seguras y autenticación de dos factores.

- **Falta de Regulación y Protecciones Legales:** Las criptomonedas aún no están sujetas a una regulación gubernamental integral en muchas jurisdicciones. A diferencia de las inversiones tradicionales, como las acciones, que están protegidas por marcos regulatorios y recursos legales, las transacciones de criptomonedas pueden carecer de tales protecciones. Esta ausencia de regulación puede exponer a los inversores a riesgos y incertidumbres adicionales.

Si las criptomonedas son una buena inversión depende en gran medida de su situación financiera personal, tolerancia al riesgo y objetivos de inversión. Aunque ofrecen el potencial de altos rendimientos y beneficios de diversificación, también conllevan riesgos y incertidumbres sustanciales. Es esencial considerar cuidadosamente estos factores, realizar una investigación exhaustiva y consultar con asesores financieros si es necesario antes de tomar decisiones de inversión en el espacio de las criptomonedas [224].

Como estrategia de inversión principal [225]:

1. Entienda en Qué Está Invirtiendo Antes de invertir en cualquier criptomoneda, es vital comprender a fondo el activo que está considerando. A diferencia de las inversiones tradicionales como las acciones, que están respaldadas por los fundamentos de la empresa, las criptomonedas a menudo carecen de un valor intrínseco derivado de activos físicos o flujos de efectivo. Por ejemplo, Bitcoin opera sin respaldo de activos tangibles o ganancias. En cambio, su valor está impulsado por el sentimiento del mercado y la creencia de que otros pagarán más por él en el futuro.

Investigar la tecnología, el caso de uso y el equipo detrás de cada criptomoneda es esencial. Criptomonedas populares como Ethereum, Dogecoin, Cardano y Solana tienen características y aplicaciones únicas. Ethereum, por ejemplo, admite contratos inteligentes y aplicaciones descentralizadas, mientras que Dogecoin comenzó como un meme pero ha ganado tracción como medio de transacciones digitales. Comprender los posibles beneficios y riesgos asociados con estos activos le ayudará a tomar decisiones informadas y evitar inversiones basadas únicamente en el hype o tendencias especulativas.

2. Recuerde, el Pasado Es Pasado Un error común entre los nuevos inversores es asumir que el rendimiento pasado garantiza resultados futuros. Solo porque Bitcoin u otra criptomoneda haya experimentado ganancias significativas en el pasado, no significa que continuará haciéndolo al mismo ritmo. El rendimiento histórico puede proporcionar contexto, pero no debe ser la única base para las decisiones de inversión.

Al evaluar una criptomoneda, enfóquese en su potencial futuro en lugar de los logros pasados. Considere factores como su tecnología, tasa de adopción, tendencias del mercado y cualquier desarrollo que pueda impactar su valor. Los rendimientos futuros dependen de varias variables, incluidas las dinámicas del mercado, los cambios regulatorios y los avances tecnológicos, en lugar de simplemente extrapolar el crecimiento pasado.

3. Observe Esa Volatilidad Las criptomonedas son conocidas por su extrema volatilidad, que puede resultar en cambios rápidos y significativos en los precios. Esta volatilidad puede presentar tanto oportunidades como riesgos. Para los comerciantes experimentados que entienden las tendencias del mercado y tienen la capacidad de ejecutar operaciones rápidamente, la volatilidad puede ser una ventaja. Sin embargo, para los nuevos inversores, la naturaleza errática de los precios de las criptomonedas puede ser abrumadora y llevar a decisiones poco acertadas.

Los inversores inexpertos podrían caer en respuestas emocionales, como comprar durante aumentos de precios por miedo a perderse de algo (FOMO) o vender durante caídas debido al pánico. Para gestionar este riesgo, es crucial tener una estrategia de inversión bien pensada y evitar tomar decisiones impulsivas basadas en movimientos de mercado a corto plazo.

4. Gestione Su Riesgo La gestión eficaz del riesgo es crucial al invertir en activos volátiles como las criptomonedas. Desarrollar una estrategia clara para gestionar el riesgo ayuda a proteger su inversión de pérdidas significativas. Para los inversores a largo plazo, una estrategia de compra y mantenimiento podría ser adecuada, en la que se comprometen a mantener sus activos sin importar las fluctuaciones de precios, creyendo en el potencial a largo plazo de sus inversiones.

Los comerciantes a corto plazo, por otro lado, pueden necesitar establecer puntos de salida específicos o niveles de stop-loss para limitar las pérdidas. Por ejemplo, establecer una regla para vender si el precio cae un 10% puede evitar que una pequeña pérdida se convierta en una pérdida sustancial. Además, comenzar con una parte de su capital de inversión y mantener algunos fondos en reserva le permite gestionar movimientos imprevistos del mercado sin agotar sus recursos de inversión.

5. No Invierta Más de lo que Puede Permitirse Perder Uno de los principios fundamentales de la inversión es utilizar solo fondos que pueda permitirse perder, especialmente en áreas de alto riesgo como las criptomonedas. Esto significa evitar invertir dinero destinado a propósitos esenciales o necesidades futuras, como el pago inicial de una casa o los ahorros para la jubilación. En su lugar, asigne una parte de sus fondos discrecionales—dinero que no afectará su estabilidad financiera si se pierde.

Invertir en activos de alto riesgo como las criptomonedas debe hacerse con cautela y como parte de una estrategia de inversión más amplia. Si busca un retorno más seguro y garantizado, considere opciones como pagar deudas con altos intereses, lo que ofrece un retorno garantizado equivalente a la tasa de interés de la deuda.

Consideraciones Adicionales

Además de los pasos mencionados, asegúrese de elegir intercambios y corredores de criptomonedas reputables con medidas de seguridad sólidas. A pesar de poseer criptomonedas legalmente, la responsabilidad de asegurar las mismas a menudo recae en la plataforma donde se mantienen. Para mayor seguridad, considere utilizar billeteras de hardware u otros métodos de almacenamiento seguro para proteger sus activos de posibles amenazas cibernéticas [225].

Haciendo la Inversión

Para los principiantes que se preguntan cómo empezar, siga estos cinco pasos [224]:

Paso 1: Elija en Qué Criptomoneda Invertir

Elegir la criptomoneda adecuada para invertir requiere una evaluación cuidadosa y comprensión de las características únicas de cada activo. Así como evaluaría la salud financiera y los riesgos potenciales de una empresa antes de comprar sus acciones, debe analizar los fundamentos de las diversas criptomonedas. Cada criptomoneda opera con tecnologías subyacentes diferentes, tiene distintos casos de uso y puede estar sujeta a diferentes niveles de adopción en el mercado y escrutinio regulatorio.

Dada la naturaleza relativamente joven y en rápida evolución del mercado de criptomonedas, es crucial evitar caer en fraudes, como los esquemas de "pump-and-dump", donde el precio de una criptomoneda se infla artificialmente para atraer a inversores, solo para ser vendida por los perpetradores, provocando una caída del precio. Para minimizar el riesgo de tales estafas, sea cauteloso con criptomonedas más pequeñas o nuevas que están muy promocionadas en las redes sociales. Estos activos pueden no tener un historial establecido o equipos de desarrollo confiables. Es aconsejable centrarse en criptomonedas con una base sólida, equipos de desarrollo transparentes y casos de uso comprobados.

La industria de criptomonedas aún está en gran medida no regulada, lo que hace que sea difícil evitar completamente fraudes y riesgos de ciberseguridad. Por ejemplo, el colapso de FTX en 2022, una plataforma alguna vez considerada reputada, destacó las vulnerabilidades en la industria de criptomonedas. El fundador, Sam Bankman-Fried, fue condenado por fraude y lavado de dinero, lo que subraya la necesidad de una revisión diligente de las plataformas y proyectos. Siempre realice una investigación exhaustiva y confíe en fuentes reputables antes de tomar cualquier decisión de inversión.

Paso 2: Seleccione un Intercambio de Criptomonedas

Para comprar criptomonedas, debe utilizar un intercambio o plataforma de inversión. Seleccionar un intercambio adecuado es un paso crítico en el proceso de inversión. Los factores clave a considerar incluyen seguridad, tarifas de transacción, volumen de operaciones, requisitos mínimos de inversión y el rango de criptomonedas ofrecidas.

La seguridad debe ser una prioridad al elegir un intercambio. Busque plataformas con medidas de seguridad robustas, como autenticación de dos factores, almacenamiento en frío para los activos y un historial de protección de fondos de usuarios. Las tarifas pueden variar significativamente entre intercambios, incluidas tarifas de transacción, tarifas de retiro y tarifas de depósito, por lo que es importante entender la estructura de costos y cómo podría impactar su inversión.

El volumen de operaciones es otro factor crucial, ya que un mayor volumen generalmente indica una mejor liquidez, lo que puede ayudar a asegurar que sus operaciones se realicen a precios justos. Además, verifique los requisitos mínimos de inversión, ya que algunos intercambios pueden tener montos mínimos para depósitos u operaciones. Finalmente, asegúrese de que el intercambio admita las criptomonedas en las que desea invertir, ya que no todas las plataformas ofrecen el mismo rango de activos digitales.

Paso 3: Considere Opciones de Almacenamiento y Billeteras Digitales

Las criptomonedas son activos puramente digitales, lo que significa que necesita una forma segura de almacenarlas. Hay dos tipos principales de billeteras digitales: billeteras calientes y billeteras frías.

Las billeteras calientes están conectadas a Internet, lo que las hace convenientes para transacciones frecuentes y acceso fácil. Ejemplos incluyen billeteras web y billeteras móviles proporcionadas por intercambios. Aunque ofrecen facilidad de uso, son más vulnerables a amenazas en línea, como ataques de hacking y phishing.

Las billeteras frías, por otro lado, son dispositivos de almacenamiento fuera de línea, como las billeteras de hardware, que proporcionan una mayor seguridad al mantener sus claves privadas alejadas de riesgos en línea. Las billeteras de hardware, que se asemejan a unidades USB, son consideradas uno de los métodos más seguros para almacenar criptomonedas, ya que no están conectadas a Internet y son menos susceptibles a amenazas cibernéticas. Dependiendo de su estrategia de inversión y preferencias de seguridad, puede optar por almacenar sus activos en una billetera caliente para transacciones regulares o en una billetera fría para inversiones a largo plazo.

Paso 4: Decida Cuánto Invertir

Determinar cuánto invertir en criptomonedas implica evaluar su presupuesto, tolerancia al riesgo y estrategia de inversión general. Considere factores como sus objetivos financieros, la cantidad de ingresos disponibles y los riesgos específicos asociados con las criptomonedas.

Las inversiones en criptomonedas a menudo vienen con alta volatilidad, por lo que es crucial invertir solo lo que pueda permitirse perder. Muchos expertos recomiendan asignar una pequeña porción de su portafolio de inversión general a criptomonedas, típicamente no más del 2-5%. Este enfoque ayuda a gestionar el riesgo mientras aún permite beneficiarse del potencial de crecimiento.

La mayoría de los intercambios permiten invertir en criptomonedas en función del valor en dólares en lugar de requerir la compra de monedas enteras. Esta flexibilidad le permite invertir cantidades menores en criptomonedas de alto valor como Bitcoin. Concéntrese en su monto total de inversión y asegúrese de que se alinee con su situación financiera y tolerancia al riesgo.

Paso 5: Gestione Sus Inversiones

La gestión efectiva de las inversiones en criptomonedas es esencial para lograr sus objetivos financieros. Las criptomonedas pueden utilizarse para transacciones o mantenerse como inversiones a largo plazo, dependiendo de su estrategia.

Si su objetivo es utilizar criptomonedas para transacciones, asegúrese de que la billetera o el intercambio elegido respalde sus necesidades de gasto y ofrezca capacidades de transacción seguras. Para inversiones a largo plazo, revise regularmente sus activos y manténgase informado sobre las tendencias del mercado, desarrollos tecnológicos y cambios regulatorios que podrían impactar el valor de sus activos.

Monitorear sus inversiones y ajustar su estrategia según sea necesario le ayudará a mantenerse alineado con sus objetivos financieros. Ya sea que esté manteniendo a largo plazo o comerciando activamente, mantener un enfoque disciplinado y estar al tanto de las condiciones del mercado contribuirá a una toma de decisiones más informada y una gestión efectiva de las inversiones.

Otros Métodos para Invertir en Criptomonedas

Aunque la inversión directa en criptomonedas como Bitcoin o Ethereum sigue siendo popular, existen varios vehículos de inversión alternativos que ofrecen exposición al mercado de criptomonedas, cada uno con sus características y perfiles de riesgo únicos. Estas alternativas brindan diversas formas de participar en el sector de criptomonedas sin comprar activos digitales directamente. A continuación, se presenta un análisis detallado de algunos de estos métodos [219, 224, 225]:

Futuros de Criptomonedas

Los futuros de criptomonedas son contratos que permiten a los inversores especular sobre el precio futuro de criptomonedas como Bitcoin. Los contratos de futuros obligan al comprador a comprar, o al vendedor a vender, un activo a un precio predeterminado en una fecha específica. Este método proporciona una oportunidad para obtener ganancias a partir de los movimientos de precios en el mercado de criptomonedas. Los contratos de futuros a menudo implican el uso de apalancamiento, lo que significa que puede controlar una posición más grande con una cantidad relativamente pequeña de capital. Aunque esto puede amplificar los rendimientos potenciales, también aumenta el riesgo de pérdidas significativas, especialmente en un mercado tan volátil como el de las criptomonedas. El alto apalancamiento y las rápidas fluctuaciones de precios inherentes al comercio de futuros lo convierten en una opción de alto riesgo, adecuada principalmente para inversores experimentados que pueden manejar las complejidades y riesgos involucrados.

ETFs de Bitcoin

En enero de 2024, la Comisión de Bolsa y Valores (SEC) aprobó varios fondos cotizados en bolsa (ETFs) que invierten directamente en Bitcoin. Los ETFs de Bitcoin spot permiten a los inversores obtener exposición a los movimientos del precio de Bitcoin sin necesidad de comprar y almacenar la criptomoneda por sí mismos. Estos ETFs se negocian en bolsas de valores tradicionales y se pueden comprar a través de la mayoría de los corredores en línea que ofrecen acciones y bonos. Los ETFs de Bitcoin proporcionan una forma más accesible y regulada de invertir en Bitcoin, lo que puede ser atractivo para quienes prefieren no lidiar con las complejidades de gestionar billeteras digitales y claves privadas. Invertir en un ETF de Bitcoin puede simplificar el proceso de obtener exposición a la criptomoneda y, al mismo tiempo, ofrecer potencialmente más seguridad y supervisión regulatoria en comparación con la tenencia directa de Bitcoin.

Acciones de Intercambios o Corredores de Criptomonedas

Invertir en acciones de empresas involucradas en la industria de criptomonedas es otra forma de obtener exposición al sector. Empresas como Coinbase, un importante intercambio de criptomonedas, o corredores como Robinhood, que facilitan el comercio de criptomonedas, ofrecen oportunidades para una inversión indirecta en el mercado de criptomonedas. Estas empresas suelen generar ingresos significativos a partir del comercio de criptomonedas y servicios relacionados, lo que significa que sus precios de acciones pueden verse influidos por el rendimiento general del mercado de criptomonedas. Al invertir en estas empresas, puede beneficiarse potencialmente del crecimiento del sector de criptomonedas mientras evita los riesgos directos asociados con la tenencia de criptomonedas. Sin embargo, es importante considerar que estas empresas también operan en mercados financieros más amplios, por lo que su rendimiento podría no correlacionarse perfectamente con los movimientos de precios de las criptomonedas individuales.

ETFs de Blockchain

Los ETFs de blockchain invierten en empresas que están involucradas en el desarrollo o uso de la tecnología blockchain, que sustenta las criptomonedas. Estos fondos ofrecen exposición a una variedad de negocios que se benefician del crecimiento de la tecnología blockchain, pero que pueden no estar directamente involucrados en el comercio de criptomonedas. Los ETFs de blockchain suelen incluir acciones de empresas en varios sectores, como tecnología, finanzas y gestión de la cadena de suministro, que utilizan blockchain para diferentes aplicaciones. Invertir en un ETF de blockchain le permite participar en la adopción más amplia de la tecnología blockchain y obtener exposición a empresas que pueden experimentar crecimiento debido a esta tendencia. Sin embargo, dado que estas empresas a menudo participan en una variedad de actividades más allá de las criptomonedas, la exposición de la inversión a los movimientos directos de las monedas digitales podría estar diluida. Este enfoque proporciona una exposición más diversificada al ecosistema blockchain, pero podría no capturar toda la volatilidad y el potencial de crecimiento asociados con las inversiones directas en criptomonedas.

Cada uno de estos métodos de inversión ofrece diferentes niveles de riesgo y exposición al mercado de criptomonedas. Los futuros de criptomonedas proporcionan una oportunidad de alto riesgo y alta recompensa para especular sobre los movimientos de precios con apalancamiento. Los ETFs de Bitcoin ofrecen una forma regulada y fácil de invertir directamente en Bitcoin. Invertir en acciones de intercambios o corredores de criptomonedas permite una exposición indirecta al mercado de criptomonedas a través de empresas que facilitan el comercio y servicios relacionados. Los ETFs de blockchain brindan una inversión más amplia en empresas que utilizan la tecnología blockchain, pero pueden diluir la exposición directa a las criptomonedas. Comprender las características específicas, los riesgos y los rendimientos potenciales de cada método es crucial para alinear su estrategia de inversión con sus objetivos financieros y tolerancia al riesgo [219, 224, 225].

Estrategias de Inversión

Las estrategias de inversión en criptomonedas son enfoques y métodos utilizados para gestionar y hacer crecer las inversiones en el mercado de criptomonedas. Dada la naturaleza volátil y en evolución de las criptomonedas, estas estrategias pueden variar ampliamente, dependiendo de los objetivos del inversor, la tolerancia al riesgo y el horizonte temporal. A continuación, se presenta un resumen detallado de varias estrategias comunes de inversión en criptomonedas:

1. Mantener a Largo Plazo (HODLing)

Mantener a largo plazo, a menudo referido como HODLing (una errata de "holding" que se ha vuelto popular en la comunidad criptográfica), es una estrategia en la que los inversores compran criptomonedas y las mantienen durante un período prolongado, independientemente de las fluctuaciones del mercado a corto plazo. La idea es beneficiarse de la apreciación del precio a largo plazo a medida que el mercado madura y la adopción crece. Esta estrategia se basa en la creencia de que el valor de la criptomoneda aumentará significativamente con el tiempo. Requiere paciencia y una fuerte convicción en el potencial a largo plazo del activo elegido. Los inversores que utilizan esta estrategia suelen evitar el comercio frecuente y tratan de sortear la volatilidad.

Mantener a largo plazo, a menudo referido como HODLing en el mundo de las criptomonedas, es una estrategia en la que los inversores compran activos digitales y los mantienen durante períodos prolongados, típicamente años, independientemente de las fluctuaciones del mercado a corto plazo [226]. El término "HODL" se originó a partir de un error de escritura de "holding" en una publicación de un foro de Bitcoin en 2013 y desde entonces se ha convertido en un grito de guerra dentro de la comunidad criptográfica. Este enfoque de inversión se basa en su simplicidad y en la creencia en el potencial de ganancias significativas a largo plazo [226]. Los defensores del HODLing confían en que, a pesar de la volatilidad inherente del mercado de criptomonedas, el valor de sus activos digitales elegidos aumentará significativamente con el tiempo, impulsado por una mayor adopción e integración en diversos sectores [226].

Una de las principales ventajas del HODLing es su bajo requisito de gestión activa [226]. Los inversores que siguen esta estrategia se abstienen de realizar operaciones frecuentes en respuesta a las subidas y bajadas del mercado, optando en su lugar por mantener sus activos a través de las fluctuaciones del mercado con el objetivo de beneficiarse del crecimiento general del mercado. Este enfoque pasivo puede ser particularmente beneficioso durante períodos de alta volatilidad, permitiendo a los inversores evitar el estrés y las posibles pérdidas asociadas con intentar cronometrar el mercado [226]. Sin embargo, el HODLing exige paciencia y una fuerte creencia en el potencial a largo plazo de las criptomonedas, ya que el mercado puede experimentar fluctuaciones de precios significativas y períodos de estancamiento [226].

El éxito de la estrategia HODLing depende de la selección cuidadosa de criptomonedas con fundamentos sólidos y futuros prometedores [226]. Los inversores deben realizar una investigación exhaustiva para asegurar que sus activos digitales elegidos se alineen con sus objetivos de inversión a largo plazo. Aunque el HODLing refleja la filosofía tradicional de "comprar y mantener" prevalente en los mercados tradicionales, atrae a las personas más interesadas en las ganancias a largo plazo que en las ganancias a corto plazo [226]. La reevaluación periódica de las elecciones de inversión es crucial para los HODLers para confirmar que sus razones iniciales para invertir siguen siendo válidas a medida que el mercado de criptomonedas evoluciona [226].

En esencia, el HODLing encarna un enfoque estratégico de inversión en criptomonedas que enfatiza la resiliencia frente a las fluctuaciones del mercado a corto plazo en favor del potencial de crecimiento a largo plazo. Al mantener una creencia firme en la apreciación futura del valor de los activos digitales seleccionados, los HODLers buscan capitalizar la adopción más amplia y la integración de las criptomonedas en varios sectores con el tiempo. La naturaleza pasiva de esta estrategia, junto con la necesidad de una investigación exhaustiva y una revisión periódica de las elecciones de inversión, subraya su atractivo para los inversores que buscan rendimientos sustanciales a lo largo de períodos prolongados mientras mitigan el estrés asociado con la volatilidad del mercado a corto plazo.

2. Promedio del Costo en Dólares (DCA)

El Promedio del Costo en Dólares (DCA, por sus siglas en inglés) es una estrategia en la que los inversores invierten regularmente una cantidad fija de dinero en una criptomoneda, independientemente de su precio en el momento de la compra. Este método distribuye la inversión a lo largo del tiempo, lo que puede reducir el impacto de la volatilidad y disminuir el costo promedio por unidad. El DCA ayuda a los inversores a evitar intentar cronometrar el mercado y puede reducir el riesgo de realizar grandes inversiones en precios máximos. Es un enfoque disciplinado que puede ser particularmente útil en un mercado altamente volátil como el de las criptomonedas.

El Promedio del Costo en Dólares (DCA) es una estrategia de inversión que consiste en invertir consistentemente una cantidad fija de dinero en un activo específico, como una criptomoneda, independientemente de su precio actual. Al adherirse a este plan de inversión sistemático, los inversores tienen el potencial de disminuir su costo promedio por unidad con el tiempo [227].

El principio fundamental del DCA radica en su simplicidad y consistencia, contrastando con la naturaleza desafiante e impredecible de intentar cronometrar el mercado. Los inversores que utilizan el DCA se comprometen a invertir una suma de dinero predeterminada a intervalos regulares, ya sea semanal, mensual o trimestralmente, asegurando compras a través de diversas condiciones del mercado, desde picos hasta valles. En consecuencia, el costo promedio de la criptomoneda adquirida a través del DCA tiende a estar más equilibrado y menos influenciado por las fluctuaciones de precios a corto plazo [227].

Una de las principales ventajas del DCA es su capacidad para ayudar a los inversores a evitar las trampas de cronometrar el mercado, lo que puede ser particularmente arduo en mercados altamente volátiles como las criptomonedas. Al distribuir las inversiones a lo largo del tiempo, el DCA disminuye el riesgo de realizar inversiones sustanciales en precios máximos y, posteriormente, enfrentar pérdidas significativas si el mercado experimenta una caída. Además, el DCA fomenta un comportamiento de inversión disciplinado al alentar contribuciones constantes independientemente de las fluctuaciones del mercado, fomentando así un hábito de inversión regular y evitando la toma de decisiones emocionales impulsadas por el entusiasmo o el pánico del mercado [227].

Otro beneficio notable del DCA es su capacidad para reducir el impacto de la volatilidad, especialmente en mercados conocidos por movimientos erráticos de precios como las criptomonedas. A través de inversiones regulares, algunas compras se realizan a precios más bajos mientras que otras se hacen a precios más altos, lo que conduce a un efecto de promediado que puede ayudar a suavizar el costo total de inversión y ofrecer potencialmente un retorno más estable a largo plazo [227].

Aunque el DCA es una estrategia valiosa para muchos inversores, especialmente para aquellos nuevos en criptomonedas o con tiempo limitado para gestionar activamente sus inversiones, también tiene limitaciones. El DCA no garantiza ganancias ni protege contra pérdidas, y puede no ser el enfoque más eficiente en un mercado en constante aumento donde invertir una suma global por adelantado podría ofrecer mejores rendimientos. No obstante, para las personas que buscan un método estructurado y menos estresante para establecer una posición en un mercado volátil, el DCA proporciona un enfoque de inversión confiable y disciplinado [227].

3. Trading de Rango (Swing Trading)

El trading de rango, o swing trading, implica aprovechar los movimientos de precios a corto y medio plazo. Los traders que utilizan esta estrategia compran criptomonedas a precios bajos y las venden cuando los precios suben, con el objetivo de capitalizar las oscilaciones de precios. El trading de rango requiere análisis técnico para identificar tendencias y puntos de entrada y salida. Esta estrategia exige más tiempo y atención en comparación con la estrategia de mantener a largo plazo, ya que los traders deben monitorear las condiciones del mercado y estar listos para actuar rápidamente.

El trading de rango es una estrategia de inversión que busca beneficiarse de las fluctuaciones de precios a corto y medio plazo en los mercados financieros, incluidas las criptomonedas, en lugar de depender de la apreciación a largo plazo de los activos [228]. Este enfoque implica comprar a precios bajos y vender a precios altos, o viceversa, dentro de un marco de tiempo reducido para capitalizar las oscilaciones de precios del mercado [228]. El principio fundamental del trading de rango gira en torno a identificar y aprovechar los movimientos de precios que ocurren durante días, semanas o incluso meses [228]. Los traders de rango entran estratégicamente en posiciones cuando perciben que un activo está subvalorado o a punto de experimentar un aumento de precio y salen de estas posiciones una vez que el activo alcanza un precio objetivo o muestra signos de cambio de dirección [228].

Un componente clave del trading de rango es la dependencia del análisis técnico para informar las decisiones de trading [228]. Los traders utilizan diversas herramientas, como medias móviles, el Índice de Fuerza Relativa (RSI) y las Bandas de Bollinger, para analizar datos históricos de precios e identificar posibles tendencias o patrones que puedan guiar sus estrategias de trading [228]. Al aprovechar estos indicadores técnicos, los traders de rango pueden tomar decisiones informadas sobre cuándo entrar o salir de operaciones en función de las condiciones del mercado [228]. Por ejemplo, un trader de rango podría identificar una criptomoneda que ha experimentado recientemente una caída de precio y muestra indicios de un repunte inminente, lo que les lleva a comprar anticipando un aumento en el precio [228].

A diferencia de las estrategias de inversión a largo plazo que pueden requerir un monitoreo mínimo una vez establecidas las posiciones, el trading de rango demanda un mayor nivel de vigilancia y compromiso [228]. Los traders que practican el trading de rango deben estar al tanto de las noticias del mercado, los desarrollos económicos y otros factores que podrían influir en los precios de los activos [228]. Esta participación activa a menudo implica un monitoreo continuo de gráficos, movimientos de precios y fuentes de noticias para identificar los momentos óptimos para ejecutar operaciones [228]. Dada la naturaleza dinámica del trading de rango, los practicantes deben estar preparados para tomar decisiones rápidas y aprovechar las oportunidades emergentes de manera oportuna para maximizar las ganancias [228].

La gestión del riesgo es un aspecto crítico del trading de rango, dada la potencialidad inherente de pérdidas resultantes de movimientos de mercado a corto plazo [228]. Para mitigar estos riesgos, los traders de rango suelen emplear órdenes de stop-loss para limitar las pérdidas potenciales y órdenes de take-profit para asegurar ganancias una vez alcanzados los objetivos predefinidos [228]. Las prácticas efectivas de gestión del riesgo son esenciales para proteger el capital y asegurar el éxito sostenido en las actividades de trading de rango [228].

Aunque el trading de rango presenta perspectivas lucrativas debido a su enfoque en la dinámica del mercado a corto plazo, exige un compromiso sustancial de tiempo y esfuerzo por parte de los traders [228]. Los traders exitosos deben poseer habilidades analíticas competentes para interpretar los datos del mercado, mantenerse informados sobre las tendencias del mercado en evolución y gestionar activamente sus posiciones [228]. Además, la volatilidad inherente del mercado de criptomonedas añade una capa adicional de complejidad al trading de rango, ya que los precios pueden fluctuar rápidamente e impredeciblemente, presentando tanto desafíos como oportunidades para los traders [228].

El trading de rango representa un enfoque estratégico para capitalizar las fluctuaciones de precios a corto y medio plazo en los mercados financieros, incluidas las criptomonedas [228]. Al aprovechar el análisis técnico, gestionar activamente el riesgo y mantenerse sintonizado con los desarrollos del mercado, los traders de rango buscan beneficiarse de las oscilaciones en los precios de los activos dentro de un marco de tiempo reducido [228]. Aunque exige un mayor nivel de compromiso en comparación con las estrategias de inversión a largo plazo, el trading de rango ofrece el potencial de ganancias sustanciales para los traders que poseen las habilidades y la dedicación necesarias para navegar en el dinámico paisaje de los movimientos del mercado a corto plazo [228].

4. Trading Diario (Day Trading)

El trading diario es una estrategia en la que los inversores compran y venden criptomonedas dentro del mismo día de negociación para aprovechar los movimientos de precios a corto plazo. Los traders diarios realizan múltiples operaciones a lo largo del día, basándose en el análisis técnico, gráficos y noticias del mercado para tomar decisiones. Esta estrategia puede ser muy rentable, pero también implica un riesgo significativo debido a la alta volatilidad y la naturaleza rápida del mercado de criptomonedas. El trading diario requiere una considerable inversión de tiempo, experiencia y disciplina.

El trading diario es una estrategia de negociación que implica la compra y venta de activos financieros, como criptomonedas, dentro del mismo día de negociación, enfocándose en explotar las fluctuaciones de precios a corto plazo [229]. Esta estrategia requiere una ejecución rápida y un monitoreo constante de los mercados, con los traders diarios abriendo y cerrando posiciones típicamente en unas pocas horas o incluso minutos [229]. Para identificar oportunidades de negociación, los traders diarios dependen en gran medida del análisis técnico, que implica examinar gráficos de precios, patrones y varios indicadores técnicos como medias móviles, el Índice de Fuerza Relativa (RSI) y las Bandas de Bollinger [229]. El análisis técnico desempeña un papel central en el trading diario, ya que ayuda a los traders a tomar decisiones informadas sobre los puntos de entrada y salida basados en datos históricos de precios y las tendencias actuales del mercado [229].

Además del análisis técnico, los traders diarios deben mantenerse informados sobre noticias y eventos del mercado que puedan influir en los precios de las criptomonedas, como anuncios regulatorios o avances tecnológicos [229]. Estar atentos a las noticias del mercado permite a los traders diarios reaccionar rápidamente a los movimientos de precios impulsados por noticias y ajustar sus estrategias de trading en consecuencia [229]. La alta volatilidad del mercado de criptomonedas presenta tanto oportunidades como riesgos para los traders diarios, ya que, aunque existe el potencial de obtener ganancias sustanciales debido a las frecuentes oscilaciones de precios, los cambios rápidos de precio también pueden llevar a pérdidas significativas [229]. La gestión efectiva del riesgo mediante herramientas como las órdenes de stop-loss es crucial para los traders diarios para proteger su capital y mantener la rentabilidad a lo largo del tiempo [229].

El trading diario no solo requiere habilidades técnicas, sino también un enfoque disciplinado y estratégico, con los traders necesitando desarrollar planes de trading claros que detallen los criterios de entrada y salida, las estrategias de gestión del riesgo y los objetivos de ganancias [229]. El control emocional también es esencial en el trading diario para evitar decisiones impulsivas impulsadas por el estrés o las emociones, ya que la naturaleza rápida del trading diario puede ser intensa [229]. Los traders diarios exitosos deben mantenerse enfocados, adherirse a sus estrategias y evitar que las emociones dictan sus acciones de trading [229]. Además, el trading diario exige un compromiso significativo de tiempo, con los traders necesitando monitorear los mercados continuamente durante las horas de negociación para identificar oportunidades y ejecutar operaciones de manera oportuna [229].

El trading diario es una estrategia centrada en realizar múltiples operaciones dentro de un solo día para beneficiarse de los movimientos de precios a corto plazo en el mercado de criptomonedas, basándose en el análisis técnico, las noticias del mercado y la toma de decisiones rápida [229]. Aunque ofrece el potencial de rendimientos sustanciales, el trading diario también implica un riesgo significativo, requiere una considerable inversión de tiempo y experiencia, y demanda una estricta disciplina y gestión efectiva del riesgo [229]. Los traders que se dedican al trading diario deben navegar por la alta volatilidad del mercado de criptomonedas, mantenerse informados sobre los desarrollos del mercado y mantener un enfoque disciplinado y estratégico para maximizar sus posibilidades de éxito [229].

5. Arbitraje

El arbitraje implica explotar las diferencias de precio de la misma criptomoneda en diferentes intercambios. Por ejemplo, si el precio del Bitcoin es más bajo en un intercambio en comparación con otro, un arbitrajista podría comprarlo en el intercambio más barato y venderlo en el más caro para obtener una ganancia. Las oportunidades de arbitraje surgen debido a discrepancias en la oferta y la demanda entre intercambios. Esta estrategia requiere una ejecución rápida y puede estar limitada por las tarifas de transacción, la liquidez y las restricciones de los intercambios.

El arbitraje es una estrategia de negociación comúnmente utilizada en varios mercados financieros, incluido el mercado de criptomonedas, que consiste en explotar las diferencias de precio del mismo activo en diferentes intercambios para obtener una ganancia [230]. El concepto fundamental del arbitraje es que los precios deberían ser iguales en todos los mercados una vez considerados los costos de transacción, pero en realidad, ocurren variaciones debido a diferencias en liquidez, volúmenes de negociación y condiciones del mercado [230]. Por ejemplo, si el Bitcoin tiene un precio de $30,000 en un intercambio y $30,200 en otro, un arbitrajista puede comprar en el intercambio con el precio más bajo y vender en el intercambio con el precio más alto para aprovechar la diferencia de $200 [230].

Para implementar con éxito una estrategia de arbitraje en el mercado de criptomonedas, los traders deben actuar rápidamente para capitalizar estas diferencias de precios antes de que se normalicen [230]. Los mercados de criptomonedas son altamente dinámicos, y las brechas de precios pueden ser de corta duración, lo que requiere un monitoreo en tiempo real de los precios en múltiples intercambios y la capacidad de ejecutar operaciones de manera oportuna [230]. Las herramientas y algoritmos de negociación de alta frecuencia automatizados se utilizan comúnmente para agilizar este proceso, permitiendo a los traders aprovechar de manera eficiente las pequeñas y fugaces diferencias de precios [230].

Sin embargo, varios factores pueden limitar las oportunidades de arbitraje en el mercado de criptomonedas. Las tarifas de transacción juegan un papel significativo, ya que pueden reducir las posibles ganancias de las operaciones de arbitraje [230]. Estas tarifas incluyen comisiones de negociación, cargos por retiro y tarifas de depósito, todas las cuales deben ser consideradas para determinar la ganancia neta del arbitraje [230]. Para que el arbitraje sea rentable, la diferencia de precio entre intercambios debe ser lo suficientemente sustancial como para cubrir estos costos y aún generar una ganancia [230].

Además, la liquidez es una consideración crítica en el arbitraje. La liquidez se refiere a qué tan fácilmente se puede comprar o vender un activo sin afectar significativamente su precio [230]. La liquidez limitada en un intercambio puede dificultar la ejecución de grandes operaciones sin afectar los precios del mercado, limitando así la efectividad del arbitraje, especialmente para criptomonedas con volúmenes de negociación más bajos o en intercambios con liquidez restringida [230]. Las restricciones de los intercambios, como los tiempos variables de procesamiento de retiros y depósitos, así como las restricciones de volumen de negociación y los requisitos de verificación de cuentas, también pueden afectar la velocidad y viabilidad de la ejecución de operaciones de arbitraje [230].

Además de las consideraciones prácticas, se deben tener en cuenta aspectos regulatorios y de seguridad al participar en el arbitraje en el mercado de criptomonedas [230]. Los intercambios operan bajo diferentes marcos regulatorios, y el cumplimiento de las regulaciones locales puede influir en las actividades de negociación [230]. Las preocupaciones de seguridad, como el riesgo de hackeo o fraude en los intercambios, pueden poner en peligro la seguridad de los fondos, subrayando la importancia de utilizar plataformas reputables y seguras para las actividades de arbitraje [230].

El arbitraje en el mercado de criptomonedas ofrece oportunidades para beneficiarse de las diferencias de precios entre intercambios, pero requiere una toma de decisiones rápida, gestión de costos y una comprensión de la liquidez y las restricciones de los intercambios [230]. Los traders deben navegar por estos desafíos mientras abordan también el cumplimiento regulatorio y las consideraciones de seguridad para aprovechar efectivamente el arbitraje como una estrategia de negociación en el dinámico y evolucionado panorama de las criptomonedas.

6. Staking

El staking implica participar en la red de una criptomoneda al mantener y bloquear una cierta cantidad de sus tokens en una billetera para apoyar las operaciones de la red, como el procesamiento de transacciones y la seguridad. A cambio, los participantes en el staking ganan recompensas, a menudo en forma de tokens adicionales. Esta estrategia es común en mecanismos de consenso como Proof of Stake (PoS) y otros que dependen del staking. Ofrece una forma de ganar ingresos pasivos mientras se contribuye a la funcionalidad de la red.

El staking en el ámbito de las criptomonedas es un proceso fundamental que permite a los poseedores de activos digitales participar en las operaciones de la red y ganar recompensas al bloquear sus tokens en una billetera digital [231]. Esta práctica es crucial en mecanismos de consenso como Proof of Stake (PoS) y Delegated Proof of Stake (DPoS), donde los participantes en el staking juegan un papel importante en la validación de transacciones, la protección de la seguridad de la cadena de bloques y el buen funcionamiento del sistema [231]. En redes basadas en PoS, el staking implica comprometer una cantidad específica de criptomoneda a la red al depositar tokens en una billetera de staking, que normalmente es proporcionada por el protocolo de la cadena de bloques o un servicio de terceros aprobado [231]. Al hacer staking de sus tokens, los participantes contribuyen activamente al mecanismo de consenso de la red, el cual es responsable de verificar nuevas transacciones y bloques [231].

El proceso de staking ofrece varias ventajas clave, una de las cuales es la oportunidad para los poseedores de criptomonedas de ganar ingresos pasivos al apoyar la red [231]. A cambio de bloquear sus tokens y ayudar en las operaciones de la red, los participantes en el staking reciben recompensas, generalmente en forma de tokens adicionales, basadas en la cantidad apostada y la duración del período de staking [231]. Este sistema de recompensas incentiva a los participantes a contribuir a la seguridad y operaciones de la red, con mayores stakes potencialmente conduciendo a mayores recompensas, reflejando el nivel de contribución a la red [231].

Además, el staking juega un papel vital en la protección de la seguridad e integridad de las redes de blockchain al crear un incentivo financiero para un comportamiento honesto [231]. Los participantes deben bloquear sus tokens, estableciendo un disuasivo contra acciones maliciosas o intentos de comprometer la red, ya que tales acciones podrían resultar en la pérdida de los tokens apostados [231]. Este mecanismo asegura que los participantes tengan un interés en mantener la estabilidad y seguridad de la red, contribuyendo a su robustez general [231].

Comparado con los procesos de minería tradicionales como Proof of Work (PoW), el staking ofrece ventajas como la necesidad de menos experiencia técnica y un menor consumo de energía [231]. Mientras que los sistemas PoW dependen del poder computacional para resolver problemas matemáticos complejos, los mecanismos PoS y similares utilizan tokens apostados como garantía para la validación de transacciones, haciendo del staking una opción más amigable con el medio ambiente y accesible para muchos inversores [231]. Este cambio hacia el staking está alineado con las crecientes preocupaciones sobre el impacto ambiental de los procesos de minería intensivos en energía, posicionando al staking como una alternativa más sostenible [231].

Sin embargo, participar en staking no está exento de riesgos, siendo una preocupación significativa el potencial de "slashing" en staking, donde los participantes pueden perder una parte de sus tokens apostados como penalización por comportamiento deshonesto o interrupciones en la red [231]. Además, los tokens apostados no están fácilmente accesibles, requiriendo que los participantes comprometan sus activos durante un período especificado, lo que podría plantear desafíos si se necesita acceso urgente a los fondos o si las condiciones del mercado fluctúan rápidamente [231]. Este aspecto de iliquidez subraya la importancia de considerar cuidadosamente antes de ingresar en arreglos de staking [231].

El proceso de staking puede variar entre diferentes criptomonedas y sus protocolos subyacentes, con algunas redes exigiendo a los participantes que operen y mantengan sus nodos de validador, mientras que otras permiten el staking a través de servicios agrupados o sistemas de delegación [231]. El staking agrupado implica consolidar tokens de múltiples participantes para aumentar la probabilidad de ser seleccionado para validar transacciones, con recompensas distribuidas proporcionalmente entre todos los contribuyentes

[231]. Esta diversidad en los mecanismos de staking ofrece flexibilidad a los participantes según sus preferencias y capacidades técnicas [231].

El staking se presenta como una estrategia popular para ganar ingresos pasivos mientras se apoya activamente la funcionalidad y seguridad de las redes de criptomonedas [231]. Ofrece una vía para que los poseedores de criptomonedas participen en las operaciones de la red y reciban recompensas por sus contribuciones, aunque con riesgos asociados que requieren una evaluación cuidadosa [231]. Al alinear los incentivos financieros con la integridad de la red, el staking desempeña un papel crucial en el crecimiento y operación sostenible de los ecosistemas de blockchain, ofreciendo una alternativa más accesible y respetuosa con el medio ambiente en comparación con los procesos tradicionales de minería [231].

7. Yield Farming y Minería de Liquidez

Yield Farming y Minería de Liquidez son estrategias donde los inversores proporcionan liquidez a protocolos de finanzas descentralizadas (DeFi) a cambio de recompensas. Yield Farming implica prestar o hacer staking de criptomonedas para ganar interés o recompensas, mientras que la Minería de Liquidez consiste en proporcionar liquidez a intercambios descentralizados (DEX) y ganar tarifas o tokens a cambio. Estas estrategias pueden ofrecer altos rendimientos, pero conllevan riesgos relacionados con vulnerabilidades de contratos inteligentes, pérdida impermanente y volatilidad del mercado.

Yield Farming y Minería de Liquidez son estrategias de inversión dentro del ecosistema DeFi que permiten a los inversores ganar recompensas al proporcionar liquidez a varios protocolos DeFi. Yield Farming implica ganar interés o recompensas a través de préstamos o staking, mientras que la Minería de Liquidez implica proporcionar liquidez a intercambios descentralizados (DEX) y ganar tarifas [232]. En Yield Farming, los inversores depositan sus activos en plataformas de préstamos o protocolos de Yield Farming para recibir pagos de interés o tokens adicionales como recompensas, a menudo denominados en el token nativo del protocolo u otras criptomonedas [232]. Por otro lado, la Minería de Liquidez implica depositar criptomonedas en un fondo de liquidez en un DEX para facilitar el comercio y ganar una parte de las tarifas de transacción junto con tokens de gobernanza u otras recompensas [232].

Los mecanismos de Yield Farming y Minería de Liquidez difieren. Yield Farming involucra actividades como depositar stablecoins en protocolos de préstamos o hacer staking de tokens en fondos de liquidez en DEXs para maximizar los rendimientos basados en tasas de rendimiento o incentivos de recompensas [232]. En contraste, la

Minería de Liquidez se enfoca específicamente en proporcionar liquidez a DEXs, donde los proveedores de liquidez ganan una parte de las tarifas de transacción generadas dentro del fondo, junto con recompensas adicionales como tokens de gobernanza [232]. Ambas estrategias ofrecen oportunidades para generar rendimientos, pero también conllevan riesgos relacionados con vulnerabilidades de contratos inteligentes, pérdida impermanente y volatilidad del mercado, requiriendo un análisis cuidadoso y gestión de riesgos [232].

Las vulnerabilidades de los contratos inteligentes representan un riesgo significativo tanto en Yield Farming como en Minería de Liquidez, ya que estos protocolos dependen de código complejo para gestionar transacciones y distribuir recompensas. Errores o exploits en los contratos inteligentes pueden llevar a la pérdida de fondos, destacando la importancia de auditorías de seguridad exhaustivas y la diligencia debida antes de participar en estas estrategias [232]. La volatilidad del mercado es otro factor de riesgo a considerar, ya que la fluctuación en los valores de los activos puede afectar los rendimientos generales, haciendo crucial para los inversores monitorear y evaluar la liquidez y los volúmenes de comercio de los activos involucrados [232].

Además, los cambios en los protocolos y las actualizaciones pueden influir en las estructuras de recompensas y las tasas de rendimiento, introduciendo un elemento de incertidumbre para los participantes en Yield Farming y Minería de Liquidez [232]. Estas estrategias requieren que los inversores tengan un profundo entendimiento de los protocolos con los que se comprometen, se mantengan informados sobre los desarrollos en el espacio DeFi y evalúen cuidadosamente los riesgos asociados para tomar decisiones informadas [232]. A pesar del potencial de altos rendimientos, es esencial que los inversores realicen una investigación exhaustiva, revisen auditorías de seguridad y evalúen los factores de liquidez para mitigar riesgos de manera efectiva [232].

Yield Farming y Minería de Liquidez presentan oportunidades para que los inversores ganen recompensas al contribuir con activos a protocolos DeFi, con cada estrategia ofreciendo mecanismos y perfiles de riesgo distintos. Mientras que Yield Farming se enfoca en generar interés o recompensas a través de préstamos o staking, la Minería de Liquidez implica proporcionar liquidez a DEXs y ganar tarifas junto con incentivos adicionales [232]. Sin embargo, ambas estrategias requieren una consideración cuidadosa de las vulnerabilidades de contratos inteligentes, la pérdida impermanente y la volatilidad del mercado, enfatizando la importancia de la diligencia debida y la gestión de riesgos al participar en estas estrategias de inversión dentro del ecosistema DeFi.

8. ICOs y Ventas de Tokens

Las Ofertas Iniciales de Monedas (ICOs) y las Ventas de Tokens son métodos de recaudación de fondos utilizados por proyectos de criptomonedas para obtener capital. Los inversores compran tokens durante estos eventos, a menudo a un precio con descuento, con la expectativa de que el valor de los tokens aumentará una vez que el proyecto esté completamente lanzado. Invertir en ICOs y ventas de tokens puede ser altamente especulativo, ya que muchos proyectos se encuentran en sus primeras etapas y conllevan riesgos significativos. La debida diligencia es esencial para evaluar el potencial del proyecto y evitar estafas.

Las Ofertas Iniciales de Monedas (ICOs) y las Ventas de Tokens son mecanismos de recaudación de fondos utilizados por proyectos de criptomonedas para asegurar capital para sus fases de desarrollo y lanzamiento. Estos métodos permiten a los inversores adquirir tokens específicos del proyecto, a menudo a una tasa con descuento, con la expectativa de que el valor del token se apreciará una vez que el proyecto se vuelva operativo [233]. Las ICOs implican crowdfunding donde nuevos proyectos de criptomonedas o blockchain emiten tokens a los inversores a cambio de criptomonedas establecidas como Bitcoin o Ethereum. Típicamente, las ICOs ocurren antes de que el proyecto esté completamente operativo, permitiendo a los inversores comprar tokens a un precio reducido en anticipación a una futura apreciación de valor [234].

Aunque las ICOs y las ventas de tokens ofrecen vías para que los primeros inversores puedan beneficiarse de proyectos emergentes, también conllevan riesgos significativos que requieren una evaluación cuidadosa. Muchos proyectos de ICO están en etapas tempranas sin un historial comprobado o tecnología completamente desarrollada, exponiendo a los inversores a posibles estafas y actividades fraudulentas debido a la falta de supervisión regulatoria en muchas jurisdicciones [233]. Por lo tanto, la debida diligencia es crucial antes de participar en ICOs, involucrando el análisis del whitepaper del proyecto, la evaluación de la credibilidad del equipo y la evaluación de la viabilidad del proyecto [235].

Las Ventas de Tokens abarcan varios formatos, incluidos Pre-Sales, Ventas Privadas y Ventas Públicas. Las Pre-Sales implican ventas anticipadas de tokens antes de la oferta pública, a menudo proporcionando tokens a precios más bajos para atraer a los primeros inversores y recaudar fondos iniciales [236]. Las Ventas Privadas, similares a las Pre-Sales, están dirigidas a un grupo selecto de inversores bajo términos y condiciones específicos, ofreciendo incentivos adicionales para atraer inversiones significativas [237]. Las Ventas

Públicas representan la etapa final donde los tokens se ofrecen al público en general, típicamente a través de ICOs u otras plataformas, con precios que reflejan un mayor riesgo y especulación [238].

Participar en ventas de tokens presenta una oportunidad atractiva para invertir en proyectos emergentes de criptomonedas, aunque la naturaleza especulativa de estas inversiones conlleva altos riesgos. Los proyectos que realizan ventas de tokens a menudo están en etapas de desarrollo, sin garantía de éxito o cumplimiento de promesas, además de que los paisajes regulatorios en evolución pueden introducir incertidumbres legales y financieras para los inversores [239]. La debida diligencia es primordial para los inversores que consideran ICOs y ventas de tokens, implicando la revisión de los whitepapers, la evaluación de la credibilidad del equipo, la comprensión de la tecnología y la evaluación del apoyo de la comunidad para medir la legitimidad y el potencial del proyecto [240].

ICOs y ventas de tokens ofrecen vías para que los inversores se involucren y potencialmente se beneficien de proyectos emergentes de criptomonedas. Sin embargo, estos métodos de recaudación de fondos conllevan riesgos sustanciales que requieren una debida diligencia exhaustiva para evaluar la legitimidad y el potencial del proyecto antes de invertir. Los inversores deben evaluar cuidadosamente los proyectos, equipos, tecnologías y el apoyo de la comunidad para tomar decisiones informadas sobre la participación en ICOs y ventas de tokens [241].

9. Diversificación

La diversificación implica distribuir las inversiones a través de múltiples criptomonedas para reducir el riesgo. Al invertir en una variedad de activos, los inversores buscan mitigar el impacto del mal rendimiento de cualquier criptomoneda en particular. La diversificación puede ayudar a equilibrar el riesgo y la recompensa, especialmente en un mercado volátil. Los inversores pueden optar por diversificar a través de varios tipos de criptomonedas, incluyendo monedas establecidas, altcoins y tokens asociados con diferentes casos de uso y tecnologías.

La diversificación en la inversión en criptomonedas es un enfoque estratégico que tiene como objetivo repartir el riesgo distribuyendo el capital a través de una variedad de activos, incluidas diversas criptomonedas. Esta estrategia se basa en el concepto de que diferentes criptomonedas pueden reaccionar de manera diferente a las dinámicas del mercado, los avances tecnológicos y los cambios regulatorios, reduciendo así la exposición general al riesgo de una cartera de inversiones [242]. Al diversificar a través de múltiples criptomonedas, los inversores pueden mitigar potencialmente las pérdidas severas que puedan surgir del mal rendimiento de un solo activo. Por ejemplo, si una criptomoneda experimenta una caída significativa debido a fluctuaciones del mercado o problemas técnicos, otras criptomonedas en la cartera pueden mantenerse estables o apreciarse, ayudando a compensar las pérdidas y estabilizar el valor general de la inversión [243].

Un aspecto clave de la diversificación en la inversión en criptomonedas implica considerar la variedad de activos. Los inversores pueden lograr la diversificación invirtiendo en una mezcla de criptomonedas, incluidas las establecidas como Bitcoin y Ethereum, que se perciben como menos volátiles en comparación con monedas nuevas o más pequeñas. Además, incluir criptomonedas alternativas (altcoins) que sirven para diferentes propósitos y utilizan tecnologías distintas, como las relacionadas con las finanzas descentralizadas (DeFi) o los tokens no fungibles (NFTs), puede mejorar aún más la diversificación [244]. Este enfoque asegura la exposición a un espectro de activos criptográficos con diferentes perfiles de riesgo y potenciales de crecimiento.

Además, la diversificación puede extenderse a la diversidad tecnológica y de casos de uso dentro de una cartera de criptomonedas. Al invertir en criptomonedas que admiten diferentes tecnologías y aplicaciones, como monedas enfocadas en la privacidad como Monero, plataformas de contratos inteligentes como Ethereum o soluciones de escalabilidad de blockchain como Solana, los inversores pueden acceder a diversos segmentos del mercado cripto. Cada tipo de criptomoneda ofrece características y avances únicos, proporcionando a los inversores una exposición a diversas facetas del panorama cripto en evolución [245].

Además, la diversidad geográfica y de plataformas juega un papel en la mejora de la diversificación en la inversión en criptomonedas. Incluir activos de diferentes mercados geográficos y plataformas que atienden a bases de usuarios específicas puede ayudar a reducir el impacto de problemas de mercado localizados o desafíos específicos de la plataforma. Este enfoque amplía el alcance de la cartera de inversión y minimiza la concentración de riesgo asociada con regiones o plataformas particulares [246].

Los beneficios de la diversificación en la inversión en criptomonedas son multifacéticos. En primer lugar, la diversificación ayuda a reducir el riesgo al repartir las inversiones a través de múltiples activos, mitigando así los efectos adversos de eventos que afectan a criptomonedas individuales. Por ejemplo, si una moneda enfrenta obstáculos regulatorios o problemas técnicos, otros activos en la cartera pueden desempeñarse bien, compensando las pérdidas y manteniendo la estabilidad de la cartera [247]. Además, la diversificación ofrece el potencial de mayores rendimientos al permitir a los inversores capitalizar diversas oportunidades de crecimiento dentro del mercado cripto. Mientras algunos activos pueden experimentar una rápida apreciación, otros pueden proporcionar un crecimiento constante, llevando a una cartera equilibrada que puede mejorar los rendimientos generales [248].

Además, la diversificación ayuda a gestionar la volatilidad, una característica sinónima de los mercados de criptomonedas. Al diversificar a través de activos con diferentes niveles de fluctuación de precios, los inversores pueden navegar de manera efectiva la volatilidad del mercado y crear una experiencia de inversión más estable. Este enfoque reduce la probabilidad de pérdidas extremas durante condiciones de mercado turbulentas, mejorando la resiliencia de la cartera de inversión [249].

Sin embargo, es crucial tener en cuenta que la diversificación no elimina todos los riesgos asociados con la inversión en criptomonedas. Los inversores deben tener cuidado al seleccionar las criptomonedas para sus carteras y mantenerse al tanto de las tendencias del mercado, los desarrollos tecnológicos y los cambios regulatorios para tomar decisiones informadas. La sobrediversificación también puede presentar desafíos en la gestión de la cartera y puede diluir las posibles ganancias si los activos seleccionados no rinden bien.

La diversificación en la inversión en criptomonedas es una estrategia fundamental que ofrece a los inversores la oportunidad de repartir el riesgo, equilibrar la recompensa y potencialmente mejorar los rendimientos al asignar capital a una variedad de activos cripto. Al diversificar a través de diferentes tipos de criptomonedas, tecnologías, mercados geográficos y plataformas, los inversores pueden construir carteras resilientes que están mejor equipadas para soportar las fluctuaciones y las incertidumbres del mercado. Aunque la diversificación no es una estrategia infalible, cuando se implementa de manera reflexiva y en conjunto con una investigación exhaustiva y un monitoreo continuo, puede ser una herramienta valiosa para gestionar el riesgo y optimizar los resultados de inversión en el dinámico mundo de las criptomonedas.

10. Cobertura (Hedging)

La cobertura es una estrategia utilizada para compensar las posibles pérdidas en una inversión al tomar una posición opuesta en otra. Por ejemplo, si un inversor posee una cantidad significativa de Bitcoin, podría utilizar derivados u otros instrumentos financieros para cubrirse contra posibles caídas en el precio. La cobertura puede ayudar a protegerse contra movimientos de precios adversos, pero a menudo implica costos adicionales y complejidades.

La cobertura es una estrategia financiera diseñada para reducir el riesgo de movimientos adversos en los precios de una inversión al tomar una posición opuesta en un activo relacionado. Este enfoque busca compensar las posibles pérdidas en una inversión con las ganancias de otra, protegiendo así la cartera general del inversor de caídas significativas en su valor. La cobertura se utiliza comúnmente para gestionar el riesgo en mercados volátiles, incluidas las inversiones en criptomonedas [250].

Por ejemplo, considere un inversor que posee una cantidad sustancial de Bitcoin. Si está preocupado por posibles caídas en el precio del Bitcoin, podría emplear estrategias de cobertura para mitigar este riesgo. Un método común es el uso de derivados, como contratos de futuros, opciones o swaps.

Los derivados son instrumentos financieros cuyo valor se deriva del rendimiento de un activo subyacente, en este caso, el Bitcoin. Al usar contratos de futuros de Bitcoin, un inversor puede acordar vender Bitcoin a un precio predeterminado en el futuro. Si el precio del Bitcoin cae, el inversor aún puede vender al precio más alto del contrato, reduciendo así el impacto de la caída del precio en sus tenencias generales. De manera similar, las opciones de Bitcoin permiten a los inversores comprar o vender Bitcoin a precios específicos dentro de un plazo determinado, proporcionando una forma de beneficiarse de o protegerse contra los cambios de precios.

La cobertura implica varios instrumentos y estrategias financieras que se pueden adaptar a las necesidades y tolerancia al riesgo específicas de un inversor. Algunas técnicas comunes de cobertura incluyen:

- **Contratos de Futuros**: Estos son acuerdos para comprar o vender un activo a un precio predeterminado en una fecha específica. Al entrar en un contrato de futuros para vender Bitcoin, un inversor puede asegurar un precio de venta, protegiéndose así contra una posible caída en el precio de mercado del Bitcoin.

- **Contratos de Opciones**: Las opciones otorgan a los inversores el derecho, pero no la obligación, de comprar o vender un activo a un precio especificado antes o en la fecha de vencimiento del contrato. Por ejemplo, una opción de venta (put option) permite a un inversor vender Bitcoin a un cierto precio, ofreciendo protección si el precio del mercado cae por debajo de este nivel.

- **Swaps**: Los swaps son acuerdos para intercambiar flujos de efectivo u otros instrumentos financieros entre las partes. Los swaps de criptomonedas podrían implicar el intercambio de Bitcoin por otro activo o criptomoneda, potencialmente compensando pérdidas si el valor del Bitcoin disminuye.

Los beneficios de la cobertura incluyen:

- **Reducción de Riesgo**: La cobertura puede reducir eficazmente el riesgo de pérdidas significativas por movimientos adversos en los precios. Al tener una posición contrapuesta, los inversores pueden proteger sus inversiones de grandes caídas en el mercado.

- **Rendimientos Predecibles**: Con una cobertura efectiva, los inversores pueden lograr rendimientos más estables. La cobertura ayuda a suavizar la volatilidad de la cartera de inversión, permitiendo resultados financieros más predecibles.

- **Confianza Mejorada en la Inversión**: Saber que los riesgos potenciales están mitigados puede aumentar la confianza de un inversor. Esto les permite tomar decisiones de inversión con una comprensión más clara de su exposición al riesgo.

Sin embargo, la cobertura tiene sus desventajas:

- **Costos**: Las estrategias de cobertura a menudo implican costos, como primas para opciones o márgenes para contratos de futuros. Estos costos pueden acumularse y potencialmente reducir la rentabilidad general.

- **Complejidad**: Implementar estrategias de cobertura efectivas requiere un conocimiento profundo de los instrumentos financieros y las condiciones del mercado. La complejidad de gestionar múltiples posiciones e instrumentos puede ser un desafío, especialmente para inversores menos experimentados.

- **Potencial para Ganancias Reducidas**: Aunque la cobertura puede proteger contra pérdidas, también puede limitar las posibles ganancias. Si el mercado se mueve favorablemente, las ganancias pueden verse compensadas por el costo de las posiciones de cobertura, resultando en rendimientos generales más bajos en comparación con una inversión sin cobertura.

La cobertura es una estrategia valiosa para gestionar el riesgo en las inversiones, incluidas las criptomonedas. Al tomar posiciones opuestas o usar instrumentos financieros como derivados, los inversores pueden protegerse de movimientos adversos en los precios y reducir el riesgo general. Sin embargo, los costos y complejidades asociados deben considerarse cuidadosamente, y la efectividad de la cobertura depende de la capacidad del inversor para gestionar estos factores e implementar estrategias adecuadas.

Las estrategias de inversión en criptomonedas varían ampliamente, cada una con su propio conjunto de riesgos y posibles recompensas. La elección de la estrategia depende de los objetivos del inversor, su tolerancia al riesgo, el horizonte temporal y la experiencia. Ya sea optando por la tenencia a largo plazo, el trading activo o métodos alternativos como el staking y el yield farming, es crucial investigar y comprender cada enfoque para tomar decisiones de inversión informadas. La diversificación y la gestión del riesgo son componentes clave de una estrategia de inversión bien equilibrada en el volátil mercado de criptomonedas.

Análisis Técnico vs. Análisis Fundamental

En el mundo de la inversión en criptomonedas, existen dos métodos principales para evaluar y tomar decisiones sobre los activos: el análisis técnico y el análisis fundamental. Ambos enfoques ofrecen perspectivas diferentes sobre cómo evaluar las criptomonedas y su potencial de inversión, y cada uno tiene su propio conjunto de herramientas, técnicas y objetivos.

Análisis Técnico

El análisis técnico se centra en evaluar una criptomoneda en función de sus movimientos de precios y volumen de negociación. Este método utiliza datos históricos, presentados generalmente en gráficos, para identificar patrones y tendencias que podrían indicar futuros movimientos de precios. La premisa básica del análisis técnico es que toda la información relevante, incluidos los factores fundamentales, ya está reflejada en el precio de la criptomoneda.

Aspectos clave del análisis técnico incluyen:

- **Gráficos de Precios**: Los analistas técnicos utilizan varios tipos de gráficos, como gráficos de líneas, gráficos de barras y gráficos de velas, para visualizar los movimientos de precios a lo largo de diferentes períodos. Los gráficos de velas, en particular, son populares por su capacidad para mostrar los precios de apertura, máximo, mínimo y cierre en una sola visualización, proporcionando información sobre el sentimiento del mercado y las tendencias.

- **Indicadores y Osciladores**: Los analistas emplean indicadores técnicos y osciladores para evaluar las condiciones del mercado. Indicadores comunes incluyen Promedios Móviles (MA), Índice de Fuerza Relativa (RSI) y Bandas de Bollinger. Estas herramientas ayudan a los traders a identificar posibles puntos de entrada y salida, tendencias del mercado y condiciones de sobrecompra o sobreventa.

- **Patrones de Gráficos**: El análisis técnico a menudo implica el reconocimiento de patrones en los gráficos de precios, como hombros-cabeza-hombros, doble techo y triángulos. Estos patrones se cree que señalan posibles movimientos futuros de precios basados en el comportamiento histórico.

- **Análisis de Volumen**: El volumen de negociación, o la cantidad de una criptomoneda negociada dentro de un período específico, es otro aspecto crucial. Los cambios en el volumen pueden indicar la fuerza de un movimiento de precios, con un alto volumen sugiriendo un fuerte interés y potencialmente validando las tendencias de precios.

- **Análisis de Tendencias**: Identificar y seguir tendencias es central para el análisis técnico. Los analistas buscan tendencias, ya sean ascendentes, descendentes o laterales, y utilizan herramientas como líneas de tendencia y canales para hacer predicciones sobre los movimientos futuros de precios.

El análisis técnico es ventajoso para el trading a corto plazo y ofrece información basada en el comportamiento del mercado y la acción de precios. Sin embargo, no considera los factores subyacentes que podrían influir en el valor a largo plazo de una criptomoneda. Como tal, a menudo se utiliza junto con otros métodos para formar una estrategia de inversión integral.

El análisis técnico es una herramienta crítica para los traders que buscan interpretar la dinámica del mercado y prever las trayectorias de precios de las criptomonedas. Este método implica examinar datos históricos de precios y volúmenes de negociación para discernir patrones y tendencias que podrían indicar futuros movimientos de precios. Los orígenes del análisis técnico se remontan a Charles Dow, cuyo pionero Dow Theory sentó las bases para lo que ha evolucionado en una sofisticada gama de técnicas analíticas utilizadas hoy en día [251]. En su esencia, el análisis técnico opera bajo la premisa de que los precios del mercado reflejan inherentemente toda la información disponible, implicando que el precio actual de un activo encapsula su valor intrínseco.

La Dow Theory, establecida hace más de un siglo por Charles Dow, sigue siendo un concepto fundamental en el análisis técnico y el análisis de tendencias del mercado. Proporciona un marco para comprender y predecir los movimientos del mercado mediante la identificación e interpretación de tendencias. La Dow Theory se originó con la creación del Dow Jones Industrial Average (DJIA) y el Dow Jones Railroad Average (DJRA), que han evolucionado para incluir índices de mercado más amplios [252].

En 1896, Dow introdujo el Dow Jones Industrial Average, que inicialmente comprendía 12 empresas industriales. Dow calculó el promedio sumando los precios de cierre de estas empresas y dividiendo por 12. Este índice tenía como objetivo proporcionar una instantánea de la salud general del sector industrial. A medida que surgieron corporaciones más grandes, Dow ajustó su enfoque, aumentando el número de empresas en el índice a 20 en 1916 [252]. Simultáneamente, creó el Dow Jones Railroad Average para rastrear el desempeño de las acciones de ferrocarriles, reflejando su papel crítico en la economía. Con el tiempo, a medida que evolucionó el transporte, el DJRA se transformó en el Dow Jones Transportation Average (DJTA) en 1970, incorporando acciones de aerolíneas y camiones en lugar de ferrocarriles [252].

La Dow Theory afirma que, para que una tendencia del mercado se considere válida, tanto los índices industriales como los de transporte deben moverse en conjunto. Dow observó que la producción industrial y la actividad de transporte están estrechamente vinculadas: cuando la producción industrial aumenta, también lo hace la actividad de transporte, y viceversa. Este principio sigue siendo relevante hoy en día, ya que el DJIA y el DJTA deben confirmar las señales del otro para validar una nueva tendencia del mercado. Por ejemplo, si el DJIA muestra una tendencia ascendente mientras que el DJTA no, la validez de la tendencia se cuestiona, ya que ambos índices deberían reflejar idealmente el mismo movimiento direccional.

Los principios de la Dow Theory proporcionan un enfoque estructurado para analizar las tendencias del mercado [252]:

1. **El Precio Refleja Toda la Información**: Según la Dow Theory, los precios de mercado reflejan toda la información disponible sobre un activo. Esto incluye factores como la salud financiera del activo, las condiciones del mercado y las influencias externas. Por lo tanto, el precio actual se considera una representación

integral del valor del activo.

2. **Tipos de Tendencias del Mercado**: La Dow Theory clasifica las tendencias del mercado en tres tipos principales: primaria, secundaria y menor. Las tendencias primarias, que pueden ser alcistas (ascendentes) o bajistas (descendentes), representan la dirección a largo plazo del mercado. Las tendencias secundarias son movimientos a corto plazo que contrarrestan la tendencia primaria, como correcciones en mercados alcistas o rallies en mercados bajistas. Las tendencias menores son fluctuaciones breves dentro de las tendencias secundarias.

3. **Fases de las Tendencias Primarias**: Las tendencias primarias se dividen en tres fases. En un mercado alcista, estas son la fase de acumulación (donde los inversores informados comienzan a comprar), la fase de participación pública (donde aumenta la participación general del mercado) y la fase de exceso (caracterizada por compras especulativas). En un mercado bajista, las fases son distribución (donde ocurre la venta mientras los insiders salen), participación pública (donde más inversores se vuelven pesimistas y venden) y pánico (caracterizado por ventas generalizadas).

4. **Correlación de los Índices del Mercado**: La Dow Theory enfatiza que las señales de diferentes índices del mercado deben alinearse para confirmar una nueva tendencia. Si un índice señala una tendencia a la baja mientras que otro señala una tendencia al alza, una nueva tendencia no se considera confirmada. La confirmación ocurre cuando múltiples índices reflejan el mismo movimiento direccional, ya sea hacia arriba o hacia abajo.

5. **Correlación del Volumen con las Tendencias**: Según la Dow Theory, el volumen del mercado debería corresponderse con las tendencias de precios. En un mercado alcista, el volumen generalmente aumenta, apoyando la tendencia. En un mercado bajista, el volumen generalmente disminuye. Una caída en el volumen durante un mercado alcista puede señalar una posible reversión de la tendencia, indicando un cambio hacia condiciones bajistas.

6. **Persistencia de las Tendencias**: La Dow Theory postula que las tendencias del mercado persisten hasta que ocurre una reversión clara. Esto significa que las tendencias continúan a pesar de las fluctuaciones diarias de precios, y una

tendencia solo se considera concluida cuando hay una reversión definitiva y sostenida en la dirección.

Al comprender y aplicar estos principios, los traders y analistas pueden obtener perspectivas sobre los movimientos del mercado y tomar decisiones informadas. Aunque la Dow Theory ha evolucionado con los mercados financieros modernos, sus principios fundamentales continúan ofreciendo una valiosa guía para analizar e interpretar las tendencias del mercado [252].

En la práctica, los analistas técnicos confían en gran medida en herramientas y patrones de gráficos para identificar puntos potenciales de compra y venta. Entre los elementos esenciales del análisis técnico se encuentran el reconocimiento de tendencias alcistas y bajistas. Las tendencias alcistas sugieren movimientos de precios ascendentes, mientras que las tendencias bajistas indican movimientos descendentes, ambos impulsados por el sentimiento del mercado. Una de las herramientas de gráficos más populares es el gráfico de velas, que proporciona una representación visual de las fluctuaciones de precios dentro de marcos de tiempo específicos. Este método de gráficos ayuda a los traders a detectar tendencias y posibles reversales mostrando los precios de apertura, máximo, mínimo y cierre en un solo gráfico. Cada vela revela el sentimiento del mercado y las posibles acciones futuras de precios basadas en su color y forma [251].

Los niveles de soporte y resistencia también son fundamentales en el análisis técnico. El soporte se refiere a un nivel de precio donde el interés de compra es lo suficientemente fuerte como para evitar más caídas, mientras que la resistencia es un nivel donde la presión de venta puede detener los aumentos de precios. Las líneas de tendencia se utilizan para marcar estos niveles y ayudar a los traders a identificar puntos estratégicos de entrada y salida. Los precios a menudo luchan por superar estos niveles sin un impulso de mercado sustancial, lo que los hace cruciales para formular estrategias de trading [251].

Las medias móviles son otra herramienta clave en el análisis técnico. Ayudan a suavizar las fluctuaciones de precios a lo largo del tiempo, destacando las tendencias subyacentes y reduciendo el ruido. Los traders a menudo observan la interacción entre medias móviles a corto y largo plazo, como la media móvil de 50 días y la de 200 días. Señales de mercado significativas como el "cruce de la muerte" (cuando una media móvil a corto plazo cruza por debajo de una media móvil a largo plazo) y el "cruce dorado" (cuando una media móvil a corto plazo cruza por encima de una media móvil a largo plazo) pueden indicar posibles caídas o aumentos en el mercado, respectivamente.

A pesar de su efectividad, el análisis técnico no es infalible y se utiliza mejor en combinación con otros métodos, como el análisis fundamental. El análisis técnico sobresale en escenarios de trading a corto plazo y ayuda a los traders a tomar decisiones basadas en el comportamiento del mercado y la acción del precio. Sin embargo, no tiene en cuenta los factores subyacentes que podrían influir en el valor a largo plazo de una criptomoneda. Al dominar estas técnicas analíticas, los traders pueden mejorar su capacidad para tomar decisiones estratégicas en el mercado de criptomonedas, que es rápido y a menudo impredecible [251].

Aplicación del Análisis Técnico

Aplicar el análisis técnico al trading de criptomonedas implica examinar meticulosamente los datos del mercado para prever los movimientos futuros de precios y tomar decisiones informadas de trading. Este enfoque se ha adaptado de los mercados financieros tradicionales y se ha ajustado a las características únicas de las criptomonedas. La esencia del análisis técnico radica en identificar patrones y señales de la actividad comercial histórica que pueden guiar la acción futura de los precios [251].

Los traders comienzan utilizando diversas herramientas de gráficos, siendo los gráficos de velas uno de los más valiosos. Estos gráficos ofrecen una visión detallada de los movimientos de precios dentro de marcos de tiempo específicos, con cada vela representando los precios de apertura, máximo, mínimo y cierre. La representación visual ayuda a los traders a evaluar el sentimiento del mercado y predecir futuras tendencias basadas en los patrones formados.

Las líneas de tendencia se utilizan para establecer niveles de soporte y resistencia, que son cruciales para determinar las posibles barreras para el movimiento del precio. Los niveles de soporte indican dónde el interés de compra es fuerte, mientras que los niveles de resistencia señalan dónde puede surgir presión de venta. Estos niveles guían a los traders en la formulación de estrategias, como comprar cerca del soporte y vender cerca de la resistencia, para alinearse con las tendencias predominantes.

Las medias móviles, como la media móvil de 200 días, ofrecen una perspectiva suavizada de las tendencias de precios. Estas medias ayudan a identificar niveles clave de soporte y resistencia durante las tendencias alcistas y bajistas. El cruce de medias móviles puede señalar cambios significativos en el mercado, con los traders atentos a estas interacciones para tomar decisiones oportunas [251].

Interpretación de los Gráficos de Trading

Interpretar los gráficos de trading es un aspecto fundamental del análisis técnico, que permite a los traders tomar decisiones estratégicas en el mercado de criptomonedas. El proceso implica analizar las tendencias estadísticas a partir de datos comerciales históricos para identificar las tendencias del mercado y predecir futuros movimientos de precios. Los gráficos de velas juegan un papel crucial en esta interpretación al proporcionar una representación detallada de la acción del precio dentro de marcos de tiempo específicos. El color y la forma de las velas revelan si el movimiento del precio fue positivo o negativo y la extensión de ese movimiento, ofreciendo información sobre el sentimiento del mercado [251].

Los niveles de soporte y resistencia, identificados a través de las líneas de tendencia, son significativos en la interpretación de los gráficos. Estos niveles indican dónde el interés de compra o venta puede prevenir movimientos de precios más allá de estos puntos. Los traders a menudo diseñan estrategias en torno a estos niveles para capitalizar las tendencias del mercado, comprando en el soporte y vendiendo en la resistencia.

Las medias móviles proporcionan una vista suavizada de las tendencias de precios, ayudando a los traders a identificar niveles de soporte y resistencia durante diferentes condiciones del mercado. El cruce de medias móviles puede señalar cambios importantes en el mercado, guiando las decisiones de trading [251].

Aunque el análisis técnico ofrece información valiosa, debe ser abordado con cautela y utilizado junto con otros métodos, incluido el análisis fundamental. Al dominar la interpretación de gráficos e incorporar diversas técnicas analíticas, los traders pueden mejorar su capacidad para anticipar los movimientos del mercado y ejecutar operaciones que se alineen con sus estrategias de inversión [251].

Identificación de Tendencias

En el mundo de los mercados financieros, incluyendo el trading de criptomonedas, las tendencias son fundamentales para entender los movimientos del mercado. Los mercados suelen exhibir tres tipos principales de tendencias: tendencias alcistas, bajistas y de consolidación. Reconocer estas tendencias es crucial para los traders que buscan tomar decisiones informadas y desarrollar estrategias de trading efectivas [252].

Tendencias Alcistas: Una tendencia alcista se caracteriza por una serie de máximos y mínimos más altos. Este patrón indica que el mercado se está moviendo hacia arriba, con cada pico sucesivo siendo más alto que el anterior y cada valle siendo más alto que el valle anterior. Para identificar una tendencia alcista en un gráfico, los traders suelen trazar una línea de tendencia alcista, que es una línea diagonal que conecta los mínimos de los movimientos de precios. Esta línea actúa como una representación visual de la tendencia subyacente y ayuda a los traders a determinar los posibles niveles de soporte. Además de las líneas de tendencia, las medias móviles pueden usarse para identificar tendencias alcistas. Por ejemplo, un método común consiste en observar si el precio actual está consistentemente por encima de una media móvil, como la media móvil de 50 días o la de 200 días. Si el precio se mantiene por encima de esta media, sugiere una tendencia alcista.

Tendencias Bajistas: Por el contrario, una tendencia bajista se marca por máximos y mínimos más bajos, indicando un mercado en declive. En una tendencia bajista, cada pico subsiguiente es más bajo que el pico anterior y cada valle es más bajo que el valle anterior. Para visualizar esta tendencia, los traders trazan una línea de tendencia bajista sobre la acción del precio, conectando los máximos. Esta línea ayuda a resaltar el nivel de resistencia y la dirección general de la declinación del mercado. Al igual que en las tendencias alcistas, las medias móviles también se pueden utilizar para confirmar una tendencia bajista. Si el precio está consistentemente por debajo de una media móvil, indica que el mercado está en una tendencia bajista.

Tendencias de Consolidación: Durante una tendencia alcista o bajista, el mercado puede entrar en una fase de consolidación, donde el precio se mueve lateralmente dentro de un rango estrecho. Este período de movimiento lateral indica que el mercado no está estableciendo una dirección clara hacia arriba o hacia abajo, resultando en un rango de precios relativamente estable. Las tendencias de consolidación a menudo se denominan mercados laterales y pueden ser menos dinámicas en comparación con los mercados en tendencia. Estos períodos se caracterizan por líneas de tendencia horizontales que definen los límites superior e inferior del rango de negociación. Los traders utilizan diferentes estrategias en las fases de consolidación, como el trading en rango, donde compran en el nivel de soporte y venden en el nivel de resistencia. Entender las tendencias de consolidación es esencial para adaptar las estrategias de trading a estos períodos menos volátiles.

Identificar y comprender estas tendencias—alcistas, bajistas y de consolidación—permite a los traders tomar decisiones más informadas. Al reconocer el tipo de tendencia y utilizar herramientas como las líneas de tendencia y las medias móviles, los traders pueden desarrollar estrategias que se alineen con la fase actual del mercado. Esta información es crucial para optimizar las decisiones de trading y gestionar el riesgo de manera efectiva en el dinámico mercado de criptomonedas.

Indicadores Técnicos para el Análisis de Cripto

Gráficos de Velas: Los gráficos de velas, una innovación significativa en el campo del análisis técnico, tienen su origen en Japón y datan de los años 1700. Inicialmente utilizados por los comerciantes de arroz para rastrear y analizar los precios del arroz, estos gráficos fueron popularizados en Occidente por Steven Nison a través de su libro seminal, *Japanese Candlestick Charting Techniques*. Los gráficos de velas proporcionan una forma visualmente atractiva de mostrar los movimientos de precios y ahora son una herramienta básica en las plataformas de trading a través de diversos mercados financieros, incluidas las criptomonedas [252].

Cada vela en el gráfico representa un intervalo de tiempo específico, que puede variar desde tan corto como un minuto hasta tan largo como un mes, dependiendo de la preferencia del trader. La vela consta de dos componentes principales: el cuerpo y las mechas (o sombras). El cuerpo de la vela es el área entre los precios de apertura y cierre de una criptomoneda dentro del marco de tiempo seleccionado. Proporciona una representación visual del rango de precios donde ocurrió la mayor parte de la actividad comercial. El color del cuerpo ayuda a identificar la dirección del movimiento del precio—típicamente, un cuerpo verde o blanco indica una vela alcista, donde el precio de cierre es más alto que el precio de apertura, mientras que un cuerpo rojo o negro representa una vela bajista, donde el precio de cierre es más bajo que el precio de apertura [252].

Las mechas, o sombras, se extienden desde el cuerpo y indican los precios más altos y más bajos alcanzados durante el intervalo de tiempo. La mecha superior muestra el precio máximo, mientras que la mecha inferior revela el precio mínimo. Estas mechas proporcionan un contexto adicional sobre la volatilidad del precio dentro del período de tiempo, mostrando hasta dónde han subido y bajado los precios por encima y por debajo de los niveles de apertura y cierre.

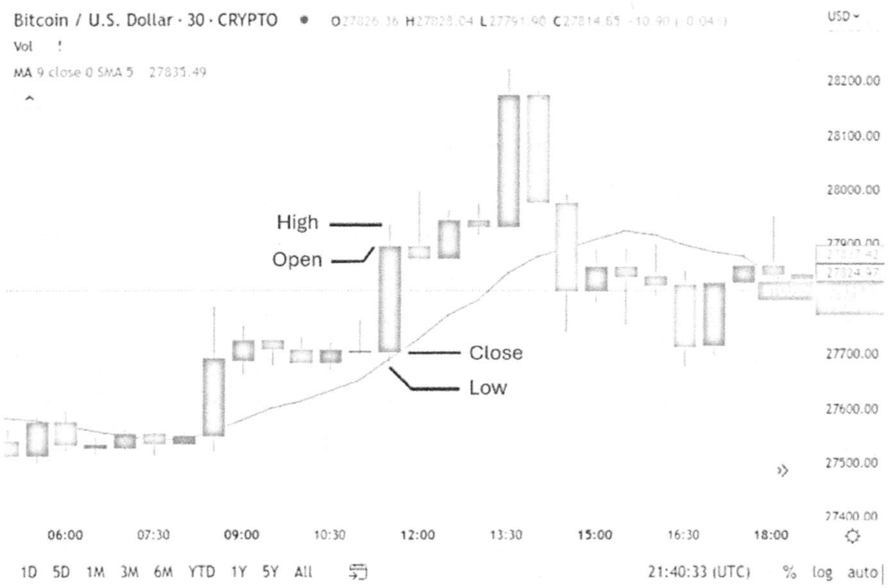

Figura 15: Ejemplo de Gráfico de Velas.

Los gráficos de velas son especialmente populares entre los traders de criptomonedas debido a su capacidad para transmitir mucha información en un formato compacto y visual. Los traders utilizan estos gráficos para identificar patrones y tendencias que pueden señalar posibles movimientos del mercado. Para los traders de corto plazo, los gráficos de velas con intervalos que van desde un minuto hasta varias horas son cruciales para tomar decisiones rápidas. En contraste, los traders de largo plazo pueden centrarse en gráficos diarios, semanales o mensuales para analizar tendencias de mercado más amplias [252].

Interpretar patrones de velas implica reconocer formaciones específicas que pueden sugerir futuras acciones de precio. Por ejemplo, una serie de velas podría formar un patrón reconocible como un "doji", que indica indecisión en el mercado, o un "martillo", que puede señalar una posible reversión en la tendencia. Estos patrones, cuando se combinan con otros indicadores técnicos, pueden ayudar a los traders a tomar decisiones informadas sobre la compra o venta de criptomonedas [252].

En general, los gráficos de velas son una herramienta poderosa para analizar los mercados de criptomonedas. Proporcionan una vista clara y detallada de los movimientos y tendencias de precios, ayudando a los traders a tomar decisiones más informadas basadas en la acción histórica de precios y los posibles resultados futuros.

Promedios Móviles Simples (SMA): El Promedio Móvil Simple (SMA) es una de las herramientas fundamentales en el análisis técnico, utilizada para suavizar los datos de precios durante un período especificado. Este suavizado ayuda a los traders a identificar la tendencia subyacente de una criptomoneda al promediar las fluctuaciones de precios a corto plazo. Por ejemplo, el SMA se puede calcular durante varios intervalos de tiempo, como períodos de 50 días, 100 días o 200 días. Estos promedios se trazan en los gráficos para proporcionar una visión de la dirección de la tendencia [253].

Cuando el precio actual de una criptomoneda está por encima de su SMA, a menudo señala una tendencia alcista, sugiriendo que los precios están en general en aumento. Por el contrario, si el precio actual cae por debajo del SMA, indica una tendencia bajista, sugiriendo que los precios están en declive. Una señal de trading común es el cruce de promedios móviles de corto plazo con los de largo plazo. Por ejemplo, cuando el SMA de 50 días cruza por encima del SMA de 200 días, se conoce como "cruce dorado" y se considera típicamente una señal alcista que indica un potencial aumento en el precio. Por otro lado, un "cruce de la muerte", donde un SMA de corto plazo cruza por debajo de un SMA de largo plazo, generalmente se interpreta como una señal bajista que sugiere una posible caída en los precios. Los SMAs generalmente se muestran en el gráfico junto con las velas, proporcionando una representación visual clara de las tendencias [253].

Convergencia/Divergencia de Promedios Móviles (MACD): El indicador MACD es una herramienta versátil utilizada para medir la fuerza y dirección de una tendencia. Consiste en tres componentes: la línea MACD, la Línea de Señal y el Histograma. La línea MACD es la diferencia entre los EMAs (Promedios Móviles Exponenciales) de 12 días y 26 días, mientras que la Línea de Señal es un EMA de 9 días de la línea MACD. El Histograma representa la diferencia entre la línea MACD y la Línea de Señal [253].

Una función clave del MACD es identificar señales de compra o venta potenciales. Cuando la línea MACD cruza por encima de la Línea de Señal, se denomina cruce alcista, sugiriendo una posible oportunidad de compra. Por el contrario, cuando la línea MACD cruza por debajo de la Línea de Señal, se denomina cruce bajista, indicando un posible punto de venta. El MACD también proporciona información sobre el impulso y la fuerza de la tendencia. Los traders a menudo observan la dirección y la magnitud del Histograma para evaluar si una tendencia se está fortaleciendo o debilitando. El MACD aparece en un panel separado debajo del gráfico de precios, lo que facilita la visualización de estas tendencias y cruces [253].

Índice de Fuerza Relativa (RSI): El Índice de Fuerza Relativa (RSI) es un oscilador de impulso que mide la velocidad y el cambio de los movimientos de precios. Calculado durante un período predeterminado de 14 días, el RSI varía de 0 a 100 y se utiliza para evaluar si una criptomoneda está sobrecomprada o sobrevendida. Típicamente, una lectura de RSI por encima de 70 sugiere que el activo puede estar sobrecomprado, indicando una posible corrección o reversión en el precio. Por el contrario, una lectura de RSI por debajo de 30 indica que el activo puede estar sobrevendido, sugiriendo una posible reversión alcista o una oportunidad de compra [253].

El RSI (Índice de Fuerza Relativa) a menudo se traza en una escala con dos líneas horizontales: 70 y 30, que marcan las condiciones de sobrecompra y sobreventa, respectivamente. Los traders utilizan estos niveles para tomar decisiones sobre puntos potenciales de entrada y salida. Por ejemplo, una caída por debajo de la marca de 30 podría señalar una oportunidad de compra, mientras que un aumento por encima de 70 podría indicar un posible punto de venta. El RSI ayuda a medir el sentimiento del mercado y puede ser particularmente útil para identificar posibles reversiones en mercados volátiles [253].

Cada uno de estos indicadores técnicos—SMA, MACD y RSI—proporciona perspectivas únicas sobre las tendencias del mercado y las oportunidades de trading potenciales. El SMA ayuda a identificar la dirección general de la tendencia, el MACD asiste en la detección de cambios en el impulso, y el RSI evalúa el sentimiento del mercado. Aunque estas herramientas son poderosas para tomar decisiones de trading informadas, es crucial que los traders las utilicen en combinación con otros métodos y estrategias. El aprendizaje continuo y la adaptación son esenciales en el dinámico mundo del trading de criptomonedas para mejorar la precisión y rentabilidad del trading [253].

Bandas de Bollinger: Las Bandas de Bollinger son una herramienta de análisis técnico ampliamente utilizada, desarrollada por John Bollinger, para medir la volatilidad e identificar posibles oportunidades de trading. Estas bandas constan de tres componentes clave: una banda central, que suele ser un Promedio Móvil Simple (SMA), y dos bandas exteriores que se establecen a un número específico de desviaciones estándar por encima y por debajo de la banda central. Las bandas exteriores se ajustan dinámicamente con la volatilidad del mercado, expandiéndose cuando la volatilidad aumenta y contrayéndose cuando disminuye [252].

La banda central, o el promedio móvil, sirve como una línea base para medir el nivel de precio promedio de un activo durante un período específico. Las bandas exteriores se calculan en base a la desviación estándar del precio del activo con respecto al promedio móvil. Comúnmente, las bandas se establecen en ±2 desviaciones estándar, lo que abarca aproximadamente el 95% de la acción del precio bajo condiciones normales. Cuando el precio se mueve cerca o toca la banda superior, se considera sobrecomprado, sugiriendo una posible corrección en el precio. Por el contrario, cuando el precio se aproxima a la banda inferior, se considera sobrevendido, indicando una posible recuperación del precio [252].

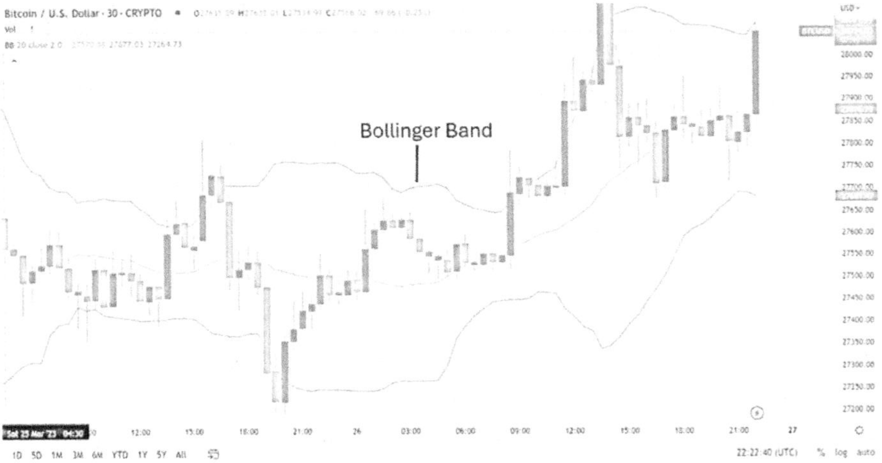

Figura 16: Ejemplo de Bandas de Bollinger.

La interpretación de las Bandas de Bollinger puede variar según las condiciones del mercado. En una tendencia alcista, los traders suelen buscar rupturas de precios por encima de la banda superior como una señal para continuar operando en la dirección de la tendencia. De manera similar, en una tendencia bajista, los movimientos de precios que caen por debajo de la banda inferior pueden señalar una oportunidad para vender en corto. Las bandas ayudan a los traders a identificar posibles condiciones de sobrecompra o sobreventa, permitiéndoles tomar decisiones basadas en la probabilidad de reversiones de precios hacia la media.

Un concepto fundamental detrás de las Bandas de Bollinger es la suposición de que los precios tienden a revertir a la media con el tiempo. Los períodos de alta volatilidad, caracterizados por bandas más anchas, suelen ser seguidos por períodos de menor volatilidad, donde las bandas se contraen. Este comportamiento cíclico proporciona a los traders perspectivas sobre posibles reversiones o continuaciones del mercado basadas en patrones históricos de precios y métricas de volatilidad [252].

En general, las Bandas de Bollinger son una herramienta versátil para evaluar las condiciones del mercado y tomar decisiones de trading informadas. Al analizar las interacciones entre el precio y las bandas, los traders pueden desarrollar estrategias que capitalicen los movimientos de precios y las tendencias de volatilidad. Sin embargo, como con todos los indicadores técnicos, las Bandas de Bollinger deben usarse en combinación con otras herramientas y métodos de análisis para mejorar la precisión del trading y gestionar el riesgo de manera efectiva.

Dónde Encontrar Gráficas de Criptomonedas

TradingView: TradingView es una de las plataformas más populares para acceder a gráficos de trading en vivo para criptomonedas. Ofrece una amplia gama de herramientas de gráficos e indicadores técnicos que satisfacen tanto a traders novatos como experimentados. La plataforma proporciona datos en tiempo real, permitiendo a los usuarios analizar movimientos de precios, tendencias y condiciones del mercado. TradingView ofrece tanto una versión gratuita, que incluye herramientas básicas de gráficos, como una versión premium con características avanzadas, incluyendo más indicadores y capacidades de gráficos mejoradas. La interfaz amigable de la plataforma y el extenso apoyo de la comunidad la convierten en un recurso clave para muchos en el espacio cripto [252].

Coinigy: Coinigy es otra plataforma robusta que ofrece herramientas de gráficos integrales y datos de mercado. Es un servicio basado en la nube que integra datos de varios intercambios de criptomonedas, proporcionando a los usuarios una vista unificada del mercado. Las características de Coinigy incluyen herramientas avanzadas de gráficos, datos en tiempo real y análisis del sentimiento del mercado, que pueden ayudar a los inversores a entender y reaccionar a las condiciones del mercado. Coinigy ofrece un plan gratuito con características limitadas, así como varias opciones de pago que brindan herramientas y capacidades más avanzadas [252].

Cryptowatch: Propiedad del intercambio Kraken, Cryptowatch es un terminal de gráficos y trading bien considerado. Permite a los usuarios analizar movimientos de mercado y ejecutar operaciones en los principales intercambios de criptomonedas. La plataforma es conocida por sus datos en tiempo real y características completas de gráficos, lo que la convierte en una herramienta valiosa tanto para el análisis como para el trading. Cryptowatch es de uso gratuito, y su integración con la plataforma de trading de Kraken proporciona una experiencia fluida para los usuarios que desean tanto analizar como comerciar criptomonedas [252].

Las gráficas generalmente muestran [252]:

Precio: El precio de una criptomoneda es un parámetro fundamental que se muestra en las gráficas. Representa el valor actual de la criptomoneda y es crucial para evaluar su rendimiento. Los traders utilizan los datos de precios para seguir las tendencias, identificar patrones y hacer predicciones sobre los movimientos futuros. Al comparar los precios actuales con los datos históricos (diarios, semanales, mensuales o anuales), los inversores pueden obtener información sobre el rendimiento de la criptomoneda a lo largo del tiempo y determinar los puntos óptimos de entrada y salida para sus operaciones.

Capitalización de Mercado: La capitalización de mercado (market cap) es otra métrica crítica que se muestra en las gráficas de cripto. Se calcula multiplicando el precio actual de una criptomoneda por su suministro circulante total. La capitalización de mercado proporciona una indicación del valor general de la criptomoneda y se utiliza a menudo para compararla con otras criptomonedas. Analizar las tendencias de la capitalización de mercado en diferentes períodos de tiempo ayuda a los inversores a entender el crecimiento de la criptomoneda y su posición en el mercado en relación con sus pares.

Volumen de Trading: El volumen de trading representa el número total de monedas o tokens negociados dentro de un período de tiempo específico. Un alto volumen de trading a menudo indica un fuerte interés y liquidez en el mercado, lo que significa que más inversores están comprando y vendiendo la criptomoneda. Monitorear el volumen de trading ayuda a los traders a evaluar la actividad del mercado e identificar tendencias. Por ejemplo, un aumento en el volumen de trading durante una tendencia alcista podría sugerir un interés sostenido, mientras que una disminución podría señalar una posible reversión o consolidación.

Hashrate: El hashrate mide el poder computacional utilizado para minar o validar transacciones de una criptomoneda. Se expresa típicamente en hashes por segundo (hash/segundo). Un mayor hashrate indica una red más segura y robusta, ya que significa que más mineros están participando en la red, haciendo más difícil para cualquier entidad individual manipular o atacar la red. Rastrear el hashrate ayuda a los inversores a entender la salud y seguridad de la red de una criptomoneda, lo que puede afectar su viabilidad a largo plazo.

Suministro en Circulación: El suministro en circulación se refiere al número de monedas o tokens que están activamente disponibles y negociados en el mercado. Difíere del suministro total, que incluye todas las monedas que alguna vez se han creado. Un alto suministro en circulación con baja demanda puede llevar a una disminución del precio, mientras que un suministro más bajo con alta demanda podría impulsar los precios al alza. Entender el suministro en circulación ayuda a los inversores a evaluar el potencial de fluctuaciones de precios y la dinámica general del mercado de una criptomoneda.

En resumen, utilizar gráficas de criptomonedas de manera efectiva implica saber dónde encontrar herramientas de gráficos confiables y comprender las métricas clave que se muestran en estas gráficas. Al analizar el precio, la capitalización de mercado, el volumen de trading, el hashrate y el suministro en circulación, los inversores pueden obtener valiosas perspectivas sobre el rendimiento de las criptomonedas y tomar decisiones de trading informadas.

Análisis Fundamental

El análisis fundamental, por otro lado, se enfoca en evaluar el valor intrínseco de una criptomoneda examinando factores subyacentes que podrían influir en su potencial a largo plazo. Este método evalúa los aspectos fundamentales de una criptomoneda y su tecnología asociada, equipo, caso de uso y condiciones del mercado.

Los componentes clave del análisis fundamental incluyen:

- **Tecnología y Caso de Uso:** Los analistas fundamentales investigan la tecnología detrás de una criptomoneda, incluyendo su infraestructura blockchain, mecanismo de consenso y escalabilidad. También evalúan el caso de uso de la criptomoneda y el problema que busca resolver, lo cual puede influir en su adopción a largo plazo y en su valor.

- **Equipo y Desarrollo:** La credibilidad y experiencia del equipo de desarrollo son factores cruciales. Los analistas evalúan la experiencia del equipo, éxitos pasados y su capacidad para ejecutar la visión del proyecto. La presencia de asesores reputados y asociaciones también puede mejorar la credibilidad de la criptomoneda.

- **Demanda del Mercado y Adopción:** El análisis fundamental considera la demanda potencial de la criptomoneda y su adopción en el mercado. Los analistas observan factores como el crecimiento de usuarios, asociaciones con empresas y el interés general en la tecnología y aplicaciones de la criptomoneda.

- **Entorno Regulatorio:** El panorama regulatorio puede impactar significativamente el futuro de una criptomoneda. Los analistas evalúan las regulaciones actuales y potenciales que podrían afectar la legalidad, cumplimiento y acceso al mercado de la criptomoneda.

- **Tokenomics:** Esto se refiere al modelo económico de la criptomoneda, incluyendo sus mecanismos de suministro y distribución, tasas de inflación e incentivos para los poseedores y validadores. Entender el tokenomics ayuda a los analistas a evaluar el potencial de apreciación futura del valor y la inflación.

El análisis fundamental es beneficioso para la inversión a largo plazo ya que proporciona una comprensión más profunda del valor intrínseco de una criptomoneda. Ayuda a los inversores a evaluar si una criptomoneda está subestimada o sobreestimada en función de su potencial y del entorno del mercado. Sin embargo, puede ser un proceso que requiere mucho tiempo y una comprensión exhaustiva de la tecnología y dinámica del mercado del proyecto.

El análisis técnico y el análisis fundamental son enfoques complementarios utilizados en la inversión en criptomonedas. El análisis técnico se enfoca en los movimientos de precios y las tendencias del mercado, proporcionando información para el trading a corto plazo y decisiones de timing. El análisis fundamental, por otro lado, evalúa el valor intrínseco y el potencial a largo plazo de una criptomoneda basado en su tecnología, equipo, demanda del mercado y factores regulatorios. Combinar ambos métodos puede ofrecer una visión más completa, ayudando a los inversores a tomar decisiones informadas basadas tanto en el comportamiento del mercado como en los factores subyacentes.

Análisis Fundamental Antes de las Criptomonedas

Las raíces del análisis fundamental pueden rastrearse hasta principios del siglo XX, particularmente al trabajo de Benjamin Graham y David Dodd con la publicación de "Security Analysis" en 1934 [254]. Esta obra surgió en respuesta al colapso del mercado de valores de 1929, con el objetivo de proporcionar a los inversores un enfoque estructurado para evaluar el valor intrínseco de las acciones. Graham y Dodd abogaron por un examen meticuloso de los estados financieros, centrándose en métricas como las ganancias, los ingresos y la salud general de la empresa para identificar acciones subestimadas. Su metodología enfatizaba la importancia del análisis financiero exhaustivo y el potencial de inversión a largo plazo sobre el trading especulativo, marcando un cambio respecto a la dependencia exclusiva de las tendencias del mercado y los indicadores técnicos.

El enfoque de Graham y Dodd hacia el análisis fundamental destacó la importancia de realizar una evaluación detallada de los fundamentos de una empresa para determinar su verdadero valor. Al enfocarse en el valor intrínseco de las acciones, los inversores que seguían su metodología buscaban identificar activos que parecían subestimados basándose en un análisis riguroso en lugar de en el sentimiento del mercado. Esta evaluación metódica de las acciones basada en su calidad fundamental y valor intrínseco percibido fue un pilar clave de la filosofía de inversión de Graham y Dodd.

El análisis fundamental, originalmente aplicado a las acciones, ha evolucionado para abarcar diversas clases de activos, incluidas las criptomonedas. La volatilidad inherente y la naturaleza especulativa del mercado cripto hacen que el análisis fundamental sea particularmente relevante. Aunque los métodos tradicionales de análisis fundamental como el flujo de efectivo descontado (DCF) y los ratios precio-ganancias (P/E) son menos aplicables a los activos cripto debido a sus características únicas, los principios fundamentales de evaluación del valor y el riesgo siguen siendo útiles.

En los primeros días de las criptomonedas, el análisis fundamental se centraba en gran medida en la evaluación de Bitcoin y altcoins pioneras a través de su tecnología, whitepapers y entorno regulatorio. Esto incluía examinar la viabilidad técnica e innovación de la tecnología blockchain subyacente, así como la credibilidad de los equipos de desarrollo y la claridad de los objetivos del proyecto.

A medida que el espacio cripto ha evolucionado, el análisis fundamental se ha adaptado para incluir una gama más amplia de factores. Los métodos actuales abarcan la evaluación de la experiencia de los equipos de proyectos, el análisis del tokenomics (modelo económico de una criptomoneda), la evaluación de asociaciones estratégicas y la examinación de la utilidad y adopción de los criptoactivos. Las métricas de red como los volúmenes de transacciones y el estado de las auditorías de seguridad también juegan un papel crucial en la evaluación del valor y potencial de los proyectos cripto. Estas herramientas modernas ayudan a los inversores a evaluar la viabilidad a largo plazo y las perspectivas de crecimiento de los activos cripto, y van más allá del enfoque inicial en la innovación tecnológica y las consideraciones regulatorias.

La naturaleza única de la tecnología blockchain y su alejamiento de los sistemas financieros tradicionales (TradFi) requiere un enfoque adaptado al análisis fundamental. Aunque las métricas tradicionales de valoración pueden no aplicarse directamente, los principios de evaluación del potencial de un activo, comprensión de su posición en el mercado y evaluación de la fortaleza de sus fundamentos tecnológicos y financieros siguen siendo centrales para tomar decisiones de inversión informadas en el espacio cripto.

Equipo de Desarrollo

Al evaluar un proyecto de criptomoneda, el equipo de desarrollo es un factor crucial a considerar. La calidad y credibilidad del equipo detrás de un proyecto pueden influir significativamente en su éxito y potencial de crecimiento. Los parámetros para evaluar el equipo de un proyecto de criptomoneda son simples pero esenciales para tomar decisiones de inversión informadas [255].

Primero, examine los antecedentes educativos de los miembros del equipo. Credenciales educativas de instituciones reconocidas pueden ser indicativas de la experiencia y conocimiento del equipo en campos relevantes como la informática, finanzas o ingeniería. Los grados avanzados o certificaciones especializadas en tecnología blockchain, criptografía o desarrollo de software pueden mejorar aún más la credibilidad del equipo.

Luego, considere las experiencias laborales anteriores del equipo. La experiencia relevante en el espacio de las criptomonedas o en sectores tecnológicos similares proporciona una visión de su capacidad para navegar las complejidades del desarrollo blockchain y las dinámicas del mercado. Los miembros del equipo con un historial de trabajo en proyectos de criptomonedas exitosos, contribuyendo a avances tecnológicos notables o ocupando posiciones influyentes en empresas reputadas, aportan experiencia valiosa al proyecto.

Los éxitos anteriores con otras empresas son otro factor importante. Un historial de lanzamiento y gestión de proyectos exitosos, particularmente en los sectores de blockchain o tecnología, demuestra la capacidad del equipo para ejecutar su visión de manera efectiva. Es beneficioso investigar si el equipo ha estado involucrado en proyectos que lograron hitos significativos o recibieron reconocimiento positivo en la industria [255].

Además, la experiencia de los miembros del equipo trabajando juntos en proyectos anteriores puede ser una señal positiva. Los equipos que han colaborado exitosamente en el pasado suelen ser más cohesivos y eficientes. La experiencia compartida en proyectos previos puede llevar a una mejor comunicación, flujos de trabajo más ágiles y una comprensión más profunda de las fortalezas y debilidades de cada miembro, contribuyendo al éxito general del proyecto actual.

El trasfondo educativo de un equipo, la experiencia laboral relevante, los éxitos anteriores y la colaboración previa son indicadores clave del potencial de un proyecto. Un equipo con un sólido historial en la industria y una capacidad comprobada para entregar resultados exitosos puede ser una señal clara de un proyecto de criptomoneda prometedor. Los inversores deben evaluar cuidadosamente estos factores para medir la capacidad del equipo y la confianza en el éxito futuro del proyecto.

Tecnología y Blockchain en el Análisis Cripto

La tecnología blockchain forma la columna vertebral de las criptomonedas, al igual que las líneas eléctricas y las estaciones de energía proporcionan la infraestructura esencial para la entrega de electricidad. En su esencia, la tecnología blockchain sirve como el marco subyacente que respalda varios criptoactivos, como Bitcoin (BTC), Ethereum (ETH) y Polygon (MATIC). La blockchain funciona como un libro mayor descentralizado que registra y verifica las transacciones a través de una red de computadoras, asegurando transparencia y seguridad en el proceso [255].

Una infraestructura blockchain robusta es crucial para la funcionalidad y rendimiento de una criptomoneda. Afecta varios aspectos clave, incluyendo escalabilidad, seguridad, tarifas de transacción y transparencia. La escalabilidad se refiere a la capacidad de una blockchain para manejar un creciente número de transacciones por segundo (TPS) a medida que más usuarios se unen a la red. Por ejemplo, la blockchain de Bitcoin, conocida por su mecanismo de consenso de prueba de trabajo (PoW), ha enfrentado críticas debido a su consumo de energía. Sin embargo, este mismo mecanismo proporciona un alto nivel de seguridad al dificultar que actores maliciosos alteren los registros de transacciones. A pesar de las preocupaciones sobre el impacto ambiental, se están realizando esfuerzos para hacer la minería de Bitcoin más sostenible, con aproximadamente el 50% de la minería de BTC utilizando ahora fuentes de energía renovables [255].

En contraste, la blockchain de Ethereum ofrece un conjunto diferente de características. Más allá de la seguridad de las transacciones, Ethereum introduce el concepto de contratos inteligentes—contratos autoejecutables con los términos del acuerdo directamente escritos en código. Esta innovación facilita las aplicaciones descentralizadas (dApps) y la creación de varios criptoactivos en la red Ethereum. Los usuarios necesitan Ether (ETH) para pagar las tarifas de transacción y los costos computacionales en la Máquina Virtual de Ethereum (EVM). Esta funcionalidad mejora la utilidad de la blockchain al permitir operaciones e interacciones complejas dentro de un entorno descentralizado [255].

La escalabilidad, la seguridad y la eficiencia están entrelazadas con el impacto de la blockchain en la utilidad de una criptomoneda y, en consecuencia, en su valor de mercado. Una blockchain que puede procesar un alto volumen de transacciones de manera eficiente mientras mantiene protocolos de seguridad sólidos puede mejorar significativamente la propuesta de valor de sus criptoactivos asociados. A medida que la tecnología blockchain evoluciona, estos factores continúan influyendo tanto en las aplicaciones prácticas de las criptomonedas como en sus movimientos de precios en el mercado.

Utilidad del Token y Casos de Uso en el Análisis Cripto

La utilidad del token y los casos de uso son factores cruciales a considerar al analizar activos digitales. Estos aspectos determinan cómo un token se integra en su ecosistema y proporciona valor a sus usuarios. La evolución del mercado de criptomonedas, especialmente después de la burbuja de ICO de 2017, ha subrayado la importancia de estos elementos. Los inversores necesitan evaluar críticamente las aplicaciones prácticas de un token y su papel dentro de su red blockchain respectiva para evitar caer en promesas superficiales o especulativas.

Ethereum (ETH), una de las plataformas blockchain pioneras, es conocida por sus capacidades de contratos inteligentes. La utilidad principal de Ethereum radica en permitir aplicaciones descentralizadas (dApps) y tokens no fungibles (NFTs) a través de su infraestructura de contratos inteligentes. Ether, la criptomoneda nativa de Ethereum, es necesario para pagar las tarifas de transacción y los servicios computacionales en la Máquina Virtual de Ethereum (EVM). Esta necesidad de Ether para facilitar operaciones dentro del ecosistema de Ethereum crea una demanda inherente por el token, influyendo en su valor. La utilidad de Ethereum va más allá de las simples transacciones; forma la columna vertebral de numerosas aplicaciones innovadoras, reforzando su posición como un jugador crítico en el espacio blockchain.

Solana (SOL), por otro lado, aborda una necesidad específica de transacciones de alta velocidad. Solana fue diseñada para ofrecer una plataforma blockchain capaz de procesar un gran volumen de transacciones rápidamente y a bajos costos, lo que la hace adecuada para microtransacciones y aplicaciones descentralizadas que requieren una ejecución rápida. Sin embargo, el enfoque de Solana en la velocidad puede tener un costo en los niveles más altos de seguridad en comparación con otras blockchains. La compensación entre la velocidad de transacción y la seguridad es una consideración notable para los inversores y usuarios potenciales, impactando la viabilidad a largo plazo y la atractividad del token.

Avalanche (AVAX) presenta otro ejemplo de una blockchain con un fuerte enfoque en escalabilidad y seguridad. Avalanche está diseñada para manejar transacciones de alto rendimiento mientras mantiene medidas de seguridad robustas, posicionándose como un jugador significativo en el espacio de los contratos inteligentes y las finanzas descentralizadas (DeFi). AVAX, el token nativo de la red Avalanche, se utiliza para pagar las tarifas de transacción y participar en la gobernanza de la red. La efectiva utilidad del token dentro del ecosistema de Avalanche mejora su potencial para una demanda sostenida y apreciación de valor.

En esencia, el propósito práctico y la utilidad de un criptoactivo juegan un papel significativo en su potencial éxito. Los tokens con aplicaciones prácticas claras tienen más probabilidades de ganar tracción y generar demanda con el tiempo. Evaluar la utilidad de un token implica entender su papel dentro de su blockchain, los problemas que busca resolver y su impacto general en la red. Esto lleva al siguiente factor crítico en el análisis de criptomonedas: tokenómica y planes de distribución, que detallan cómo se asignan, distribuyen y utilizan los tokens dentro de sus ecosistemas.

Tokenómica y Distribución

La tokenómica, una combinación de "token" y "economía", se refiere al estudio y diseño del modelo económico de una criptomoneda y sus principios subyacentes. La distribución, por otro lado, se refiere a cómo se asignan y liberan los tokens de una criptomoneda en el mercado. Ambos aspectos son críticos para determinar el valor y la viabilidad de un activo digital en el mercado cripto [255].

Bitcoin (BTC) sirve como un ejemplo principal de tokenómica efectiva. La tokenómica de Bitcoin se basa en un modelo deflacionario diseñado para crear escasez y fomentar la demanda. La oferta total de Bitcoin está limitada a 21 millones de monedas, creando un límite inherente a su disponibilidad. Para reforzar esta escasez, Bitcoin emplea un mecanismo de reducción a la mitad (halving), que reduce la recompensa que los mineros reciben por agregar nuevos bloques a la cadena de bloques en un 50% aproximadamente cada cuatro años. Esta reducción predecible en la oferta nueva introduce una escasez orgánica en el mercado, contribuyendo al valor de Bitcoin con el tiempo. La oferta finita combinada con eventos regulares de halving asegura que Bitcoin se vuelva cada vez más escaso a medida que se extraen más monedas, lo que puede aumentar la demanda y potencialmente su valor [255].

Ethereum (ETH), en contraste, no tiene una oferta fija como Bitcoin. En cambio, Ethereum emplea un enfoque más flexible para gestionar su suministro de tokens. La tasa de emisión de Ethereum históricamente no tenía un límite, pero actualizaciones recientes, particularmente la EIP-1559 implementada en 2021, introdujeron un mecanismo de quema de tarifas que reduce la oferta total de Ether con el tiempo. Bajo esta actualización, una parte de las tarifas de transacción pagadas en Ether se quema, eliminándola efectivamente de circulación. Este mecanismo ayuda a contrarrestar la inflación e introduce un elemento deflacionario en la economía de Ether. Además, Ethereum permite que los nodos de minería cobren tarifas más altas durante los períodos de congestión de la red, lo que puede aumentar el costo de las transacciones y, en consecuencia, impactar en el precio de Ether [255].

Al evaluar nuevos lanzamientos de tokens, entender la tokenómica y el plan de distribución es crucial. Un plan de distribución bien estructurado puede mitigar los riesgos asociados con ventas masivas y asegurar una asignación equilibrada de los tokens. Los inversores deben considerar las siguientes preguntas [255]:

1. ¿Cómo se asignan los tokens? Comprender el desglose de la distribución de tokens ayuda a evaluar si la asignación es justa y si existe el riesgo de influencia desproporcionada por parte del equipo de desarrollo.

2. ¿Qué fracción va al equipo y a los costos operacionales? Analizar cuánto del suministro de tokens se asigna al equipo y a los gastos operativos ayuda a evaluar el riesgo de posibles conflictos de interés o la probabilidad de que los miembros del equipo vendan grandes cantidades de tokens.

3. ¿Están los tokens del equipo sujetos a un período de adquisición (vesting)? Los calendarios de adquisición de tokens pueden proporcionar información sobre si el equipo tiene un interés en el éxito a largo plazo del proyecto. Los períodos de adquisición aseguran que los miembros del equipo estén incentivados a trabajar hacia el crecimiento del proyecto en lugar de obtener ganancias rápidas.

4. ¿Existe un impuesto de red para las transacciones? Evaluar las tarifas de transacción y su asignación ayuda a determinar el impacto económico en los usuarios y la sostenibilidad de la red.

5. ¿Cuál es el tamaño y el plan para las tarifas de red? Entender la estructura de tarifas proporciona información sobre el costo de usar la red y su impacto en la utilidad y adopción del token.

6. ¿Cuál es el plan de distribución y el cronograma para todas las asignaciones de suministro? Un plan de distribución claro y un cronograma ayudan a asegurar la transparencia y a gestionar las expectativas del mercado respecto a la liberación de tokens.

Una tokenómica y un plan de distribución equilibrados fomentan la confianza y pueden impulsar el valor de una criptomoneda. Por ejemplo, la escasez de Bitcoin y el innovador mecanismo de quema de tarifas de Ethereum contribuyen a sus respectivas posiciones en el mercado. De manera similar, un plan de distribución bien considerado y una liberación controlada de tokens pueden mejorar la escasez y apoyar la apreciación de precios, beneficiando tanto al proyecto como a sus inversores.

Asociaciones, Adopción y Ecosistema en el Análisis Cripto

Las asociaciones, la adopción y el ecosistema son factores cruciales para evaluar el potencial y el éxito de un proyecto de criptomoneda. Proporcionan información sobre la credibilidad del proyecto, su potencial de crecimiento y su capacidad para alcanzar sus objetivos en el competitivo mercado cripto [255].

Las asociaciones sirven como un indicador significativo de la viabilidad y dirección futura de un proyecto cripto. Las alianzas estratégicas con empresas y organizaciones de reputación reflejan la capacidad del proyecto para integrarse con tecnologías y plataformas establecidas. Por ejemplo, Solana (SOL) demostró su visión estratégica al formar asociaciones con entidades tecnológicas notables como Serum (SRM) y Chainlink (LINK) durante su desarrollo temprano. Estas alianzas estaban destinadas a mejorar las capacidades de finanzas descentralizadas (DeFi) de Solana e incorporar soluciones de oráculos descentralizados, fortaleciendo así su ecosistema de contratos inteligentes. Tales asociaciones pueden proporcionar funcionalidad adicional e interoperabilidad, mejorando la propuesta de valor general del proyecto y señalando su compromiso a largo plazo con la innovación [255].

La adopción es otra métrica crítica para evaluar el éxito de una criptomoneda. Mide el grado en que la criptomoneda se está utilizando en aplicaciones del mundo real y por diversos interesados. Las altas tasas de adopción suelen indicar una base de usuarios saludable y en crecimiento, lo que puede impulsar la demanda y aumentar el valor de mercado de la criptomoneda. Los proyectos con una adopción robusta a menudo tienen casos de uso sólidos y aplicaciones prácticas, lo que contribuye a su sostenibilidad y relevancia en el mercado. Por ejemplo, una criptomoneda que es ampliamente aceptada para pagos o integrada en plataformas populares probablemente experimentará una mayor demanda y uso, reflejando su integración exitosa en el ecosistema más amplio [255].

El ecosistema se refiere a la red más amplia de proyectos, aplicaciones y servicios que interactúan con y apoyan la criptomoneda. Un ecosistema bien desarrollado mejora la utilidad y el valor de la criptomoneda al fomentar la innovación y expandir sus casos de uso. Esto incluye la disponibilidad de aplicaciones descentralizadas (dApps), la integración con otras redes blockchain y el apoyo de una comunidad de desarrolladores vibrante. Un proyecto con un ecosistema floreciente suele estar mejor posicionado para el crecimiento y puede atraer a más usuarios y desarrolladores, contribuyendo a su éxito a largo plazo. Por ejemplo, Ethereum (ETH) se beneficia de un ecosistema robusto de dApps, contratos inteligentes y soluciones de finanzas descentralizadas (DeFi), lo que refuerza su posición como una plataforma blockchain líder [255].

Evaluar las asociaciones, la adopción y el ecosistema de una criptomoneda proporciona información valiosa sobre su potencial de éxito. Asociaciones sólidas con entidades de reputación, altas tasas de adopción y un ecosistema bien desarrollado pueden mejorar significativamente la credibilidad y el valor de mercado del proyecto, convirtiendo estos factores en consideraciones esenciales para inversores y analistas.

Whitepapers y Documentación

Los whitepapers y la documentación técnica juegan un papel crucial en la evaluación de proyectos de criptomonedas. Sirven como el plano de utilidad de un token y son esenciales para entender la credibilidad, la tecnología y la estructura de gobernanza del proyecto [255].

Los whitepapers proporcionan una visión general completa de un proyecto de criptomoneda, incluyendo su propósito, tecnología y casos de uso. Generalmente incluyen secciones detalladas sobre la misión del proyecto, declaraciones de problemas, soluciones propuestas y el enfoque técnico utilizado para implementar estas soluciones. El whitepaper también describe la utilidad del token, cómo encaja dentro del ecosistema y la propuesta de valor general del proyecto. Analizar un whitepaper ayuda a los inversores a evaluar si el proyecto aborda un problema del mundo real y qué tan eficazmente emplea la tecnología blockchain para resolver ese problema. Esta alineación con las necesidades prácticas y la innovación tecnológica es clave para evaluar el potencial de éxito del proyecto.

La documentación técnica complementa el whitepaper al ofrecer detalles profundos sobre la tecnología y los procesos de desarrollo del proyecto. Esto incluye información sobre la arquitectura de la blockchain, protocolos, mecanismos de consenso y cualquier innovación tecnológica única. Proporciona una visión de cómo el proyecto planea implementar sus soluciones propuestas y la viabilidad técnica de su enfoque. Por ejemplo, puede explicar cómo la red blockchain manejará la escalabilidad, la seguridad y el procesamiento de transacciones. Entender estos aspectos técnicos es crucial para evaluar la capacidad del proyecto para cumplir sus promesas y gestionar sus requisitos tecnológicos.

Juntas, estos documentos ayudan a los inversores a entender y evaluar la propuesta de valor de un activo criptográfico. Deberían revelar si el proyecto tiene una base sólida y aplicaciones prácticas. Como aconsejó Warren Buffett: "Nunca inviertas en un negocio que no puedas entender" [255]. Aplicar este principio a las inversiones en criptomonedas significa asegurarse de que los whitepapers y documentos técnicos proporcionen una explicación clara y comprensible de los objetivos del proyecto, la tecnología y las estrategias de implementación. Sin esta claridad, invertir en el proyecto sería especulativo y arriesgado, careciendo de una comprensión fundamentada de su potencial y desafíos.

Auditoría de Código y Seguridad

Una auditoría de código exhaustiva es esencial para evaluar la seguridad de los contratos inteligentes y la tecnología subyacente de un criptoactivo. Este proceso implica una revisión detallada realizada por empresas de auditoría de terceros reputadas para identificar y abordar posibles vulnerabilidades o debilidades en el código. La auditoría tiene como objetivo descubrir cualquier defecto en la codificación que podría llevar a exploits, hacks u otras brechas de seguridad. Los informes de auditoría de alta calidad proporcionan transparencia al documentar los problemas identificados y las medidas tomadas para resolverlos, lo que ayuda a construir confianza con los usuarios e inversores.

Por ejemplo, un criptoactivo que ha pasado por auditorías rigurosas realizadas por firmas bien consideradas como CertiK o Trail of Bits generalmente se considera más confiable. Las auditorías exitosas y la resolución de problemas críticos demuestran el compromiso del proyecto con el mantenimiento de una plataforma segura y confiable. Por otro lado, los proyectos sin informes de auditoría, auditorías de firmas cuestionables o vulnerabilidades críticas no resueltas deben ser abordados con cautela. Tales señales de alerta sugieren que el proyecto puede no priorizar la seguridad, lo que podría poner en riesgo los activos de los usuarios.

Además de las auditorías formales, las prácticas de seguridad continuas como los programas de recompensas por errores juegan un papel crucial en el mantenimiento de la integridad de un proyecto criptográfico. Los programas de recompensas por errores invitan a investigadores de seguridad independientes y hackers éticos a identificar y reportar vulnerabilidades a cambio de recompensas. Este enfoque proactivo ayuda a descubrir problemas que podrían no ser detectados durante las auditorías iniciales. Los proyectos con programas de recompensas por errores establecidos y evaluaciones activas de vulnerabilidades, como Ethereum (ETH) y Cardano (ADA), demuestran un compromiso robusto con la seguridad continua y la divulgación responsable.

En general, las auditorías de código rigurosas, las evaluaciones de seguridad regulares y las iniciativas de recompensas por errores son componentes críticos para evaluar la fiabilidad y seguridad de los proyectos de criptomonedas. Estas prácticas aseguran que la tecnología del proyecto sea resistente a posibles amenazas, fomentando la confianza entre usuarios e inversores.

Cumplimiento Regulatorio

El cumplimiento regulatorio es un factor crucial para determinar el valor y viabilidad a largo plazo de una criptomoneda. La adherencia a los estándares legales y regulatorios asegura que un proyecto criptográfico opere dentro de los límites establecidos por las autoridades, reduciendo el riesgo de problemas legales y posibles cierres. Varios plataformas de criptomonedas y proyectos basados en tokens han fracasado o enfrentado contratiempos significativos debido a desafíos regulatorios, destacando la importancia de este aspecto [255].

Al evaluar un activo criptográfico, los inversores deben evaluar minuciosamente si el proyecto cumple con las regulaciones relevantes en todas las jurisdicciones a las que apunta. Esto incluye entender los requisitos legales para operar en mercados específicos, como las leyes contra el lavado de dinero (AML), las regulaciones de conocimiento del cliente (KYC) y las regulaciones de valores. Cumplir con estos estándares ayuda a mitigar los riesgos legales y demuestra el compromiso del proyecto con operar dentro de la ley.

Además, seguir las mejores prácticas de la industria y las directrices regulatorias no solo fomenta la confianza entre los inversores, sino que también mejora la credibilidad del proyecto. Un proyecto criptográfico que sigue proactivamente estos estándares está mejor posicionado para evitar problemas regulatorios y disputas legales. Por el contrario, las señales de incumplimiento, como problemas legales no resueltos o investigaciones regulatorias, son señales de alerta significativas. Estos problemas pueden presentar riesgos sustanciales, lo que podría llevar a sanciones financieras, cierres forzosos o daños a la reputación del proyecto.

El cumplimiento regulatorio es una consideración vital para evaluar la estabilidad y el potencial futuro de una criptomoneda. La capacidad de un proyecto para navegar por el complejo panorama legal y adherirse a las regulaciones relevantes puede influir significativamente en su éxito a largo plazo y su valor en el mercado. Los inversores deben priorizar el cumplimiento al evaluar activos criptográficos para asegurarse de que no estén expuestos a riesgos legales innecesarios y para apoyar proyectos que demuestren un compromiso con operar dentro de los marcos legales establecidos.

Evaluación Financiera: Capitalización de Mercado, Liquidez y Volumen

La capitalización de mercado, o market cap, es una métrica fundamental utilizada para medir el valor total de una criptomoneda. Se calcula multiplicando el precio actual de un activo criptográfico por su suministro circulante total. Por ejemplo, si una criptomoneda tiene un precio de $10 y hay 1 millón de tokens en circulación, su capitalización de mercado sería de $10 millones. La capitalización de mercado proporciona una instantánea del valor del activo en relación con otras criptomonedas y puede indicar su presencia y reconocimiento en el mercado [255].

Una alta capitalización de mercado generalmente significa que una criptomoneda está bien establecida y es ampliamente reconocida. Estos activos suelen tener un seguimiento significativo y se consideran inversiones relativamente estables. Por el contrario, una baja capitalización de mercado puede sugerir que una criptomoneda es nueva, menos conocida o subvalorada. Aunque una baja capitalización de mercado puede presentar oportunidades de alto riesgo y alta recompensa, también puede indicar una mayor volatilidad y menor liquidez. Los inversores deben ser cautelosos y realizar un análisis fundamental exhaustivo antes de invertir en activos con baja capitalización de mercado, ya que pueden ser propensos a mayores fluctuaciones y riesgos [255].

Para evaluar la capitalización de mercado con precisión, es aconsejable usar plataformas de indexación de activos criptográficos en cadena en lugar de depender únicamente de los intercambios, ya que estos últimos pueden no reflejar siempre los datos más actuales o precisos. Sitios web como Coingecko son recursos populares para rastrear y comparar la capitalización de mercado de diversas criptomonedas. La mayoría de los inversores monitorean estas métricas para obtener una imagen más clara de la posición de un activo en el mercado.

La liquidez se refiere a la facilidad con la que una criptomoneda puede ser comprada o vendida en el mercado sin causar cambios significativos en el precio. Alta liquidez significa que hay un número sustancial de compradores y vendedores, lo que ayuda a asegurar que las transacciones se realicen a precios estables. En un mercado altamente líquido, el precio de un activo permanece relativamente constante a pesar de las grandes transacciones, lo que indica un equilibrio entre oferta y demanda [255].

La liquidez está influenciada por factores como el número de participantes activos en el mercado y la profundidad del libro de órdenes en los intercambios. Un libro de órdenes profundo significa que hay grandes cantidades de órdenes de compra y venta en varios niveles de precios, contribuyendo a un comercio más fluido y a menos impacto en el precio de las transacciones individuales. Alta liquidez es deseable ya que proporciona más flexibilidad y reduce el riesgo de deslizamientos, donde el precio de ejecución se desvía del precio esperado.

El volumen de negociación representa el número total de unidades de una criptomoneda negociadas durante un período específico. Es un indicador crucial tanto en análisis técnico como fundamental. El volumen puede revelar la fuerza de un movimiento de precios; un alto volumen a menudo se correlaciona con un fuerte interés de compra o venta, señalando posibles tendencias o reversas en el mercado.

Un aumento en el volumen puede indicar una mayor demanda o interés en una criptomoneda, lo que puede elevar su precio. Por el contrario, una disminución en el volumen podría sugerir un interés decreciente o una posible consolidación de precios. Monitorear las tendencias de volumen ayuda a los inversores a evaluar el sentimiento del mercado y la probabilidad de movimientos de precios sostenidos [255].

La evaluación financiera de una criptomoneda implica entender su capitalización de mercado para evaluar su valor relativo, su liquidez para determinar la facilidad de negociación y su volumen para medir el interés del mercado y las posibles tendencias de precios. Cada una de estas métricas proporciona valiosos conocimientos sobre la dinámica del mercado y el potencial de inversión de una criptomoneda.

Indicadores Cripto para el Análisis Fundamental

Relación Valor de la Red a Transacciones (NVT): Las herramientas tradicionales de análisis fundamental, como el ratio precio-beneficio (P/E), que evalúan las ganancias de una empresa en relación con su precio de acción, no son aplicables a las criptomonedas. Esto se debe a que las criptomonedas no generan ganancias en el sentido convencional. En su lugar, los analistas utilizan herramientas cuantitativas alternativas para evaluar los proyectos criptográficos. Una de estas herramientas es la Relación Valor de la Red a Transacciones (NVT), que proporciona información sobre la valoración de una criptomoneda al examinar su actividad en la red [255].

La relación NVT es una medida de la relación entre la capitalización de mercado de una criptomoneda y su volumen de transacciones. Ofrece una forma de evaluar la salud y valoración de la red de un token basado en su actividad en cadena. La relación NVT se calcula usando la fórmula: NVT = Capitalización de Mercado / Volumen Diario de Transacciones.

Cómo se Calcula el NVT: Para calcular el NVT, primero necesitas obtener los datos relevantes:

- **Capitalización de Mercado:** Este es el valor total de la criptomoneda, calculado multiplicando su precio actual por el suministro circulante total.

- **Volumen Diario de Transacciones:** Se refiere al valor total de las transacciones realizadas en la red durante un período de 24 horas. Estos datos se pueden obtener de exploradores de blockchain, que proporcionan estadísticas detalladas en cadena. Para Bitcoin, Blockchain Explorer es una fuente confiable; para Ethereum y tokens basados en Ethereum, se usa Etherscan; y para tokens de Binance Smart Chain, BSCScan es la herramienta recomendada.

Dividiendo la capitalización de mercado por el volumen diario de transacciones, obtienes la relación NVT.

Interpretación del NVT: Una alta relación NVT sugiere que la capitalización de mercado de una criptomoneda es significativamente mayor que su volumen diario de transacciones. Este escenario a menudo indica que la criptomoneda puede estar sobrevalorada. Una sobrevaloración podría implicar que el precio de mercado está desvinculado de la utilidad real y la actividad transaccional del activo, lo que podría llevar a correcciones en el futuro.

Por el contrario, una baja relación NVT implica que la capitalización de mercado de la criptomoneda es relativamente baja en comparación con su volumen de transacciones. Esto podría indicar que el activo está subvalorado y podría ser una mejor oportunidad de inversión si la baja valoración se alinea con métricas fundamentales sólidas y un panorama prometedor.

La relación NVT actúa como un control de realidad sobre el precio de mercado de una criptomoneda, proporcionando información sobre si la valoración actual del activo se alinea con su actividad transaccional real. Una relación NVT inflada indica que el precio de mercado actual podría no reflejar con precisión el valor subyacente y que una corrección de precios podría estar en el horizonte. Por el contrario, una baja relación NVT podría sugerir una posible subvaloración, presentando una posible oportunidad de compra si otros factores fundamentales son favorables.

Relación Valor de Mercado a Valor Realizado (MVRV): La Relación Valor de Mercado a Valor Realizado (MVRV) es una métrica crítica utilizada para evaluar la valoración de una criptomoneda comparando su valor de mercado con su valor realizado. Esta relación ayuda a los inversores a determinar si un activo criptográfico está sobrevalorado o subvalorado en relación con sus precios históricos de compra [255].

Cómo se Calcula el MVRV: Para calcular la relación MVRV, divides la capitalización de mercado de una criptomoneda por su capitalización realizada. A continuación se desglosan los componentes involucrados:

- **Capitalización de Mercado (Market Cap):** Se calcula multiplicando el precio actual de la criptomoneda por su suministro circulante total. Representa el valor total de mercado del activo en la actualidad.

- **Capitalización Realizada (Realised Cap):** Esta métrica proporciona una medida alternativa del valor de una criptomoneda al considerar el precio al que cada unidad del activo fue movida o transaccionada por última vez. En lugar de usar el precio actual, la capitalización realizada tiene en cuenta el precio real pagado por el activo cuando fue transferido por última vez entre billeteras. Esto ayuda a tener en cuenta el valor del activo en sus diversas billeteras de almacenamiento, proporcionando una visión más matizada de su valoración.

La capitalización realizada se calcula sumando el valor de cada token al precio al que fue movido por última vez, en lugar de su precio actual. Este enfoque reconoce que los tokens mantenidos en billeteras inactivas fueron adquiridos a precios anteriores y, por lo tanto, refleja el valor basado en los costos de adquisición históricos.

Interpretación del MVRV:

- **MVRV Superior a 1:** Cuando la relación MVRV está significativamente por encima de 1, indica que el valor de mercado de la criptomoneda es mayor que su valor realizado. Esto sugiere que el activo puede estar sobrevalorado, ya que el precio de mercado actual excede el precio promedio al que los inversores compraron el activo. Un MVRV superior a 1 puede señalar que muchos inversores están actualmente obteniendo ganancias y podrían estar inclinados a vender, lo que podría llevar a posibles correcciones de precios.

- **MVRV Inferior a 1:** Por el contrario, cuando la relación MVRV está por debajo de 1, sugiere que el valor de mercado es menor que el valor realizado. Esta situación indica que el activo está subvalorado en comparación con el precio promedio al que los inversores lo adquirieron. Una relación MVRV baja puede presentar una oportunidad para los inversores de comprar, ya que implica que el precio de mercado actual está por debajo del precio promedio histórico de compra, sugiriendo potencial de apreciación del precio.

La relación MVRV es una herramienta valiosa para evaluar la valoración relativa de una criptomoneda. Al comparar el valor de mercado con el valor realizado, proporciona información sobre si un activo está negociando a una prima o descuento en comparación con sus precios históricos de adquisición. Una alta relación MVRV puede indicar sobrevaloración, mientras que una relación baja sugiere una posible subvaloración. Comprender el MVRV puede ayudar a los inversores a tomar decisiones informadas al ofrecer una perspectiva sobre si el precio actual del activo refleja su verdadero valor basado en la actividad de negociación histórica.

Diversificación de Cartera

La diversificación es una estrategia de inversión fundamental diseñada para distribuir el riesgo al asignar capital entre una variedad de activos. En el contexto de la inversión en criptomonedas, la diversificación implica mantener una gama de diferentes criptomonedas para mitigar el impacto negativo potencial del bajo rendimiento en un solo activo. Esta estrategia se basa en el principio de que diferentes criptomonedas pueden responder de manera distinta a los eventos del mercado, los desarrollos tecnológicos y los cambios regulatorios, reduciendo el riesgo general del portafolio de inversión.

Un portafolio de criptomonedas bien equilibrado es aquel que diversifica estratégicamente las inversiones en varios tipos de criptomonedas, cada una con sus casos de uso y perfiles de riesgo distintivos. Este enfoque ayuda a mitigar el riesgo al no concentrar todas las inversiones en una sola clase de activo, especialmente dada la volatilidad inherente del mercado de criptomonedas [256].

Para lograr un equilibrio, un inversor debe asignar fondos en diferentes categorías de criptomonedas. Esto normalmente incluye monedas establecidas y de gran capitalización como Bitcoin (BTC) y Ethereum (ETH), conocidas por su volatilidad relativamente baja en comparación con monedas más nuevas o pequeñas. Estas criptomonedas principales a menudo sirven como la base de un portafolio equilibrado debido a su adopción generalizada y estabilidad. Junto a estas, un inversor podría incluir altcoins que ofrecen diferentes funcionalidades y tecnologías, como las relacionadas con finanzas descentralizadas (DeFi), tokens no fungibles (NFTs) o plataformas de contratos inteligentes. Cada una de estas categorías puede proporcionar exposición a diferentes segmentos del mercado y oportunidades de crecimiento potencial.

Además de diversificar entre varias criptomonedas, mantener un equilibrio entre el portafolio de criptomonedas y el portafolio general de inversiones es crucial. Las inversiones en criptomonedas son conocidas por su alto riesgo, lo que significa que deben constituir solo una pequeña fracción del portafolio total del inversor. Una pauta comúnmente recomendada es asignar entre el 5% y el 10% del portafolio general de inversiones a criptomonedas [256]. Esto asegura que, aunque existe el potencial de altos rendimientos, el riesgo general se mantenga manejable.

El reequilibrio es un aspecto clave en la gestión de un portafolio de criptomonedas bien equilibrado. A medida que el valor de las inversiones en criptomonedas fluctúa, la proporción de activos en criptomonedas en relación con otras inversiones puede cambiar. Por ejemplo, si el valor de las tenencias de criptomonedas aumenta significativamente, podría causar que la porción de criptomonedas del portafolio supere la asignación deseada. Para mantener el equilibrio y gestionar el riesgo, puede ser necesario vender una parte de las tenencias de criptomonedas para reequilibrar el portafolio. Por otro lado, si el mercado de criptomonedas experimenta una caída, tener una menor proporción de activos en criptomonedas puede ayudar a proteger el portafolio general de pérdidas excesivas [256].

La idea fundamental detrás de la diversificación es que ayuda a equilibrar el riesgo y la recompensa. Al distribuir las inversiones entre múltiples criptomonedas, los inversores pueden reducir la probabilidad de experimentar pérdidas severas debido al bajo rendimiento de un solo activo. Por ejemplo, si una criptomoneda sufre una caída significativa en su valor debido a una recesión del mercado o un problema técnico, las otras criptomonedas en el portafolio pueden mantenerse estables o incluso apreciarse, compensando las pérdidas y ayudando a estabilizar el valor general de la inversión.

La diversificación en la inversión en criptomonedas involucra varios enfoques:

- **Variedad de Activos**: Los inversores pueden optar por diversificar invirtiendo en varios tipos de criptomonedas. Esto puede incluir monedas establecidas como Bitcoin (BTC) y Ethereum (ETH), que se consideran tener una volatilidad relativamente baja en comparación con monedas más nuevas o pequeñas. Además de las criptomonedas principales, los inversores podrían incluir altcoins (criptomonedas alternativas) que ofrecen diferentes casos de uso y tecnologías. Por ejemplo, pueden invertir en monedas relacionadas con finanzas descentralizadas (DeFi), tokens no fungibles (NFTs) o plataformas de contratos inteligentes.

- **Diversidad Tecnológica y de Casos de Uso**: La diversificación también puede involucrar la inversión en criptomonedas que soportan diferentes tecnologías y aplicaciones. Por ejemplo, se podría invertir en criptomonedas centradas en la privacidad (como Monero), contratos inteligentes (como Ethereum) o soluciones de escalabilidad de blockchain (como Solana). Cada tipo de criptomoneda puede servir para un propósito distinto y tener avances tecnológicos únicos, proporcionando así exposición a varios segmentos del mercado de criptomonedas.

- **Diversidad Geográfica y de Plataformas**: Invertir en diferentes mercados geográficos y plataformas puede mejorar aún más la diversificación. Algunas criptomonedas están diseñadas para regiones específicas o tienen características de plataforma únicas que atienden a diferentes bases de usuarios. Al incluir activos de varios nichos geográficos y tecnológicos, los inversores pueden reducir el impacto de problemas de mercado localizados o desafíos específicos de la plataforma.

Los beneficios de la diversificación en la inversión en criptomonedas incluyen:

- **Reducción del Riesgo**: Al mantener una mezcla de activos, los inversores pueden mitigar el impacto de eventos adversos que afecten a una criptomoneda específica. Por ejemplo, si una moneda en particular enfrenta desafíos regulatorios o problemas tecnológicos, otros activos en el portafolio pueden desempeñarse bien, equilibrando los efectos negativos potenciales.

- **Potencial de Aumento de Rendimientos**: La diversificación permite a los inversores capitalizar diferentes oportunidades de crecimiento dentro del mercado de criptomonedas. Mientras que algunos activos pueden experimentar una apreciación rápida, otros pueden proporcionar un crecimiento constante, creando un portafolio equilibrado que puede mejorar los rendimientos generales.

- **Gestión de la Volatilidad**: Los mercados de criptomonedas son conocidos por su alta volatilidad. La diversificación puede ayudar a gestionar esta volatilidad al distribuir las inversiones entre activos con diferentes niveles de fluctuación de precios. Esto puede llevar a una experiencia de inversión más estable, reduciendo la probabilidad de pérdidas extremas durante la turbulencia del mercado.

Sin embargo, la diversificación no elimina todos los riesgos. Los inversores deben seleccionar cuidadosamente las criptomonedas que incluyen en sus portafolios y mantenerse informados sobre las tendencias del mercado, los avances tecnológicos y los desarrollos regulatorios. La sobre-diversificación también puede llevar a complejidades en la gestión del portafolio y puede diluir las ganancias potenciales si los activos seleccionados tienen un desempeño inferior.

Variedad de Activos en la Inversión en Criptomonedas

La diversificación es una estrategia fundamental en la inversión que tiene como objetivo distribuir el riesgo y aumentar el potencial de rendimientos. En el ámbito de las criptomonedas, los inversores pueden lograr la diversificación al incorporar una variedad de activos digitales en sus portafolios. Este enfoque ayuda a mitigar los riesgos asociados con la volatilidad e imprevisibilidad inherentes al mercado de criptomonedas.

Criptomonedas Establecidas: En el núcleo de un portafolio diversificado de criptomonedas se encuentran monedas bien establecidas como Bitcoin (BTC) y Ethereum (ETH). Estas criptomonedas se consideran relativamente estables en comparación con activos digitales más nuevos o pequeños. Bitcoin, como la primera y más ampliamente reconocida criptomoneda, sirve como un punto de referencia en el mercado. Su amplia aceptación y adopción extensiva contribuyen a su volatilidad relativamente baja. Ethereum, conocido por su funcionalidad de contratos inteligentes, también goza de una estabilidad significativa debido a su uso generalizado y a su sólida comunidad de desarrolladores. Invertir en estas criptomonedas principales proporciona una base de estabilidad en un portafolio, ya que son menos susceptibles a las fluctuaciones extremas que a menudo se observan con proyectos más nuevos.

Criptomonedas Alternativas (Altcoins): Además de las monedas principales, diversificar con criptomonedas alternativas (altcoins) puede introducir exposición a diferentes tecnologías y casos de uso. Las altcoins representan una amplia gama de activos digitales que ofrecen características o innovaciones únicas más allá de lo que proporcionan Bitcoin y Ethereum. Por ejemplo, algunas altcoins están diseñadas específicamente para aplicaciones de finanzas descentralizadas (DeFi), que buscan recrear sistemas financieros tradicionales como préstamos y empréstitos en la blockchain. Los tokens relacionados con DeFi, como Uniswap (UNI) o Aave (AAVE), se dirigen a estos servicios financieros emergentes y presentan oportunidades de crecimiento a medida que el sector DeFi se expande.

Tokens No Fungibles (NFTs): Otra área de diversificación dentro del espacio de las criptomonedas son los tokens no fungibles (NFTs). Los NFTs son activos digitales únicos que representan la propiedad de elementos distintos, como arte digital, coleccionables o bienes raíces virtuales. El mercado de NFTs ha ganado una atención considerable por su potencial para transformar la forma en que se posee y comercia el contenido digital. Invertir en NFTs puede ofrecer exposición a un mercado nicho con su propia dinámica y oportunidades, separado de las criptomonedas tradicionales.

Plataformas de Contratos Inteligentes: Las plataformas de contratos inteligentes, como Cardano (ADA) y Polkadot (DOT), representan otra categoría de diversificación. Estas plataformas apoyan la creación y ejecución de contratos inteligentes, que son acuerdos autoejecutables con los términos directamente escritos en código. Buscan mejorar la funcionalidad de la blockchain al proporcionar entornos robustos para la creación de aplicaciones descentralizadas (dApps). Invertir en estas plataformas permite la exposición a innovaciones en tecnología blockchain y al desarrollo de ecosistemas descentralizados.

Diversificar un portafolio de criptomonedas implica incorporar una mezcla de monedas establecidas, altcoins, NFTs y plataformas de contratos inteligentes. Al hacerlo, los inversores pueden equilibrar los riesgos asociados con la volatilidad de activos individuales y capitalizar diversos avances tecnológicos y casos de uso. Esta estrategia ayuda a mitigar las posibles pérdidas de cualquier activo único mientras proporciona oportunidades para beneficiarse de diferentes segmentos del mercado de criptomonedas.

Diversidad Tecnológica y de Casos de Uso

La diversidad tecnológica y de casos de uso en las inversiones en criptomonedas implica seleccionar estratégicamente criptomonedas que se construyen sobre diferentes marcos tecnológicos y que sirven a diversas aplicaciones. Este enfoque permite a los inversores distribuir su riesgo a través de diferentes segmentos del mercado de criptomonedas y aprovechar los avances y oportunidades únicas que cada tipo de criptomoneda ofrece.

Las inversiones en criptomonedas han ganado una tracción significativa en los últimos años, con inversores que buscan cada vez más diversificar estratégicamente sus portafolios a través de diferentes tipos de criptomonedas para mitigar el riesgo y capitalizar las oportunidades únicas presentadas por varios marcos tecnológicos y aplicaciones [257]. La investigación indica que al seleccionar criptomonedas construidas sobre diferentes fundamentos tecnológicos y que sirven a diversos propósitos, los inversores pueden extender efectivamente su riesgo a través de varios segmentos del mercado de criptomonedas, mejorando su capacidad para beneficiarse de los avances y oportunidades que cada tipo de criptomoneda ofrece [258].

Los estudios han demostrado que los beneficios de diversificación de las criptomonedas, particularmente Bitcoin, tienden a ser estables y pueden aumentar significativamente durante períodos turbulentos, destacando el potencial para mitigar riesgos y mejorar el rendimiento del portafolio a través de una selección estratégica y asignación de activos criptográficos [259]. Al invertir en criptomonedas de diferentes comunidades, los inversores pueden lograr una mejor diversificación del riesgo, subrayando aún más la importancia de considerar la diversidad tecnológica y de casos de uso en las inversiones en criptomonedas para optimizar los resultados del portafolio [258].

Además, el auge de las Ofertas Iniciales de Monedas (ICOs) ha proporcionado a los inversores oportunidades de inversión alternativas caracterizadas por altos rendimientos, innovación tecnológica, menores costos de transacción y mayor transparencia, lo que las convierte en una opción atractiva para diversificar los portafolios de inversión [260]. Adicionalmente, las plataformas de Finanzas Descentralizadas (DeFi), impulsadas por la tecnología blockchain y contratos inteligentes, ofrecen servicios financieros innovadores que mejoran la inclusión y la eficiencia, enfatizando aún más los beneficios potenciales de incorporar activos criptográficos diversos en las estrategias de inversión [261].

Las criptomonedas que se centran en la privacidad, como Monero (XMR), están diseñadas para ofrecer una mayor anonimidad y confidencialidad en las transacciones. Monero utiliza técnicas criptográficas avanzadas para ocultar los detalles de las transacciones, lo que la convierte en una opción preferida para los usuarios que priorizan la privacidad. Invertir en criptomonedas centradas en la privacidad puede ser beneficioso para quienes creen en la creciente necesidad de soluciones de privacidad y desean protegerse contra la supervisión regulatoria que podría afectar a otros tipos de activos digitales.

Por otro lado, las plataformas de contratos inteligentes como Ethereum (ETH) representan un nicho tecnológico diferente. Ethereum es conocida por su capacidad para ejecutar aplicaciones descentralizadas (dApps) y contratos inteligentes, que son acuerdos autoejecutables con los términos del contrato escritos directamente en código. Al invertir en Ethereum, los inversores obtienen exposición a una amplia gama de aplicaciones, desde finanzas descentralizadas (DeFi) hasta tokens no fungibles (NFTs). El papel de Ethereum en el impulso de estas innovaciones destaca su importancia en el ecosistema cripto y su potencial de crecimiento a largo plazo.

Otra área crítica de diversidad tecnológica son las soluciones de escalabilidad de blockchain, ejemplificadas por criptomonedas como Solana (SOL). Solana está diseñada para abordar los problemas de escalabilidad que afectan a muchas redes blockchain, ofreciendo altas velocidades de transacción y bajas tarifas. Esta escalabilidad se logra a través de una combinación de mecanismos de consenso innovadores y optimizaciones de red.

Invertir en soluciones de escalabilidad puede proporcionar exposición a tecnologías que están orientadas a mejorar la eficiencia y el rendimiento general de las redes blockchain, haciéndolas adecuadas para aplicaciones de alto rendimiento.

Al incorporar criptomonedas que se enfocan en diferentes tecnologías y casos de uso, los inversores pueden crear un portafolio que se beneficie de varios segmentos del mercado. Esta estrategia de diversificación no solo distribuye el riesgo, sino que también posiciona a los inversores para capitalizar las tendencias emergentes e innovaciones dentro del espacio cripto. Cada criptomoneda sirve a un propósito único y contribuye al ecosistema blockchain más amplio, ofreciendo una exposición equilibrada a diferentes aspectos de la industria.

Diversidad Geográfica y de Plataforma

La diversidad geográfica y de plataforma en las inversiones en criptomonedas implica distribuir las inversiones a través de diferentes regiones y plataformas tecnológicas para mejorar la gestión del riesgo y capitalizar las diversas oportunidades del mercado. Este enfoque ayuda a los inversores a mitigar el impacto de las fluctuaciones del mercado localizadas y los desafíos específicos de cada plataforma al crear un portafolio más equilibrado y resistente.

Diversidad Geográfica: Invertir en criptomonedas de diferentes regiones geográficas permite a los inversores acceder a diversos entornos económicos y paisajes regulatorios. Las criptomonedas a menudo tienen enfoques regionales, abordando necesidades o oportunidades específicas dentro de ciertos países o continentes. Por ejemplo, algunos activos digitales están diseñados para atender a mercados emergentes donde los sistemas financieros tradicionales están menos desarrollados. Estas criptomonedas pueden ofrecer soluciones como remesas o inclusión financiera a poblaciones desatendidas.

Al incluir activos de varias regiones, los inversores pueden reducir el impacto de las recesiones económicas específicas de una región o cambios regulatorios. Por ejemplo, una criptomoneda que es popular en un país con políticas regulatorias estrictas puede experimentar más volatilidad si esas regulaciones se vuelven más rigurosas. A la inversa, las criptomonedas que tienen un buen desempeño en mercados más estables o en crecimiento pueden compensar las pérdidas de otras regiones. Esta diversificación geográfica ayuda a equilibrar el riesgo general y puede llevar a mayores rendimientos al capturar el crecimiento en diferentes partes del mundo.

Diversidad de Plataforma: La diversidad de plataforma se refiere a invertir en criptomonedas que operan en varias plataformas blockchain o que tienen características tecnológicas únicas. Diferentes plataformas tienen ventajas y casos de uso distintos, lo que influye en el rendimiento y la adopción de sus criptomonedas nativas. Por ejemplo, Ethereum (ETH) es conocida por sus robustas capacidades de contratos inteligentes y aplicaciones descentralizadas (dApps), mientras que Binance Smart Chain (BSC) ofrece menores tarifas de transacción y tiempos de procesamiento más rápidos.

Invertir en múltiples plataformas blockchain permite a los inversores beneficiarse de diferentes innovaciones tecnológicas y eficiencias de red. Algunas plataformas pueden sobresalir en velocidad de transacción, mientras que otras podrían ofrecer funcionalidades avanzadas de contratos inteligentes o mejor escalabilidad. Al diversificar a través de estas plataformas, los inversores pueden capturar las fortalezas de cada una y reducir el riesgo asociado con problemas específicos de la plataforma.

Además, la diversidad de plataformas ayuda a protegerse contra posibles desafíos como la congestión de la red, vulnerabilidades de seguridad o cambios en la gobernanza de la plataforma. Por ejemplo, si una plataforma experimenta dificultades técnicas o obstáculos regulatorios, las inversiones en otras plataformas pueden ayudar a estabilizar el portafolio general. Adicionalmente, las plataformas emergentes con tecnologías o modelos de negocio novedosos pueden ofrecer un alto potencial de crecimiento, lo que refuerza aún más la estrategia de diversificación.

Incorporar diversidad geográfica y de plataforma en una estrategia de inversión en criptomonedas proporciona una exposición más amplia a diferentes dinámicas del mercado e innovaciones tecnológicas. Este enfoque mitiga los riesgos localizados y aprovecha las diversas fortalezas, lo que lleva a un portafolio de inversión más equilibrado y resistente.

Riesgos y Recompensas

Las criptomonedas son conocidas por su volatilidad de precios, lo que las distingue de los activos tradicionales como las acciones y los bonos [1]. A diferencia de los movimientos de precios relativamente estables observados en los mercados tradicionales, las criptomonedas pueden experimentar oscilaciones significativas en el precio en períodos cortos debido a diversos factores como el sentimiento del mercado, eventos noticiosos y anuncios regulatorios [1]. Las noticias positivas sobre criptomonedas importantes pueden provocar aumentos de precios, mientras que las noticias negativas o las represalias regulatorias pueden desencadenar caídas bruscas [1].

Esta volatilidad en el mercado de criptomonedas puede resultar en ganancias o pérdidas sustanciales, lo que enfatiza la importancia del tiempo y las condiciones del mercado para los inversores [1]. Mientras que una alta volatilidad puede ofrecer oportunidades para ganancias significativas, también amplifica el riesgo de pérdidas importantes [1]. Los inversores que ingresan al mercado cripto deben estar preparados para movimientos de precios rápidos e impredecibles, lo que requiere una evaluación exhaustiva de su tolerancia al riesgo y horizonte de inversión [1].

Las criptomonedas operan en un entorno regulatorio que es multifacético y está en constante evolución, con diferentes países adoptando enfoques diversos para supervisar los activos digitales [262]. El panorama regulatorio para las criptomonedas puede variar significativamente, desde marcos de apoyo hasta restricciones estrictas o incluso prohibiciones absolutas [262]. Los cambios en las regulaciones pueden tener un impacto profundo en el valor, la legalidad y la usabilidad de las criptomonedas, lo que hace crucial que los inversores se mantengan informados sobre los desarrollos regulatorios y comprendan sus posibles implicaciones [262].

Regulaciones más estrictas o prohibiciones sobre el comercio de criptomonedas en mercados importantes han demostrado provocar caídas bruscas en el valor de las criptomonedas [262]. Por otro lado, desarrollos regulatorios favorables o la adopción institucional pueden aumentar la confianza en el mercado y los precios [262]. Entender el estatus legal de las criptomonedas en la jurisdicción de uno y estar al tanto de posibles cambios regulatorios futuros que puedan afectar las inversiones es esencial para gestionar los riesgos regulatorios [262].

Los riesgos regulatorios asociados con las criptomonedas provienen de la posibilidad de que gobiernos y reguladores introduzcan nuevas leyes y regulaciones que puedan impactar directamente las transacciones de criptomonedas [263]. Estos cambios regulatorios pueden crear incertidumbres y vacíos en el marco regulatorio, planteando desafíos para los participantes del mercado [263]. La introducción de regulaciones en los mercados de criptomonedas puede tener implicaciones significativas para las inversiones, requiriendo una cuantificación de los riesgos y su impacto en las inversiones en criptomonedas [264].

Mientras que algunos países han iniciado esfuerzos regulatorios sobre criptomonedas para controlar los riesgos, aún existe una falta de comprensión clara sobre los riesgos regulatorios en la integración de ecosistemas de criptomonedas con los sistemas financieros y economías existentes [265]. Esto subraya la necesidad continua de investigación y análisis exhaustivos para abordar las complejidades regulatorias y los vacíos en el espacio de las criptomonedas [265]. Los estudios han enfatizado la importancia de estudiar los riesgos regulatorios específicos del mercado y su influencia en los precios de las criptomonedas [239].

La integración de las criptomonedas en los sistemas financieros enfrenta importantes barreras para su adopción, incluyendo la ambigüedad regulatoria, preocupaciones de seguridad y la volatilidad de las criptomonedas [266]. Estos desafíos subrayan la importancia de abordar las incertidumbres regulatorias y mejorar las prácticas de gestión del riesgo para facilitar la adopción generalizada de las criptomonedas [266]. Además, los desafíos regulatorios asociados con la integración de criptomonedas incluyen cargas de cumplimiento relacionadas con las regulaciones contra el lavado de dinero (AML) y conozca a su cliente (KYC) [266].

Las inversiones en criptomonedas son vulnerables a una variedad de amenazas de seguridad. Los ataques informáticos, el phishing y el fraude son riesgos comunes en el espacio cripto. Las brechas de seguridad en los intercambios, donde se comercian o almacenan criptomonedas, pueden resultar en la pérdida de activos. De manera similar, los ataques de phishing dirigidos a las claves privadas de los inversores o credenciales de inicio de sesión pueden llevar al acceso no autorizado a los fondos [267].

Para mitigar estos riesgos de seguridad, es esencial utilizar intercambios y billeteras reputables y seguras. Emplear prácticas de seguridad robustas, como usar billeteras de hardware para el almacenamiento, actualizar el software regularmente y mantener una buena higiene en línea, puede ayudar a proteger los activos. Además, salvaguardar las claves privadas y utilizar la autenticación de dos factores puede mejorar aún más la seguridad y reducir el riesgo de robo o pérdida.

La liquidez se refiere a la facilidad con la que un activo puede ser comprado o vendido sin afectar significativamente su precio. Las criptomonedas con bajos volúmenes de negociación o aquellas listadas en menos intercambios pueden enfrentar problemas de liquidez. Esto puede dificultar que los inversores entren o salgan de posiciones a los precios deseados sin causar impactos significativos en el precio.

Una baja liquidez puede llevar a márgenes de oferta y demanda más amplios, mayores costos de transacción y dificultades para ejecutar operaciones de manera eficiente. Los inversores deben considerar la liquidez de una criptomoneda antes de invertir, ya que puede afectar su capacidad para gestionar posiciones y ejecutar operaciones de manera fluida. Monitorear los volúmenes de negociación y la profundidad del mercado puede proporcionar información sobre la liquidez de una criptomoneda y ayudar a los inversores a tomar decisiones informadas.

El éxito de una inversión en criptomonedas depende en gran medida de la viabilidad del proyecto subyacente. Una evaluación exhaustiva del equipo del proyecto, la tecnología, el caso de uso y el potencial del mercado es esencial. Comprender los objetivos del proyecto, las innovaciones tecnológicas y las aplicaciones en el mundo real puede ayudar a los inversores a evaluar sus perspectivas a largo plazo.

Evaluar al equipo del proyecto, incluyendo su experiencia y éxitos anteriores, proporciona información sobre su capacidad para ejecutar y cumplir con sus promesas. Además, examinar la tecnología detrás de la criptomoneda, su tasa de adopción y su posicionamiento competitivo en el mercado puede informar las decisiones de inversión. Invertir en proyectos bien investigados y viables puede aumentar la probabilidad de resultados positivos y reducir el riesgo de invertir en proyectos fallidos o fraudulentos.

Las inversiones en criptomonedas ofrecen varias recompensas potenciales, lo que las convierte en una opción atractiva para los inversores dispuestos a aceptar los riesgos inherentes. Estas recompensas pueden variar dependiendo de la criptomoneda específica, las condiciones del mercado y la estrategia de inversión. Aquí están algunas de las recompensas potenciales de invertir en criptomonedas:

1. Altos Rendimientos de Inversión

Una de las recompensas potenciales más notables de las inversiones en criptomonedas es la oportunidad de obtener ganancias financieras sustanciales. Criptomonedas como Bitcoin (BTC) y Ethereum (ETH) han experimentado aumentos significativos en su precio a lo largo de los años, lo que ha llevado a rendimientos sustanciales para los primeros inversores. La alta volatilidad en el mercado cripto puede provocar oscilaciones dramáticas en los precios, presentando oportunidades para grandes ganancias si se acierta con el momento adecuado.

Por ejemplo, los primeros inversores en Bitcoin vieron cómo su precio subió de unos pocos dólares a más de $60,000 en su punto máximo. De manera similar, otras criptomonedas han entregado rendimientos impresionantes, haciendo que las inversiones en cripto puedan ser potencialmente lucrativas para aquellos que puedan navegar el mercado de manera efectiva.

2. Beneficios de Diversificación

Las criptomonedas pueden proporcionar beneficios de diversificación a una cartera de inversiones. Al incluir activos digitales junto con inversiones tradicionales como acciones y bonos, los inversores pueden distribuir su riesgo entre diferentes clases de activos. Las criptomonedas a menudo tienen una baja correlación con los mercados financieros tradicionales, lo que significa que su desempeño puede no correlacionarse directamente con las tendencias del mercado de valores o las condiciones económicas. Esta diversificación puede ayudar a reducir el riesgo general de la cartera y potencialmente mejorar los rendimientos.

3. Acceso a Tecnologías Innovadoras

Invertir en criptomonedas a menudo significa obtener exposición a tecnologías y innovaciones de vanguardia. Muchas criptomonedas se basan en la tecnología blockchain, que tiene el potencial de revolucionar varias industrias, incluyendo las finanzas, la gestión de la cadena de suministro y la atención médica. Al invertir en criptomonedas, los inversores apoyan y se benefician de los avances tecnológicos y las innovaciones disruptivas.

Por ejemplo, la funcionalidad de contratos inteligentes de Ethereum permite el desarrollo de aplicaciones descentralizadas (dApps) y proyectos de finanzas descentralizadas (DeFi), creando nuevas oportunidades para transacciones financieras y aplicaciones. Invertir en tales proyectos permite a los inversores participar y beneficiarse del progreso tecnológico y sus aplicaciones en el mundo real.

4. Ventaja de la Adopción Temprana

Los inversores que ingresan al mercado de criptomonedas temprano pueden beneficiarse de las ventajas de la adopción temprana. Ser un inversor temprano en un proyecto prometedor puede llevar a recompensas significativas si el proyecto logra una adopción generalizada y éxito. Los primeros adoptantes a menudo tienen la oportunidad de adquirir tokens a precios más bajos antes de que ganen atención general y experimenten un crecimiento sustancial.

Por ejemplo, los primeros partidarios de proyectos como Chainlink (LINK) o Polkadot (DOT) han visto rendimientos significativos a medida que estos proyectos ganaron tracción y expandieron sus casos de uso. La inversión temprana en tecnologías emergentes y plataformas puede llevar a recompensas sustanciales a medida que estos proyectos maduran y ganan reconocimiento en el mercado.

5. Potencial de Ingresos Pasivos

Ciertas criptomonedas ofrecen oportunidades para ingresos pasivos a través de mecanismos como staking, yield farming y provisión de liquidez. Por ejemplo, con criptomonedas basadas en Proof of Stake (PoS), los inversores pueden ganar recompensas al hacer staking de sus tokens para apoyar las operaciones de la red y validar transacciones. De manera similar, las plataformas de finanzas descentralizadas (DeFi) ofrecen oportunidades de yield farming donde los usuarios pueden ganar intereses o recompensas al proporcionar liquidez a intercambios descentralizados o plataformas de préstamos.

Estas oportunidades de ingresos pasivos pueden proporcionar flujos de ingresos adicionales y mejorar los rendimientos generales para los inversores en criptomonedas.

6. Descentralización e Inclusión Financiera

Invertir en criptomonedas también puede contribuir a objetivos más amplios de descentralización e inclusión financiera. Muchas criptomonedas buscan proporcionar servicios financieros a poblaciones desatendidas y crear sistemas financieros más equitativos. Al apoyar proyectos que se enfocan en la descentralización y la inclusión, los inversores pueden contribuir a cambios sociales y económicos positivos mientras se benefician potencialmente del crecimiento de estas iniciativas.

7. Potencial de Crecimiento de la Cartera

Dada la rápida evolución y expansión del mercado de criptomonedas, existen oportunidades para el crecimiento de la cartera. A medida que el mercado madura y emergen nuevas innovaciones, el potencial para inversiones rentables y crecimiento dentro del sector aumenta. Invertir en una variedad de criptomonedas y mantenerse informado sobre las tendencias del mercado puede ayudar a los inversores a capitalizar las oportunidades emergentes y impulsar el crecimiento de la cartera.

8

Entorno Legal y Regulatorio

Panorama Regulatorio Global

El panorama regulatorio global para las criptomonedas es complejo y está en rápida evolución. Varía significativamente de un país a otro e involucra múltiples dominios regulatorios, incluyendo la regulación financiera, la prevención de lavado de dinero (AML), la protección del consumidor y la fiscalidad. A continuación, se presenta un análisis detallado del panorama regulatorio global para las criptomonedas:

1. Fragmentación Regulatoria Las regulaciones sobre criptomonedas difieren ampliamente entre países, reflejando distintos niveles de aceptación, enfoques regulatorios y marcos legales. Algunos países han acogido las criptomonedas y la tecnología blockchain, estableciendo directrices regulatorias claras, mientras que otros han impuesto restricciones estrictas o incluso prohibiciones totales.

- **Estados Unidos:** En EE.UU., la regulación de las criptomonedas está fragmentada a nivel federal y estatal. La Securities and Exchange Commission (SEC) regula los activos digitales clasificados como valores, mientras que la Commodity Futures Trading Commission (CFTC) supervisa el comercio de futuros y derivados. Además, la Financial Crimes Enforcement Network (FinCEN) hace cumplir las regulaciones AML, y el Internal Revenue Service (IRS) se ocupa de los problemas fiscales relacionados con las transacciones de criptomonedas.

- **Unión Europea:** La Unión Europea (UE) está trabajando hacia un marco regulatorio unificado con la propuesta de regulación Markets in Crypto-Assets (MiCA). MiCA busca proporcionar una estructura regulatoria integral para los activos digitales, incluyendo la protección del consumidor, la integridad del mercado y medidas contra el lavado de dinero. Los estados miembros aún pueden tener sus propias regulaciones nacionales, pero MiCA busca armonizar las normas en toda la UE.

- **China:** China ha adoptado un enfoque restrictivo hacia las criptomonedas, especialmente en lo que respecta al comercio y las ofertas iniciales de monedas (ICOs). El gobierno chino ha implementado prohibiciones sobre los intercambios de criptomonedas y las actividades de minería, citando preocupaciones sobre la estabilidad financiera, las salidas de capital y el consumo de energía. Sin embargo, China está desarrollando activamente su propia moneda digital del banco central (CBDC), el yuan digital.

- **Japón:** Japón ha adoptado una postura relativamente progresista en la regulación de criptomonedas. La Financial Services Agency (FSA) regula los intercambios de criptomonedas, exigiendo que se registren y cumplan con las normas de AML y protección del consumidor. Japón también reconoce las criptomonedas como propiedad legal, sujeta a impuestos.

2. Requisitos de Prevención de Lavado de Dinero (AML) y Conozca a su Cliente (KYC) Las regulaciones AML y KYC son aspectos cruciales de la regulación de criptomonedas destinadas a prevenir actividades ilícitas, como el lavado de dinero y la financiación del terrorismo. Muchos países requieren que los intercambios de criptomonedas y los proveedores de servicios implementen procedimientos KYC, que implican verificar la identidad de sus clientes.

- **Financial Action Task Force (FATF):** La FATF, un organismo internacional que establece normas para AML y la financiación del terrorismo (CTF), ha emitido directrices para la industria de criptomonedas. Estas directrices enfatizan la necesidad de que los proveedores de servicios de criptomonedas implementen medidas sólidas de AML y CTF, incluyendo la debida diligencia del cliente, el monitoreo de transacciones y la denuncia de actividades sospechosas.

- **Reino Unido:** La Financial Conduct Authority (FCA) del Reino Unido hace cumplir las regulaciones AML para los intercambios de criptomonedas y los proveedores de billeteras. Estas entidades deben registrarse en la FCA y cumplir con los requisitos de AML y KYC, incluyendo la denuncia de transacciones sospechosas.

3. Protección del Consumidor e Integridad del Mercado La protección del consumidor es una preocupación importante en el espacio de las criptomonedas debido al alto riesgo de fraude, manipulación del mercado y oscilaciones de precios volátiles. Las autoridades regulatorias buscan salvaguardar a los inversores y garantizar la integridad del mercado a través de varias medidas.

- **Securities and Exchange Commission (SEC):** En jurisdicciones como EE. UU., los organismos reguladores como la SEC se centran en proteger a los inversores mediante la regulación de los activos digitales clasificados como valores. Hacen cumplir las normas relacionadas con las divulgaciones, las protecciones para los inversores y la prevención del fraude.

- **European Securities and Markets Authority (ESMA):** La ESMA proporciona directrices sobre la protección del inversor y la integridad del mercado para las criptomonedas y productos financieros relacionados. Su objetivo es abordar los riesgos asociados con la manipulación del mercado, la publicidad engañosa y las divulgaciones inadecuadas.

4. Fiscalidad La fiscalidad de las transacciones de criptomonedas es otro aspecto crítico de la regulación. Los diferentes países tienen enfoques variados para gravar los activos digitales, incluyendo el impuesto sobre las ganancias de capital, el impuesto sobre la renta y el IVA.

- **Estados Unidos:** El IRS trata las criptomonedas como propiedad para fines fiscales, lo que significa que se aplica un impuesto sobre las ganancias de capital a las ganancias obtenidas de la compra o venta de activos digitales. Además, las transacciones de criptomonedas deben ser informadas, y la falta de cumplimiento puede llevar a sanciones.

- **Australia:** La Australian Taxation Office (ATO) exige a individuos y empresas que informen las transacciones de criptomonedas como parte de sus declaraciones de impuestos sobre la renta. Las criptomonedas se tratan como propiedad, sujetas a impuestos sobre las ganancias de capital.

5. Monedas Digitales del Banco Central (CBDCs) Varios países están explorando o desarrollando CBDCs, que son versiones digitales de sus monedas nacionales. Las CBDCs buscan combinar los beneficios de las criptomonedas con la estabilidad de las monedas fiduciarias tradicionales.

- **China:** China está liderando el desarrollo de CBDCs con su yuan digital, que se está probando en varios programas piloto. El yuan digital busca mejorar la eficiencia de los pagos, reducir los costos de transacción y proporcionar un mayor control sobre la política monetaria.

- **Banco Central Europeo (BCE):** El BCE está explorando el concepto de un euro digital, que complementaría el dinero en efectivo y apoyaría la economía digital. El BCE está evaluando los beneficios y riesgos potenciales asociados con un euro digital.

6. Desarrollos Futuros Es probable que el panorama regulatorio para las criptomonedas continúe evolucionando a medida que avanza la tecnología y cambian las dinámicas del mercado. Los reguladores están trabajando para abordar problemas emergentes como las finanzas descentralizadas (DeFi), las stablecoins y las transacciones transfronterizas.

- **Coordinación Global:** Se están realizando esfuerzos para lograr una mayor coordinación global en la regulación de criptomonedas. Organizaciones como el Fondo Monetario Internacional (FMI) y el Banco de Pagos Internacionales (BIS) están explorando marcos para la cooperación internacional y la consistencia regulatoria.

- **Innovación y Regulación:** Los reguladores enfrentan el desafío de equilibrar la innovación con la gestión de riesgos. Encontrar el equilibrio adecuado es esencial para fomentar la innovación mientras se asegura la estabilidad financiera, la protección del consumidor y el cumplimiento de las normas legales.

El panorama regulatorio global para las criptomonedas es diverso y está cambiando rápidamente. Involucra una serie de consideraciones, incluyendo la prevención de lavado de dinero y la protección del consumidor, la fiscalidad y el desarrollo de monedas digitales del banco central. Los inversores deben mantenerse informados sobre los desarrollos regulatorios y adaptarse a los marcos legales y regulatorios en evolución para gestionar los riesgos y aprovechar las oportunidades en el mercado de criptomonedas.

En Estados Unidos, el panorama regulatorio para las criptomonedas sigue siendo fragmentado y en evolución. Los organismos reguladores de EE.UU. aún no han desarrollado un marco unificado específicamente para los criptoactivos. En su lugar, aplican las regulaciones financieras existentes a las criptomonedas caso por caso. Esto a menudo lleva a la categorización de los criptoactivos como valores o mercancías, dependiendo de sus funciones y usos específicos [268].

La Securities and Exchange Commission (SEC) evalúa las criptomonedas en función de si cumplen con los criterios de un "valor" o "contrato de inversión", utilizando el Howey Test como herramienta clave. Esta prueba evalúa si un activo es un contrato de inversión determinando si existe una expectativa de ganancias derivadas de los esfuerzos de otros. Si una criptomoneda se considera que ofrece tal oportunidad de inversión, cae bajo la jurisdicción de la SEC y debe cumplir con las leyes de valores. La SEC ha aplicado activamente esta postura, como lo demuestra su demanda contra Ripple Labs en diciembre de 2020. La SEC alegó que Ripple recaudó más de 1.3 mil millones de dólares a través de ofertas de valores no registradas con ventas de XRP, que Ripple argumentó no eran valores sino una criptomoneda. Este caso destaca el enfoque riguroso de la SEC al aplicar las leyes tradicionales de valores a los activos digitales [268].

Por otro lado, la Commodity Futures Trading Commission (CFTC) regula las criptomonedas consideradas como "mercancías". La supervisión de la CFTC se centra en futuros, swaps y contratos derivados relacionados con los activos digitales, garantizando la integridad del mercado y protegiendo a los inversores. La participación de la CFTC se ilustra con su acción de 2015 contra Coinflip, el operador de la plataforma Derivabit, por comerciar con opciones y futuros de Bitcoin sin el registro adecuado. Esta acción reforzó la clasificación de Bitcoin y monedas digitales similares como mercancías. Además, en octubre de 2020, la CFTC tomó medidas legales contra BitMEX por operar una plataforma de comercio no registrada y no implementar las medidas necesarias de prevención de lavado de dinero. Estas acciones reflejan el compromiso de la CFTC de regular los mercados de criptomonedas vinculados a mercancías y asegurar el cumplimiento de las regulaciones financieras establecidas [268].

Las acciones regulatorias de la SEC y la CFTC subrayan el debate y la ambigüedad continuos respecto a la clasificación de las criptomonedas. Esta falta de directrices regulatorias claras ha dado lugar a un entorno complejo donde las criptomonedas pueden ser tratadas de manera diferente según sus características y casos de uso. La necesidad de regulaciones más definidas es evidente, ya que proporcionarían directrices más claras para distinguir entre los diferentes tipos de criptomonedas y sus correspondientes obligaciones regulatorias.

La Unión Europea (UE) ha abordado la regulación de las criptomonedas integrando los criptoactivos en los marcos regulatorios financieros existentes. Inicialmente, la estrategia de la UE consistía en aplicar directivas y regulaciones como la Markets in Financial Instruments Directive (MiFID) a los criptoactivos considerados instrumentos financieros. La Directiva revisada sobre la Prevención del Lavado de Dinero (AMLD) introdujo regímenes de prevención de lavado de dinero y financiación del terrorismo para los proveedores de criptoactivos, incluyendo proveedores de billeteras de custodia y servicios de intercambio. Sin embargo, el panorama regulatorio seguía siendo fragmentado debido a las interpretaciones variadas de los Estados miembros, lo que llevaba a incertidumbres legales y lagunas en la protección del consumidor [268].

Para abordar estos desafíos, la UE promulgó la regulación Markets in Crypto-Assets (MiCA) en mayo de 2023. MiCA proporciona un marco regulatorio armonizado para los mercados de criptoactivos en toda la UE, cubriendo activos no regulados bajo la legislación financiera existente. Clasifica los criptoactivos en tres categorías: tokens referenciados a activos, tokens de dinero electrónico y otros criptoactivos como tokens de utilidad. MiCA exige que los emisores de criptoactivos y los proveedores de servicios de criptoactivos (CASPs) obtengan autorizaciones de las autoridades competentes nacionales (NCAs). Abarca actividades relacionadas con la emisión, oferta pública y comercio de criptoactivos. Además, el Reglamento de Transferencia de Fondos (TFR) de la UE, publicado en junio de 2023, introduce nuevas normas para la información que acompaña a las transferencias de criptoactivos, mejorando la transparencia y el cumplimiento [268].

El reglamento MiCA representa un cambio significativo hacia un enfoque regulatorio más adaptado y unificado, con el objetivo de abordar las lagunas dejadas por los marcos anteriores. Este movimiento refleja el compromiso de la UE con la creación de un entorno regulatorio cohesionado para los criptoactivos, equilibrando la innovación con la estabilidad del mercado y la protección del inversor [268].

El Reino Unido ha integrado la regulación de las criptomonedas dentro de sus marcos legales existentes. En 2018, se estableció el Cryptoassets Taskforce (CATF), compuesto por la Financial Conduct Authority (FCA), el Banco de Inglaterra (BoE) y el Tesoro de Su Majestad (HMT), para abordar las oportunidades y riesgos presentados por las criptomonedas. Las recomendaciones del CATF dieron lugar a un enfoque regulatorio cauteloso pero inclusivo [268].

En febrero de 2023, el HMT publicó un documento de consulta sobre el futuro régimen regulatorio de servicios financieros para los criptoactivos, delineando planes para incorporar la regulación de criptoactivos en la Ley de Servicios y Mercados Financieros (FSMA). El enfoque del gobierno enfatiza principios "tecnológicos indiferentes" y busca aplicar "mismos riesgos, mismos resultados regulatorios" a los criptoactivos y a los mercados financieros tradicionales [268]. Esto evita crear un campo de juego desigual entre las empresas de criptomonedas y las instituciones tradicionales. La FSMA 2023 y las enmiendas relacionadas ahora acomodan explícitamente a los criptoactivos dentro del marco de la FSMA, incluyendo la Orden de Actividades Reguladas (RAO) y la Orden de Promoción Financiera (FPO). Estos cambios aseguran que los criptoactivos que caen en categorías específicas, como los tokens de seguridad, sean regulados en consecuencia [268].

El enfoque regulatorio del Reino Unido se caracteriza por una integración por fases de los criptoactivos en el sistema financiero. La Fase 1 se centra en las stablecoins respaldadas por moneda fiduciaria, requiriendo que los emisores y custodios busquen la autorización de la FCA y se adhieran a las Regulaciones de Servicios de Pago (PSRs). La Fase 2 extenderá la regulación a otras categorías de criptoactivos, incluyendo emisión, préstamos y actividades de comercio. Este enfoque gradual busca equilibrar la innovación con la supervisión regulatoria, asegurando la protección del consumidor y la estabilidad del mercado mientras adapta los marcos existentes a los aspectos únicos de los criptoactivos [268].

China ha adoptado una postura estricta y en evolución sobre la regulación de las criptomonedas, caracterizada por una serie de medidas restrictivas. En 2013, el Banco Popular de China (PBC), junto con otros departamentos, emitió un aviso declarando que Bitcoin no tenía el estatus legal de una moneda y prohibiendo a las instituciones financieras participar en transacciones relacionadas con Bitcoin. Este movimiento tenía el objetivo de proteger el estatus del yuan y frenar los riesgos de lavado de dinero [268].

El auge de las Ofertas Iniciales de Monedas (ICOs) como método de recaudación de fondos provocó una mayor acción regulatoria. En 2017, el PBC y varios otros departamentos prohibieron las ICOs, etiquetándolas como herramientas de recaudación de fondos no autorizadas que podrían implicar fraude financiero y emisión ilegal de valores. Esta prohibición tenía la intención de proteger a los inversores de empresas especulativas y riesgosas [268].

En 2021, el gobierno chino emitió un aviso integral reforzando su prohibición del comercio y la minería de criptomonedas. El aviso reiteró que las criptomonedas no eran reconocidas como moneda de curso legal y tenía como objetivo intensificar la represión del comercio especulativo y las actividades mineras ilegales [268]. Estas medidas reflejan la postura estricta y progresivamente clara de China sobre las criptomonedas, enfatizando el control sobre los riesgos financieros y manteniendo la autoridad regulatoria sobre los activos digitales.

El enfoque regulatorio de India hacia las criptomonedas ha estado marcado por períodos de escepticismo, ambigüedad y aceptación gradual. En 2013, el Banco de Reserva de la India (RBI) emitió una nota de precaución sobre los riesgos de las criptomonedas, destacando preocupaciones sobre la volatilidad y el uso ilícito potencial. Esta postura inicial dejó al mercado en un estado de incertidumbre, sin un marco regulatorio formal en vigor [268].

En abril de 2018, el RBI ordenó a las instituciones financieras que cesaran sus relaciones con entidades involucradas en transacciones de criptomonedas, cortando efectivamente los servicios bancarios al sector cripto. Esta acción creó desafíos significativos para la industria. Sin embargo, en marzo de 2020, el Tribunal Supremo de India anuló la prohibición del RBI, considerándola desproporcionada. Esta decisión marcó un posible cambio hacia un entorno regulatorio más favorable para las criptomonedas [268].

A pesar del fallo del Tribunal Supremo, India continúa experimentando inconsistencias regulatorias, con diversos organismos ofreciendo puntos de vista contradictorios sobre las criptomonedas. Esta falta de regulación clara y coherente ha impactado la estabilidad y el crecimiento del sector cripto en India, destacando la necesidad de un marco regulatorio equilibrado y completo para abordar las dinámicas en evolución del mercado de criptomonedas [268].

En Canadá, las criptomonedas no se reconocen como moneda de curso legal, pero el país ha adoptado una postura proactiva en la regulación del espacio cripto, diferenciándose de muchas otras jurisdicciones. Canadá fue pionero en la adopción de criptomonedas dentro de su ecosistema financiero, convirtiéndose en el primer país en aprobar un fondo cotizado en bolsa (ETF) de Bitcoin. Este movimiento emblemático ocurrió con el lanzamiento y la negociación de varios ETFs de Bitcoin en la Bolsa de Valores de Toronto, proporcionando a los inversores canadienses una forma regulada y accesible de invertir en Bitcoin a través de los mercados financieros tradicionales [269].

En términos de supervisión regulatoria para las plataformas de intercambio de criptomonedas, Canadá exige que dichas entidades se adhieran a las regulaciones establecidas por los Administradores de Valores de Canadá (CSA) y la Organización Reguladora de la Industria de Inversiones de Canadá (IIROC). Las plataformas de intercambio de criptomonedas y los corredores que operan en el país deben registrarse con los reguladores provinciales, lo que asegura que cumplan con las leyes de valores existentes y proporciona un marco para la protección de los inversores. Este enfoque busca integrar el comercio de criptomonedas en la infraestructura regulatoria existente, mejorando la supervisión y la responsabilidad [269].

Además, Canadá clasifica a todas las empresas de inversión en criptomonedas como negocios de servicios monetarios (MSBs). Esta clasificación exige que estas empresas se registren en el Centro de Análisis de Transacciones y Reportes Financieros de Canadá (FINTRAC). Este registro es crucial para combatir el lavado de dinero y la financiación del terrorismo, ya que somete a las empresas de criptomonedas a requisitos de anti-lavado de dinero (AML) y conocimiento del cliente (KYC). Al categorizar a las empresas de criptomonedas como MSBs, Canadá las alinea con las instituciones financieras tradicionales en términos de expectativas regulatorias y cumplimiento [269].

Desde una perspectiva fiscal, Canadá trata a las criptomonedas de manera similar a otras mercancías. Esto significa que las transacciones que involucran criptomonedas están sujetas a impuestos de manera similar a la tributación de mercancías. Este enfoque refleja la visión de Canadá de las criptomonedas como activos en lugar de monedas, impactando cómo se reportan y gravan las ganancias y pérdidas de las transacciones cripto. En general, el marco regulatorio de Canadá para las criptomonedas enfatiza la integración en los sistemas financieros existentes, la protección del inversor y el cumplimiento de los estándares de anti-lavado de dinero, posicionándolo como líder en la regulación proactiva de activos digitales [269].

En Australia, las criptomonedas se clasifican como propiedad legal en lugar de moneda, lo que significa que están sujetas al impuesto sobre las ganancias de capital (CGT). Este enfoque fiscal trata a las criptomonedas de manera similar a otras formas de propiedad, requiriendo que individuos y empresas paguen impuestos sobre cualquier ganancia de capital realizada por la venta o el intercambio de activos digitales. Esto está alineado con la estrategia más amplia de Australia de integrar las criptomonedas en los marcos financieros existentes mientras asegura el cumplimiento de las regulaciones fiscales [269].

Los intercambios de criptomonedas y plataformas relacionadas pueden operar en Australia siempre y cuando cumplan con los requisitos regulatorios establecidos por el Centro de Informes y Análisis de Transacciones de Australia (AUSTRAC). Estas plataformas deben registrarse en AUSTRAC y cumplir con las obligaciones de anti-lavado de dinero (AML) y de financiación contra el terrorismo (CTF). Esta supervisión regulatoria asegura que las actividades de comercio de criptomonedas sean monitoreadas para detectar posibles actividades ilícitas y ayuda a mantener la integridad del sistema financiero [269].

En 2019, la Comisión de Valores e Inversiones de Australia (ASIC) tomó medidas para regular las ofertas iniciales de monedas (ICOs), que son mecanismos de recaudación de fondos para nuevas criptomonedas. ASIC introdujo requisitos para proporcionar mayor transparencia y proteger a los inversores. Además, ASIC impuso una prohibición a los intercambios que ofrecían monedas de privacidad—criptomonedas diseñadas para mejorar el anonimato del usuario—debido a preocupaciones sobre su posible uso en actividades ilícitas. Este movimiento refleja la tendencia regulatoria más amplia hacia un mayor escrutinio de las tecnologías que mejoran la privacidad en el espacio cripto [269].

Para 2021, Australia comenzó a considerar medidas regulatorias más completas para las criptomonedas, incluyendo la creación de un marco de licencias y la posible introducción de una moneda digital de banco central (CBDC). El objetivo era crear un entorno más estructurado y regulado para la emergente industria cripto. En octubre de 2023, el Tesoro Australiano anunció planes para introducir un nuevo marco regulatorio, con un borrador que se espera sea publicado en 2024. Este marco incluiría un período de transición de 12 meses para que las empresas cumplan, marcando un paso significativo hacia la formalización y mejora de la regulación de criptomonedas en el país [269].

En Singapur, las criptomonedas se clasifican como propiedad en lugar de moneda de curso legal. Esta clasificación está en línea con el enfoque del país para integrar los activos digitales en los sistemas legales y financieros existentes sin designarlos como moneda oficial. La Autoridad Monetaria de Singapur (MAS) es responsable de licenciar y regular los intercambios de criptomonedas bajo la Ley de Servicios de Pago (PSA). Este marco proporciona un enfoque estructurado para supervisar las operaciones de las plataformas de criptomonedas, asegurando que cumplan con los estándares regulatorios.

En 2022, la MAS emitió una guía para los proveedores de tokens de pago digital (DPT), aconsejándolos en contra de la publicidad pública agresiva. Esta precaución refleja los esfuerzos del organismo regulador para mitigar los riesgos asociados con la promoción de servicios de criptomonedas y prevenir posibles daños a los consumidores [269].

En agosto de 2023, la MAS introdujo un marco regulatorio para las stablecoins, que son criptomonedas vinculadas a activos estables como las monedas fiduciarias. Bajo este marco, los emisores de stablecoins deben cumplir con criterios específicos y recibir la aprobación de la MAS para usar la designación de "stablecoin regulada por MAS". Esta regulación busca mejorar la credibilidad y estabilidad de las stablecoins en el mercado, distinguiéndolas de las alternativas no reguladas [269].

Singapur es conocido por su régimen fiscal favorable en relación con las criptomonedas. Las ganancias de capital a largo plazo de las inversiones en cripto no están gravadas, lo que lo convierte en un entorno atractivo para los inversores. Sin embargo, las empresas que participan frecuentemente en transacciones de criptomonedas están sujetas al impuesto sobre la renta en sus ganancias, asegurando que los negocios sean gravados adecuadamente en función de sus actividades operativas [269].

En Corea del Sur, los intercambios de criptomonedas y los proveedores de servicios de activos virtuales deben registrarse en la Unidad de Inteligencia Financiera de Corea (KFIU), que opera bajo la Comisión de Servicios Financieros (FSC). Este registro es parte de un esfuerzo más amplio para regular la industria cripto y asegurar que los proveedores de servicios cumplan con los estándares legales y financieros [269].

En 2021, Corea del Sur promulgó una prohibición de las monedas de privacidad, siguiendo una tendencia observada en otras jurisdicciones preocupadas por el uso de tecnologías que mejoran el anonimato en actividades ilícitas. Esta prohibición está alineada con el enfoque cauteloso de Corea del Sur hacia la regulación de las criptomonedas y refleja su compromiso de prevenir el posible mal uso de los activos digitales [269].

El panorama regulatorio en Corea del Sur experimentó una actualización significativa en 2023 con la implementación de la Ley de Protección de Usuarios de Activos Virtuales. Esta ley designa a la Comisión de Servicios Financieros como el principal regulador de activos virtuales y describe los usos legales e ilegales de las criptomonedas. La legislación también incluye disposiciones para la protección del usuario, exigiendo a los emisores y proveedores de servicios seguir prácticas específicas para salvaguardar a los usuarios. Este marco regulatorio integral tiene como objetivo proporcionar claridad y estabilidad en el mercado de activos virtuales, mejorando tanto la confianza de los inversores como la integridad del mercado [269].

Implicaciones fiscales de las transacciones con criptomonedas

Las transacciones con criptomonedas tienen implicaciones fiscales significativas que varían según la jurisdicción y la naturaleza de la transacción. En muchos países, las criptomonedas se tratan como propiedad o activos en lugar de moneda, lo que afecta cómo se gravan. Entender estas implicaciones es crucial para individuos y empresas involucrados en actividades con criptomonedas para asegurar el cumplimiento de las regulaciones fiscales y evitar posibles problemas legales.

Impuesto sobre las Ganancias de Capital

En la mayoría de las jurisdicciones, las criptomonedas están sujetas al impuesto sobre las ganancias de capital (CGT). Este impuesto se aplica a la ganancia obtenida de la venta o intercambio de criptomonedas. Por ejemplo, si una persona compra Bitcoin por $10,000 y luego lo vende por $15,000, los $5,000 de ganancia se consideran una ganancia de capital y están sujetos a impuestos. La tasa a la que se gravan estas ganancias puede variar en función de cuánto tiempo se mantuvo el activo y el nivel de ingresos del contribuyente. Las ganancias a corto plazo, típicamente de activos mantenidos por menos de un año, a menudo se gravan a una tasa más alta que las ganancias a largo plazo, que se benefician de tasas impositivas más favorables en muchos países.

Impuesto sobre la Renta

Cuando las criptomonedas se ganan como ingresos—por ejemplo, a través de minería, staking o como pago por bienes y servicios—generalmente están sujetas al impuesto sobre la renta. El valor de la criptomoneda en el momento en que se recibe se utiliza para determinar el monto del ingreso, que luego se grava de acuerdo con el tramo impositivo del individuo o la empresa. Por ejemplo, si una persona recibe 1 Bitcoin valorado en $20,000 como pago por servicios de consultoría, esta cantidad se considera ingreso sujeto a impuestos y debe ser reportada como tal.

Comisiones de Transacción y Deducciones

Las comisiones de transacción incurridas durante las operaciones o transacciones de criptomonedas también son relevantes desde una perspectiva fiscal. En muchas jurisdicciones, estas comisiones pueden deducirse de las ganancias de capital, reduciendo así el monto sujeto a impuestos. Por ejemplo, si una persona paga $100 en comisiones para vender criptomonedas que resultan en una ganancia de $5,000, la ganancia imponible puede ajustarse a $4,900. La documentación adecuada de estas comisiones es esencial para una correcta declaración fiscal.

Registro y Reporte

El mantenimiento preciso de registros es importante para el cumplimiento fiscal. Las autoridades fiscales requieren registros detallados de todas las transacciones con criptomonedas, incluyendo fechas, montos, tipos de transacción y partes involucradas. Esto es necesario para calcular las ganancias de capital, reportar ingresos y reclamar deducciones. Muchas autoridades fiscales, como el Servicio de Impuestos Internos (IRS) en los Estados Unidos y la Oficina de Impuestos de Australia (ATO), han emitido directrices para documentar las transacciones con criptomonedas, y la falta de mantenimiento de registros completos puede llevar a complicaciones y posibles sanciones.

Tratamiento Fiscal de Diferentes Tipos de Transacciones

Diferentes tipos de transacciones con criptomonedas pueden tener tratamientos fiscales variados. Por ejemplo, el intercambio de criptomonedas entre diferentes monedas o tokens generalmente se considera un evento imponible, donde las ganancias o pérdidas del intercambio deben ser reportadas. De manera similar, el uso de criptomonedas para comprar bienes o servicios también se considera un evento imponible, donde el valor de mercado justo de la criptomoneda en el momento de la transacción debe ser reportado ya sea como ingreso o como ganancia o pérdida de capital, dependiendo del contexto.

Regulaciones Fiscales Globales

El tratamiento fiscal de las transacciones con criptomonedas puede variar significativamente de un país a otro. Algunos países tienen regulaciones y directrices claras, mientras que otros aún están desarrollando su enfoque. Por ejemplo, en países como Estados Unidos y Australia, las criptomonedas generalmente se tratan como propiedad, con reglas específicas para las ganancias de capital y el impuesto sobre la renta. En contraste, otras jurisdicciones pueden tener diferentes tasas impositivas, requisitos de reporte, o aún no tener regulaciones completas en vigor. Es esencial que los individuos y las empresas involucradas en transacciones con criptomonedas conozcan y cumplan con las regulaciones fiscales específicas en su país o en cualquier país donde tengan obligaciones fiscales.

Tendencias Emergentes y Cambios

A medida que el mercado de criptomonedas evoluciona, también lo hacen las regulaciones fiscales. Los gobiernos de todo el mundo están actualizando continuamente sus políticas fiscales para abordar los nuevos desarrollos en el espacio cripto. Las tendencias emergentes, como el uso creciente de plataformas de finanzas descentralizadas (DeFi) y la introducción de monedas digitales de bancos centrales (CBDC), pueden influir en futuras regulaciones fiscales y requisitos de reporte. Mantenerse informado sobre estos cambios y buscar asesoría fiscal profesional es importante para gestionar eficazmente las obligaciones fiscales relacionadas con las criptomonedas.

En resumen, las implicaciones fiscales de las transacciones con criptomonedas abarcan el impuesto sobre las ganancias de capital, el impuesto sobre la renta, las comisiones de transacción y los requisitos de registro. El tratamiento de estas transacciones varía según la jurisdicción, y cumplir con las regulaciones locales es esencial para evitar problemas legales y optimizar las obligaciones fiscales.

Implicaciones fiscales de las transacciones con criptomonedas en los Estados Unidos

En los Estados Unidos, las implicaciones fiscales de las transacciones con criptomonedas están reguladas por el Servicio de Impuestos Internos (IRS), que trata las criptomonedas como propiedad en lugar de moneda. Esta clasificación tiene ramificaciones significativas sobre cómo se gravan los diferentes tipos de transacciones con criptomonedas. Entender estas implicaciones es crucial para individuos y empresas involucrados en el mercado de criptomonedas para asegurar el cumplimiento de las leyes fiscales federales y evitar posibles sanciones.

- **Impuesto sobre las Ganancias de Capital:** En EE. UU., las criptomonedas están sujetas al impuesto sobre las ganancias de capital, que se aplica a las ganancias obtenidas de la venta o intercambio de activos cripto. Cuando un individuo vende criptomonedas por más de su precio de compra, la ganancia—conocida como ganancia de capital—es imponible. Por ejemplo, si una persona compra Bitcoin a $10,000 y luego lo vende por $15,000, los $5,000 de ganancia se consideran una ganancia de capital y deben ser reportados en su declaración de impuestos. El IRS distingue entre ganancias de capital a corto y largo plazo, siendo las ganancias a corto plazo (de activos mantenidos por un año o menos) gravadas a tasas impositivas ordinarias, mientras que las ganancias a largo plazo (de activos mantenidos por más de un año) se benefician de tasas impositivas reducidas.

- **Impuesto sobre la Renta:** Las criptomonedas recibidas como ingresos están sujetas al impuesto sobre la renta. Esto incluye criptomonedas ganadas a través de actividades como minería, staking o como pago por servicios. El valor de mercado justo de la criptomoneda en el momento en que se recibe determina la cantidad de ingreso a reportar. Por ejemplo, si alguien mina 1 Bitcoin, que está valorado en $20,000 en el momento de la recepción, esta cantidad se considera ingreso imponible. El ingreso debe ser reportado en la declaración de impuestos del individuo, y se grava a la tasa impositiva aplicable en función del ingreso imponible total del individuo o la empresa.

- **Comisiones de Transacción y Deducciones:** Las comisiones de transacción incurridas durante las operaciones con criptomonedas son deducibles de las ganancias de capital. Si un individuo vende criptomonedas y paga una comisión a un corredor o intercambio, esta comisión puede restarse de la ganancia de capital para determinar el monto neto imponible. Por ejemplo, si una persona vende criptomonedas con una ganancia de $5,000 y incurre en una comisión de $100, la ganancia imponible se ajustaría a $4,900. La documentación adecuada de estas comisiones es esencial para una correcta declaración fiscal.

- **Registro y Reporte:** Mantener registros detallados de todas las transacciones con criptomonedas es crucial para el cumplimiento fiscal. El IRS requiere que los individuos reporten cada transacción que involucre criptomonedas, incluyendo compras, ventas, intercambios y el uso de criptos para pagos. Los registros detallados deben incluir la fecha de la transacción, el monto y tipo de criptomoneda, el valor de mercado justo en el momento de la transacción, y las comisiones pagadas. Esta información es necesaria para calcular correctamente las ganancias de capital, reportar ingresos y asegurar el tratamiento fiscal adecuado.

- **Tratamiento Fiscal de Diferentes Tipos de Transacciones:** Diferentes tipos de transacciones con criptomonedas están sujetas a tratamientos fiscales variados. Por ejemplo, intercambiar una criptomoneda por otra se considera un evento imponible, donde cualquier ganancia o pérdida del intercambio debe ser reportada. De manera similar, usar criptomonedas para comprar bienes o servicios también se considera un evento imponible. El valor de mercado justo de la criptomoneda en el momento de la compra debe ser reportado como ingreso o como ganancia o pérdida de capital, dependiendo del contexto.

- **Formularios de Reporte Fiscal:** El IRS requiere el uso de formularios específicos para reportar transacciones con criptomonedas. Los individuos típicamente usan el Formulario 1040 y adjuntan el Anexo D y el Formulario 8949 para reportar ganancias y pérdidas de capital. El Formulario 8949 se usa para detallar cada transacción, incluyendo la fecha de adquisición, fecha de venta, ingresos y base de costo. Para el ingreso proveniente de criptomonedas, se usa el Formulario 1040 para reportar el monto del ingreso. Las empresas involucradas en transacciones con criptomonedas pueden necesitar usar formularios adicionales, como el Formulario 1120 para corporaciones.

- **Tendencias Emergentes y Actualizaciones:** Las regulaciones fiscales respecto a las criptomonedas están evolucionando a medida que el mercado se desarrolla y surgen nuevas tecnologías. El IRS ha emitido directrices y avisos para aclarar el tratamiento fiscal, pero los desarrollos continuos en el espacio de las criptomonedas—como el crecimiento de plataformas de finanzas descentralizadas (DeFi) y la introducción de monedas digitales de bancos centrales (CBDC)—pueden influir en futuras políticas fiscales. Los contribuyentes deben mantenerse informados sobre estos cambios y considerar consultar con profesionales fiscales para navegar en escenarios complejos y asegurar el cumplimiento con las regulaciones más recientes.

- **Sanciones y Aplicación:** La falta de reporte adecuado de las transacciones con criptomonedas puede llevar a sanciones y acciones de cumplimiento por parte del IRS. La declaración inexacta, la subdeclaración de ingresos o la omisión de transacciones pueden resultar en multas, cargos por intereses y posibles consecuencias legales. El IRS se ha enfocado cada vez más en las transacciones con criptomonedas, incluyendo el envío de cartas de advertencia y la realización de auditorías para asegurar el cumplimiento.

Según el Servicio de Impuestos Internos (IRS), la mayoría de las criptomonedas se clasifican como monedas virtuales convertibles. Esta designación significa que funcionan como un medio de intercambio, una reserva de valor, una unidad de cuenta y pueden ser sustituidas por dinero real. Como resultado, cualquier ganancia o ingreso derivado de transacciones con criptomonedas está sujeto a impuestos. Sin embargo, entender cuándo y cómo se grava la criptomoneda implica navegar por varios escenarios y regulaciones fiscales. Aquí hay una mirada detallada a las implicaciones fiscales y consideraciones clave [270]:

En EE. UU., el IRS trata a las criptomonedas como propiedad en lugar de moneda, lo que impacta significativamente en cómo se gravan. Las transacciones con criptomonedas generan eventos imponibles basados en los cambios en el valor de mercado o en la naturaleza de la transacción. A continuación se presentan los principales escenarios que conducen a obligaciones fiscales [270]:

- **Venta de Criptomonedas:** Cuando vendes una criptomoneda por más de su precio de compra, la ganancia realizada está sujeta al impuesto sobre las ganancias de capital. Por ejemplo, si compras 1 Bitcoin (BTC) a $6,000 y luego lo vendes por $8,000, la ganancia de $2,000 es imponible. La tasa a la que se grava esta ganancia depende de cuánto tiempo mantuviste el activo. Las ganancias de capital a corto plazo (de activos mantenidos por un año o menos) se gravan a tu tasa de impuesto sobre la renta ordinaria, que varía del 0% al 37% para el año fiscal 2024. Las ganancias de capital a largo plazo (de activos mantenidos por más de un año) se benefician de tasas reducidas del 0%, 15% o 20%, dependiendo de tu ingreso total.

- **Uso de Criptomonedas para Compras:** Cuando usas criptomonedas para comprar bienes o servicios, incurres en un evento imponible. El monto imponible es la diferencia entre el valor de la criptomoneda en el momento de la compra y su precio de compra original. Por ejemplo, si compraste Bitcoin por $5,000 y lo usas para comprar un producto por $6,000, debes reportar la ganancia de $1,000 como ingreso imponible.

- **Recepción de Criptomonedas como Pago:** Si recibes criptomonedas como pago por bienes o servicios, debe ser reportado como ingreso empresarial. El valor de la criptomoneda en el momento de recepción se considera ingreso imponible. Esto aplica tanto si eres una empresa como un individuo que recibe criptomonedas por trabajo freelance u otros servicios.

- **Minería y Staking:** La criptomoneda ganada a través de la minería o el staking se considera ingreso ordinario y se grava según su valor de mercado justo en el momento en que se recibe. Por ejemplo, si minas Bitcoin y su valor es $10,000 en el momento de la minería, esta cantidad es imponible como ingreso.

Ciertas actividades que involucran criptomonedas no se consideran eventos imponibles según las directrices del IRS [270]:

- **Compra de Criptomonedas con Dinero Fiat:** Comprar criptomonedas con moneda tradicional (como USD) no genera un evento imponible. Los impuestos no se deben hasta que la criptomoneda se venda, se intercambie o se utilice en una transacción que resulte en una ganancia.

- **Donaciones a la Caridad:** Donar criptomonedas a una organización no lucrativa exenta de impuestos o a una entidad benéfica no es imponible, siempre y cuando la donación se realice a una organización benéfica reconocida por el IRS. Sin embargo, donar criptomonedas aún puede afectar tu situación fiscal general, como calificar potencialmente para una deducción benéfica.

- **Regalar Criptomonedas:** Dar criptomonedas como regalo no es un evento imponible para el donante, aunque el receptor puede enfrentar implicaciones fiscales dependiendo del valor del regalo y cualquier exclusión de regalos aplicable.

- **Transferencias Entre Carteras:** Transferir criptomonedas entre carteras personales no genera un evento imponible. Los impuestos se aplican solo cuando la criptomoneda se vende, se utiliza para compras o se intercambia por otro activo.

Consideraciones Clave

- **Impuesto sobre Ganancias de Capital:** Si obtienes ganancias por la venta o el intercambio de criptomonedas, debes pagar el impuesto sobre las ganancias de capital. La tasa depende de cuánto tiempo mantuviste el activo y de tu ingreso imponible total.

- **Uso para Compras:** Usar criptomonedas para comprar bienes o servicios resulta en una ganancia o pérdida imponible basada en la diferencia entre su precio de compra y su valor en el momento del uso.

- **Ingreso Empresarial:** Recibir criptomonedas como pago o ingreso por minería se grava como ingreso ordinario.

- **Registros Fiscales:** Mantener registros precisos de todas las transacciones con criptomonedas, incluidos precios de compra, valores de venta y tarifas de transacción, es esencial para una correcta declaración de impuestos y cumplimiento.

Ejemplos de Eventos Fiscales con Criptomonedas

Hacer una Compra con Cripto: Usar criptomonedas para hacer una compra introduce varias implicaciones fiscales. Cuando gastas criptomonedas, se trata como un evento imponible. Aquí hay una mirada detallada a cómo funciona [270]:

- **Detalles de la Transacción:** Cuando transfieres criptomonedas para pagar bienes o servicios, eres responsable tanto del impuesto sobre las ventas como de cualquier impuesto sobre las ganancias de capital en la transacción. Por ejemplo, si compras una barra de chocolate con Bitcoin, necesitarás calcular el impuesto sobre las ventas basado en el valor total de la transacción, que incluye el valor de la criptomoneda en el momento de la compra.

- **Ganancias o Pérdidas de Capital:** Si el valor de tu criptomoneda ha aumentado desde que la adquiriste, la transacción resultará en una ganancia de capital. Por el contrario, si el valor ha disminuido, resultará en una pérdida de capital. Esta ganancia o pérdida se determina comparando el valor de la criptomoneda en el momento de la compra con su valor en el momento del uso. Tanto la ganancia como el impuesto sobre las ventas se reportan en tu declaración de impuestos.

- **Mantenimiento de Registros:** Para reportar tus impuestos con precisión, es crucial registrar el monto gastado y el valor de mercado justo de la criptomoneda en el momento de la transacción. Esto te ayudará a calcular las ganancias o pérdidas de capital y a asegurar que cumplas con las regulaciones fiscales.

Compra de Criptomonedas: Cuando compras criptomonedas, como por ejemplo al comprar un Bitcoin (BTC) por $3,700 a principios de 2019, y luego el valor sube a $38,500, hay implicaciones fiscales tanto para ti como para cualquier vendedor involucrado [270]:

- **Obligación Fiscal del Vendedor:** Si usas Bitcoin para comprar un coche, el vendedor debe reportar la transacción en función del valor justo de mercado del Bitcoin en el momento de la venta. El vendedor también necesita calcular cualquier ganancia o pérdida de capital si convierte el Bitcoin a moneda fiat o lo utiliza para otra compra.

- **Tu Obligación Fiscal:** Como comprador, debes reportar la transacción como una ganancia de capital. Esto se calcula en base a la diferencia entre el precio original de compra del Bitcoin y su valor en el momento en que lo usaste para la compra. Esta ganancia debe incluirse en tu declaración de impuestos, reflejando el beneficio obtenido de la inversión en criptomonedas.

Retiro de Criptomonedas: Cuando intercambias criptomonedas por dinero fiat, entender tu base de costo es crucial para fines fiscales [270]:

- **Cálculo de la Base de Costo:** La base de costo de tu criptomoneda incluye el monto total gastado, incluidos los cargos. Para determinar el monto imponible, resta la base de costo del valor justo de mercado de la criptomoneda en el momento del intercambio.

- **Monto Imponible:** Si tienes una ganancia, la diferencia entre el valor justo de mercado y la base de costo se considera imponible. Por el contrario, si incurres en una pérdida, debes reportar esta pérdida para potencialmente compensar otras ganancias de capital.

- **Registro de Ganancias y Pérdidas:** Al igual que con otros activos, las ganancias o pérdidas imponibles de las transacciones con criptomonedas se categorizan como ganancias o pérdidas de capital, requiriendo un registro preciso para reportarlas correctamente.

Minería de Criptomonedas: Para las personas que minan criptomonedas, el tratamiento fiscal es diferente [270]:

- **Ingreso Imponible:** Las recompensas por minería se consideran ingreso ordinario. El valor de la criptomoneda en el momento en que se mina es imponible como ingreso.

- **Operaciones Comerciales:** Si la minería es parte de un negocio, el ingreso se reporta como ingreso empresarial. Los mineros pueden deducir los gastos relacionados, como costos de hardware y electricidad, lo que puede reducir su ingreso imponible.

Staking de Criptomonedas: El staking de criptomonedas implica bloquearlas como garantía para validar transacciones en una blockchain [270]:

- Impuesto sobre Ingresos: Cualquier recompensa recibida por staking es imponible como ingreso ordinario. Las recompensas deben ser reportadas basadas en su valor justo de mercado en el momento en que se reciben.

- Ganancias de Capital: Si luego usas o conviertes la criptomoneda en staking, cualquier ganancia o pérdida de capital resultante debe ser reportada. Las ganancias o pérdidas se calculan en base al valor de la criptomoneda cuando la adquiriste frente a su valor en el momento de conversión o uso.

Intercambio de Criptomonedas: Al intercambiar una criptomoneda por otra, el IRS lo trata como un evento imponible [270]:

- **Evento Imponible:** Intercambiar una criptomoneda por otra es similar a convertir una en fiat y luego comprar otra. Este proceso desencadena una ganancia o pérdida de capital sobre la criptomoneda que fue intercambiada.

- **Reporte de Ganancias o Pérdidas:** Cualquier ganancia o pérdida del intercambio debe ser reportada. Muchas plataformas de intercambio de criptomonedas proporcionan herramientas para exportar datos de transacciones, que pueden ser usadas para rastrear y calcular eventos imponibles para una declaración precisa.

Entender estos diversos eventos fiscales ayuda a asegurar el cumplimiento con las regulaciones del IRS y puede asistir en la planificación fiscal efectiva para individuos involucrados en transacciones con criptomonedas.

Implicaciones Fiscales de las Transacciones de Criptomonedas en Australia

Cuándo se Aplica el Impuesto sobre las Ganancias de Capital

En muchas jurisdicciones, incluida Australia, las criptomonedas se consideran activos sujetos al impuesto sobre las ganancias de capital (CGT, por sus siglas en inglés). Esto significa que si posees un activo criptográfico como una inversión, cualquier disposición o intercambio de ese activo se considera un evento de CGT. Estos eventos pueden resultar en una ganancia de capital o una pérdida de capital. Una ganancia de capital ocurre si el valor del activo criptográfico ha aumentado desde su base de costo, mientras que una pérdida de capital ocurre si su valor ha disminuido. Es importante notar que las pérdidas netas de capital no se pueden deducir de otros tipos de ingresos. Sin embargo, puedes ser elegible para un descuento en el CGT si mantienes el activo durante al menos 12 meses, lo cual puede reducir tu ganancia imponible [271].

Determinar el Momento del Evento de CGT

El momento de un evento de CGT es crucial para una correcta declaración. Un evento de CGT se activa cuando dispones de un activo criptográfico. Esto puede ocurrir de varias maneras [271]:

- Venta del activo
- Donación del activo
- Comercio o intercambio de un activo criptográfico por otro
- Conversión del activo en moneda fiat (como dólares australianos)
- Uso del activo para comprar bienes o servicios

Otros eventos que pueden calificar como eventos de CGT incluyen la pérdida o destrucción del activo o la creación de derechos contractuales. La naturaleza específica del evento de CGT puede afectar cuándo se considera que ocurrió el evento y cómo se debe calcular la ganancia o pérdida de capital.

Calcular tu CGT

Para calcular tu impuesto sobre las ganancias de capital, sigue estos pasos [271]:

1. **Reúne los Registros:** Asegúrate de tener registros precisos de cada activo criptográfico y todas las transacciones asociadas. Esto incluye precios de compra, fechas y el valor de los activos en el momento de cada transacción.

2. **Convierte los Valores:** Convierte el valor de los activos criptográficos a dólares australianos (AUD) para consistencia en los cálculos.

3. **Determina la Ganancia o Pérdida de Capital:** Para cada evento de CGT, resta la base de costo (el precio de compra original más cualquier costo asociado) de los ingresos de la venta o el valor del activo en el momento de la transacción. Si esto resulta en una cifra positiva, tienes una ganancia de capital. Si es negativa, tienes una pérdida de capital.

4. **Aplica el Descuento de CGT:** Si has mantenido el activo durante más de 12 meses, podrías ser elegible para un descuento en el CGT, que reduce el monto

imponible de tu ganancia de capital.

Reportando el CGT sobre Activos Criptográficos en tu Declaración de Impuestos

Cuando se trata de reportar el CGT en tu declaración de impuestos [271]:

- **Para Individuos:** Si estás completando tu declaración de impuestos en línea con myTax, consulta las secciones sobre ganancias o pérdidas de capital. Para formularios en papel, sigue las instrucciones específicas proporcionadas para individuos.

- **Para Empresas, Fideicomisos o Fondos:** Utiliza el Programa de Impuesto sobre las Ganancias de Capital y las instrucciones relevantes para estas entidades.

Mantener registros detallados y utilizar herramientas como calculadoras en línea puede ayudar a gestionar y reportar tus ganancias de capital con precisión. Siempre asegúrate de cumplir con las leyes fiscales locales y consulta a un profesional de impuestos si es necesario para navegar situaciones complejas.

Desafíos Legales y Casos de Estudio

El mercado de criptomonedas, aunque ofrece una innovación significativa y oportunidades para la inclusión financiera, también ha experimentado varios incidentes de alto perfil que destacan los riesgos y las lagunas regulatorias dentro de la industria. Estos incidentes subrayan la necesidad de mejorar las medidas de seguridad y la supervisión regulatoria para proteger a los inversores y mantener la integridad del mercado [268].

Hackeo de Mt. Gox: En 2014, Mt. Gox, que en su momento fue el intercambio de Bitcoin más grande del mundo, se declaró en quiebra tras una importante brecha de seguridad. Aproximadamente 850,000 BTC, valorados en alrededor de $450 millones en ese momento, fueron robados. Este hackeo expuso graves vulnerabilidades en los protocolos de seguridad de los intercambios de criptomonedas y destacó la falta de supervisión regulatoria en la industria. En respuesta, Japón, donde se encontraba Mt. Gox, promulgó una nueva legislación en 2017 para abordar estos problemas. La Ley de Servicios de Pago (PSA) se revisó para exigir medidas de seguridad más estrictas para los intercambios, incluyendo el mantenimiento de reservas adecuadas y la realización de auditorías anuales.

Estos cambios tenían como objetivo mejorar la seguridad de los fondos mantenidos por los intercambios y mejorar la protección del inversor [268].

Hackeo de Bitfinex: El hackeo de Bitfinex en 2016 fue otro incidente significativo en el espacio de criptomonedas. Bitfinex, un importante intercambio de criptomonedas, sufrió una brecha que resultó en la pérdida de 120,000 BTC, valorados en aproximadamente $72 millones en ese momento. El hackeo llamó la atención sobre las prácticas de seguridad de los intercambios de criptomonedas y la necesidad de intervención regulatoria. Tras la brecha, la Comisión de Comercio de Futuros de Productos Básicos (CFTC) multó a Bitfinex por operar un intercambio no registrado y por no implementar medidas de seguridad adecuadas. Este incidente subrayó la importancia de estándares de seguridad rigurosos y el cumplimiento regulatorio en la industria de criptomonedas [268].

Colapso de FTX: El colapso de FTX en noviembre de 2022 marcó uno de los fracasos más significativos en la historia de las criptomonedas. La crisis comenzó cuando CoinDesk informó sobre preocupaciones acerca de la salud financiera de Alameda Research, una firma de comercio estrechamente vinculada a FTX. Se reveló que una gran parte del balance de Alameda estaba en FTT, el token nativo de FTX. Esta revelación llevó a una pérdida de confianza entre inversores y usuarios, desencadenando una crisis de liquidez cuando muchos intentaron retirar sus fondos simultáneamente. El colapso se atribuyó a la falta de una clara separación entre las operaciones del intercambio y las actividades de comercio. En respuesta, los organismos reguladores de EE.UU., incluidos el Departamento de Justicia (DOJ), la Comisión de Bolsa y Valores (SEC) y la Rama de Investigación de Crímenes Financieros de las Bahamas, lanzaron investigaciones sobre el intercambio y sus ejecutivos por posibles violaciones regulatorias [268].

Colapso de Terra-Luna: En mayo de 2022, Terra (LUNA) y su stablecoin TerraUSD (UST) experimentaron un colapso catastrófico. UST comenzó a perder su paridad con el dólar, exacerbado por el mecanismo interconectado entre UST y LUNA. El colapso fue desencadenado por un alto rendimiento del 19.5% ofrecido por el protocolo Anchor a los depositantes de UST, lo que llevó a grandes retiros y una corrida bancaria. Esto resultó en la desvinculación de UST del dólar y la caída drástica del precio de LUNA, causando una "espiral de muerte" donde el suministro de LUNA se infló dramáticamente mientras su precio cayó casi a cero. El colapso de Terra-Luna llevó a un escrutinio regulatorio de las stablecoins. El HM Treasury del Reino Unido anunció planes para regular las stablecoins como parte de una legislación más amplia sobre servicios financieros, y la

Financial Conduct Authority (FCA) propuso regulaciones para stablecoins respaldadas por fiat, señalando un movimiento hacia una supervisión más estricta [268].

Sanciones a Tornado Cash: Tornado Cash (TC) opera como un contrato inteligente descentralizado en la blockchain de Ethereum, diseñado para mejorar la privacidad de las transacciones al mezclar criptomonedas para ocultar su origen y destino. A pesar de su potencial para un uso legítimo, TC ha sido criticado por facilitar el lavado de dinero al mezclar los ingresos de delitos cibernéticos. Desde su creación en 2019, TC se ha visto implicado en el lavado de más de $7 mil millones en criptomonedas, incluidos fondos vinculados al grupo de hacking norcoreano Lazarus Group y otras actividades ilícitas como el robo de Harmony Bridge y el robo de Nomad. El 8 de agosto de 2022, la Oficina de Control de Activos Extranjeros (OFAC) del Departamento del Tesoro de EE.UU. sancionó a Tornado Cash bajo la Orden Ejecutiva 13694, destinada a combatir el uso de criptomonedas en actividades ilegales. Esto marcó una acción regulatoria significativa contra los mezcladores de blockchain y destacó el desafío continuo de equilibrar la privacidad con el cumplimiento regulatorio [268].

Estos incidentes significativos en el mercado de criptomonedas ilustran los riesgos inherentes y los desafíos regulatorios asociados con los activos digitales. Han provocado respuestas regulatorias sustanciales y resaltado la urgente necesidad de un marco regulatorio más robusto para abordar preocupaciones de seguridad, cumplimiento y estabilidad financiera. A medida que el mercado de criptomonedas continúa evolucionando, es crucial que los organismos reguladores desarrollen e implementen medidas integrales que protejan a los inversores y aseguren la integridad del sistema financiero.

Desafíos en la Regulación de Criptomonedas

Regular las criptomonedas presenta un conjunto único de desafíos debido a los atributos distintivos de la tecnología blockchain y la naturaleza en evolución de los activos digitales. Estos desafíos requieren una consideración cuidadosa para desarrollar marcos regulatorios efectivos que equilibren la innovación con la protección del inversor [268].

Uno de los desafíos fundamentales en la regulación de criptomonedas es el equilibrio entre la escalabilidad de la blockchain y la inclusión financiera. Las criptomonedas tienen el potencial de mejorar la inclusión financiera al proporcionar acceso alternativo a servicios financieros para poblaciones no bancarizadas y sub-bancarizadas. Este potencial ha sido ampliamente discutido, destacando cómo las criptomonedas podrían desafiar las prácticas excluyentes de los sistemas bancarios tradicionales. Sin embargo, a pesar de la creciente capitalización del mercado de criptomonedas, su adopción sigue siendo limitada en comparación con los mercados financieros tradicionales. Esta discrepancia se debe en gran medida a los problemas de escalabilidad inherentes a la tecnología blockchain. Por ejemplo, Bitcoin y Ethereum, dos de las criptomonedas más prominentes, pueden manejar solo 7 y 20-30 transacciones por segundo, respectivamente [268]. Estas limitaciones resultan en retrasos significativos y costos de transacción más altos, lo que impacta directamente en la adopción más amplia de las criptomonedas. En consecuencia, las tasas de adopción modestas pueden reducir la motivación regulatoria, ya que los beneficios percibidos de medidas regulatorias extensas pueden no superar los costos asociados con su implementación y aplicación [268].

Otro desafío significativo es la naturaleza seudónima de las transacciones en blockchain, lo que complica la regulación de las criptomonedas, especialmente en la lucha contra actividades fraudulentas. La tecnología blockchain proporciona un alto nivel de privacidad al vincular transacciones a direcciones criptográficas en lugar de identidades personales. Aunque esta seudonimidad protege la privacidad del usuario, también hace que sea difícil para los reguladores abordar problemas como el lavado de dinero, el fraude y otras actividades ilícitas. Los organismos reguladores como la Comisión de Bolsa y Valores de EE.UU. (SEC) y la Comisión de Comercio de Futuros de Productos Básicos (CFTC) han implementado regulaciones para abordar actividades fraudulentas en el espacio de criptomonedas [268]. Sin embargo, la naturaleza seudónima de las transacciones en blockchain a menudo dificulta estos esfuerzos, ya que identificar a las personas detrás de las transacciones puede ser extremadamente difícil sin infringir los derechos de privacidad. Encontrar un equilibrio entre una regulación efectiva y la necesidad de proteger la privacidad del usuario sigue siendo un problema crítico y complejo.

La naturaleza descentralizada de la tecnología blockchain, que sustenta la innovación y la seguridad de las criptomonedas, plantea desafíos significativos para la supervisión regulatoria y la responsabilidad legal. A diferencia de los sistemas financieros tradicionales que tienen jerarquías claras y entidades reguladas, las redes blockchain operan sin una autoridad central. Esta descentralización complica los esfuerzos regulatorios para hacer cumplir el cumplimiento y la responsabilidad. Por ejemplo, en el caso del hackeo de DAO en 2016 en la blockchain de Ethereum, la ausencia de una autoridad central dificultó abordar el robo de aproximadamente 3.6 millones de ETH. El desafío para los reguladores es idear mecanismos que puedan garantizar la responsabilidad legal dentro de los sistemas descentralizados mientras se preserva la naturaleza innovadora y abierta de la tecnología blockchain. Establecer tales marcos es esencial para proteger a los participantes y mantener la integridad del mercado [268].

La naturaleza transfronteriza de la tecnología blockchain introduce desafíos relacionados con problemas jurisdiccionales y arbitraje regulatorio. Las criptomonedas operan a nivel global, lo que conduce a un mosaico de enfoques regulatorios en el que algunos países imponen controles estrictos mientras que otros adoptan posturas más permisivas. Esta disparidad puede resultar en arbitraje regulatorio, donde empresas e individuos explotan las diferencias en los entornos regulatorios al basar sus operaciones en jurisdicciones con regulaciones más favorables. Por ejemplo, en respuesta a regulaciones estrictas en ciertos países, muchas ofertas iniciales de monedas (ICOs) se han lanzado en jurisdicciones con marcos legales más acomodaticios, como Suiza y Singapur. Esta práctica puede llevar a una carrera regulatoria hacia abajo, donde las jurisdicciones compiten para atraer proyectos criptográficos ofreciendo requisitos regulatorios menos rigurosos. Para abordar estos desafíos, la cooperación internacional y la búsqueda de estándares regulatorios armonizados se vuelven cada vez más importantes. Un enfoque coordinado puede ayudar a mitigar el arbitraje regulatorio y asegurar que las regulaciones de criptomonedas sean efectivas y consistentes a través de las fronteras [268].

A la luz de los desafíos discutidos, varias preguntas clave deben guiar los esfuerzos regulatorios [268]:

1. **¿Deben regularse las criptomonedas?** Los reguladores deben sopesar los beneficios de incorporar las criptomonedas en los marcos regulatorios, como mejorar la protección al consumidor y promover la estabilidad financiera, frente a los posibles inconvenientes de una sobre-regulación, que podría sofocar la innovación y limitar la inclusión financiera. Encontrar el equilibrio adecuado es crucial para aprovechar los beneficios de las criptomonedas mientras se mitigan los riesgos asociados.

2. **¿Deben adaptarse los marcos existentes o desarrollarse nuevos?** Adaptar los marcos regulatorios existentes para incluir criptomonedas puede ser más sencillo, pero podría resultar en regulaciones que no se ajusten bien a los aspectos únicos de los activos digitales. Por otro lado, desarrollar nuevas regulaciones a medida podría ofrecer un enfoque más preciso pero podría ser costoso y llevar mucho tiempo. La elección entre adaptar los marcos existentes o crear nuevos

impacta en la efectividad de los esfuerzos regulatorios.

3. **¿Quiénes deben ser los principales objetivos de la regulación de criptomonedas?** Los reguladores necesitan determinar si deben centrarse en la tecnología en sí, los usuarios, los proveedores de servicios o las actividades específicas dentro del ecosistema de criptomonedas. Esta decisión es particularmente significativa en el mercado de criptomonedas descentralizado, donde los intermediarios financieros tradicionales están ausentes.

4. **¿Qué enfoques deben tomarse para la regulación de criptomonedas?** El objetivo de las estrategias regulatorias debe ser lograr "mismo riesgo, mismos resultados regulatorios", asegurando que las criptomonedas estén sujetas a medidas regulatorias proporcionales a sus perfiles de riesgo. Los reguladores deben desarrollar estrategias que alineen el marco regulatorio para las criptomonedas con sus funciones y riesgos, esforzándose por la paridad en los estándares regulatorios y la supervisión entre los activos digitales y los instrumentos financieros tradicionales.

Abordar estas preguntas y desafíos es esencial para desarrollar un marco regulatorio que gestione eficazmente los riesgos asociados con las criptomonedas mientras fomente la innovación y la inclusión financiera.

Tendencias Futuras en la Regulación

Se espera que las tendencias futuras en la regulación de criptomonedas experimenten cambios y desarrollos significativos en respuesta al panorama en evolución de los activos digitales. Un aspecto crucial que se anticipa que moldeará el entorno regulatorio es la mayor cooperación global y armonización entre los organismos reguladores en todo el mundo [272]. A medida que las criptomonedas trascienden las fronteras nacionales, la necesidad de enfoques regulatorios estandarizados se vuelve imperativa para asegurar consistencia y claridad en el marco regulatorio [272]. Las colaboraciones entre entidades regulatorias internacionales como el Grupo de Acción Financiera (GAFI) y la Organización Internacional de Comisiones de Valores (IOSCO) probablemente jugarán un papel fundamental en el establecimiento de directrices cohesionadas que aborden los problemas transfronterizos y promuevan la armonización regulatoria [272].

Además, se espera que un enfoque clave en las futuras regulaciones de criptomonedas se centre en mejorar las medidas de protección al consumidor [272]. Con la expansión de la adopción de activos digitales, se anticipa que los reguladores priorizarán la protección de los inversores contra fraudes, manipulaciones del mercado y otros riesgos asociados con las transacciones de criptomonedas [272]. Este énfasis en la protección del consumidor podría llevar a la implementación de requisitos más estrictos para la transparencia y la divulgación por parte de los intercambios de criptomonedas y las ofertas iniciales de monedas (ICOs) [272]. Además, los marcos regulatorios probablemente introducirán mecanismos para la resolución de disputas y compensaciones para proteger a los usuarios de pérdidas financieras debido a brechas de seguridad o mala gestión por parte de los proveedores de servicios de criptomonedas [272].

Las stablecoins y las monedas digitales de bancos centrales (CBDCs) están preparadas para ser puntos focales en los futuros esfuerzos de regulación de criptomonedas [272]. El auge de las stablecoins, diseñadas para mantener un valor estable en relación con las monedas fiduciarias, presenta desafíos regulatorios relacionados con la política monetaria, la estabilidad financiera y la protección al consumidor [272]. Se espera que los reguladores impongan requisitos estrictos a los emisores de stablecoins para garantizar reservas adecuadas y transparencia [272]. Por otro lado, la aparición de las CBDCs, monedas digitales emitidas por bancos centrales, provocará discusiones sobre su papel en el sistema financiero y la necesidad de nuevos marcos regulatorios para abordar su impacto en la política monetaria, la estabilidad financiera y la privacidad [272].

A medida que la tecnología blockchain avanza, los reguladores tendrán que adaptar sus estrategias para acomodar nuevas innovaciones y aplicaciones [273]. La evolución de las soluciones blockchain, como las plataformas de finanzas descentralizadas (DeFi) y los contratos inteligentes, presenta tanto oportunidades como desafíos regulatorios [273]. Las futuras regulaciones probablemente se centrarán en definir el estatus legal y los estándares operacionales para las plataformas descentralizadas, asegurando el cumplimiento de las leyes financieras existentes y abordando las preocupaciones de seguridad y ejecutabilidad relacionadas con los contratos inteligentes [273]. Los reguladores enfrentarán la tarea de encontrar un equilibrio entre fomentar la innovación y proteger a los usuarios mientras mantienen la integridad del mercado [273].

Se espera que la integración de la inteligencia artificial (IA) y la automatización tenga un impacto profundo en la regulación de criptomonedas [273]. La IA puede mejorar la supervisión regulatoria al analizar grandes cantidades de datos de transacciones para detectar actividades sospechosas, prevenir fraudes y garantizar el cumplimiento de los requisitos regulatorios [273]. Las herramientas de automatización, incluidos los sistemas automatizados de informes y cumplimiento, tienen el potencial de agilizar los procesos regulatorios y mejorar la eficiencia [273]. Sin embargo, la incorporación de la IA y la automatización en las prácticas regulatorias plantea preocupaciones sobre la privacidad de los datos, la seguridad y el potencial de sesgos algorítmicos que los reguladores deberán abordar [273].

En el ámbito de la tributación, la evolución de las transacciones de criptomonedas requerirá desarrollos continuos en los marcos fiscales para abordar las complejidades de las actividades de activos digitales [272]. Las tendencias futuras pueden implicar el establecimiento de directrices detalladas para la presentación de informes y la tributación de varios tipos de transacciones de criptomonedas, incluidas las participaciones, la agricultura de rendimiento y los tokens no fungibles (NFTs) [272]. Los avances tecnológicos pueden facilitar procesos de declaración de impuestos simplificados para individuos y empresas, potencialmente aprovechando soluciones basadas en blockchain para rastrear y reportar transacciones de manera precisa [272]. Los reguladores enfrentarán el desafío de equilibrar los requisitos de cumplimiento fiscal con la promoción de la innovación dentro del espacio de criptomonedas [272].

En conclusión, se espera que el futuro de la regulación de criptomonedas sea testigo de una interacción dinámica entre innovación y supervisión a medida que el ecosistema de activos digitales continúa evolucionando [272]. Los reguladores deberán mantenerse adaptables y proactivos en la resolución de los desafíos y oportunidades emergentes en el panorama de criptomonedas para garantizar un entorno regulatorio robusto y favorable para los participantes del mercado e inversores por igual.

9

Aplicaciones en el Mundo Real

Las criptomonedas, inicialmente concebidas como alternativas digitales a las monedas tradicionales, han evolucionado en herramientas versátiles con una amplia gama de aplicaciones en el mundo real. Aquí hay algunos ejemplos notables:

1. **Pagos Digitales:** Las criptomonedas como Bitcoin y Ethereum se utilizan cada vez más para pagos digitales. Ofrecen una alternativa descentralizada a los sistemas financieros tradicionales, permitiendo a los usuarios realizar transacciones sin intermediarios como los bancos. Por ejemplo, empresas como Overstock, Newegg y varios servicios en línea aceptan Bitcoin como método de pago. Estas transacciones pueden procesarse más rápido y, a menudo, con menores tarifas en comparación con los sistemas de pago tradicionales.

2. **Transacciones Internacionales:** Las criptomonedas facilitan las transacciones internacionales al eliminar la necesidad de conversión de divisas y reducir los tiempos y costos de transacción. Por ejemplo, enviar Bitcoin o stablecoins como USDC internacionalmente se puede hacer en minutos, en comparación con días con los métodos bancarios tradicionales. Esto es especialmente útil en regiones con acceso limitado a servicios bancarios o donde las altas tarifas de remesas son una preocupación.

3. **Finanzas Descentralizadas (DeFi):** DeFi representa un sector emergente dentro del espacio de las criptomonedas que busca recrear servicios financieros

tradicionales utilizando tecnologías descentralizadas. Las plataformas DeFi ofrecen servicios como préstamos, empréstitos, comercio y ganancia de intereses sobre activos criptográficos sin depender de intermediarios financieros tradicionales. Por ejemplo, plataformas como Compound y Aave permiten a los usuarios prestar y pedir prestadas criptomonedas, mientras que Uniswap facilita el comercio descentralizado de activos digitales.

4. **Contratos Inteligentes:** Los contratos inteligentes, principalmente asociados con Ethereum, son contratos autoejecutables con los términos del acuerdo directamente escritos en código. Estos contratos se ejecutan y aplican automáticamente cuando se cumplen las condiciones predefinidas, reduciendo la necesidad de intermediarios y minimizando el riesgo de fraude. Los contratos inteligentes se utilizan en diversas aplicaciones, desde la gestión de cadenas de suministro hasta la automatización de transacciones financieras complejas.

5. **Tokens No Fungibles (NFTs):** Los NFTs son activos digitales únicos verificados mediante tecnología blockchain. Representan la propiedad de un artículo o pieza de contenido específico, como obras de arte, música o coleccionables. Plataformas como OpenSea y Rarible facilitan la creación, compra y venta de NFTs. Los artistas y creadores utilizan NFTs para monetizar su trabajo directamente, mientras que los coleccionistas invierten en arte digital y coleccionables raros.

6. **Tokenización de Activos:** La tokenización implica convertir activos físicos o financieros en tokens digitales en una blockchain. Este proceso permite la propiedad fraccionada y la transferencia más fácil de activos. Bienes raíces, arte y otros activos valiosos pueden ser tokenizados para ampliar las oportunidades de inversión y aumentar la liquidez. Por ejemplo, las propiedades pueden dividirse en tokens digitales que representan participaciones en la propiedad, haciéndola accesible a un rango más amplio de inversores.

7. **Gestión de la Cadena de Suministro:** La tecnología blockchain, que subyace en las criptomonedas, mejora la transparencia y la eficiencia en la gestión de la cadena de suministro. Al registrar cada paso de la cadena de suministro en una blockchain, las empresas pueden rastrear el origen de los productos, verificar su autenticidad y reducir el fraude. La iniciativa Food Trust de Walmart e IBM

es un ejemplo de cómo blockchain puede mejorar la trazabilidad y seguridad alimentaria.

8. **Identidad Digital y Seguridad:** Las criptomonedas y la tecnología blockchain pueden mejorar la gestión de la identidad digital al proporcionar una forma segura y descentralizada de manejar la información personal. Las identidades digitales basadas en blockchain pueden dar a los usuarios control sobre sus datos y reducir el riesgo de robo de identidad. Proyectos como SelfKey y Sovrin buscan ofrecer soluciones de identidad descentralizadas que permitan a las personas verificar su identidad sin depender de instituciones tradicionales.

9. **Donaciones Caritativas:** Las criptomonedas se utilizan cada vez más para donaciones caritativas debido a su transparencia y eficiencia. Las donaciones realizadas con criptomonedas pueden rastrearse en la blockchain, asegurando que los fondos se utilicen según lo previsto. Plataformas como BitGive y Binance Charity facilitan las donaciones en criptomonedas para diversas causas, mejorando la transparencia y la rendición de cuentas en el sector benéfico.

10. **Juegos y Mundos Virtuales:** Las criptomonedas y la tecnología blockchain están transformando la industria de los videojuegos al permitir que los jugadores posean e intercambien activos dentro del juego de manera segura. Juegos como Axie Infinity y Decentraland utilizan blockchain para crear mundos virtuales donde los jugadores pueden comprar, vender e intercambiar objetos y terrenos virtuales utilizando criptomonedas. Esto crea nuevas fuentes de ingresos para los desarrolladores de juegos y proporciona a los jugadores una verdadera propiedad de sus activos en el juego.

Las criptomonedas y la tecnología blockchain están cada vez más integradas en diversos sectores, ofreciendo soluciones innovadoras que mejoran la eficiencia, transparencia y accesibilidad. A medida que la tecnología continúa evolucionando, se espera que sus aplicaciones en el mundo real se expandan aún más, impactando muchos aspectos de nuestras vidas diarias y sistemas económicos.

Finanzas Descentralizadas (DeFi)

Las Finanzas Descentralizadas (DeFi) representan un enfoque revolucionario para los servicios financieros, aprovechando las blockchains públicas, principalmente Ethereum, para ofrecer una amplia gama de actividades financieras sin depender de instituciones bancarias tradicionales. DeFi permite a los usuarios participar en transacciones financieras como ganar intereses, pedir prestado, prestar, comprar seguros, negociar derivados e intercambiar activos directamente a través de plataformas digitales. A diferencia de las finanzas tradicionales, DeFi opera a nivel global, de igual a igual, y está abierto a todas las personas con una conexión a Internet, eliminando la necesidad de intermediarios y la burocracia asociada [274].

Beneficios de DeFi [274]:

- **Acceso Abierto:** Las plataformas DeFi no requieren que los usuarios abran cuentas o soliciten servicios a través de canales tradicionales. En su lugar, el acceso se concede simplemente creando una billetera digital. Esta facilidad de entrada reduce las barreras de participación y democratiza el acceso a los servicios financieros.

- **Transacciones Pseudónimas:** Los usuarios no necesitan revelar información personal, como nombres o direcciones de correo electrónico, para utilizar los servicios DeFi. Esta pseudonimidad mejora la privacidad y reduce el riesgo de robo de identidad en comparación con los sistemas financieros tradicionales.

- **Flexibilidad:** DeFi permite el movimiento fluido de activos sin necesidad de permiso de terceros. Las transferencias son rápidas, y los usuarios pueden mover activos globalmente sin esperar procesos bancarios tradicionales o incurrir en altas tarifas.

- **Velocidad y Eficiencia:** Las tasas de interés y las recompensas en las plataformas DeFi pueden actualizarse rápidamente, a veces cada 15 segundos. Este entorno dinámico a menudo conduce a rendimientos significativamente más altos en comparación con los mercados financieros tradicionales, que operan con sistemas más rígidos y lentos.

- **Transparencia:** Las plataformas DeFi suelen ofrecer total transparencia respecto a las transacciones. A diferencia de las instituciones financieras tradicionales, que pueden oscurecer los detalles de las transacciones, DeFi proporciona una visión clara de todas las operaciones en la blockchain, mejorando la rendición de cuentas y la confianza.

Desventajas de DeFi [274]:

- **Costos de Transacción Fluctuantes:** Las tarifas de transacción en la blockchain de Ethereum, que se utiliza comúnmente para actividades DeFi, pueden variar considerablemente. El comercio activo o las transacciones frecuentes pueden volverse costosos debido a las altas tarifas de gas, lo que puede afectar la rentabilidad general de las actividades DeFi.

- **Volatilidad y Riesgo:** La tecnología subyacente de DeFi aún es relativamente nueva, y las oportunidades de inversión asociadas pueden ser altamente volátiles. Los usuarios pueden experimentar fluctuaciones significativas en el valor de sus activos, y la rápida evolución de la tecnología significa que las plataformas pueden ser experimentales y arriesgadas.

- **Registro y Regulación:** Los usuarios son responsables de mantener sus propios registros para fines fiscales, lo que puede ser un desafío dado el carácter descentralizado y pseudónimo de las transacciones DeFi. Los marcos regulatorios para DeFi varían según la región, y los usuarios deben mantenerse informados sobre las regulaciones locales para garantizar el cumplimiento y gestionar eficazmente las obligaciones fiscales.

En esencia, DeFi ofrece una alternativa transformadora a los sistemas financieros tradicionales, proporcionando mayor accesibilidad, privacidad y eficiencia. Sin embargo, los usuarios deben enfrentar desafíos relacionados con los costos de transacción, la volatilidad y el cumplimiento normativo para aprovechar plenamente los beneficios de esta tecnología emergente.

Las Finanzas Descentralizadas (DeFi) representan un cambio transformador en el sector financiero, aprovechando la tecnología blockchain para recrear e innovar los servicios financieros fuera de los sistemas bancarios tradicionales. Los objetivos fundamentales de DeFi giran en torno a la creación de un ecosistema financiero más accesible, eficiente y transparente a través de transacciones de igual a igual (P2P) y protocolos descentralizados.

Objetivos de DeFi [275]:

- **Accesibilidad:** Uno de los principales objetivos de DeFi es democratizar el acceso a los servicios financieros. A diferencia de los sistemas financieros tradicionales que a menudo tienen barreras de entrada basadas en la geografía o el estatus socioeconómico, las plataformas DeFi están disponibles para cualquier persona con una conexión a Internet. Este alcance global significa que individuos de áreas desatendidas o remotas pueden participar en actividades financieras, como prestar o negociar, sin verse limitados por restricciones geográficas o requisitos de instituciones financieras.

- **Bajas Tarifas y Altas Tasas de Interés:** DeFi busca reducir los costos asociados con las transacciones financieras eliminando intermediarios. En un sistema financiero tradicional, intermediarios como bancos o corredores cobran tarifas por sus servicios, que pueden acumularse significativamente. Las plataformas DeFi permiten a los usuarios negociar tasas de interés directamente entre sí y prestar o pedir prestado criptomonedas con tarifas mínimas. Esta interacción directa entre las partes puede llevar a condiciones más favorables y mayores tasas de interés tanto para prestamistas como para prestatarios en comparación con las instituciones financieras tradicionales.

- **Seguridad y Transparencia:** DeFi aprovecha la tecnología blockchain para garantizar la seguridad y la transparencia de las transacciones financieras. Las transacciones se registran en una blockchain, que es un libro mayor inmutable que no puede ser alterado una vez que se añaden los datos. Esta inmutabilidad, junto con la transparencia de las blockchains públicas, significa que todas las transacciones son visibles y verificables por cualquier persona, aunque las identidades de los usuarios permanecen pseudónimas. El uso de contratos inteligentes—contratos autoejecutables con los términos directamente escritos en código—agrega una capa adicional de seguridad, automatizando y haciendo cumplir los términos del contrato sin intervención humana.

- **Autonomía:** Las plataformas DeFi operan de manera independiente de las instituciones financieras tradicionales. Esta descentralización elimina la necesidad de autoridades centrales para gestionar y administrar los servicios financieros. Al depender de protocolos descentralizados, DeFi reduce los costos asociados con los servicios financieros y elimina los posibles puntos de falla inherentes a los sistemas centralizados. Esta autonomía permite a los usuarios tener un mayor control sobre sus actividades financieras, incluyendo la capacidad de acceder, gestionar y transferir activos sin intermediarios.

Ejemplos y Usos de DeFi [275]:

- **Intercambios Descentralizados (DEXs):** Una de las aplicaciones más populares de DeFi son los intercambios descentralizados como Uniswap y PancakeSwap. Estas plataformas facilitan el intercambio de criptomonedas directamente entre usuarios sin necesidad de un intercambio centralizado. Al utilizar contratos inteligentes, los DEXs permiten a los usuarios intercambiar tokens y proporcionar liquidez, mejorando la eficiencia y liquidez de los mercados de criptomonedas.

- **Proveedores de Liquidez:** En DeFi, los proveedores de liquidez contribuyen fondos a los fondos de liquidez que facilitan el comercio en intercambios descentralizados. Estos fondos permiten a los usuarios negociar activos rápidamente al garantizar que haya suficiente liquidez disponible. A cambio, los proveedores de liquidez ganan tarifas de las transacciones ejecutadas dentro del fondo, creando una fuente de ingresos pasivos.

- **Préstamos y Yield Farming:** Las plataformas de préstamos DeFi permiten a los usuarios prestar sus activos criptográficos a cambio de intereses. El yield farming lleva esto un paso más allá al permitir a los usuarios ganar recompensas adicionales a través de la provisión de liquidez o participando en varios protocolos DeFi. Los préstamos flash, una característica en algunas plataformas DeFi, permiten a los prestatarios acceder a fondos sin colateral, siempre y cuando el préstamo se reembolse dentro de un solo bloque de transacción.

- **Apuestas y Mercados de Predicción:** DeFi también se ha aventurado en los sectores de apuestas y mercados de predicción. Plataformas como ZKasino y Azuro permiten a los usuarios hacer apuestas en diversos eventos utilizando criptomonedas. Los mercados de predicción, por otro lado, permiten a los usuarios especular sobre los resultados de eventos, desde elecciones políticas hasta juegos deportivos, utilizando mecanismos descentralizados.

- **Tokens No Fungibles (NFTs):** Aunque el mercado de NFT ha experimentado fluctuaciones, sigue siendo una parte integral del ecosistema DeFi. Los NFTs representan activos digitales únicos o coleccionables y se utilizan a menudo en aplicaciones DeFi para representar la propiedad o derechos de acceso a bienes digitales, obras de arte u otras formas de contenido.

DeFi busca revolucionar la industria financiera al hacer los servicios financieros más accesibles, económicos y transparentes. A través de sus diversas aplicaciones, DeFi ofrece soluciones innovadoras que desafían los sistemas financieros tradicionales y brindan nuevas oportunidades para los usuarios en todo el mundo.

Las Finanzas Descentralizadas (DeFi) operan bajo el principio de eliminar intermediarios tradicionales como bancos e instituciones financieras mediante el uso de la tecnología blockchain. A diferencia de los sistemas financieros convencionales que requieren que los usuarios abran cuentas y completen una extensa documentación, DeFi permite interacciones fluidas a través de aplicaciones descentralizadas (dApps) en blockchains, predominantemente Ethereum. Aquí se presenta una visión detallada de cómo funciona DeFi y las diversas formas en que los usuarios interactúan con él:

DeFi aprovecha la tecnología blockchain para crear un ecosistema financiero abierto, transparente y descentralizado. Las blockchains son libros de contabilidad distribuidos donde las transacciones se registran en "bloques" y se enlazan entre sí para formar una "cadena". Cada bloque contiene un registro de transacciones, y una vez que un bloque es verificado y cerrado, se cifra y se enlaza al bloque anterior. Esta inmutabilidad garantiza que los registros de transacciones no puedan ser alterados sin cambiar los bloques posteriores, lo que proporciona un alto nivel de seguridad y confianza.

Los usuarios interactúan con DeFi a través de software denominado dApps, que son aplicaciones descentralizadas que funcionan en la blockchain. Estas dApps reemplazan a las instituciones financieras tradicionales al automatizar los servicios financieros mediante contratos inteligentes. Los contratos inteligentes son contratos autoejecutables con los términos del acuerdo directamente escritos en código. Esto elimina la necesidad de intermediarios, reduce costos y acelera las transacciones.

Interacción con DeFi [275]:

- **Préstamos y Empréstitos:** En DeFi, los usuarios pueden prestar sus criptomonedas y ganar intereses o recompensas. Este proceso de préstamo se facilita a través de contratos inteligentes que automatizan el cálculo y la distribución de los intereses. Los prestatarios pueden obtener préstamos rápidamente, a veces a través de "préstamos flash," que son préstamos a corto plazo sin necesidad de colateral, a diferencia de la banca tradicional.

- **Negociación:** Las plataformas DeFi permiten la negociación de criptomonedas entre pares. Los usuarios pueden comprar y vender activos digitales directamente entre sí, evitando intermediarios o intercambios tradicionales. Este enfoque entre pares a menudo resulta en tarifas más bajas y transacciones más rápidas en comparación con los sistemas financieros tradicionales.

- **Ahorro y Yield Farming:** Los usuarios pueden depositar sus criptomonedas en aplicaciones DeFi similares a cuentas de ahorro, que ofrecen tasas de interés más altas que los bancos tradicionales. El yield farming implica proporcionar liquidez a plataformas DeFi a cambio de recompensas, típicamente en forma de criptomonedas adicionales. Este proceso puede ser altamente rentable, aunque puede involucrar riesgos más altos debido a la volatilidad del mercado.

- **Compra de Derivados:** DeFi también admite el comercio de derivados, que son contratos financieros cuyo valor se deriva de activos subyacentes. Esto incluye contratos de opciones y futuros en el mercado de criptomonedas, permitiendo a los usuarios cubrirse contra o especular sobre los movimientos de precios.

Las aplicaciones DeFi, o dApps, proporcionan interfaces de usuario para interactuar con la blockchain. Estas aplicaciones facilitan transacciones, préstamos, negociaciones y más al permitir a los usuarios seleccionar opciones y establecer términos a través de una interfaz gráfica. Sin tales aplicaciones, los usuarios tendrían que operar a través de interfaces de línea de comandos, que son menos amigables [275].

Las billeteras digitales son esenciales para las interacciones con DeFi. Almacenan las claves privadas, que actúan como contraseñas para acceder y gestionar activos digitales. Estas billeteras permiten a los usuarios enviar y recibir criptomonedas e interactuar con aplicaciones DeFi. Cuando se realiza una transacción, la billetera utiliza la clave privada para firmar la transacción, garantizando transferencias seguras e irreversibles.

Aunque DeFi ofrece beneficios significativos en términos de accesibilidad, seguridad y eficiencia en costos, no proporciona anonimato total [275]. Las transacciones en la blockchain son rastreables y pueden ser vistas por cualquier persona con las herramientas apropiadas. Aunque las transacciones no incluyen información personal como nombres o direcciones de correo electrónico, aún son rastreables a través del análisis de blockchain. Esta transparencia ayuda a mantener la integridad del sistema financiero y puede asistir en medidas regulatorias y de seguridad.

DeFi representa un enfoque transformador hacia los servicios financieros, aprovechando la tecnología blockchain para crear un sistema financiero más abierto, eficiente y orientado al usuario. Al eliminar intermediarios tradicionales y usar aplicaciones descentralizadas y contratos inteligentes, DeFi ofrece una gama de servicios financieros con mayor accesibilidad y menores costos, mientras mantiene un nivel de transparencia y seguridad [275].

Finanzas Descentralizadas y Tokens Envueltos en Australia

El préstamo y el préstamo en finanzas descentralizadas (DeFi) en Australia introduce nuevas oportunidades y complejidades en comparación con las finanzas tradicionales. Las plataformas DeFi a menudo utilizan términos financieros familiares como 'préstamo', 'empréstito' e 'intereses', pero estos términos pueden tener diferentes implicaciones para la tributación y la propiedad [276].

Préstamo y Empréstito en DeFi

En DeFi, el préstamo implica proporcionar criptomonedas a una plataforma o individuo a cambio de intereses o recompensas. De manera similar, el empréstito permite a los usuarios obtener fondos sin la documentación tradicional o procesos largos. Sin embargo, estas actividades pueden desencadenar un evento de Impuesto sobre las Ganancias de Capital (CGT). Un evento CGT ocurre típicamente cuando hay un cambio en la propiedad beneficiaria de un activo cripto. Este cambio puede ocurrir en dos escenarios principales: intercambiar un activo cripto por otro o recibir un derecho para reclamar el mismo activo en el futuro [276].

Por ejemplo, si prestas una criptomoneda a una plataforma DeFi, el acto de prestar puede resultar en un evento CGT si implica transferir el activo a una dirección que no controlas. Los ingresos de capital se determinan por el valor de mercado de la propiedad recibida a cambio, que podría ser otro activo cripto o un derecho a una entrega futura.

Ejemplo: Tratamiento de un Préstamo de Activos Cripto con Cambio de Propiedad

Considera a Sasha, quien compró 100 Xcoin por $800 y presta 50 Xcoin, valoradas en $500, con una tasa de retorno del 1%. Sasha ya no retiene la propiedad beneficiaria de los Xcoin una vez prestados. El préstamo resulta en un evento CGT debido a un cambio en la propiedad. En el momento del préstamo, Sasha realiza una ganancia de capital de $100 basada en la diferencia entre el valor original y el valor de mercado actual de los Xcoin [276].

Ejemplo: Tratamiento de CGT al Prestar a una Plataforma DeFi

Mika compra 100 monedas ZYX por $1,000 y las presta a una plataforma DeFi. Si la plataforma agrupa las monedas ZYX con las de otros prestamistas y los términos no están claros sobre la retención de la propiedad, ocurre un evento CGT cuando Mika presta inicialmente las monedas. En ese momento, el derecho de Mika a recibir las monedas se valora en $900, resultando en una pérdida de capital de $100. Cuando el préstamo de Mika es reembolsado, el valor de mercado de las monedas ha aumentado, llevando a una ganancia de capital de $100. Por lo tanto, la nueva base de costo de Mika para las monedas ZYX es $1,000 [276].

Pools de Liquidez y Proveedores

Los pools de liquidez son otro aspecto integral de DeFi. Estos pools agregan activos cripto bloqueados en un contrato inteligente para facilitar el préstamo descentralizado y mejorar la liquidez de negociación. Cuando depositas activos en un pool de liquidez, recibes tokens o derechos que representan tu parte del pool. Esta transacción es un evento CGT, con los ingresos de capital siendo el valor de mercado de los tokens o derechos recibidos [276].

Ejemplo: Intercambio de Activos Cripto a través del Pool de Liquidez

Martha deposita un EH en el pool de liquidez XA y recibe 20 tokens XA. Si el EH se adquirió hace tres años a $2 y los tokens XA valen $20 en el momento del depósito, Martha realiza una ganancia de capital de $18 en el depósito. Esta ganancia puede ser elegible para un descuento de CGT [276].

Intereses y Recompensas de Activos Cripto en DeFi

Las plataformas DeFi a menudo pagan recompensas en forma de activos cripto adicionales. Estas recompensas se tratan de manera similar a los ingresos por intereses a efectos fiscales. Cuando recibes recompensas periódicas, debes informar su valor de mercado en el momento de la recepción como ingresos evaluables [276].

Ejemplo: Recompensa de Activos Cripto de una Plataforma DeFi

Craig presta 100 tokens de stablecoin valorados en $10 cada uno a través de una plataforma DeFi y gana un retorno del 1% en forma de stablecoins adicionales. Craig debe declarar el valor de mercado de los nuevos tokens como ingreso, que, en este caso, es $10 [276].

Tokens Envueltos

Los tokens envueltos representan un activo cripto en una blockchain diferente o en un formato diferente. Por ejemplo, envolver Bitcoin (BTC) en Wrapped Bitcoin (WBTC) permite que el valor de Bitcoin se utilice en la blockchain de Ethereum. Envolver implica enviar el activo original a un contrato inteligente, que acuña un token envuelto equivalente. Este proceso desencadena un evento CGT porque implica intercambiar un activo por otro, con los ingresos de capital equivalentes al valor de mercado del token envuelto en el momento del intercambio [276].

Ejemplo: Tratamiento de CGT al Intercambiar Tokens Envueltos

Kal compra 1 BTC por $30,000 y lo envuelve en 1 WBTC, que se valora en $45,000. El proceso de envolvimiento resulta en una ganancia de capital de $15,000, reflejando el aumento en el valor desde el BTC original [276].

Aunque DeFi ofrece soluciones financieras innovadoras, también introduce complejidades para fines fiscales. Entender cómo las diferentes actividades DeFi—como el préstamo, el empréstito, la provisión de liquidez y el uso de tokens envueltos—afectan el CGT y el impuesto sobre la renta es crucial para el cumplimiento y la gestión financiera efectiva en Australia.

Finanzas Descentralizadas y Tokens Envueltos en los EE.UU.

En los Estados Unidos, las implicaciones fiscales de participar en finanzas descentralizadas (DeFi) son complejas y multifacéticas debido al panorama en evolución de las regulaciones de criptomonedas [277]. El Servicio de Impuestos Internos (IRS) categoriza las transacciones de criptomonedas como eventos gravables, tratándolas como propiedad en lugar de moneda, lo que se extiende a varias actividades DeFi [277]. Esta clasificación resulta en que las ganancias o pérdidas de las transacciones DeFi se consideren como ganancias o pérdidas de capital, alineándose con los principios fiscales aplicados a las criptomonedas tradicionales [277].

En lo que respecta a actividades específicas de DeFi como el préstamo y el empréstito, el tratamiento fiscal sigue los mismos principios que las criptomonedas tradicionales [277]. Por ejemplo, prestar criptomonedas en DeFi puede desencadenar un evento gravable, con el IRS potencialmente considerando la transacción de préstamo como una disposición del activo, lo que lleva a ganancias o pérdidas de capital basadas en el cambio en el valor del activo [277]. De manera similar, el empréstito de criptomonedas y los reembolsos subsecuentes pueden afectar las obligaciones fiscales en función de la fluctuación en el valor de los activos prestados [277].

El comercio e intercambio de criptomonedas en plataformas DeFi también están sujetos a impuestos, con el IRS considerando estas transacciones como eventos gravables [277]. Las ganancias o pérdidas de capital deben calcularse e informarse al intercambiar una criptomoneda por otra, basándose en la diferencia entre el valor justo de mercado en el momento del intercambio y el precio de compra original [277]. Este principio de tributación se aplica a diversas actividades DeFi, asegurando que las ganancias o pérdidas se contabilicen en los cálculos del impuesto sobre las ganancias de capital [277].

Proporcionar liquidez en protocolos DeFi implica depositar criptomonedas en pools de liquidez, lo que el IRS considera un evento gravable debido a la transferencia de propiedad [277]. Los ingresos de capital de depositar activos en un pool de liquidez son equivalentes al valor de mercado de las recompensas o tokens de proveedor de liquidez recibidos, lo que requiere un reporte preciso para fines fiscales [277]. Los retiros subsecuentes del pool de liquidez también desencadenan eventos gravables, requiriendo cálculos de ganancias o pérdidas de capital basados en los valores de los activos en el momento del depósito y el retiro [277].

La agricultura de rendimiento y el staking, prácticas comunes en DeFi, se tratan como ingresos gravables por el IRS, con el valor justo de mercado de las recompensas recibidas considerado como ingreso gravable a reportar en el año de recepción [277]. Estas recompensas están sujetas a tasas impositivas ordinarias, destacando la importancia de informar con precisión dichos ingresos para asegurar el cumplimiento de las regulaciones fiscales [277]. De manera similar, los tokens envueltos, que representan activos originales en diferentes blockchains, pueden dar lugar a eventos gravables basados en las ganancias o pérdidas de capital del proceso de conversión de tokens [277].

Un registro preciso es fundamental para gestionar eficazmente las obligaciones fiscales de DeFi, dada la complejidad de las transacciones e interacciones involucradas [277]. Los registros detallados de todas las transacciones DeFi, incluyendo fechas, montos y valores, son esenciales para el cálculo preciso de ganancias, pérdidas e ingresos, según lo requerido por el IRS [277]. La falta de reporte de eventos gravables puede resultar en sanciones e intereses, subrayando la importancia de mantener registros meticulosos en el cumplimiento fiscal de DeFi [277].

Tokens No Fungibles (NFTs)

Los Tokens No Fungibles (NFTs) representan una forma revolucionaria de digitalizar y verificar la propiedad de activos únicos utilizando tecnología blockchain. Estos tokens abarcan una amplia gama de activos digitales y físicos, como arte, videos o contenido digital, convirtiéndolos en formas tokenizadas que pueden ser intercambiadas o vendidas. Vamos a profundizar en cómo funcionan los NFTs y en cómo se diferencian de otros tipos de tokens, como las criptomonedas [278].

Los NFTs se crean al convertir un activo—ya sea una pieza de arte digital, un video o incluso un coleccionable digital—en un token único a través de un proceso llamado tokenización. Este proceso implica generar un código de identificación distintivo, conocido como metadatos, que se cifra y se almacena en una blockchain. La blockchain actúa como un libro de contabilidad seguro y descentralizado que registra el token único del NFT. Aunque el activo en sí—como el archivo de imagen o video real—se almacena en otro lugar (como un servidor o almacenamiento en la nube), la entrada en la blockchain representa la propiedad y la procedencia del token [278].

Este proceso de tokenización asegura que cada NFT sea único y no pueda ser replicado, proporcionando una forma segura de rastrear y verificar la propiedad. Los metadatos asociados con un NFT contienen detalles sobre el activo, incluyendo su creador, historial de propiedad y cualquier atributo que contribuya a su valor. La conexión entre el token y el activo es crucial, ya que sustenta la unicidad y autenticidad del NFT [278].

Los NFTs pueden ser comercializados o intercambiados en varios mercados en línea, y su valor puede ser determinado por factores como la demanda del mercado, la reputación del creador y la singularidad del activo. Por ejemplo, si creas un NFT dibujando una carita sonriente en una banana, fotografiándola y tokenizándola en una blockchain, estás asignando efectivamente un identificador digital único a esa imagen específica. Este NFT puede luego ser comprado, vendido o intercambiado por dinero, criptomonedas u otros NFTs [278].

El valor de un NFT es subjetivo y depende en gran medida de la percepción del mercado y del valor asignado por los propietarios y compradores. A diferencia de los activos tradicionales, los NFTs derivan su valor de su rareza, la importancia del activo que representan y la demanda en el mercado. Esto significa que, aunque la imagen real de la carita sonriente en la banana puede ser copiada, el NFT representa una reclamación única a la versión original, embebida con propiedad y autenticidad verificables [278].

Para entender mejor los NFTs, es esencial contrastarlos con las criptomonedas. Las criptomonedas, como Bitcoin o Ethereum, son ejemplos de tokens fungibles. Esto significa que cada unidad de criptomoneda es intercambiable con otra del mismo tipo; por ejemplo, un Bitcoin es equivalente a otro Bitcoin. Esta fungibilidad es una característica fundamental de las criptomonedas, haciéndolas adecuadas para transacciones e intercambios en el ecosistema financiero [278].

En contraste, los NFTs no son fungibles. Esto significa que, aunque dos NFTs de la misma blockchain puedan parecer idénticos o tener atributos similares, no son intercambiables. Cada NFT tiene un código de identificación único y metadatos que lo distinguen de cualquier otro NFT. Esta no fungibilidad es lo que hace que los NFTs sean ideales para representar activos digitales o físicos únicos, ya que cada token encarna una propiedad y características distintas que no pueden ser duplicadas o intercambiadas en una base uno a uno [278].

Los NFTs aprovechan la tecnología blockchain para crear, almacenar y verificar tokens digitales únicos que representan diversos activos. Al tokenizar activos, los NFTs proporcionan una forma segura y transparente de establecer propiedad y procedencia. A diferencia de las criptomonedas, que son fungibles e intercambiables, los NFTs son inherentemente únicos e irremplazables, reflejando su valor distintivo en el mercado. Esta distinción subraya el potencial transformador de los NFTs en áreas como el arte, los coleccionables y la propiedad digital, ofreciendo nuevas oportunidades para creadores y coleccionistas por igual [278].

Tokens No Fungibles (NFTs) han atraído una atención significativa por su papel en el arte digital y los coleccionables, pero sus aplicaciones se extienden mucho más allá de estos ámbitos. Algunas de las aplicaciones del mundo real de los NFTs en diversos sectores incluyen:

1. **Arte Digital y Coleccionables:** La aplicación más destacada de los NFTs es en el mundo del arte digital. Los NFTs proporcionan una forma de verificar la propiedad y autenticidad de las obras de arte digitales, que pueden ser fácilmente duplicadas. Los artistas utilizan los NFTs para vender su trabajo directamente a los compradores, recibiendo regalías de las ventas secundarias. Esto ha democratizado el mercado del arte y ha dado a los artistas un mayor control sobre su trabajo.

2. **Videojuegos:** Los NFTs están siendo cada vez más integrados en los videojuegos para representar activos dentro del juego, como skins, armas y personajes. Estos NFTs pueden ser comprados, vendidos e intercambiados fuera del juego, permitiendo a los jugadores poseer elementos únicos y potencialmente ganar con sus posesiones virtuales. Juegos como Axie Infinity y Decentraland utilizan NFTs para mejorar el compromiso de los jugadores y crear nuevas fuentes de ingresos.

3. **Bienes Raíces Virtuales:** Los NFTs se utilizan para comprar, vender e intercambiar terrenos y propiedades virtuales en mundos digitales o metaversos. Plataformas como Decentraland y The Sandbox permiten a los usuarios comprar parcelas de tierra virtual como NFTs, que pueden ser desarrolladas, alquiladas o vendidas. Este mercado de bienes raíces virtuales ofrece nuevas oportunidades para inversión y expresión creativa en entornos virtuales.

4. **Música y Entretenimiento:** Los músicos y entretenedores están utilizando NFTs para lanzar contenido exclusivo, coleccionables y experiencias. Los NFTs se pueden usar para vender entradas para conciertos, pases para backstage o pistas de edición limitada. Por ejemplo, artistas como Grimes y Kings of Leon han lanzado álbumes basados en NFTs y experiencias de conciertos, ofreciendo a los fanáticos formas únicas de interactuar con sus artistas favoritos.

5. **Propiedad Intelectual y Branding:** Las marcas y los propietarios de propiedad intelectual utilizan los NFTs para crear mercadería digital única y experiencias. Las empresas pueden emitir NFTs de edición limitada vinculados a sus productos o hitos de marca. Por ejemplo, marcas importantes como Nike y Adidas han explorado los NFTs para mercadería de edición limitada y coleccionables digitales, mejorando el compromiso y la lealtad a la marca.

6. **Identidad y Certificación:** Los NFTs se pueden usar para la verificación de identidad digital y certificación. Instituciones educativas y organizaciones profesionales están explorando los NFTs para emitir diplomas digitales, certificaciones y medallas. Estos NFTs sirven como registros a prueba de manipulaciones de logros y calificaciones, proporcionando una forma segura de verificar credenciales.

7. **Bienes Raíces:** En el sector de bienes raíces, los NFTs se están utilizando para representar la propiedad de propiedades físicas o escrituras. Esta aplicación puede agilizar las transacciones de propiedad al hacer que las transferencias de propiedad sean más eficientes y transparentes. Las plataformas inmobiliarias están experimentando con NFTs para simplificar procesos como la compra, venta y transferencia de propiedad.

8. **Venta de Entradas y Gestión de Eventos:** Los NFTs ofrecen un nuevo en-

foque para la venta de entradas, proporcionando una forma de emitir y verificar entradas digitalmente. Las entradas basadas en NFTs pueden prevenir la falsificación y permitir transacciones en el mercado secundario con regalías incorporadas para los organizadores de eventos. Esta aplicación mejora la seguridad y transparencia en la venta de entradas, beneficiando tanto a los organizadores como a los asistentes.

9. **Caridad y Recaudación de Fondos:** Los NFTs se están utilizando para causas benéficas y campañas de recaudación de fondos. Organizaciones e individuos crean y subastan NFTs para recaudar fondos para diversas causas, destinando los ingresos directamente a iniciativas benéficas. Este enfoque innovador para la recaudación de fondos aprovecha las cualidades únicas de los NFTs para atraer a donantes y seguidores.

10. **Acuerdos Legales y Contractuales:** Los NFTs pueden representar acuerdos y contratos legales, ofreciendo un registro seguro e inmutable de los términos y condiciones. Los contratos inteligentes, a menudo asociados con los NFTs, pueden automatizar y hacer cumplir las obligaciones contractuales, reduciendo la necesidad de intermediarios y mejorando la transparencia en los acuerdos legales.

11. **Integración en el Metaverso:** En el campo en crecimiento del metaverso, los NFTs juegan un papel crucial en la definición de la propiedad e interacción digital. Los NFTs representan avatares, bienes virtuales y experiencias en estos mundos digitales inmersivos, permitiendo a los usuarios crear y poseer identidades y activos virtuales únicos.

Los NFTs han trascendido sus casos de uso iniciales en arte digital y coleccionables para convertirse en una herramienta versátil con aplicaciones en diversas industrias. Su capacidad para representar activos únicos y verificar la propiedad a través de la tecnología blockchain está transformando sectores como el gaming, los bienes raíces, la música y más. A medida que la tecnología sigue evolucionando, es probable que el alcance de las aplicaciones de los NFTs se expanda aún más, ofreciendo nuevas oportunidades para la innovación y el compromiso.

Cómo Funcionan los NFTs

Los NFTs, o Tokens No Fungibles, son una innovación significativa en el ámbito digital, que permiten la creación y verificación de activos digitales únicos a través de la tecnología blockchain. El proceso de creación de un NFT se conoce como "acuñación" y consta de varios pasos clave para asegurar la unicidad y autenticidad del activo [278].

Proceso de Acuñación

La acuñación es el proceso mediante el cual la información de un activo se convierte en un token digital en una blockchain. A grandes rasgos, la acuñación implica la creación de un nuevo bloque en la blockchain, la validación de la información del NFT y luego el cierre del bloque para registrar los datos. Este proceso es crucial, ya que asegura que la información del NFT se almacene y verifique de forma segura [278].

El proceso de acuñación a menudo involucra contratos inteligentes, que son contratos autoejecutables con los términos del acuerdo escritos en código. Los contratos inteligentes automatizan la creación, gestión y transferencia de NFTs. Definen las reglas para el NFT, incluyendo cómo se asigna la propiedad y cómo el token puede ser transferido o intercambiado. Cuando se acuña un nuevo NFT, el contrato inteligente registra los detalles únicos del NFT y los asigna a una dirección de blockchain. Esta dirección representa al propietario del NFT y está disponible públicamente, asegurando la transparencia y trazabilidad de la propiedad [278].

Cada NFT creado durante este proceso recibe un identificador único que lo vincula directamente a una dirección específica de la blockchain. Incluso si se acuñan múltiples NFTs para el mismo activo—como 5,000 imágenes digitales idénticas—cada token es distinguible de los demás debido a su identificador único. Esto asegura que cada NFT siga siendo un activo digital único, incluso si el activo subyacente en sí mismo es replicado.

Blockchains y Variaciones de NFT

Aunque Ethereum es la blockchain más conocida para los NFTs, otras blockchains también pueden crear NFTs, aunque a veces bajo nombres diferentes. Por ejemplo, en la blockchain de Bitcoin, los NFTs se conocen como Ordinals. A diferencia de los NFTs basados en Ethereum, que se crean como tokens, los Ordinals de Bitcoin asignan números seriales únicos, o identificadores, a los satoshis—la unidad más pequeña de Bitcoin. Estos identificadores funcionan de manera similar a los tokens NFT, permitiendo que los Ordinals de Bitcoin sean comprados, vendidos e intercambiados mientras preservan su unicidad [278].

Esta variación en las implementaciones de blockchain resalta la versatilidad y adaptabilidad de la tecnología NFT en diferentes plataformas de blockchain. Cada blockchain proporciona su propio mecanismo para crear y gestionar NFTs, pero el principio subyacente de unicidad e indivisibilidad permanece constante.

Blockchain y Fungibilidad

El concepto de fungibilidad es central para entender la diferencia entre las criptomonedas y los NFTs. Las criptomonedas son fungibles, lo que significa que cada unidad es intercambiable y equivalente en valor a otra unidad del mismo tipo. Por ejemplo, un Bitcoin es funcionalmente igual a otro Bitcoin, de manera similar a como un billete de un dólar es igual a otro billete de un dólar. Esta fungibilidad hace que las criptomonedas sean adecuadas como medio de intercambio en la economía digital [278].

En contraste, los NFTs son no fungibles, lo que significa que cada token es único y no puede intercambiarse uno a uno con otro NFT. Los NFTs sirven como representaciones digitales de activos distintos, y su unicidad es similar a pasaportes digitales, cada uno con una identidad única e intransferible. Esta no fungibilidad permite que los NFTs representen activos como arte digital, coleccionables o bienes raíces virtuales, cada uno con sus propios atributos específicos y valor.

Además, los NFTs son extensibles, lo que significa que pueden combinarse o modificarse para crear nuevos NFTs únicos. Este concepto, a menudo referido como "cría" en la industria de las criptomonedas, permite la generación de nuevos tokens mediante la fusión o alteración de los existentes, expandiendo las posibilidades para la creación de activos digitales e innovación [278].

Beneficios de los NFTs

Una de las ventajas más significativas de los Tokens No Fungibles (NFTs) es su capacidad para mejorar la eficiencia del mercado. Al tokenizar activos físicos o digitales, los NFTs pueden agilizar el proceso de venta y eliminar la necesidad de intermediarios tradicionales. Por ejemplo, los artistas y creadores pueden conectar directamente con su audiencia y vender su trabajo sin depender de agentes o galerías. Esta conexión directa puede reducir los costos de transacción y permitir a los creadores retener una mayor parte del precio de venta. El uso de la tecnología blockchain garantiza que la propiedad y la procedencia se registren de manera transparente, reduciendo el riesgo de fraude y brindando a los compradores confianza en la autenticidad del activo [278].

Los NFTs también ofrecen soluciones innovadoras para invertir en diversas clases de activos. Un ejemplo notable es el desarrollo de Ernst & Young de una solución NFT para inversores en vinos finos. Al almacenar el vino en un entorno seguro y utilizar NFTs para documentar su procedencia, los inversores pueden rastrear y comerciar de manera segura la propiedad de sus activos. De manera similar, los bienes raíces pueden ser tokenizados, permitiendo que las propiedades se dividan en múltiples secciones, cada una representada por un NFT único. Este enfoque simplifica el complejo y burocrático proceso de las transacciones inmobiliarias, permitiendo un comercio de propiedades más eficiente y transparente [278].

En el ámbito de la propiedad empresarial, los NFTs pueden funcionar de manera similar a los certificados de acciones tradicionales. Así como la propiedad de acciones se registra en libros contables con detalles como el nombre del accionista y el número de acciones, los NFTs pueden representar participaciones en un negocio. El beneficio clave de utilizar NFTs es la integración de contratos inteligentes, que automatizan la transferencia de propiedad en el momento de la venta. Esta automatización agiliza el proceso y reduce los costos administrativos en comparación con el comercio tradicional de acciones [278].

Otro beneficio significativo de los NFTs radica en su potencial para mejorar la seguridad. Los NFTs se basan en la tecnología blockchain inmutable, lo que significa que la información personal asociada con los NFTs no puede ser alterada ni accedida sin las claves adecuadas. Esta inmutabilidad hace que los NFTs sean una herramienta robusta para la seguridad de la identidad, asegurando que la información sensible permanezca protegida contra accesos no autorizados [278].

Los NFTs también democratizan la inversión al permitir la propiedad fraccionaria de activos físicos. La tokenización permite que múltiples individuos posean una parte de elementos de alto valor, como obras de arte o bienes raíces, al dividir el activo en fracciones más pequeñas y negociables. Esta fraccionación hace posible que más personas inviertan en activos valiosos que, de otro modo, estarían fuera de su alcance, ampliando así el acceso a oportunidades de inversión [278].

Preocupaciones sobre los Tokens No Fungibles

A pesar de sus numerosos beneficios, los NFTs no están exentos de preocupaciones. Un problema importante es el potencial de piratería digital. Aunque los NFTs representan la propiedad a través de metadatos cifrados y registros en la blockchain, el activo digital en sí—como una imagen, video o archivo de música—todavía puede ser copiado y distribuido sin permiso. Esto significa que, aunque el NFT prueba la propiedad y autenticidad, el archivo digital puede ser fácilmente duplicado. La responsabilidad de hacer cumplir la propiedad y prevenir el uso no autorizado a menudo recae en el propietario del NFT, quien puede necesitar tomar acciones legales contra los infractores [278].

Otro desafío con los NFTs es su liquidez. A diferencia de las criptomonedas, que pueden ser fácilmente intercambiadas por otras monedas, los NFTs suelen ser altamente específicos y atraer a mercados nicho. Esta especialización puede dificultar la venta de un NFT si pierde popularidad o si la demanda del mercado cambia. Por ejemplo, si un NFT está vinculado a una tendencia o artista particular que se vuelve menos popular, encontrar un comprador dispuesto a pagar un precio deseable puede ser un desafío [278].

En general, aunque los NFTs ofrecen soluciones y beneficios innovadores en diversos ámbitos, también presentan un conjunto propio de desafíos que deben ser considerados cuidadosamente por inversores y creadores potenciales.

Blockchain en la Gestión de la Cadena de Suministro

La tecnología blockchain es cada vez más reconocida por su potencial para revolucionar las cadenas de suministro globales. Grandes actores de la industria, como Maersk, Amazon, Walmart y DHL, están explorando blockchain para mejorar su eficiencia operativa [279]. Blockchain aborda varios desafíos en la logística y la gestión de la cadena de suministro, incluyendo la adquisición, la gestión del transporte, el seguimiento y trazabilidad, la colaboración aduanera y la financiación del comercio [279].

Una de las principales ventajas de blockchain en la logística es su capacidad para agilizar los procesos al reducir la necesidad de intermediarios y minimizar los errores. Los sistemas tradicionales a menudo involucran numerosos documentos y sistemas dispares, lo que puede llevar a problemas como la duplicación de facturas, tarifas incorrectas y cambios en el modo de transporte. Blockchain proporciona una única fuente de verdad transparente, consolidando la información y facilitando una mejor comunicación entre los socios de la cadena de suministro. Esta transparencia puede reducir significativamente la necesidad de documentación extensa, ofreciendo visibilidad en tiempo real sobre los niveles de inventario y los requisitos de servicio [279].

El uso de contratos inteligentes mejora aún más el valor de blockchain en el transporte y la logística. Los contratos inteligentes son acuerdos autoejecutables con los términos codificados directamente en la blockchain. Automatizan las transacciones y manejan ajustes o penalidades automáticamente, eliminando la necesidad de resolución manual de disputas. Por ejemplo, si un envío se retrasa o no cumple con las condiciones, un contrato inteligente puede procesar automáticamente las acciones necesarias [279].

Un ejemplo práctico de los beneficios de blockchain se puede observar en el envío de bienes, como un suéter de China al Reino Unido. Los procesos de envío tradicionales implican numerosos documentos en papel y entrada manual de datos, aumentando el riesgo de errores. Con blockchain, el suéter puede estar equipado con un chip habilitado para IoT que envía una señal digital cuando sale de la fábrica. Esta señal se registra en la blockchain, desencadenando el pago automático y el procesamiento aduanero. Este sistema asegura que todos los datos sean precisos e inviolables, agilizando todo el proceso de envío [279].

Blockchain también ofrece mejoras significativas en la seguridad dentro de la industria del transporte. La declaración incorrecta o la identificación inexacta de carga peligrosa puede llevar a accidentes graves, como incendios en barcos portacontenedores. Blockchain puede proporcionar un seguimiento transparente y preciso de las mercancías peligrosas, reduciendo el riesgo de incidentes causados por malas prácticas de embalaje y documentación incorrecta. Al facilitar el intercambio de información en tiempo real y preciso, blockchain mejora el cumplimiento y la seguridad a lo largo del proceso de envío [279].

La tecnología blockchain ha surgido como una fuerza transformadora en la gestión de la cadena de suministro, abordando varias ineficiencias y desafíos que enfrentan los sistemas tradicionales. En su núcleo, blockchain es una tecnología de libro mayor descentralizada y distribuida que registra transacciones en múltiples computadoras, asegurando que los datos no puedan ser alterados retroactivamente. Esta inmutabilidad y transparencia hacen que blockchain sea una herramienta ideal para mejorar las operaciones de la cadena de suministro.

Uno de los principales beneficios de blockchain en la gestión de la cadena de suministro es su capacidad para proporcionar visibilidad de extremo a extremo. Las cadenas de suministro tradicionales a menudo involucran a múltiples partes, incluyendo proveedores, fabricantes, distribuidores y minoristas, cada uno manteniendo sus propios registros. Esto puede llevar a discrepancias, retrasos y falta de transparencia. Blockchain permite a todos los participantes acceder a un único registro inmutable de transacciones, lo que ayuda a sincronizar la información a lo largo de toda la cadena de suministro. Esta transparencia permite el seguimiento en tiempo real de las mercancías, reduciendo los retrasos y mejorando la coordinación.

Además, blockchain mejora la trazabilidad al proporcionar una forma segura y transparente de rastrear el movimiento de los bienes desde el origen hasta el destino. Por ejemplo, en industrias como la alimentaria y la farmacéutica, donde la procedencia y autenticidad son cruciales, blockchain puede documentar cada paso de la cadena de suministro. Esto asegura que los productos sean genuinos y cumplan con los estándares de seguridad. Los consumidores y las empresas pueden verificar el origen y el manejo de los productos, lo que ayuda a construir confianza y reduce el riesgo de fraude.

Los contratos inteligentes, que son contratos autoejecutables con los términos escritos directamente en el código, mejoran aún más la gestión de la cadena de suministro. Los contratos inteligentes automatizan varios procesos, como el procesamiento de pagos, el cumplimiento de pedidos y las verificaciones de cumplimiento. Por ejemplo, un contrato inteligente podría liberar automáticamente el pago una vez que los bienes se confirmen como entregados, basado en los datos registrados en la blockchain. Esta automatización reduce los costos administrativos y minimiza los errores.

Las criptomonedas, aunque a menudo asociadas con transacciones financieras digitales, también juegan un papel significativo en la gestión de la cadena de suministro. Las criptomonedas pueden agilizar las transacciones financieras y mejorar la eficiencia de los pagos transfronterizos. Los sistemas de pago tradicionales, especialmente para transacciones internacionales, a menudo involucran múltiples intermediarios, tarifas altas y tiempos de procesamiento largos. Las criptomonedas ofrecen una alternativa descentralizada, permitiendo transacciones directas de igual a igual que se completan más rápidamente y a un costo menor.

En la gestión de la cadena de suministro, las criptomonedas pueden facilitar pagos más rápidos y seguros entre partes en diferentes países. Por ejemplo, una empresa que importa bienes desde el extranjero puede utilizar criptomonedas para pagar directamente a los proveedores, evitando los sistemas bancarios tradicionales y reduciendo los costos de transacción. Esto no solo acelera el proceso de pago, sino que también reduce el riesgo de fluctuaciones en el tipo de cambio y las tarifas de los intermediarios financieros.

Además, la integración de criptomonedas con la tecnología blockchain puede mejorar aún más las operaciones de la cadena de suministro. Por ejemplo, los pagos con criptomonedas pueden estar vinculados con contratos inteligentes basados en blockchain para automatizar y asegurar las transacciones. Esta integración asegura que los pagos se realicen solo cuando se cumplan las condiciones predefinidas, como la entrega de bienes o la finalización de un servicio.

En general, tanto la tecnología blockchain como las criptomonedas ofrecen beneficios sustanciales para la gestión de la cadena de suministro. Blockchain proporciona transparencia, trazabilidad y automatización a través de contratos inteligentes, mientras que las criptomonedas mejoran la eficiencia y la rentabilidad de las transacciones financieras. Juntas, estas tecnologías pueden transformar la gestión de la cadena de suministro al mejorar la eficiencia operativa, reducir los costos y aumentar la confianza y la fiabilidad en toda la cadena de suministro.

Criptomonedas en el Comercio Electrónico

Las criptomonedas han comenzado a tener un impacto significativo en el sector del comercio electrónico, ofreciendo tanto oportunidades como desafíos para los negocios en línea y los consumidores por igual. Su papel en el comercio electrónico está transformando los sistemas de pago tradicionales, proporcionando nuevas formas de transacción e influyendo en la dinámica general de las compras en línea.

Las criptomonedas ofrecen varias ventajas en el comercio electrónico, siendo una de las principales su capacidad para facilitar transacciones rápidas y sin fronteras. Los métodos de pago tradicionales, como las tarjetas de crédito y las transferencias bancarias, pueden ser lentos y costosos, especialmente para transacciones internacionales [280]. En contraste, las criptomonedas permiten transferencias casi instantáneas a través de fronteras sin necesidad de intermediarios, reduciendo significativamente los tiempos y costos de transacción tanto para empresas como para consumidores [280]. Esto significa que un cliente en un país puede realizar fácilmente una compra en una tienda de comercio electrónico en otro país, con el pago procesado casi de inmediato usando criptomonedas como Bitcoin o Ethereum [280].

Además, las criptomonedas proporcionan características de seguridad mejoradas debido a que las transacciones están aseguradas por la tecnología blockchain, que emplea técnicas criptográficas para garantizar la integridad y privacidad de los datos [161]. Esta mayor seguridad reduce los riesgos de fraude y contracargos comúnmente asociados con los sistemas de pago tradicionales, lo que lleva a menos disputas y, potencialmente, a menores costos relacionados con el procesamiento de pagos y la prevención de fraudes para los comerciantes de comercio electrónico [161]. La integración de blockchain en las transacciones de comercio electrónico en línea ofrece diversos beneficios como pagos más rápidos y seguros, verificación de identidad digital para prevenir fraudes, seguimiento fácil de los artículos comprados y mejor seguridad en las transacciones mediante el desarrollo de aplicaciones [78].

Otra ventaja significativa de las criptomonedas en el comercio electrónico es el potencial para una mayor inclusión financiera, especialmente para individuos que no tienen acceso a servicios bancarios o que están sub-bancarizados (Alsharu, 2024). En regiones donde la infraestructura bancaria tradicional es limitada, las criptomonedas pueden servir como una alternativa viable, proporcionando acceso a servicios financieros digitales y permitiendo la participación en la economía global [281]. Esta base de clientes expandida permite a los negocios de comercio electrónico acceder a nuevos mercados y segmentos de clientes que antes eran inaccesibles, impulsando el crecimiento y las oportunidades de ingresos [281].

El uso de criptomonedas en las transacciones de comercio electrónico también está asociado con el concepto de confianza. Las investigaciones han demostrado que la confianza del consumidor en los pagos con criptomonedas está influenciada por las percepciones de privacidad de la información y seguridad [161]. Cuando los consumidores perciben que sus datos están seguros y su privacidad está protegida al usar criptomonedas para transacciones, se refuerza su confianza en el método de pago y en la experiencia general de comercio electrónico [161]. Este factor de confianza es crucial para fomentar la confianza del consumidor y alentar la adopción de criptomonedas en entornos de comercio electrónico [161].

Además, la adopción de criptomonedas en el comercio electrónico puede llevar a la desintermediación del mercado, donde nuevas formas de dinero digital y tecnologías integradas en redes descentralizadas reformulan los mercados y el comercio [282]. Las tecnologías habilitadas por blockchain juegan un papel clave en la habilitación de sistemas de libro mayor de transacciones de confianza entre pares descentralizados, que pueden potencialmente interrumpir las estructuras tradicionales del mercado y llevar al desarrollo de modelos de negocio sostenibles [282]. Al aprovechar las criptomonedas y la tecnología blockchain, las plataformas de comercio electrónico pueden agilizar las transacciones, reducir la dependencia de intermediarios y crear ecosistemas de mercado más eficientes y transparentes [282].

Las criptomonedas han ganado popularidad en el comercio electrónico debido a sus ventajas, pero también presentan desafíos que deben abordarse. Una preocupación significativa es la volatilidad de precios asociada con las criptomonedas, que puede llevar a incertidumbre tanto para los comerciantes como para los clientes [283]. Los valores fluctuantes de criptomonedas como Bitcoin pueden complicar las estrategias de precios para los comerciantes, ya que una caída en el valor antes de completar una transacción podría resultar en que el comerciante reciba menos valor del esperado [283]. Esta volatilidad plantea desafíos para las empresas en términos de planificación financiera y estrategias de precios, lo que hace esencial que consideren los riesgos involucrados en el uso de criptomonedas para transacciones [283].

Además, los problemas regulatorios y legales añaden otra capa de complejidad al uso de criptomonedas en el comercio electrónico [284]. El panorama regulatorio en evolución que rodea a las criptomonedas requiere que las empresas de comercio electrónico naveguen por diversas regulaciones y marcos legales en diferentes países [284]. Cumplir con regulaciones como los requisitos de prevención de lavado de dinero (AML) y conocimiento del cliente (KYC) puede ser complicado y llevar mucho tiempo, afectando la forma en que se utilizan las criptomonedas en las transacciones [284]. Estos desafíos legales destacan la necesidad de que las empresas se mantengan informadas sobre el entorno regulatorio para garantizar el cumplimiento al integrar criptomonedas en sus operaciones de comercio electrónico [284].

Además, la adopción de criptomonedas en el comercio electrónico requiere integración tecnológica y actualizaciones de infraestructura [285]. Las empresas que desean aceptar criptomonedas como métodos de pago deben implementar pasarelas de pago de criptomonedas y garantizar la seguridad de sus sistemas para manejar estas transacciones de manera efectiva [285]. Esta integración tecnológica puede conllevar costos adicionales y requerir experiencia técnica especializada, lo que puede ser una barrera para las empresas de comercio electrónico más pequeñas que buscan adoptar criptomonedas [285]. Por lo tanto, las empresas deben evaluar los requisitos tecnológicos y los costos potenciales asociados con la integración de criptomonedas en sus plataformas de comercio electrónico [285].

Las plataformas de comercio electrónico y los minoristas en línea han adoptado cada vez más las criptomonedas como una forma de pago, mostrando un cambio hacia la aceptación de monedas digitales en el ámbito de las transacciones en línea. Jugadores importantes como Overstock.com y Newegg han allanado el camino al aceptar Bitcoin, integrando pasarelas de pago de criptomonedas en sus procesos de pago [286]. Este movimiento no solo responde a la creciente popularidad de las criptomonedas, sino que también se alinea con el panorama en evolución de las transacciones digitales. Además, la aparición de nuevas plataformas de comercio electrónico, como OpenBazaar, señala un cambio deliberado hacia el apoyo exclusivo a transacciones con criptomonedas, evitando los sistemas de pago tradicionales y aprovechando la tecnología blockchain para facilitar transacciones entre pares utilizando monedas digitales [286].

Habilitación de Pagos con Criptomonedas en el Comercio Electrónico

Habilitar pagos con criptomonedas en el comercio electrónico implica seleccionar un enfoque que se ajuste a las necesidades del negocio, capacidades técnicas y expectativas del cliente. Existen tres enfoques principales para procesar pagos con criptomonedas, cada uno con ventajas y consideraciones distintas [287].

Enfoque #1: Uso de una Pasarela de Pago de Cripto de Terceros

El primer enfoque implica depender de una pasarela de pago de criptomonedas de terceros, como BitPay, CoinGate o Coinbase Commerce. Estos servicios ofrecen una solución integral para aceptar pagos con criptomonedas y manejar las complejidades asociadas [287].

Capacidades:

- **Aceptación de Pagos:** Estas pasarelas admiten diversas criptomonedas, permitiendo a los clientes pagar con la moneda digital de su preferencia.
- **Conversión Automática:** La pasarela puede convertir automáticamente las criptomonedas recibidas en una moneda fiat o en otra criptomoneda preacordada, mitigando el riesgo de volatilidad de precios.
- **Manejo de Transacciones:** La pasarela transfiere los fondos procesados a la cuenta del comerciante y programa los pagos a la cuenta bancaria del comerciante.

Beneficios: Usar una pasarela de terceros simplifica el proceso de aceptación de pagos con criptomonedas. Evita la necesidad de configurar un sistema interno de procesamiento de pagos en cripto, que puede ser complejo y consumir muchos recursos. El comerciante puede aprovechar la infraestructura y experiencia de la pasarela sin tener que manejar los detalles técnicos por sí mismo.

Precauciones: Sin embargo, este enfoque implica una dependencia total de un intermediario, lo que puede introducir riesgos operacionales y de seguridad. Las tarifas adicionales cobradas por la pasarela pueden aumentar el costo total del procesamiento de pagos. Además, la funcionalidad y las criptomonedas admitidas están definidas por el tercero, lo que limita la flexibilidad y el control del comerciante.

Recomendaciones: Se recomienda realizar un análisis exhaustivo de los proveedores de pasarelas de pago de criptomonedas disponibles para seleccionar el que ofrezca las mejores tarifas de procesamiento de transacciones y se ajuste a las necesidades del negocio. Una comparación detallada de las soluciones puede ayudar a elegir el proveedor óptimo, garantizando la viabilidad económica y minimizando los costos.

Enfoque #2: Integración de Botones de Pago en Cripto

El segundo enfoque implica integrar botones de pago con criptomonedas directamente en una plataforma de comercio electrónico. Este método permite una experiencia de pago fluida para los clientes, ya que pueden completar las transacciones sin salir del sitio web [287].

Capacidades:

- **Pagos con Un Solo Clic:** Los clientes pueden realizar pagos con un solo clic, lo que simplifica el proceso de pago y mejora la experiencia del usuario.

- **Pagos Directos:** Los pagos se reciben directamente en la billetera de criptomonedas del comerciante, proporcionando acceso inmediato a los fondos.

Beneficios: Este enfoque es relativamente rápido y fácil de implementar en comparación con la configuración de una pasarela de pago completa. No requiere integración directa con un sistema de procesamiento de pagos, lo que lo convierte en una opción accesible para muchas empresas de comercio electrónico.

Precauciones: Los comerciantes deben gestionar sus billeteras de criptomonedas para recibir, almacenar y administrar fondos en cripto. Para empresas con un inventario grande, crear y gestionar botones de pago individuales para cada producto puede ser una tarea que consume mucho tiempo y esfuerzo.

Recomendaciones: Utilizar APIs de criptomonedas listas para usar, como la API de Coinbase, puede agilizar la creación de botones de pago y acelerar el proceso de integración. Este enfoque puede reducir la complejidad de implementar pagos con criptomonedas mientras se mantiene una experiencia amigable para el usuario.

Enfoque #3: Desarrollo de una Pasarela de Pago en Cripto Personalizada

El tercer enfoque implica desarrollar una pasarela de pago en criptomonedas personalizada adaptada a las necesidades específicas del negocio de comercio electrónico. Esta solución proporciona el mayor nivel de flexibilidad y control sobre el sistema de procesamiento de pagos [287].

Capacidades:

- **Funcionalidad Personalizada:** La pasarela puede admitir características únicas como pagos recurrentes, precios ajustados dinámicamente en cripto y modelos de negocio complejos como el pago por uso.

- **Soporte Integral:** Puede acomodar todas las criptomonedas requeridas, incluidas monedas digitales personalizadas o menos comunes.

- **Integración:** La pasarela puede integrarse de manera fluida con los sistemas de comercio electrónico existentes, incluso aquellos que son heredados o desactualizados.

Beneficios: Una solución personalizada ofrece la capacidad de adaptar el sistema de procesamiento de pagos a los requisitos exactos del negocio, asegurando un rendimiento y seguridad óptimos. Elimina la necesidad de intermediarios, reduciendo los riesgos potenciales y las tarifas adicionales.

Precauciones: Diseñar e implementar una pasarela de pago en cripto personalizada requiere tiempo y recursos significativos. El negocio de comercio electrónico es responsable del mantenimiento y soporte del sistema, lo que puede ser exigente y complejo.

Recomendaciones: Las empresas que consideren este enfoque deben sopesar los beneficios del control completo y la personalización frente al tiempo y costo involucrado en el desarrollo. Asegurarse de que la pasarela personalizada se alinee con los objetivos estratégicos y capacidades técnicas del negocio es crucial para su implementación exitosa.

Perspectivas Futuras

De cara al futuro, es probable que el papel de las criptomonedas en el comercio electrónico se expanda a medida que avancen los avances tecnológicos y se aclare el marco regulatorio. Las innovaciones como las stablecoins, diseñadas para mantener un valor estable en relación con las monedas tradicionales, podrían abordar algunas de las preocupaciones relacionadas con la volatilidad de precios. Además, la adopción y aceptación crecientes de las criptomonedas por parte de instituciones financieras y organismos regulatorios convencionales podrían mejorar aún más su integración en el ecosistema de comercio electrónico.

10

Seguridad y Prevención de Fraudes

La seguridad de las criptomonedas es crítica para mantener la integridad y confiabilidad de los activos digitales. A medida que aumenta la popularidad de las criptomonedas, también lo hace la necesidad de medidas de seguridad robustas para prevenir fraudes y proteger los activos de diversas amenazas. Las prácticas y estrategias clave de seguridad para la prevención de fraudes en el ámbito de las criptomonedas incluyen:

1. Asegurar Carteras de Criptomonedas

Tipos de Carteras:

- **Carteras en Línea (Hot Wallets):** Estas están conectadas a Internet e incluyen carteras web, móviles y de escritorio. Aunque son convenientes para transacciones frecuentes, son más vulnerables a las amenazas en línea.

- **Carteras en Frío (Cold Wallets):** Estas son soluciones de almacenamiento fuera de línea, como las carteras hardware y las carteras de papel. Ofrecen una seguridad mejorada al mantener las claves privadas alejadas de Internet, reduciendo la exposición a ataques en línea.

Mejores Prácticas:

- **Utilizar Contraseñas Fuertes:** Asegúrese de que las cuentas de las carteras y los servicios asociados utilicen contraseñas fuertes y únicas.

- **Habilitar la Autenticación de Dos Factores (2FA):** Añada una capa adicional de seguridad a las cuentas de las carteras utilizando 2FA, que requiere un segundo paso de verificación además de la contraseña.

- **Copias de Seguridad Regulares:** Realice copias de seguridad regularmente de los datos de la cartera y almacene las copias en ubicaciones seguras. Esto asegura que los fondos puedan recuperarse en caso de fallo del hardware u otros problemas.

2. Proteger las Claves Privadas

Claves Privadas:

- **Definición:** Las claves privadas son claves criptográficas que controlan el acceso a los fondos de criptomonedas. Deben mantenerse secretas y seguras.

Mejores Prácticas:

- **Nunca Comparta Claves Privadas:** Las claves privadas nunca deben ser compartidas con nadie. Si alguien obtiene acceso a su clave privada, puede acceder a sus fondos.

- **Almacenar Claves de Forma Segura:** Utilice carteras hardware o métodos offline seguros para almacenar las claves privadas. Evite almacenarlas en texto claro en su computadora o en servicios en línea.

3. Prevenir Ataques de Phishing

Phishing:

- **Definición:** Los ataques de phishing implican engañar a las personas para que revelen información sensible, como claves privadas o credenciales de inicio de sesión, a través de correos electrónicos fraudulentos o sitios web.

Mejores Prácticas:

- **Verificar URLs:** Siempre verifique la URL de los sitios web donde ingresa información sensible. Asegúrese de estar en el sitio oficial.

- **Desconfiar de Enlaces:** Evite hacer clic en enlaces de correos electrónicos o mensajes no solicitados, ya que pueden llevar a sitios de phishing.

- **Usar Herramientas Anti-Phishing:** Utilice extensiones de navegador y software anti-phishing para ayudar a detectar y bloquear intentos de phishing.

4. Proteger los Intercambios de Criptomonedas

Intercambios:

- **Definición:** Los intercambios de criptomonedas son plataformas donde los usuarios pueden comprar, vender e intercambiar criptomonedas. Son objetivos comunes para los piratas informáticos debido a los grandes volúmenes de activos digitales que manejan.

Mejores Prácticas:

- **Elegir Intercambios Reputados:** Utilice intercambios con una sólida reputación en cuanto a seguridad y cumplimiento. Investigue sus medidas de seguridad y su historial de brechas.

- **Habilitar 2FA:** Active la autenticación de dos factores en las cuentas de intercambio para añadir una capa adicional de seguridad.

- **Retiros Regulares:** Para el almacenamiento a largo plazo, considere retirar fondos a una cartera segura en lugar de mantenerlos en el intercambio.

5. Implementación de Protocolos de Seguridad

Protocolos de Seguridad:

- **Cifrado:** Asegúrese de que los canales de comunicación y el almacenamiento de datos estén cifrados para proteger contra el acceso no autorizado y las violaciones de datos.

- **Software Seguro:** Mantenga todo el software, incluidas las carteras y los intercambios, actualizado con los últimos parches de seguridad y actualizaciones.

6. Monitoreo y Alertas

Monitoreo:

- **Monitoreo de Transacciones:** Monitoree regularmente las transacciones de criptomonedas para detectar cualquier actividad inusual. Algunos servicios proporcionan alertas para transacciones sospechosas o intentos de inicio de sesión.

- **Alertas de Seguridad:** Habilite las alertas de seguridad en carteras e intercambios para ser notificado de cualquier actividad inusual o no autorizada.

7. Educación de Usuarios

Educación de Usuarios:

- **Capacitación en Conciencia:** Eduque a los usuarios y partes interesadas sobre las estafas comunes de criptomonedas, ataques de phishing y las mejores prácticas para asegurar los activos digitales.

- **Mantenerse Informado:** Manténgase al tanto de las últimas amenazas de seguridad y desarrollos en el ámbito de las criptomonedas.

8. Cumplimiento Regulatorio

Cumplimiento:

- **Seguir Regulaciones:** Asegúrese de cumplir con los requisitos regulatorios y estándares de la industria para la seguridad de criptomonedas y la prevención de fraudes.

- **Adoptar Mejores Prácticas:** Siga las mejores prácticas de la industria para la protección de datos y ciberseguridad recomendadas por los organismos regulatorios.

Estafas Comunes y Cómo Evitarlas

A medida que el mercado de criptomonedas crece, también lo hace el número de estafas dirigidas a individuos e inversores. Comprender las estafas comunes en criptomonedas y saber cómo evitarlas es crucial para proteger tus activos digitales.

Las estafas de criptomonedas se han vuelto cada vez más sofisticadas a medida que el mercado de monedas digitales crece. Así como los delincuentes financieros intentan robar de cuentas bancarias tradicionales o tarjetas de crédito, los estafadores de criptomonedas son implacables en sus esfuerzos por acceder y saquear los activos criptográficos. Para proteger tus inversiones digitales, es crucial entender los tipos de estafas de criptomonedas y adoptar medidas para protegerte [288]. Las estafas de criptomonedas generalmente se dividen en dos categorías amplias: aquellas que apuntan al acceso a carteras digitales y credenciales de autenticación, y aquellas que implican la transferencia directa de activos a través de diversos esquemas engañosos [288].

1. Estafas que Apuntan a Carteras Digitales y Credenciales de Autenticación

Una categoría prevalente de estafas en criptomonedas se centra en obtener acceso a la cartera digital o credenciales de autenticación de un objetivo. Los estafadores utilizan una variedad de tácticas para lograr este objetivo, incluyendo phishing, ingeniería social y ataques de malware.

- **Ataques de Phishing:** El phishing implica engañar a las personas para que revelen información sensible, como claves privadas o credenciales de inicio de sesión, haciéndose pasar por una entidad legítima. Los estafadores a menudo crean sitios web falsos o envían correos electrónicos engañosos que parecen provenir de intercambios de criptomonedas o proveedores de carteras confiables. Estas comunicaciones fraudulentas tienen como objetivo capturar tus credenciales, que luego pueden usarse para acceder y vaciar tu cartera digital.

- **Ingeniería Social:** Los ataques de ingeniería social explotan la psicología humana para manipular a las personas para que divulguen información personal. Los estafadores pueden hacerse pasar por contactos de confianza o figuras de autoridad, aprovechando su credibilidad percibida para obtener claves privadas, códigos de seguridad u otros detalles sensibles. Por ejemplo, un estafador podría hacerse pasar por un agente de soporte al cliente, alegando necesitar detalles de verificación para resolver un problema con tu cuenta.

- **Malware y Keyloggers:** El malware y los keyloggers son software malicioso diseñado para infiltrarse en tus dispositivos y registrar pulsaciones de teclas o capturar la actividad en pantalla. Una vez instalado, estos programas pueden registrar tus claves privadas u otros datos sensibles, proporcionando a los estafadores acceso no autorizado a tus fondos en criptomonedas. El malware puede propagarse a través de archivos adjuntos en correos electrónicos infectados, descargas maliciosas o sitios web comprometidos.

2. Esquemas que Implican Transferencias Directas a Estafadores

La segunda categoría de estafas en criptomonedas involucra esquemas donde los estafadores engañan a las personas para que transfieran sus criptomonedas directamente. Estos esquemas pueden tomar diversas formas, incluyendo oportunidades de inversión fraudulentas, negocios falsos y tácticas de suplantación.

- **Oportunidades de Inversión Fraudulentas:** Los estafadores a menudo promueven esquemas de inversión que prometen altos rendimientos con riesgo mínimo. Estos esquemas pueden involucrar ofertas iniciales de monedas (ICO) falsas o esquemas Ponzi donde los fondos de nuevos inversores se utilizan para pagar rendimientos a inversores anteriores. Las víctimas son persuadidas para invertir su criptomoneda, solo para descubrir más tarde que el proyecto es una estafa y sus fondos han sido robados.

- **Suplantación y Estafas en Redes Sociales:** Las estafas de suplantación involucran a defraudadores que se hacen pasar por figuras conocidas o entidades confiables en el espacio de criptomonedas. Pueden usar plataformas de redes sociales para promover oportunidades de inversión falsas o solicitar donaciones en criptomonedas para causas benéficas. Estas estafas a menudo crean un sentido de urgencia o exclusividad para persuadir a las personas a transferir sus activos rápidamente.

- **Estafas de Negocios y Ofertas Falsas:** Los estafadores también pueden crear ofertas comerciales falsas o asociaciones para convencer a las personas de enviar pagos en criptomonedas. Estas estafas a menudo implican esquemas elaborados, como contratos falsos o tiendas en línea falsas, diseñadas para parecer legítimas. Una vez realizado el pago, el estafador desaparece y la víctima queda sin recursos para recuperar sus activos.

Las estafas en criptomonedas pueden ser muy variadas y sofisticadas, apuntando tanto al acceso a carteras digitales como a transferencias directas de activos. Al comprender los diferentes tipos de estafas e implementar medidas preventivas, puedes reducir el riesgo de convertirte en víctima de estas actividades fraudulentas. Siempre mantente vigilante, ejercita precaución con tu información personal y busca fuentes confiables para actividades de inversión y transacciones para proteger tus activos en criptomonedas [288].

Ataques de Phishing en el Sector de Criptomonedas

Los ataques de phishing son una amenaza significativa en el espacio de criptomonedas, dirigido principalmente a individuos a través de prácticas engañosas diseñadas para robar información sensible. Estas estafas involucran engañar a las víctimas para que revelen claves privadas o credenciales de inicio de sesión haciéndose pasar por entidades confiables, como intercambios de criptomonedas o proveedores de carteras. El objetivo final de las estafas de phishing es obtener acceso no autorizado a carteras digitales, lo que puede llevar al robo de valiosos activos en criptomonedas [288, 289].

Los ataques de phishing suelen implicar que los estafadores creen sitios web falsos o envíen correos electrónicos fraudulentos que imitan la apariencia de servicios legítimos de criptomonedas. Estas comunicaciones están diseñadas para parecer convincentes, a menudo utilizando logotipos familiares, marcas y direcciones de correo electrónico que parecen oficiales. El objetivo de los estafadores es engañar a los destinatarios para que proporcionen sus claves privadas o detalles de inicio de sesión. Estas claves son cruciales porque actúan como contraseñas, otorgando acceso a los fondos en criptomonedas de la víctima [288, 289].

Por ejemplo, un correo electrónico de phishing podría afirmar ser de un intercambio de criptomonedas conocido, alertando al destinatario sobre un problema de seguridad urgente con su cuenta. El correo electrónico incluirá un enlace a un sitio web falso que se parece mucho a la página de inicio de sesión del intercambio legítimo. Una vez que la víctima ingresa su clave privada o credenciales de inicio de sesión en este sitio falso, los estafadores capturan esta información y la utilizan para acceder y vaciar la cartera digital de la víctima [288, 289].

Dentro de la industria de criptomonedas, las estafas de phishing a menudo se centran en obtener claves privadas de usuarios de carteras de software criptográfico. Estas claves son críticas para acceder a los fondos almacenados en una cartera digital. A diferencia de las contraseñas bancarias tradicionales, que generalmente están protegidas por múltiples capas de seguridad, las claves privadas en el espacio de criptomonedas proporcionan acceso directo a los activos almacenados en una cartera.

Los ataques de phishing dirigidos a carteras criptográficas operan de manera similar a otros esquemas de phishing. Los estafadores utilizan correos electrónicos engañosos para dirigir a los destinatarios a un sitio web especialmente creado para capturar información de claves privadas. Al convencer al usuario de ingresar su clave privada en el sitio falso, los estafadores obtienen el control de la cartera y pueden transferir la criptomoneda a sus propias cuentas [288, 289].

Las estafas de phishing están entre los ataques más comunes dirigidos a usuarios de criptomonedas. Según informes del FBI, las estafas de phishing afectaron a más de 300,000 personas en 2022 y casi 298,000 en 2023. Estos ataques resultaron en pérdidas financieras sustanciales, con víctimas que perdieron colectivamente $52.1 millones en 2022 y más de

$18.7 millones en 2023. La magnitud y el impacto financiero del phishing demuestran la grave amenaza que estas estafas representan para los usuarios de criptomonedas [288].

Para protegerse contra los ataques de phishing, los usuarios deben adoptar varias prácticas clave. Primero, siempre verifica la autenticidad de las comunicaciones que afirman ser de servicios de criptomonedas. Ten cuidado con los correos electrónicos que solicitan información sensible o que contienen enlaces a sitios web desconocidos. En lugar de hacer clic en enlaces en correos electrónicos, visita directamente el sitio web oficial de tu servicio de criptomonedas escribiendo la URL en tu navegador [288, 289].

Además, habilita la autenticación multifactor (MFA) siempre que sea posible, ya que proporciona una capa adicional de seguridad más allá de las claves privadas. Actualiza regularmente tu software y utiliza herramientas de seguridad confiables para detectar y bloquear posibles amenazas. Finalmente, educarte sobre las tácticas comunes de phishing y mantenerte vigilante puede ayudar a prevenir caer en estos esquemas engañosos [288, 289].

Ingeniería Social en Estafas de Criptomonedas

Los ataques de ingeniería social representan una forma sofisticada de engaño que explota la psicología humana para manipular a las personas y hacer que revelen información personal y sensible. A diferencia de los ataques técnicos que se basan en explotar vulnerabilidades del sistema, la ingeniería social se centra en explotar la confianza humana y las debilidades psicológicas. En el contexto de las criptomonedas, estas estafas a menudo tienen como objetivo engañar a los usuarios para que revelen claves privadas, códigos de seguridad u otros detalles críticos que pueden llevar a un acceso no autorizado a sus activos digitales [288].

Los ataques de ingeniería social prosperan en la manipulación de la confianza y la credibilidad. Los estafadores pueden hacerse pasar por contactos de confianza o figuras de autoridad para ganar la confianza de la víctima. Pueden pretender ser representantes de una agencia gubernamental, un negocio de renombre, soporte técnico, o incluso un conocido personal. Al aprovechar estas fuentes percibidas de autoridad, los estafadores crean una fachada convincente que anima a las víctimas a cumplir con sus solicitudes [288].

Por ejemplo, una táctica común de ingeniería social implica que los estafadores se hagan pasar por agentes de soporte al cliente. Pueden contactar a individuos a través de correo electrónico, teléfono o redes sociales, afirmando que hay un problema urgente con la cuenta de la persona. Para resolver el problema, el estafador solicita información sensible como claves privadas o códigos de seguridad. Creyendo que están interactuando con un agente de soporte legítimo, la víctima puede inadvertidamente revelar información crítica que permite al estafador tomar el control de sus activos en criptomonedas [288].

Los estafadores que utilizan tácticas de ingeniería social a menudo invierten tiempo y esfuerzo significativos en construir confianza con sus objetivos. Pueden participar en conversaciones amistosas, ofrecer consejos aparentemente útiles o brindar asistencia falsa para establecer una relación. Al crear una sensación de familiaridad y fiabilidad, los estafadores hacen que sus solicitudes de información sensible parezcan más legítimas [288].

Una vez que se establece la confianza, el estafador puede pedir a la víctima que revele claves privadas o transfiera criptomonedas a una cartera digital. Pueden enmarcar esta solicitud como una medida de seguridad rutinaria o una necesidad urgente. Por ejemplo, el estafador podría afirmar que la cuenta de la víctima está en riesgo de ser comprometida a menos que proporcione detalles de verificación o realice un pago [288].

Para protegerse contra los ataques de ingeniería social, es crucial mantenerse vigilante y escéptico ante solicitudes no solicitadas de información sensible. Independientemente de cuán convincente pueda parecer el impostor, los usuarios deben ser cautelosos cuando se les pida que proporcionen claves privadas, códigos de seguridad o realicen transferencias de criptomonedas. Es aconsejable verificar de forma independiente la identidad de cualquier persona que solicite dicha información, particularmente si la solicitud es inesperada o parece fuera de carácter para la fuente supuesta [288].

Una buena práctica es utilizar canales de comunicación oficiales para verificar cualquier reclamación o solicitud. Por ejemplo, si alguien afirma ser de un intercambio de criptomonedas o equipo de soporte, los usuarios deben comunicarse directamente con la empresa utilizando la información de contacto de su sitio web oficial, en lugar de confiar en los detalles de contacto proporcionados por el estafador [288].

Además, educarse sobre las tácticas comunes de ingeniería social y actualizar regularmente los protocolos de seguridad puede ayudar a mitigar el riesgo de convertirse en víctima de estas estafas. La conciencia y el comportamiento cauteloso son clave para reconocer y evitar intentos de ingeniería social [288].

Malware y Keyloggers en Estafas de Criptomonedas

El malware y los keyloggers representan amenazas significativas para la seguridad de los activos en criptomonedas. Estas formas de software malicioso están diseñadas para infiltrarse en dispositivos, capturar información sensible y proporcionar acceso no autorizado a los activos digitales de una víctima. Comprender cómo operan el malware y los keyloggers, cómo se propagan y cómo protegerse contra ellos es crucial para salvaguardar tus criptomonedas.

El malware, abreviatura de "software malicioso", abarca una gama de programas dañinos diseñados para comprometer la seguridad de una computadora o red. Los keyloggers son un tipo específico de malware que se centra en registrar las pulsaciones de teclas realizadas por el usuario. Cuando se instalan en un dispositivo, los keyloggers rastrean cada tecla ingresada, incluyendo contraseñas, claves privadas y otros datos sensibles. Esta información se envía de regreso al atacante, permitiéndole obtener acceso no autorizado a las carteras de criptomonedas y otras cuentas.

Los keyloggers también pueden capturar la actividad en pantalla, incluyendo capturas de pantalla de información sensible mostrada en el dispositivo de la víctima. Al monitorear lo que el usuario ve y escribe, estos programas maliciosos pueden extraer información privada y credenciales necesarias para acceder a los activos en criptomonedas.

El malware y los keyloggers se propagan comúnmente a través de diversos canales, a menudo aprovechando tácticas de ingeniería social para engañar a los usuarios y hacer que los instalen. Un método común es a través de archivos adjuntos infectados en correos electrónicos. Los estafadores pueden enviar correos electrónicos que parecen provenir de fuentes legítimas, con archivos adjuntos que, al ser abiertos, instalan malware en el dispositivo de la víctima. Estos archivos adjuntos pueden estar disfrazados como documentos inofensivos, como facturas, actualizaciones o informes.

Otro método involucra descargas maliciosas. Los usuarios pueden descargar inadvertidamente malware al visitar sitios web comprometidos o hacer clic en enlaces engañosos. Estos sitios a menudo se hacen pasar por servicios legítimos o proveedores de software, seduciendo a los usuarios para que descarguen lo que creen que son aplicaciones o actualizaciones seguras. Una vez instaladas, estas aplicaciones pueden incrustar secretamente malware o keyloggers en el sistema.

Los sitios web comprometidos también pueden servir como vectores de distribución de malware. Al explotar vulnerabilidades en los navegadores web u otro software, los atacantes pueden inyectar código malicioso en sitios web. Cuando los usuarios visitan estos sitios, el malware se descarga y ejecuta automáticamente en sus dispositivos, a menudo sin su conocimiento.

Para protegerse contra el malware y los keyloggers, se pueden emplear varias medidas preventivas. En primer lugar, es esencial mantener actualizado el software antivirus y antimalware. Estas herramientas pueden detectar y eliminar amenazas conocidas, proporcionando una línea crucial de defensa contra programas maliciosos.

Evitar archivos adjuntos y enlaces sospechosos es otra práctica importante. Los usuarios deben ser cautelosos con los correos electrónicos no solicitados, especialmente aquellos que solicitan información personal o que invitan a descargas. Verificar la autenticidad de los remitentes de correos electrónicos y comprobar archivos adjuntos inusuales o inesperados puede ayudar a mitigar el riesgo de infecciones por malware.

Descargar software y actualizaciones únicamente de fuentes reputables es crucial. Los usuarios deben asegurarse de obtener aplicaciones de sitios web oficiales o tiendas de aplicaciones conocidas que cuenten con medidas de seguridad rigurosas.

Actualizar regularmente los sistemas operativos y el software también puede reducir las vulnerabilidades que el malware podría explotar. Las actualizaciones y parches de seguridad suelen lanzarse para abordar amenazas recién descubiertas y mejorar las defensas del sistema.

Finalmente, implementar prácticas de seguridad robustas como la autenticación multifactor (MFA) puede añadir una capa extra de protección. Incluso si las claves privadas o contraseñas se ven comprometidas, la MFA puede prevenir el acceso no autorizado a las cuentas de criptomonedas.

Oportunidades de Inversión Fraudulentas en Criptomonedas

Las oportunidades de inversión fraudulentas son una amenaza común en el espacio de las criptomonedas, a menudo dirigidas a individuos con promesas de altos rendimientos y riesgo mínimo. Los estafadores emplean diversas tácticas para atraer a inversores desprevenidos, incluyendo Ofertas Iniciales de Monedas (ICOs) falsas y esquemas Ponzi. Comprender estos esquemas y sus señales de advertencia es esencial para protegerse de pérdidas financieras y posibles estafas.

Tipos de Esquemas de Inversión Fraudulentos

1. **Ofertas Iniciales de Monedas (ICOs) Falsas:** Las Ofertas Iniciales de Mon-

edas (ICOs) son mecanismos de recaudación de fondos en el mundo de las criptomonedas, donde nuevos proyectos emiten sus tokens a los inversores a cambio de criptomonedas establecidas como Bitcoin o Ethereum. Mientras que las ICOs legítimas pueden ofrecer emocionantes oportunidades para una inversión temprana en proyectos prometedores, los estafadores a menudo explotan este mecanismo creando ICOs falsas. Estos esquemas fraudulentos prometen altos rendimientos y utilizan tácticas de marketing sofisticadas para atraer inversores. Una vez que se recaudan los fondos, los estafadores desaparecen, dejando a los inversores con tokens sin valor y sin posibilidad de recuperar su inversión.

2. **Esquemas Ponzi:** Los esquemas Ponzi implican utilizar fondos de nuevos inversores para pagar rendimientos a inversores anteriores, creando la ilusión de una inversión rentable. En el contexto de las criptomonedas, estos esquemas a menudo se presentan como plataformas de inversión o servicios de trading que ofrecen rendimientos garantizados. Los nuevos inversores son atraídos para invertir sus fondos con la promesa de grandes beneficios, pero a medida que el esquema avanza, depende de un flujo constante de nuevo dinero para mantener los pagos. Eventualmente, el esquema colapsa cuando se vuelve imposible reclutar nuevos inversores, lo que lleva a pérdidas financieras masivas para aquellos que invirtieron al final.

Características de las Oportunidades de Inversión Fraudulentas

Las oportunidades de inversión fraudulentas a menudo comparten varias características que pueden ayudar a los inversores potenciales a identificar señales de advertencia:

- **Promesas Irreales:** Los estafadores frecuentemente prometen rendimientos garantizados altos con poco o ningún riesgo, lo cual debería ser una señal de alerta importante. En el mundo financiero, rendimientos más altos típicamente vienen con riesgos mayores, y cualquier inversión que prometa lo contrario debe ser abordada con cautela.

- **Falta de Transparencia:** Las inversiones legítimas proporcionan información clara y verificable sobre su modelo de negocio, equipo y finanzas. Los esquemas fraudulentos a menudo carecen de transparencia, ofreciendo poca o ninguna información sobre la gestión del proyecto o cómo se generan los rendimientos.

- **Tácticas de Presión:** Los estafadores pueden usar tácticas de alta presión para apresurar a las personas a tomar decisiones rápidas. Pueden crear un sentido de urgencia o escasez, como ofertas por tiempo limitado u oportunidades exclusivas, para evitar que los posibles inversores investiguen a fondo la inversión.

- **Ausencia de Cumplimiento Regulatorio:** Las oportunidades de inversión genuinas cumplen con los estándares regulatorios y a menudo tienen registros o licencias adecuadas. Los esquemas fraudulentos típicamente evitan el escrutinio regulatorio, operando sin la supervisión o el cumplimiento legal apropiado.

Para protegerte de oportunidades de inversión fraudulentas, es crucial abordar todas las ofertas de inversión con un ojo crítico. Realiza una investigación exhaustiva sobre cualquier proyecto o plataforma, verifica la credibilidad del equipo y busca reseñas o comentarios de otros inversores. Sé cauteloso con ofertas que parecen demasiado buenas para ser verdad y evita inversiones que te presionen para tomar decisiones apresuradas.

Suplantación de Identidad y Estafas en Redes Sociales

La suplantación de identidad y las estafas en redes sociales son tácticas prevalentes utilizadas por estafadores en el espacio de las criptomonedas. Estas estafas implican que los delincuentes se hagan pasar por figuras conocidas o entidades de confianza para engañar a las personas y hacer que transfieran sus activos en criptomonedas. Aprovechando la influencia y credibilidad de celebridades, personalidades influyentes u organizaciones reputables, los estafadores buscan crear una sensación de legitimidad y urgencia, engañando a las personas para que tomen decisiones financieras apresuradas [288].

En las estafas de suplantación de identidad, los estafadores a menudo imitan las identidades de figuras prominentes o entidades conocidas dentro de la industria de las criptomonedas. Pueden utilizar plataformas de redes sociales, como Twitter, Instagram o Facebook, para establecer perfiles falsos o secuestrar perfiles existentes. Estas cuentas fraudulentas se utilizan para promover oportunidades de inversión falsas o solicitar donaciones en criptomonedas para supuestas causas benéficas. Por ejemplo, un estafador podría crear una cuenta convincente que parezca estar gestionada por un conocido defensor de las criptomonedas o un líder empresarial destacado. Podrían afirmar que están realizando un sorteo o ofreciendo ofertas de inversión exclusivas, animando a sus seguidores a enviar criptomonedas a su billetera con la promesa de recibir un mayor retorno o beneficios especiales en el futuro [288].

Otra táctica común implica las "estafas de sorteos", donde los estafadores prometen duplicar o multiplicar la cantidad de criptomonedas enviada a ellos. Crean publicaciones falsas en redes sociales o transmisiones en vivo que parecen ser de cuentas legítimas o personalidades conocidas. Estas publicaciones a menudo incluyen llamados urgentes a la acción, como ofertas por tiempo limitado u oportunidades exclusivas, que presionan a las personas para que actúen rápidamente. El atractivo de rendimientos rápidos y sustanciales convence a las víctimas de transferir sus criptomonedas, solo para descubrir que el estafador ha desaparecido con sus fondos [288].

Las estafas de suplantación de identidad también pueden extenderse a estafadores que se hacen pasar por equipos de soporte o seguridad de intercambios de criptomonedas o proveedores de billeteras. Pueden contactar a los usuarios a través de mensajes directos o canales de soporte falsos, alegando que necesitan detalles de verificación o códigos de seguridad para resolver problemas con sus cuentas. Al explotar la confianza que las personas depositan en los canales de soporte oficiales, estos estafadores manipulan a las víctimas para que revelen información sensible o transfieran fondos bajo falsos pretextos [288].

Para evitar convertirse en víctima de estas estafas, es crucial ejercer precaución y verificar la autenticidad de cualquier comunicación u oferta relacionada con las criptomonedas. Siempre verifica la legitimidad de las cuentas en redes sociales, cruza la información con fuentes oficiales y ten cuidado con cualquier solicitud de información sensible o acciones financieras inmediatas. Al mantenerse informado y vigilante, las personas pueden protegerse mejor de las tácticas engañosas utilizadas en las estafas de suplantación de identidad y redes sociales [288].

Nuevas Oportunidades Basadas en Cripto: ICOs y NFTs

La aparición de nuevas oportunidades basadas en criptomonedas, como las Ofertas Iniciales de Monedas (ICOs) y los Tokens No Fungibles (NFTs), ha abierto avenidas innovadoras para la inversión. Sin embargo, estas oportunidades también conllevan riesgos significativos, ya que a menudo son blanco de estafadores que buscan aprovechar el creciente interés en los activos digitales. Aunque las ICOs y los NFTs pueden ofrecer rendimientos lucrativos, también presentan posibles trampas de las que los inversores deben estar al tanto [288].

Ofertas Iniciales de Monedas (ICOs)

Las Ofertas Iniciales de Monedas (ICOs) son un método de recaudación de fondos popular en el mundo de las criptomonedas, donde nuevos proyectos emiten tokens a los inversores a cambio de criptomonedas establecidas como Bitcoin o Ethereum. Las ICOs están diseñadas para recaudar capital para nuevos emprendimientos, pero también pueden ser un caldo de cultivo para el fraude. Los estafadores a menudo crean ICOs falsas al configurar sitios web fraudulentos que parecen legítimos. Estos sitios pueden prometer altos rendimientos o tecnología innovadora para atraer a los inversores. Una vez que los inversores depositan sus criptomonedas en la billetera designada, los estafadores pueden desaparecer rápidamente con los fondos, dejando sin rastro la inversión. En algunos casos, incluso si la ICO es genuina, los fundadores del proyecto pueden involucrarse en prácticas engañosas, como hacer afirmaciones exageradas sobre el potencial del producto o no cumplir con las promesas, resultando en pérdidas financieras para los inversores [288].

Rug Pulls

Una estafa particularmente notoria dentro del espacio de las ICOs es el "rug pull" (tirón de alfombra). Esto ocurre cuando los desarrolladores de un proyecto de criptomonedas retiran repentinamente todos los fondos del fondo de liquidez, colapsando efectivamente el proyecto de la noche a la mañana. Después de recaudar capital significativo de los inversores, los estafadores desaparecen, haciéndose inalcanzables. Los inversores quedan con tokens sin valor y sin posibilidad de recuperar sus inversiones. Los rug pulls explotan la falta de regulación y transparencia en el espacio cripto, capitalizando la confianza que los inversores depositan en proyectos aparentemente prometedores. Para evitar convertirse en víctima de un rug pull, es crucial realizar una investigación exhaustiva sobre el equipo del proyecto, la tecnología y las prácticas financieras antes de invertir [288].

Minería en la Nube

La minería en la nube ofrece otra vía de inversión dentro del sector de las criptomonedas. Consiste en pagar a un proveedor de servicios por adelantado para arrendar hardware de minería o poder de hash, con la promesa de recibir una parte de la criptomoneda minera. El atractivo de la minería en la nube es que permite a las personas participar en la minería de criptomonedas sin necesidad de gestionar hardware o operaciones técnicas. Sin embargo, este modelo está lleno de posibles estafas. Algunas plataformas de minería en la nube son fraudulentas y no poseen el equipo de minería que dicen tener.

Después de recibir la inversión inicial, estas plataformas no cumplen con las recompensas de minería prometidas, dejando a los inversores sin retornos. Aunque la minería en la nube puede ser legítima, es esencial que los inversores realicen una diligencia debida exhaustiva. Esto incluye verificar la legitimidad de la plataforma, comprender sus detalles operativos y buscar opiniones de usuarios y auditorías independientes [288].

Aunque las ICOs y los NFTs presentan oportunidades de inversión emocionantes, también conllevan riesgos inherentes de fraude y engaño. Los inversores deben permanecer vigilantes y realizar una investigación exhaustiva para proteger sus activos contra posibles estafas. Al comprender los riesgos asociados con estas nuevas oportunidades basadas en criptomonedas, las personas pueden tomar decisiones más informadas y protegerse de pérdidas financieras.

Mejores Prácticas para Mantener Seguros Tus Activos

Detectar estafas de criptomonedas implica reconocer ciertas señales de advertencia y entender las características de proyectos legítimos. Al seguir un enfoque sistemático para evaluar criptomonedas y sus proyectos asociados, puedes protegerte de caer víctima de esquemas fraudulentos [288].

Lee el White Paper: Un white paper es un documento fundamental para cualquier proyecto de criptomoneda legítimo. Debe ofrecer una descripción detallada de la tecnología, el propósito y los mecanismos operativos de la criptomoneda. Un white paper bien elaborado describirá los protocolos, algoritmos e infraestructura de blockchain en términos claros y precisos, a menudo respaldados por datos técnicos y fórmulas. Los proyectos legítimos invierten un esfuerzo significativo en la creación de white papers completos que transmiten la credibilidad y viabilidad de sus propuestas [288].

En contraste, los proyectos fraudulentos a menudo producen white papers mal redactados con información vaga o contradictoria. Pueden carecer de detalles técnicos o presentar promesas exageradas sin respaldo sustancial. Si un white paper parece más un discurso de ventas que un documento técnico, o si no aborda preguntas fundamentales sobre la funcionalidad y objetivos del proyecto, puede ser indicativo de una estafa. Además, verifica si la ICO o el proyecto está registrado en los organismos reguladores relevantes, como la Comisión de Valores y Bolsa (SEC), ya que las ofertas no registradas a menudo son señales de alerta.

Identifica a los Miembros del Equipo: La transparencia del equipo de un proyecto es otro indicador crucial de su legitimidad. Las criptomonedas reputables proporcionarán información detallada sobre los miembros de su equipo, incluyendo sus calificaciones, experiencias previas y roles dentro del proyecto. Esta información suele estar incluida en el white paper o en el sitio web del proyecto.

Para proyectos de código abierto, aunque el equipo no siempre se nombre, deberías poder acceder al código y a las discusiones de desarrollo en plataformas como GitHub o GitLab. Esta apertura ayuda a establecer la credibilidad del proyecto y permite a la comunidad revisar y contribuir a su desarrollo. Si no puedes encontrar información sobre el equipo o si el white paper está lleno de errores y carece de detalles verificables, es recomendable proceder con cautela.

Cuidado con los Artículos "Gratis": Los estafadores frecuentemente atraen a las personas con ofertas de monedas gratis o promesas de airdrops. Estas ofertas pueden parecer tentadoras, pero a menudo sirven como trampas para recolectar información personal o para engañarte y hacer que transfieras fondos. Recuerda que los proyectos de criptomonedas reputables no regalan tokens o activos como parte de sus operaciones regulares. Cualquier promesa de criptomonedas gratuitas debe ser examinada cuidadosamente, ya que a menudo es una táctica utilizada para engañar y explotar a las personas [288].

Examina el Marketing: Las tácticas de marketing pueden revelar la legitimidad de un proyecto. Los proyectos de criptomonedas establecidos generalmente comienzan con esfuerzos de marketing modestos y se centran en resolver problemas específicos dentro del ecosistema blockchain. Proporcionan explicaciones claras y bien documentadas sobre su tecnología y objetivos, en lugar de depender en gran medida de exageraciones o afirmaciones extravagantes.

Ten cuidado con los proyectos que enfatizan actualizaciones sensacionales, como afirmaciones de "millones recaudados" o promociones agresivas. Tales tácticas pueden usarse para distraer de la falta de sustancia o innovación tecnológica genuina. Los proyectos legítimos se centran en avanzar en su tecnología y proporcionar actualizaciones transparentes sobre su progreso de desarrollo. Evitan sobreexplotar su potencial y, en cambio, presentan sus objetivos y logros de manera profesional y medida.

Donde Hay Hype, A menudo Hay una Advertencia: Una cantidad significativa de hype y marketing llamativo a menudo es una señal de advertencia. Los estafadores utilizan endosos de alto perfil, anuncios llamativos y promesas de retornos extraordinarios para atraer inversores. Las empresas de criptomonedas legítimas generalmente evitan la exageración y se enfocan en ofrecer un valor genuino y avances tecnológicos. Las tácticas de alta presión y llamadas urgentes a la acción suelen utilizarse para apresurar a las personas a tomar decisiones impulsivas, aumentando la probabilidad de caer en una estafa [288].

Para protegerte de las estafas de criptomonedas, es crucial mantener la vigilancia y adoptar medidas preventivas. Aquí tienes algunas acciones clave que puedes tomar para evitar caer víctima de estos esquemas engañosos:

- **No Compartas Claves Privadas:** Tus claves privadas son el aspecto más crítico de la seguridad de tus criptomonedas. Proporcionan acceso a tus activos digitales y a tu billetera. Ninguna transacción o servicio legítimo de criptomonedas requiere que compartas tus claves privadas. Si alguien te las solicita, es una fuerte indicación de una estafa.

- **Evita Promesas de Altos Rendimientos:** Sé escéptico con cualquier oportunidad que garantice rendimientos sustanciales con poco o ningún riesgo. Los estafadores a menudo atraen a las víctimas con promesas de dinero fácil. Si una inversión suena demasiado buena para ser verdad, probablemente lo sea. Siempre realiza una investigación exhaustiva antes de invertir en cualquier proyecto o esquema de criptomonedas.

- **Ignora Gestores de Inversión No Solicitados:** Si alguien te contacta de la nada, afirmando que puede hacer crecer significativamente tu dinero, procede con cautela. Muchos estafadores se hacen pasar por gestores de inversión o asesores financieros para ganar tu confianza y acceder a tus fondos. Los profesionales legítimos de inversiones no buscan clientes a través de comunicaciones no solicitadas.

- **Desconfía de Endosos de Celebridades:** Los estafadores pueden hacerse pasar por celebridades o figuras conocidas para dar credibilidad a sus esquemas. Es poco probable que celebridades genuinas se pongan en contacto contigo personalmente sobre inversiones en criptomonedas. Si recibes tales comunicaciones, es mejor ignorarlas.

- **Verifica Intereses Románticos Online:** Al interactuar con personas en sitios web o aplicaciones de citas, ten cuidado si piden dinero, especialmente si la relación es relativamente nueva. Los estafadores pueden explotar conexiones románticas para solicitar fondos bajo falsos pretextos. Conocer a la persona en persona y verificar su autenticidad puede ayudarte a protegerte contra el fraude.

- **Ignora Alertas de Phishing:** No hagas clic en enlaces ni respondas a mensajes que afirmen que tu cuenta está congelada o en riesgo. Estos mensajes a menudo provienen de estafadores que intentan obtener acceso a tu información. En su lugar, contacta directamente a la organización a través de los canales oficiales para verificar cualquier problema con tu cuenta.

- **Verifica Comunicaciones Oficiales:** Si recibes comunicaciones que afirman ser de una agencia gubernamental, institución financiera o compañía de servicios públicos, no respondas directamente a través de la información de contacto proporcionada. En su lugar, visita el sitio web oficial de la agencia para encontrar la información de contacto correcta y verificar la legitimidad del mensaje.

- **Evita Trabajos de Conversión de Efectivo a Cripto:** Ten cuidado con las ofertas de trabajo que ofrecen posiciones relacionadas con la conversión de efectivo a criptomonedas o operaciones de minería, especialmente si solicitan pagos por adelantado o información personal. Los estafadores a menudo utilizan estas ofertas de trabajo para explotar a personas desprevenidas.

- **Reporta Amenazas de Chantaje:** Si alguien amenaza con divulgar material explícito u otra información perjudicial a menos que les envíes criptomonedas, esto es una forma de chantaje. Reporta tales incidentes a las autoridades relevantes y no accedas a las demandas.

- **Evita Dinero o Cripto "Gratis":** Las ofertas de criptomonedas o dinero gratis deben ser tratadas con escepticismo. Los estafadores utilizan estas tácticas para atraer a las personas a sus esquemas. Siempre verifica la legitimidad de tales ofertas antes de tomar cualquier acción.

Cómo Reportar Estafas

Si te encuentras con una estafa de criptomonedas o crees que has sido objetivo de una, hay varias organizaciones y recursos disponibles para ayudarte:

- **Comisión Federal de Comercio (FTC):** La FTC ofrece una plataforma para reportar fraudes a través de su sistema de informes de fraude.

- **Comisión de Comercio de Futuros de Materias Primas (CFTC):** Puedes presentar quejas o proporcionar información sobre estafas de criptomonedas a través del portal de quejas y consejos de la CFTC.
- **Comisión de Bolsa y Valores (SEC):** Reporta fraudes de valores y estafas de inversión utilizando los servicios de informes de fraude de la SEC.
- **Centro de Quejas de Delitos en Internet del FBI (IC3):** Para fraudes en línea, incluyendo estafas de criptomonedas, puedes presentar una queja al IC3 para su investigación.
- **Contacta a Tu Bolsa de Criptomonedas:** Ponte en contacto con tu intercambio de criptomonedas para obtener recursos adicionales de prevención de fraudes o asistencia. Muchos intercambios ofrecen soporte y tienen medidas para ayudar a proteger tus activos.

Al mantener la cautela y utilizar estos recursos, puedes reducir significativamente el riesgo de caer víctima de estafas de criptomonedas y proteger mejor tus activos digitales.

El Papel de los Organismos Reguladores en la Prevención de Fraudes

Los organismos reguladores juegan un papel crucial en la prevención de fraudes de criptomonedas, con el objetivo de proteger a los inversores, mantener la integridad del mercado y fomentar la confianza en el emergente espacio de activos digitales. Su involucramiento incluye el establecimiento de estándares, la aplicación de cumplimiento y la provisión de recursos para la prevención de fraudes y el apoyo a las víctimas.

Establecimiento de Estándares y Regulaciones

Los organismos reguladores establecen marcos y directrices que las empresas de criptomonedas deben seguir para operar legalmente. Estas regulaciones cubren varios aspectos de la industria de criptomonedas, incluyendo los requisitos de prevención de lavado de dinero (AML), los protocolos de conoce a tu cliente (KYC) y las leyes de valores. Por ejemplo, la Comisión de Bolsa y Valores de EE. UU. (SEC) aplica regulaciones que requieren que ciertas ofertas de criptomonedas se registren como valores, asegurando que cumplan con estándares específicos y proporcionen divulgaciones adecuadas a los inversores. De manera similar, el Grupo de Acción Financiera Internacional (FATF) establece estándares internacionales para combatir el lavado de dinero y la financiación del terrorismo, que los países miembros adoptan e implementan para regular los intercambios de criptomonedas y los proveedores de billeteras.

Aplicación y Cumplimiento

Los organismos reguladores supervisan activamente y hacen cumplir el cumplimiento de las regulaciones establecidas. Investigan actividades sospechosas, procesan esquemas fraudulentos e imponen sanciones a los infractores. Por ejemplo, la Comisión de Comercio de Futuros de Materias Primas (CFTC) investiga prácticas fraudulentas en el comercio de derivados de criptomonedas y toma acciones legales contra entidades que se dedican a la manipulación o al engaño. Además, las autoridades financieras nacionales, como la Autoridad de Conducta Financiera del Reino Unido (FCA), supervisan las empresas de criptomonedas para asegurar que cumplan con los requisitos regulatorios y mantengan la transparencia operativa.

Provisión de Recursos y Orientación

Las agencias regulatorias también proporcionan recursos valiosos y orientación para ayudar a individuos y empresas a navegar por el paisaje de las criptomonedas de manera segura. Ofrecen materiales educativos, alertas sobre estafas emergentes y consejos sobre cómo reconocer esquemas fraudulentos. Por ejemplo, la Comisión Federal de Comercio de EE. UU. (FTC) publica directrices sobre cómo identificar y evitar estafas de criptomonedas, ayudando a los consumidores a tomar decisiones informadas. De manera similar, la Autoridad Europea de Valores y Mercados (ESMA) proporciona advertencias e información sobre los riesgos asociados con las inversiones en criptomonedas, empoderando a los inversores para protegerse de fraudes.

Apoyo a las Víctimas y Mecanismos de Reporte

En caso de fraude, los organismos reguladores ofrecen apoyo y canales para reportar actividades fraudulentas. Proporcionan plataformas donde las víctimas pueden presentar quejas y buscar asistencia. Por ejemplo, el Centro de Quejas de Delitos en Internet del FBI (IC3) permite a las personas reportar fraudes en línea, incluyendo estafas relacionadas con criptomonedas, para su investigación. Las agencias nacionales de protección al consumidor, como la Comisión de Competencia y del Consumidor de Australia (ACCC), también manejan informes de fraude y trabajan con otras autoridades para abordar y mitigar el impacto en las víctimas.

Promoción de la Cooperación Internacional

Dada la naturaleza global de las criptomonedas, los organismos reguladores colaboran internacionalmente para combatir el fraude transfronterizo. Organizaciones como la Organización Internacional de Comisiones de Valores (IOSCO) y el Consejo de Estabilidad Financiera (FSB) trabajan juntas para crear estándares regulatorios consistentes y compartir información sobre amenazas emergentes. Esta cooperación ayuda a abordar los desafíos planteados por la naturaleza descentralizada y sin fronteras de las transacciones de criptomonedas y mejora la efectividad de las medidas de prevención de fraudes.

Fomento de la Transparencia y la Innovación

Los organismos reguladores también fomentan la transparencia y la innovación dentro de la industria de las criptomonedas. Al promover un entorno en el que las empresas operan con integridad y cumplen con estándares éticos, los reguladores ayudan a construir confianza y promover un crecimiento sostenible en el sector. Por ejemplo, las "arenas regulatorias" permiten a las empresas probar nuevas tecnologías y modelos de negocio bajo la supervisión regulatoria, proporcionando un entorno controlado para asegurar que las innovaciones sean tanto efectivas como compatibles con los requisitos legales.

Estudios de Caso de Grandes Brechas de Seguridad

El auge de las monedas digitales y la tecnología blockchain ha estado acompañado de avances significativos en la innovación financiera. Sin embargo, uno de los principales obstáculos para su adopción masiva ha sido el hackeo. Los robos de alto perfil en intercambios y plataformas de criptomonedas han sacudido la confianza de los inversores y han puesto de relieve las vulnerabilidades en la seguridad de los activos digitales.

La Realidad de la Seguridad Blockchain

Aunque la tecnología blockchain a menudo es elogiada por sus características de seguridad, no es inmune a los ataques. La naturaleza descentralizada de las blockchains y su dependencia de principios criptográficos ofrecen un alto grado de seguridad, pero estos sistemas aún son susceptibles a vulnerabilidades. A lo largo de los años, varios hackeos importantes han demostrado que los proyectos de blockchain solo son parcialmente seguros, socavando la percepción de que son impenetrables a las amenazas cibernéticas. Por ejemplo, solo en 2023, se robaron más de \$1.7 mil millones en criptomonedas, una disminución respecto a los $3.8 mil millones en 2022, según la firma de análisis blockchain Chainalysis. Esta disminución sustancial refleja los esfuerzos continuos para mejorar la seguridad, pero también subraya el riesgo persistente de hackeos.

Hackeos Notables en Criptomonedas

1. **Ronin Network - $625 Millones**: En marzo de 2022, la Ronin Network, que soporta la popular plataforma de juegos Axie Infinity, fue el objetivo del mayor hackeo de criptomonedas hasta la fecha. Los hackers explotaron vulnerabilidades en la red y robaron aproximadamente $625 millones en Ethereum y USDC. El ataque se vinculó con el Grupo Lazarus, un colectivo de hacking respaldado por el estado norcoreano. Aunque Sky Mavis, el desarrollador de Axie Infinity, logró recuperar $5.7 millones de los fondos robados, este incidente sigue siendo el mayor robo de criptomonedas en la historia.

2. **Poly Network - $611 Millones**: En agosto de 2021, un hacker solitario explotó una vulnerabilidad en la plataforma de finanzas descentralizadas Poly Network y robó más de $600 millones. El hacker devolvió una parte significativa de los fondos robados después de un llamado público y el establecimiento de direcciones de retorno por parte de Poly Network. La motivación del hacker parecía ser más un desafío a la red que una ganancia financiera.

3. **FTX - $600 Millones**: En noviembre de 2022, la industria de las criptomonedas sufrió un gran revés cuando FTX, uno de los principales intercambios de criptomonedas, declaró bancarrota. El día de su declaración de bancarrota, se robaron más de $600 millones de sus billeteras. El intercambio confirmó el hackeo a través de su canal de Telegram, advirtiendo a los usuarios que evitaran el sitio de FTX debido a riesgos de malware. En 2024, se reveló que un anillo de intercambio de tarjetas SIM había ganado acceso a las cuentas de un empleado de FTX, complicando aún más la situación.

4. **Binance BNB Bridge - $570 Millones**: En octubre de 2022, Binance, un importante intercambio de criptomonedas, fue el objetivo de un ataque de alto perfil que involucró el Binance Smart Chain Token Hub. Los hackers explotaron una vulnerabilidad en un contrato inteligente para crear y retirar 2 millones de Binance Coins (BNB) adicionales, resultando en una pérdida de aproxi-

madamente $570 millones. Este incidente destacó la necesidad de medidas de seguridad blockchain más estrictas.

5. **Coincheck - $532 Millones**: El hackeo en enero de 2018 del intercambio japonés Coincheck resultó en el robo de $523 millones en monedas NEM. La vulnerabilidad se atribuyó al uso de una billetera caliente, que es menos segura en comparación con el almacenamiento en frío fuera de línea. En ese momento, esta brecha fue la más grande en la historia de las criptomonedas, superando incluso el hackeo de Mt. Gox.

6. **Mt. Gox - $473 Millones**: Uno de los hackeos más tempranos y significativos ocurrió en 2011 cuando Mt. Gox, entonces el mayor intercambio de Bitcoin, perdió 25,000 bitcoins por un valor de aproximadamente $400,000. La situación empeoró en 2014 cuando el intercambio perdió aproximadamente 650,000 bitcoins de sus clientes y 100,000 de sus propios holdings, sumando $473 millones. La pérdida inicial se atribuyó a monedas robadas de la billetera caliente del intercambio.

7. **Wormhole - $325 Millones**: En febrero de 2022, la plataforma de finanzas descentralizadas Wormhole sufrió un robo de $325 millones debido a un problema en una actualización. Los hackers explotaron una vulnerabilidad en el repositorio de GitHub del proyecto, lo que llevó al robo de fondos, incluyendo $47 millones en el token nativo SOL de la blockchain Solana.

8. **Mixin - $200 Millones**: En septiembre de 2023, la red Mixin fue comprometida a través de su proveedor de servicios en la nube, resultando en el robo de aproximadamente $200 millones en bitcoin, ether y tether.

9. **Euler Finance - $197 Millones**: Euler Finance, un protocolo de préstamo y financiamiento en la blockchain de Ethereum, fue hackeado el 13 de marzo de 2023 en un ataque de préstamo relámpago. Los atacantes explotaron una vulnerabilidad para robar $197 millones en diversas criptomonedas. Curiosamente, el hacker comenzó a devolver los fondos días después, citando preocupaciones sobre su seguridad.

10. **Bitmart - $196 Millones**: En diciembre de 2021, Bitmart, un intercambio centralizado, perdió $196 millones debido a un hackeo. El ataque drenó fondos

de las billeteras del intercambio, con montos significativos canalizados a través de Ethereum y Binance Smart Chain.

Estos hackeos de alto perfil subrayan las vulnerabilidades presentes en el espacio de las criptomonedas, revelando que incluso con tecnología avanzada, los desafíos de seguridad persisten. Las pérdidas financieras sustanciales y el impacto en la confianza de los inversores destacan la necesidad continua de medidas de seguridad mejoradas y supervisión regulatoria. A medida que la industria de las criptomonedas evoluciona, abordar estas vulnerabilidades será crucial para fomentar una mayor confianza y lograr una adopción masiva.

11

El Futuro de las Criptomonedas

La industria de las criptomonedas ha experimentado un crecimiento notable en un período relativamente corto, evolucionando de una tecnología de nicho a un importante disruptor en el sector de servicios financieros. Esta rápida expansión es difícil de contextualizar, dada la naturaleza incipiente de la tecnología y sus aplicaciones en evolución. A medida que la industria continúa madurando, surgen preguntas sobre su trayectoria futura y el alcance de su impacto en nuestra vida diaria [291].

Actualmente, se estima que la propiedad global de criptomonedas está entre 200 y 300 millones de personas, con países como Vietnam liderando en términos de adopción de criptomonedas. La investigación de Allied Market Research predice que el valor del mercado de criptomonedas podría triplicarse para 2030, alcanzando casi $5 mil millones [291]. Este crecimiento anticipado es impulsado principalmente por las remesas y los pagos globales, subrayando la creciente integración de las criptomonedas en las transacciones financieras convencionales. Esta proyección sirve como evidencia del potencial de las criptomonedas para convertirse en un aspecto central de las interacciones financieras en el futuro.

Mirando hacia 2050, la visión de que las criptomonedas se conviertan en una parte rutinaria de las transacciones diarias plantea posibilidades intrigantes. Las preguntas sobre si las criptomonedas se convertirán en un medio de pago universal o seguirán siendo un dominio especializado para individuos conocedores de la tecnología son centrales en el debate. El futuro de las criptomonedas puede involucrar una adopción generalizada, haciéndolas tan accesibles y comprensibles para el público en general como los instrumentos financieros tradicionales [291].

La inevitabilidad de una mayor regulación en el espacio de las criptomonedas se está volviendo más clara. Los activos digitales, que hasta ahora han operado en un entorno relativamente no regulado, se espera que enfrenten una supervisión más estricta a medida que los gobiernos y los organismos reguladores respondan a su creciente influencia. Aunque algunas regulaciones pueden percibirse como un obstáculo para la innovación, la necesidad de protección del consumidor y estándares de la industria es innegable. Según Daniel Seely, un abogado especializado en servicios financieros y criptomonedas, varios países adoptarán diferentes enfoques para la regulación. Algunos podrían integrar las criptomonedas en sus sistemas económicos como moneda de curso legal, mientras que otros podrían imponer restricciones severas o prohibiciones absolutas. La evolución de los marcos y tratados internacionales podría armonizar aún más las regulaciones, de manera similar al enfoque unificado visto con el euro, facilitando así las transacciones y el uso de criptomonedas transfronterizas [291].

Los Tokens No Fungibles (NFTs) están destinados a ser un componente significativo del crecimiento de la industria de las criptomonedas. Inicialmente popularizados para el arte digital, los NFTs tienen aplicaciones potenciales en varios sectores, incluidos deportes y entretenimiento. Al ofrecer activos digitales únicos y negociables, los NFTs pueden mejorar el compromiso del cliente y la lealtad a la marca para las empresas fuera del espacio tradicional de las criptomonedas.

El éxito en el espacio de los NFTs se medirá por la adopción generalizada de carteras Web3 y la facilidad de interacción con la cadena de bloques. A medida que industrias como la publicación, la música, el cine y los videojuegos experimenten una mayor disrupción, el papel de los NFTs y la tecnología blockchain en el establecimiento de una verdadera propiedad digital será cada vez más prominente [291].

El futuro de la industria de las criptomonedas tiene una promesa significativa, caracterizado por una mayor adopción, marcos regulatorios en evolución y avances tecnológicos. Aunque desafíos como la descentralización, la escalabilidad y la seguridad permanecen, la trayectoria de la industria sugiere una integración creciente en los sistemas financieros y la vida diaria. El desarrollo de los NFTs y la aceptación más amplia de los activos digitales darán forma a cómo se utilizan y comprenden las criptomonedas, potencialmente transformándolas en un elemento fundamental de la economía global para 2050.

Predicciones y Tendencias

El Futuro de Bitcoin: Desafíos y Desarrollos

A medida que Bitcoin sigue capturando la imaginación de inversores y del público, su trayectoria futura sigue estando fuertemente influenciada por los desarrollos en blockchain en curso y la resolución de problemas clave. Aunque las fluctuaciones en el precio de Bitcoin y su papel como inversión son notables, los factores más críticos que modelan su futuro están relacionados con la descentralización, la escalabilidad y la seguridad [292].

Descentralización

La descentralización es un principio fundamental de Bitcoin, concebido como un sistema donde el control está distribuido en lugar de centralizado. Esto abarca tanto la distribución de la propiedad de Bitcoin como la descentralización de la propia red blockchain. Inicialmente, Bitcoin fue diseñado para ser accesible y controlado por un amplio público, limitando la concentración de poder. Sin embargo, el panorama ha cambiado significativamente a medida que grandes entidades e inversores institucionales han adquirido cantidades sustanciales de Bitcoin. Esta tendencia plantea preocupaciones de que Bitcoin podría volverse cada vez más centralizado, especialmente a medida que la oferta disponible disminuye y más monedas están en manos de unos pocos actores importantes [292].

En el ámbito de blockchain, la descentralización se ha visto desafiada por el aumento de las operaciones de minería a gran escala. La blockchain de Bitcoin estaba destinada a estar ampliamente distribuida, pero el creciente valor de mercado de Bitcoin ha llevado al dominio de las granjas de minería. Estas granjas controlan partes significativas del poder de procesamiento de la red, creando pools de minería que dominan el paisaje minero. A partir de junio de 2024, un pequeño número de pools de minería controla una mayoría sustancial de la tasa de hash de la red de Bitcoin. Esta concentración de poder socava la naturaleza descentralizada de la blockchain y plantea preocupaciones sobre el posible control por parte de unas pocas entidades grandes [292].

Desafíos de Escalabilidad

La escalabilidad sigue siendo uno de los problemas más urgentes de Bitcoin. La red de Bitcoin actualmente solo puede manejar entre seis y ocho transacciones por segundo, un contraste marcado con otras blockchains que presumen de una mayor capacidad de procesamiento de transacciones. Esta limitación ha llevado a problemas persistentes con altas tarifas de transacción y largos tiempos de confirmación. Los intentos de abordar estos problemas han incluido varias soluciones de segunda capa, como la Lightning Network. Esta solución busca procesar transacciones fuera de la cadena y luego liquidarlas en la blockchain de Bitcoin, teóricamente mejorando la escalabilidad y reduciendo costos. Sin embargo, estas soluciones a menudo vienen con compromisos, que podrían comprometer la seguridad y la descentralización. La efectividad y la adopción de estas tecnologías serán cruciales para determinar la capacidad de Bitcoin para escalar [292].

Problemas de Seguridad

La seguridad es una preocupación crítica para los usuarios e inversores de Bitcoin. Aunque la blockchain de Bitcoin en sí misma sigue siendo segura, las interfaces y sistemas utilizados para acceder y gestionar Bitcoin son objetivos frecuentes para estafadores y piratas informáticos. Los ataques de ransomware y las estafas se han convertido en métodos prevalentes para robar criptomonedas, atacando tanto a individuos como a empresas que manejan claves privadas. A pesar de la seguridad de la blockchain, la infraestructura circundante—como las carteras digitales y los intercambios—necesita ser robusta para proteger los activos de los usuarios [292].

Desarrollos Regulatorios

El entorno regulatorio para Bitcoin está evolucionando, con implicaciones significativas para su futuro. La aprobación de fondos cotizados en bolsa (ETFs) de Bitcoin Spot ha ampliado el acceso a Bitcoin, pavimentando potencialmente el camino para desarrollos similares con otras criptomonedas. Los recientes fallos legales, como el caso de la Comisión de Bolsa y Valores (SEC) contra Ripple y la postura regulatoria sobre el comercio con información privilegiada en los mercados de criptomonedas, destacan el cambiante panorama de la regulación de criptomonedas. Estos desarrollos probablemente seguirán moldeando el marco regulatorio de la industria en los próximos años [292].

Halvings

Los eventos de halving de Bitcoin, que ocurren aproximadamente cada cuatro años, juegan un papel fundamental en su modelo económico. Durante un halving, la recompensa por minar nuevos bloques se reduce a la mitad, afectando la tasa a la que se introduce nuevo Bitcoin en circulación. Históricamente, los halvings han sido seguidos por aumentos en el precio de Bitcoin debido a la oferta reducida y la demanda aumentada. Se espera que el próximo halving ocurra alrededor de 2028, con el último halving proyectado para tener lugar en 2140. Aunque las tendencias pasadas sugieren que los halvings podrían impulsar el precio de Bitcoin, el rendimiento futuro sigue siendo incierto y depende de varios factores del mercado y económicos [292].

Tendencias Emergentes

1. Surge del Mercado Alcista Tras la Aprobación de ETFs

El mercado de criptomonedas ha experimentado un importante auge alcista, particularmente en Bitcoin, que vio su valor aumentar en un 150% al comenzar 2024. A principios de año, Bitcoin estaba valorado alrededor de $44,000, pero para finales de mayo, su precio había subido a casi $70,000. Los expertos anticipan que esta tendencia alcista podría continuar hasta 2025, con pronósticos que sugieren que Bitcoin podría alcanzar los $77,000 para finales de 2024 y potencialmente $123,000 para finales de 2025. Este optimismo se atribuye en gran medida a dos factores principales: la aprobación de los ETFs de Bitcoin al contado y el próximo evento de halving [293].

Los ETFs de Bitcoin al contado, que fueron aprobados por la SEC en enero de 2024 tras años de anticipación, han desempeñado un papel crucial en impulsar la demanda del mercado. Estos ETFs permiten a los inversores obtener exposición a Bitcoin sin poseer directamente la criptomoneda, simplificando así la inversión para aquellos que temen navegar por los intercambios de criptomonedas. Instituciones financieras prominentes como BlackRock y Fidelity se han convertido en líderes en este ámbito, manteniendo activos sustanciales en Bitcoin y ofreciendo estos ETFs a una gama más amplia de inversores, incluidos aquellos que gestionan cuentas de jubilación [293].

Además, el evento de halving de Bitcoin, que ocurre aproximadamente cada cuatro años, impacta significativamente en la dinámica de suministro de Bitcoin. El halving más reciente tuvo lugar en abril de 2024, reduciendo a la mitad la recompensa por minar Bitcoin. Históricamente, tales eventos han sido seguidos por aumentos sustanciales en el precio, aunque estos aumentos no siempre han sido inmediatos. Los halvings anteriores en 2016 y 2020 resultaron en aumentos de precios del 51% y 83% respectivamente en seis meses. Los analistas pronostican una tendencia similar después del halving de abril de 2024, con expectativas de que Bitcoin podría superar su máximo histórico dentro de los seis meses siguientes [293].

2. La Intersección de la IA y las Cripto

La Inteligencia Artificial (IA) está intersectando cada vez más con el mundo de las criptomonedas, dando lugar a la aparición de tokens de IA. Estos tokens están directamente asociados con empresas de IA y pueden ser utilizados en diversas aplicaciones como protocolos blockchain, plataformas web descentralizadas y sistemas de aprendizaje automático. El interés en la búsqueda de tokens de IA ha aumentado en 2024, reflejando el creciente entusiasmo por este sector de nicho [293].

Los tokens de IA cumplen múltiples funciones: pueden usarse para pagar servicios, acceder a datos de la plataforma o como recompensas para los participantes de la plataforma. También proporcionan derechos de gobernanza a los poseedores, permitiéndoles influir en las decisiones de la plataforma. Actualmente, hay casi 90 tokens de IA en circulación, con su valor de mercado combinado que se disparó de $2.7 mil millones en abril de 2023 a más de $39 mil millones [293].

Un ejemplo notable es Fetch.ai, cuyo token (FET) experimentó un aumento notable del 329% entre mediados de febrero y mediados de marzo de 2024. Fetch.ai, junto con SingularityNET y Ocean Protocol, formó recientemente la "Alianza de Superinteligencia," con el objetivo de avanzar en la IA descentralizada. Esta alianza representa un paso significativo hacia la creación de sistemas de IA descentralizados que contrarresten el dominio de las grandes corporaciones tecnológicas [293].

3. Financiación, Fusiones y Adquisiciones en el Mercado de Cripto

Después de un período tumultuoso marcado por quiebras de alto perfil en 2022, la confianza de los inversores se recuperó a finales de 2023. En el último trimestre de 2023, se invirtieron $1.9 mil millones en empresas relacionadas con criptomonedas, con la mayor inversión de $225 millones dirigida a Wormhole, una empresa especializada en conectividad entre cadenas. Para febrero de 2024, la financiación para startups de blockchain había alcanzado un máximo de tres meses de $485 millones [293].

Una tendencia notable es el creciente protagonismo de los mineros de Bitcoin. Las empresas involucradas en la minería han visto cómo el valor de sus acciones supera al propio Bitcoin, con empresas como Marathon Digital, CleanSpark y Riot Platforms experimentando aumentos sustanciales en sus precios de acciones. A medida que se acerca el halving de Bitcoin, se espera que las operaciones mineras más grandes adquieran a competidores más pequeños y menos eficientes. Por ejemplo, la adquisición de tres instalaciones de minería en Mississippi por parte de CleanSpark por $19.8 millones en febrero de 2024 resalta esta tendencia de consolidación [293].

Además, la fusión de Hut 8 Mining y US Bitcoin Corp. en noviembre de 2023 resultó en la creación de Hut 8 Corp., que ahora cuenta con una capitalización de mercado de $1.14 mil millones. Tales fusiones y adquisiciones están remodelando el panorama de la minería de criptomonedas, con implicaciones significativas para el futuro de la industria [293].

4. Regulación Creciente de las Criptomonedas y los Intercambios

El entorno regulatorio para las criptomonedas se ha vuelto cada vez más estricto tras las quiebras de alto perfil de intercambios como FTX. El interés de búsqueda en "regulación cripto" ha aumentado en un 104% en los últimos años, ya que los gobiernos y organismos reguladores intensifican su supervisión sobre la industria. La SEC, bajo el liderazgo de Gary Gensler, ha estado particularmente activa, impulsando regulaciones más claras y un mayor cumplimiento por parte de las empresas de criptomonedas [293].

En 2023, la SEC presentó demandas contra varias entidades importantes de cripto, incluidas Coinbase y Binance, por no cumplir con los requisitos regulatorios. Binance fue condenada a pagar $4 mil millones en multas, reflejando las graves consecuencias de no cumplir con las normativas. Además, el presidente Biden ha abogado por un impuesto del 30% sobre la minería de criptomonedas, señalando aún más la intención del gobierno de regular el sector de manera más integral [293].

A medida que aumenta el escrutinio regulatorio, algunas empresas de cripto están explorando operaciones en otros países para mitigar el impacto de las regulaciones estadounidenses. Por ejemplo, Gemini y Coinbase han expandido sus operaciones a regiones como los Emiratos Árabes Unidos y las Bermudas, respectivamente, citando preocupaciones regulatorias como un factor clave en su toma de decisiones [293].

5. El Creciente Impacto Climático de las Criptomonedas

El impacto ambiental de la minería de criptomonedas, particularmente a través del mecanismo de consenso Proof of Work (PoW), es una preocupación creciente. El PoW requiere una cantidad considerable de poder computacional y energía, lo que lleva a un consumo significativo de electricidad y uso de agua. Según el Cambridge Bitcoin Electricity Consumption Index, la minería de Bitcoin consume aproximadamente 1174 TWh de electricidad anualmente, más que el consumo total de electricidad de los Países Bajos. Este nivel de consumo se traduce en altas emisiones de carbono, con el 67% de la energía utilizada en la minería de criptomonedas proveniente de combustibles fósiles [293].

Los esfuerzos para abordar estos problemas ambientales incluyen la transición de Ethereum a Proof of Stake (PoS) en 2022, que redujo el consumo de energía en un 99%. Sin embargo, Bitcoin es poco probable que cambie a PoS, y sus prácticas de minería seguirán teniendo una huella ambiental sustancial. A medida que la industria enfrenta un creciente escrutinio sobre su impacto climático, habrá una presión creciente para adoptar prácticas y tecnologías más sostenibles [293].

6. Los Activos Reales se Vuelven Digitales con la Tecnología Blockchain

La tokenización de activos reales (RWAs) es otra tendencia emergente en el espacio cripto. La tokenización implica crear representaciones digitales de activos físicos en la blockchain, que pueden incluir bienes raíces, arte, bonos y propiedad intelectual. Este proceso mejora la liquidez, facilita la propiedad fraccionada y automatiza la gestión de activos [293].

Las instituciones financieras están comenzando a adoptar la tokenización de activos. BlackRock, por ejemplo, lanzó su primer fondo de activos tokenizados, BUIDL, en 2024, utilizando la blockchain de Ethereum. Este fondo, en asociación con Securitize, recaudó $240 millones en su primera semana. De manera similar, Citigroup está explorando la tokenización de activos financieros en una blockchain privada para agilizar las transacciones y reducir los tiempos de procesamiento [293].

El mercado de activos tokenizados, valorado en $2.81 mil millones en 2023, se espera que crezca significativamente, con proyecciones que alcanzan los $9.82 mil millones para 2030. Algunos pronósticos, como los de Boston Consulting Group, sugieren que hasta $16 billones en RWAs podrían ser tokenizados para 2030, representando potencialmente el 10% del PIB global [293].

7. Funcionarios Globales Exploran las Monedas Digitales de Bancos Centrales (CBDC)

Las Monedas Digitales de Bancos Centrales (CBDC) están siendo exploradas por sistemas bancarios en todo el mundo como un medio para crear una moneda virtual gestionada por los bancos centrales. Este enfoque busca combinar los beneficios de las monedas digitales con la estabilidad de la supervisión de los bancos centrales. Actualmente, 132 países están desarrollando o probando CBDCs, abarcando el 98% del PIB mundial [293].

Países como Jamaica, Nigeria y las Bahamas ya han implementado completamente las CBDCs. China está liderando la prueba más grande de CBDC con su yuan digital, que se está probando en 25 ciudades. Para 2030, el Banco de Pagos Internacionales anticipa que 15 CBDCs minoristas y 9 CBDCs mayoristas estarán en funcionamiento. La red SWIFT también está trabajando en una plataforma CBDC para facilitar las transacciones transfronterizas y la integración con la infraestructura bancaria existente [293].

En contraste, los funcionarios estadounidenses han sido reacios a adoptar las CBDCs, citando preocupaciones sobre la privacidad, la estabilidad financiera y el impacto en los sistemas bancarios tradicionales. La Reserva Federal ha indicado que cualquier decisión sobre CBDCs requeriría la aprobación del Congreso, reflejando los debates en curso sobre las posibles implicaciones de las monedas digitales en el ecosistema financiero [293].

El Papel de las Criptomonedas en la Economía Global

Las criptomonedas han evolucionado de ser activos digitales de nicho a convertirse en un componente significativo de la economía global, influyendo en diversos sectores y sistemas financieros. Inicialmente, criptomonedas como Bitcoin se veían principalmente como inversiones especulativas o monedas alternativas, pero su papel ha aumentado significativamente, impactando todo, desde estrategias de inversión hasta transacciones financieras y más allá.

Las criptomonedas han introducido nuevas formas de innovación financiera. El auge de los activos digitales ha dado lugar a diversos productos y servicios financieros, incluidas las plataformas de finanzas descentralizadas (DeFi), que ofrecen servicios financieros tradicionales como préstamos y empréstitos fuera de los sistemas bancarios convencionales. Estas plataformas aprovechan la tecnología blockchain para proporcionar transparencia, reducir costos y aumentar la accesibilidad. Además, el surgimiento de las Ofertas Iniciales de Monedas (ICO) y las Ofertas de Tokens de Seguridad (STO) ha permitido a startups y empresas recaudar capital de maneras novedosas, a menudo eludiendo las rutas tradicionales de capital de riesgo.

Como clase de inversión, las criptomonedas han atraído tanto a inversores institucionales como minoristas. El potencial de altos rendimientos, junto con una mayor adopción generalizada, ha hecho que los activos digitales sean una adición deseable a los portafolios de inversión. Por ejemplo, Bitcoin y Ethereum se han convertido en activos de inversión importantes, y su desempeño a menudo se considera un barómetro para el mercado más amplio de criptomonedas. El crecimiento de productos financieros relacionados con criptomonedas, como los ETFs de Bitcoin y los contratos de futuros, también ha proporcionado a los inversores tradicionales un acceso más fácil a los activos digitales, integrándolos aún más en el panorama financiero global.

Las criptomonedas se utilizan cada vez más para transacciones transfronterizas y remesas, ofreciendo una alternativa más rápida y económica a los sistemas bancarios tradicionales. Las monedas digitales permiten transferencias casi instantáneas a través de fronteras sin necesidad de intermediarios, reduciendo significativamente las tarifas de transacción y los tiempos de procesamiento. Esta capacidad es especialmente beneficiosa en regiones con infraestructura bancaria limitada o altos costos de remesas. Por ejemplo, los servicios de remesas basados en criptomonedas se han vuelto populares en partes de África y América Latina, donde los sistemas financieros tradicionales a menudo imponen altas tarifas y retrasos.

La capacidad de realizar transacciones en criptomonedas también ofrece una alternativa para las personas en países con monedas inestables o crisis económicas. En Venezuela y Argentina, por ejemplo, los individuos han recurrido a las criptomonedas para preservar el valor y facilitar transacciones en medio de la hiperinflación y la inestabilidad económica. Esta adaptabilidad subraya el potencial de las monedas digitales para ofrecer estabilidad financiera y accesibilidad en entornos económicos desafiantes.

Las Monedas Digitales de Bancos Centrales (CBDC) representan un desarrollo significativo en la integración de las criptomonedas en la economía global. A diferencia de las criptomonedas descentralizadas, las CBDC son emitidas y reguladas por los bancos centrales, combinando los beneficios de las monedas digitales con la estabilidad y supervisión de las instituciones financieras tradicionales. Muchos países están explorando o desarrollando activamente las CBDC como una forma de modernizar sus sistemas monetarios, mejorar la eficiencia de los pagos y aumentar la inclusión financiera.

Las CBDC podrían remodelar el sistema financiero global al proporcionar una alternativa digital respaldada por el gobierno a las criptomonedas privadas. Prometen ofrecer transacciones más rápidas y seguras y podrían reducir la dependencia del efectivo. Sin embargo, la implementación de las CBDC también plantea preocupaciones sobre la privacidad, la ciberseguridad y el impacto potencial en los sistemas bancarios tradicionales. A medida que los bancos centrales navegan por estos desafíos, el desarrollo y la adopción de las CBDC probablemente desempeñarán un papel crucial en la configuración del futuro del ecosistema financiero global.

El crecimiento de las criptomonedas ha llevado a un mayor escrutinio regulatorio a medida que los gobiernos buscan equilibrar la innovación con la gestión de riesgos.

Los marcos regulatorios están evolucionando para abordar preocupaciones relacionadas con la estabilidad del mercado, la protección del consumidor y la lucha contra el lavado de dinero. A medida que las regulaciones se definan con mayor claridad, influirán en el desarrollo y la adopción de las criptomonedas, impactando cómo se integran en la economía global.

Además, las implicaciones económicas de las criptomonedas se extienden a su impacto en las instituciones financieras tradicionales y las políticas monetarias. El auge de los activos digitales ha llevado a los bancos y las instituciones financieras a explorar la tecnología blockchain y las monedas digitales como un medio para mejorar sus servicios y eficiencia operativa. Además, la naturaleza descentralizada de las criptomonedas desafía los modelos económicos tradicionales, particularmente en áreas como la política monetaria y la estabilidad financiera.

En resumen, las criptomonedas están desempeñando un papel cada vez más prominente en la economía global, impulsando la innovación financiera, facilitando las transacciones transfronterizas y promoviendo el desarrollo de las CBDC. A medida que el panorama sigue evolucionando, la integración de los activos digitales en el sistema financiero global tendrá implicaciones de largo alcance para las estrategias de inversión, los marcos regulatorios y la estabilidad económica.

Avances Tecnológicos e Innovaciones

Las criptomonedas, a pesar de su prometedora revolución, a menudo no han cumplido con su potencial para muchos usuarios. Problemas como la volatilidad del mercado, la incertidumbre regulatoria y las preocupaciones de seguridad han eclipsado el entusiasmo inicial en torno a los activos digitales. Instituciones globales como el Fondo Monetario Internacional (FMI) y el Consejo de Estabilidad Financiera han pedido regulaciones más estrictas para abordar estos problemas y mitigar los riesgos potenciales. Este mayor escrutinio refleja la necesidad más amplia de un marco más robusto para garantizar la estabilidad y la integridad del sistema financiero a medida que se integra con nuevas tecnologías [294].

Sin embargo, la tecnología subyacente a las criptomonedas ha avanzado rápidamente y podría tener un potencial significativo para el futuro. Innovaciones como la tokenización, la encriptación y la programabilidad tienen el potencial de transformar los servicios financieros al mejorar la eficiencia, la seguridad y la funcionalidad. La tokenización implica representar los derechos de propiedad sobre un activo, como el dinero, en un libro de contabilidad digital. Este libro es mantenido por todos los participantes en el mercado, lo que lo hace ampliamente accesible, sincronizado y a prueba de manipulaciones. Aunque el anonimato en las transacciones no es un requisito y puede incluso socavar la integridad financiera, la tokenización ofrece una forma de gestionar y transferir activos de manera más segura y transparente [294].

La encriptación es otro avance tecnológico crítico, que permite una separación entre las verificaciones de cumplimiento y las transacciones. Al asegurar que solo las partes autorizadas puedan acceder a información sensible, la encriptación fomenta la transparencia mientras mantiene la confianza. Esta tecnología respalda la integridad de las transacciones financieras y ayuda a prevenir el acceso no autorizado o la manipulación [294].

La programabilidad, que incluye el uso de "contratos inteligentes", permite la automatización de contratos financieros sin depender de intermediarios. Estos contratos inteligentes pueden ejecutar automáticamente acuerdos basados en condiciones predefinidas, reduciendo la necesidad de terceros de confianza y agilizando las transacciones. Esta capacidad podría mejorar significativamente la eficiencia de las operaciones financieras y reducir el potencial de disputas [294].

El sector privado ha estado a la vanguardia de la utilización de estos avances tecnológicos. Innovaciones como la tokenización de activos financieros (acciones, bonos, etc.) prometen reducir los costos de transacción, integrar mercados y expandir el acceso a diversos productos financieros. Por ejemplo, las stablecoins, que son monedas digitales ancladas a activos tradicionales como el dólar estadounidense, pueden facilitar transacciones dentro de este ecosistema tokenizado, siempre que cumplan con los estándares regulatorios. Además, los bancos están experimentando con cuentas corrientes tokenizadas, y las tecnologías de automatización están permitiendo a los desarrolladores crear aplicaciones financieras sofisticadas similares a las aplicaciones para teléfonos inteligentes [294].

A pesar de estos avances, el sector privado por sí solo puede no garantizar que las transacciones sean universalmente seguras, eficientes e interoperables. Pueden surgir redes privadas para la negociación de activos y la realización de pagos, pero podrían carecer de estandarización e inversión. Los libros de contabilidad abiertos podrían intentar conectar estas redes privadas, pero pueden no lograr una adopción o rentabilidad generalizada. El riesgo de utilizar formas privadas de dinero para transacciones también podría plantear desafíos para las contrapartes involucradas [294].

Las Monedas Digitales de Bancos Centrales (CBDC) ofrecen una solución potencial al servir tanto como un instrumento monetario como una infraestructura esencial para liquidar y saldar transacciones. Las CBDC pueden proporcionar seguridad y liquidez en los pagos, al mismo tiempo que ofrecen una plataforma para la interoperabilidad entre diferentes redes y activos de dinero digital. Las CBDC podrían permitir transacciones entre diferentes tipos de dinero privado, facilitar pagos en custodia y condicionales, y respaldar la programación básica para contratos inteligentes. Esta doble función de las CBDC, como moneda y como plataforma tecnológica, podría ayudar a integrar y agilizar varios sistemas financieros digitales [294].

Los pagos transfronterizos, en particular, podrían beneficiarse de esta visión. Una plataforma pública para negociar representaciones digitales de reservas de bancos centrales a través de fronteras podría simplificar las transacciones internacionales sin requerir cambios significativos en los sistemas de pago nacionales existentes. Esta plataforma podría gestionar la compartición de riesgos, el intercambio de divisas y la liquidez de manera más efectiva, aprovechando las ventajas de la tecnología de libro único y la programabilidad para asegurar transacciones fluidas y seguras. La encriptación también jugaría un papel en la gestión de la transferencia de información y el cumplimiento de las regulaciones, mientras mantiene el anonimato en ciertos aspectos del proceso de transacción [294].

En general, aunque las criptomonedas fueron inicialmente impulsadas por un deseo de eludir a los intermediarios tradicionales y la supervisión pública, su tecnología subyacente ofrece ideas valiosas para mejorar la infraestructura financiera. Al aprovechar estos avances, el sector público puede mejorar la eficiencia, la seguridad y la interoperabilidad de los sistemas financieros. La exploración y desarrollo continuos de estas tecnologías podrían, en última instancia, cerrar la brecha entre la innovación del sector privado y la regulación del sector público, contribuyendo a un ecosistema financiero digital más robusto y equitativo.

12

Minería de Criptomonedas

La minería de criptomonedas es un proceso fundamental en el que se validan las transacciones y se añaden a un libro de contabilidad en blockchain—una base de datos descentralizada y distribuida. Este proceso implica resolver problemas matemáticos complejos para garantizar la seguridad y la integridad de la red de criptomonedas. A continuación, se detalla cómo funciona la minería:

Los objetivos principales de la minería de criptomonedas son tres. Primero, sirve para verificar las transacciones asegurando que cumplan con las reglas y estándares de la red. Segundo, una vez verificadas, estas transacciones se organizan en bloques y se añaden a la blockchain, un libro de contabilidad público que registra todas las transacciones. Tercero, la minería a menudo genera nuevas unidades de criptomonedas, ofreciendo recompensas a los participantes y proporcionando un incentivo para continuar involucrado en el proceso de minería.

En los sistemas que utilizan Proof of Work (PoW), los mineros emplean poder computacional para resolver rompecabezas criptográficos. Estos rompecabezas están diseñados para ser difíciles de resolver pero sencillos de verificar. Cuando un minero resuelve con éxito un rompecabezas, crea un nuevo bloque de transacciones que luego se transmite a la red. Otros mineros y participantes de la red verifican este bloque y sus transacciones. Una vez confirmado, el bloque se añade a la blockchain, y el minero que resolvió el rompecabezas es recompensado con criptomonedas recién acuñadas y tarifas de transacción de las transacciones incluidas en el bloque.

Los mecanismos de consenso alternativos, como Proof of Stake (PoS), ofrecen un enfoque diferente. En PoS, los validadores, o "stakers," son seleccionados para crear nuevos bloques basados en la cantidad de monedas que poseen y están dispuestos a "apostar" como garantía. Este método reduce la necesidad de un poder computacional extenso. Otros modelos, como Delegated Proof of Stake (DPoS) y Proof of Authority (PoA), proporcionan variaciones adicionales en cómo se validan las transacciones y se crean nuevos bloques.

Las herramientas utilizadas para la minería han evolucionado significativamente. Inicialmente, la minería de criptomonedas se realizaba utilizando procesadores de computadoras estándar (CPUs), pero este método ahora es en gran parte obsoleto debido a su ineficiencia. Las Unidades de Procesamiento Gráfico (GPUs) ofrecen un mejor rendimiento y se utilizan ampliamente para minar diversas criptomonedas. Los Circuitos Integrados de Aplicación Específica (ASICs) son hardware especializado diseñado específicamente para la minería, ofreciendo alta eficiencia y rendimiento, aunque suelen usarse para criptomonedas específicas como Bitcoin. Los rigs de minería, que son sistemas personalizados que combinan múltiples GPUs o ASICs, mejoran la capacidad y eficiencia de la minería.

La minería presenta varios desafíos. El consumo de energía asociado con la minería, especialmente en los sistemas PoW, puede ser sustancial, lo que lleva a un uso significativo de electricidad y preocupaciones ambientales. La dificultad de los rompecabezas de minería se ajusta con el tiempo para garantizar que los nuevos bloques se añadan a una tasa consistente, lo que ayuda a mantener la estabilidad y seguridad de la red, pero puede afectar la rentabilidad de la minería. Además, el poder de minería puede concentrarse en unas pocas operaciones grandes o grupos de minería, lo que podría llevar a la centralización y a una reducción de la descentralización de la red.

Para abordar algunos de estos desafíos, los mineros individuales a menudo se unen a grupos de minería. Al combinar sus recursos computacionales, los mineros pueden aumentar sus posibilidades de minar un bloque con éxito y compartir las recompensas proporcionalmente. Este enfoque reduce la variabilidad en las recompensas y permite pagos más frecuentes, ya que el grupo distribuye las recompensas basadas en la cantidad de trabajo aportado por cada participante.

La minería puede ser económicamente gratificante, especialmente cuando se gestiona de manera eficiente con acceso a electricidad de bajo costo y hardware avanzado. Sin embargo, el consumo de energía asociado con la minería ha suscitado debates sobre su impacto ambiental y la necesidad de prácticas más sostenibles. Esto ha llevado a llamados para la adopción de mecanismos de consenso más eficientes en términos de energía.

La minería de criptomonedas juega un papel crucial en muchas redes blockchain al validar transacciones y crear nuevas unidades de criptomonedas. Aunque es esencial para la seguridad y operación de redes descentralizadas, también plantea desafíos relacionados con el uso de energía y la centralización.

Una variedad de criptomonedas puede ser minada, cada una con diferentes algoritmos, procesos de minería y requisitos. A continuación se presenta un resumen de algunas de las más destacadas:

1. Bitcoin (BTC)

- **Algoritmo:** SHA-256
- **Descripción:** Bitcoin es la primera y más conocida criptomoneda. Utiliza el algoritmo de hashing SHA-256, y su minería requiere un poder computacional sustancial. Los mineros ASIC (Circuito Integrado de Aplicación Específica) se utilizan típicamente para la minería de Bitcoin debido a su alta eficiencia.

2. Ethereum (ETH) (Nota: Ethereum está en transición de Proof of Work a Proof of Stake)

- **Algoritmo:** Ethash
- **Descripción:** Ethereum utiliza el algoritmo Ethash, diseñado para ser resistente a ASIC y más accesible para mineros con GPU (Unidad de Procesamiento Gráfico). Sin embargo, Ethereum está en proceso de transición a un mecanismo de consenso Proof of Stake (PoS) con Ethereum 2.0, que eventualmente eliminará la minería.

3. Litecoin (LTC)

- **Algoritmo:** Scrypt
- **Descripción:** Litecoin a menudo se considera la plata frente al oro de Bitcoin. Utiliza el algoritmo Scrypt, que permite la minería tanto con ASIC como con GPU. Litecoin es conocido por sus tiempos de generación de bloques más rápidos en comparación con Bitcoin.

4. Bitcoin Cash (BCH)

- **Algoritmo:** SHA-256

- **Descripción:** Un fork de Bitcoin, Bitcoin Cash también utiliza el algoritmo SHA-256, haciéndolo compatible con el hardware de minería de Bitcoin. Fue creado para abordar los problemas de escalabilidad de Bitcoin aumentando el tamaño del bloque.

5. Monero (XMR)

- **Algoritmo:** RandomX
- **Descripción:** Monero se centra en la privacidad y el anonimato. Utiliza el algoritmo RandomX, que está optimizado para la minería con CPU. El algoritmo de minería de Monero está diseñado para ser resistente a los ASIC, permitiendo una minería más descentralizada.

6. Dash (DASH)

- **Algoritmo:** X11
- **Descripción:** Dash utiliza el algoritmo X11, que es una combinación de once funciones de hashing diferentes. Este enfoque proporciona una mayor seguridad y está diseñado para ser resistente a ASIC. Dash ofrece características como transacciones más rápidas y opciones de privacidad.

7. Zcash (ZEC)

- **Algoritmo:** Equihash
- **Descripción:** Zcash es conocido por sus características enfocadas en la privacidad, utilizando el algoritmo Equihash. Permite a los mineros utilizar GPUs para la minería, aunque también se han desarrollado mineros ASIC para esta criptomoneda.

8. Ravencoin (RVN)

- **Algoritmo:** KawPow
- **Descripción:** Ravencoin utiliza el algoritmo KawPow, una versión modificada de ProgPoW, diseñada para ser resistente a ASIC y favorecer la minería con GPU. Se centra en la transferencia y creación de activos en su blockchain.

9. Grin (GRIN)

- **Algoritmo:** Cuckoo Cycle

- **Descripción:** Grin es una criptomoneda orientada a la privacidad que utiliza el algoritmo Cuckoo Cycle. Está diseñada para ser resistente a ASIC y puede ser minada usando GPUs.

10. Horizen (ZEN)

- **Algoritmo:** Equihash
- **Descripción:** Horizen, anteriormente conocido como ZenCash, utiliza el algoritmo Equihash. Se enfoca en la privacidad y escalabilidad, y puede ser minado usando GPUs o ASICs especializados.

11. Firo (anteriormente Zcoin) (FIRO)

- **Algoritmo:** MTP (Merkle Tree Proof)
- **Descripción:** Firo utiliza el algoritmo MTP, que está diseñado para ser resistente a ASIC y favorecer la minería con CPU y GPU. Se centra en la privacidad y la gobernanza descentralizada.

12. Dogecoin (DOGE)

- **Algoritmo:** Scrypt
- **Descripción:** Originalmente creado como una criptomoneda meme, Dogecoin utiliza el algoritmo Scrypt, similar a Litecoin. Puede ser minado con ASICs y GPUs.

13. Siacoin (SC)

- **Algoritmo:** Blake2b
- **Descripción:** Siacoin utiliza el algoritmo Blake2b. Es una plataforma de almacenamiento descentralizado basada en blockchain que permite a los usuarios alquilar su espacio en disco duro no utilizado.

14. Bea (BEA)

- **Algoritmo:** CryptoNight
- **Descripción:** Bea es una criptomoneda más reciente que utiliza el algoritmo CryptoNight, optimizado para la minería con CPU. Se enfoca en la privacidad y descentralización.

15. **Vertcoin (VTC)**
    - **Algoritmo:** Lyra2REv3

    - **Descripción:** Vertcoin está diseñado para ser resistente a ASIC y promover la descentralización. Utiliza el algoritmo Lyra2REv3, adecuado para la minería con GPU.

Estas criptomonedas varían ampliamente en sus algoritmos de minería, requisitos de hardware y objetivos generales. La elección de qué criptomoneda minar a menudo depende de factores como los recursos disponibles del minero, los costos de electricidad y los objetivos específicos de la operación de minería.

La Economía de la Minería

La minería de criptomonedas implica varios costos que pueden afectar significativamente su rentabilidad general. Estos costos se pueden clasificar en gastos de hardware, consumo de energía, requisitos de refrigeración, necesidades de mantenimiento y reparación, y tarifas de transacción [295].

Costos de Hardware: Uno de los principales gastos en la minería de criptomonedas es el costo del hardware especializado, como los Circuitos Integrados de Aplicación Específica (ASIC). Los ASIC son dispositivos personalizados diseñados específicamente para la minería de ciertas criptomonedas, ofreciendo un alto rendimiento y eficiencia. Sin embargo, estos dispositivos pueden ser costosos, y su costo puede influir en gran medida en la rentabilidad de las operaciones de minería. Además, a medida que avanza la tecnología de minería, el hardware antiguo puede volverse menos eficiente o quedar obsoleto, lo que requiere una inversión adicional en equipos actualizados [295].

Gastos de Energía: El consumo de energía es otro costo significativo asociado con la minería. Las operaciones de minería requieren una cantidad sustancial de electricidad para alimentar el equipo de computación, especialmente en los sistemas Proof of Work (PoW). La energía necesaria para ejecutar y enfriar el hardware puede ser considerable, y el costo de la electricidad en una región particular puede afectar en gran medida la rentabilidad de la minería. Las regiones con costos de energía más bajos suelen ser más atractivas para las operaciones de minería, ya que los precios más bajos de electricidad pueden ayudar a compensar los gastos generales y mejorar la rentabilidad [295].

Costos de Refrigeración: El equipo de minería genera una cantidad considerable de calor durante su funcionamiento, lo que requiere soluciones de refrigeración efectivas para prevenir el sobrecalentamiento y mantener un rendimiento óptimo. Los costos de refrigeración pueden ser considerables, especialmente en operaciones de minería a gran escala o en regiones con temperaturas ambiente más altas. Las soluciones de refrigeración efectivas pueden incluir sistemas de aire acondicionado, ventiladores industriales o unidades de refrigeración especializadas, todas las cuales suman a los gastos operativos de una instalación de minería [295].

Costos de Mantenimiento y Reparación: Mantener y reparar el equipo de minería es esencial para garantizar su eficiencia continua y longevidad. Con el tiempo, los componentes pueden desgastarse o malfuncionar, requiriendo reparaciones o reemplazos. El mantenimiento regular, como la limpieza, el monitoreo del rendimiento y el reemplazo de piezas, es crucial para mantener el equipo de minería en buen estado de funcionamiento. Estos costos continuos de mantenimiento y reparación pueden acumularse e impactar la rentabilidad general de las operaciones de minería [295].

Tarifas de Transacción: Además de las recompensas por bloque, los mineros también pueden ganar tarifas de transacción por procesar transacciones en la red. El nivel de las tarifas de transacción puede variar dependiendo de la actividad de la red y la demanda de procesamiento de transacciones. Durante períodos de alto volumen de transacciones, las tarifas pueden aumentar, potencialmente mejorando la rentabilidad de la minería. Por el contrario, durante tiempos de menor actividad en la red, las tarifas de transacción pueden disminuir, lo que podría afectar negativamente la rentabilidad de la minería. Por lo tanto, las fluctuaciones en las tarifas de transacción, junto con otros factores, pueden influir en los resultados financieros de las actividades de minería [295].

Así, la minería de criptomonedas implica diversos costos, incluyendo gastos de hardware, consumo de energía, necesidades de refrigeración, mantenimiento y reparaciones, y tarifas de transacción. Cada uno de estos factores juega un papel crucial en determinar la rentabilidad general de las operaciones de minería, y una gestión cuidadosa de estos costos es esencial para mantener una empresa de minería exitosa y sostenible.

Los ingresos de la minería de criptomonedas se determinan principalmente por la cantidad de criptomonedas que un minero puede producir durante un período específico y el precio de mercado actual de esa criptomoneda. Para calcular los ingresos de la minería, la cantidad total de criptomonedas minadas se multiplica por su precio de mercado. Este cálculo proporciona una estimación de los ingresos que un minero puede generar a partir de sus actividades de minería [295].

Por ejemplo, consideremos un escenario en el que un minero utiliza equipo especializado para minar Bitcoin (BTC) y es capaz de producir 1 BTC cada 10 días. Si el precio de mercado de BTC es de $50,000, los ingresos por minar 1 BTC serían $50,000. Este cálculo sencillo proporciona una visión clara del potencial de ingresos brutos de las actividades de minería [295].

Sin embargo, varios factores influyen en los ingresos reales que un minero puede obtener. En primer lugar, el precio de mercado de la criptomoneda puede fluctuar significativamente. El valor de BTC, por ejemplo, puede subir o bajar según las condiciones del mercado, afectando los ingresos generados por la minería. Cuando el precio de mercado es alto, los ingresos aumentan, mientras que una caída en el precio conduce a una reducción de los ingresos [295].

En segundo lugar, la dificultad del proceso de minería juega un papel crucial en la determinación de los ingresos. La dificultad de la minería se refiere a lo complicado que es resolver los rompecabezas criptográficos necesarios para validar las transacciones y añadirlas a la cadena de bloques. A medida que más mineros se unen a la red y la tecnología de minería avanza, la dificultad de la minería suele aumentar. Esto significa que minar nuevos bloques se vuelve más desafiante y que consume más tiempo, lo cual puede impactar la tasa a la que se produce la criptomoneda y, en consecuencia, los ingresos generados [295].

En tercer lugar, el costo de la electricidad es un factor significativo que afecta los ingresos de la minería. Las operaciones de minería consumen una gran cantidad de energía, y el precio de la electricidad puede variar según la región. Los costos más altos de electricidad reducen la ganancia neta de la minería, ya que una parte significativa de los ingresos debe gastarse en alimentar el equipo de minería [295].

Por último, la eficiencia del equipo de minería utilizado también influye en los ingresos. El hardware de minería moderno, como los ASIC, ofrece un mayor rendimiento y eficiencia en comparación con las tecnologías más antiguas. A medida que aumenta la complejidad de la minería, se vuelve necesario utilizar equipos más eficientes para mantener la rentabilidad. Los primeros mineros de Bitcoin, por ejemplo, podían generar ingresos sustanciales con hardware básico. Sin embargo, a medida que la red de minería creció y la dificultad de la minería aumentó, los ingresos por unidad de potencia de cálculo disminuyeron. Los mineros tuvieron que invertir en equipos más avanzados y costosos para mantenerse competitivos y seguir generando ingresos significativos [295].

Los ingresos de la minería de criptomonedas se determinan por la cantidad de criptomonedas minadas y su precio de mercado, pero también están influenciados por la dificultad de la minería, los costos de electricidad y la eficiencia del equipo de minería. Estas variables pueden causar fluctuaciones sustanciales en los ingresos, lo que hace esencial que los mineros consideren todos los factores al evaluar la rentabilidad de sus operaciones de minería.

Economía de la Minería de Bitcoin

Entender las dinámicas financieras de la minería de Bitcoin requiere un examen detallado de los costos y los ingresos involucrados. Vamos a profundizar en un ejemplo hipotético utilizando datos de junio de 2023 para ilustrar estas consideraciones económicas [296].

Supuestos de Costos

El costo de la electricidad, que es un factor significativo en las operaciones de minería, se asume en $0.05 por kilovatio-hora (kWh). Además de la electricidad, otros costos como las tarifas de los pools de minería, el personal y los gastos de internet se estiman en un 20% del costo de electricidad. Esta visión integral ayuda a calcular el costo total de la minería de Bitcoin [296].

Supuestos de Red y ASIC

Para este ejemplo, la tasa de hash de la red se establece en 375 exahashes por segundo (EH/s), con una recompensa por bloque de Bitcoin de 6.25 BTC y una tarifa de transacción promedio de 0.3125 BTC. Los ingresos diarios totales de la minería son aproximadamente 6.56 BTC, y el número total de Bitcoins emitidos por día es de 945 BTC [296].

El hardware de minería utilizado en este ejemplo es el Antminer S19 XP, que tiene una tasa de hash de 140 terahashes por segundo (TH/s) y consume 3,031 vatios (W) de potencia. Este modelo cuesta $4,600 y tiene una vida útil de 2.5 años [296].

Cálculos y Análisis

Para comprender la economía de la minería, se requieren varios cálculos [296]:

1. Hashes Requeridos para Minar un Bitcoin: El cálculo para el número de hashes necesarios para minar un Bitcoin se deriva de la tasa de hash de la red, el número de segundos en un día y la producción diaria de Bitcoin. Esto resulta en aproximadamente 34,000 EH (exahashes) por Bitcoin.

2. Tiempo Requerido para que un Minero ASIC Mine un Bitcoin: Usando la tasa de hash de la red y la tasa de hash del minero ASIC, se estima que el tiempo requerido para que un minero ASIC mine un solo Bitcoin es de alrededor de 7.7 años. Este cálculo convierte exahashes a terahashes para tener en cuenta el poder de procesamiento del hardware.

3. Gastos de Capital (CapEx): A lo largo de su vida útil, se espera que el minero ASIC mine alrededor de 0.32 BTC. Con un costo del minero de $4,600, el precio efectivo por Bitcoin minado con este hardware es de aproximadamente $14,300.

4. Gastos Operativos (OpEx):

- **Costo de Electricidad:** El costo de electricidad para minar un Bitcoin se calcula multiplicando el tiempo requerido para minar por el consumo de energía y el costo de electricidad, que totaliza aproximadamente $10,200.

- **Enfriamiento y Gastos Generales:** El enfriamiento y otros gastos operativos, que son el 20% del costo de electricidad, suman alrededor de $2,000.

Combinando estos gastos, el costo total de producir un Bitcoin se calcula en alrededor de $26,500. Esta cifra incluye tanto los costos de capital como los operativos [296].

Comparación de Rentabilidad

Para evaluar la rentabilidad, compare el costo de producción con el precio de mercado del Bitcoin. En este escenario, el costo de minar un Bitcoin es de $26,500, mientras que comprar uno en el mercado al contado cuesta aproximadamente $26,600. Esto indica que la minería está casi en equilibrio bajo estas condiciones [296].

Consideraciones para los Mineros

La pregunta clave para los mineros es si el costo de producción es menor que la compra de Bitcoin directamente en el mercado. Para que la minería sea financieramente viable, el costo de producción debe ser significativamente inferior al precio de mercado. Dadas las suposiciones actuales, los mineros a pequeña escala pueden enfrentar dificultades con la rentabilidad, especialmente si las tasas de hash y los costos de electricidad son altos. Por el contrario, los mineros a gran escala, con acceso a equipos más eficientes y potencialmente menores costos de energía, pueden seguir encontrando la minería económicamente viable [296].

La economía de la minería de Bitcoin implica equilibrar los gastos de capital, los costos operativos y los ingresos en comparación con los precios de mercado. Cálculos detallados y comparaciones de mercado son cruciales para evaluar si las operaciones de minería son rentables bajo diversas condiciones.

Minería de Bitcoin

La minería de Bitcoin opera a través de un proceso que combina criptografía, computación distribuida y adivinanza competitiva, todo con el objetivo de verificar y asegurar transacciones en la red de Bitcoin. Para simplificar, piénsalo como un juego en el que los participantes intentan adivinar un número. Aquí hay un desglose detallado de cómo funciona la minería de Bitcoin [297]:

El Juego de Adivinanza

Imagina que invitas a amigos a jugar un juego de adivinanza en el que deben adivinar un número entre 1 y 100. En este juego, el objetivo no es adivinar el número exacto, sino ser el primero en adivinar un número que sea menor o igual a un número objetivo predeterminado que tienes en mente. Por ejemplo, si el número objetivo es 19, y tus amigos adivinan números como 21, 55 y 83, no tienen éxito porque sus adivinanzas son todas mayores que 19. Sin embargo, si uno de ellos adivina 16, gana porque 16 es menor que 19 y, por lo tanto, cumple con los criterios del objetivo. El proceso aquí ilustra el principio básico detrás de la minería de Bitcoin, donde los mineros hacen múltiples intentos para resolver un problema y encontrar una solución que cumpla con ciertos criterios.

El Hash Objetivo

En la minería de Bitcoin, el "hash objetivo" es un concepto crucial. Este hash objetivo representa un valor que los mineros deben cumplir o superar con sus esfuerzos computacionales. Cada bloque en la cadena de bloques de Bitcoin requiere un valor de hash válido que esté por debajo de un determinado objetivo establecido por el nivel de dificultad de la red. La red ajusta esta dificultad aproximadamente cada dos semanas para asegurar que los bloques se minen a una tasa consistente, aproximadamente cada diez minutos. Al igual que en el juego de adivinanza, donde el objetivo es un número específico, el hash objetivo en la minería es un valor criptográfico que los mineros buscan igualar con sus adivinanzas computacionales.

El Proceso de Minería

La minería de Bitcoin implica resolver rompecabezas matemáticos complejos a través de hashing criptográfico. Los mineros utilizan su poder computacional para generar un valor de hash alterando continuamente un dato llamado "nonce" en el encabezado del bloque. Repetidamente, hacen hash de estos datos hasta encontrar un valor de hash que esté por debajo del hash objetivo establecido por la red. Este proceso requiere recursos computacionales inmensos porque los mineros están esencialmente haciendo adivinanzas rápidas y sucesivas para encontrar un hash válido. El primer minero en descubrir un hash que cumpla con los criterios de la red es recompensado con Bitcoin recién acuñado y las tarifas de transacción de las transacciones incluidas en ese bloque.

Computación Distribuida

La minería de Bitcoin se basa en una red descentralizada de computadoras, conocidas como nodos, para realizar este proceso de hashing. Cada nodo trabaja de manera independiente pero sigue el mismo protocolo y reglas. Este enfoque descentralizado asegura que ninguna entidad única tenga control sobre la red y ayuda a mantener la seguridad e integridad de la cadena de bloques. El poder computacional combinado de todos los mineros contribuye a la seguridad de la red al hacer extremadamente difícil para cualquier participante único alterar la cadena de bloques.

Seguridad Criptográfica

La criptografía juega un papel fundamental en la minería de Bitcoin. El proceso involucra algoritmos de hashing, como SHA-256, que transforman los datos de entrada en un valor de hash de longitud fija. La función de hash está diseñada para ser unidireccional, lo que significa que es fácil calcular el hash a partir de la entrada, pero es inviable realizar la ingeniería inversa de la entrada a partir del hash. Este enfoque criptográfico asegura que los datos procesados sean seguros e inalterables, reforzando la confianza en las transacciones que se verifican.

El Hash

En el núcleo de la minería de Bitcoin se encuentra el concepto de hash. Un hash es un número hexadecimal de 64 dígitos creado aplicando el algoritmo de hashing SHA-256 a los datos contenidos en un bloque. Este proceso implica ejecutar la información del bloque a través del algoritmo SHA-256, que genera una cadena única de caracteres de tamaño fijo conocida como hash. Por ejemplo, si introduces datos en un generador de hash SHA-256 en línea, la salida es un hash como a54f83a5db7371eeefa2287a0ede750ac623e49a8ba29f248eb785fe0a678559. El proceso de hashing en sí es extremadamente rápido, tomando menos de un segundo para producir un hash. Sin embargo, revertir este proceso—desencriptar el hash para recuperar los datos originales—es computacionalmente inviable con el hardware moderno, a menudo tomando siglos para lograrlo [297].

Los hashes son cruciales en la minería de Bitcoin ya que representan la salida encriptada de los datos del bloque. Si alteras incluso un solo carácter en los datos de entrada, el hash resultante cambiará drásticamente. Por ejemplo, si modificas la primera palabra de un párrafo de "At" a "Aa," el hash se transformará de a54f83a5db7371eeefa2287a0ede750ac623e49a8ba29f248eb785fe0a678559 a fbfa33ff980d1492b3a9275a1eb945d89bd6b699ca19c3c470021b8f253654af. Esto ilustra cuán sensible es el proceso de hashing a cualquier cambio en los datos de entrada. En la minería de Bitcoin, cada bloque contiene un hash del bloque anterior, creando una cadena segura y continua de bloques conocida como la cadena de bloques.

Hash Objetivo

El hash objetivo juega un papel central en la determinación de la dificultad de minería. Es esencialmente un número que los mineros están compitiendo para resolver. Este hash objetivo es una representación compacta de la dificultad de minería, generada por la red de Bitcoin. Por ejemplo, un hash de bloque podría aparecer como 0000000000000000005a849c28eb24b8a5e04fcecc1ccb3eb2998e4730a456e, mientras que el hash objetivo podría representarse en una forma más compacta como 0x175c739.

El hash objetivo es una versión compacta del objetivo de dificultad y representa un número que los mineros deben cumplir o superar con sus hashes generados. En esta representación, el número puede parecerse a 0...000005c73900000...0, indicando que los mineros necesitan encontrar un valor de hash que sea numéricamente menor o igual a este objetivo. La dificultad de minería se ajusta con el tiempo en función del poder computacional de la red, asegurando que los nuevos bloques se minen a una tasa consistente. Los mineros logran esto haciendo hash repetidamente de diferentes valores de nonce hasta que encuentran uno que produce un hash que cumpla o supere el hash objetivo, lo cual es una tarea computacionalmente intensiva y que consume recursos.

Minería

La minería de Bitcoin es un proceso que implica la generación de un hash utilizando un programa de minería, donde un componente clave es el nonce, o "número usado una vez." Este nonce es un valor que los mineros añaden a los datos que están haciendo hash para encontrar un hash válido. El proceso comienza con el nonce establecido en cero, y con cada intento, el nonce se incrementa en uno—empezando desde 0, luego 1, 2, 3, y así sucesivamente. El objetivo es encontrar un valor de hash que, cuando se combina con el nonce, cumpla con el objetivo de dificultad establecido por la red [297].

Cuando un minero realiza esta tarea, el hash que produce, combinado con el nonce, debe ser menor o igual al hash objetivo especificado por la red de Bitcoin. Si el hash resultante es mayor que el hash objetivo, el intento se considera no exitoso, y el minero incrementa el nonce para probar un hash diferente. Este proceso se repite continuamente hasta que se encuentra un hash válido. El primer minero en descubrir un hash válido que cumpla con los criterios del objetivo tiene su bloque propuesto añadido a la cadena de bloques. Este minero es luego recompensado con bitcoins recién acuñados y las tarifas de transacción de las transacciones incluidas en el bloque.

Una vez que un bloque se añade a la cadena de bloques, contiene nuevas transacciones, y el proceso de minería comienza de nuevo con el siguiente bloque. Cada bloque tiene un tamaño máximo de aproximadamente un megabyte, y una vez que está lleno de transacciones, se cierra, cifra y mina de la misma manera. La operación continua de minería es esencial para mantener la cadena de bloques, ya que asegura que las transacciones se validen y se añadan al libro mayor.

La red de Bitcoin opera las 24 horas del día con miles de dispositivos de minería compitiendo para resolver estos rompecabezas criptográficos. El primer minero en resolver exitosamente el rompecabezas y cumplir con el hash objetivo puede añadir el bloque a la cadena y recibir la recompensa. Para mejorar sus posibilidades, los mineros a menudo forman pools de minería, donde combinan su poder computacional para aumentar su probabilidad de ganar la recompensa del bloque. Este enfoque agrupado les permite compartir las recompensas proporcionalmente a su poder de procesamiento contribuido, haciendo más factible competir en el altamente competitivo panorama de la minería.

La tasa de minería de la red de Bitcoin, o tasa de hash, refleja el poder computacional combinado de todos los mineros. A partir del 3 de julio de 2024, la tasa de hash de la red promedió ligeramente más de 578 exahashes por segundo (EH/s), que es 578 seguido de 18 ceros. Dado que se tarda aproximadamente 10 minutos en minar un nuevo bloque, esto implica un número enorme de intentos de hash para encontrar el nonce correcto—alrededor de 3.4×10^{23} hashes para cada bloque. Este inmenso esfuerzo computacional subraya los significativos recursos necesarios para la minería de Bitcoin y el alto nivel de competencia dentro de la red [297].

Prueba de Trabajo (Proof-of-Work)

El concepto de Prueba de Trabajo (Proof-of-Work, PoW) es fundamental en la minería de Bitcoin y sirve como un mecanismo de validación y una característica de seguridad. En PoW, el término "trabajo" se refiere al esfuerzo computacional necesario para generar un hash válido que cumpla con el objetivo de dificultad de la red de Bitcoin. Este proceso de generación de hashes actúa como prueba de que el minero ha gastado suficientes recursos computacionales para validar las transacciones incluidas en el bloque. Por lo tanto, el término "Prueba de Trabajo" significa que el esfuerzo computacional, o "trabajo," prueba la validez de las transacciones y la contribución del minero para mantener la cadena de bloques [297].

Aunque PoW a menudo se describe como un mecanismo de consenso, es solo una parte del proceso de consenso más amplio. El consenso en la red de Bitcoin se logra cuando un minero agrega exitosamente un nuevo bloque a la cadena de bloques, el cual luego es verificado por otros nodos en la red. Estos nodos verifican la validez del bloque comprobando los hashes y asegurándose de que las transacciones cumplan con las reglas de la red. Sin embargo, este proceso de verificación no requiere una energía o poder computacional sustancial, ya que se realiza por cada nodo en paralelo mientras se mina el siguiente bloque. A medida que se añaden nuevos bloques, estos se confirman a través de esta validación a nivel de red, asegurando que la cadena de bloques se mantenga precisa y segura.

Confirmación

Una vez que un bloque es minado, no se confirma de inmediato. Un bloque se considera confirmado después de haber sido incorporado a la cadena de bloques y validado a través de múltiples bloques subsiguientes. Específicamente, un bloque generalmente se considera confirmado una vez que ha sido seguido por seis bloques adicionales, sumando un total de seis confirmaciones. Este proceso es crítico porque mejora la seguridad de la cadena de bloques. Si la información de un bloque fuera alterada antes de alcanzar seis confirmaciones, requeriría una cantidad imprácticamente grande de poder computacional para rehacer la prueba de trabajo para el bloque alterado y todos los bloques subsiguientes, haciendo que tales alteraciones sean altamente improbables.

Cada bloque en la cadena de bloques de Bitcoin contiene el hash del bloque anterior, lo que crea una cadena de bloques. Cuando se mina un nuevo bloque, su hash incluye el hash del bloque anterior, vinculando los bloques entre sí. Esta vinculación es crucial porque incluso un pequeño cambio en los datos de un bloque hará que su hash cambie drásticamente, lo que interrumpiría toda la cadena. Esta característica del hashing de bloques asegura que una vez que un bloque es confirmado, es extremadamente difícil alterar cualquier información dentro de él sin cambiar todos los bloques subsiguientes.

Recompensas

Los mineros están incentivados a participar en la red de Bitcoin a través de recompensas por bloque y tarifas de transacción. Inicialmente, en 2009, la recompensa por minar un bloque era de 50 bitcoins. Esta recompensa experimenta un evento de reducción a la mitad aproximadamente cada cuatro años o cada 210,000 bloques. La reducción a la mitad disminuye la recompensa por bloque a la mitad, haciendo que la minería sea progresivamente menos rentable pero también reduciendo la tasa a la que se crean nuevos bitcoins. A partir de abril de 2024, la recompensa por bloque es de 3.125 bitcoins [297].

Además de las recompensas por bloque, los mineros también ganan tarifas de transacción de las transacciones incluidas en los bloques que minan. Estas tarifas son pagadas por los usuarios para incentivar a los mineros a incluir sus transacciones en el bloque. A medida que el suministro total de Bitcoin se acerca a su límite de 21 millones—esperado alrededor de 2140—la recompensa por bloque eventualmente se desvanecerá, dejando las tarifas de transacción como el principal incentivo para los mineros. Este sistema basado en tarifas asegura que los mineros permanezcan motivados para asegurar y validar transacciones incluso después de que termine la recompensa por bloque.

Dificultad

La dificultad de minería mide cuán desafiante es encontrar un hash que cumpla con el objetivo de la red. La dificultad se ajusta aproximadamente cada dos semanas o cada 2,016 bloques, basado en la tasa de hash de la red y el tiempo tomado para minar el conjunto anterior de bloques. Si los mineros están resolviendo bloques demasiado rápido, la dificultad aumenta para mantener el tiempo promedio de bloque en aproximadamente 10 minutos. Por el contrario, si la minería se vuelve menos eficiente o si los mineros abandonan la red, la dificultad disminuye para facilitar la minería.

El 1 de mayo de 2024, la dificultad de minería se estableció en aproximadamente 83.7 billones. Esto significa que la probabilidad de generar un hash por debajo del hash objetivo es de 1 en 83.7 billones. Para ilustrar la enormidad de esta cifra, es aproximadamente 286,000 veces menos probable que ganar el Gran Premio de Powerball con un solo boleto. Este alto nivel de dificultad refleja el considerable poder computacional necesario para minar Bitcoin y subraya la naturaleza competitiva del proceso de minería [297].

Configuración de una Operación de Minería de Bitcoin

Configurar una operación de minería de Bitcoin implica varios recursos clave y consideraciones para asegurar una minería efectiva y rentable [296].

Requisitos de Hardware: En el núcleo de la minería de Bitcoin se encuentra el ordenador especializado conocido como un minero de Circuito Integrado Específico de Aplicación (ASIC). Estos dispositivos están diseñados específicamente para la minería de criptomonedas y ofrecen una potencia computacional significativa en comparación con los ordenadores de propósito general. Para Bitcoin, los mineros ASIC son esenciales debido a su capacidad para procesar miles de millones de hashes por segundo. Modelos populares de fabricantes como Bitmain y Whatsminer pueden costar entre $3,000 y $5,000 para las versiones más recientes. Los modelos antiguos y de segunda mano están disponibles a precios más bajos, pero pueden ser menos eficientes. La elección del minero ASIC afecta la eficiencia de la operación, siendo los modelos más nuevos generalmente los que proporcionan tasas de hash más altas y una mejor eficiencia energética [296].

Suministro de Energía: La electricidad es un componente crucial en la minería de Bitcoin, ya que los mineros necesitan mantener sus equipos ASIC en funcionamiento continuo. El costo de la electricidad impacta directamente en la rentabilidad, haciendo esencial asegurar una fuente de energía fiable y económica. Los costos de energía son una consideración significativa; para muchos mineros, encontrar electricidad a bajo costo es una prioridad. La eficiencia de las operaciones de minería a menudo depende de las tarifas locales de electricidad, que pueden variar ampliamente por región. En los últimos años, las operaciones de minería se han trasladado a áreas con electricidad más barata, como partes de Estados Unidos, Canadá y Rusia, debido a los costos más altos de electricidad en otros lugares.

Conexión a Internet: Una conexión a internet estable y rápida es necesaria para asegurar que el equipo de minería permanezca conectado a la red de Bitcoin. Esta conectividad es crucial tanto para enviar los resultados de la minería como para recibir actualizaciones de la red. La conexión a internet debe ser fiable para prevenir interrupciones que puedan obstaculizar los esfuerzos de minería o provocar pérdidas potenciales.

Infraestructura de Refrigeración: Los mineros ASIC generan una cantidad sustancial de calor durante su funcionamiento, lo que hace que los sistemas de refrigeración sean esenciales. Una infraestructura de refrigeración adecuada, ya sea a través de aire acondicionado o sistemas de refrigeración especializados, es necesaria para mantener temperaturas operativas óptimas y prevenir el sobrecalentamiento. En configuraciones domésticas, esto puede implicar el uso de ventiladores adicionales o unidades de aire acondicionado, mientras que las granjas de minería a gran escala a menudo utilizan soluciones de refrigeración más avanzadas.

Gestión Operativa: Configurar una operación de minería también implica los aspectos logísticos de alojar el equipo y asegurar su mantenimiento. Esto incluye gestionar el espacio físico donde se realiza la minería, ya sea en casa o en un almacén más grande. Para operaciones a escala industrial, esto puede implicar múltiples almacenes equipados con sistemas extensos de refrigeración y gestión de energía. Además, puede ser necesario personal si la operación es a gran escala y requiere una gestión continua.

Pools de Minería e Ingresos: Muchos mineros individuales se unen a pools de minería para aumentar sus posibilidades de minar un bloque con éxito. Los pools combinan el poder de cálculo de múltiples mineros y distribuyen las recompensas basadas en la contribución de cada participante al esfuerzo de minería. Los ingresos para los mineros incluyen la recompensa por bloque (que se reduce a la mitad aproximadamente cada cuatro años) y las tarifas de transacción. A partir de junio de 2023, las tarifas de transacción han promediado alrededor de 0.31 BTC por bloque, representando aproximadamente el 5% de la recompensa por bloque. Los ingresos combinados de las recompensas por bloque y las tarifas de transacción proporcionan el incentivo para que los mineros mantengan sus operaciones [296].

Configuración de un Minero ASIC

Configurar un minero ASIC implica varios pasos importantes para asegurar que el equipo opere de manera eficiente y efectiva. Aquí tienes una guía detallada del proceso [298]:

1. Preparación es Clave Antes de configurar tu minero ASIC, la preparación es crucial para asegurar una instalación fluida. Comienza evaluando tu entorno para cumplir con los requisitos del minero. Asegúrate de tener una conexión a internet estable, ya que la conectividad continua es esencial para las operaciones de minería. Además, designa un circuito eléctrico dedicado para manejar las demandas de energía del minero. Los mineros ASIC pueden consumir una cantidad considerable de electricidad y generar mucho calor, por lo que es necesario un área fresca y bien ventilada para prevenir el sobrecalentamiento y asegurar que el equipo funcione de manera óptima. Una preparación adecuada ayudará a evitar problemas potenciales relacionados con el suministro de energía, la conectividad a internet y la refrigeración.

2. Elegir el Hardware Adecuado Seleccionar el minero ASIC adecuado es una decisión clave que afecta tu eficiencia de minería y los costos generales. Varios fabricantes, como Bitmain, EBANG e INNOSILICON, ofrecen diferentes modelos con diversas capacidades y puntos de precio. Al elegir tu hardware, considera factores como la tasa de hash, el consumo de energía y el costo para asegurar que el minero se ajuste a tu presupuesto y objetivos de minería. También es importante comprar en fuentes reputables para evitar productos falsificados o de baja calidad, que pueden afectar el rendimiento y la durabilidad. Investigar y comparar diferentes modelos te ayudará a tomar una decisión informada basada en tus necesidades específicas.

3. Configuración del Hardware Una vez que tengas tu minero ASIC, la configuración física implica varios pasos:

- **Conexión a la Fuente de Energía:** Comienza conectando el minero ASIC a una unidad de suministro de energía (PSU). Asegúrate de que todas las conexiones estén seguras para evitar problemas eléctricos. El minero generalmente tendrá requisitos específicos de energía, por lo que utiliza una PSU que coincida con estos requisitos.

- **Conexión de Energía:** Enchufa el suministro de energía a una toma de corriente, que generalmente es necesario para los mineros ASIC. Algunos modelos pueden tener un interruptor de energía, por lo que verifica las instrucciones del fabricante para detalles específicos. Asegúrate de que la fuente de energía sea estable para prevenir interrupciones en las operaciones de minería.

4. Conexión a Internet Una conexión a internet estable es crucial para las operaciones de minería. Utiliza un cable Ethernet CAT5 o CAT6 para conectar tu minero ASIC directamente a tu enrutador o conmutador de red. Aunque se pueden utilizar adaptadores Wi-Fi, se recomienda una conexión por cable para una mayor estabilidad y fiabilidad. Asegúrate de que el cable esté bien enchufado para evitar problemas de conectividad.

5. Configuración del Minero Para configurar tu minero ASIC, sigue estos pasos:

- **Acceso a la Configuración del Enrutador:** Inicia sesión en el menú de configuración de tu enrutador para localizar la dirección IP del minero. Esto generalmente se encuentra en la lista de dispositivos conectados.

- **Interfaz del Minero:** Ingresa la dirección IP en un navegador web para acceder a la interfaz de configuración del minero. Se te pedirá que inicies sesión utilizando las credenciales predeterminadas, que generalmente se proporcionan en el manual o guía de configuración del minero.

- **Configuración de Parámetros:** Una vez que hayas iniciado sesión, configura los ajustes de tu pool de minería y la dirección de tu billetera. Esto implica ingresar detalles como la URL del pool y tu dirección de billetera a la que se enviarán las monedas minadas. Sigue las instrucciones proporcionadas por tu pool de minería y el fabricante del minero para una configuración precisa.

6. Unirse a un Pool de Minería Los pools de minería son esenciales para aumentar tus posibilidades de minar bloques con éxito al combinar el poder computacional con otros mineros. Para unirte a un pool de minería, selecciona un pool reputado como Slushpool, F2Pool o BTC.com. Regístrate en una cuenta con el pool elegido y sigue sus instrucciones específicas para integrar tu minero ASIC. La membresía en el pool a menudo implica ingresar la dirección del servidor del pool y tus credenciales de minería en la configuración del minero.

7. Monitoreo y Mantenimiento El monitoreo y mantenimiento continuo son cruciales para la longevidad y eficiencia de tu minero ASIC:

- **Monitoreo del Rendimiento:** Revisa regularmente el rendimiento del minero para asegurar que esté funcionando de manera eficiente y no se esté sobrecalentando. Muchos mineros vienen con herramientas de monitoreo integradas que proporcionan estadísticas en tiempo real sobre la tasa de hash, la temperatura y otras métricas de rendimiento.

- **Mantenimiento:** Limpia periódicamente el dispositivo para eliminar el polvo y los escombros, que pueden obstruir la ventilación y afectar la refrigeración. Asegúrate de que los ventiladores de refrigeración y las rejillas de ventilación funcionen correctamente para mantener temperaturas operativas óptimas. El mantenimiento regular ayuda a prevenir fallos en el hardware y asegura un rendimiento de minería constante.

Figura 17: Antminer ASIC Miner. Steve Rainwater de Irving, EE.UU., CC BY-SA 2.0, a través de Wikimedia Commons.

Pools de Minado y Minado en Solitario

En la comunidad de criptomonedas, el minado en solitario y el minado en pools representan dos enfoques distintos para la minería de activos digitales, cada uno con sus propias ventajas y desafíos. Entender ambos métodos es crucial para cualquiera que esté considerando involucrarse en la minería de criptomonedas [299].

El minado en solitario se refiere al proceso en el que un minero individual lleva a cabo y ejecuta el proceso de minería de forma independiente. Esto implica configurar y operar hardware de minería sin depender de servicios de terceros o pools de minería. Los mineros en solitario conectan sus máquinas de minería directamente a la red de criptomonedas y tratan de resolver rompecabezas criptográficos para descubrir nuevos bloques. Si tienen éxito, el minero recibe toda la recompensa del bloque y las tarifas de transacción asociadas con el bloque [299].

Históricamente, el minado en solitario era más factible debido a la menor dificultad de la red y los requisitos de hardware. Sin embargo, a medida que la complejidad de los algoritmos de minería aumentó y la tasa de hash total de la red creció, el minado en solitario se volvió cada vez más desafiante. Hoy en día, la rentabilidad del minado en solitario depende en gran medida del poder de hardware del minero y de la dificultad actual de la red. Los mineros en solitario deben poseer un poder computacional significativo para competir de manera efectiva. Aunque las recompensas potenciales pueden ser sustanciales, son infrecuentes e impredecibles, lo que conlleva un riesgo considerable [299].

La esencia del minado en solitario radica en su independencia y autosuficiencia. El proceso comienza con la selección de una criptomoneda para minar. Los mineros deben invertir en hardware de alto rendimiento capaz de resolver rompecabezas matemáticos complejos. Inicialmente, se usaban CPUs para la minería, pero a medida que la dificultad de la red aumentó, las GPUs, FPGAs y ASICs se volvieron más prevalentes debido a sus capacidades de procesamiento superiores.

Los mineros también deben configurar una billetera digital compatible para recibir y almacenar las monedas minadas. Se necesita una conexión a internet confiable y rápida para mantenerse conectado a la red de criptomonedas. El proceso de minería en sí implica ejecutar software de minería que conecta el hardware a la red, permitiendo al minero intentar resolver rompecabezas criptográficos. El éxito en el minado en solitario depende del poder computacional del hardware y de la dificultad actual de la red, que puede variar significativamente [299].

Para embarcarse en el minado en solitario, los mineros requieren hardware robusto capaz de manejar cálculos complejos. Con el tiempo, la industria ha evolucionado desde el uso de CPUs hasta opciones más avanzadas como GPUs, FPGAs y ASICs. Cada tipo de hardware tiene sus ventajas y es adecuado para diferentes criptomonedas. Por ejemplo, los mineros ASIC son particularmente efectivos para la minería de Bitcoin debido a su diseño especializado [299].

Además del hardware, los mineros necesitan una billetera digital para almacenar las monedas minadas y una conexión a internet confiable para mantener la conectividad con la red. La configuración también implica instalar y configurar software de minería que sea compatible con la criptomoneda elegida. El mantenimiento y la supervisión regulares son esenciales para garantizar que la operación de minería funcione sin problemas y siga siendo rentable.

El minado en pools es un enfoque colaborativo en el que varios mineros combinan su poder computacional para aumentar sus posibilidades de minar un bloque con éxito. Al agrupar sus recursos, los mineros pueden resolver rompecabezas criptográficos más rápido y de manera más eficiente de lo que podrían hacerlo individualmente. Cuando un pool mina con éxito un bloque, las recompensas se distribuyen entre los participantes en función de su contribución a los esfuerzos del pool.

El minado en pools ofrece varias ventajas, como una fuente de ingresos más consistente y predecible. Esto se debe a que las recompensas se comparten entre los miembros del pool, reduciendo el riesgo de largos períodos sin pagos. El minado en pools también permite a los mineros aprovechar el poder computacional colectivo, lo que hace posible minar criptomonedas con dificultades de red más altas de las que serían viables para mineros individuales.

Minado en Solitario

El minado en solitario ofrece varios beneficios potenciales [299]:

- **Propiedad Completa de Recompensas**: La principal ventaja es que los mineros en solitario reciben toda la recompensa del bloque y las tarifas de transacción cuando logran minar un bloque con éxito. Esto puede llevar a ganancias significativas si el minero tiene la suerte de encontrar un bloque.

- **Interferencia Mínima**: Los mineros en solitario tienen menos probabilidades de experimentar interrupciones por fallos en el pool o factores externos que puedan afectar las operaciones de minería.

- **Sin Tarifas de Pool**: Los mineros en solitario evitan las tarifas cobradas por los pools de minería, lo que puede aumentar su rentabilidad general.

- **Rendimientos a Largo Plazo Más Altos**: Con el tiempo, los mineros en solitario podrían ver retornos más altos en comparación con el minado en pools, especialmente si pueden mantener su operación y encontrar bloques de manera consistente.

A pesar de sus recompensas potenciales, el minado en solitario tiene desventajas notables [299]:

- **Altos Requisitos de Capital**: Configurar una operación de minería en solitario requiere una inversión sustancial en hardware e infraestructura.

- **Riesgo de No Obtener Recompensas**: Las posibilidades de no encontrar un bloque durante un período prolongado son altas, lo que puede llevar a pérdidas de inversión.

- **Poder Computacional Limitado**: Competir con grandes pools de minería es desafiante, ya que los mineros individuales pueden carecer del poder computacional necesario para resolver bloques de manera eficiente.

- **Variabilidad en los Ingresos**: Las ganancias del minado en solitario pueden ser irregulares e impredecibles, con la posibilidad de largos períodos sin recompensas.

El minado en pools también tiene sus ventajas [299]:

- **Ingresos Estables**: El minado en pools proporciona una fuente de ingresos más estable y predecible, ya que las recompensas se distribuyen regularmente entre los miembros.

- **Mayor Eficiencia de Minado**: Al combinar recursos, los pools de minería pueden abordar rompecabezas criptográficos más complejos y minar criptomonedas con mayores dificultades.

- **Flexibilidad**: El minado en pools permite a los mineros cambiar entre diferentes criptomonedas, optimizando sus esfuerzos según las condiciones del mercado y la rentabilidad de la minería.

Sin embargo, el minado en pools también presenta desafíos [299]:

1. **Riesgos Externos**: Los pools pueden ser vulnerables a ataques externos o problemas técnicos, lo que puede afectar el proceso de minería y la distribución de recompensas.

2. **Tarifas de Pool**: La mayoría de los pools de minería cobran una tarifa por sus servicios, lo que puede reducir las ganancias generales.

3. **Recompensas Menores**: Dado que las recompensas se comparten entre los miembros del pool, los pagos individuales suelen ser más bajos que si un minero

tuviera éxito en solitario.

4. **Riesgos de Seguridad**: Los pools almacenan grandes cantidades de criptomonedas, lo que los convierte en objetivos para los atacantes.

Estrategias para un Minado en Solitario Exitoso

Para maximizar las posibilidades de éxito en el minado en solitario, se pueden emplear varias estrategias [299]:

- **Optimizar el Hardware**: Invierte en hardware de minería de alto rendimiento y mantenlo actualizado para mantener un rendimiento competitivo.

- **Configurar el Software**: Utiliza software de minería que esté optimizado para tu hardware y la criptomoneda que estás minando. Una configuración adecuada puede mejorar la eficiencia.

- **Mantenerse Informado**: Mantente al tanto de los avances en tecnología de minería y tendencias para asegurar que tu configuración siga siendo competitiva.

- **Medidas de Seguridad**: Implementa prácticas de seguridad robustas, como contraseñas fuertes, autenticación de dos factores y almacenamiento seguro de billeteras, para proteger tus activos.

- **Monitoreo y Gestión**: Monitorea regularmente el rendimiento de tu operación de minería y ajusta según la dificultad de la red y las condiciones del mercado. Unirte a comunidades de minería puede proporcionar apoyo e información valiosa.

Minado en Solitario vs. Minado en Pools

Elegir entre el minado en solitario y el minado en pools depende de varios factores, incluyendo la capacidad financiera, la capacidad del hardware y la tolerancia al riesgo. El minado en solitario ofrece el potencial de grandes recompensas pero conlleva riesgos significativos y requiere una inversión sustancial. El minado en pools proporciona ganancias más consistentes y reduce el riesgo individual, pero implica compartir recompensas y tarifas con otros mineros.

Ambos métodos tienen sus méritos y desventajas. El minado en solitario puede ser atractivo para aquellos con recursos significativos y alta tolerancia al riesgo, mientras que el minado en pools es a menudo preferido por su estabilidad y riesgo individual reducido.

Análisis de Requisitos de Capital y Rentabilidad del Minado en Solitario

El minado en solitario implica una inversión de capital sustancial debido a los altos costos asociados con la configuración y el mantenimiento de una operación de minería. Para un minero en solitario que pretende minar en una red de Bitcoin con una alta tasa de hash, como 1 petahash por segundo (1 PH/s), los requisitos de capital son significativos. Configurar una granja de minería capaz de soportar este nivel de tasa de hash generalmente cuesta alrededor de $200,000. Esta estimación cubre el hardware, como los mineros ASIC, pero no incluye gastos continuos como electricidad y mantenimiento. Dada la creciente complejidad de las redes de minería, la inversión inicial es solo una parte del requisito total de capital [299].

La dificultad de minar Bitcoin, que es proporcional a la tasa de hash de la red, ha aumentado drásticamente con el tiempo. Un minero con una capacidad de $200,000 enfrentaría desafíos considerables para encontrar un bloque. Con los niveles de dificultad actuales, se estima que podría tomar alrededor de 200 días de trabajo de minería constante para encontrar un bloque con éxito y ganar la recompensa asociada de 12.5 Bitcoins. Aunque esta recompensa es sustancial, es importante considerar que la dificultad de la red de Bitcoin está aumentando continuamente. A medida que la complejidad crece, los mineros necesitarán escalar significativamente sus operaciones, lo que podría requerir inversiones de capital que asciendan a millones de dólares para mantener un poder de minería competitivo.

El Impacto de Nuevas Tecnologías en el Minado en Solitario

Los avances tecnológicos están moldeando continuamente el campo de la minería de criptomonedas. Innovaciones como los chips de minería más eficientes en términos de energía y el uso de fuentes de energía renovable están cobrando mayor relevancia. La tendencia hacia la sostenibilidad está impulsada por preocupaciones ambientales y presiones regulatorias, llevando a un cambio hacia prácticas de minería más ecológicas. Además, la gamificación de la minería, que integra actividades de minería en juegos play-to-earn y otras plataformas interactivas, busca hacer que el proceso sea más accesible y atractivo para una audiencia más amplia.

La evolución de la tecnología de minería también incluye la creciente participación de entidades corporativas, ya que las empresas en la industria minera exploran ofertas públicas para recaudar capital para expansión. Esta tendencia apunta a un enfoque más estructurado y profesional de las operaciones de minería, lo que puede afectar la viabilidad del minado en solitario [299].

Minado en Solitario y el Panorama Cambiante de las Criptomonedas

A medida que la tecnología avanza y la sostenibilidad se convierte en un enfoque central, el futuro del minado en solitario está influenciado por varios factores. El desarrollo de hardware de minería más eficiente y la adopción de tecnologías ecológicas sugieren que el minado en solitario podría convertirse en una opción tanto rentable como ambientalmente responsable. Sin embargo, factores económicos como los costos de electricidad y la eficiencia del equipo de minería siguen siendo cruciales para determinar la rentabilidad. La transición de CPUs a ASICs subraya la importancia de mantenerse actualizado con los avances tecnológicos para seguir siendo competitivo [299].

Además, el ecosistema de criptomonedas en general, incluyendo los entornos regulatorios y la disponibilidad de electricidad barata, impactará la viabilidad del minado en solitario. Nuevos algoritmos de minería y redes pueden ofrecer mejores recompensas y menor consumo de energía, influyendo en si el minado en solitario sigue siendo una opción viable para los mineros individuales en el futuro.

Algoritmos de Minado diferentes a SHA-256

Visión General de Algoritmos de Minado: Scrypt, Ethash, RandomX, X11, Equihash, Blake2b y Lyra2REv3

1. Scrypt

Scrypt es un algoritmo de prueba de trabajo (PoW) intensivo en memoria, diseñado inicialmente para ser más resistente a la minería con ASIC (Circuitos Integrados de Aplicación Específica) en comparación con algoritmos tradicionales como SHA-256. Fue desarrollado para abordar las limitaciones de los algoritmos de minería anteriores al requerir que los mineros utilicen una cantidad significativa de memoria además de poder computacional. Este enfoque busca nivelar el campo de juego entre mineros de CPU, GPU y ASIC. Scrypt es utilizado por varias criptomonedas, siendo Litecoin la más destacada. El algoritmo requiere que los mineros realicen operaciones resistentes a la memoria, lo que implica el uso de una gran cantidad de RAM, haciendo que sea más desafiante para los ASIC dominar la minería.

Equipos Utilizados para Minar con Scrypt

Minar criptomonedas basadas en Scrypt, como Litecoin, requiere tipos específicos de hardware que se adapten a la naturaleza intensiva en memoria del algoritmo Scrypt. Este algoritmo fue diseñado para ser más resistente a la minería con ASIC en comparación con algoritmos más antiguos, lo que inicialmente permitió una gama más amplia de hardware de minería. Sin embargo, a medida que la minería con Scrypt evolucionó, se desarrolló equipo especializado para maximizar la eficiencia. Aquí tienes una descripción detallada del equipo utilizado para la minería con Scrypt:

- **Miners ASIC**: Los Circuitos Integrados de Aplicación Específica (ASIC) son el hardware más eficiente para minar criptomonedas basadas en Scrypt. Los mineros ASIC son máquinas diseñadas específicamente para el algoritmo Scrypt, ofreciendo ventajas significativas sobre el hardware de minería tradicional en términos de potencia de procesamiento y eficiencia energética. Estos dispositivos están construidos para resolver los complejos rompecabezas criptográficos requeridos por Scrypt, resultando en tasas de hash mucho más altas en comparación con CPUs o GPUs. Modelos populares incluyen el Antminer L3+, que es bien valorado por su rendimiento y eficiencia energética en la minería con Scrypt.

- **GPUs**: Las Unidades de Procesamiento Gráfico (GPUs) fueron históricamente la opción más popular para minar criptomonedas basadas en Scrypt antes de la llegada de los ASIC. Las GPUs ofrecen un buen equilibrio entre potencia computacional y consumo de energía, haciéndolas adecuadas para una variedad de tareas de minería. Aunque no son tan eficientes como los mineros ASIC en términos de tasa de hash, las GPUs todavía son utilizadas por entusiastas y mineros a pequeña escala que prefieren mayor flexibilidad y la capacidad de minar diferentes criptomonedas. Modelos populares de GPU para minería incluyen aquellos de las series NVIDIA GeForce y AMD Radeon, capaces de manejar la naturaleza intensiva en memoria del algoritmo Scrypt.

- **CPUs**: Las Unidades Centrales de Procesamiento (CPUs) son generalmente la opción menos efectiva para minar criptomonedas basadas en Scrypt debido a su potencia de procesamiento limitada y eficiencia en comparación con GPUs y ASICs. Aunque las CPUs fueron utilizadas anteriormente para la minería con Scrypt, sus tasas de hash más bajas y mayor consumo de energía las hacen menos prácticas para operaciones de minería serias en la actualidad. Las CPUs aún pueden ser utilizadas por mineros individuales o con fines educativos, pero no son competitivas con hardware más especializado.

- **Unidades de Fuente de Alimentación (PSUs)**: Independientemente del hardware de minería utilizado, una fuente de alimentación confiable y suficiente es esencial. El hardware de minería requiere una cantidad significativa de energía para operar de manera efectiva, y el uso de una PSU de alta calidad garantiza un funcionamiento estable y continuo. Para los mineros ASIC, las PSU con alta potencia y eficiencia son necesarias para soportar los requisitos de energía del hardware. Es crucial ajustar las especificaciones de la PSU con las necesidades del equipo de minería para prevenir problemas relacionados con la energía y asegurar un rendimiento óptimo.

- **Soluciones de Refrigeración**: El hardware de minería genera una cantidad sustancial de calor durante su funcionamiento, lo que requiere soluciones de refrigeración efectivas para mantener el rendimiento y prevenir el sobrecalentamiento. Para los mineros ASIC, los sistemas de refrigeración suelen incluir ventiladores integrados, pero pueden ser necesarias soluciones de refrigeración externas adicionales, como acondicionadores de aire o unidades de refrigeración dedicadas, para gestionar las temperaturas en configuraciones de minería más grandes. La ventilación adecuada y el control de temperatura son críticos para extender la vida útil del equipo y mantener operaciones de minería eficientes.

- **Estantes y Repisas**: En operaciones de minería más grandes, organizar y asegurar el equipo de minería es importante tanto para la eficiencia operativa como para la seguridad. Los sistemas de estantes y repisas ayudan a organizar los mineros ASIC, GPUs y otros componentes de manera que optimicen el flujo de aire y la accesibilidad. Una configuración y organización adecuadas también pueden ayudar en el mantenimiento y la resolución de problemas.

- **Infraestructura de Red**: Una conexión a Internet estable y rápida es esencial para las operaciones de minería para asegurar una comunicación constante con la red de criptomonedas. El hardware de minería debe estar conectado a Internet para recibir y enviar datos, así como para participar en el proceso de minería. Una infraestructura de red confiable ayuda a prevenir tiempos de inactividad y asegura que las operaciones de minería sean lo más eficientes posible.

2. Ethash

Ethash es el algoritmo de minería utilizado por Ethereum y varias otras criptomonedas. Está diseñado para ser resistente a los ASIC y difícil de manejar en términos de memoria, de manera similar a Scrypt. Ethash requiere que los mineros utilicen una gran cantidad de memoria para almacenar un conjunto de datos llamado DAG (Grafo Acíclico Dirigido). Este conjunto de datos crece con el tiempo, aumentando los requisitos de memoria para la minería. Ethash se basa en una combinación de funciones hash para lograr un equilibrio entre la eficiencia computacional y la resistencia a la minería con ASIC. Utiliza un proceso de dos pasos que involucra hashing y muestreo aleatorio, lo que lo hace adecuado para la minería con GPU mientras mantiene resistencia al dominio de los ASIC.

Minar con Ethash, el algoritmo utilizado por Ethereum y varias otras criptomonedas, generalmente requiere tipos específicos de equipo para ser efectivo. Aquí tienes una descripción detallada del equipo utilizado para la minería con Ethash:

- **Unidades de Procesamiento Gráfico (GPUs)**: Para la mayoría de las operaciones de minería con Ethash, las Unidades de Procesamiento Gráfico (GPUs) son el hardware principal utilizado. Las GPUs son preferidas por su capacidad para manejar el procesamiento paralelo requerido por el algoritmo de hashing de Ethash. A diferencia de las CPUs, que procesan tareas secuencialmente, las GPUs pueden gestionar múltiples cálculos simultáneamente, lo que las hace adecuadas para tareas de minería. Modelos populares de GPU de fabricantes como NVIDIA y AMD, como la serie NVIDIA GeForce RTX o la serie AMD Radeon RX, son comúnmente utilizados. Estas GPUs se seleccionan en función de su tasa de hash (la velocidad a la que pueden resolver algoritmos de minería), consumo de energía y eficiencia general. Para un rendimiento óptimo, los mineros a menudo utilizan múltiples GPUs en un solo rig de minería para aumentar la potencia de hash y la rentabilidad.

- **Rig de Minería**: Los rigs de minería son configuraciones que albergan múltiples GPUs para maximizar la eficiencia de la minería. Estos rigs están diseñados para sostener varias GPUs, junto con otros componentes necesarios como una placa base, CPU, RAM y almacenamiento. Un rig típico para Ethash puede incluir de 4 a 8 GPUs o más. El marco del rig está construido para asegurar una ventilación y refrigeración adecuadas para las GPUs, que generan una cantidad significativa de calor durante el funcionamiento. La elección del rig de minería depende del número de GPUs y de la configuración general para asegurar que pueda soportar y alimentar todos los componentes de manera efectiva.

- **Unidades de Fuente de Alimentación (PSUs)**: Una fuente de alimentación estable y suficiente es crucial para las operaciones de minería. Los rigs de minería con múltiples GPUs requieren unidades de fuente de alimentación (PSUs) que puedan manejar las altas demandas de energía del equipo. Las PSU para rigs de minería son típicamente unidades de alta potencia, a menudo con una clasificación de 1000W a 1600W o más, dependiendo del número y tipo de GPUs utilizadas. Es esencial seleccionar una PSU con suficiente potencia y eficiencia para asegurar una entrega de energía estable y evitar problemas potenciales como cortes de energía o daños en el hardware.

- **Sistemas de Refrigeración**: Debido al alto nivel de calor generado por las GPUs durante la minería, la refrigeración efectiva es vital para mantener temperaturas operativas óptimas y prevenir daños en el hardware. Los sistemas de refrigeración para configuraciones de minería Ethash incluyen varios componentes como:

  - **Ventiladores**: Ventiladores adicionales en el gabinete o ventiladores de GPU ayudan a expulsar el aire caliente y mantener el flujo de aire dentro del rig de minería.

  - **Disipadores de Calor**: Se utilizan para disipar el calor de la GPU y otros componentes.

- ◦ **Almohadillas de Refrigeración**: Para configuraciones más avanzadas, se pueden emplear soluciones de refrigeración líquida para mejorar aún más la eficiencia de refrigeración.

- ◦ Una refrigeración adecuada no solo ayuda a mantener la longevidad del equipo, sino que también mejora el rendimiento de minería al prevenir la estrangulación térmica.

- **Placas Base y CPUs**: La placa base es la columna vertebral del rig de minería, conectando todos los componentes juntos. Debe ser compatible con el número de GPUs utilizadas y soportar múltiples ranuras PCIe para conectarlas. La CPU en un rig de minería no necesita ser muy potente; su función principal es gestionar la comunicación entre las GPUs y el resto del sistema. CPUs básicas son suficientes para las operaciones de minería, ya que la potencia de procesamiento de la CPU no es el enfoque principal en la minería con Ethash.

- **Almacenamiento**: Aunque los requisitos de almacenamiento para la minería son mínimos, a menudo se utiliza una unidad de estado sólido (SSD) para almacenar el sistema operativo y el software de minería. Un SSD se prefiere sobre un disco duro tradicional debido a sus velocidades de lectura/escritura más rápidas, lo que puede mejorar la eficiencia general del rig de minería. La capacidad de almacenamiento no necesita ser extensa; típicamente, una unidad con una capacidad de 120GB a 250GB es adecuada.

- **Software de Minería**: Para minar con Ethash de manera efectiva, los mineros necesitan software que interfase con el hardware de minería y se conecte a los pools de minería. El software de minería Ethash popular incluye Ethminer, Claymore Miner y PhoenixMiner. La elección del software puede afectar el rendimiento y la compatibilidad, por lo que es importante seleccionar una opción confiable y bien soportada. El software está configurado para optimizar el proceso de minería, gestionar las GPUs y enviar shares al pool de minería.

- **Equipo de Red**: Una conexión a Internet estable y rápida es esencial para las operaciones de minería. Una configuración de red estándar con un router confiable y una conexión Ethernet se utiliza típicamente para asegurar una comunicación continua con el pool de minería y evitar problemas de conectividad. Aunque se puede utilizar Wi-Fi, se prefiere una conexión por cable por su estabilidad y menor latencia.

3. RandomX

RandomX es un algoritmo de prueba de trabajo (PoW) diseñado para ser tanto resistente a ASIC como amigable con las CPUs. Fue introducido como un reemplazo del algoritmo CryptoNight utilizado por Monero, con el objetivo de proporcionar un entorno de minería más equitativo. RandomX está diseñado para aprovechar las CPUs de propósito general, utilizando una gran cantidad de acceso a memoria aleatoria y cálculos que son difíciles de realizar eficientemente para los ASIC. El enfoque del algoritmo en la minería con CPU asegura que la minería siga siendo accesible para un rango más amplio de participantes, ayudando a descentralizar la red y mitigar la influencia del hardware especializado en minería.

RandomX es el algoritmo de prueba de trabajo (PoW) utilizado por criptomonedas como Monero (XMR), que está diseñado para ser amigable con las CPUs y resistente a la minería con ASIC (Circuito Integrado de Aplicación Específica). Como resultado, el equipo utilizado para minar RandomX difiere significativamente del utilizado para algoritmos como Ethash o Scrypt. Aquí tienes una descripción detallada del equipo generalmente utilizado para minar con RandomX:

- **Unidades de Procesamiento Central (CPUs)**: Las Unidades de Procesamiento Central (CPUs) son el hardware principal utilizado para minar RandomX. A diferencia de otros algoritmos que están optimizados para GPUs o ASICs, RandomX está diseñado para utilizar las capacidades diversas de las CPUs. Esto incluye aprovechar la gran memoria caché y los diversos conjuntos de instrucciones encontrados en las CPUs modernas. Las CPUs de fabricantes como Intel y AMD son comúnmente utilizadas para la minería de RandomX. Específicamente, los procesadores con múltiples núcleos e hilos, como la serie AMD Ryzen y la serie Intel Core i9, ofrecen un rendimiento mejorado debido a su capacidad para manejar tareas de procesamiento paralelo de manera más efectiva. La minería de RandomX se beneficia de CPUs con tamaños de caché altos y conjuntos de instrucciones avanzados, lo que las hace adecuadas para los requisitos del algoritmo.

- **Rig de Minería**: Para la minería de RandomX, el término "rig de minería" generalmente se refiere a una configuración que consta de múltiples CPUs trabajando en conjunto para aumentar la potencia de hash. Estos rigs pueden variar desde configuraciones de una sola CPU hasta configuraciones más complejas con múltiples CPUs. Un rig de minería para RandomX suele incluir una placa base capaz de soportar múltiples zócalos de CPU, suficiente RAM y almacenamiento para el sistema operativo y el software de minería. El diseño del rig se enfoca en maximizar el rendimiento de la CPU y la eficiencia de refrigeración. Por ejemplo, un rig de minería con múltiples CPUs podría utilizar una placa base de alto rendimiento diseñada para servidores o estaciones de trabajo, que soporte múltiples instalaciones de CPU y tenga suficientes ranuras PCIe para hardware adicional.

- **Sistemas de Refrigeración**: Las CPUs generan una cantidad significativa de calor durante las operaciones de minería, y una refrigeración efectiva es crucial para mantener un rendimiento óptimo y prolongar la vida útil del hardware. Una refrigeración adecuada no solo ayuda a lograr operaciones de minería estables y eficientes, sino que también previene la estrangulación térmica, que puede reducir el rendimiento de la CPU.

- **Unidades de Fuente de Alimentación (PSUs)**: Las unidades de fuente de alimentación (PSUs) en configuraciones de minería RandomX necesitan proporcionar energía confiable y suficiente a las CPUs y otros componentes. A diferencia de los rigs de minería basados en GPU, los requisitos de energía para la minería con CPU suelen ser más bajos, pero aún así requieren una consideración cuidadosa. Una PSU con una potencia y clasificación de eficiencia adecuadas es esencial para asegurar una entrega de energía estable y evitar problemas potenciales. Para configuraciones con múltiples CPUs, puede ser necesario una PSU de mayor potencia para soportar las demandas de energía combinadas de todos los componentes.

- **Placas Base y RAM**: Las placas base utilizadas en rigs de minería RandomX deben ser capaces de soportar las CPUs y otros componentes. Para rigs con múltiples CPUs, se prefieren las placas base diseñadas para entornos de servidores o de alto rendimiento. Estas placas base a menudo vienen con múltiples zócalos de CPU, suficientes ranuras PCIe y capacidad de memoria adecuada. La RAM también es importante, ya que la minería de RandomX puede beneficiarse de mayores cantidades de memoria. Típicamente, se recomienda de 8GB a 16GB de RAM para un rendimiento óptimo, aunque se puede usar más en configuraciones de alta gama.

- **Almacenamiento**: Para la minería de RandomX, los requisitos de almacenamiento son relativamente modestos. Se utiliza una unidad de estado sólido (SSD) para almacenar el sistema operativo, el software de minería y cualquier actualización necesaria. Los SSDs se prefieren sobre los discos duros tradicionales debido a sus velocidades de lectura/escritura más rápidas, lo que puede contribuir a la eficiencia general de la operación de minería. Una capacidad de almacenamiento de 120GB a 250GB suele ser suficiente para la mayoría de las configuraciones de minería RandomX.

- **Software de Minería**: El software de minería para RandomX es esencial para la interfaz con las CPUs y la conexión a los pools de minería. Las opciones de software populares incluyen XMRig y RandomX Miner. Estos programas de software están diseñados para optimizar el rendimiento de la CPU para la minería de RandomX y manejar las complejidades de enviar shares a los pools de minería. El software debe configurarse adecuadamente para coincidir con la configuración específica del hardware y los requisitos del pool de minería.

- **Equipo de Red**: Una conexión a Internet estable es crucial para la minería de RandomX, ya que asegura una comunicación continua con el pool de minería y previene problemas de conectividad. Se prefiere una conexión Ethernet por cable sobre Wi-Fi por su fiabilidad y menor latencia. El equipo de red generalmente incluye un router y un cable de red para conectar el rig de minería a Internet.

4. X11

X11 es un algoritmo de minería multi-hash que utiliza una secuencia de once funciones criptográficas hash diferentes para procesar bloques. Desarrollado por Dash, X11 fue creado para mejorar la seguridad y reducir el riesgo de colisiones y vulnerabilidades. El uso de múltiples funciones hash hace que X11 sea más resistente a ataques y mejora su perfil de seguridad general. El enfoque de X11 también aumenta la complejidad de la minería, haciendo que sea más desafiante para los ASIC dominar la red en comparación con los algoritmos que utilizan una sola función hash. Este enfoque en capas equilibra la eficiencia de la minería con una robusta seguridad.

X11 es un algoritmo de hash de prueba de trabajo (PoW) utilizado principalmente por criptomonedas como Dash. Se distingue por su uso de once funciones de hash secuenciales, que están diseñadas para mejorar la seguridad y hacer que la minería sea más resistente a la dominación de ASIC (Circuito Integrado de Aplicación Específica) y FPGA (Matriz de Puertas Programable en Campo). Aquí tienes una descripción detallada del equipo típicamente utilizado para minar con X11:

- **Circuitos Integrados de Aplicación Específica (ASICs)**: Aunque X11 fue diseñado originalmente para ser más resistente a la minería con ASIC en comparación con otros algoritmos, el desarrollo de ASICs específicamente para X11 ha avanzado significativamente. Los mineros ASIC modernos ahora son capaces de minar criptomonedas basadas en X11 de manera eficiente. Estos dispositivos son hardware altamente especializado construido únicamente para la minería de X11, ofreciendo un rendimiento y eficiencia energética superiores en comparación con el equipo de minería de propósito general. Los mineros ASIC populares para X11 incluyen modelos de fabricantes como Bitmain e Innosilicon. Estos ASICs están diseñados para ejecutar las once funciones de hash de X11 a altas velocidades, haciéndolos altamente efectivos para minar monedas X11.

- **Unidades de Procesamiento Gráfico (GPUs)**: Antes de la llegada de los ASICs específicos para X11, las GPUs eran comúnmente utilizadas para minar criptomonedas X11. Las Unidades de Procesamiento Gráfico son versátiles y pueden manejar los cálculos complejos requeridos por el algoritmo X11. Las GPUs de fabricantes como NVIDIA y AMD se utilizan en rigs de minería para X11. Los modelos de alto rendimiento, como la NVIDIA GeForce GTX 1080 Ti o la AMD Radeon RX 580, son preferidos debido a su capacidad para manejar el procesamiento paralelo requerido por X11. Los rigs de minería con múltiples GPUs se pueden configurar para aumentar la potencia de hash y mejorar la probabilidad de resolver bloques y ganar recompensas.

- **Rigs de Minería**: Para la minería de X11, un rig de minería es una configuración que incluye múltiples GPUs o ASICs trabajando juntos para maximizar la potencia de hash. Un rig de minería para X11 típicamente consta de los siguientes componentes:

    - **Placa Base**: Una placa base que soporte múltiples instalaciones de GPU o una unidad ASIC.

- **Unidad de Fuente de Alimentación (PSU)**: Una PSU capaz de entregar suficiente energía a todos los componentes del rig. Para rigs basados en GPU, se requiere una PSU de alta potencia para soportar las demandas de energía de múltiples GPUs.

- **Sistema de Refrigeración**: La refrigeración adecuada es crucial para prevenir el sobrecalentamiento. Para rigs de minería con GPU, esto a menudo incluye múltiples ventiladores y, a veces, soluciones de refrigeración personalizadas. Para los mineros ASIC, los sistemas de refrigeración integrados suelen ser suficientes, pero se puede añadir refrigeración adicional si es necesario.

- **Estructura o Caja**: Una estructura o caja diseñada para sostener las GPUs o ASICs, asegurando un flujo de aire adecuado y accesibilidad para el mantenimiento.

- **Unidades de Fuente de Alimentación (PSUs)**: Las Unidades de Fuente de Alimentación son críticas tanto para configuraciones de minería con GPU como con ASIC. Para la minería de X11, las PSUs deben proporcionar energía confiable para soportar las demandas energéticas del hardware de minería. Se requieren PSUs de alta potencia para rigs con múltiples GPUs, mientras que los mineros ASIC generalmente tienen requisitos específicos de PSU establecidos por el fabricante. Es importante elegir una PSU con una buena clasificación de eficiencia y potencia suficiente para asegurar una operación estable y evitar problemas relacionados con la energía.

- **Sistemas de Refrigeración**: La refrigeración efectiva es esencial para mantener el rendimiento y la longevidad del equipo de minería. Para rigs de minería basados en GPU, las soluciones de refrigeración incluyen:

  - **Refrigeradores de Aire**: Refrigeradores de aire de alto rendimiento con disipadores de calor grandes y múltiples ventiladores.

  - **Soluciones de Refrigeración Personalizadas**: Algunos mineros utilizan configuraciones personalizadas con refrigeración líquida para gestionar el calor de manera más efectiva.

- Para los mineros ASIC, los sistemas de refrigeración integrados suelen estar diseñados para manejar el calor generado durante la operación. Sin embargo, en entornos con altas temperaturas o en configuraciones con múltiples ASICs, puede ser necesaria refrigeración adicional.

- **Equipo de Red**: Una conexión a Internet estable es crucial para la minería de X11, ya que asegura una comunicación continua con el pool de minería y la presentación oportuna de shares. El equipo de red típicamente incluye un router confiable y una conexión Ethernet por cable. Se prefiere una conexión directa sobre Wi-Fi para minimizar la latencia y los problemas de conectividad.

- **Software de Minería**: El software de minería para X11 es esencial para gestionar el proceso de minería y conectar con los pools de minería. Las opciones de software incluyen programas como CGMiner y BFGMiner, que están diseñados para manejar los requisitos específicos de la minería X11. El software debe configurarse correctamente para coincidir con la configuración del hardware y los parámetros del pool de minería.

- **Almacenamiento**: Los requisitos de almacenamiento para la minería de X11 son relativamente modestos. Se utiliza una unidad de estado sólido (SSD) para almacenar el sistema operativo, el software de minería y cualquier actualización necesaria. Los SSDs se prefieren sobre los discos duros tradicionales debido a sus velocidades de lectura/escritura más rápidas, lo que puede contribuir a la eficiencia general de la minería.

- **Pools de Minería**: Unirse a un pool de minería es una práctica común para los mineros de X11, ya que aumenta las posibilidades de resolver bloques con éxito y recibir recompensas. Los pools de minería X11 populares incluyen el pool oficial de Dash y otras opciones de terceros. Los mineros necesitan configurar su software de minería para conectarse al pool elegido y seguir las instrucciones del pool para la configuración.

5. Equihash

Equihash es un algoritmo de prueba de trabajo (PoW) que utiliza una gran cantidad de memoria y está diseñado para ser resistente a ASIC, y se utiliza en criptomonedas como

Zcash. Se basa en una variante del problema generalizado del cumpleaños para crear una función hash que requiere una cantidad significativa de memoria y poder computacional para resolver. El algoritmo implica resolver un problema computacional que requiere almacenar y procesar grandes cantidades de datos, lo que hace que sea un desafío para los ASICs minar eficientemente monedas basadas en Equihash. Este enfoque en operaciones resistentes a la memoria ayuda a garantizar un campo de juego más equitativo para los mineros de GPU y promueve la descentralización de la red.

Equihash es un algoritmo de hashing de prueba de trabajo (PoW) conocido por sus requisitos intensivos en memoria, que fue diseñado para ser resistente a la minería con ASIC (Circuito Integrado de Aplicación Específica) y más accesible para los mineros de GPU (Unidad de Procesamiento Gráfico). Dado que el algoritmo Equihash ha sido adoptado por varias criptomonedas, incluidas Zcash y Horizen, el equipo utilizado para minar Equihash puede variar según las demandas específicas del algoritmo y los avances tecnológicos en el hardware de minería. Aquí hay una visión general detallada del equipo generalmente utilizado para minar Equihash:

Unidades de Procesamiento Gráfico (GPUs): Las GPUs han sido históricamente el hardware principal utilizado para minar Equihash debido a la naturaleza intensiva en memoria del algoritmo. Las Unidades de Procesamiento Gráfico son adecuadas para la minería de Equihash porque pueden manejar el procesamiento paralelo requerido para resolver las complejas computaciones del algoritmo. Las GPUs de alto rendimiento de fabricantes como NVIDIA y AMD se utilizan comúnmente en rigs de minería para Equihash.

- GPUs NVIDIA: Modelos de gama alta como la NVIDIA GeForce RTX 3090 y RTX 3080 ofrecen tasas de hash sustanciales para la minería de Equihash. Estas GPUs son preferidas por su arquitectura avanzada y grandes cantidades de memoria, lo que es beneficioso para manejar las demandas del algoritmo.

- GPUs AMD: Modelos como la AMD Radeon RX 5700 XT y RX 580 también son opciones populares. Estas GPUs ofrecen un buen equilibrio entre rendimiento y costo, lo que las hace adecuadas tanto para operaciones de minería a pequeña escala como a gran escala.

Rigs de Minería: Los rigs de minería para Equihash suelen consistir en múltiples GPUs trabajando juntas para aumentar el poder de hash y mejorar las posibilidades de resolver bloques. Un rig de minería típico incluye:

- Placa Base: Una placa base que soporte múltiples instalaciones de GPU. Para la minería de Equihash, se requieren placas base con múltiples ranuras PCIe para acomodar varias GPUs.

- Fuente de Alimentación (PSU): Una PSU de alta potencia es esencial para proporcionar suficiente energía para todas las GPUs y otros componentes del rig. Se prefieren fuentes de alimentación con una alta calificación de eficiencia para asegurar una operación estable y reducir el consumo de energía.

- Sistema de Refrigeración: La refrigeración efectiva es crucial para manejar el calor generado por múltiples GPUs. Esto incluye ventiladores de alto rendimiento y, en algunos casos, soluciones de refrigeración personalizadas como la refrigeración líquida para evitar el sobrecalentamiento y mantener un rendimiento óptimo.

- Estructura o Caja: Una estructura o caja de minería diseñada para albergar las GPUs y asegurar un flujo de aire adecuado. Este diseño ayuda a mantener las GPUs frescas y accesibles para el mantenimiento.

Circuitos Integrados de Aplicación Específica (ASICs): Aunque Equihash inicialmente fue resistente a la minería con ASIC debido a su naturaleza intensiva en memoria, los avances en la tecnología ASIC han llevado al desarrollo de mineros ASIC especializados para Equihash. Estos dispositivos están diseñados para realizar las computaciones específicas requeridas por el algoritmo Equihash con alta eficiencia.

- Mineros ASIC para Equihash: Empresas como Bitmain e Innosilicon han desarrollado mineros ASIC adaptados para Equihash. Estos dispositivos están construidos para manejar los requisitos de memoria del algoritmo y ofrecen altas tasas de hash con un menor consumo de energía en comparación con las GPUs. El Antminer Z15 de Bitmain es un ejemplo de un minero ASIC específicamente diseñado para criptomonedas basadas en Equihash, como Zcash.

Unidades de Alimentación (PSUs): Para los mineros ASIC, se necesita una unidad de alimentación para proporcionar el voltaje y corriente apropiados requeridos por el dispositivo. Los mineros ASIC suelen tener requisitos específicos de PSU establecidos por el fabricante. Es esencial utilizar una PSU que coincida con las especificaciones de potencia del minero ASIC para asegurar una operación confiable y prevenir problemas relacionados con la energía.

Sistemas de Refrigeración: Tanto los rigs de minería con GPU como los de ASIC requieren refrigeración efectiva para gestionar el calor. Para los rigs de minería con GPU, esto implica enfriadores de aire de alto rendimiento o soluciones de refrigeración líquida personalizadas. Los mineros ASIC a menudo vienen con sistemas de refrigeración integrados, pero puede ser necesaria refrigeración adicional en ambientes con altas temperaturas ambientales o cuando se ejecutan múltiples unidades.

Equipos de Red: Una conexión a Internet estable es esencial para la minería de Equihash para garantizar la comunicación continua con los pools de minería y la presentación oportuna de las acciones. Se prefieren un enrutador confiable y una conexión Ethernet por cable sobre Wi-Fi para reducir la latencia y los problemas de conectividad.

Software de Minería: El software de minería es necesario para gestionar el proceso de minería y conectarse a los pools de minería. Para la minería de Equihash, las opciones de software populares incluyen:

- Cuda Miner de EWBF: Un software de minería popular para GPUs NVIDIA, conocido por su eficiencia y facilidad de uso.

- Minero ZCash/Equihash de Claymore: Este software es ampliamente utilizado para GPUs AMD y ofrece soporte para múltiples algoritmos de minería, incluido Equihash.

El software debe configurarse para coincidir con la configuración del hardware y los parámetros del pool de minería.

Almacenamiento: Los requisitos de almacenamiento para la minería de Equihash son relativamente modestos. Se utiliza típicamente una unidad de estado sólido (SSD) para almacenar el sistema operativo, el software de minería y las actualizaciones. Los SSD son preferidos por sus velocidades de lectura/escritura más rápidas, lo que puede contribuir a la eficiencia general de la minería.

Pools de Minería: Unirse a un pool de minería es una práctica común para los mineros de Equihash para aumentar las posibilidades de resolver bloques y recibir recompensas. Los pools de minería Equihash populares incluyen F2Pool, Slushpool y Nanopool. Los mineros deben configurar su software de minería para conectarse al pool elegido y seguir las instrucciones de configuración del pool.

6. Blake2b

Blake2b es una función hash criptográfica utilizada en varios algoritmos de minería debido a su alta velocidad y seguridad. Es una versión optimizada de la función hash Blake, diseñada para proporcionar una seguridad robusta con velocidades de procesamiento rápidas. Blake2b se utiliza en algoritmos como la variante Blake2b para Decred y Siacoin. La eficiencia y seguridad de la función hash hacen que sea adecuada para diversas aplicaciones, incluida la minería de criptomonedas, donde ayuda a lograr un rendimiento de hashing rápido y confiable mientras mantiene una seguridad sólida.

Blake2b es una función hash criptográfica utilizada en diversas criptomonedas, conocida por su seguridad y eficiencia. Se usa comúnmente en los algoritmos de minería de varias monedas, incluyendo Siacoin y Decred. La minería de Blake2b implica el uso de hardware y software que puedan manejar las demandas computacionales específicas de este algoritmo. Aquí tienes una descripción detallada del equipo generalmente utilizado para minar Blake2b:

Unidades de Procesamiento Gráfico (GPUs): Las Unidades de Procesamiento Gráfico (GPUs) son el hardware más comúnmente utilizado para minar criptomonedas que utilizan el algoritmo Blake2b. Las GPUs son adecuadas para la minería de Blake2b debido a su capacidad para realizar cálculos paralelos de manera eficiente. Esta capacidad es crucial para manejar las operaciones de la función hash, que implican múltiples rondas de hashing y requieren una potencia de procesamiento significativa.

GPUs NVIDIA: Las GPUs de alto rendimiento de NVIDIA, como la GeForce RTX 3080 y RTX 3070, son opciones populares para la minería de Blake2b. Estos modelos ofrecen una potencia de procesamiento sustancial y un ancho de banda de memoria que son ventajosos para el proceso de hashing. La arquitectura CUDA de NVIDIA es particularmente efectiva para aplicaciones de minería, proporcionando un manejo eficiente del algoritmo Blake2b.

GPUs AMD: Las Radeon RX 5700 XT y RX 580 de AMD también se utilizan comúnmente para la minería de Blake2b. Estas GPUs ofrecen un buen equilibrio entre costo y rendimiento. Las GPUs de AMD son conocidas por sus altas tasas de hash y consumo energético eficiente, lo que las hace adecuadas tanto para operaciones de minería a pequeña escala como a gran escala.

Circuitos Integrados de Aplicación Específica (ASICs): A diferencia de algunos otros algoritmos, Blake2b no es tan ampliamente compatible con los mineros ASIC debido a su naturaleza menos estandarizada en comparación con algoritmos como SHA-256 o Ethash. Sin embargo, el desarrollo de ASICs para Blake2b es posible y se ha explorado en la industria de minería de criptomonedas. Los mineros ASIC para Blake2b están diseñados para realizar los cálculos específicos del algoritmo con alta eficiencia y menor consumo de energía en comparación con las GPUs.

Miners ASIC de Blake2b: Hasta ahora, hay menos mineros ASIC específicamente diseñados para Blake2b en comparación con otros algoritmos. Empresas especializadas en hardware de minería ASIC, como Bitmain o Innosilicon, podrían desarrollar potencialmente ASICs especializados para Blake2b si hay suficiente demanda y viabilidad tecnológica. Estos ASICs ofrecerían ventajas de rendimiento significativas sobre las GPUs, incluyendo tasas de hash más altas y menores costos operativos.

Equipos de Minería: Los equipos de minería para Blake2b consisten en múltiples GPUs trabajando en conjunto para aumentar la tasa de hash general. Una configuración típica de equipo de minería incluye:

- Placa base: Una placa base capaz de soportar múltiples GPUs, con varios slots PCIe para acomodar las tarjetas gráficas necesarias.

- Fuente de Alimentación (PSU): Una fuente de alimentación de alta potencia es esencial para alimentar todas las GPUs y otros componentes en el equipo. Es crucial seleccionar una PSU con suficiente capacidad y eficiencia para garantizar una operación estable.

- Sistema de Refrigeración: La refrigeración efectiva es necesaria para gestionar el calor generado por múltiples GPUs. Esto incluye ventiladores de alto rendimiento y, posiblemente, soluciones de refrigeración líquida para mantener temperaturas operativas óptimas y prevenir el sobrecalentamiento.

- Estructura o Caja: Una estructura o caja de minería diseñada para alojar las GPUs y asegurar un flujo de aire adecuado. La ventilación adecuada es importante para mantener las GPUs frescas y prevenir la acumulación de polvo.

Unidades de Alimentación (PSUs): Para las configuraciones de minería con GPUs y ASICs, una fuente de alimentación es crucial. La PSU debe cumplir con los requisitos de energía del hardware para garantizar una operación estable y confiable. Para las GPUs, se necesita una PSU con una alta calificación de eficiencia y suficiente potencia para soportar todo el equipo de minería. Para los mineros ASIC, los requisitos de energía suelen ser especificados por el fabricante, y es importante utilizar una PSU que coincida con estas especificaciones.

Sistemas de Refrigeración: Los sistemas de refrigeración efectivos son esenciales para mantener el rendimiento y la longevidad del equipo de minería. Las GPUs y los mineros ASIC generan cantidades significativas de calor durante la operación, lo que puede afectar su eficiencia y vida útil. Los equipos de minería suelen usar ventiladores de alto rendimiento, y algunas configuraciones pueden incorporar soluciones de refrigeración líquida para gestionar las temperaturas. Garantizar una refrigeración adecuada ayuda a prevenir el sobrecalentamiento y mantener un rendimiento de minería estable.

Equipo de Red: Una conexión a Internet estable y confiable es necesaria para una minería exitosa de Blake2b. Los mineros deben utilizar una conexión Ethernet por cable en lugar de Wi-Fi para minimizar la latencia y los problemas de conectividad. Un enrutador confiable y equipos de red son esenciales para garantizar una comunicación consistente con los grupos de minería y la presentación oportuna de shares.

Software de Minería: Se requiere software de minería para gestionar el proceso de minería y conectarse a los grupos de minería. Para la minería de Blake2b, están disponibles varias opciones de software, incluyendo:

- CCMiner: Un software de minería de código abierto popular que admite múltiples algoritmos, incluyendo Blake2b. Es compatible con GPUs NVIDIA y ofrece opciones para optimizar el rendimiento de la minería.

- Claymore's MultiMiner: Este software admite GPUs AMD y ofrece una variedad de características para la minería de diferentes algoritmos, incluyendo Blake2b.

El software debe configurarse para coincidir con la configuración del hardware y los parámetros del grupo de minería.

Almacenamiento: Los requisitos de almacenamiento para la minería de Blake2b son relativamente modestos. Se utiliza comúnmente un disco de estado sólido (SSD) para almacenar el sistema operativo, el software de minería y las actualizaciones. Los SSDs son preferidos debido a sus velocidades de lectura/escritura más rápidas, lo que puede contribuir a la eficiencia general de la minería.

Grupos de Minería: Unirse a un grupo de minería es una práctica común para los mineros de Blake2b para aumentar sus posibilidades de resolver bloques y ganar recompensas. Los grupos de minería agregan la potencia computacional de múltiples mineros y distribuyen las recompensas en función del poder hash contribuido. Los grupos de minería populares de Blake2b incluyen aquellos dedicados a Siacoin o Decred, donde los mineros pueden unirse y seguir las instrucciones de configuración del grupo.

7. Lyra2REv3

Lyra2REv3 es un algoritmo de prueba de trabajo (PoW) utilizado principalmente por la criptomoneda Vertcoin. Es un algoritmo intensivo en memoria diseñado para ser resistente a ASIC y favorecer la minería con GPU. Lyra2REv3 incorpora una serie de funciones de hash y técnicas intensivas en memoria para asegurar que la minería siga siendo accesible a un rango más amplio de participantes. El enfoque del algoritmo en la dureza de la memoria y la complejidad computacional tiene como objetivo reducir las ventajas del hardware especializado en minería, promoviendo una red más descentralizada. El diseño de Lyra2REv3 ayuda a mantener la seguridad de la red mientras asegura que la minería siga siendo competitiva y accesible.

Lyra2REv3 es un algoritmo criptográfico utilizado en la minería de criptomonedas, notablemente en monedas como Vertcoin. Está diseñado para ser intensivo en memoria y resistente a la minería con ASIC, lo que significa que a menudo se mina utilizando GPUs. Aquí tienes una explicación detallada del equipo generalmente utilizado para minar Lyra2REv3:

Unidades de Procesamiento Gráfico (GPU): Las Unidades de Procesamiento Gráfico (GPU) son el hardware principal utilizado para minar criptomonedas que emplean el algoritmo Lyra2REv3. Las GPUs son adecuadas para la minería de Lyra2REv3 debido a su capacidad para manejar cálculos intensivos en memoria de manera eficiente. Este algoritmo requiere un ancho de banda de memoria significativo y potencia de procesamiento, lo que hace que las GPUs sean la opción de hardware más efectiva.

GPUs NVIDIA: Las GPUs de alto rendimiento de NVIDIA son opciones populares para la minería de Lyra2REv3. Modelos como el NVIDIA GeForce RTX 3080, RTX 3070 y RTX 3060 Ti son favorecidos por sus altas tasas de hash y capacidades de memoria. La arquitectura de NVIDIA, especialmente las series Ampere y Turing, ofrece un excelente rendimiento para algoritmos intensivos en memoria, lo que las hace adecuadas para la minería de Lyra2REv3.

GPUs AMD: Las Radeon RX 5700 XT, RX 580 y RX 570 de AMD también se utilizan comúnmente para la minería de Lyra2REv3. Las GPUs de AMD son conocidas por su alto ancho de banda de memoria y tasas de hash competitivas, lo que es beneficioso para algoritmos como Lyra2REv3 que requieren recursos de memoria significativos. Las arquitecturas Polaris y Navi en estas GPUs proporcionan un buen equilibrio entre costo y rendimiento para los mineros.

Rigs de Minería: Los rigs de minería para Lyra2REv3 suelen constar de múltiples GPUs trabajando juntas para maximizar el poder de hashing. Un setup típico de rig de minería incluye:

- Placa Base: Una placa base con múltiples ranuras PCIe para acomodar varias GPUs. Las placas base especializadas en minería están diseñadas para soportar múltiples GPUs y asegurar un funcionamiento estable.

- Fuente de Alimentación (PSU): Una PSU de alto vataje capaz de soportar todas las GPUs y otros componentes. Es importante seleccionar una PSU con suficiente capacidad y eficiencia para garantizar un rendimiento confiable.

- Sistema de Enfriamiento: El enfriamiento efectivo es esencial para manejar el calor generado por múltiples GPUs. Los rigs de minería suelen usar ventiladores de alto rendimiento o incluso sistemas de enfriamiento líquido para mantener temperaturas óptimas y prevenir el sobrecalentamiento.

- Estructura o Caja: Una estructura de minería o caja abierta diseñada para albergar las GPUs y asegurar un flujo de aire adecuado. La ventilación adecuada es crucial para mantener las GPUs frescas y reducir la acumulación de polvo.

Fuentes de Alimentación (PSU): Para la minería de Lyra2REv3, la fuente de alimentación es crítica para garantizar una operación estable y eficiente. Se necesita una PSU con alta eficiencia y suficiente vataje para alimentar todas las GPUs y otros componentes en el rig de minería. Es importante elegir una PSU que pueda manejar el consumo total de energía del setup de minería, teniendo en cuenta el número de GPUs y sus requisitos de potencia.

Sistemas de Enfriamiento: El hardware de minería genera una cantidad significativa de calor, especialmente cuando varias GPUs están funcionando simultáneamente. Los sistemas de enfriamiento efectivos son necesarios para manejar este calor y mantener el rendimiento. Los ventiladores de alto rendimiento, así como las posibles soluciones de enfriamiento líquido, ayudan a mantener las GPUs y otros componentes dentro de rangos de temperatura seguros. El enfriamiento adecuado no solo mejora el rendimiento, sino que también extiende la vida útil del equipo de minería.

Equipos de Red: Una conexión a Internet estable y confiable es esencial para la minería de Lyra2REv3. Los mineros deben utilizar una conexión Ethernet por cable en lugar de Wi-Fi para asegurar una comunicación consistente y confiable con los pools de minería. Equipos de red, como un enrutador de alta calidad, aseguran que el rig de minería se mantenga conectado y pueda enviar trabajos de manera eficiente al pool.

Software de Minería: Se requiere software de minería para gestionar el proceso de minería y conectarse a los pools de minería. Para Lyra2REv3, están disponibles varias opciones de software:

- CCMiner: Un popular software de minería de código abierto que soporta una variedad de algoritmos, incluyendo Lyra2REv3. Es compatible con GPUs NVIDIA y ofrece diversas opciones para la optimización del rendimiento.

- Claymore's CryptoNote CPU Miner: Este software soporta GPUs AMD y es conocido por su interfaz amigable y rendimiento eficiente en la minería de Lyra2REv3.

Almacenamiento: Los requisitos de almacenamiento para la minería de Lyra2REv3 son relativamente modestos. Se utiliza comúnmente un disco de estado sólido (SSD) para almacenar el sistema operativo, el software de minería y las actualizaciones necesarias. Los SSD son preferidos por sus velocidades de lectura/escritura más rápidas, lo que puede contribuir a la eficiencia y confiabilidad general de la minería.

Pools de Minería: Unirse a un pool de minería es una práctica común para los mineros de Lyra2REv3 para aumentar sus posibilidades de resolver bloques y ganar recompensas. Los pools de minería agregan el poder computacional de múltiples mineros y distribuyen recompensas basadas en el poder de hash contribuido. Los mineros deben seleccionar un pool que soporte Lyra2REv3 y seguir las instrucciones del pool para configurar su rig de minería.

Cada uno de estos algoritmos ha sido desarrollado con objetivos específicos en mente, como mejorar la seguridad, aumentar la resistencia a ASIC o optimizar para tipos particulares de hardware. Comprender las características y requisitos de cada algoritmo puede ayudar a los mineros a elegir el más adecuado para sus necesidades y capacidades.

Construyendo un Rig de Minería

Un rig de minería de criptomonedas es un sistema informático especializado diseñado para minar criptomonedas aprovechando la potencia computacional de las unidades de procesamiento gráfico (GPU) o circuitos integrados específicos para aplicaciones (ASIC). Estos rigs son fundamentales para mantener las redes blockchain de varias criptomonedas, como Bitcoin, procesando datos y validando transacciones. La esencia de la minería radica en contribuir al blockchain de la criptomoneda, ganando recompensas al resolver con éxito complejos rompecabezas criptográficos.

Los componentes principales de un rig de minería suelen incluir GPUs o ASICs, que son esenciales para manejar los cálculos intensivos requeridos para la minería. Las GPUs, conocidas por sus capacidades de procesamiento paralelo, se utilizan comúnmente para minar monedas que dependen de algoritmos que requieren un poder computacional sustancial. Los ASICs, por otro lado, son dispositivos personalizados optimizados para algoritmos de minería específicos, ofreciendo mayor eficiencia y rendimiento para monedas con algoritmos bien definidos.

El proceso de minería implica varios pasos clave. Inicialmente, los mineros verifican la autenticidad de las transacciones, asegurando que todas las transacciones incluidas en un bloque sean legítimas y cumplan con las reglas de la red. Este paso es crucial para mantener la integridad del blockchain. Tras la verificación, los mineros previenen el doble gasto, un escenario en el que la misma criptomoneda se gasta más de una vez. Esto se logra asegurando que cada transacción sea única y registrada con precisión en el blockchain.

El corazón del proceso de minería es el hashing, que implica aplicar un algoritmo criptográfico para procesar los datos del bloque. Esto produce un número hexadecimal de 64 dígitos, conocido como hash. Los mineros compiten para resolver estos rompecabezas criptográficos encontrando un hash que cumpla con los criterios específicos establecidos por la red. El primer minero en encontrar el hash correcto añade el bloque al blockchain y es recompensado con criptomoneda recién acuñada y tarifas de transacción.

El consenso descentralizado en la minería se logra a través de un mecanismo llamado Prueba de Trabajo (PoW). PoW asegura que la red esté de acuerdo con el estado del blockchain y previene transacciones fraudulentas. La rentabilidad de la minería está influenciada por varios factores, incluyendo la potencia de hashing del rig de minería, los costos de electricidad y la inversión inicial en el equipo de minería. Las operaciones de minería eficientes requieren equilibrar estos factores para maximizar los retornos mientras se gestionan los gastos.

Construir un rig de minería de criptomonedas implica ensamblar varios componentes especializados para crear un sistema capaz de minar activos digitales de manera eficiente. Cada componente juega un papel crucial en el rendimiento general del rig, con consideraciones específicas para optimizar la eficiencia y rentabilidad de la minería.

Figura 18: Configuración del rig de minería. Gzen92, CC BY-SA 4.0, a través de Wikimedia Commons.

Componentes para Construir un Rig de Minería

- GPU (Unidad de Procesamiento Gráfico): La GPU es el corazón de cualquier rig de minería. Realiza la mayor parte del trabajo computacional necesario para minar criptomonedas. Normalmente, un rig de minería está equipado con múltiples GPUs—frecuentemente seis o más—para maximizar la tasa de hash, lo que impacta directamente en el rendimiento de la minería. El rendimiento de la GPU es un factor clave en la eficiencia y rentabilidad del rig. Las GPUs se prefieren sobre las CPUs (unidades de procesamiento central) debido a sus mayores tasas de hash y capacidades de procesamiento paralelo, esenciales para manejar los cálculos complejos requeridos en la minería. Las GPUs de alto rendimiento como las series NVIDIA CMP HX, AMD RX 6800, NVIDIA GeForce RTX 3060 Ti y Radeon RX Vega 56/64 son comúnmente usadas en operaciones de minería [300].

- Placa Base: La placa base actúa como el centro de conexión para todos los componentes del rig de minería. Debe ser compatible con las GPUs elegidas y soportar varias unidades simultáneamente. Al seleccionar una placa base, es importante elegir una que pueda alojar entre cuatro y ocho GPUs, dependiendo del tamaño y la complejidad del rig. Pueden surgir problemas de compatibilidad si la placa base no soporta el número requerido de GPUs o si hay conflictos de drivers, por lo que la selección cuidadosa y las comprobaciones de compatibilidad son esenciales para garantizar un funcionamiento fluido [300].

- CPU (Unidad de Procesamiento Central): La CPU en un rig de minería maneja tareas generales y apoya el funcionamiento de la GPU. Para fines de minería, una CPU con salida de potencia baja a moderada es suficiente. Los procesadores de la 8ª o 9ª generación de Intel son frecuentemente recomendados por su equilibrio entre rendimiento y eficiencia energética. El rol principal de la CPU en un rig de minería es gestionar el sistema operativo y apoyar la estabilidad general del sistema [300].

- RAM (Memoria de Acceso Aleatorio): La RAM es crucial para manejar datos temporales y garantizar un funcionamiento fluido. La cantidad de RAM necesaria puede variar según la configuración del rig de minería y la criptomoneda específica que se esté minando. Generalmente, se recomienda de 4GB a 12GB de RAM para un rendimiento óptimo. La instalación de RAM implica abrir los soportes laterales de la ranura de la placa base, insertar el módulo de RAM en el zócalo adecuado y asegurar que esté firmemente en su lugar [300].

- Fuente de Alimentación (PSU): Una fuente de alimentación robusta y confiable es esencial para alimentar todo el rig de minería. Dado que los rigs de minería con múltiples GPUs requieren una cantidad sustancial de energía, es importante seleccionar una PSU con wattaje adecuado para manejar la carga. Las PSUs de alta eficiencia y alto wattaje son necesarias para asegurar una operación estable y continua del rig sin interrupciones de energía ni sobrecargas [300].

- Estructura de Minería: La estructura de minería proporciona la estructura física para alojar y organizar todos los componentes del rig de minería. Está diseñada para soportar múltiples GPUs y otros hardware mientras asegura una ventilación adecuada. El diseño del marco facilita el flujo de aire para disipar el calor generado por las GPUs, lo cual es crucial para mantener un rendimiento óptimo y prevenir el sobrecalentamiento [300].

Guía Paso a Paso para Construir Tu Rig de Minería

Construir un rig de minería implica una serie de pasos para asegurar que todos los componentes estén correctamente ensamblados y configurados para un rendimiento óptimo. Esta guía te llevará a través de cada paso, desde ensamblar el marco hasta configurar las GPUs con risers PCIe.

Ensamblaje del Marco del Rig de Minería

El primer paso en la construcción de tu rig de minería es ensamblar el marco de minería. Comienza eligiendo un marco adecuado que pueda acomodar el número de GPUs que planeas usar. Marcas como Veddha, Kingwin y Hydra ofrecen marcos de minería diseñados para soportar de seis a ocho GPUs. Asegúrate de que el marco sea robusto y proporcione suficiente espacio para todos los componentes, así como una ventilación adecuada para mantener el sistema fresco [300].

Una vez que tengas el marco, asegura todos los componentes en su lugar. Comienza por fijar la placa base al marco. Asegúrate de que todos los tornillos estén bien apretados para prevenir cualquier movimiento o vibración que pudiera dañar los componentes. Montar correctamente la placa base es crucial para mantener la estabilidad y asegurar que todos los conectores sean accesibles [300].

Instalación de la Placa Base, CPU y RAM

Con el marco en su lugar, el siguiente paso es instalar la placa base, la CPU y la RAM. Comienza insertando la CPU en el zócalo correspondiente de la placa base. Asegúrate de alinear correctamente la CPU con el zócalo y presionarla suavemente en su lugar. Una vez que la CPU esté instalada, asegúrala con el mecanismo de bloqueo apropiado [300].

Luego, instala los módulos de RAM empujándolos en las ranuras de RAM de la placa base. Asegúrate de orientar la RAM correctamente y presionar firmemente hasta que los soportes a ambos lados de la ranura hagan clic en su lugar. Esto asegura que la RAM esté correctamente asentada y funcionará correctamente.

Después de instalar la CPU y la RAM, asegura la placa base al marco de minería. Conecta la fuente de alimentación (PSU) al rig, colocándola en un lugar donde pueda conectarse fácilmente a todos los componentes. Asegúrate de que la PSU esté montada de forma segura y de que todos los cables estén conectados correctamente.

Conexión de la Fuente de Alimentación

La fuente de alimentación es crucial para proporcionar energía a todos los componentes del rig de minería. Asegúrate de que la PSU que elijas tenga suficientes conectores PCIe para soportar el número de GPUs que planeas usar. Conecta los cables de alimentación apropiados de la PSU a la placa base y otros componentes, como las GPUs. Conectar adecuadamente la PSU asegura que cada componente reciba la energía necesaria para un funcionamiento óptimo [300].

Configuración de Risers PCIe y GPUs

Los risers PCIe son esenciales para conectar las GPUs a la placa base, permitiendo una colocación y orientación flexible de las GPUs dentro del rig de minería. Para configurar los risers PCIe, sigue estos pasos [300]:

1. **Conecta el Riser PCIe a la GPU:** Desliza el riser PCIe sobre la tarjeta gráfica (GPU). El riser proporciona una conexión física entre la GPU y la placa base.

2. **Conecta el Cable USB:** Conecta un extremo del cable USB a la GPU y el otro extremo al adaptador PCIe x1. Este cable establece una conexión entre la GPU y la placa base.

3. **Conéctalo a la Placa Base:** Inserta el adaptador USB-a-PCIe x1 en la ranura correspondiente de la placa base. Esta conexión permite que la placa base se comunique con la GPU a través del riser.

Al configurar los risers PCIe correctamente, mejoras la conectividad entre las GPUs y la placa base, lo que puede aumentar significativamente la potencia de minería y la rentabilidad potencial del rig. Además, los risers PCIe ayudan a mejorar el flujo de aire alrededor de las GPUs, reduciendo la acumulación de calor y manteniendo la estabilidad y el rendimiento del hardware de minería.

Configuración de Tu Rig de Minería

Una vez que hayas ensamblado tu rig de minería, el siguiente paso crítico es configurarlo para asegurar que funcione de manera eficiente y efectiva para la minería. Este proceso implica ajustar la configuración del BIOS, configurar el sistema operativo e instalar el software de minería adecuado. Cada paso es esencial para optimizar el rendimiento y la estabilidad de tus operaciones de minería.

Configuración del BIOS para Minería

La configuración del BIOS (Sistema Básico de Entrada/Salida) es un paso fundamental para optimizar tu rig de minería. Accede al menú del BIOS presionando la tecla Del o F2 durante el inicio inicial de tu computadora. Este menú te permite ajustar varios ajustes clave que pueden afectar significativamente el rendimiento de la minería.

1. **Velocidad PCI-e Gen:** Las ranuras PCI Express (PCI-e) en tu placa base se utilizan para conectar las GPUs. Ajustar la velocidad PCI-e Gen puede ayudar a mejorar la estabilidad y el rendimiento de las GPUs. Establece la velocidad PCI-e Gen en una versión inferior, como Gen 1 o Gen 2, si experimentas inestabilidad con velocidades más altas. Este ajuste asegura que las GPUs se reconozcan correctamente y puedan operar sin errores.

2. **Modo de Minería:** Algunas placas base tienen un "Modo de Minería" o "Modo de Minería Cripto" específico en el BIOS. Habilitar este modo puede optimizar los ajustes de la placa base para operaciones de minería, mejorando el rendimiento y la estabilidad. Este modo puede ajustar varios parámetros, incluidos los ajustes de energía y las configuraciones de ranura, para apoyar mejor las actividades de minería.

3. **Prioridad de Arranque:** Establecer la prioridad de arranque determina qué dispositivo iniciará el sistema primero. Asegúrate de que la prioridad de arranque esté configurada para arrancar desde tu dispositivo de almacenamiento principal donde está instalado el sistema operativo. Este ajuste asegura que el rig arranque correctamente y cargue el sistema operativo sin problemas.

4. **Salida de Video Primaria:** En un rig de minería con múltiples GPUs, establecer la salida de video primaria en los gráficos integrados o en una GPU específica puede ser importante. Este ajuste asegura que el sistema utilice la salida de visualización correcta, especialmente si estás utilizando una GPU dedicada para minería y no para propósitos de visualización.

Después de realizar los ajustes necesarios en el BIOS, guarda los cambios presionando la tecla F10 y sal del menú del BIOS presionando la tecla ESC. Esto asegurará que todos los cambios se apliquen y el sistema se reinicie con los nuevos ajustes.

Configuración del Sistema Operativo

Una vez que hayas configurado el BIOS, el siguiente paso es configurar el sistema operativo (SO) en tu rig de minería. Para la mayoría de los rigs de minería, se utilizan comúnmente sistemas operativos basados en Windows o Linux. Asegúrate de que el SO esté instalado en tu dispositivo de almacenamiento principal, como un SSD, para tiempos de arranque más rápidos y un mejor rendimiento [300].

1. **Instalar el Sistema Operativo:** Sigue el procedimiento estándar para instalar el SO elegido. Para Windows, utiliza una unidad USB booteable o un medio de instalación. Para Linux, puedes utilizar un método similar o crear una unidad USB booteable con una distribución de Linux amigable para minería.

2. **Instalar Controladores:** Después de instalar el SO, asegúrate de que todos los controladores necesarios estén instalados, particularmente para las GPUs. Los controladores adecuados son cruciales para que las GPUs funcionen de manera óptima y para que el sistema las reconozca y utilice de manera efectiva.

Instalación del Software de Minería

Con el SO y los controladores en su lugar, ahora puedes instalar el software de minería. El software de minería se utiliza para conectar tu rig a un grupo de minería y gestionar el proceso de minería [300].

1. **Elegir Software de Minería:** Selecciona un software de minería compatible con la criptomoneda que deseas minar. Las opciones populares incluyen NiceHash, Claymore y CGMiner, entre otros. La elección del software dependerá de los algoritmos específicos utilizados por la criptomoneda y de la compatibilidad con el hardware.

2. **Configurar el Software de Minería:** Una vez instalado, configura el software de minería para conectarse al grupo de minería elegido. Introduce la dirección del grupo, tu dirección de billetera y cualquier otro parámetro necesario en el archivo de configuración del software o en la interfaz de ajustes. Esta configuración permite que tu rig de minería participe en el grupo y contribuya a resolver bloques.

3. **Iniciar la Minería:** Lanza el software de minería y monitorea su rendimiento. Asegúrate de que el rig esté funcionando dentro de rangos de temperatura seguros y que todos los componentes estén funcionando correctamente. Revisa regularmente el panel de control del software de minería para ver métricas de rendimiento y ganancias.

Configuración del Sistema Operativo para un Rig de Minería

Configurar el sistema operativo es un paso crucial para asegurar que tu rig de minería funcione de manera óptima. Al usar un sistema operativo Windows, se deben completar varias tareas clave para configurar el sistema para la minería. Estas tareas incluyen verificar la detección de las GPUs, actualizar los controladores, ajustar los ajustes de energía y configurar la memoria virtual.

Verificación de la Detección de GPUs

El primer paso para configurar un rig de minería basado en Windows es asegurar que todas las GPUs sean detectadas correctamente por el sistema operativo. Este proceso implica verificar que cada GPU sea reconocida y funcione correctamente dentro del sistema.

1. **Abrir el Administrador de Dispositivos:** Accede al Administrador de Dispositivos haciendo clic derecho en el menú de Inicio y seleccionando "Administrador de Dispositivos" de la lista. Esta utilidad proporciona una vista general de todos los componentes de hardware conectados a tu sistema.

2. **Verificar la Lista de GPUs:** En el Administrador de Dispositivos, expande la sección "Adaptadores de pantalla" para ver la lista de GPUs instaladas en tu rig de minería. Asegúrate de que cada GPU aparezca en la lista sin íconos de advertencia, como signos de exclamación amarillos, que indican problemas con el hardware.

3. **Verificar el Estado de la GPU:** Si alguna GPU no es detectada o muestra errores, soluciona el problema revisando las conexiones físicas, asegurándote de que los cables de alimentación estén correctamente conectados y volviendo a colocar las GPUs en sus ranuras. Si es necesario, consulta la guía de solución de problemas del fabricante de la GPU.

Actualización de Controladores de GPUs

Controladores adecuados para las GPUs son esenciales para un rendimiento y estabilidad óptimos. Los controladores actualizados aseguran que las GPUs puedan operar de manera eficiente y sean totalmente compatibles con el software de minería.

1. **Descargar los Últimos Controladores:** Visita el sitio web oficial del fabricante de la GPU, como NVIDIA o AMD, y descarga los controladores más recientes para tus modelos de GPU específicos.

2. **Instalar Controladores:** Ejecuta los archivos de instalación de los controladores descargados y sigue las instrucciones en pantalla para instalar los controladores. Generalmente, se recomienda realizar una instalación limpia para evitar posibles conflictos con versiones anteriores de controladores.

3. **Reiniciar el Sistema:** Después de instalar los controladores, reinicia tu computadora para asegurar que los cambios tengan efecto y que el sistema reconozca los nuevos controladores.

Ajuste de la Configuración de Energía

Para maximizar la eficiencia de la minería, necesitas ajustar la configuración de energía para evitar que el ordenador entre en modo de suspensión y para optimizar el rendimiento.

1. **Acceder a la Configuración de Energía:** Abre el Panel de Control y navega a "Sistema y Seguridad", luego selecciona "Opciones de Energía."

2. **Cambiar la Configuración del Plan:** Haz clic en "Cambiar la configuración del plan" junto al plan de energía seleccionado. Luego, elige "Cambiar la configuración avanzada de energía" para acceder a opciones detalladas de gestión de energía.

3. **Establecer Opciones de Suspensión:** En el menú de configuraciones avanzadas, localiza la sección "Suspensión" y establece la opción "Suspender después" en "Nunca" tanto para los modos "Con batería" como "Conectado a la corriente." Esto evita que el ordenador entre en modo de suspensión, lo que podría interrumpir las operaciones de minería.

4. **Ajustar Configuraciones de Rendimiento:** También asegúrate de que la configuración "Apagar la pantalla" esté ajustada a un intervalo de tiempo conveniente para tu configuración o a "Nunca" si prefieres mantener la pantalla

encendida durante la minería.

Configuración de la Memoria Virtual

Una configuración adecuada de la memoria virtual es crucial para mantener la estabilidad y el rendimiento del sistema durante las operaciones de minería. La memoria virtual actúa como una extensión de la RAM del sistema y ayuda a gestionar grandes cargas de datos.

1. **Acceder a la Configuración de Memoria Virtual:** Haz clic derecho en "Este PC" o "Computadora" en el escritorio o en el Explorador de Archivos, y selecciona "Propiedades." Luego, haz clic en "Configuración avanzada del sistema" y navega a la pestaña "Avanzado." Bajo "Rendimiento," haz clic en "Configuración" y luego ve a la pestaña "Avanzado."

2. **Ajustar el Tamaño del Archivo de Paginación:** En la sección "Memoria virtual," haz clic en "Cambiar" para acceder a las configuraciones del archivo de paginación. Desmarca la opción "Administrar automáticamente el tamaño del archivo de paginación para todas las unidades."

3. **Establecer Tamaño Personalizado:** Selecciona la unidad donde deseas establecer la memoria virtual (generalmente la unidad C:). Elige la opción "Tamaño personalizado" y establece tanto el "Tamaño inicial" como el "Tamaño máximo" en 16384 MB (16 GB). Esto proporciona suficiente memoria virtual para apoyar las actividades de minería y asegura un rendimiento fluido.

4. **Aplicar y Reiniciar:** Haz clic en "Establecer" para aplicar la nueva configuración y luego en "Aceptar" para confirmar. Reinicia tu computadora para asegurar que los nuevos ajustes de memoria virtual tengan efecto.

Instalación de Software de Minería

La instalación de software de minería es un paso crucial en el proceso de minería de criptomonedas, ya que permite que tu equipo de minería realice los cálculos necesarios para minar criptomonedas y se conecte a un grupo de minería. El software de minería actúa como el puente entre tu hardware y la red blockchain, manejando tareas como la gestión de operaciones de minería, la comunicación con el grupo de minería y la presentación de resultados. Varias opciones populares de software de minería incluyen

CGMiner, EasyMiner y Kryptex, cada una con su propio conjunto de características y compatibilidad con diversas criptomonedas.

- **Elegir el Software Adecuado:** La elección del software de minería depende de la criptomoneda que pretendes minar y del hardware que estás utilizando. Por ejemplo, CGMiner es conocido por su versatilidad y soporta varias criptomonedas, pero es más complejo de configurar. EasyMiner es fácil de usar y proporciona una interfaz gráfica, lo que lo convierte en una buena opción para principiantes. Kryptex ofrece un proceso de configuración sencillo y soporta múltiples criptomonedas, brindando flexibilidad para los mineros. Asegúrate de seleccionar un software de minería compatible con la criptomoneda elegida y la configuración de tu equipo de minería.

- **Configurar el Software de Minería:** Después de seleccionar e instalar el software de minería, el siguiente paso es la configuración. Esto implica varias tareas clave:

    - **Ingresar la Dirección del Grupo de Minería:** Los grupos de minería son conjuntos de mineros que comparten su poder de procesamiento a través de una red y dividen las recompensas proporcionalmente. Necesitas ingresar la dirección del grupo de minería al que deseas unirte. Esta dirección dirige tu software de minería al grupo correcto para enviar el trabajo y recibir recompensas.

    - **Introducir Nombre de Usuario y Contraseña:** La mayoría de los grupos de minería requieren que crees una cuenta, y necesitarás ingresar tu nombre de usuario y contraseña asociados a esa cuenta. Esta información autentica tu conexión al grupo y asegura que tus esfuerzos de minería se atribuyan correctamente a tu cuenta.

    - **Especificar la Criptomoneda:** El software de minería debe ser configurado para minar la criptomoneda específica que has elegido. Esto se hace generalmente seleccionando la opción correspondiente en la configuración del software o ingresando los detalles relevantes manualmente.

    - **Indicar el Número de GPUs:** Si tu equipo de minería tiene múltiples GPUs, debes especificar el número de GPUs que el software debe utilizar.

Una configuración adecuada asegura que todos los recursos de hardware disponibles se utilicen de manera eficiente para maximizar la producción de minería.

- **Iniciar el Proceso de Minería:** Una vez que todas las configuraciones estén ajustadas, inicia el proceso de minería haciendo clic en el botón "Iniciar Minería" en el software. El software comenzará a ejecutar los algoritmos de minería, se conectará al grupo de minería y realizará los cálculos necesarios para minar criptomonedas. Es importante monitorear regularmente el rendimiento del software para asegurar que todo funcione sin problemas y para resolver cualquier problema que pueda surgir.

Elegir una Criptomoneda y un Grupo de Minería

Seleccionar la criptomoneda adecuada para minar y unirse a un grupo de minería apropiado son pasos esenciales para optimizar tus operaciones de minería.

Impacto Ambiental y Sostenibilidad

- **Elegir una Criptomoneda:** La rentabilidad de la minería varía significativamente dependiendo de la criptomoneda que elijas. Factores a considerar incluyen:
  - **Rentabilidad:** Utiliza calculadoras de rentabilidad como WhatToMine, minerstat y 2CryptoCalc para evaluar cuál criptomoneda ofrece los mejores rendimientos según tu configuración de hardware, costos de electricidad y condiciones actuales de la red. Estas calculadoras proporcionan estimaciones de las posibles ganancias y te ayudan a tomar decisiones informadas sobre qué criptomoneda minar.
  - **Mecanismo de Consenso:** Diferentes criptomonedas utilizan varios mecanismos de consenso, como Proof of Work (PoW) o Proof of Stake (PoS). Para fines de minería, enfócate en criptomonedas basadas en PoW que se alineen con las capacidades de tu hardware.
  - **Preferencias Personales:** Considera tus intereses personales y la viabilidad

a largo plazo de la criptomoneda. Algunos mineros prefieren apoyar proyectos emergentes o aquellos con avances tecnológicos específicos.

- **Unirse a un Grupo de Minería:** Unirse a un grupo de minería puede aumentar significativamente tus posibilidades de minar un bloque con éxito y recibir recompensas, ya que el poder computacional combinado del grupo mejora la probabilidad de resolver rompecabezas criptográficos.
    - **Crear una Cuenta:** Regístrate en el grupo de minería elegido. Este proceso generalmente implica proporcionar un nombre de usuario, dirección de correo electrónico y, a veces, detalles adicionales como información de pago.
    - **Configurar el Software de Minería:** Ingresa la dirección del grupo de minería, tus credenciales de cuenta y otras configuraciones necesarias en tu software de minería. Esta configuración permite que tu equipo de minería se comunique con el grupo y envíe los resultados de minería.
    - **Conectar tu Billetera:** Vincula tu billetera de criptomonedas al grupo de minería. Esta billetera recibirá las recompensas ganadas por la minería. Asegúrate de que la dirección de la billetera esté correctamente ingresada para evitar la pérdida de ganancias.
    - **Iniciar la Minería:** Después de completar la configuración, inicia el proceso de minería. Monitorea el software de minería y el panel de control del grupo para seguir el rendimiento, las ganancias y cualquier problema potencial.

Consumo Global de Energía en la Minería de Bitcoin

Según un estudio publicado por la Universidad de las Naciones Unidas y la revista *Earth's Future*, la minería de Bitcoin durante el período 2020-2021 consumió la asombrosa cantidad de 173,42 Teravatios hora (TWh) de electricidad [301]. Este nivel de consumo energético coloca a Bitcoin en una clasificación hipotética como el 27º país con mayor consumo de energía a nivel mundial, superando el uso de energía de Pakistán, una nación con una población superior a 230 millones de personas [301]. El impacto ambiental es igualmente asombroso; la huella de carbono de la minería de Bitcoin durante este período equivalió a la quema de 84 mil millones de libras de carbón o a la operación de 190 plantas de energía a gas natural [301]. Para contrarrestar esta huella de carbono, sería necesario plantar aproximadamente 3,9 mil millones de árboles, cubriendo un área comparable a la de los Países Bajos, Suiza, Dinamarca, o el 7% de la selva amazónica [301]. Este inmenso costo ambiental destaca las significativas demandas energéticas asociadas con la minería de Bitcoin.

Huella de Agua y Terreno

La minería de Bitcoin también impone una carga sustancial sobre los recursos hídricos y el uso del suelo. La huella hídrica global de la minería de Bitcoin en 2020-2021 fue equivalente a llenar más de 660,000 piscinas olímpicas, una cantidad que podría satisfacer las necesidades de agua potable de más de 300 millones de personas en áreas rurales del África subsahariana [301]. Además, la huella de terreno de las actividades de minería de Bitcoin durante este período cubrió un área 1,4 veces el tamaño de Los Ángeles. Estas cifras subrayan la extensa huella ambiental de las operaciones de minería de Bitcoin más allá del consumo de energía.

Desglose de Fuentes de Energía

La mezcla energética para la minería de Bitcoin depende en gran medida de los combustibles fósiles. Según el informe, el carbón representó el 45% del suministro energético de Bitcoin, seguido por el gas natural con un 21% [301]. La energía hidroeléctrica, a pesar de sus significativos impactos en el agua y el medio ambiente, fue la mayor fuente de energía renovable, contribuyendo con el 16% de la demanda eléctrica de Bitcoin. La energía nuclear también desempeñó un papel importante, proporcionando el 9% de la electricidad total utilizada en la minería de Bitcoin. Por el contrario, las fuentes renovables como la energía solar y eólica fueron mínimas, representando solo el 2% y el 5%, respectivamente [301]. Esta dependencia de los combustibles fósiles subraya la necesidad de prácticas energéticas más sostenibles en el sector de las criptomonedas.

Distribución Geográfica e Impacto

China fue, con mucho, la principal nación minera de Bitcoin durante este período, superando significativamente a otros países. Para compensar las emisiones de carbono de las operaciones de minería de Bitcoin intensivas en carbón de China en 2021-2022, se necesitaría plantar aproximadamente 2 mil millones de árboles, cubriendo un área equivalente a la de Portugal e Irlanda combinados o 45,000 veces el tamaño de Central Park en la ciudad de Nueva York. Otras principales naciones mineras de Bitcoin incluyeron Estados Unidos, Kazajistán, Rusia, Malasia, Canadá, Alemania, Irán, Irlanda y Singapur. A pesar de la significativa participación de China, el dominio del país en la minería de Bitcoin disminuyó del 73% en 2020 al 21% en 2022 debido a las regulaciones gubernamentales

[301]. Esta disminución condujo a un aumento en las participaciones de Estados Unidos y Kazajistán.

Implicaciones Ambientales y Perspectivas Futuras

El impacto ambiental de la minería de Bitcoin es profundo, con el 67% de la electricidad utilizada en 2020-2021 proveniente de fuentes de energía fósil. Las emisiones de carbono provenientes de la minería de Bitcoin durante este período superaron las 85,89 megatoneladas (Mt) de CO2 [301]. Este nivel de emisiones de gases de efecto invernadero representa un riesgo serio de superar el objetivo del Acuerdo de París de limitar el aumento de la temperatura a menos de 2 grados Celsius. Los diez principales países mineros de Bitcoin son responsables del 92-94% de la huella global de carbono, agua y terreno de Bitcoin [301].

Para mitigar estos impactos, es crucial explorar medidas regulatorias e innovaciones tecnológicas. Se necesitan intervenciones urgentes para abordar los desafíos ambientales planteados por el creciente sector de las criptomonedas. Los países con precios bajos de electricidad, como Kazajistán, continúan atrayendo a los mineros de Bitcoin debido a los incentivos financieros, a pesar de la dependencia de fuentes de energía no renovables. Abordar estos problemas requiere un esfuerzo concertado para promover prácticas y fuentes de energía más sostenibles dentro de la industria de las criptomonedas.

La electricidad es la columna vertebral de las operaciones de minería de criptomonedas, por lo que su disponibilidad y fiabilidad son fundamentales. Para los mineros, asegurar un suministro de energía estable e ininterrumpido es crucial debido a las demandas computacionales continuas del proceso de minería. Una consideración clave es la redundancia del suministro eléctrico; cualquier interrupción puede detener las operaciones de minería, llevando a posibles pérdidas financieras. Texas se ha convertido en un centro significativo para la minería de Bitcoin, atrayendo operaciones debido a sus costos energéticos relativamente bajos. Sin embargo, los inversionistas potenciales deben ser cautelosos con las vulnerabilidades en la red eléctrica de Texas, ya que su fiabilidad es una preocupación. Los cortes de energía o la inestabilidad en la red podrían afectar gravemente las operaciones de minería, destacando la necesidad de soluciones de energía de respaldo y una evaluación cuidadosa de la infraestructura local de energía [296].

El costo de la electricidad influye directamente en la rentabilidad de las actividades de minería. Para las operaciones mineras contemporáneas, los costos de electricidad que superan los $0,05 por kilovatio-hora (kWh) pueden hacer que la minería sea no rentable. En 2022, un aumento en los costos de electricidad en los Estados Unidos llevó a un incremento en los gastos operativos para las empresas mineras, llevando a algunas al borde de la crisis financiera o incluso a la quiebra [296]. Esto resalta el papel crítico de los gastos energéticos en la estructura de costos general de la minería y la necesidad de que los mineros aseguren electricidad a bajo costo para mantener la rentabilidad. Los altos costos de electricidad pueden impactar significativamente en el resultado final, haciendo esencial que los mineros supervisen y gestionen continuamente sus gastos energéticos [296].

Los factores regulatorios presentan otra capa de riesgo para los mineros de criptomonedas. Países como China han impuesto anteriormente restricciones a la minería debido al consumo de energía y preocupaciones ambientales, y otras naciones, como Kazajistán e Islandia, han seguido con medidas para controlar la demanda en sus redes eléctricas. En los Estados Unidos, aunque algunos estados han aceptado la minería de Bitcoin y ofrecido incentivos, hay una creciente supervisión federal. Nuevos requisitos de reporte fiscal y una mayor supervisión por parte de agencias como la Reserva Federal están en el horizonte. Este panorama regulatorio en evolución requiere vigilancia por parte de los mineros, ya que los cambios en las regulaciones pueden tener implicaciones significativas para sus operaciones y rentabilidad [296].

El impacto ambiental de la minería de Bitcoin es una preocupación significativa, con implicaciones éticas y reputacionales sustanciales. El alto consumo energético asociado con las operaciones de minería ha llevado a críticas sobre su huella de carbono. Informes como los de *The New York Times* han destacado el extenso consumo de energía de las operaciones de minería de Bitcoin, comparándolo con el consumo anual de energía de países enteros como Finlandia. En promedio, minar un solo Bitcoin requiere alrededor de 155,000 kWh, en contraste con los 900 kWh consumidos por el hogar promedio en EE. UU. por mes [296].

A medida que los problemas climáticos ganan prominencia, las empresas en diversas industrias están priorizando la reducción de carbono. Por ejemplo, Tesla pausó sus compras de Bitcoin debido a preocupaciones ambientales, pero ha indicado una disposición para reanudar las transacciones una vez que una porción significativa de la minería de Bitcoin utilice fuentes de energía renovable [296]. En respuesta, algunas empresas mineras están cambiando a fuentes de energía renovable o utilizando energía excedente de recursos renovables. Se están explorando innovaciones como el uso de gas natural quemado, energía solar o eólica excedente, y energía hidroeléctrica proveniente de desbordamientos de presas. Sin embargo, estas estrategias deben asegurar que no aumenten inadvertidamente la demanda general de energía [296].

13
Contratos Inteligentes y DApps

Los contratos inteligentes de criptomonedas son contratos autoejecutables con los términos del acuerdo escritos directamente en código. Operan en redes blockchain, comúnmente en plataformas como Ethereum, que admiten la funcionalidad de contratos inteligentes. Los contratos inteligentes automatizan la ejecución de acuerdos contractuales cuando se cumplen condiciones predefinidas, eliminando la necesidad de intermediarios y reduciendo el potencial de fraude o manipulación.

Entendiendo los Contratos Inteligentes

Los contratos inteligentes funcionan como scripts programables en una blockchain que imponen y ejecutan automáticamente los términos de un contrato basándose en sus condiciones codificadas. Cuando un contrato inteligente se despliega en una blockchain, se almacena en una red descentralizada de nodos, lo que lo hace inmutable y transparente. El código del contrato detalla las reglas y regulaciones del acuerdo y se ejecuta automáticamente cuando se cumplen esas condiciones. Por ejemplo, en un acuerdo de transferencia de tokens, un contrato inteligente ejecutará la transferencia una vez que el remitente proporcione los fondos necesarios y se verifique la dirección del destinatario. Este proceso elimina la intervención manual y asegura la precisión.

Una de las mayores ventajas de los contratos inteligentes es su capacidad para operar de manera autónoma sin intervención humana. Esto conduce a una mayor eficiencia y velocidad en la ejecución de acuerdos. Los contratos inteligentes también proporcionan transparencia, ya que todas las transacciones y ejecuciones de contratos se registran en la blockchain y pueden ser auditadas por cualquier persona con acceso. Además, mejoran la seguridad al utilizar algoritmos criptográficos para proteger los datos, reduciendo el riesgo de manipulación o fraude. Adicionalmente, la eliminación de intermediarios reduce los costos asociados con la ejecución y gestión de contratos tradicionales.

Los contratos inteligentes tienen una amplia gama de aplicaciones en varios sectores. En finanzas, se utilizan en plataformas de finanzas descentralizadas (DeFi) para automatizar procesos de préstamos, préstamos y comercio. En bienes raíces, los contratos inteligentes pueden agilizar las transacciones de propiedad al transferir automáticamente la propiedad tras recibir el pago. La gestión de la cadena de suministro se beneficia de los contratos inteligentes al automatizar el seguimiento del inventario y garantizar la transparencia en el movimiento de bienes. Incluso en el ámbito legal, pueden ser utilizados para crear acuerdos autoejecutables y automatizar las verificaciones de cumplimiento.

A pesar de sus ventajas, los contratos inteligentes no están exentos de desafíos. Una preocupación importante es la complejidad de la codificación y el potencial de errores de programación, que pueden llevar a consecuencias no deseadas o vulnerabilidades. La inmutabilidad de la blockchain significa que una vez que un contrato inteligente se despliega, su código no puede ser alterado, lo que puede ser problemático si se descubren errores. Además, los contratos inteligentes dependen de la precisión de los datos que reciben; si los datos de entrada son incorrectos o manipulados, la ejecución del contrato puede verse comprometida. También surgen consideraciones legales y regulatorias, ya que la naturaleza descentralizada de los contratos inteligentes puede complicar los problemas de jurisdicción y la ejecutabilidad.

La Importancia de los Contratos Inteligentes

Los contratos inteligentes juegan un papel fundamental en el ecosistema blockchain, sirviendo como la columna vertebral de una amplia gama de aplicaciones descentralizadas (dApps) y herramientas financieras. Su importancia se debe a su capacidad para automatizar y hacer cumplir acuerdos contractuales de manera segura y transparente, aprovechando la naturaleza inmutable de la tecnología blockchain. Al ejecutar contratos automáticamente basados en condiciones predefinidas, los contratos inteligentes eliminan la necesidad de intermediarios, agilizan los procesos y reducen costos, haciéndolos cruciales para la innovación en varios sectores.

Habilitando Aplicaciones Descentralizadas

Los contratos inteligentes son esenciales para desarrollar aplicaciones descentralizadas (dApps), que operan sin autoridad central o intermediarios. Estas aplicaciones aprovechan la tecnología blockchain para proporcionar servicios y ejecutar transacciones en un entorno descentralizado y sin confianza. Por ejemplo, en el sector de finanzas descentralizadas (DeFi), los contratos inteligentes permiten operaciones financieras complejas como préstamos, préstamos y comercio sin depender de instituciones financieras tradicionales. Esta descentralización permite a los usuarios interactuar directamente con servicios financieros, mejorando la accesibilidad y reduciendo los costos asociados con intermediarios.

Revolucionando las Transacciones Financieras

Uno de los impactos más significativos de los contratos inteligentes es su capacidad para transformar los sistemas financieros tradicionales. Las aplicaciones DeFi, basadas en contratos inteligentes, proporcionan a los usuarios la capacidad de participar en actividades financieras sin la necesidad de bancos u otros intermediarios financieros. Plataformas como Uniswap y Compound ejemplifican esta transformación. Uniswap permite a los usuarios intercambiar criptomonedas directamente a través de un intercambio descentralizado, con contratos inteligentes manejando las tasas de cambio y la ejecución de transácciones. Compound permite a los usuarios ganar intereses sobre sus activos u obtener préstamos sin involucrar un banco tradicional. De manera similar, USDC, una stablecoin vinculada al dólar estadounidense, utiliza contratos inteligentes para mantener su valor y proporcionar una alternativa digital estable.

Agilizando y Automatizando Procesos

Los contratos inteligentes ofrecen ventajas significativas al automatizar varios procesos que tradicionalmente requieren intervención manual. Por ejemplo, imagina que tienes Ethereum y deseas convertirlo en USDC. Usando un intercambio descentralizado como Uniswap, puedes realizar esta transacción de manera fluida a través de un contrato inteligente. El contrato inteligente encuentra la mejor tasa de cambio, facilita el intercambio y transfiere el USDC a tu billetera sin necesidad de una autoridad central o intermediario. Esta automatización reduce los tiempos y costos de transacción, haciendo el proceso más eficiente y amigable para el usuario.

Mejorando la Seguridad y la Transparencia

Otro beneficio crítico de los contratos inteligentes es su capacidad para proporcionar una mayor seguridad y transparencia. Una vez que un contrato inteligente se despliega en la blockchain, su código es inmutable y transparente, lo que significa que no puede ser alterado ni manipulado. Esta inmutabilidad garantiza que los términos del contrato se ejecuten exactamente como se programó, reduciendo el riesgo de fraude y asegurando resultados fiables y predecibles. Además, la naturaleza descentralizada de la tecnología blockchain significa que las transacciones se registran en un libro mayor público, proporcionando transparencia y permitiendo a los usuarios verificar la ejecución y los resultados del contrato.

Superando los Desafíos Financieros Tradicionales

Los sistemas financieros tradicionales a menudo implican altos costos e ineficiencias, como intercambios de divisas costosos y procesos de préstamos complejos. Los contratos inteligentes abordan estos desafíos al facilitar transacciones directas y automatizadas, reduciendo tarifas y permitiendo el acceso global a servicios financieros. Por ejemplo, convertir divisas a través de sistemas financieros tradicionales puede ser un proceso que consume tiempo y es costoso debido a las fluctuaciones en las tasas de cambio y tarifas. De manera similar, los préstamos y los préstamos a menudo requieren una extensa documentación e intermediarios. Los contratos inteligentes simplifican estos procesos, haciendo las transacciones financieras más eficientes y accesibles, particularmente en un contexto global.

Cómo Funcionan los Contratos Inteligentes

Los contratos inteligentes, propuestos por primera vez por el científico informático y abogado Nick Szabo en la década de 1990, son acuerdos digitales programados para ejecutar y hacer cumplir automáticamente los términos de un contrato. Szabo los comparó con una máquina expendedora, que automatiza el proceso de venta de un producto. Así como una máquina expendedora acepta el pago, dispensa un producto y proporciona cambio sin intervención humana, los contratos inteligentes automatizan el intercambio de valor o información según reglas predefinidas. Esta automatización permite que los contratos inteligentes ejecuten transacciones y hagan cumplir acuerdos sin la necesidad de intermediarios.

Tipos de Contratos Inteligentes

Los contratos inteligentes se pueden categorizar en tres tipos distintos, cada uno con un propósito específico dentro del ecosistema blockchain. Estas categorías incluyen contratos legales inteligentes, organizaciones autónomas descentralizadas (DAOs) y contratos de lógica de aplicación (ALCs). Cada tipo cumple un papel único y opera bajo diferentes principios y estructuras:

- **Contratos Legales Inteligentes:** Los contratos legales inteligentes están diseñados para reflejar los contratos legales tradicionales, pero se ejecutan y hacen cumplir a través de la tecnología blockchain. Estos contratos siguen una lógica clara de "si esto sucede, entonces aquello sucederá", asegurando que los términos y condiciones se cumplan automáticamente una vez que se cumplan los criterios predefinidos. Por ejemplo, un contrato legal inteligente podría transferir automáticamente la propiedad de un activo o liberar el pago cuando se cumplan ciertas condiciones, como alcanzar una fecha límite específica o verificar una condición. La inmutabilidad y transparencia de la tecnología blockchain brindan una mayor seguridad y responsabilidad en comparación con los contratos tradicionales en papel. La naturaleza digital de estos contratos también permite el uso de firmas digitales, lo que mejora el proceso de verificación. En caso de incumplimiento, las partes involucradas en los contratos legales inteligentes podrían enfrentar consecuencias legales significativas, reforzando la necesidad de adherirse a los términos del contrato.

- **Organizaciones Autónomas Descentralizadas (DAOs):** Las Organizaciones Autónomas Descentralizadas, o DAOs, representan una forma única de contrato inteligente en la que la gobernanza y la toma de decisiones se gestionan colectivamente sin una autoridad central. Un DAO opera a través de un conjunto de reglas y protocolos codificados en un contrato inteligente en la blockchain. Los miembros de un DAO generalmente poseen tokens de gobernanza que les otorgan derechos de voto, permitiéndoles influir en decisiones relacionadas con las operaciones, financiamiento y otros aspectos clave de la organización. El código incrustado en el contrato inteligente dicta cómo funciona el DAO, incluyendo cómo se asignan los fondos y cómo se toman las decisiones. Un ejemplo de un DAO es VitaDAO, que utiliza la tecnología blockchain para apoyar a una comunidad enfocada en la investigación científica. Los DAOs ofrecen una forma novedosa de gestionar organizaciones a través de procesos descentralizados y democráticos, eliminando la necesidad de roles ejecutivos tradicionales y control centralizado.

- **Contratos de Lógica de Aplicación (ALCs):** Los Contratos de Lógica de Aplicación (ALCs) son contratos inteligentes diseñados para gestionar y ejecutar la lógica específica de una aplicación. A diferencia de los contratos legales inteligentes, que se centran en acuerdos humanos u organizacionales, los ALCs facilitan interacciones entre máquinas o entre diferentes contratos blockchain. Estos contratos son cruciales para aplicaciones que requieren integración y comunicación sin problemas entre varios dispositivos, como los que se encuentran en el Internet de las Cosas (IoT). Los ALCs permiten interacciones complejas e intercambios de datos entre dispositivos inteligentes, aplicaciones y otros contratos basados en blockchain. Su función es automatizar procesos y gestionar la lógica dentro de una aplicación o sistema específico, asegurando que diversos componentes trabajen juntos de manera eficiente y confiable.

Cada tipo de contrato inteligente cumple una función distinta dentro del ecosistema blockchain, contribuyendo a una amplia gama de aplicaciones desde acuerdos legales y gobernanza organizacional hasta interacciones avanzadas entre máquinas e integraciones de sistemas.

Plataformas Populares y Accesibilidad

Ethereum, la plataforma de contratos inteligentes más utilizada, soporta la creación y el despliegue de contratos inteligentes a través de su blockchain. Sin embargo, Ethereum no está solo en este espacio; otras blockchains como EOS, Neo, Tezos, Tron, Polkadot y Algorand también soportan contratos inteligentes. Estos contratos pueden ser desarrollados y desplegados por cualquier persona con el conocimiento de programación necesario. El código de los contratos inteligentes se almacena en la blockchain, haciéndolo accesible y verificable públicamente. Esta transparencia asegura que cualquiera pueda inspeccionar el código del contrato para entender su lógica y funcionalidad antes de interactuar con él.

Lenguajes de Programación y Transparencia

Los contratos inteligentes se escriben en varios lenguajes de programación dependiendo de la blockchain en la que se despliegan. Por ejemplo, Solidity se utiliza comúnmente para contratos inteligentes en Ethereum, mientras que Web Assembly y Michelson se utilizan en otros entornos blockchain. En Ethereum, el código de cada contrato inteligente se registra permanentemente en la blockchain. Esto significa que cualquier persona puede ver el código y el estado actual del contrato, lo que ayuda a verificar la ejecución del contrato y asegura que se adhiera a las reglas y lógica esperadas.

Ejecución y Consenso

Cuando un contrato inteligente recibe fondos o instrucciones, su código se ejecuta en todos los nodos de la red. Cada nodo, o computadora conectada a la red blockchain, almacena una copia del contrato inteligente y su estado actual. La ejecución del código del contrato por todos los nodos es necesaria para alcanzar un consenso sobre el resultado del contrato y el flujo de valor resultante. Esta ejecución descentralizada asegura que los contratos inteligentes puedan operar de manera segura y fiable sin una autoridad central, incluso al tratar con transacciones complejas o partes desconocidas.

Tarifas de Gas

En plataformas como Ethereum, ejecutar un contrato inteligente implica pagar una tarifa conocida como "gas." Las tarifas de gas son esenciales para mantener la operación de la red y compensar a los mineros o validadores que procesan y validan transacciones. La cantidad de gas requerida depende de la complejidad del contrato y de los recursos necesarios para ejecutarlo. Estas tarifas se pagan en la criptomoneda nativa de la plataforma y son necesarias para ejecutar transacciones y contratos inteligentes en la blockchain.

Inmutabilidad y Seguridad

Una vez desplegados en una blockchain, los contratos inteligentes son generalmente inmutables, lo que significa que no pueden ser alterados por sus creadores o cualquier otra parte. Esta inmutabilidad asegura que los términos y condiciones del contrato permanezcan sin cambios, proporcionando un marco seguro y fiable para ejecutar transacciones. Sin embargo, existen algunas excepciones en las que los contratos inteligentes pueden estar diseñados con características de actualización o mecanismos de gobernanza que permiten modificaciones bajo ciertas condiciones. A pesar de estas excepciones, el principio general de inmutabilidad ayuda a prevenir la censura y asegura que el contrato opere como se pretendía originalmente.

En resumen, los contratos inteligentes son fundamentales para avanzar en la tecnología blockchain al permitir el desarrollo de aplicaciones descentralizadas y transformar los sistemas financieros tradicionales. Ofrecen automatización, seguridad y transparencia, abordando ineficiencias y barreras en las finanzas tradicionales y abriendo nuevas posibilidades para los usuarios en todo el mundo.

Importancia de los Contratos Inteligentes para los Inversores en Criptomonedas

Los contratos inteligentes tienen una importancia considerable para los inversores en criptomonedas, principalmente debido a su impacto transformador en la forma en que se realizan las transacciones, cómo se gestionan los activos y cómo se hacen las inversiones en el espacio de las criptomonedas. Los aspectos clave de su importancia incluyen:

- **Transacciones Automatizadas y Sin Confianza**: Los contratos inteligentes automatizan las transacciones basadas en reglas predefinidas, eliminando la necesidad de intermediarios. Para los inversores en criptomonedas, esto significa que las transacciones pueden ejecutarse automáticamente y de manera confiable una vez que se cumplan las condiciones. Esta automatización reduce el riesgo de error humano y aumenta la confianza en el proceso de transacción, ya que la ejecución del contrato está gobernada por el código en lugar de la interpretación subjetiva.

- **Seguridad y Transparencia Mejoradas**: Los contratos inteligentes operan sobre tecnología blockchain, la cual proporciona transparencia e inmutabilidad. Los inversores pueden verificar los términos y la ejecución de los contratos inteligentes públicamente en la blockchain, asegurando que los acuerdos se cumplan como se pretende. La naturaleza descentralizada de las blockchains también añade una capa de seguridad, ya que no hay un único punto de falla que pueda ser explotado.

- **DeFi e Innovación Financiera**: Los contratos inteligentes son la columna vertebral de las aplicaciones de finanzas descentralizadas (DeFi), que ofrecen una gama de servicios financieros sin intermediarios tradicionales. Los inversores pueden participar en diversas actividades DeFi, como préstamos, empréstitos y comercio, utilizando contratos inteligentes. Esto abre nuevas oportunidades para obtener rendimientos, gestionar activos y acceder a servicios financieros de manera descentralizada.

- **Operaciones Eficientes y Rentables**: Al automatizar procesos y eliminar intermediarios, los contratos inteligentes pueden reducir significativamente los costos de transacción y los tiempos de procesamiento. Para los inversores, esto significa tarifas más bajas y una ejecución más rápida de las operaciones y transacciones, mejorando la eficiencia general y potencialmente aumentando los rendimientos de inversión.

- **Estrategias de Inversión Programables**: Los contratos inteligentes permiten la creación de estrategias de inversión complejas y programables. Por ejemplo, los inversores pueden usar contratos inteligentes para implementar estrategias de comercio automatizadas, configurar fondos de inversión descentralizados o crear activos tokenizados con reglas específicas para su gestión. Esta flexibilidad permite enfoques de inversión más sofisticados y personalizados.

- **Seguridad y Prevención de Fraudes**: El uso de contratos inteligentes minimiza el riesgo de fraude y manipulación. Los términos del contrato están codificados en la blockchain, lo que hace difícil para actores maliciosos alterar o manipular el acuerdo. Los inversores se benefician de una mayor seguridad y una menor probabilidad de disputas o actividades fraudulentas.

- **Acceso a Nuevos Instrumentos Financieros**: Los contratos inteligentes permiten la creación y gestión de nuevos instrumentos financieros, como activos tokenizados y intercambios descentralizados. Los inversores pueden acceder a una gama más amplia de oportunidades de inversión, incluyendo aquellas que pueden no estar disponibles a través de los sistemas financieros tradicionales. Esta diversificación puede ayudar a los inversores a gestionar el riesgo y explorar nuevas vías para el crecimiento.

- **Tokenización y Liquidez**: Los contratos inteligentes facilitan la tokenización de activos del mundo real, permitiendo que sean representados y negociados en la blockchain. Este proceso mejora la liquidez y proporciona a los inversores más oportunidades para comerciar e invertir en una variedad de activos. La tokenización también permite la propiedad fraccionada, haciendo que los activos de alto valor sean más accesibles para una gama más amplia de inversores.

La Relación Entre los Contratos Inteligentes y las dApps

Los contratos inteligentes y las aplicaciones descentralizadas (dApps) están profundamente interconectados, con los contratos inteligentes sirviendo como la tecnología fundamental sobre la cual se construyen las dApps. Entender su relación implica explorar cómo funciona cada componente y cómo trabajan juntos para habilitar diversas funcionalidades descentralizadas.

Contratos Inteligentes como la Columna Vertebral de las dApps

Los contratos inteligentes son contratos autoejecutables con los términos del acuerdo directamente escritos en código. Se implementan en una blockchain y ejecutan automáticamente acciones predefinidas cuando se cumplen ciertas condiciones. Estos contratos son inmutables una vez desplegados, lo que significa que su código no puede ser alterado, y operan sin necesidad de una autoridad central. La función principal de un contrato inteligente es facilitar, verificar o hacer cumplir la negociación o el cumplimiento de un contrato, eliminando así la necesidad de intermediarios y reduciendo el riesgo de fraude.

Las aplicaciones descentralizadas (dApps) utilizan estos contratos inteligentes para realizar diversas funciones dentro de sus sistemas. En esencia, las dApps se construyen sobre plataformas blockchain que soportan contratos inteligentes, como Ethereum, Binance Smart Chain o Solana. Los contratos inteligentes incrustados dentro de estas dApps manejan la lógica y las reglas subyacentes que rigen las operaciones de la aplicación. Por ejemplo, en una plataforma de finanzas descentralizadas (DeFi), los contratos inteligentes podrían gestionar protocolos de préstamos, automatizar estrategias de comercio o facilitar la emisión de stablecoins.

Cómo las dApps Aprovechan los Contratos Inteligentes

- **Automatización y Eficiencia**: Las dApps confían en los contratos inteligentes para automatizar procesos y transacciones. Por ejemplo, en un intercambio descentralizado (DEX) como Uniswap, los contratos inteligentes facilitan el intercambio de tokens al ejecutar automáticamente operaciones basadas en algoritmos predefinidos. Esta automatización reduce la necesidad de intervención manual y mejora la eficiencia de la aplicación.

- **Transparencia y Seguridad**: El código de los contratos inteligentes se almacena en la blockchain, lo que lo hace transparente y verificable públicamente. Esta transparencia asegura que las reglas y la lógica de la dApp sean accesibles para todos los usuarios, promoviendo la confianza y la seguridad. Dado que la ejecución de los contratos inteligentes es descentralizada y verificada por la red, minimiza el riesgo de manipulación o actividades fraudulentas.

- **Descentralización**: Las dApps están diseñadas para operar de manera descentralizada, lo que significa que ninguna entidad única tiene control sobre la aplicación. Los contratos inteligentes contribuyen a esta descentralización al ejecutarse en una red distribuida de nodos. Cada nodo mantiene una copia del contrato inteligente y lo ejecuta de acuerdo con las reglas de consenso de la blockchain, asegurando que la dApp funcione sin depender de un servidor o autoridad central.

- **Funcionalidad Personalizada**: Los contratos inteligentes proporcionan la flexibilidad para crear funcionalidades personalizadas dentro de las dApps. Los desarrolladores pueden escribir código específico para definir cómo se gestionan los activos, cómo se procesan las transacciones o cómo los usuarios interactúan con la aplicación. Esta personalización permite que las dApps atiendan una amplia gama de casos de uso, desde servicios financieros y juegos hasta gestión de la cadena de suministro y gobernanza.

Ejemplos de Integración

Considera una plataforma de préstamos descentralizada construida en Ethereum. Los contratos inteligentes de la plataforma gestionan el proceso de préstamo y préstamo, asegurando que se cumplan los términos y que la garantía se maneje correctamente. Los usuarios interactúan con la dApp para iniciar préstamos o depósitos, mientras que los contratos inteligentes ejecutan las transacciones y aplican las reglas automáticamente. De manera similar, en una plataforma de juegos descentralizada, los contratos inteligentes podrían gestionar los activos del juego, asegurando que la propiedad y las transacciones se manejen de manera transparente y segura.

Aplicaciones Descentralizadas (dApps) Populares

El mercado de las aplicaciones descentralizadas (dApps) ha experimentado un crecimiento explosivo en los últimos años. Según datos recientes, la tasa de crecimiento anual compuesta (CAGR) del mercado de dApps ha aumentado al 56,1%, reflejando un interés robusto y acelerado en estas tecnologías. Para 2022, la base de usuarios diarios de dApps se había expandido en un sorprendente 396%, alcanzando aproximadamente 2,7 millones de usuarios [304]. Esta notable trayectoria de crecimiento subraya la creciente adopción y dependencia de las tecnologías descentralizadas en diversos sectores. Las proyecciones sugieren que el mercado de dApps seguirá expandiéndose significativamente, con una valoración anticipada de 368,25 mil millones de dólares estadounidenses para 2027 [304]. Este crecimiento está impulsado por la creciente demanda de soluciones descentralizadas que ofrecen mayor seguridad, transparencia y control del usuario en comparación con las aplicaciones centralizadas tradicionales.

Las aplicaciones descentralizadas, o dApps, son programas informáticos que operan en la tecnología blockchain en lugar de depender de un servidor central. A diferencia de los modelos tradicionales cliente-servidor, donde un único servidor o entidad controladora gestiona la aplicación, las dApps aprovechan una red descentralizada de igual a igual (P2P) para sus operaciones de backend. Esta arquitectura descentralizada asegura que ninguna entidad única tenga control sobre la aplicación, haciéndola resistente a la censura y reduciendo el riesgo de puntos únicos de falla [304].

Por ejemplo, mientras que aplicaciones centralizadas como Visa pueden manejar alrededor de 10,000 transacciones por segundo, plataformas blockchain como Solana pueden procesar hasta 50,000 transacciones por segundo, aunque este número puede variar [304]. Esta escalabilidad permite a los usuarios de dApps en tales plataformas beneficiarse de transacciones más rápidas y eficientes. Las dApps se utilizan predominantemente en áreas como finanzas, juegos y gobernanza. En el sector financiero, las dApps incluyen carteras de criptomonedas y plataformas de finanzas descentralizadas (DeFi). En juegos, las dApps facilitan experiencias de juego descentralizadas, y en gobernanza, las dApps permiten a las organizaciones descentralizadas tomar decisiones colectivas. Ethereum, una de las principales plataformas blockchain, alberga alrededor de la mitad de todas las dApps activas, gracias a su robusta infraestructura impulsada por la Ethereum Virtual Machine (EVM), que soporta una amplia gama de aplicaciones descentralizadas [304].

Tipos de dApps

Las aplicaciones descentralizadas se pueden clasificar en tres tipos principales según su estructura y relación con las tecnologías blockchain subyacentes [304]:

- **dApps Tipo I**: Las dApps Tipo I operan como blockchains independientes. Estas dApps son fundamentales y sirven como la infraestructura subyacente para otras aplicaciones. Un ejemplo principal de una dApp Tipo I es Bitcoin. Bitcoin en sí mismo es una blockchain que opera como una aplicación descentralizada, proporcionando una plataforma para transacciones de criptomonedas sin depender de ninguna infraestructura externa.

- **dApps Tipo II**: Las dApps Tipo II se construyen sobre las dApps Tipo I existentes. Funcionan como protocolos que operan en la blockchain fundamental y a menudo introducen sus propios tokens nativos. Por ejemplo, Polygon es una dApp Tipo II que opera en la blockchain de Ethereum. Mejora la escalabilidad y el rendimiento de transacciones de Ethereum al proporcionar una solución de capa 2 que mejora la eficiencia y reduce los costos para las aplicaciones descentralizadas construidas sobre Ethereum.

- **dApps Tipo III**: Las dApps Tipo III se construyen sobre las dApps Tipo II, aprovechando la infraestructura y los protocolos establecidos por las aplicaciones Tipo II. Estas dApps también funcionan como protocolos con sus propios tokens nativos. Un ejemplo de una dApp Tipo III es Decentral Games, que opera en la Red Polygon. Al utilizar la infraestructura de dApp Tipo II proporcionada por Polygon, Decentral Games puede ofrecer experiencias de juego descentralizadas con mayor escalabilidad y rendimiento.

En general, los diversos tipos de dApps reflejan la naturaleza evolutiva de la tecnología blockchain y sus aplicaciones. A medida que el mercado de aplicaciones descentralizadas continúa creciendo, estos tipos desempeñarán roles cruciales en la configuración del futuro de las interacciones y transacciones digitales.

Las aplicaciones descentralizadas (dApps) han abierto numerosas oportunidades para que los individuos ganen dinero en el ecosistema blockchain. A continuación, se presenta una visión detallada de algunas de las mejores dApps para generar ganancias, con un enfoque en Aave como un ejemplo destacado.

Aave: Un Líder en Préstamos y Créditos DeFi

Aave es una dApp destacada en el espacio de finanzas descentralizadas (DeFi), que ofrece una plataforma integral para el préstamo y la toma de préstamos de criptomonedas. A diferencia de los sistemas financieros tradicionales, Aave opera en la blockchain de Ethereum, permitiendo a los usuarios ganar intereses sobre sus depósitos y tomar préstamos sin necesidad de una autoridad central.

Una de las características más innovadoras de Aave son sus préstamos flash. Estos son préstamos no garantizados que deben ser reembolsados dentro de un solo bloque de transacción. Los préstamos flash permiten a los usuarios realizar maniobras financieras complejas como arbitraje, refinanciamiento y otras estrategias de inversión sin necesidad de capital inicial. Esta funcionalidad única abre oportunidades significativas para obtener ganancias para aquellos que pueden usar estratégicamente estos préstamos para explotar ineficiencias del mercado.

Además de los préstamos flash, Aave admite una amplia gama de criptomonedas, proporcionando flexibilidad y múltiples vías para ganar a través de la acumulación de intereses. Los usuarios pueden depositar sus activos en grupos de liquidez y ganar intereses, mientras que los prestatarios pueden acceder a fondos proporcionando garantías. La interfaz amigable del plataforma y sus robustas medidas de seguridad la convierten en una opción atractiva tanto para usuarios nuevos como experimentados que buscan generar ingresos a partir de sus activos criptográficos.

Otras dApps Notables para Ganar Dinero

- **Plataformas de Yield Farming**: El yield farming, o minería de liquidez, implica proporcionar liquidez a intercambios descentralizados (DEX) o protocolos de préstamo a cambio de recompensas. Plataformas como Yearn.finance y SushiSwap ofrecen a los usuarios la oportunidad de ganar rendimientos al participar en actividades de yield farming.

- **Juegos Blockchain y NFTs**: Los juegos play-to-earn como Axie Infinity y Decentraland permiten a los usuarios ganar criptomonedas y NFTs a través del juego. Estos activos pueden ser intercambiados o vendidos, proporcionando potencialmente ganancias significativas para jugadores hábiles o inversores.

- **Ganancias Basadas en Tareas**: Algunas dApps ofrecen recompensas por completar tareas o participar en encuestas. Aplicaciones como StormX proporcionan criptomonedas a los usuarios por participar en diversas actividades, aunque estas generalmente ofrecen retornos menores en comparación con otros métodos.

- **Intercambios Descentralizados (DEXs)**: Plataformas como Uniswap y PancakeSwap permiten a los usuarios proporcionar liquidez a pares de intercambio y ganar una parte de las tarifas de transacción. Los usuarios también pueden participar en yield farming y staking en estos intercambios.

dApps Populares

Las aplicaciones descentralizadas (dApps) se han convertido en un componente significativo del ecosistema blockchain, sirviendo a diversos propósitos en múltiples dominios. Desde juegos y finanzas hasta redes sociales y gobernanza, las dApps aprovechan la tecnología blockchain para ofrecer soluciones y oportunidades descentralizadas. A continuación, se presenta una visión detallada de varias dApps prominentes, cada una ejemplificando diferentes casos de uso [304, 305]:

PancakeSwap: PancakeSwap es un intercambio descentralizado (DEX) líder construido en la Binance Smart Chain (BSC), ofreciendo una alternativa a los DEX basados en Ethereum como Uniswap. Desde su lanzamiento a principios de 2020, PancakeSwap ha ganado considerable tracción, con más de 2.8 millones de usuarios y gestionando 9.9 mil millones de dólares en valor total bloqueado (TVL). La plataforma permite a los usuarios intercambiar tokens BEP-20, que son nativos de BSC, y proporciona tarifas de transacción reducidas y tiempos de procesamiento más rápidos en comparación con los intercambios tradicionales.

Una de las características clave de PancakeSwap es su versatilidad en las oportunidades de ganancias. Los usuarios pueden participar en yield farming, donde colocan sus tokens BEP-20 para ganar recompensas, y participar en loterías, que proporcionan formas adicionales de ganar criptomonedas. PancakeSwap también ofrece staking para su token nativo, CAKE, que otorga derechos de gobernanza y la capacidad de influir en las decisiones de la plataforma. Las bajas tarifas de transacción y la amplia gama de funcionalidades hacen que PancakeSwap sea una opción popular entre los entusiastas de DeFi.

Axie Infinity: Axie Infinity es un destacado juego basado en NFTs que ha captado una atención generalizada en las comunidades de juegos y blockchain. El juego permite a los jugadores crear y coleccionar criaturas digitales llamadas Axies, que pueden usarse en batallas y diversas actividades dentro del juego. Con una base de usuarios máxima de 1.5 millones de jugadores activos y una capitalización de mercado de 0.94 mil millones de dólares, Axie Infinity se ha establecido como un jugador importante en el metaverso y el espacio de juegos NFT.

Los jugadores en Axie Infinity pueden ganar recompensas a través del juego, que pueden intercambiarse o venderse en el mercado. La integración de NFTs en el juego permite a los usuarios poseer activos únicos y participar en una vibrante economía digital. Axie Infinity ejemplifica cómo la tecnología blockchain puede usarse para crear experiencias de juego inmersivas que también ofrecen incentivos financieros.

Uniswap: Lanzado en 2018, Uniswap es uno de los intercambios descentralizados más utilizados en la blockchain de Ethereum. Opera con un modelo de creador de mercado automatizado (AMM), permitiendo a los usuarios intercambiar tokens ERC-20 directamente sin intermediarios. Uniswap es conocido por sus bajas tarifas de transacción y su proceso de comercio eficiente, lo que ha contribuido a su popularidad entre los comerciantes de criptomonedas.

La naturaleza descentralizada de Uniswap significa que los usuarios mantienen el control sobre sus fondos y no están expuestos a los riesgos asociados con los intercambios centralizados. Los proveedores de liquidez en Uniswap ganan una parte de las tarifas de transacción generadas por la plataforma, ofreciendo una fuente de ingresos pasiva. El token UNI, el token de gobernanza de Uniswap, otorga a los titulares derechos de voto sobre propuestas que afectan al futuro de la plataforma. La interfaz amigable de Uniswap y su robusta funcionalidad la convierten en una opción líder para el comercio descentralizado.

OpenSea: OpenSea es un mercado peer-to-peer para comprar, vender e intercambiar tokens no fungibles (NFT). Con 2.3 millones de usuarios activos y una valoración de 13 mil millones de dólares, OpenSea es un actor importante en el espacio de los NFT. La plataforma permite a los usuarios intercambiar una amplia gama de activos digitales, incluidos coleccionables, artículos de juegos y bienes raíces virtuales.

OpenSea opera con un modelo descentralizado, facilitando transacciones directas entre compradores y vendedores sin intermediarios. Este enfoque reduce las tarifas de transacción y ofrece un mayor control sobre el proceso de intercambio. El uso de la tecnología blockchain asegura la seguridad y transparencia de las transacciones. A pesar de enfrentar críticas por operaciones internas y ataques de phishing, la amplia gama de NFT de OpenSea y su papel en el creciente mercado de activos digitales consolidan su posición como un mercado líder de NFT.

Rarible: Rarible es otro destacado mercado de NFT que permite a los usuarios comprar, vender y acuñar activos digitales. Rarible se distingue por características como la acuñación sin gas, soporte para múltiples billeteras y pagos con tarjeta de crédito. Admite transacciones en Tezos, Flow y Ethereum, con una tarifa fija de transacción del 2.5% y la posibilidad de comprar NFT con monedas fiat.

La interfaz amigable de Rarible y su diversa oferta de activos atraen tanto a comerciantes experimentados como a nuevos usuarios. Con más de 15,000 usuarios únicos activos, Rarible sigue creciendo como una plataforma popular para el intercambio de NFT. Su accesibilidad y características innovadoras contribuyen a su atractivo en el competitivo mercado de NFT.

Sandbox: Sandbox es una plataforma de metaverso que permite a los usuarios comprar, desarrollar y monetizar terrenos virtuales dentro de un entorno digital basado en blockchain. Con una capitalización de mercado de 1.4 mil millones de dólares y más de 160,000 parcelas de propiedad, Sandbox ofrece un espacio para que los usuarios inviertan en y creen activos digitales. La mayor venta de terrenos virtuales de la plataforma recaudó 4.3 millones de dólares, destacando su impacto significativo en el mercado de bienes raíces virtuales.

La integración de la tecnología blockchain en Sandbox permite a los usuarios poseer y desarrollar propiedades virtuales, fomentando un ecosistema digital creativo e interactivo. Con 39,000 usuarios diarios y una comunidad en crecimiento, Sandbox representa una gran innovación en el metaverso y la inversión en activos digitales.

1inch: 1inch Network es un agregador DeFi que ayuda a los usuarios a encontrar los mejores precios en múltiples intercambios descentralizados. Lanzado en 2019, 1inch utiliza su protocolo de agregación para enrutar operaciones de manera eficiente, aprovechando plataformas como Ethereum, Polygon y BNB Chain. Con aproximadamente 23,500 usuarios diarios y una capitalización de mercado de 334.08 millones de dólares, 1inch ofrece una solución integral para optimizar operaciones y acceder a liquidez.

La capacidad de la plataforma para agregar liquidez de diversas fuentes asegura que los usuarios reciban las mejores tarifas posibles, convirtiéndola en una herramienta valiosa para comerciantes e inversores DeFi. El enfoque de 1inch en eficiencia y rentabilidad mejora la experiencia general de comercio.

Marinade Finance: Marinade Finance es el primer protocolo de staking líquido en la blockchain de Solana, lanzado en agosto de 2021. Con más de 450 validadores y 240.96 millones de dólares en valor total bloqueado, Marinade Finance ofrece a los usuarios la posibilidad de hacer staking de tokens Solana (SOL) y recibir recompensas sin el período tradicional de desbloqueo. Este enfoque innovador del staking proporciona liquidez y flexibilidad para los titulares de SOL.

Decentraland: Decentraland es un mundo virtual basado en Ethereum donde los usuarios pueden crear, consumir y monetizar contenido. Con una capitalización de mercado de 1.31 mil millones de dólares y un promedio de 600 usuarios diarios, Decentraland permite a los usuarios comprar y desarrollar bienes raíces digitales, participar en la gobernanza e intercambiar activos digitales únicos. El token MANA, utilizado para transacciones y gobernanza, juega un papel central en la economía de la plataforma.

La integración de la tecnología blockchain en Decentraland crea un entorno seguro y descentralizado para experiencias virtuales, convirtiéndolo en un proyecto notable en el espacio del metaverso.

Balancer: Balancer es un intercambio descentralizado (DEX) y un protocolo de creador de mercado automatizado (AMM) que destaca en el ecosistema de finanzas descentralizadas (DeFi) basado en Ethereum por su flexibilidad y control del usuario. Permite la creación de grupos de liquidez personalizados con composiciones variables de criptomonedas, ofreciendo un nivel de personalización que no se encuentra comúnmente en los AMM tradicionales.

El núcleo de la funcionalidad de Balancer es el Vault, un sofisticado contrato inteligente que gestiona todos los tokens en diferentes grupos de liquidez. Esta arquitectura separa la contabilidad de los activos de la lógica del grupo en sí, lo que mejora la eficiencia de las transacciones y reduce los costos de gas. El diseño del Vault permite operaciones de múltiples saltos, donde las transacciones pueden ser optimizadas al minimizar las transferencias de tokens, reduciendo así los costos generales de transacción.

A diferencia de los AMM tradicionales que están restringidos a pares de intercambio fijos, Balancer permite grupos que contienen múltiples tokens en cualquier proporción. Esta flexibilidad aumenta la eficiencia del mercado al acomodar tokens de nicho o menos comercializados, mejorando así la liquidez general. Además, los algoritmos avanzados de Balancer encuentran los mejores caminos de intercambio a través de sus grupos, optimizando los precios para los usuarios. Esto significa menos deslizamiento y tarifas de transacción, mientras se maximizan los rendimientos de las operaciones.

El token nativo de Balancer, BAL, desempeña un doble papel en la gobernanza y en la incentivación. Los poseedores de tokens pueden votar sobre decisiones críticas del protocolo, como cambios en la plataforma y estructuras de recompensas. Los tokens BAL también se distribuyen como recompensas a los proveedores de liquidez, incentivándolos a contribuir a la plataforma y participar en su gobernanza.

La combinación de características innovadoras y el compromiso con la descentralización hacen de Balancer un actor significativo en el espacio DeFi. Ofrece una plataforma robusta y flexible tanto para el comercio como para la provisión de liquidez, atrayendo tanto a usuarios novatos como experimentados en el mercado de criptomonedas.

Compound: Compound es un protocolo líder en finanzas descentralizadas (DeFi) que permite a los usuarios prestar y pedir prestadas criptomonedas de manera descentralizada. Construido sobre la blockchain de Ethereum, Compound ofrece un sistema único de préstamos peer-to-peer donde los usuarios pueden ganar intereses al proporcionar liquidez a los prestatarios.

El protocolo opera a través de contratos inteligentes, que emparejan de manera autónoma prestamistas y prestatarios sin necesidad de intermediarios financieros tradicionales. Este sistema garantiza transparencia y reduce la necesidad de terceros, permitiendo a los usuarios participar en préstamos y préstamos con mayor eficiencia y menores costos.

Compound incorpora un Creador de Mercado Automatizado (AMM) para facilitar el proceso de préstamos y empréstitos. El AMM ajusta dinámicamente las tasas de interés basadas en la oferta y demanda de cada activo dentro del ecosistema de Compound. Este enfoque algorítmico ayuda a emparejar prestatarios con prestamistas de manera eficiente, asegurando que las tasas de interés reflejen las condiciones actuales del mercado.

El token COMP es central en el modelo de gobernanza de Compound. Los poseedores de tokens COMP tienen la capacidad de votar sobre decisiones importantes del protocolo, como actualizaciones del sistema y gestión del tesoro. Esta estructura de gobernanza permite a los usuarios influir en la dirección futura del protocolo, fomentando un proceso de toma de decisiones descentralizado.

En general, la plataforma de préstamos y empréstitos descentralizada de Compound, combinada con su uso de AMM y gobernanza a través de tokens COMP, lo posiciona como un jugador clave en el panorama DeFi, ofreciendo una alternativa segura y eficiente a los sistemas financieros tradicionales.

Yearn Finance: Yearn Finance es un destacado proyecto de finanzas descentralizadas (DeFi) enfocado en maximizar los rendimientos para los titulares de criptomonedas a través de sus servicios de agregación de rendimiento y provisión de liquidez. Los productos principales de la plataforma, Vaults y Earn, están diseñados para optimizar los rendimientos de inversión de los usuarios mediante la reinversión automática y la diversificación de activos a través de varios protocolos DeFi.

Lo que diferencia a Yearn Finance es el uso del token YFI, que desempeña un papel crucial en la gobernanza y la estrategia de inversión de la plataforma. Los titulares de YFI tienen el poder de votar sobre decisiones clave relacionadas con cambios en la plataforma y asignación de capital. Este enfoque asegura que la plataforma se mantenga ágil y receptiva a las condiciones del mercado, buscando continuamente las mejores oportunidades de inversión para sus usuarios.

Los Vaults de Yearn Finance permiten a los usuarios depositar sus activos en diversas estrategias de inversión, que se gestionan para maximizar el rendimiento. El producto Earn, de manera similar, proporciona oportunidades para que los usuarios ganen intereses sobre sus activos aprovechando diferentes estrategias DeFi. A pesar de las recientes fluctuaciones en el precio del mercado de YFI, Yearn Finance sigue siendo un actor significativo e innovador en el espacio DeFi, conocido por su compromiso con la entrega de altos rendimientos y su adaptación a las condiciones cambiantes del mercado.

MakerDAO: MakerDAO es una aplicación descentralizada (dApp) en la blockchain de Ethereum que ofrece una solución única dentro del ecosistema DeFi al proporcionar una stablecoin, DAI, que está vinculada al dólar estadounidense. MakerDAO permite a los usuarios recibir tokens DAI a cambio de bloquear ETH como garantía, ayudando a mantener la estabilidad de DAI y proporcionando una solución de stablecoin confiable.

La plataforma es esencial para estabilizar el ecosistema DeFi, ya que ofrece una forma para que los comerciantes e inversores participen en transacciones de criptomonedas sin la volatilidad típicamente asociada con otros activos digitales. Esta estabilidad simplifica las decisiones de comercio e inversión, ya que los usuarios pueden confiar en un valor consistente para sus transacciones.

Además, el sistema de contratos inteligentes de MakerDAO permite a los prestatarios asegurar préstamos utilizando sus activos criptográficos, creando un sistema sin confianza y transparente. Este proceso elimina la necesidad de intermediarios, asegurando equidad y transparencia en el proceso de préstamo.

La provisión de la stablecoin DAI por parte de MakerDAO y su capacidad para ofrecer préstamos descentralizados mediante activos colaterales lo convierten en un componente crucial del espacio DeFi. Proporciona estabilidad y transparencia, mejorando la facilidad de comercio y préstamo en un entorno descentralizado.

KAI-CHING: KAI-CHING es una innovadora aplicación descentralizada (dApp) que combina juegos con finanzas para crear una plataforma financiera atractiva. Construida sobre tecnología blockchain, KAI-CHING mezcla transacciones financieras tradicionales con elementos de juego interactivos, ofreciendo a los usuarios tanto entretenimiento como oportunidades de inversión.

La plataforma aprovecha las finanzas gamificadas, transformando las actividades financieras en experiencias de juego divertidas. Este enfoque no solo hace que las finanzas sean más accesibles, sino que también mejora la participación del usuario a través de características interactivas y sistemas de recompensas. Los usuarios pueden ganar y usar tokens dentro de la plataforma, participar en juegos y realizar actividades similares a inversiones.

La infraestructura de KAI-CHING soporta una variedad de servicios financieros integrados con elementos de juego. Los usuarios pueden participar en desafíos y competiciones que simulan escenarios de comercio del mundo real en un entorno controlado y de bajo riesgo. Este enfoque gamificado ayuda a los usuarios a comprender conceptos financieros, gestión de riesgos y especulación en el mercado de una manera divertida e interactiva.

Enfatizando la comunidad y la interacción social, KAI-CHING alienta a los usuarios a colaborar y competir entre sí. Características como las tablas de clasificación y desafíos compartidos fomentan un sentido de comunidad y permiten a los usuarios conectarse, compartir estrategias y participar en competiciones amistosas.

En general, KAI-CHING se distingue por combinar juegos con actividades financieras, ofreciendo una forma novedosa y atractiva de interactuar con los mercados financieros. Su uso de tecnología blockchain asegura transparencia y seguridad, haciéndolo una plataforma confiable tanto para el entretenimiento como para las actividades financieras.

Curve: Curve es un intercambio descentralizado (DEX) conocido por su especialización en el comercio de stablecoins. A diferencia de otros DEX, Curve está diseñado para facilitar transacciones eficientes y con baja deslizamiento que involucran stablecoins. Este enfoque en el comercio de stablecoins ayuda a los usuarios a evitar las tarifas excesivas y el deslizamiento que a menudo se encuentran al comerciar entre stablecoins y criptomonedas importantes.

El algoritmo de creador de mercado automatizado (AMM) de Curve está diseñado para gestionar la liquidez de stablecoins de manera efectiva. Al optimizar el proceso de intercambio para stablecoins, Curve minimiza el impacto del deslizamiento, asegurando que los usuarios puedan intercambiar grandes cantidades de stablecoins con desviaciones de precios mínimas.

La plataforma ofrece tarifas de transacción bajas, lo que la convierte en una opción rentable para los comerciantes de stablecoins. Esta eficiencia se logra a través del mecanismo de comercio simplificado de Curve, que es tanto rápido como económico.

El token CRV es integral al sistema de gobernanza de Curve. Los titulares de tokens pueden votar sobre decisiones del protocolo, incluyendo cambios en las estructuras de tarifas e incentivos de liquidez. Este modelo de gobernanza permite la participación de la comunidad en el desarrollo de la plataforma y asegura que las decisiones reflejen los intereses de sus usuarios.

El enfoque de Curve en el comercio eficiente de stablecoins, tarifas de transacción bajas y gobernanza comunitaria a través del token CRV lo posiciona como un jugador valioso y único en el ecosistema DeFi, proporcionando una plataforma confiable y rentable para las transacciones de stablecoins.

En resumen, estas dApps ejemplifican las diversas aplicaciones de la tecnología blockchain, desde intercambios descentralizados y mercados de NFT hasta plataformas de metaverso y soluciones DeFi. Cada dApp ofrece características y oportunidades únicas, reflejando la creciente innovación y adopción dentro del ecosistema blockchain.

Desarrollos Futuros en Contratos Inteligentes

A medida que la tecnología blockchain evoluciona, es probable que las capacidades y casos de uso para los contratos inteligentes se expandan. Se espera que las innovaciones en lenguajes de codificación, la interoperabilidad entre diferentes blockchains y las mejoras en las medidas de seguridad refuercen la funcionalidad y fiabilidad de los contratos inteligentes. Además, a medida que los marcos regulatorios se desarrollen para abordar los desafíos únicos que presentan los contratos inteligentes, se anticipa que su adopción e integración en aplicaciones convencionales crecerán. En general, los contratos inteligentes representan un avance significativo en la forma en que se ejecutan y hacen cumplir los acuerdos, con el potencial de revolucionar numerosas industrias.

Los contratos inteligentes están a punto de transformar varios sectores al ofrecer niveles sin precedentes de automatización, transparencia y eficiencia. Su capacidad para ejecutar acciones predefinidas automáticamente una vez que se cumplen ciertas condiciones los hace particularmente atractivos para industrias como finanzas, bienes raíces, gestión de la cadena de suministro y atención médica. En finanzas, los contratos inteligentes pueden agilizar procesos complejos como la aprobación de préstamos y las reclamaciones de seguros al automatizar la toma de decisiones basada en datos en tiempo real. En bienes raíces, pueden simplificar las transacciones de propiedad al transferir automáticamente la propiedad una vez que se completen los términos acordados. La industria de la atención médica podría beneficiarse de los contratos inteligentes mediante la gestión automatizada de datos de pacientes y la agilización de las reclamaciones de seguros. A medida que la tecnología blockchain evoluciona y se integra más en los sistemas convencionales, se espera que los contratos inteligentes se conviertan en una herramienta estándar, integrándose aún más en estos y otros sectores [306].

El Internet de las Cosas (IoT) representa una frontera significativa para los contratos inteligentes, combinando los mundos físico y digital a través de dispositivos interconectados. Los dispositivos IoT generan grandes cantidades de datos, que pueden ser aprovechados por los contratos inteligentes para automatizar procesos y transacciones basadas en información del mundo real. Por ejemplo, los contratos inteligentes podrían usarse para gestionar pagos de servicios públicos deduciendo automáticamente los cargos basados en datos de medidores inteligentes. En la gestión de la cadena de suministro, pueden automatizar la gestión de inventarios al activar pedidos cuando los niveles de stock alcanzan un umbral determinado. La integración fluida de los contratos inteligentes con IoT tiene el potencial de crear sistemas más eficientes y receptivos, reduciendo la necesidad de intervención manual y mejorando la eficiencia operativa general [306].

Aunque los contratos inteligentes mejoran la seguridad mediante su naturaleza descentralizada e inmutable, no están exentos de vulnerabilidades. A medida que su uso se vuelve más generalizado, garantizar su seguridad será primordial. Las técnicas de seguridad emergentes, como la verificación formal y los métodos criptográficos avanzados, jugarán un papel crucial en la protección de los contratos inteligentes contra posibles vulnerabilidades. Además, se espera que tecnologías de preservación de la privacidad como las pruebas de conocimiento cero y la computación segura multiparte ganen relevancia. Las pruebas de conocimiento cero permiten la verificación de información sin revelar los datos subyacentes, mientras que la computación segura multiparte permite el procesamiento colaborativo de datos sin exponer las entradas individuales. Estos avances ayudarán a abordar las preocupaciones sobre la privacidad y reforzar la seguridad general de los contratos inteligentes [306].

A medida que los contratos inteligentes se integren más en diversas industrias, inevitablemente se cruzarán con los marcos legales y regulatorios existentes. Esta intersección probablemente provocará desarrollos significativos en cómo se regulan y reconocen legalmente los contratos inteligentes. Pueden surgir nuevas legislaciones para definir el estatus legal de los contratos inteligentes, clarificar su aplicabilidad y establecer directrices para su uso. Las disputas legales que involucren contratos inteligentes podrían sentar importantes precedentes, modelando futuras regulaciones e interpretaciones. El panorama regulatorio en evolución deberá equilibrar la innovación con la protección del consumidor, asegurando que los contratos inteligentes sean tanto efectivos como conformes a los estándares legales [306].

La interoperabilidad—la capacidad de diferentes plataformas blockchain para interactuar e intercambiar información—es una tendencia crucial para el futuro de los contratos inteligentes. A medida que el ecosistema blockchain crece, diversas plataformas y redes necesitarán comunicarse y trabajar juntas de manera fluida. La interoperabilidad podría habilitar nuevos tipos de aplicaciones, como productos financieros cruzados que aprovechan activos de múltiples blockchains o mercados de datos descentralizados que agregan datos de diversas fuentes. Lograr la interoperabilidad requerirá avances en protocolos y estándares de cadena cruzada, asegurando que los contratos inteligentes puedan operar de manera eficiente en diferentes entornos blockchain. Esto abrirá nuevas posibilidades para la innovación y la colaboración dentro del espacio blockchain, expandiendo los casos de uso potenciales para los contratos inteligentes [306].

14
Criptomonedas y Sociedad

El Impacto Social de las Criptomonedas

El desarrollo de criptomonedas es un proceso multifacético que involucra la creación, mantenimiento y evolución de monedas digitales y sus tecnologías subyacentes. En su núcleo, una criptomoneda representa una forma de moneda digital o virtual que utiliza criptografía para garantizar la seguridad. A diferencia de las monedas tradicionales, las criptomonedas operan de manera independiente de autoridades centralizadas como gobiernos o instituciones financieras. Esta independencia se logra a través de sistemas descentralizados que eliminan la necesidad de intermediarios en las transacciones [307].

El desarrollo de criptomonedas abarca una variedad de actividades, comenzando con el diseño e implementación de algoritmos y protocolos. Estos elementos son cruciales para permitir la creación, transferencia y verificación de activos digitales. Una de las tecnologías fundamentales que subyace a las criptomonedas es la tecnología blockchain. Un blockchain sirve como un libro mayor descentralizado que registra todas las transacciones de manera transparente e inmutable. Esta tecnología asegura que una vez que una transacción está registrada, no puede ser alterada ni eliminada, lo que mejora la seguridad y la fiabilidad de la criptomoneda [307].

Un desafío clave en el desarrollo de criptomonedas es la escalabilidad. A medida que las criptomonedas ganan popularidad, deben ser capaces de manejar volúmenes crecientes de transacciones sin comprometer el rendimiento. Los desarrolladores trabajan en diversas soluciones para abordar los problemas de escalabilidad, como optimizar los algoritmos de consenso e implementar soluciones de capa 2 como canales de estado y cadenas laterales. Estas soluciones buscan aumentar el rendimiento de las transacciones y reducir la latencia mientras se mantiene la seguridad y la descentralización de la red [307].

La seguridad es otra preocupación crítica en el desarrollo de criptomonedas. Las criptomonedas son a menudo objetivos de ciberataques, incluidos hacks y fraudes. Garantizar la seguridad de los activos digitales implica implementar técnicas criptográficas robustas, realizar auditorías de seguridad regulares y desarrollar protocolos de software seguros. Los desarrolladores también se centran en crear monederos seguros para almacenar criptomonedas, que son esenciales para proteger los activos de los usuarios contra robos o pérdidas [307].

El cumplimiento regulatorio es un aspecto cada vez más importante del desarrollo de criptomonedas. A medida que las criptomonedas se integran más en los sistemas financieros, enfrentan un escrutinio por parte de los organismos reguladores. Los desarrolladores deben navegar por marcos legales complejos y asegurarse de que sus proyectos cumplan con las regulaciones relacionadas con la prevención del lavado de dinero (AML), los requisitos de conocimiento del cliente (KYC) y otras regulaciones financieras. Esto a menudo implica incorporar características que respalden el cumplimiento regulatorio mientras se equilibra la necesidad de privacidad y seguridad del usuario [307].

Además, el desarrollo de criptomonedas va más allá de las transacciones básicas de divisas. Los desarrolladores trabajan en mejorar las interfaces de usuario para hacer que las criptomonedas sean más accesibles y amigables. También crean aplicaciones que aprovechan la tecnología blockchain para diversos fines, como plataformas de finanzas descentralizadas (DeFi), tokens no fungibles (NFT) y contratos inteligentes. Estas aplicaciones demuestran la versatilidad de la tecnología blockchain y su potencial para transformar diversas industrias más allá de las transacciones financieras tradicionales [307].

Uno de los aspectos más prometedores del desarrollo de criptomonedas es su potencial para mejorar la inclusión financiera. Los sistemas bancarios tradicionales a menudo excluyen a grandes segmentos de la población mundial, particularmente en regiones en desarrollo donde el acceso a los servicios bancarios es limitado. Las criptomonedas pueden ofrecer una alternativa para la participación financiera de los no bancarizados y sub-bancarizados al proporcionar servicios financieros accesibles y asequibles. Comprender las dinámicas sociales de estas poblaciones desatendidas ayuda a los desarrolladores a crear soluciones que aborden sus necesidades específicas, como bajas tarifas de transacción y fácil acceso a través de dispositivos móviles. Al hacerlo, las criptomonedas pueden ayudar a cerrar la brecha entre diferentes grupos socioeconómicos, reducir las disparidades económicas y promover el empoderamiento financiero a escala global [307].

El desarrollo de criptomonedas frecuentemente se cruza con complejos marcos regulatorios. El estatus legal de las criptomonedas y tecnologías relacionadas varía ampliamente entre jurisdicciones, y navegar por este panorama regulatorio puede ser desafiante. Comprender el contexto social y político en el que operan las criptomonedas ayuda a los desarrolladores a anticipar y abordar los desafíos regulatorios de manera más efectiva. Esto incluye estar al tanto de los requisitos regulatorios locales, trabajar con los responsables de políticas y asegurarse de que los proyectos cumplan con las leyes relacionadas con la prevención del lavado de dinero (AML), las regulaciones de conocimiento del cliente (KYC) y otras regulaciones financieras. Equilibrar el cumplimiento con la innovación es crucial para fomentar un entorno regulatorio saludable que apoye el avance tecnológico mientras protege a los usuarios y mantiene la integridad financiera [307].

La naturaleza volátil de los mercados de criptomonedas presenta riesgos para los consumidores, incluidos la exposición a estafas, fraudes y manipulaciones del mercado. Al comprender los impactos sociales y las vulnerabilidades de los usuarios, los desarrolladores pueden diseñar plataformas y protocolos con medidas de protección incorporadas para mejorar la protección del consumidor. Esto puede implicar la implementación de características como protocolos de transacciones seguras, programas de educación para usuarios y prácticas transparentes para prevenir la explotación. Asegurar que las transacciones de criptomonedas sean justas y transparentes ayuda a generar confianza entre los usuarios y contribuye a un entorno de mercado más estable y fiable [307].

Los proyectos de criptomonedas a menudo dependen de un fuerte apoyo de la comunidad y de una participación activa para su éxito. Comprender las dinámicas sociales dentro de las comunidades de criptomonedas—como sus valores, preocupaciones y expectativas—puede ayudar a los desarrolladores a construir plataformas que resuenen con los usuarios y fomenten su participación. Fomentar un sentido de confianza, transparencia e inclusión dentro de estas comunidades es esencial para la sostenibilidad a largo plazo de un proyecto. Involucrarse con los miembros de la comunidad, solicitar retroalimentación y abordar sus necesidades y preocupaciones puede llevar a mayores tasas de adopción y a una mayor lealtad hacia el proyecto [307].

La minería de criptomonedas y la verificación de transacciones, particularmente con sistemas de prueba de trabajo (PoW), pueden tener impactos ambientales significativos debido al alto consumo de energía. Comprender las implicaciones sociales y ambientales de estas prácticas es crucial para desarrollar soluciones más sostenibles. Los desarrolladores están explorando cada vez más mecanismos de consenso ecológicos, como la prueba de participación (PoS), y optimizando el uso de energía para reducir la huella de carbono asociada con las operaciones de criptomonedas. Al abordar las preocupaciones ambientales, los desarrolladores pueden contribuir al objetivo más amplio de crear tecnologías sostenibles y responsables [307].

El auge de las criptomonedas tiene el potencial de interrumpir los sistemas financieros tradicionales e influir en las dinámicas económicas globales. Esto incluye alterar la forma en que se realizan las transacciones, impactar las políticas monetarias y afectar el comercio internacional. Comprender las implicaciones sociales y económicas de estos cambios ayuda a los desarrolladores a anticipar y enfrentar los desafíos y oportunidades que surgen. Al considerar el contexto económico más amplio, los desarrolladores pueden crear soluciones que contribuyan positivamente al desarrollo económico, la estabilidad y la integración de las criptomonedas en el sistema financiero global [307].

Empoderamiento Económico a través del Desarrollo de Criptomonedas

El empoderamiento económico a través del desarrollo de criptomonedas es un tema de interés creciente debido al potencial de las tecnologías blockchain y de criptomonedas para impactar positivamente en la estabilidad y eficiencia económica [308]. Las criptomonedas ofrecen nuevos medios para la generación de ingresos a nivel individual, organizacional y nacional, estimulando modelos de negocio y oportunidades de inversión basados en tokens [309]. El desarrollo de blockchain y criptomonedas se considera una forma de aliviar las tensiones económicas asociadas con la recesión [310]. Al expandir la influencia de las criptomonedas a través de la adopción, los países pueden potenciar su impacto en la economía global [311].

Uno de los impactos más transformadores del desarrollo de criptomonedas es su potencial para ofrecer empoderamiento económico, particularmente en regiones donde los servicios bancarios tradicionales son escasos o inaccesibles. Las criptomonedas operan en redes descentralizadas, permitiendo a las personas participar en transacciones financieras directamente entre sí, sin la necesidad de intermediarios como bancos o procesadores de pagos. Esta naturaleza descentralizada reduce los costos de transacción y las barreras de entrada, haciendo que los servicios financieros sean más accesibles y asequibles para las personas que previamente carecían de acceso a sistemas financieros tradicionales. Por ejemplo, las personas en áreas remotas o desatendidas pueden usar criptomonedas para recibir pagos, transferir fondos o hacer compras sin depender de una infraestructura bancaria costosa y a menudo poco fiable [307].

El auge de las plataformas de finanzas descentralizadas (DeFi) representa un avance significativo en la promoción de la inclusión financiera. Basadas en la tecnología blockchain, las plataformas DeFi ofrecen una amplia gama de servicios financieros—incluyendo préstamos, empréstitos, staking y generación de intereses—fuera del sistema bancario tradicional. Esta inclusividad permite a las personas participar en actividades financieras que anteriormente estaban restringidas a aquellos con acceso a servicios bancarios convencionales. Al aprovechar contratos inteligentes y tecnología blockchain, las plataformas DeFi proporcionan una manera accesible y transparente para que los usuarios gestionen y hagan crecer sus activos. Esta mayor accesibilidad tiene el potencial de democratizar los servicios financieros, ayudando a cerrar la brecha entre las poblaciones incluidas y excluidas financieramente.

El empoderamiento económico a través de criptomonedas puede tener un efecto en cadena, contribuyendo al crecimiento y desarrollo económico más amplio. Al proporcionar a las personas las herramientas para gestionar y hacer crecer su riqueza, las criptomonedas y las plataformas DeFi pueden estimular actividades empresariales e innovación. Los propietarios de pequeñas empresas y emprendedores en mercados emergentes pueden acceder a capital y servicios financieros que antes estaban fuera de su alcance, lo que les permite iniciar y escalar sus emprendimientos. Este espíritu emprendedor puede impulsar la creación de empleo, aumentar la productividad y contribuir al desarrollo económico general. Además, la capacidad de acceder y gestionar fondos de manera más eficiente puede ayudar a aliviar la pobreza y mejorar los estándares de vida.

Las Criptomonedas y el Empoderamiento Económico

Las criptomonedas y la tecnología blockchain pueden fomentar el emprendimiento al reducir las barreras para iniciar y gestionar un negocio. Los sistemas financieros tradicionales a menudo requieren una extensa documentación e historial crediticio para asegurar préstamos o inversiones, lo cual puede ser prohibitivo para muchos emprendedores. En contraste, las plataformas DeFi ofrecen mecanismos de financiación alternativos, como préstamos descentralizados y crowdfunding, que permiten a las personas acceder al capital de manera más fácil. Esta democratización de los servicios financieros fomenta la innovación y permite a individuos de diversos orígenes concretar sus ideas, creando nuevas oportunidades de negocio y contribuyendo al crecimiento económico.

A pesar de su potencial, las criptomonedas y las plataformas DeFi enfrentan varios desafíos que pueden obstaculizar su plena realización del empoderamiento económico. La supervisión regulatoria es un obstáculo significativo, ya que los gobiernos y reguladores financieros buscan establecer marcos para gestionar los riesgos asociados con los activos digitales. Asegurar el cumplimiento de las regulaciones mientras se fomenta la innovación es un equilibrio delicado que desarrolladores y responsables de políticas deben mantener. Además, barreras tecnológicas como el acceso limitado a internet, la alfabetización digital y las preocupaciones sobre ciberseguridad pueden afectar la adopción y efectividad de las soluciones criptográficas. Abordar estos desafíos requiere un esfuerzo colaborativo entre desarrolladores, reguladores y comunidades para crear un entorno que apoye el empoderamiento económico mientras se mitigan los riesgos.

En el contexto de la microfinanza, las criptomonedas se han identificado como beneficiosas para prestatarios, instituciones de microfinanza e instituciones educativas [312]. El uso de criptomonedas en la microfinanza puede empoderar a individuos y comunidades al proporcionar acceso a servicios financieros y fomentar el desarrollo económico. Además, gestionar criptomonedas a través de intermediarios financieros puede ofrecer numerosos beneficios a los mercados financieros globales y a la economía [313]. Esto destaca el potencial de las criptomonedas para desempeñar un papel significativo en la configuración del futuro de los sistemas financieros.

El empoderamiento económico de las mujeres es un aspecto crucial del desarrollo sostenible, con la autonomía financiera y los roles de toma de decisiones aumentados siendo componentes clave [314]. El empoderamiento económico de las mujeres puede conducir a una mayor inclusión financiera, propiedad de activos y creación de riqueza, contribuyendo a esfuerzos más amplios de empoderamiento económico [315]. Además, el papel de las cooperativas en el empoderamiento de las mujeres en los países en desarrollo ha sido reconocido como un factor clave en la promoción de la independencia económica y la autosuficiencia [316].

En el ámbito del desarrollo comunitario, el empoderamiento económico juega un papel vital en la mejora del bienestar económico y el fomento del crecimiento sostenible [317]. Empoderar a las comunidades a través de iniciativas como el desarrollo de microempresas puede llevar a una mayor estabilidad y prosperidad económica. Además, el éxito de las iniciativas de empoderamiento económico puede tener un impacto positivo en los estándares de vida y el bienestar general dentro de las comunidades [318]. Al estabilizar las condiciones económicas y empoderar a las empresas locales, las comunidades pueden experimentar un crecimiento y desarrollo significativos.

El desarrollo de criptomonedas presenta una oportunidad única para el empoderamiento económico a varios niveles, desde individuos hasta naciones. Al aprovechar la tecnología blockchain y abrazar el potencial de las criptomonedas, las sociedades pueden fomentar la innovación, estimular el crecimiento económico y empoderar a grupos marginados como mujeres y comunidades desatendidas. Sin embargo, es esencial abordar los desafíos regulatorios, mitigar los riesgos y asegurar un acceso inclusivo a las tecnologías criptográficas para realizar su pleno potencial en la promoción del empoderamiento económico.

Desarrollo de Criptomonedas y Su Impacto en la Libertad y la Independencia Financiera

El desarrollo de criptomonedas está transformando la forma en que las personas gestionan y controlan sus finanzas. Tradicionalmente, las transacciones financieras y la gestión de la riqueza han dependido en gran medida de intermediarios como bancos e instituciones financieras. Estos intermediarios no solo cobran comisiones, sino que también tienen el poder de imponer restricciones, controlar el acceso e incluso confiscar fondos bajo ciertas circunstancias. Sin embargo, las criptomonedas operan en redes descentralizadas que no requieren intermediarios. Esta descentralización otorga a los individuos un mayor control sobre su riqueza, permitiéndoles almacenar, gestionar y transferir sus activos de manera independiente. Al utilizar monedas digitales, las personas pueden eludir los sistemas financieros tradicionales, reduciendo su exposición a los riesgos de censura o confiscación de fondos por parte de autoridades o instituciones financieras [307].

Uno de los aspectos más atractivos de las criptomonedas es su capacidad para facilitar transacciones sin fronteras. Los sistemas bancarios tradicionales a menudo implican procedimientos complejos, altas tarifas y retrasos al transferir dinero a través de fronteras geográficas. Las criptomonedas ofrecen una alternativa fluida y económica al permitir a los individuos realizar transacciones globales sin la necesidad de costosos intermediarios. Esta accesibilidad es particularmente beneficiosa para individuos en regiones con infraestructura financiera subdesarrollada o para aquellos que no tienen acceso a servicios bancarios. Al proporcionar un medio para participar en actividades financieras sin limitaciones geográficas, las criptomonedas contribuyen a la inclusión financiera y amplían las oportunidades para personas en todo el mundo.

La aparición de plataformas de finanzas descentralizadas (DeFi) representa un avance significativo en los servicios financieros. Basadas en la tecnología blockchain, las plataformas DeFi proporcionan una amplia gama de servicios financieros, incluidos préstamos, empréstitos y generación de intereses sobre activos digitales. Estos servicios son accesibles directamente a través de redes blockchain, eliminando la necesidad de instituciones financieras tradicionales. Las plataformas DeFi aprovechan los contratos inteligentes para automatizar y hacer cumplir los acuerdos financieros, ofreciendo transparencia y eficiencia. Esta innovación mejora aún más la libertad financiera al permitir que los individuos participen en actividades financieras que anteriormente estaban restringidas a aquellos con acceso a bancos convencionales. Como resultado, los usuarios pueden gestionar sus finanzas de manera más efectiva, hacer crecer su riqueza y acceder a capital sin depender de intermediarios financieros tradicionales.

A pesar del prometedor potencial de las criptomonedas para mejorar la libertad y la independencia financiera, se deben abordar varios desafíos y limitaciones. Las incertidumbres regulatorias representan un obstáculo significativo, ya que los gobiernos y reguladores financieros trabajan para establecer marcos que regulen el uso y el intercambio de monedas digitales. Mantener el equilibrio entre el cumplimiento regulatorio y la necesidad de innovación sigue siendo un problema complejo para desarrolladores y responsables de políticas. Además, limitaciones tecnológicas como la escalabilidad, las preocupaciones de seguridad y la brecha digital pueden afectar la efectividad y la adopción de las soluciones criptográficas. Por ejemplo, no todas las regiones cuentan con acceso a internet fiable o alfabetización digital, lo que puede obstaculizar el uso generalizado de las criptomonedas.

De cara al futuro, se espera que el desarrollo continuo de las criptomonedas avance aún más en la libertad y la independencia financiera. A medida que las innovaciones tecnológicas y los marcos regulatorios evolucionen, las criptomonedas y las plataformas

DeFi probablemente se integren más en el sistema financiero global. Esta integración podría reformar el panorama financiero, ofreciendo nuevas oportunidades para individuos y empresas por igual. El avance continuo de la tecnología blockchain, junto con una mayor aceptación y adopción, probablemente impulsará la evolución de las monedas digitales y su impacto en los sistemas financieros [307].

Igualdad Social e Inclusión

El desarrollo continuo de las criptomonedas ofrece un camino prometedor para fomentar la igualdad social y la inclusión al democratizar el acceso a los servicios financieros, reducir la discriminación y empoderar a las comunidades marginadas. Las criptomonedas tienen el potencial de empoderar a las comunidades marginadas al proporcionarles herramientas y oportunidades financieras que anteriormente estaban fuera de su alcance [319]. Esta accesibilidad puede contribuir significativamente a reducir la discriminación financiera al permitir transacciones de persona a persona sin necesidad de intermediarios, promoviendo así una mayor participación económica y empoderamiento para los individuos que históricamente han sido excluidos de los sistemas financieros tradicionales [320].

Las finanzas descentralizadas (DeFi) construidas sobre plataformas blockchain y contratos inteligentes como Ethereum han surgido como un motor clave para la inclusión financiera [321]. La naturaleza abierta, sin permisos e interoperable de los protocolos DeFi permite a los individuos acceder a una amplia gama de servicios financieros sin necesidad de intermediarios tradicionales, democratizando así las oportunidades financieras [321]. Además, se ha estudiado la interdependencia entre los préstamos entre pares en línea y los mercados de criptomonedas para entender sus efectos sobre la inclusión financiera, destacando las posibles sinergias entre estas plataformas para expandir el acceso a los servicios financieros [322].

El impacto de las criptomonedas en la desigualdad global de ingresos y la distribución de la riqueza ha sido objeto de estudio, con hallazgos que indican que las criptomonedas, junto con el patrón oro, han contribuido significativamente a reducir la desigualdad global [323]. Al proporcionar vías alternativas para las transacciones financieras y la acumulación de riqueza, las criptomonedas tienen el potencial de igualar el terreno de juego y promover una distribución más equitativa de los recursos [323]. Además, se ha investigado el papel de las criptomonedas en los mercados emergentes, destacando su potencial para mejorar la inclusión financiera y el empoderamiento económico en los países en desarrollo [324].

El desarrollo continuo de las criptomonedas ofrece un camino prometedor para fomentar la igualdad social y la inclusión al democratizar el acceso a los servicios financieros, reducir la discriminación y empoderar a las comunidades marginadas. A través de tecnologías innovadoras como blockchain y DeFi, las criptomonedas tienen el potencial de revolucionar el panorama financiero, brindando a individuos en todo el mundo oportunidades para la participación económica y el empoderamiento. Marcos regulatorios claros, junto con factores como la alfabetización financiera y la facilidad de uso, son esenciales para impulsar la adopción generalizada de las criptomonedas y maximizar su impacto en la inclusión financiera. A medida que la investigación en este campo continúa evolucionando, es crucial aprovechar el potencial transformador de las criptomonedas para crear un sistema financiero más inclusivo y equitativo para todos.

Filantropía y Proyectos de Impacto Social: El Papel de las Criptomonedas

Uno de los impactos sociales más notables del desarrollo de las criptomonedas es su capacidad para transformar la filantropía al mejorar la transparencia y eficiencia en las donaciones benéficas. Los procesos de donación tradicionales a menudo involucran múltiples intermediarios, como procesadores de pagos y organizaciones benéficas, lo que puede introducir ineficiencias y aumentar el riesgo de que los fondos sean mal asignados o mal utilizados. Las criptomonedas, a través de su tecnología subyacente de blockchain, ofrecen una solución a estos desafíos al proporcionar un método seguro, transparente y directo para transferir donaciones. Cada transacción realizada con criptomonedas se registra en un libro de contabilidad público, lo que permite a los donantes rastrear sus contribuciones en tiempo real. Este nivel de transparencia asegura que los fondos se dirijan a sus destinatarios previstos y reduce el riesgo de fraude, ya que cada transacción puede ser verificada y auditada. Al agilizar el proceso de donación, las criptomonedas pueden aumentar la confianza de los donantes y fomentar una mayor participación en la caridad [307].

Las criptomonedas también tienen el potencial de impulsar el impacto social en regiones con acceso limitado a servicios financieros tradicionales. En muchas partes del mundo, individuos y organizaciones enfrentan barreras significativas al intentar acceder a sistemas bancarios convencionales o asegurar financiación para proyectos sociales. Las criptomonedas, con su naturaleza sin fronteras y descentralizada, pueden superar estas barreras al proporcionar un medio directo y accesible para financiar iniciativas de impacto social. Por ejemplo, proyectos centrados en mejorar la atención médica, la educación o la conservación del medio ambiente en áreas desatendidas pueden beneficiarse de donaciones e inversiones en criptomonedas. Este acceso directo a financiación puede facilitar la innovación y el desarrollo en sectores cruciales, ayudando a abordar las necesidades locales y promover el desarrollo sostenible.

Más allá de las donaciones directas, las criptomonedas pueden empoderar a las comunidades para crear sus propias monedas digitales, conocidas como tokens comunitarios. Estos tokens pueden ser diseñados para servir a diversos propósitos dentro de un contexto local, como incentivar comportamientos positivos, apoyar proyectos locales o fomentar la participación comunitaria. Por ejemplo, un token comunitario podría usarse para recompensar a las personas por participar en esfuerzos de conservación ambiental o apoyar a negocios locales. Al aprovechar la tecnología blockchain, las comunidades pueden diseñar y gestionar sus propios sistemas económicos, adaptados a sus necesidades y objetivos específicos. Esto puede mejorar la resiliencia económica local, fomentar un sentido de propiedad comunitaria y promover la innovación de base. Sin embargo, la implementación exitosa de los tokens comunitarios requiere una planificación y gestión cuidadosas para asegurar su efectividad y sostenibilidad.

A pesar de los posibles beneficios de las criptomonedas en la filantropía y los proyectos de impacto social, se deben abordar varios desafíos. La supervisión regulatoria es uno de estos desafíos, ya que los gobiernos y organismos reguladores continúan desarrollando marcos para el uso de criptomonedas. Garantizar el cumplimiento de los requisitos legales y regulatorios mientras se mantiene la naturaleza descentralizada y transparente de las criptomonedas puede ser complejo. Además, las barreras tecnológicas, como la necesidad de acceso a internet y alfabetización digital, pueden limitar la efectividad de las soluciones basadas en criptomonedas en ciertas regiones. Abordar estos desafíos será crucial para realizar plenamente el potencial de las criptomonedas en la promoción de la filantropía y el impacto social.

Mirando hacia el futuro, el desarrollo y la adopción continuos de las criptomonedas prometen expandir su papel en la filantropía y los proyectos de impacto social. A medida que la tecnología evoluciona y los marcos regulatorios se adaptan, las criptomonedas podrían desempeñar un papel cada vez más significativo en el apoyo a iniciativas benéficas y proyectos impulsados por la comunidad. El potencial para una mayor transparencia, eficiencia y accesibilidad ofrece una visión convincente para el futuro de la filantropía y el impacto social, impulsada por las capacidades innovadoras de las monedas digitales y la tecnología blockchain [307].

Desafíos Regulatorios e Implicaciones Sociales en el Desarrollo de Criptomonedas

Uno de los principales desafíos regulatorios que enfrenta el desarrollo de criptomonedas es la complejidad y variabilidad de las regulaciones en diferentes jurisdicciones. Las criptomonedas operan en un ecosistema global donde los marcos regulatorios difieren notablemente de un país a otro. En algunas regiones, las regulaciones pueden ser estrictas, con el objetivo de prevenir actividades ilegales como el lavado de dinero y el fraude. En otras, el entorno regulatorio puede ser más permisivo, fomentando la innovación y la inversión. Esta inconsistencia crea un panorama fragmentado en el que desarrolladores, inversores y usuarios deben navegar por un mosaico de leyes y regulaciones. La incertidumbre en torno a los requisitos regulatorios puede crear barreras de entrada para nuevos participantes, obstaculizar la adopción generalizada e impedir el crecimiento general del sector de criptomonedas. Por ejemplo, las regulaciones estrictas o las prohibiciones absolutas en ciertas jurisdicciones pueden limitar la capacidad de los proyectos de criptomonedas para llegar a audiencias globales, restringiendo así su impacto social potencial [307].

Los desafíos regulatorios también afectan la accesibilidad de las criptomonedas, lo que es especialmente preocupante para las comunidades marginadas que ya enfrentan barreras para acceder a los servicios financieros tradicionales. En regiones con menos claridad regulatoria o regulaciones restrictivas, los individuos pueden encontrar dificultades para acceder a intercambios de criptomonedas, billeteras y otros servicios financieros. Esta falta de acceso puede agravar las disparidades económicas existentes y evitar que estas comunidades se beneficien de las oportunidades de inclusión financiera que ofrecen las criptomonedas. Por otro lado, los marcos regulatorios claros y de apoyo podrían facilitar un mayor acceso a las monedas digitales, permitiendo potencialmente que más personas participen en el sistema financiero, ahorren dinero y participen en actividades económicas.

Así, la forma en que los reguladores aborden las criptomonedas puede tener implicaciones significativas para la inclusión financiera y el empoderamiento económico entre las poblaciones desatendidas.

El escrutinio regulatorio también puede impactar el desarrollo de nuevas tecnologías y modelos de negocio dentro del espacio de las criptomonedas. Aunque las regulaciones son esenciales para garantizar la integridad del mercado y proteger a los consumidores, las reglas excesivamente restrictivas o poco claras pueden sofocar la innovación al imponer altos costos de cumplimiento o limitar el alcance de las actividades permitidas. Por ejemplo, las regulaciones estrictas sobre Ofertas Iniciales de Monedas (ICOs) o plataformas de Finanzas Descentralizadas (DeFi) pueden desincentivar a las startups de seguir proyectos innovadores o entrar al mercado. Esto puede llevar a un ritmo más lento de avance tecnológico y a una menor competencia, limitando en última instancia los beneficios potenciales del desarrollo de criptomonedas. Por otro lado, las regulaciones bien diseñadas que proporcionan directrices claras mientras permiten la experimentación y el crecimiento pueden fomentar un sector más vibrante e innovador.

A pesar de estos desafíos, una regulación equilibrada y reflexiva puede tener implicaciones sociales positivas. Los marcos regulatorios efectivos pueden mejorar la protección del consumidor al establecer estándares para la seguridad, la transparencia y la equidad. Por ejemplo, las regulaciones que exigen a los intercambios de criptomonedas implementar procedimientos robustos de anti-lavado de dinero (AML) y de conocimiento del cliente (KYC) pueden ayudar a prevenir fraudes y actividades ilícitas, aumentando así la confianza en el ecosistema de criptomonedas. Además, las regulaciones claras pueden proporcionar certeza legal, lo que puede atraer a inversores institucionales y fomentar la adopción generalizada, contribuyendo en última instancia a la estabilidad y legitimidad del mercado de criptomonedas. Al fomentar un entorno donde la innovación y la protección del consumidor coexisten, una regulación equilibrada puede apoyar los beneficios sociales más amplios del desarrollo de criptomonedas.

Navegar por el panorama regulatorio sigue siendo un desafío clave para el desarrollo de criptomonedas. Los interesados en el espacio de las criptomonedas, incluidos desarrolladores, inversores y responsables de políticas, deben trabajar en colaboración para abordar los problemas regulatorios y abogar por marcos que equilibren la innovación con la supervisión. Esto implica interactuar con los reguladores, participar en discusiones políticas y promover las mejores prácticas que se alineen tanto con las necesidades del mercado como con los objetivos sociales. A medida que el sector de las criptomonedas continúa evolucionando, el diálogo continuo y la adaptación serán cruciales para dar forma a las regulaciones que apoyen resultados sociales positivos mientras se mitigan los riesgos.

Cambios Culturales y Perspectivas Globales en el Desarrollo de Criptomonedas

El auge de las criptomonedas está provocando profundos cambios culturales al desafiar conceptos establecidos de dinero y propiedad. A diferencia de las monedas fiduciarias tradicionales, que son emitidas y reguladas por autoridades centrales, las criptomonedas operan en redes descentralizadas y están gobernadas por algoritmos y mecanismos de consenso. Este cambio altera fundamentalmente cómo las personas perciben e interactúan con el dinero. Para muchos, especialmente en las generaciones más jóvenes, las monedas digitales representan una desviación del sistema bancario convencional, ofreciendo un nuevo paradigma de autonomía financiera e innovación. El concepto de propiedad también está evolucionando, ya que los activos digitales como las criptomonedas y los tokens no fungibles (NFTs) introducen formas novedosas de representar y transferir valor. Esta transformación cultural no se trata solo de adoptar nueva tecnología, sino de repensar aspectos fundamentales del intercambio económico y los derechos de propiedad en una era digital [307].

Las generaciones más jóvenes están a la vanguardia de la adopción de criptomonedas, impulsadas por su familiaridad con la tecnología y su apertura a sistemas financieros alternativos. Para muchos millennials y miembros de la Generación Z, las monedas digitales son una extensión natural de sus vidas digitales, integrándose sin problemas con sus actividades en línea e interacciones sociales. Este grupo demográfico está más inclinado a explorar soluciones financieras innovadoras, como las plataformas de finanzas descentralizadas (DeFi) y las billeteras digitales, que se alinean con sus valores de conveniencia, transparencia e inclusión financiera. A medida que estos jóvenes se convierten en los principales participantes económicos, sus preferencias y comportamientos darán forma cada vez más al futuro de los sistemas financieros, acelerando potencialmente la adopción de criptomonedas e influyendo en cómo se integran en las actividades económicas convencionales.

Las criptomonedas están desmantelando las barreras tradicionales a las transacciones transfronterizas, fomentando una perspectiva más global sobre las finanzas. Al operar en redes descentralizadas, las criptomonedas permiten transferencias instantáneas y económicas a través de fronteras geográficas, eludiendo las limitaciones de los sistemas financieros tradicionales que a menudo implican altas tarifas y retrasos. Este enfoque global de las transacciones financieras mejora la inclusión financiera, particularmente en países en desarrollo donde el acceso a servicios bancarios puede ser limitado. Los individuos en estas regiones ahora pueden participar en la economía global, acceder a mercados internacionales y recibir remesas de manera más eficiente. Esta mayor conectividad también influye en las discusiones regulatorias y las políticas económicas, ya que los gobiernos e instituciones lidian con las implicaciones de una economía digital sin fronteras. La necesidad de adaptarse a este nuevo panorama financiero impulsa una reevaluación de los marcos existentes y el desarrollo de nuevas regulaciones que aborden los desafíos únicos planteados por las criptomonedas.

A medida que las criptomonedas ganan prominencia, están influyendo en las discusiones regulatorias y políticas económicas a nivel global. Los gobiernos y los organismos regulatorios están comprometidos activamente en evaluar cómo abordar las complejidades de una economía digital y descentralizada. Esto incluye el desarrollo de regulaciones que equilibren la innovación con la supervisión, asegurando la protección del consumidor y abordando preocupaciones relacionadas con la seguridad, la tributación y el lavado de dinero. El auge de las criptomonedas también provoca discusiones sobre la política monetaria, ya que los sistemas financieros tradicionales deben adaptarse al creciente papel de los activos digitales en las transacciones económicas. Estos cambios regulatorios y políticos son críticos para dar forma a cómo se integran las criptomonedas en el sistema financiero más amplio y cómo impactan en la estabilidad y el crecimiento económico.

En general, el desarrollo de criptomonedas está contribuyendo a un cambio cultural más amplio hacia sistemas financieros digitales, descentralizados y globalizados. Esta transformación va más allá de la mera adopción tecnológica, influyendo en cómo las personas perciben el valor, participan en transacciones financieras e interactúan con los sistemas económicos. La creciente aceptación e integración de las criptomonedas están remodelando las actitudes sociales hacia el dinero y la propiedad, fomentando una mayor inclusión financiera y provocando una reevaluación de las políticas regulatorias y económicas. A medida que estos cambios continúan desarrollándose, tendrán implicaciones de largo alcance para la sociedad, impulsando más innovación y alterando el panorama de las finanzas globales.

Inclusión Financiera y Criptomonedas

A medida que las criptomonedas se vuelven más comunes, se espera que sean adoptadas por una gama más amplia de individuos y empresas, fomentando una mayor inclusión financiera y empoderamiento [325]. Este aumento en la adopción probablemente democratizará las finanzas, otorgando a los individuos más autonomía sobre sus finanzas y reduciendo su dependencia de las instituciones financieras convencionales. Además, la mayor accesibilidad facilitada por el desarrollo de criptomonedas agilizará el proceso de compra, venta y uso de monedas digitales, revolucionando así la forma en que las personas interactúan con el dinero, las finanzas y la economía global [326].

Aunque las perspectivas de una mayor adopción y accesibilidad son prometedoras, ciertos desafíos como la ambigüedad regulatoria y las dificultades tecnológicas podrían obstaculizar el progreso hacia una adopción más amplia, particularmente para ciertos grupos demográficos [327]. Superar estos obstáculos será crucial para realizar el pleno potencial de las criptomonedas para remodelar los paisajes financieros y empoderar a las personas en todo el mundo. Se anticipa que las ramificaciones sociales de una mayor adopción y accesibilidad de las criptomonedas sean profundas, alterando fundamentalmente las percepciones y las interacciones sociales con los sistemas financieros [328].

Las investigaciones han demostrado que la adopción de criptomonedas está influenciada por diversos factores como la utilidad percibida, la facilidad de uso, la innovación, la actitud, el riesgo percibido y la calidad del rendimiento [10]. Comprender estos determinantes es esencial para que los responsables de políticas y las partes interesadas de la industria naveguen eficazmente el panorama evolutivo de las monedas digitales. Los estudios también han destacado la importancia de las normas subjetivas, la atención global y los sesgos de comportamiento en la configuración de las decisiones de los individuos respecto a la adopción de criptomonedas [329]. Al dilucidar estos factores, los investigadores buscan proporcionar información que pueda informar estrategias para promover una mayor aceptación y utilización de las criptomonedas.

Además, el papel de la confianza en la adopción de criptomonedas no puede ser subestimado, ya que juega un papel fundamental en la generación de confianza entre los usuarios e inversores [330]. Establecer confianza en la seguridad y fiabilidad de los sistemas de criptomonedas es primordial para fomentar un entorno propicio para la adopción. Adicionalmente, la integración de modelos de aceptación tecnológica como TAM (Modelo de Aceptación de Tecnología) ha sido fundamental para comprender las intenciones de los consumidores de adoptar plataformas de criptomonedas [331]. Al aprovechar tales modelos, los investigadores pueden profundizar en las complejidades del comportamiento y las preferencias de los usuarios en el ámbito de las monedas digitales.

Además, el impacto de la adopción de criptomonedas se extiende más allá de los usuarios individuales para abarcar implicaciones económicas más amplias, incluyendo la innovación financiera y los marcos regulatorios [332]. Los responsables de políticas y los reguladores desempeñan un papel crucial en dar forma a la trayectoria de la adopción de criptomonedas al establecer directrices y marcos claros que equilibren la innovación con la protección del consumidor. Los estudios también han subrayado el potencial transformador de las criptomonedas en la mejora de la inclusión financiera y el empoderamiento económico, particularmente en los países en desarrollo [333]. Al aprovechar las monedas digitales, los individuos en regiones desatendidas pueden acceder a servicios financieros y participar de manera más activa en la economía global.

Criptomonedas en Economías en Desarrollo

El auge de las criptomonedas ha provocado ondas en el panorama financiero global, desafiando los sistemas tradicionales y atrayendo un interés significativo tanto de inversores como de responsables de políticas. El atractivo de las criptomonedas radica en su potencial para interrumpir y revolucionar las normas financieras establecidas, ofreciendo nuevas formas de realizar transacciones, almacenar valor y participar en actividades económicas. Aunque gran parte de la atención se ha centrado en las regiones desarrolladas donde los mercados de criptomonedas ya están establecidos, el impacto de las criptomonedas se extiende mucho más allá de estas áreas, con los países en desarrollo emergiendo como escenarios particularmente interesantes y transformadores para la adopción de monedas digitales [334].

A pesar de que el mercado global de criptomonedas está predominantemente centrado en regiones desarrolladas como América del Norte y Asia Oriental, las economías en desarrollo están aumentando rápidamente su participación en el espacio criptográfico.

Un informe de Chainalysis de 2023 revela que el 40% de los usuarios de criptomonedas en el mundo ahora se encuentran en países de ingresos medianos-bajos (LMICs). Esta proporción significativa destaca el interés y la adopción acelerados de las criptomonedas en estas regiones. La adopción se debe a una combinación de factores que hacen que las criptomonedas sean particularmente atractivas en contextos donde los sistemas financieros tradicionales pueden ser deficientes o inadecuados [334].

Investigaciones de 2022 revelan una tendencia notable: la adopción de criptomonedas es significativamente mayor en las economías en desarrollo, especialmente en Asia, África y América Latina. Esta tendencia es evidente en la considerable proporción de usuarios de criptomonedas en estas regiones en comparación con los países desarrollados. Por ejemplo, países como Tailandia, Nigeria, Filipinas, Sudáfrica, Argentina, Indonesia y Brasil se encuentran entre los diez primeros países con el mayor porcentaje de usuarios de criptomonedas. Tailandia lidera con el 20% de su población involucrada en criptomonedas, mientras que Nigeria, Filipinas y Sudáfrica tienen cada uno el 19%, y Argentina sigue de cerca con el 18% [335]. Indonesia y Brasil tienen el 16% de sus poblaciones involucradas con criptomonedas. Esta alta tasa de adopción en países de ingresos bajos y medianos destaca una creciente tendencia hacia la integración de monedas digitales en regiones donde los sistemas financieros tradicionales pueden ser menos accesibles o menos eficientes [335].

Varios factores contribuyen a este elevado nivel de adopción de criptomonedas en las economías en desarrollo. Un factor importante es el acceso limitado a servicios bancarios tradicionales. En muchos de estos países, grandes segmentos de la población siguen sin acceso a servicios bancarios o tienen acceso limitado, lo que hace que las criptomonedas sean una alternativa atractiva para la inclusión financiera. Las criptomonedas proporcionan una forma para que las personas participen en la economía global sin necesidad de una cuenta bancaria tradicional, permitiendo el acceso a servicios financieros como ahorros, pagos e inversiones [335].

Además, las criptomonedas pueden servir como un resguardo contra la inestabilidad económica y la inflación, que son problemas prevalentes en algunos países en desarrollo. La capacidad de almacenar y transferir valor en una forma digital puede proteger a las personas de la devaluación de las monedas locales y proporcionar estabilidad en entornos económicos inciertos [335].

El reconocimiento legal de Bitcoin en El Salvador y la República Centroafricana representa un hito significativo en la adopción de criptomonedas. En 2021, El Salvador se convirtió en el primer país en adoptar oficialmente Bitcoin como moneda de curso legal, con el gobierno buscando aprovechar las criptomonedas para reducir el costo de las remesas transfronterizas y estimular el crecimiento económico. De manera similar, la República Centroafricana siguió el ejemplo en 2022, reconociendo a Bitcoin como moneda de curso legal con intenciones similares de mejorar las oportunidades económicas y la inclusión financiera [335].

Sin embargo, estos movimientos pioneros no han estado exentos de controversia. El Fondo Monetario Internacional (FMI) ha expresado preocupaciones sobre los riesgos potenciales asociados con la adopción de criptomonedas, particularmente en relación con la estabilidad financiera. El FMI destaca la volatilidad inherente de las criptomonedas, que puede llevar a fluctuaciones significativas en su valor. Esta volatilidad plantea riesgos para el sistema financiero en general y podría socavar la estabilidad económica si no se maneja con cuidado [335].

En El Salvador y la República Centroafricana, la implementación de criptomonedas como moneda de curso legal se considera un experimento audaz destinado a aprovechar los beneficios de las monedas digitales. Aunque estas iniciativas tienen el potencial de impulsar la innovación económica y la inclusión, también enfrentan desafíos relacionados con la integración de criptomonedas en los sistemas financieros existentes y las implicaciones más amplias para la estabilidad económica [335].

En muchos países en desarrollo, los sistemas bancarios tradicionales no son accesibles para grandes segmentos de la población. Estos sistemas a menudo sufren de infraestructura inadecuada, altos costos o requisitos estrictos como saldos mínimos, lo que puede excluir a muchas personas de participar en el sistema financiero. Las criptomonedas ofrecen una alternativa viable al permitir que las personas participen en la economía digital sin necesidad de una cuenta bancaria tradicional. Esta mayor inclusión financiera permite a los individuos almacenar, transferir y acceder al valor a través de medios digitales, cerrando así la brecha entre los no bancarizados y el sistema económico en general [334].

En países que experimentan altos niveles de inflación, las criptomonedas pueden actuar como una protección contra la devaluación de la moneda. La inflación erosiona el valor de las monedas tradicionales, reduciendo los ahorros y el poder adquisitivo de las personas. Las criptomonedas, con su naturaleza descentralizada y suministro limitado (como se ve con Bitcoin), proporcionan una posible protección contra tal devaluación. Al mantener o realizar transacciones en criptomonedas, las personas pueden proteger sus activos de los efectos adversos de la inflación, preservando su poder adquisitivo y estabilidad financiera [334].

La industria de las remesas es otro área donde las criptomonedas ofrecen ventajas sustanciales. Enviar dinero a través de fronteras tradicionalmente implica altos costos, retrasos y falta de transparencia. Las criptomonedas simplifican este proceso al proporcionar un medio más barato, rápido y transparente para transferir fondos. Para los trabajadores migrantes que envían remesas a sus familias, esto puede resultar en ahorros significativos en costos y tiempos de transacción más rápidos. La capacidad de enviar y recibir dinero de manera rápida y asequible puede tener un impacto profundo en el bienestar económico de los destinatarios en los países en desarrollo [334].

La creciente penetración de los teléfonos inteligentes y el acceso a internet en las economías en desarrollo respalda aún más el crecimiento de la adopción de criptomonedas. A medida que la tecnología móvil se vuelve más común, los individuos en estas regiones están ganando acceso a billeteras criptográficas móviles y aplicaciones financieras descentralizadas (DeFi). Estos avances tecnológicos facilitan el uso de criptomonedas al proporcionar plataformas accesibles para gestionar activos digitales, participar en actividades financieras y formar parte del creciente ecosistema de finanzas descentralizadas [334].

El auge de las criptomonedas en las economías en desarrollo está impulsado por varios factores convincentes, incluidos la necesidad de inclusión financiera, la protección contra la inflación, la mejora de los procesos de remesas y la creciente adopción de la tecnología. A medida que las criptomonedas continúan ganando terreno en estas regiones, tienen el potencial de provocar cambios positivos significativos, transformando los sistemas financieros, mejorando la estabilidad económica y ofreciendo nuevas oportunidades para individuos que anteriormente han sido desatendidos por las instituciones financieras tradicionales. Los desarrollos continuos en la adopción de criptomonedas en los países en desarrollo probablemente jugarán un papel crucial en la configuración del futuro del panorama financiero global [334].

Las remesas juegan un papel crucial en las economías de los países en desarrollo, a menudo representando una parte sustancial de su PIB. Las naciones en desarrollo suelen ser exportadoras netas de mano de obra, con millones de trabajadores migrando a otros países en busca de mejores oportunidades laborales. Según el Banco Mundial, en 2019 se enviaron remesas por un valor de casi 550 mil millones de dólares a países de ingresos bajos y medianos [335]. Estos flujos financieros son vitales para muchas familias y comunidades, proporcionando apoyo esencial para necesidades diarias, educación y atención médica [335].

El Salvador sirve como un ejemplo notable de un país que depende en gran medida de las remesas. En esta nación centroamericana, las remesas constituyen hasta el 20% de la economía nacional. La gran mayoría de estos fondos, alrededor del 95%, provienen de trabajadores salvadoreños en los Estados Unidos [335]. Esta dependencia significativa de las remesas subraya su importancia como una línea de vida financiera para muchos salvadoreños y destaca el impacto potencial de los cambios en el proceso de remesas.

Los pagos de remesas tradicionales a través de fronteras pueden estar plagados de desafíos. Las transacciones a menudo son lentas en procesarse, tardando varios días en liquidarse, y pueden incurrir en altas tarifas por intermediarios, como bancos y operadores de transferencias de dinero. Estas tarifas pueden hacer que enviar cantidades pequeñas sea económicamente inviable, particularmente para individuos de bajos ingresos que podrían necesitar enviar fondos con frecuencia o en pequeñas cantidades. Las ineficiencias de los sistemas tradicionales de remesas pueden reducir la cantidad total de dinero que llega a los destinatarios, impactando la efectividad del apoyo financiero [335].

En muchos países en desarrollo, las remesas de migrantes que trabajan en el extranjero representan una línea de vida económica crucial. Estas remesas, que son los fondos enviados de vuelta por individuos a sus familias o amigos en sus países de origen, juegan un papel significativo en las economías de estas naciones. Según el Banco Mundial, las remesas pueden representar una porción sustancial del Producto Interno Bruto (PIB) de un país, con cifras que alcanzan hasta el 20% y, en algunos casos, hasta el 40% [336]. Este alto porcentaje subraya la importancia de las remesas en el apoyo a los ingresos familiares, la mejora de los niveles de vida y el fomento de la estabilidad económica en estas regiones.

El auge de las criptomonedas ha introducido una alternativa transformadora a los métodos tradicionales de remesas. Las criptomonedas ofrecen una solución atractiva para las personas en los países en desarrollo debido a su potencial para eludir a los intermediarios financieros tradicionales, que a menudo tienen altas tarifas y tiempos de transacción lentos. La naturaleza digital de las criptomonedas permite transferencias más rápidas y económicas, lo cual puede ser especialmente beneficioso en regiones donde la infraestructura financiera tradicional es limitada o ineficiente [336].

Según el Informe Global Digital 2022, una colaboración entre DataReportal, We Are Social y Hootsuite, más de 1 de cada 10 usuarios de internet en edad de trabajar a nivel mundial posee alguna forma de criptomoneda [336]. Esta estadística destaca un nivel significativo de adopción entre los usuarios de internet, con las economías en desarrollo mostrando incluso tasas más altas de propiedad de criptomonedas. La mayor prevalencia en estas regiones a menudo se atribuye a varios factores, incluidos la volatilidad e inestabilidad de las monedas fiduciarias locales, que hacen que las criptomonedas sean una alternativa atractiva para preservar valor y realizar transacciones [336].

En los países en desarrollo donde las monedas convencionales son propensas a fluctuaciones en las tasas de cambio, las criptomonedas ofrecen un almacén de valor estable y un medio de seguridad financiera. La capacidad de mantener y transferir fondos en criptomonedas puede ayudar a mitigar los riesgos asociados con la devaluación de la moneda y la inestabilidad económica. Esta estabilidad es particularmente atractiva para individuos y empresas en regiones donde las condiciones económicas son menos predecibles y donde los sistemas financieros tradicionales pueden ser inadecuados o poco confiables [336].

La adopción de criptomonedas está remodelando el mercado de remesas al proporcionar una forma más eficiente y económica de enviar dinero a través de fronteras. Con los servicios tradicionales de remesas a menudo caracterizados por altas tarifas y largos tiempos de procesamiento, las criptomonedas ofrecen una alternativa simplificada que reduce los costos de transacción y acelera las transferencias de fondos. Este cambio no solo beneficia a los destinatarios al asegurar que reciban más del dinero enviado, sino que también mejora la accesibilidad general de los servicios de remesas para los migrantes y sus familias [336].

Las criptomonedas ofrecen una alternativa prometedora a los métodos tradicionales de remesas al proporcionar una forma más eficiente y económica de transferir fondos a través de fronteras. Las monedas digitales, particularmente aquellas basadas en la tecnología blockchain, permiten transacciones más rápidas que pueden liquidarse en cuestión de minutos, independientemente de la distancia geográfica entre el remitente y el receptor. Además, las transacciones en criptomonedas suelen tener tarifas significativamente más bajas en comparación con los servicios tradicionales de remesas. Esta reducción en los costos puede hacer que sea más viable enviar cantidades menores, mejorando la utilidad y accesibilidad de los servicios de remesas para los usuarios [335].

Algunas empresas ya están explorando el uso de criptomonedas para mejorar los servicios de remesas. Por ejemplo, MoneyGram, un actor importante en la industria de remesas, ha experimentado con remesas en stablecoins en la blockchain de Stellar [335]. Las stablecoins son activos digitales diseñados para mantener un valor estable al estar vinculados a una reserva de activos, como una moneda fiduciaria. Al utilizar stablecoins,

MoneyGram busca proporcionar una opción de remesas más estable y económica en comparación con los métodos tradicionales. La blockchain de Stellar ofrece las ventajas de tiempos de transacción rápidos y bajas tarifas, lo que la convierte en una plataforma atractiva para pagos transfronterizos [335].

En muchos países en desarrollo, la inestabilidad económica es un problema significativo. La hiperinflación, la corrupción desenfrenada y la persistente dificultad financiera han plagado estas regiones, a menudo como resultado de sistemas financieros tradicionales defectuosos. Las monedas locales en estos países a menudo sufren de inflación impredecible y tasas de cambio volátiles, debilitando su valor con el tiempo. Las criptomonedas han surgido como una alternativa viable a estas monedas nacionales débiles, ofreciendo una solución que elude muchas de las deficiencias del sistema financiero tradicional. A diferencia de las monedas fiduciarias, las criptomonedas son descentralizadas y no están sujetas al control directo de gobiernos o bancos, lo que las hace inmunes a las políticas económicas locales y manipulaciones. Esta descentralización permite a los individuos tener un mayor control sobre sus activos, libres de las restricciones y la posible inestabilidad asociadas con los sistemas financieros tradicionales [336].

La naturaleza descentralizada de las criptomonedas presenta una ventaja convincente para los usuarios en los países en desarrollo. Los sistemas financieros tradicionales a menudo están marcados por ineficiencias y corrupción, lo que lleva a una falta de confianza entre los ciudadanos. Las criptomonedas operan en la tecnología blockchain, que utiliza un libro de contabilidad digital distribuido para registrar cada transacción. Este libro es inmutable, lo que significa que una vez registrada una transacción, no puede ser alterada o eliminada. Esta característica reduce el riesgo de fraude y manipulación, fomentando un mayor grado de confianza entre los usuarios. A diferencia de las monedas fiduciarias, que pueden estar sujetas a reversales y prácticas corruptas, las criptomonedas ofrecen una alternativa transparente y confiable donde las transacciones son permanentes y verificables [336].

A pesar de la creciente adopción de criptomonedas en los países en desarrollo, persisten varios desafíos y limitaciones. Un problema significativo es la falta de aceptación y reconocimiento generalizados. Las criptomonedas no están aceptadas universalmente como medio de pago, y su uso a menudo está restringido a plataformas y comerciantes específicos. Esta limitación obstaculiza su viabilidad para transacciones cotidianas y contrasta fuertemente con los métodos de pago tradicionales establecidos y aceptados globalmente. Además, el entorno regulatorio para las criptomonedas sigue siendo ambiguo en muchas regiones. Aproximadamente el 80% de los bancos centrales del mundo no han adoptado monedas digitales o tienen marcos legales poco claros que no acomodan completamente a las criptomonedas [336].

Otro desafío crítico es la volatilidad inherente de las criptomonedas. Por ejemplo, Bitcoin tiene un límite máximo de suministro de 21 millones de monedas, lo que crea un recurso finito cuyo valor está determinado únicamente por la demanda del mercado. Este suministro limitado, combinado con una alta volatilidad, significa que el valor de las criptomonedas puede fluctuar drásticamente. Esta impredecibilidad representa un riesgo significativo, particularmente para individuos y empresas en países en desarrollo que ya pueden estar lidiando con inestabilidad financiera. A diferencia de las monedas fiduciarias tradicionales, que son gestionadas por bancos centrales para garantizar la estabilidad, las criptomonedas carecen de mecanismos para estabilizar su valor, haciéndolas altamente susceptibles a los choques del mercado [336].

La comunidad financiera internacional, incluidas instituciones como el Fondo Monetario Internacional (FMI) y el Banco Mundial, ha expresado preocupaciones sobre la adopción de criptomonedas como monedas oficiales [336]. Por ejemplo, el FMI ha advertido que las criptomonedas podrían exponer a los países a una severa volatilidad de precios y socavar los controles de capital. El Banco Mundial también ha criticado el uso de Bitcoin como moneda de curso legal, particularmente en El Salvador, y ha declarado que no colaborará con el país en sus planes de criptomonedas debido a preocupaciones sobre la estabilidad financiera [336].

A pesar de estas preocupaciones, se reconocen los posibles beneficios de las criptomonedas. El FMI ha alentado el uso de la tecnología blockchain para actualizaciones digitales a las monedas nacionales, lo que podría proporcionar a los países en desarrollo las ventajas tecnológicas de las criptomonedas sin los riesgos asociados de una volatilidad extrema. Este enfoque ofrece una forma de aprovechar los beneficios de la tecnología blockchain mientras se mantiene la estabilidad a través de los sistemas monetarios tradicionales [336].

El futuro de las criptomonedas en los países en desarrollo sigue siendo incierto y controvertido. Aunque las criptomonedas ofrecen soluciones prometedoras a problemas financieros de larga data y han ganado una tracción sustancial, también conllevan riesgos y limitaciones significativas. El debate probablemente continuará a medida que más países en desarrollo exploren el uso de criptomonedas. Se espera que el sistema financiero global tradicional evolucione integrando los beneficios de la tecnología blockchain mientras sigue lidiando con los desafíos planteados por las criptomonedas como monedas oficiales. El resultado dependerá de la capacidad de estas naciones y de la comunidad financiera global para equilibrar el potencial innovador de las criptomonedas con la necesidad de estabilidad económica y claridad regulatoria [336].

Consideraciones Éticas

Las criptomonedas han evolucionado rápidamente de un activo digital especializado a un componente significativo del panorama financiero, revolucionando las monedas tradicionales y los métodos de transacción. A medida que el uso de criptomonedas se ha vuelto más generalizado, ha planteado importantes preocupaciones éticas relacionadas con la privacidad, el anonimato y la actividad criminal. Estos problemas reflejan la compleja interacción entre los beneficios de la descentralización y los riesgos potenciales asociados con entornos financieros no regulados [337].

La privacidad y el anonimato están entre las características más valoradas de las criptomonedas. La privacidad se refiere a la capacidad de los usuarios para mantener su información personal confidencial, mientras que el anonimato se refiere a la capacidad de realizar transacciones sin revelar la identidad de uno mismo. Las criptomonedas logran estas características mediante técnicas criptográficas sofisticadas y redes descentralizadas, que ocultan las identidades de los usuarios y los detalles de las transacciones [337].

El atractivo de la privacidad y el anonimato radica en su potencial para proteger a los usuarios de diversas amenazas, incluyendo ciberataques y vigilancia gubernamental. Los individuos que priorizan la privacidad pueden sentirse motivados a utilizar criptomonedas para proteger sus actividades financieras de miradas indiscretas. Por ejemplo, algunos usuarios buscan proteger información financiera sensible o evitar posibles repercusiones de las autoridades. Sin embargo, estas características también presentan dilemas éticos, ya que los mismos atributos que brindan privacidad también pueden facilitar actividades ilícitas [337].

El anonimato proporcionado por las criptomonedas puede crear inadvertidamente oportunidades para actividades ilegales como el lavado de dinero, la financiación del terrorismo y el ciberdelito. La capacidad de realizar transacciones sin revelar la identidad de uno mismo facilita a los individuos participar en estas actividades sin ser detectados.

Esto plantea preocupaciones éticas sobre si los beneficios de la privacidad y el anonimato superan los riesgos asociados con dicho uso indebido [337].

Además, la falta de transparencia en las transacciones de criptomonedas puede conducir a la evasión fiscal y otras prácticas poco éticas. La naturaleza descentralizada de las criptomonedas significa que las transacciones no están sujetas a la misma supervisión y marcos regulatorios que los sistemas financieros tradicionales. Esta opacidad puede crear lagunas para actividades ilícitas y socavar los esfuerzos para garantizar la integridad y el cumplimiento financiero [337].

Abordar estos desafíos éticos implica implementar medidas para garantizar que la privacidad y el anonimato no se sacrifiquen a expensas de la seguridad y la responsabilidad. Se pueden emplear diversas estrategias para equilibrar estas preocupaciones [337]:

- **Criptomonedas Enfocadas en la Privacidad**: Algunas criptomonedas, como Monero, Zcash y Dash, están diseñadas para ofrecer características de privacidad mejoradas mediante técnicas criptográficas avanzadas. Estas criptomonedas enfocadas en la privacidad buscan proporcionar un mayor nivel de anonimato mientras protegen la información financiera de los usuarios.

- **Carteras Anónimas**: Estas carteras permiten a los usuarios almacenar y gestionar sus criptomonedas sin revelar información personal. A menudo utilizan tecnologías como el enrutamiento de la red Tor para ocultar las direcciones IP de los usuarios y mejorar el anonimato.

- **Intercambios Descentralizados**: Los intercambios descentralizados permiten a los usuarios intercambiar criptomonedas sin depender de intermediarios centralizados. Este enfoque mejora la privacidad y reduce la necesidad de revelar información personal.

- **Servicios de Mezcla de Monedas**: Los servicios de mezcla de monedas combinan las criptomonedas de los usuarios para oscurecer las huellas de las transacciones, haciendo más difícil rastrear transacciones individuales. Aunque estos servicios pueden mejorar la privacidad, también tienen potencial de uso indebido en actividades ilegales.

- **Redes Privadas Virtuales (VPNs)**: Las VPNs pueden ocultar las direcciones IP y las ubicaciones de los usuarios, proporcionando capas adicionales de anonimato al utilizar servicios de criptomonedas.

Problemas Éticos y Consideraciones Regulatorias

Los problemas éticos que rodean la privacidad y el anonimato de las criptomonedas van más allá de las preocupaciones individuales de los usuarios y tienen implicaciones regulatorias y sociales más amplias [337]:

- **Equilibrio entre Privacidad y Seguridad**: Los reguladores deben encontrar un equilibrio entre proteger la privacidad de los usuarios y asegurar que las criptomonedas no faciliten actividades ilegales. Esto implica desarrollar marcos que protejan la privacidad mientras previenen el uso indebido.

- **Transparencia y Responsabilidad**: Mayor transparencia y responsabilidad en las transacciones de criptomonedas son esenciales para mitigar los riesgos asociados con actividades ilegales. Implementar medidas como políticas de conocimiento del cliente (KYC) y de prevención del lavado de dinero (AML) puede ayudar a abordar estas preocupaciones.

- **Cumplimiento de las Regulaciones**: Asegurar el cumplimiento de las regulaciones puede ser un desafío debido a la naturaleza descentralizada de las criptomonedas. Se necesitan regulaciones claras y aplicables para mantener los estándares éticos y abordar los riesgos potenciales.

- **Privacidad versus Interés Público**: Aunque la privacidad y el anonimato son críticos, deben equilibrarse con el interés público. Asegurar que las criptomonedas no socaven el cumplimiento fiscal o contribuyan a actividades ilegales es esencial para mantener prácticas éticas.

Las implicaciones éticas de la privacidad y el anonimato en las transacciones de criptomonedas son complejas y multifacéticas. Aunque estas características ofrecen beneficios significativos en términos de privacidad y seguridad del usuario, también presentan desafíos relacionados con la actividad criminal y el cumplimiento regulatorio. Abordar estos problemas éticos requiere un enfoque matizado que equilibre la privacidad con la transparencia y la responsabilidad. A medida que el panorama de las criptomonedas continúa evolucionando, el diálogo continuo y la innovación regulatoria serán cruciales para navegar estas consideraciones éticas y asegurar que la tecnología sirva al bien público.

Criptomonedas y Actividad Criminal

La criptomoneda, caracterizada por su naturaleza descentralizada y a menudo anónima, se ha convertido en un área significativa de preocupación en relación con la actividad criminal. Aunque ofrece numerosas ventajas, como la privacidad financiera y las transacciones descentralizadas, estas mismas características pueden ser explotadas por los criminales para diversos fines ilícitos. Comprender la conexión entre las criptomonedas y las actividades criminales es crucial para desarrollar regulaciones efectivas y medidas para mitigar el uso indebido [337-342].

Las criptomonedas, particularmente Bitcoin, se han entrelazado con varias formas de actividad criminal. Un estudio académico reciente, titulado "Sex, Drugs, and Bitcoin: How Much Illegal Activity Is Financed Through Cryptocurrencies," estima que aproximadamente $76 mil millones en transacciones ilegales anuales se facilitan a través de Bitcoin, lo que constituye alrededor del 46% de todas las transacciones de Bitcoin [343]. Esta estadística subraya el papel significativo que juegan las criptomonedas en la facilitación de actividades ilegales.

Para proporcionar contexto, el estudio destaca que el mercado total de drogas ilegales en Estados Unidos se estima en alrededor de $100 mil millones anuales [343]. El hecho de que las criptomonedas estén involucradas en una porción tan sustancial de transacciones ilegales sugiere un impacto profundo en la forma en que operan los mercados negros. Al igual que los sistemas de pago en línea como PayPal revolucionaron el comercio minorista tradicional al facilitar las compras en línea, las criptomonedas están transformando el panorama del mercado negro al permitir una nueva forma de 'comercio electrónico negro.' Este cambio indica que las criptomonedas no son simplemente una herramienta para actividades ilícitas, sino que están remodelando la infraestructura del comercio ilegal al proporcionar mecanismos financieros más eficientes y anónimos [343].

A pesar de las cifras alarmantes, verificar el alcance de la actividad ilícita facilitada por las criptomonedas es un desafío debido a la opacidad inherente de las transacciones de criptomonedas. A diferencia de los sistemas financieros tradicionales, las transacciones de criptomonedas se registran en un libro mayor público, pero las identidades detrás de estas transacciones suelen ser seudónimas. Esto dificulta rastrear y cuantificar de manera definitiva la actividad ilegal, lo que lleva a cierto escepticismo sobre las cifras exactas. No obstante, la correlación entre el uso de criptomonedas y las actividades ilegales es evidente y creciente, indicando un patrón claro de uso indebido [343].

La aparición de criptomonedas "en la sombra," como Dash, Monero y ZCash, ha complicado aún más el panorama de las criptomonedas y la criminalidad [343]. Estas criptomonedas están diseñadas con características de privacidad mejoradas que hacen aún más difícil rastrear las transacciones. Por ejemplo, mientras que las transacciones de Bitcoin se registran en un libro mayor público, estas alternativas enfocadas en la privacidad utilizan técnicas criptográficas avanzadas para oscurecer los detalles de las transacciones y las identidades de los usuarios. Como resultado, se ha observado un cambio en el uso criminal de las criptomonedas de Bitcoin a estas opciones más opacas. Este cambio indica que, a medida que la tecnología evoluciona, también lo hacen los métodos empleados por los criminales para evadir la detección [343].

El aumento en el uso de criptomonedas en la sombra se ha asociado con una disminución en la proporción de actividades ilegales realizadas con Bitcoin. Esto sugiere que, aunque Bitcoin sigue siendo un vehículo significativo para transacciones ilícitas, el desarrollo de criptomonedas con características de privacidad mejoradas está contribuyendo a una reorganización de las actividades ilegales. Los criminales están aprovechando estas nuevas tecnologías para ocultar aún más sus actividades, lo que lleva a un panorama en evolución donde el desafío de combatir el crimen relacionado con las criptomonedas se vuelve más complejo [343].

Uno de los principales usos criminales de las criptomonedas es el lavado de dinero. El proceso de lavado de dinero implica disfrazar los orígenes de los fondos obtenidos ilegalmente para hacer que parezcan legítimos. Las criptomonedas facilitan este proceso al permitir a los usuarios transferir fondos a través de múltiples cuentas o intercambios, oscureciendo el rastro del dinero. Técnicas como los servicios de "mezcla" o "tumbling," que mezclan diversas criptomonedas, complican aún más los esfuerzos de rastreo y ocultan el origen original de los fondos. Este uso indebido de las criptomonedas plantea desafíos para los organismos reguladores y las agencias de aplicación de la ley que luchan por combatir el crimen financiero [337].

Las criptomonedas también se utilizan en varias formas de cibercrimen. Los ataques de ransomware, donde los atacantes cifran los datos de una víctima y exigen un pago en criptomoneda para su liberación, se han vuelto cada vez más comunes. El anonimato proporcionado por las criptomonedas dificulta que las fuerzas del orden rastreen a los perpetradores o recuperen los fondos robados. Además, las criptomonedas se utilizan a menudo para facilitar actividades de hacking y el robo de información personal. La capacidad de realizar transacciones sin revelar la identidad de uno puede envalentonar a los ciberdelincuentes, convirtiéndose en una preocupación significativa en el contexto más amplio de la seguridad en línea [337].

El anonimato de las transacciones de criptomonedas representa un riesgo grave para la financiación del terrorismo. Las organizaciones terroristas pueden explotar las criptomonedas para recaudar y transferir fondos sin ser detectadas. La dificultad para rastrear las transacciones de criptomonedas permite a estas organizaciones financiar sus actividades mientras evitan el escrutinio financiero tradicional. Este uso de las criptomonedas para la financiación del terrorismo subraya la necesidad de medidas regulatorias mejoradas para prevenir el flujo de fondos hacia actividades ilícitas y asegurar que los sistemas financieros no se utilicen para apoyar el terrorismo [337].

Las criptomonedas se utilizan frecuentemente para transaccionar en mercados de la darknet, que son partes ocultas de internet accesibles solo a través de software especializado como Tor. Estos mercados facilitan el intercambio de bienes y servicios ilegales, incluidos drogas, armas de fuego e información personal robada. Las criptomonedas proporcionan un método de pago preferido para las transacciones en estos mercados debido a su naturaleza seudónima. Esta conexión entre las criptomonedas y los mercados de la darknet plantea preocupaciones sobre el papel de las monedas digitales en el apoyo al comercio ilegal y resalta los desafíos para hacer cumplir las regulaciones en tales entornos [337].

El espacio de las criptomonedas también está lleno de estafas y esquemas fraudulentos. Las ofertas iniciales de monedas (ICOs) falsas, esquemas Ponzi y ataques de phishing son ejemplos comunes de cómo las criptomonedas pueden ser utilizadas para engañar a inversores y usuarios. Los estafadores explotan la naturaleza relativamente no regulada del mercado de criptomonedas para perpetrar fraudes, a menudo prometiendo altos rendimientos o proyectos innovadores para atraer a las personas a invertir en esquemas inexistentes o maliciosos. Estas actividades no solo dañan a los individuos, sino que también perjudican la credibilidad general de la industria de criptomonedas [337].

La asociación entre las criptomonedas y la actividad criminal ha llevado a un mayor escrutinio y esfuerzos regulatorios. Los reguladores y los intercambios de criptomonedas han implementado políticas de Conoce a Tu Cliente (KYC) y Anti-Lavado de Dinero (AML) para reducir el riesgo de actividades ilegales. Los procedimientos KYC requieren que los usuarios verifiquen sus identidades, lo que dificulta que los criminales utilicen criptomonedas de forma anónima. Las políticas AML tienen como objetivo prevenir el uso de criptomonedas para lavar dinero mediante la supervisión de transacciones y la denuncia de actividades sospechosas [337].

Las agencias de aplicación de la ley también han desarrollado técnicas para rastrear y seguir las transacciones de criptomonedas. Por ejemplo, las herramientas de análisis de blockchain se utilizan para seguir el flujo de fondos a través de la blockchain, identificando patrones y comportamientos criminales potenciales. Sin embargo, la naturaleza descentralizada y seudónima de las criptomonedas presenta desafíos continuos para prevenir y abordar de manera efectiva todas las formas de actividad ilegal [337].

A pesar del potencial de uso criminal indebido, es esencial reconocer que las criptomonedas también ofrecen usos y beneficios legítimos. El desafío radica en equilibrar la necesidad de privacidad y anonimato con el requisito de transparencia y responsabilidad. Los marcos regulatorios deben ser cuidadosamente diseñados para proteger la privacidad del usuario mientras se abordan los riesgos asociados con las actividades criminales [337].

Ética de la Regulación de Criptomonedas

La regulación de las criptomonedas introduce una serie de consideraciones éticas. A medida que las monedas digitales se integran más en el sistema financiero global, es cada vez más importante asegurar que las medidas regulatorias se alineen con los principios fundamentales de las criptomonedas—como la descentralización, la privacidad y la innovación. Aquí exploramos las principales consideraciones éticas en la regulación de las criptomonedas para asegurar que el marco regulatorio apoye un crecimiento responsable sin socavar los valores fundamentales que hacen únicas a las criptomonedas [337].

Uno de los principales dilemas éticos en la regulación de las criptomonedas es equilibrar la privacidad con la seguridad. Las criptomonedas ofrecen a los usuarios beneficios significativos en términos de privacidad al permitir que las transacciones se realicen de manera anónima o seudónima. Sin embargo, esta privacidad también puede ser explotada para actividades ilegales como el lavado de dinero, la financiación del terrorismo y el cibercrimen. Una regulación efectiva debe encontrar un equilibrio delicado: debe implementar medidas para prevenir y mitigar estos riesgos sin erosionar la privacidad que es fundamental para el atractivo de las criptomonedas. Las políticas regulatorias como los requisitos de Conoce a Tu Cliente (KYC) y Anti-Lavado de Dinero (AML) están diseñadas para mejorar la seguridad al verificar las identidades de los usuarios y monitorear las transacciones. Aunque estas medidas son cruciales para prevenir el uso indebido, deben ser cuidadosamente elaboradas para garantizar que no infrinjan los derechos de privacidad de los usuarios legítimos [337].

Las criptomonedas están inherentemente vinculadas a la innovación y la competencia, que son motores clave de su desarrollo y éxito. La regulación debe diseñarse de manera que fomente la innovación en lugar de sofocarla. Las regulaciones excesivamente restrictivas o gravosas pueden obstaculizar el crecimiento de nuevas tecnologías y limitar el panorama competitivo. Por ejemplo, las regulaciones que sean demasiado estrictas podrían crear barreras de entrada para startups y jugadores más pequeños, consolidando el poder en manos de unas pocas entidades grandes y reduciendo la competencia en el mercado. La regulación ética debe alentar un entorno dinámico y competitivo donde las nuevas ideas puedan florecer y contribuir al avance general del ecosistema de criptomonedas [337].

Proteger los intereses de los consumidores es un aspecto crucial de la regulación de criptomonedas. Con la creciente adopción de criptomonedas, garantizar la seguridad de los fondos y prevenir fraudes son prioridades esenciales. Los marcos regulatorios deben apuntar a salvaguardar a los usuarios de esquemas fraudulentos, estafas y la pérdida de fondos debido a brechas de seguridad. Esto incluye implementar estándares para intercambios de criptomonedas y billeteras para asegurar que cumplan con las mejores prácticas en cuanto a seguridad y transparencia. Las medidas efectivas de protección al consumidor pueden construir confianza en el mercado de criptomonedas y promover su uso responsable, apoyando así su crecimiento y estabilidad a largo plazo [337].

La regulación también debe cumplir con estándares éticos, respetando los principios fundamentales de las criptomonedas, como la descentralización y el anonimato. Estos principios son centrales en el ethos de las criptomonedas, que buscan crear un sistema financiero menos dependiente del control centralizado y más abierto y accesible. La regulación ética debe evitar medidas que socaven estos valores fundamentales o creen restricciones indebidas que podrían afectar negativamente el funcionamiento de las redes descentralizadas. Las regulaciones deben diseñarse con una comprensión clara de la tecnología y sus implicaciones, asegurando que apoyen prácticas éticas sin comprometer los principios fundamentales de las criptomonedas [337].

Las criptomonedas tienen un potencial significativo para proporcionar servicios financieros a poblaciones desatendidas en países en desarrollo. Muchas personas en estas regiones carecen de acceso a servicios bancarios tradicionales y podrían beneficiarse de la inclusión financiera que las criptomonedas pueden ofrecer. La regulación ética debe considerar el impacto en estas poblaciones y esforzarse por no imponer barreras que podrían limitar su acceso a los servicios financieros. Las regulaciones deben estar diseñadas para facilitar el uso de las criptomonedas de una manera que apoye la inclusión financiera y el desarrollo económico, en lugar de obstaculizarlo. Esto implica crear marcos regulatorios que sean adaptables a las necesidades únicas de los países en desarrollo y que fomenten el uso positivo de las criptomonedas para el empoderamiento económico [337].

Las consideraciones éticas de la regulación de criptomonedas son multifacéticas y requieren un equilibrio cuidadoso entre diversos intereses en competencia. La regulación debe abordar las preocupaciones sobre privacidad y seguridad mientras fomenta la innovación y protege los intereses de los consumidores. También debe alinearse con los principios éticos fundamentales de descentralización y transparencia y considerar los beneficios potenciales de las criptomonedas para los países en desarrollo. Al abordar estas preocupaciones éticas de manera reflexiva y exhaustiva, los reguladores pueden crear un marco que apoye el crecimiento responsable de las criptomonedas y maximice su impacto positivo en el sistema financiero global [337].

El Papel de los Inversores en la Promoción de Prácticas Éticas

Los inversores desempeñan un papel crucial en la configuración del panorama ético de la industria de las criptomonedas. Sus elecciones y acciones pueden influir en el comportamiento del mercado, impulsar la demanda de prácticas éticas y alentar a las empresas a adherirse a estándares más altos de responsabilidad social y sostenibilidad. A medida que el sector de las criptomonedas continúa evolucionando, los inversores pueden aprovechar su influencia para promover prácticas éticas y apoyar una industria más responsable y sostenible [344].

Una de las formas más directas en que los inversores pueden promover prácticas éticas es seleccionando y apoyando empresas que priorizan la sostenibilidad y la responsabilidad social. Los inversores tienen el poder de dirigir el capital hacia firmas comprometidas con operaciones éticas, como aquellas que enfatizan la gestión ambiental, prácticas laborales justas y el compromiso con la comunidad. Al invertir en empresas que integran estos valores en sus modelos de negocio, los inversores pueden crear una demanda de prácticas éticas en las criptomonedas. Esto no solo incentiva a otras empresas a adoptar prácticas similares, sino que también ayuda a establecer estándares éticos dentro de la industria.

Los inversores pueden evaluar a las empresas en función de sus criterios ambientales, sociales y de gobernanza (ESG). Por ejemplo, podrían optar por invertir en proyectos de criptomonedas que utilicen fuentes de energía renovable para las operaciones de minería, se adhieran a principios de comercio justo o se involucren en actividades benéficas [344]. Al hacerlo, apoyan a empresas que se alinean con estándares éticos y contribuyen a impactos sociales y ambientales positivos.

Más allá de seleccionar inversiones éticas, los inversores pueden abogar por una mayor transparencia y responsabilidad dentro de la industria de las criptomonedas. Esto implica apoyar los esfuerzos para establecer marcos regulatorios claros que protejan a los consumidores y prevengan abusos. Los inversores pueden involucrarse con los organismos reguladores, participar en consultas públicas y apoyar iniciativas que busquen mejorar la transparencia de las transacciones y operaciones de criptomonedas.

La transparencia y la responsabilidad son cruciales para prevenir actividades ilícitas, como el lavado de dinero y el fraude, que pueden socavar la integridad del mercado de criptomonedas. Al abogar por medidas regulatorias robustas y mejores prácticas, los inversores ayudan a garantizar que la industria opere con un mayor nivel de escrutinio y supervisión. Esto, a su vez, fomenta un entorno más confiable y seguro para todos los participantes del mercado.

El impacto ambiental de la minería de criptomonedas es una preocupación significativa, particularmente con los sistemas de prueba de trabajo (PoW) que requieren un consumo energético sustancial. Los inversores pueden desempeñar un papel en la promoción de la eficiencia energética y la sostenibilidad ambiental al apoyar proyectos que se centren en reducir su huella de carbono. Esto incluye invertir en criptomonedas que utilicen mecanismos de consenso energéticamente eficientes, como la prueba de participación (PoS), o aquellas que implementen soluciones innovadoras para mitigar su impacto ambiental.

Los inversores también pueden alentar a las empresas a adoptar prácticas que minimicen el uso de energía y promuevan la sostenibilidad. Esto podría implicar apoyar la investigación y el desarrollo en tecnologías verdes, como soluciones de energía renovable para las operaciones de minería, o abogar por la implementación de programas de compensación de carbono. Al priorizar las inversiones en proyectos ambientalmente responsables, los inversores contribuyen a un futuro más sostenible para la industria de las criptomonedas.

La participación activa en la gobernanza corporativa es otra forma en que los inversores pueden influir en las prácticas éticas en el sector de las criptomonedas. Los inversores pueden usar sus derechos como accionistas para exigir una mayor responsabilidad de las empresas, abogar por prácticas comerciales éticas y presionar por la transparencia en los informes corporativos. Esto incluye participar en reuniones de accionistas, votar sobre políticas corporativas y responsabilizar a los ejecutivos de las empresas por sus acciones.

Los inversores comprometidos también pueden colaborar con otros interesados, incluidos reguladores, grupos de la industria y organizaciones no gubernamentales (ONG), para abordar cuestiones éticas y promover estándares en toda la industria. Al trabajar juntos, los inversores pueden ayudar a impulsar cambios sistémicos que fomenten un mercado de criptomonedas más ético y responsable.

Los inversores tienen un papel crucial en la promoción de prácticas éticas dentro de la industria de las criptomonedas. A través de inversiones estratégicas en empresas que priorizan la sostenibilidad y la responsabilidad social, abogando por una mayor transparencia y responsabilidad, y apoyando las mejores prácticas para la sostenibilidad ambiental, los inversores pueden impulsar un cambio positivo. Sus acciones no solo influyen en el comportamiento del mercado, sino que también contribuyen al desarrollo de un ecosistema de criptomonedas más ético y responsable. Al aprovechar su influencia, los inversores pueden ayudar a moldear un futuro donde las consideraciones éticas sean fundamentales para el crecimiento y éxito del sector de las criptomonedas.

15

Organizaciones Autónomas Descentralizadas (DAOs)

Las Organizaciones Autónomas Descentralizadas (DAOs) son un modelo organizativo novedoso que utiliza la tecnología blockchain para crear entidades descentralizadas y autogobernadas. Las DAOs están diseñadas para operar sin una autoridad central o una estructura de gestión tradicional, basándose en contratos inteligentes y el consenso de la comunidad para tomar decisiones y ejecutar funciones.

La descentralización es una característica fundamental de las DAOs, que las distingue de las estructuras organizativas tradicionales. A diferencia de las organizaciones convencionales, que suelen estar gobernadas por una autoridad central o una junta directiva, las DAOs distribuyen el poder de toma de decisiones entre todos sus miembros o tenedores de tokens. Esto significa que ninguna persona o entidad tiene control sobre toda la organización. En su lugar, el poder se reparte entre una amplia base de participantes, lo que asegura que las decisiones reflejen la voluntad colectiva de la comunidad. Este enfoque descentralizado mejora la transparencia, reduce el riesgo de corrupción y alinea las operaciones de la organización más estrechamente con los intereses de sus partes interesadas.

La autonomía es otra característica definitoria de las DAOs. Una vez que una DAO está establecida y sus contratos inteligentes están desplegados en una blockchain, la organización opera de forma independiente según las reglas predefinidas codificadas en estos contratos. Esta automatización significa que las DAOs pueden ejecutar transacciones, gestionar fondos y tomar decisiones de gobernanza sin necesidad de intervención humana directa. Los contratos inteligentes, que son acuerdos autoejecutables codificados en la blockchain, aseguran que todas las operaciones se realicen exactamente como están programadas. Esto reduce la necesidad de intermediarios y costos administrativos, al tiempo que minimiza el potencial de error o sesgo humano en la toma de decisiones.

La gobernanza dentro de una DAO se logra mediante un proceso de votación democrático y transparente. Los miembros o tenedores de tokens de una DAO suelen tener la capacidad de proponer y votar sobre diversos cambios o iniciativas. Este poder de voto a menudo es proporcional al número de tokens poseídos, lo que significa que las personas con más tokens tienen mayor influencia sobre el proceso de toma de decisiones. Las propuestas pueden variar desde cambios en los procedimientos operativos de la organización hasta enmiendas en las reglas codificadas en los contratos inteligentes. Una vez que una propuesta es aprobada por el mecanismo de votación, se ejecuta automáticamente a través de los contratos inteligentes, asegurando que la gobernanza de la organización sea tanto eficiente como alineada con las decisiones colectivas de sus miembros.

Las Organizaciones Autónomas Descentralizadas aprovechan la tecnología blockchain para crear una entidad descentralizada, autónoma y gobernada democráticamente. Al distribuir el poder de toma de decisiones, automatizar operaciones y permitir una gobernanza transparente, las DAOs ofrecen un enfoque novedoso para gestionar organizaciones que se alinea estrechamente con los principios de descentralización y participación colectiva.

Los inversores en criptomonedas pueden estar interesados en las Organizaciones Autónomas Descentralizadas (DAOs) por varias razones convincentes, cada una vinculada al panorama en evolución de los activos digitales y la gobernanza descentralizada.

Las DAOs representan un modelo de gobernanza de vanguardia que se alinea bien con los principios de descentralización y transparencia inherentes a las criptomonedas. A diferencia de las organizaciones tradicionales, las DAOs se gestionan a través de contratos inteligentes en una blockchain, lo que permite una toma de decisiones descentralizada y reduce la necesidad de intermediarios. Este enfoque innovador ofrece a los inversores una nueva forma de participar en la gobernanza, influir en los procesos de toma de decisiones y relacionarse con organizaciones de manera más democrática. Para los inversores interesados en el futuro de los sistemas descentralizados, las DAOs proporcionan un ejemplo tangible de cómo la tecnología blockchain puede transformar las estructuras organizativas tradicionales.

Los inversores en DAOs a menudo tienen la oportunidad de beneficiarse de la apreciación potencial de los tokens de DAO, que pueden aumentar de valor según el éxito y crecimiento de la organización. Muchas DAOs están involucradas en sectores de alto crecimiento como las finanzas descentralizadas (DeFi), los mercados de NFT y la infraestructura blockchain, lo que puede presentar oportunidades de inversión lucrativas. Al mantener y participar activamente en una DAO, los inversores pueden beneficiarse potencialmente del éxito financiero de los emprendimientos, proyectos o servicios de la DAO, similar a cómo los primeros inversores en startups tradicionales pueden lucrar con su crecimiento.

Las DAOs a menudo apoyan o gestionan proyectos innovadores en el espacio de las criptomonedas y blockchain. Invertir en una DAO puede proporcionar acceso a proyectos innovadores que están a la vanguardia del desarrollo tecnológico. Por ejemplo, una DAO podría financiar nuevos protocolos DeFi, desarrollar nuevas aplicaciones blockchain o apoyar proyectos emergentes de NFT. Este acceso permite a los inversores ser parte de iniciativas innovadoras y potencialmente capitalizar oportunidades en etapas tempranas que podrían moldear el futuro de la industria.

Las DAOs operan en redes blockchain, que ofrecen una mayor transparencia e inmutabilidad. Todas las transacciones y actividades de gobernanza dentro de una DAO se registran en la blockchain, facilitando a los inversores la verificación de las operaciones y actividades financieras de la organización. Esta transparencia ayuda a generar confianza y asegura que las decisiones se tomen de manera abierta y responsable. Para los inversores, este nivel de visibilidad puede ser reconfortante, ya que proporciona claridad sobre cómo se gestionan los fondos, cómo se toman las decisiones y cómo opera la organización.

Una de las principales atracciones de las DAOs para los inversores es la capacidad de participar activamente en la gobernanza de la organización. Los tenedores de tokens suelen tener derechos de voto proporcionales al número de tokens que poseen, lo que les permite proponer y votar sobre cambios, asignar fondos e influir en la dirección de la organización. Este nivel de participación permite a los inversores tener un impacto directo en las operaciones y estrategias de la DAO, ofreciendo una experiencia de inversión más comprometida y participativa en comparación con los modelos de inversión tradicionales.

Los inversores que valoran los principios de descentralización y soberanía propia pueden encontrar las DAOs particularmente atractivas. Las DAOs están diseñadas para operar sin control centralizado, basándose en el consenso de la comunidad y procesos automatizados. Esta alineación con los principios de descentralización resuena con muchos inversores en criptomonedas que están apasionados por interrumpir los sistemas financieros tradicionales y promover un ecosistema financiero más abierto e inclusivo.

Invertir en DAOs también puede ofrecer beneficios de diversificación. Dado que las DAOs a menudo participan en una variedad de actividades y proyectos en diferentes sectores del espacio de las criptomonedas, pueden proporcionar a los inversores exposición a diversos aspectos de la industria. Esta diversificación puede ayudar a mitigar los riesgos asociados con la inversión en un solo proyecto o sector, permitiendo a los inversores distribuir sus inversiones en múltiples oportunidades dentro del ecosistema de la DAO.

En conclusión, las DAOs ofrecen a los inversores en criptomonedas un modelo de gobernanza innovador y transparente, el potencial de altos rendimientos, acceso a proyectos innovadores y una oportunidad para una participación activa e influencia. Estas características se alinean con los objetivos más amplios de descentralización y empoderamiento financiero, haciendo que las DAOs sean una avenida atractiva para los inversores que buscan involucrarse con el futuro de la tecnología blockchain y los sistemas descentralizados.

El Concepto y la Estructura de los DAOs

Las Organizaciones Autónomas Descentralizadas (DAOs) representan una evolución significativa en la gestión organizacional, aprovechando la tecnología blockchain y los contratos inteligentes para facilitar la gobernanza descentralizada y la eficiencia operativa. Así es cómo funcionan los DAOs [345, 346]:

Contratos Inteligentes: En el corazón de las operaciones de un DAO se encuentran los contratos inteligentes. Estos son programas autoejecutables codificados en una red blockchain, como Ethereum. Los contratos inteligentes automatizan la aplicación de reglas y procesos, eliminando la necesidad de intermediarios y supervisión manual. En un DAO, los contratos inteligentes definen las reglas organizativas, los procedimientos operativos y los procesos de toma de decisiones. Por ejemplo, un contrato inteligente puede dictar cómo se envían las propuestas, cómo se cuentan los votos y cómo se asignan los fondos. Cuando los miembros proponen cambios o nuevas iniciativas, el contrato inteligente ejecuta transacciones o realiza modificaciones automáticamente según el resultado de la votación. Si una propuesta es aprobada, el contrato inteligente asegura que las acciones propuestas se implementen sin necesidad de intervención humana adicional.

Tokenómica: Los tokens son cruciales para el funcionamiento de un DAO, sirviendo tanto como medio de gobernanza como medida de participación. Cada DAO emite sus propios tokens, que los miembros poseen para participar en los procesos de toma de decisiones. El número de tokens que posee un miembro a menudo se correlaciona con su poder de voto, siendo más tokens equivalentes a una mayor influencia en la gobernanza del DAO. Por ejemplo, si un miembro posee 200 tokens, podría tener el doble de poder de voto en comparación con un miembro con 100 tokens. Este sistema basado en tokens alinea los intereses de los participantes con el éxito del DAO, ya que aquellos con más tokens tienen una mayor participación en el resultado de las decisiones. Los tokens también pueden representar propiedad o derecho a una parte de los activos o beneficios del DAO, incentivando aún más a los miembros a actuar en el mejor interés de la organización.

Transparencia: La transparencia es una característica fundamental de los DAOs, facilitada por el libro mayor inmutable y público de la blockchain. Todas las transacciones y actividades de gobernanza dentro de un DAO están registradas en la blockchain, asegurando que cada acción sea visible y verificable por todos los miembros. Este nivel de transparencia ayuda a construir confianza y responsabilidad dentro de la organización, ya que todos los miembros pueden ver cómo se toman las decisiones, cómo se utilizan los fondos y cómo se manejan las propuestas. Esta visibilidad también actúa como un disuasivo para la posible mala conducta, ya que cualquier intento de manipular o corromper el sistema sería fácilmente detectable por la comunidad.

Toma de Decisiones y Votación: El proceso de toma de decisiones en un DAO es inherentemente democrático y depende en gran medida de los mecanismos de votación. Cuando un miembro o un grupo de miembros presenta una propuesta, esta se somete a votación entre todos los titulares de tokens elegibles. El resultado de la votación determina si se implementan los cambios o acciones propuestas. Los contratos inteligentes automatizan la ejecución de estas decisiones basadas en los resultados de la votación. Por ejemplo, si un DAO vota para financiar un nuevo proyecto, el contrato inteligente puede transferir directamente los fondos asignados a los interesados en el proyecto. Este proceso asegura que las decisiones se tomen colectivamente y de manera transparente, reflejando la voluntad de la mayoría mientras se adhiere a las reglas codificadas en los contratos inteligentes.

Descentralización: Una de las características definitorias de los DAOs es su falta de control centralizado. A diferencia de las organizaciones tradicionales, los DAOs no dependen de una autoridad central o estructura de gestión. En su lugar, operan según las reglas programadas en los contratos inteligentes y las decisiones colectivas de sus miembros. Esta descentralización reduce el riesgo de corrupción o sesgo, ya que ningún individuo o grupo tiene un control desproporcionado sobre la organización. Los miembros interactúan con el DAO a través de la blockchain, y todas las decisiones se toman mediante un proceso basado en consenso, mejorando la naturaleza democrática de la organización.

Los DAOs aprovechan los contratos inteligentes, la tokenómica, la transparencia y la gobernanza descentralizada para crear un modelo organizacional eficiente y democrático. Al automatizar los procesos de toma de decisiones, proporcionar mecanismos claros de votación y asegurar que todas las acciones se registren en un libro mayor público, los DAOs ofrecen un enfoque novedoso para la gestión de organizaciones que se alinea con los principios de descentralización y participación colectiva [345, 346].

Beneficios de los DAOs

Uno de los beneficios fundamentales de las Organizaciones Autónomas Descentralizadas (DAOs) es su naturaleza descentralizada. A diferencia de las organizaciones tradicionales, donde la toma de decisiones está concentrada en manos de unos pocos, como un CEO o una junta directiva, los DAOs distribuyen la autoridad entre una amplia base de participantes. Este enfoque descentralizado asegura que ningún individuo o pequeño grupo tenga un control desmedido sobre la organización. En su lugar, las decisiones se toman colectivamente por un grupo diverso de miembros, lo que mejora la inclusividad y equidad del proceso de gobernanza. Al dispersar el poder de toma de decisiones, los DAOs buscan crear una estructura más democrática y equitativa que refleje los intereses colectivos y la experiencia de un grupo más amplio [345, 346].

Los DAOs fomentan un alto nivel de participación entre sus miembros. En una organización tradicional, el poder de voto a menudo está limitado a unos pocos seleccionados, pero en un DAO, los titulares de tokens tienen la capacidad de influir en las decisiones mediante la votación. Este modelo participativo empodera a los individuos para tener una voz directa en la gobernanza de la organización, alentándolos a participar activamente y aportar sus perspectivas. Aunque el poder de voto individual puede variar según el número de tokens poseídos, la capacidad de proponer y votar sobre cambios otorga a los miembros un sentido de propiedad e implicación. Este mayor compromiso puede llevar a una toma de decisiones más robusta y una conexión más fuerte entre los miembros y el DAO [345, 346].

La transparencia es otro beneficio significativo de los DAOs. Todos los votos y actividades de gobernanza están registrados en la blockchain y son accesibles públicamente. Esta transparencia crea un sistema donde las acciones y decisiones de los miembros son visibles para toda la comunidad. Saber que sus votos y propuestas serán visibles públicamente anima a los miembros a actuar de maneras que estén alineadas con los mejores intereses de la organización y su comunidad. Esta apertura ayuda a construir confianza dentro del DAO y desalienta acciones que puedan ser perjudiciales o egoístas, ya que los miembros están motivados para mantener una reputación positiva y contribuir de manera constructiva a los objetivos de la organización [345, 346].

Los DAOs tienen el potencial de reunir a individuos de diversas ubicaciones geográficas y orígenes, fomentando una comunidad global unida por una visión compartida. La naturaleza digital de los DAOs significa que cualquier persona con una conexión a internet puede participar, independientemente de su ubicación física. Esta inclusividad permite a los DAOs aprovechar una amplia gama de talentos, perspectivas y experiencias de todo el mundo. Al aprovechar la sabiduría colectiva y las habilidades de una comunidad global, los DAOs pueden buscar soluciones e iniciativas innovadoras que podrían no ser posibles dentro de los confines de una organización tradicional limitada geográficamente [345, 346].

Limitaciones de los DAOs

Uno de los desafíos que enfrentan los DAOs es la velocidad de toma de decisiones. En las organizaciones tradicionales, un único ejecutivo o junta puede tomar decisiones rápidamente e implementar cambios. En contraste, los DAOs requieren consenso de una amplia base de participantes, lo que puede ser un proceso que consume mucho tiempo. La necesidad de votación y deliberación entre muchos miembros puede ralentizar el proceso, especialmente cuando se consideran diferentes zonas horarias y prioridades variadas entre los miembros. Este proceso de toma de decisiones más lento puede ser una desventaja en situaciones que requieren respuestas rápidas o ajustes ágiles [345, 346].

Otra limitación es la necesidad de educación y comunicación integral entre los miembros del DAO. A diferencia de un CEO o una junta tradicional, que pueden tener un profundo entendimiento de las operaciones de la organización, los miembros del DAO a menudo provienen de diversos contextos con niveles variados de conocimiento y experiencia. Educar a todos los participantes sobre las iniciativas en curso, los cambios propuestos y los planes estratégicos puede ser un desafío. Asegurar que los miembros estén informados e involucrados requiere un esfuerzo y recursos significativos, lo que puede ser una barrera para una gobernanza y toma de decisiones efectivas [345, 346].

La naturaleza descentralizada y participativa de los DAOs puede llevar a ineficiencias. El tiempo y el esfuerzo requeridos para educar a los miembros, comunicar iniciativas y facilitar la votación pueden resultar en una implementación más lenta de los cambios y decisiones. Los DAOs pueden quedar atrapados en tareas administrativas y deliberaciones prolongadas, lo que puede restarles la capacidad de actuar con rapidez y eficacia. Esta ineficiencia puede verse exacerbada por la necesidad de coordinar entre un gran número de individuos, lo que podría llevar a retrasos y oportunidades perdidas [345, 346].

La seguridad es una preocupación crítica para los DAOs, ya que son vulnerables a riesgos técnicos y cibernéticos. Implementar y mantener contratos inteligentes seguros requiere una experiencia significativa, y cualquier vulnerabilidad puede ser explotada por actores maliciosos. A pesar de medidas como carteras multifirma y almacenamiento en frío, los DAOs aún pueden enfrentar riesgos como hackeos, robo de fondos y violaciones de confianza. Asegurar la integridad y seguridad de las operaciones y activos del DAO es esencial para mantener la confianza de los miembros y la estabilidad general de la organización [345, 346].

Aunque los DAOs ofrecen beneficios como la descentralización, la participación aumentada, la transparencia y el compromiso global, también enfrentan desafíos relacionados con la velocidad de toma de decisiones, la educación de los miembros, la eficiencia operativa y la seguridad. Comprender estos beneficios y limitaciones es crucial para cualquiera que esté considerando involucrarse o invertir en un DAO.

DAOs Notables y Su Impacto

Las Organizaciones Autónomas Descentralizadas (DAOs) representan una variedad diversa de estructuras organizativas en el espacio de blockchain y criptomonedas. Estas entidades utilizan contratos inteligentes y tecnología blockchain para operar sin la gestión jerárquica tradicional. Los ocho tipos principales de DAOs sirven propósitos distintos y ofrecen funcionalidades únicas [347]:

1. DAOs de Protocolo Los DAOs de protocolo están diseñados para gobernar protocolos descentralizados, como aplicaciones de préstamos/prestamos, intercambios descentralizados (DEXs) y otras aplicaciones descentralizadas (dapps). Estos DAOs se enfocan en gestionar y actualizar los protocolos que gobiernan. Ejemplos:

- **MakerDAO**: MakerDAO gobierna el Maker Protocol, que facilita la creación y gestión del stablecoin DAI. Los titulares de tokens MKR pueden votar sobre cambios en el protocolo, incluyendo ajustes en los requisitos de colateral y las tasas de interés. MKR también sirve como una red de seguridad; si el valor de DAI no está completamente cubierto por su colateral, se acuñan y venden nuevos tokens MKR para cubrir el déficit.

- **Uniswap**: Uniswap es un DEX prominente gobernado por la Uniswap Foundation. Los titulares de tokens UNI participan en la gobernanza, controlando aspectos como las actualizaciones del protocolo y el tesoro comunitario. Las propuestas requieren un número mínimo de votos para ser consideradas, asegurando que los cambios significativos reflejen un amplio consenso.

- **Yearn Finance**: Yearn DAO gestiona el ecosistema Yearn Finance, que automatiza estrategias de yield farming. Los titulares de tokens YFI pueden votar sobre qué estrategias financiar y cómo asignar recursos dentro de las bóvedas del DAO.

2. DAOs de Subvenciones Los DAOs de subvenciones se enfocan en proporcionar financiamiento y apoyo para diversos proyectos e iniciativas dentro del ecosistema Web3. Estos DAOs a menudo actúan como entidades de financiamiento caritativas o estratégicas. Ejemplos:

- **Aave Grants DAO**: Este DAO financia proyectos de desarrollo relacionados con el protocolo Aave. Apoya una variedad de iniciativas, incluidas integraciones y herramientas para desarrolladores, con financiamiento distribuido trimestralmente.

- **MetaCartel**: MetaCartel proporciona apoyo financiero y recursos operativos a aplicaciones descentralizadas (dapps) en etapas tempranas. Otorga subvenciones a proyectos que buscan avanzar en el espacio Web3, incluyendo nuevos DAOs e iniciativas orientadas a la comunidad.

3. DAOs de Filantropía Los DAOs de filantropía se enfocan en el impacto social y las actividades caritativas, aprovechando la naturaleza descentralizada de los DAOs para organizar y ejecutar esfuerzos filantrópicos. Ejemplos:

- **Big Green DAO**: Vinculado a la caridad Big Green, este DAO apoya iniciativas destinadas a mejorar la nutrición y la salud mental a través de la justicia alimentaria. Reorganiza la concesión de subvenciones para beneficiarse de la agilidad y transparencia de los DAOs.

- **UkraineDAO**: Coordinado por PleasrDAO y otros grupos, UkraineDAO recaudó más de $3 millones en ETH para apoyar a soldados ucranianos y organizaciones de ayuda durante el conflicto en Ucrania. Su recaudación rápida y despliegue destacan la efectividad de los DAOs en la filantropía de emergencia.

4. DAOs Sociales Los DAOs sociales reúnen comunidades de individuos con intereses similares, como constructores, artistas y creativos. La membresía a menudo requiere poseer tokens específicos o NFTs, o recibir una invitación. Ejemplos:

- **Developer DAO**: Este DAO está dedicado a desarrolladores web3, proporcionando una plataforma para la colaboración y el intercambio de conocimientos. La membresía requiere tener un NFT de génesis o ser invitado a unirse a la comunidad privada.

- **Friends With Benefits**: Enfocado en fomentar la creatividad y la comunidad, este DAO requiere poseer tokens $FWB para acceder a eventos y conectarse con otros creativos. Enfatiza la exclusividad y los efectos de red.

5. DAOs de Coleccionista Los DAOs de coleccionista agrupan recursos para invertir en NFTs y coleccionables de alto valor. Los miembros poseen participaciones en los activos coleccionados proporcionales a sus contribuciones. Ejemplos:

- **FlamingoDAO**: Conocido por adquirir NFTs de alto perfil de artistas como Pak y CryptoPunk #2890, FlamingoDAO ejemplifica cómo la inversión colectiva puede proporcionar exposición a arte digital valioso.

- **ConstitutionDAO**: Este DAO intentó comprar una copia de primera edición de la Constitución de EE.UU., recaudando $47 millones en ETH en una semana. Aunque fueron superados en la puja, el esfuerzo del DAO mostró el potencial del poder adquisitivo colectivo en subastas de alto riesgo.

6. DAOs de Inversión y Capital de Riesgo

Los DAOs de inversión y capital de riesgo se enfocan en agrupar capital para invertir en startups en etapas tempranas, protocolos y otras oportunidades de inversión dentro y más allá del espacio Web3. Ejemplos:

- **Krause House DAO**: Tiene como objetivo comprar un equipo de la NBA, involucrando a los miembros en decisiones relacionadas con la gestión y operaciones del equipo. Representa un enfoque novedoso hacia la propiedad deportiva.

- **MetaCartel Ventures (MCV)**: Invierte en dapps en etapas tempranas, aprovechando la experiencia y recursos de la comunidad MetaCartel para apoyar proyectos prometedores.

- **BessemerDAO**: Fundado por Bessemer Venture Partners, este DAO discute tendencias y recursos en la industria de criptomonedas, ofreciendo perspectivas y oportunidades de inversión.

7. DAOs de Medios

Los DAOs de medios rompen con los medios tradicionales al permitir la creación y distribución de contenido gobernado por miembros de la comunidad. A diferencia de las plataformas de medios centralizadas, los DAOs de medios permiten a los individuos ganar por sus contribuciones. Ejemplos:

- **BanklessDAO**: Se enfoca en promover un sistema financiero sin bancos a través de medios impulsados por la comunidad y educación. Apoya la adopción de principios de finanzas descentralizadas (DeFi).

- **Decrypt**: Empodera a su comunidad para votar sobre la creación de contenido, permitiendo a los usuarios influir en el tipo de artículos y medios producidos.

8. SubDAOs

Los SubDAOs son subconjuntos de DAOs más grandes, encargados de gestionar funciones específicas como operaciones, marketing o gestión del tesoro. Agilizan la toma de decisiones al delegar responsabilidades. Ejemplos:

- **Balancer Protocol**: Implementó SubDAOs para manejar diferentes aspectos de las operaciones de su DAO, haciendo la gobernanza general más eficiente y enfocada. Cada SubDAO gestiona tareas o áreas particulares, permitiendo una ejecución más rápida de decisiones y propuestas.

Estos diversos tipos de DAOs ilustran la flexibilidad y el potencial innovador de las estructuras de gobernanza descentralizadas, cada una contribuyendo de manera única al paisaje en evolución de la tecnología blockchain y la gestión comunitaria.

A partir de abril de 2023, las principales Organizaciones Autónomas Descentralizadas (DAOs) por capitalización de mercado de tokens de gobernanza representan una gama diversa de sectores dentro del ecosistema descentralizado. Estos incluyen [348]:

Uniswap Foundation

- **Proyecto**: Uniswap
- **Token**: UNI
- **Capitalización de Mercado**: $3.4 mil millones
- **Enfoque del Proyecto**: Intercambio Descentralizado (DEX)
- Uniswap es uno de los intercambios descentralizados (DEX) más conocidos que opera en la blockchain de Ethereum. La Uniswap Foundation gestiona el desarrollo y la gobernanza de Uniswap a través de su token UNI, que permite a los titulares participar en los procesos de toma de decisiones del protocolo. Uniswap facilita el comercio de criptomonedas sin necesidad de una autoridad central, utilizando creadores de mercado automatizados (AMMs) para emparejar órdenes de compra y venta.

Lido DAO

- **Proyecto**: Lido
- **Token**: LDO
- **Capitalización de Mercado**: $2.1 mil millones
- **Enfoque del Proyecto**: Protocolo de Staking Líquido
- Lido DAO gobierna Lido, una solución de staking líquido diseñada para proporcionar liquidez a los activos en staking. Lido permite a los usuarios hacer staking de su Ethereum y otros activos mientras mantienen liquidez a través de la emisión de tokens en staking (por ejemplo, stETH). Este enfoque permite a los usuarios ganar recompensas de staking mientras todavía pueden utilizar sus activos en staking en otras actividades DeFi, abordando los desafíos de liquidez

asociados con el staking tradicional.

Ape Foundation

- **Proyecto**: ApeCoin
- **Token**: APE
- **Capitalización de Mercado**: $1.5 mil millones
- **Enfoque del Proyecto**: NFTs, Metaverso y Entretenimiento en Web3
- La Ape Foundation supervisa ApeCoin, que está asociada con un protocolo DeFi más amplio y proyectos impulsados por la comunidad enfocados en arte, juegos y entretenimiento. ApeCoin se utiliza para gobernar y apoyar iniciativas dentro del ecosistema, incluyendo el Bored Ape Yacht Club (BAYC) y otras empresas relacionadas con NFTs. El DAO fomenta la participación de la comunidad en el desarrollo de proyectos de entretenimiento relacionados con web3.

Arbitrum Foundation

- **Proyecto**: Arbitrum
- **Token**: ARB
- **Capitalización de Mercado**: $1.5 mil millones
- **Enfoque del Proyecto**: Blockchain de Capa 2 en Ethereum
- Arbitrum proporciona una solución de escalado de Capa 2 para Ethereum, destinada a mejorar la velocidad de las transacciones y reducir los costos mediante rollups optimistas. La Arbitrum Foundation gobierna el protocolo Arbitrum, diseñado para mejorar la escalabilidad de Ethereum mientras mantiene su seguridad y descentralización. El token ARB se utiliza para la gobernanza dentro del ecosistema Arbitrum.

Internet Computer (Sistema Nervioso de Servicios)

- **Proyecto**: Internet Computer
- **Token**: ICP

- **Capitalización de Mercado**: $1.4 mil millones
- **Enfoque del Proyecto**: Blockchain de Infraestructura Web3

Internet Computer tiene como objetivo extender la funcionalidad de internet proporcionando una plataforma descentralizada para contratos inteligentes y aplicaciones. Gobernado por el Sistema Nervioso de Servicios, ICP se utiliza para gestionar la blockchain de Internet Computer, que busca ofrecer una infraestructura escalable y eficiente para aplicaciones web3.

Aave

- **Proyecto**: Protocolo de Liquidez Aave
- **Token**: AAVE
- **Capitalización de Mercado**: $1 mil millones
- **Enfoque del Proyecto**: Protocolo de Préstamos

Aave opera como un protocolo de préstamos descentralizado, permitiendo a los usuarios pedir prestado y prestar varias criptomonedas. El token AAVE se utiliza para la gobernanza y para participar en las actualizaciones del protocolo y en la toma de decisiones. Aave proporciona una plataforma descentralizada para ganar intereses sobre depósitos y pedir prestados activos.

BitDAO

- **Proyecto**: BitDAO
- **Token**: BIT
- **Capitalización de Mercado**: $1 mil millones
- **Enfoque del Proyecto**: Financiamiento de Proyectos Web3

BitDAO es una organización autónoma descentralizada centrada en financiar y apoyar proyectos Web3. El token BIT facilita la gobernanza y la toma de decisiones sobre inversiones en nuevos proyectos de blockchain e innovaciones, fomentando el crecimiento dentro del ecosistema Web3.

Curve.fi DAO

- **Proyecto**: Curve

- **Token**: CRV
- **Capitalización de Mercado**: $778 millones
- **Enfoque del Proyecto**: Intercambio Descentralizado (DEX)

Curve Finance es un intercambio descentralizado especializado en el comercio de stablecoins, ofreciendo baja deslizamiento y alta liquidez para intercambios de stablecoins. El token CRV se utiliza para la gobernanza, permitiendo a los titulares participar en las decisiones del protocolo y ganar recompensas.

Synthetix

- **Proyecto**: Synthetix
- **Token**: SNX
- **Capitalización de Mercado**: $691 millones
- **Enfoque del Proyecto**: Protocolo de Liquidez de Derivados

Synthetix opera una plataforma descentralizada para el comercio de activos sintéticos, incluyendo derivados y otros instrumentos financieros. El token SNX se utiliza para respaldar los activos sintéticos y participar en la gobernanza del protocolo.

MakerDAO

- **Proyecto**: Dai Stablecoin
- **Token**: MKR
- **Capitalización de Mercado**: $677 millones
- **Enfoque del Proyecto**: Plataforma de Contratos Inteligentes

MakerDAO gobierna la creación y estabilidad de la stablecoin Dai, que está vinculada al dólar estadounidense. El token MKR se utiliza para la gobernanza y para gestionar la estabilidad de Dai. MakerDAO opera una plataforma descentralizada que permite a los usuarios crear y gestionar stablecoins a través de contratos inteligentes.

Estos DAOs representan un amplio espectro de actividades dentro del espacio de las criptomonedas, desde intercambios descentralizados y staking líquido hasta infraestructura Web3 y proyectos enfocados en NFTs. El modelo de gobernanza y operativo de cada DAO refleja su enfoque único y contribuciones al ecosistema blockchain.

Desafíos Legales y de Gobernanza

Las Organizaciones Autónomas Descentralizadas (DAOs) representan un enfoque novedoso para la gestión organizacional, aprovechando la tecnología blockchain y los contratos inteligentes para facilitar la toma de decisiones y las operaciones sin estructuras jerárquicas tradicionales. Aunque las DAOs ofrecen soluciones e eficiencias innovadoras, también enfrentan desafíos legales y de gobernanza significativos que deben abordarse para una adopción y estabilidad más amplias.

Los desafíos legales que enfrentan las Organizaciones Autónomas Descentralizadas (DAOs) provienen de diversos factores, incluidos la incertidumbre regulatoria, los problemas de personalidad jurídica, las complejidades del cumplimiento regulatorio y las dificultades en la resolución de disputas. Las DAOs operan en una área gris legal debido a la naturaleza descentralizada y sin fronteras de sus operaciones, que los marcos legales tradicionales luchan por abordar. Los reguladores aún están lidiando con cómo aplicar las leyes existentes relacionadas con la gobernanza corporativa, valores y transacciones financieras a las DAOs, lo que lleva a incertidumbres que pueden representar riesgos para los participantes y obstaculizar el funcionamiento fluido de las DAOs en diferentes jurisdicciones.

Uno de los principales obstáculos que enfrentan las DAOs es la ausencia de personalidad jurídica, a diferencia de las entidades tradicionales como las corporaciones que tienen estatus legal que les permite celebrar contratos, poseer activos y ser responsables de obligaciones legales. Las DAOs, al ser descentralizadas y a menudo anónimas, carecen de una identidad legal clara, lo que hace que sea un desafío hacer cumplir contratos, manejar disputas y gestionar la responsabilidad de manera efectiva. Aunque algunas DAOs intentan mitigar este desafío registrándose como entidades legales en jurisdicciones específicas, este enfoque puede contradecir el ethos descentralizado que las DAOs buscan mantener.

El cumplimiento regulatorio plantea otro desafío significativo para las DAOs, ya que deben navegar por una compleja red de regulaciones que abarcan leyes de valores, requisitos de anti-lavado de dinero (AML) y reglas de conocer a tu cliente (KYC). Asegurar el cumplimiento mientras se preserva la naturaleza descentralizada de la organización es un acto de equilibrio delicado, especialmente considerando que ciertas actividades realizadas por las DAOs podrían caer bajo el comercio de valores o inversiones, atrayendo potencialmente el escrutinio de los reguladores financieros.

Además, la naturaleza descentralizada de las DAOs presenta obstáculos en la resolución de disputas, ya que los sistemas legales tradicionales están mal equipados para manejar conflictos que surgen de las operaciones de las DAOs. La ausencia de una autoridad central en las DAOs a menudo significa que resolver disputas se vuelve desafiante, con algunas DAOs implementando sus propios mecanismos de resolución de disputas que pueden no ser reconocidos o ejecutables en los sistemas legales convencionales.

A la luz de estos desafíos legales, es evidente que las DAOs enfrentan un panorama complejo donde los marcos legales existentes luchan por mantenerse al ritmo de la naturaleza innovadora y descentralizada de estas organizaciones. A medida que los reguladores continúan lidiando con la aplicación de las leyes tradicionales a las DAOs, los participantes y las partes interesadas deben navegar por un terreno lleno de incertidumbres y riesgos, destacando la necesidad de soluciones legales a medida que puedan acomodar las características únicas de las DAOs mientras se asegura el cumplimiento y la responsabilidad. Abordar estos desafíos legales es crucial para el crecimiento sostenible y la adopción generalizada de las DAOs en la economía digital en evolución.

Los desafíos de gobernanza en las Organizaciones Autónomas Descentralizadas (DAOs) abarcan varios aspectos críticos que pueden impactar su efectividad y sostenibilidad. Una área clave de preocupación son los procesos de toma de decisiones dentro de las DAOs, donde el uso de tokens de gobernanza para votar puede llevar a complejidades, especialmente en DAOs grandes con numerosos titulares de tokens. Asegurar la equidad, transparencia y resistencia a la manipulación en estos mecanismos de votación es crucial para prevenir la parálisis en la toma de decisiones, particularmente cuando las propuestas requieren una supermayoría o enfrentan baja participación de votantes. Además, el problema de la concentración de tokens plantea un desafío de gobernanza significativo, ya que el poder en las DAOs a menudo se correlaciona con la propiedad de tokens de gobernanza. Esta concentración de poder entre unos pocos titulares de tokens puede socavar la naturaleza descentralizada de la organización, dando una influencia indebida a los primeros inversores o fundadores con una cantidad desproporcionada de tokens.

Los riesgos de seguridad presentan otro desafío importante de gobernanza para las DAOs, principalmente debido a vulnerabilidades en los contratos inteligentes que las rigen. Estas vulnerabilidades, derivadas de errores de codificación, pueden ser explotadas para causar pérdidas financieras sustanciales o interrupciones operativas. Aunque la implementación de medidas de seguridad robustas y la realización de auditorías regulares son esenciales, la naturaleza de código abierto de muchas DAOs las expone a una posible explotación por actores maliciosos [352]. Además, a medida que las DAOs se expanden y crecen, la coordinación de los procesos de toma de decisiones y la gestión operativa se vuelve cada vez más intrincada. Escalar los mecanismos de gobernanza para acomodar una base de participantes más grande mientras se mantiene la eficiencia y el compromiso plantea un desafío significativo que las DAOs deben abordar para mantener su funcionalidad y efectividad [97].

La participación comunitaria se destaca como un desafío crítico de gobernanza para las DAOs, ya que la participación activa de un grupo diverso de miembros es vital para su éxito. Sin embargo, motivar a los titulares de tokens a participar en actividades de gobernanza y contribuir a los objetivos de la organización puede ser un desafío. Mantener una participación activa y fomentar un sentido de pertenencia entre los miembros son aspectos cruciales en los que las DAOs necesitan centrarse para asegurar su longevidad y efectividad [353].

Al abordar estos desafíos de gobernanza, las DAOs deben navegar por un complejo panorama de riesgos y oportunidades. La verificación de la seguridad de los contratos inteligentes en blockchain es un área clave de enfoque, con investigaciones que destacan la importancia de garantizar la corrección y seguridad de estos contratos para mitigar vulnerabilidades y posibles explotaciones [354]. Además, el diseño de las DAOs juega un papel fundamental en la superación de los desafíos de gobernanza, con la implementación de mecanismos de gobernanza alineados con principios como los principios de gobernanza común de Ostrom ofreciendo un marco para la toma de decisiones y gestión descentralizadas efectivas [355].

Mientras las DAOs ofrecen una alternativa prometedora a las estructuras organizacionales tradicionales, enfrentan una serie de desafíos legales y de gobernanza que deben abordarse para su adopción generalizada. Navegar por la incertidumbre regulatoria, asegurar el reconocimiento legal, gestionar las complejidades de gobernanza y protegerse contra los riesgos de seguridad son críticos para el éxito y sostenibilidad a largo plazo de las DAOs. A medida que el panorama legal y regulatorio evoluciona, las DAOs deberán adaptarse e innovar para superar estos desafíos y realizar su máximo potencial.

Crear una Organización Autónoma Descentralizada (DAO)

Crear una Organización Autónoma Descentralizada (DAO) implica un proceso multifacético que combina desarrollo técnico, planificación estratégica y diseño de gobernanza. Esto incluye [356]:

1. Definir el Propósito de la DAO El primer y quizás el paso más crucial en la creación de una DAO es definir su propósito. Esta decisión fundamental moldea cada otro aspecto de la creación y operación de la DAO. El propósito de una DAO podría variar desde gestionar un protocolo de finanzas descentralizadas (DeFi) hasta supervisar un proyecto impulsado por la comunidad o incluso gestionar inversiones en tecnologías emergentes. Articular claramente la misión de la DAO ayuda en el diseño de su modelo de gobernanza y contratos inteligentes para alinearse con sus objetivos. Por ejemplo, una DAO diseñada para gobernar un protocolo DeFi tendrá requisitos diferentes en comparación con una enfocada en la gobernanza comunitaria o en financiar proyectos artísticos.

2. Diseñar el Modelo de Gobernanza Una vez establecido el propósito, el siguiente paso es diseñar el modelo de gobernanza, que dicta cómo se toman las decisiones dentro de la DAO. Los elementos clave a considerar incluyen:

- **Derechos de Voto:** Decidir si el poder de votación será proporcional al número de tokens que posee un miembro o si cada miembro tendrá un voto igual. Esta decisión afecta cómo se distribuyen la influencia y el control entre los miembros.

- **Propuestas:** Determinar quién puede hacer propuestas y qué tipos de decisiones pueden ser sometidas a votación. ¿Habrá un costo asociado con la presentación de propuestas, o estará abierto a todos los miembros?

- **Proceso de Votación:** Definir los parámetros para el proceso de votación, incluidos la duración de los períodos de votación y el porcentaje de votos necesarios para que una propuesta sea aprobada. Esto asegura claridad y equidad en la toma de decisiones.

- **Distribución de Tokens:** Planificar cómo se distribuirán inicialmente los tokens y si se acuñarán nuevos tokens con el tiempo. Esta distribución afecta la estructura de gobernanza y el control inicial dentro de la DAO.

3. Codificar los Contratos Inteligentes Codificar contratos inteligentes es la columna vertebral técnica de la creación de una DAO. Estos contratos automatizan el modelo de gobernanza de la DAO, gestionando todo, desde la creación de propuestas hasta la votación y la ejecución de decisiones. Los contratos inteligentes se escriben típicamente en Solidity, el lenguaje de programación para Ethereum.

- **Implementación:** Los contratos inteligentes deben implementar con precisión las reglas de gobernanza, incluidos la presentación de propuestas, los mecanismos de votación y la ejecución de decisiones.

- **Pruebas y Auditoría:** Probar y auditar minuciosamente los contratos inteligentes para asegurar que funcionen correctamente y estén libres de vulnerabilidades. Este paso es crucial ya que los contratos inteligentes operan de forma autónoma y cualquier error o falla de seguridad puede tener consecuencias significativas.

4. Desplegar los Contratos Inteligentes Una vez probados y auditados, el siguiente paso es desplegar los contratos inteligentes en la blockchain. Este proceso implica subir el código a la red blockchain, lo que establece la DAO y sus tokens asociados.

- **Tarifas de Gas:** Los costos de despliegue, conocidos como tarifas de gas, dependen de la complejidad de los contratos inteligentes y la congestión de la red. Es esencial tener en cuenta estos costos en la fase de presupuestación.

5. Distribuir los Tokens Después del despliegue, distribuir los tokens de la DAO según el modelo de distribución planificado. Esto podría implicar diversas estrategias:

- **Distribución Inicial:** Asignar tokens a miembros fundadores, contribuyentes tempranos o a través de una venta pública.

- **Airdrops:** Distribuir tokens a usuarios existentes de un producto o servicio para fomentar la participación y el compromiso en la DAO.

6. Iniciar el Proceso de Gobernanza Con la DAO en funcionamiento y los tokens distribuidos, el proceso de gobernanza puede comenzar. Los miembros ahora pueden crear y votar sobre propuestas, iniciando las operaciones y la toma de decisiones de la DAO.

Mejores Prácticas para la Creación de una DAO

1. **Auditoría de Contratos Inteligentes:** Dado el papel crítico que desempeñan los contratos inteligentes, se recomienda encarecidamente que sean auditados

por profesionales experimentados. Esto reduce el riesgo de vulnerabilidades y mejora la seguridad de la DAO.

2. **Descentralización Gradual:** Muchas DAOs exitosas optan por un enfoque de descentralización gradual. Esto significa comenzar con una estructura más centralizada y transferir progresivamente el control a la DAO a medida que madura y demuestra su estabilidad operativa.

3. **Incentivos para la Participación:** Para fomentar la participación activa en la gobernanza, implementa mecanismos que recompensen a los miembros por su involucramiento en procesos de votación y propuestas. Esto podría incluir incentivos financieros o acceso a beneficios exclusivos.

4. **Consideraciones Legales:** Consulta con expertos legales para navegar el panorama regulatorio y abordar posibles riesgos legales. Entender y cumplir con las regulaciones aplicables puede ayudar a evitar problemas legales y asegurar que la DAO opere dentro de los límites legales.

Crear una DAO requiere un enfoque reflexivo que integre el desarrollo técnico, la planificación estratégica de gobernanza y las consideraciones legales. Al definir cuidadosamente el propósito, diseñar un modelo de gobernanza efectivo, codificar y desplegar contratos inteligentes, y asegurar el compromiso y cumplimiento continuos, puedes construir una DAO exitosa y resiliente. La creación de una organización descentralizada implica una serie de pasos estratégicos y técnicos, cada uno crucial para crear una Organización Autónoma Descentralizada (DAO) funcional e impactante. Esto incluye [357]:

1. Definir la Estructura de Tu Organización Antes de adentrarte en aspectos técnicos o de codificación, es esencial definir a fondo la estructura y el propósito de tu DAO. Comienza por aclarar los objetivos principales:

- **Establecimiento de Metas:** Identifica lo que buscas lograr con tu DAO. ¿Estás buscando crear una plataforma para finanzas descentralizadas (DeFi), un proyecto impulsado por la comunidad o un vehículo de inversión? Metas claras moldearán el diseño y la funcionalidad de tu DAO.

- **Toma de Decisiones:** Determina qué decisiones tomará la DAO. ¿Gestionará inversiones, gobernará una comunidad o supervisará un protocolo? Definir los procesos de toma de decisiones ayuda en el diseño de mecanismos de gobernanza efectivos.

- **Resolución de Problemas:** Evalúa si la DAO abordará un problema o necesidad específica en el mercado. Entender el problema que pretende resolver guiará el desarrollo de características y modelos de gobernanza relevantes.

- **Impacto en la Comunidad:** Considera cómo beneficiará la DAO a su comunidad. ¿Proporcionará valor a través de retornos financieros, compromiso comunitario o innovación? Una visión clara de los beneficios para la comunidad ayuda a formar una base de usuarios activa y apoyadora.

- **Recursos Técnicos:** Evalúa los recursos técnicos y de programación necesarios para construir y mantener la DAO. Esto incluye habilidades de codificación, infraestructura blockchain y herramientas de desarrollo necesarias para la implementación.

- **Visión y Desafíos:** Formula una visión para tu DAO y prepárate para los desafíos asociados con el mercado de criptomonedas. Esto incluye navegar incertidumbres regulatorias, gestionar expectativas de la comunidad y manejar complejidades técnicas.

2. Elige el Tipo de DAO

Una vez que hayas definido la estructura y el propósito, el siguiente paso es seleccionar el tipo de DAO que se alinee con tus objetivos. Aquí hay algunos tipos comunes de DAOs:

- **DAOs de Protocolo:** Estas DAOs se centran en la gestión de protocolos descentralizados. Son comunes en el espacio DeFi e incluyen ejemplos conocidos como MakerDAO, Uniswap y Yearn Finance. Generalmente, gestionan y gobiernan aplicaciones descentralizadas (dApps) o servicios financieros.

- **DAOs de Inversión:** Estas DAOs están diseñadas para agrupar fondos de inversores para apoyar nuevos proyectos o empresas. Los fondos colectivos se utilizan para invertir en oportunidades emergentes, y las decisiones se toman a través del proceso de gobernanza de la DAO.

- **DAOs de Subvenciones:** Similar a las DAOs de inversión, las DAOs de subvenciones apoyan proyectos e ideas. Sin embargo, su enfoque está específicamente en proyectos e innovaciones DeFi. Proporcionan financiación o recursos a proyectos que se alinean con sus objetivos.

- **DAOs Sociales:** Estas organizaciones se centran en redes sociales y la participación comunitaria dentro del ecosistema cripto. Un ejemplo es Blockster, que apoya las interacciones en redes sociales y la construcción de comunidades.

- **DAOs de Coleccionables:** Asociadas con NFTs (Tokens No Fungibles), estas DAOs gestionan y gobiernan coleccionables digitales. PleasrDAO es un ejemplo notable, centrado en inversiones relacionadas con NFTs y actividades comunitarias.

- **DAOs de Entretenimiento:** Estas DAOs proporcionan entretenimiento descentralizado y apoyan proyectos creativos. Permiten a los desarrolladores implementar ideas de entretenimiento descentralizado, siendo Flufworld un ejemplo destacado.

- **DAOs Filantrópicas:** Aunque son menos comunes, estas DAOs tienen como objetivo apoyar causas benéficas o sociales dentro del ecosistema Web3. El BigGreen DAO, por ejemplo, se enfoca en esfuerzos filantrópicos en el espacio blockchain.

3. Decide sobre el Token

Los tokens son un aspecto fundamental de una DAO y juegan varios roles:

- **Suministro y Distribución:** Planifica el suministro total de tokens y su distribución. Decide cuántos tokens se acuñarán, asignarán y cómo se distribuirán entre miembros, inversores y partes interesadas.

- **Incentivos y Recompensas:** Diseña mecanismos para recompensar a los participantes e incentivar la participación. Los tokens pueden usarse para distribuir recompensas, proporcionar derechos de voto y fomentar una participación activa.

- **Gobernanza:** Los tokens son cruciales para la gobernanza. Permiten a los miembros votar sobre propuestas, tomar decisiones e influir en la dirección de la DAO. Un sistema de tokens bien estructurado apoya una gobernanza efectiva y justa.

- **Construcción de Comunidad:** Los tokens ayudan en el desarrollo y expansión de la comunidad. Pueden utilizarse para recaudación de fondos, involucrar a usuarios y construir una base leal de apoyo.

4. Crea tu DAO

Crear una DAO implica usar varias herramientas y plataformas para configurar la organización. Varias herramientas blockchain populares pueden facilitar este proceso:

- **Aragon:** Ofrece una interfaz fácil de usar para crear y gestionar DAOs con características de gobernanza personalizables.

- **Colony:** Proporciona herramientas para la gestión de proyectos descentralizados y la gobernanza.

- **Syndicate:** Se enfoca en DAOs de inversión y fondos colaborativos de inversión.

- **OpenLaw:** Facilita la creación de acuerdos legales y contratos inteligentes para DAOs.

- **DAOstack:** Ofrece un conjunto de herramientas para la gobernanza y toma de decisiones en DAOs.

- **Orca Protocol:** Proporciona infraestructura para construir DAOs y gestionar organizaciones descentralizadas.

5. Configura el Tesorería

Después de crear la DAO, gestionar su tesorería es crucial para operaciones financieras efectivas:

- **Seguridad de Fondos:** Usa herramientas de gestión de tesorería para asegurar y gestionar los fondos de la DAO. Herramientas como Gnosis Safe, Multis y Juicebox ofrecen formas seguras de manejar fondos y gestionar operaciones financieras.

- **Crowdfunding:** Si tu DAO involucra crowdfunding, asegura que los fondos se gestionen y asignen efectivamente según los objetivos de la DAO.

- **Gestión Financiera:** Herramientas como LIama, Parcel y Utopia pueden ayudar en el seguimiento de gastos, gestión de presupuestos y asegurar transparencia en las operaciones financieras.

6. Construye y Compromete a la Comunidad

El éxito de una DAO depende en gran medida de su comunidad. Construir y mantener una comunidad comprometida, apoyadora y confiable es esencial:

- **Compromiso:** Fomenta una comunidad activa incentivando la participación en la gobernanza, discusiones y actividades. Una comunidad comprometida contribuye al crecimiento y éxito de la DAO.

- **Apoyo:** Proporciona apoyo y recursos a los miembros de la comunidad para ayudarles a involucrarse y contribuir efectivamente.

- **Confianza:** Construye confianza a través de la transparencia, actualizaciones regulares y comunicación abierta. Una comunidad confiable es más propensa a participar activamente y apoyar los objetivos de la DAO.

16

Fondos Cotizados en Bolsa (ETFs) de Criptomonedas

Los Fondos Cotizados en Bolsa (ETFs) de criptomonedas son fondos de inversión negociados en bolsas de valores tradicionales que rastrean el desempeño de criptomonedas o una cesta de criptomonedas. Proporcionan a los inversionistas exposición al mercado de criptomonedas sin necesidad de comprar o gestionar directamente los activos digitales. A continuación, se presenta una visión detallada de los ETFs de criptomonedas:

Los ETFs de criptomonedas son vehículos de inversión que permiten a los inversores obtener exposición a las criptomonedas a través de un producto financiero regulado. En lugar de comprar criptomonedas directamente, los inversores compran acciones del ETF, que posee las criptomonedas subyacentes o activos relacionados. El desempeño del ETF refleja los movimientos de precio de los activos subyacentes, como Bitcoin, Ethereum o una cartera diversificada de monedas digitales.

Tipos de ETFs de Criptomonedas

Los Fondos Cotizados en Bolsa (ETFs) de criptomonedas vienen en varios tipos, cada uno con su estructura y estrategia de inversión distintiva.

ETFs Físicos: Los ETFs físicos mantienen directamente la criptomoneda subyacente en custodia. Por ejemplo, un ETF Físico de Bitcoin adquiere y almacena Bitcoin real en bóvedas seguras. Los inversores en el ETF poseen acciones que representan una participación proporcional en el Bitcoin que posee el fondo. El valor de estas acciones refleja el precio de mercado actual del Bitcoin, lo que constituye una forma sencilla para que los inversores obtengan exposición a la criptomoneda sin necesidad de gestionar o asegurar los activos digitales ellos mismos.

Los ETFs físicos proporcionan una exposición directa al mercado de criptomonedas y generalmente buscan reflejar el desempeño del activo subyacente. Se benefician de la simplicidad de rastrear el precio al contado de la criptomoneda, lo cual puede ser ventajoso para los inversores que desean evitar las complejidades asociadas con el almacenamiento y la gestión de criptomonedas.

ETFs Basados en Futuros: Los ETFs basados en futuros invierten en contratos de futuros de criptomonedas en lugar de en las criptomonedas reales. Un contrato de futuros es un acuerdo financiero para comprar o vender un activo en una fecha futura predeterminada a un precio especificado. Los ETFs basados en futuros buscan rastrear el desempeño de estos contratos, que pueden estar basados en el precio futuro anticipado de la criptomoneda.

La característica clave de los ETFs basados en futuros es que no mantienen la criptomoneda subyacente, sino que mantienen contratos que derivan su valor de ella. Esto puede llevar a discrepancias entre el desempeño del ETF y el precio al contado de la criptomoneda debido a factores como el costo de renovación de contratos de futuros, la volatilidad del mercado y otros factores que influyen en el mercado de futuros. Por lo tanto, estos ETFs pueden no replicar perfectamente los movimientos de precio de la criptomoneda subyacente y a menudo tienen tarifas de gestión más altas.

ETFs de Índice Cripto: Los ETFs de Índice Cripto proporcionan una exposición diversificada a una gama de criptomonedas o activos relacionados. En lugar de centrarse en una sola criptomoneda, estos ETFs rastrean una cesta de activos digitales o empresas de tecnología blockchain. El índice puede incluir múltiples criptomonedas como Bitcoin, Ethereum y otras, o puede incorporar empresas involucradas en el espacio blockchain.

Al mantener una cartera diversificada de criptomonedas o activos relacionados con blockchain, los ETFs de Índice Cripto buscan reducir el riesgo asociado con la inversión en un solo activo digital. Esta diversificación puede ayudar a mitigar el impacto de la volatilidad en criptomonedas individuales y proporcionar una exposición más amplia al mercado en general. Los ETFs de índice están diseñados para rastrear un índice o referencia de mercado específico, reflejando el desempeño de los activos subyacentes incluidos en el índice.

ETFs Apalancados e Inversos: Los ETFs apalancados e inversos están diseñados para amplificar o revertir el desempeño de una criptomoneda. Los ETFs apalancados utilizan derivados financieros y endeudamiento para proporcionar un múltiplo del rendimiento del activo subyacente. Por ejemplo, un ETF de Bitcoin apalancado 2x busca proporcionar el doble del rendimiento diario de Bitcoin. Estos ETFs suelen ser utilizados por inversores que buscan capitalizar movimientos de precios a corto plazo y no se recomiendan generalmente para mantener a largo plazo debido a los riesgos involucrados.

Los ETFs inversos, por otro lado, buscan beneficiarse de las caídas en el precio del activo subyacente. Utilizan derivados para producir rendimientos que están inversamente correlacionados con el desempeño de la criptomoneda. Por ejemplo, un ETF inverso de Bitcoin buscaría generar rendimientos positivos cuando el precio de Bitcoin cae.

Tanto los ETFs apalancados como los inversos conllevan riesgos mayores y generalmente están destinados a inversores experimentados que gestionan activamente sus carteras. Los rendimientos amplificados pueden llevar a ganancias significativas, pero también pueden resultar en pérdidas sustanciales, especialmente en mercados volátiles. El desempeño de estos ETFs también puede verse afectado por factores como los efectos de acumulación y la volatilidad del mercado, lo que puede hacer que se desvíen significativamente del múltiplo esperado del rendimiento del activo subyacente con el tiempo.

Los inversores interesados en Bitcoin tienen dos métodos principales para obtener exposición a la criptomoneda: a través de ETFs de Bitcoin al contado y ETFs de futuros de Bitcoin. Cada método ofrece formas distintas de invertir en Bitcoin, con implicaciones variadas para cómo funciona la inversión y los riesgos asociados.

ETFs de Bitcoin al Contado (Spot Bitcoin ETFs): Un ETF de Bitcoin al contado está diseñado para proporcionar a los inversores una exposición directa a Bitcoin manteniendo Bitcoin físico en reserva. En esencia, el ETF posee y almacena la criptomoneda real, y el valor de las acciones del ETF refleja directamente el valor del Bitcoin que posee. Cuando inviertes en un ETF de Bitcoin al contado, estás invirtiendo efectivamente en los activos de Bitcoin subyacentes sin tener que comprar y gestionar la criptomoneda tú mismo [358].

El valor de un ETF de Bitcoin al contado fluctúa en línea con el precio de Bitcoin. Si el precio de Bitcoin sube, el valor de las acciones del ETF aumenta correspondientemente, y viceversa. Esta correlación directa significa que el ETF sirve como un vehículo sencillo para obtener exposición a los movimientos de precio de Bitcoin [358].

Sin embargo, hay algunas limitaciones a considerar. A diferencia del mercado de criptomonedas, que opera las 24 horas del día, los 7 días de la semana, las bolsas de valores tradicionales donde se negocian los ETFs de Bitcoin tienen horarios de negociación establecidos. Esta restricción puede limitar la capacidad de reaccionar a los cambios de precio fuera del horario de negociación habitual. Además, los inversores en ETFs de Bitcoin al contado están sujetos a supervisión regulatoria y pueden enfrentar tarifas de gestión asociadas con la operación y el almacenamiento de los Bitcoins físicos [358].

ETFs de Futuros de Bitcoin: En contraste, un ETF de futuros de Bitcoin no posee Bitcoin directamente. En su lugar, invierte en contratos de futuros de Bitcoin, que son acuerdos para comprar o vender Bitcoin a un precio predeterminado en una fecha futura específica. Estos contratos se negocian en bolsas de futuros, y su valor se deriva del precio futuro esperado de Bitcoin en lugar del precio al contado actual [358].

La principal ventaja de un ETF basado en futuros es que evita las complejidades y riesgos asociados con la tenencia directa de Bitcoin, como los problemas de almacenamiento y seguridad. Los inversores en ETFs de futuros están expuestos a los movimientos de precios de Bitcoin a través de los contratos de futuros, lo que puede ofrecer una manera más conveniente y regulada de obtener exposición a Bitcoin [358].

Sin embargo, los ETFs basados en futuros tienen su propio conjunto de desafíos. El precio de los contratos de futuros puede desviarse del precio al contado de Bitcoin debido a factores como el costo de renovación de contratos y las condiciones del mercado. Por ejemplo, los contratos de futuros pueden negociarse a una prima o descuento respecto al precio al contado, dependiendo de la dinámica de oferta y demanda en el mercado de futuros. Además, el proceso de "renovar" contratos, donde los contratos de futuros que están por vencer se reemplazan por nuevos, puede llevar a ganancias o pérdidas potenciales para los inversores, afectando el desempeño general del ETF [358].

Diferencias Clave y Consideraciones: La elección entre un ETF de Bitcoin al contado y un ETF basado en futuros depende de varios factores, incluidos los objetivos de inversión, la tolerancia al riesgo y las condiciones del mercado. Los ETFs al contado proporcionan un vínculo directo con el precio de Bitcoin, pero vienen con restricciones de tiempo de negociación y consideraciones de almacenamiento. Los ETFs de futuros, por otro lado, ofrecen una forma de obtener exposición a Bitcoin a través de contratos de futuros, evitando la manipulación directa de la criptomoneda pero introduciendo posibles errores de seguimiento y complejidades asociadas con el comercio de futuros [358].

Ventajas de los ETFs de Criptomonedas

Accesibilidad: Los ETFs de criptomonedas se negocian en bolsas de valores tradicionales, lo que mejora significativamente su accesibilidad. A diferencia de las inversiones directas en criptomonedas, que requieren navegar por intercambios de criptomonedas y gestionar billeteras digitales, los ETFs se pueden comprar y vender a través de cuentas de corretaje convencionales. Esta accesibilidad es especialmente beneficiosa para los inversores que no están cómodos con las complejidades y preocupaciones de seguridad asociadas con la tenencia y el comercio de criptomonedas directamente. Al utilizar una plataforma de inversión familiar, las personas pueden obtener exposición al mercado de criptomonedas sin necesidad de interactuar con los aspectos a menudo desconocidos y técnicos de la gestión de activos digitales.

Regulación: Los ETFs están sujetos a la supervisión regulatoria de las autoridades financieras, lo que añade una capa de protección al inversor y transparencia que no siempre está presente en el mercado de criptomonedas directo. Los marcos regulatorios para los ETFs aseguran que estos productos cumplan con estándares y prácticas específicos, como requisitos de informes y divulgación periódicos. Esta supervisión ayuda a mantener un nivel de confianza y responsabilidad, reduciendo el riesgo de fraude y mala gestión. La regulación también requiere típicamente la adhesión a prácticas comerciales establecidas y protecciones al inversor, lo que puede mejorar la seguridad y credibilidad general de las inversiones en criptomonedas a través de ETFs.

Conveniencia: Invertir en ETFs de criptomonedas simplifica el proceso de obtener exposición a activos digitales. A diferencia de gestionar tenencias individuales de criptomonedas, que implica asegurar claves privadas y manejar la seguridad de las billeteras, los inversores en ETFs pueden gestionar sus inversiones a través de sus cuentas de corretaje existentes. Esta conveniencia elimina la necesidad de billeteras de criptomonedas separadas y reduce la complejidad asociada con la compra, almacenamiento y venta de criptomonedas. Al integrar las inversiones en criptomonedas en una cartera de inversión tradicional, los ETFs agilizan el proceso, haciéndolo más accesible y manejable para una gama más amplia de inversores.

Diversificación: Los ETFs de índice ofrecen la ventaja de la diversificación al proporcionar exposición a una cesta de criptomonedas o activos relacionados. Esta diversificación ayuda a distribuir el riesgo entre múltiples activos digitales, reduciendo el impacto de un rendimiento deficiente de cualquier criptomoneda individual en la inversión general. Por ejemplo, un ETF de Índice de Cripto podría incluir una variedad de criptomonedas como Bitcoin, Ethereum y otras, así como empresas de tecnología blockchain. Este enfoque diversificado puede mitigar la volatilidad asociada con criptomonedas individuales y proporcionar un perfil de inversión más estable, haciéndolo una opción atractiva para los inversores que buscan gestionar el riesgo mientras participan en el mercado de criptomonedas.

Desventajas de los ETFs de Criptomonedas

Tarifas: Los ETFs de criptomonedas vienen con tarifas de gestión, que pueden afectar los rendimientos generales de la inversión. Estas tarifas suelen expresarse como un ratio de gastos, que representa los costos anuales asociados con la gestión del ETF en relación con sus activos totales. Aunque estas tarifas cubren los costos de gestión y operación del fondo, pueden erosionar los rendimientos con el tiempo. Por ejemplo, un ETF con un ratio de gastos alto puede tener un rendimiento inferior en comparación con el rendimiento directo de la criptomoneda subyacente debido al costo de gestionar el fondo. Los inversores deben ser conscientes de estas tarifas y considerarlas al evaluar los posibles rendimientos de invertir en un ETF de criptomonedas.

Error de Seguimiento: Los ETFs basados en futuros e índices pueden experimentar errores de seguimiento, donde el rendimiento del ETF se desvía del rendimiento de la criptomoneda o índice subyacente. Los errores de seguimiento pueden ocurrir debido a varios factores, como los costos asociados con la renovación de contratos de futuros, cambios en las condiciones del mercado o diferencias en las tarifas de gestión cobradas por el ETF. Por ejemplo, un ETF basado en futuros podría no rastrear perfectamente el precio al contado de la criptomoneda subyacente debido a los costos de los contratos de futuros y a la mecánica del mercado de futuros. Los inversores deben tener en cuenta estas posibles discrepancias al invertir en ETFs y considerar cómo podrían afectar el rendimiento esperado.

Riesgos Regulatorios: El entorno regulatorio para los ETFs de criptomonedas está en constante evolución, y los cambios en las regulaciones pueden afectar la disponibilidad y estructura de estos productos de inversión. Los organismos reguladores en todo el mundo todavía están desarrollando y refinando sus enfoques hacia las criptomonedas y productos financieros relacionados. A medida que cambian las regulaciones, podrían afectar la capacidad para lanzar nuevos ETFs, modificar los existentes o influir en la dinámica general del mercado. Los inversores deben mantenerse informados sobre los desarrollos regulatorios y estar preparados para posibles cambios que podrían influir en su inversión en ETFs de criptomonedas.

Riesgos de Mercado: A pesar de ofrecer una forma más accesible y conveniente de invertir en criptomonedas, los ETFs aún conllevan los riesgos inherentes del mercado asociados con los activos digitales subyacentes. Las criptomonedas son conocidas por su alta volatilidad y oscilaciones significativas en los precios, lo que puede afectar el rendimiento de los ETFs que rastrean estos activos. El sentimiento del mercado, las noticias regulatorias y los desarrollos tecnológicos pueden contribuir a la volatilidad de los precios de las criptomonedas. Como resultado, los inversores en ETFs de criptomonedas siguen expuestos a los riesgos del mercado general de criptomonedas, incluyendo posibles caídas pronunciadas en el valor y la inestabilidad general del mercado.

Ejemplos de ETFs de Criptomonedas

ProShares Bitcoin Strategy ETF (BITO): El ProShares Bitcoin Strategy ETF (BITO) fue uno de los primeros ETFs de futuros de Bitcoin aprobados en los Estados Unidos. A diferencia de los ETFs que poseen Bitcoin real, BITO invierte en contratos de futuros de Bitcoin, que son acuerdos para comprar o vender Bitcoin en una fecha futura a un precio predeterminado. Al rastrear estos contratos de futuros, BITO busca reflejar el rendimiento de Bitcoin en el mercado de futuros. El ETF no posee Bitcoin directamente, sino que participa en contratos de futuros que se negocian en intercambios regulados. Esta estructura permite a los inversores obtener exposición a los movimientos del precio de Bitcoin sin necesidad de poseer o gestionar la criptomoneda subyacente directamente. Como uno de los primeros de su tipo en EE.UU., BITO ha sido notable por su papel en expandir el rango de opciones de inversión en Bitcoin disponibles tanto para inversores institucionales como minoristas.

Grayscale Bitcoin Trust (GBTC): El Grayscale Bitcoin Trust (GBTC) es un vehículo de inversión que, aunque no es técnicamente un ETF, opera de manera similar al ofrecer exposición a Bitcoin. GBTC es un fideicomiso que posee Bitcoin y emite acciones que se negocian en el mercado extrabursátil (OTC). Cada acción de GBTC representa una cantidad específica de Bitcoin, proporcionando a los inversores una forma de obtener exposición a Bitcoin a través de una cuenta de corretaje convencional. Aunque funciona de manera similar a un ETF al permitir a los inversores participar en los movimientos del precio de Bitcoin, GBTC está estructurado como un fideicomiso y no como un ETF. Esta diferencia en la estructura puede resultar en dinámicas de mercado y diferencias de precios únicas en comparación con los ETFs tradicionales.

Purpose Bitcoin ETF (BTCC): El Purpose Bitcoin ETF (BTCC) es un ETF canadiense que posee Bitcoin directamente, distinguiéndose de los ETFs basados en futuros. Al mantener Bitcoin real en custodia, BTCC proporciona a los inversores una exposición directa a la criptomoneda. El ETF está diseñado para rastrear el precio al contado de Bitcoin, lo que significa que su rendimiento refleja de cerca el valor de mercado real de Bitcoin. Esta tenencia directa de Bitcoin puede ser atractiva para los inversores que prefieren no tratar con las complejidades de los contratos de futuros y desean una forma directa de invertir en Bitcoin. BTCC representa un paso significativo en la accesibilidad de las inversiones en criptomonedas, particularmente para los inversores en Canadá que buscan una exposición directa a Bitcoin a través de una estructura de ETF regulada.

VanEck Vectors Bitcoin Strategy ETF (XBTF): El VanEck Vectors Bitcoin Strategy ETF (XBTF) es otro ejemplo de un ETF de Bitcoin basado en futuros. Similar al ProShares Bitcoin Strategy ETF (BITO), XBTF invierte en contratos de futuros de Bitcoin en lugar de poseer Bitcoin físico. El objetivo de XBTF es rastrear el rendimiento de Bitcoin en el mercado de futuros, reflejando los movimientos de precios de los contratos de futuros de Bitcoin. Este ETF proporciona a los inversores una forma de obtener exposición a las fluctuaciones del precio de Bitcoin a través de contratos de futuros. Al igual que otros ETFs basados en futuros, el rendimiento de XBTF puede diferir del precio al contado de Bitcoin debido a factores como los costos asociados con la renovación de contratos de futuros y las condiciones del mercado.

Estos ejemplos ilustran la diversidad de ETFs de criptomonedas disponibles en el mercado. Cada tipo de ETF ofrece diferentes métodos para obtener exposición a las criptomonedas, que van desde la tenencia directa de Bitcoin hasta inversiones en contratos de futuros. La elección entre estos ETFs depende de factores como los objetivos de inversión, la tolerancia al riesgo y las preferencias por la exposición directa frente a la basada en futuros. Entender la estructura y el enfoque específico de cada ETF puede ayudar a los inversores a tomar decisiones informadas sobre cómo incorporar inversiones en criptomonedas en sus carteras.

Los ETFs de criptomonedas ofrecen una forma conveniente de invertir en activos digitales a través de mercados financieros tradicionales. Vienen en diversas formas, cada una con su propio conjunto de características, beneficios y riesgos. Los inversores deben considerar cuidadosamente estos factores y sus objetivos de inversión al evaluar los ETFs de criptomonedas.

Compra y Venta de Fondos Cotizados en Bolsa (ETFs) de Criptomonedas

Compra de ETFs de Criptomonedas

1. **Elegir una Cuenta de Corretaje** Para comprar ETFs de criptomonedas, primero necesitas una cuenta de corretaje. Esta cuenta puede ser con una firma de corretaje tradicional, una plataforma de trading digital o un servicio de inversión en línea que ofrezca acceso a ETFs. Asegúrate de que el corredor sea reputado y que soporte los ETFs de criptomonedas específicos que te interesan. Generalmente, deberás completar una solicitud de cuenta, proporcionar identificación y financiar tu cuenta antes de comenzar a operar.

2. **Investigar y Seleccionar el ETF** Antes de realizar una compra, investiga los ETFs de criptomonedas disponibles para encontrar uno que se alinee con tus objetivos de inversión y tolerancia al riesgo. Considera factores como el tipo de ETF (por ejemplo, físico o basado en futuros), las criptomonedas o activos subyacentes que rastrea, su historial de rendimiento, las razones de gastos y las tarifas de gestión. Por ejemplo, si prefieres una exposición directa a Bitcoin, un ETF físico de Bitcoin como el Purpose Bitcoin ETF (BTCC) podría ser adecuado, mientras que si te interesa la exposición a través de contratos de futuros, podrías considerar ETFs como el ProShares Bitcoin Strategy ETF (BITO).

3. **Realizar el Pedido** Una vez que hayas seleccionado un ETF, inicia sesión en tu cuenta de corretaje y navega por la plataforma de trading. Introduce el símbolo

del ETF (por ejemplo, BITO para el ProShares Bitcoin Strategy ETF) en la barra de búsqueda. Especifica el número de acciones que deseas comprar y elige el tipo de orden (por ejemplo, orden de mercado, orden limitada). Una orden de mercado ejecutará la compra al precio de mercado actual, mientras que una orden limitada te permite establecer un precio específico al que estás dispuesto a comprar. Revisa y confirma los detalles del pedido antes de enviarlo. La compra se ejecutará durante el horario de trading y las acciones se agregarán a tu cuenta de corretaje.

Venta de ETFs de Criptomonedas

1. **Revisar tu Posición** Antes de vender, revisa tus tenencias de ETFs para determinar cuál deseas vender y cuántas acciones deseas liquidar. Considera tus objetivos de inversión, las condiciones actuales del mercado y cualquier posible implicación fiscal. Si tu ETF ha apreciado significativamente o si las condiciones del mercado sugieren una caída, podrías decidir que es el momento de vender.

2. **Realizar el Pedido de Venta** Inicia sesión nuevamente en tu cuenta de corretaje y localiza el ETF que deseas vender. Introduce el símbolo del ETF y especifica el número de acciones que deseas vender. Elige el tipo de orden que deseas colocar: una orden de mercado para vender al precio de mercado actual o una orden limitada para establecer un precio específico al que estás dispuesto a vender. Revisa los detalles del pedido y envíalo. Al igual que en la compra, la transacción se procesará durante el horario de trading y los ingresos de la venta se acreditarán en tu cuenta de corretaje.

3. **Monitorear y Gestionar** Después de vender, monitorea tu cuenta de corretaje para asegurarte de que la venta se haya ejecutado como esperabas. Mantén un seguimiento de cualquier cambio en tu portafolio y considera reequilibrar si es necesario. Además, ten en cuenta cualquier implicación fiscal derivada de la venta, ya que podrías necesitar informar las ganancias o pérdidas de capital en tu declaración de impuestos.

Aprobaciones de ETFs de Bitcoin en EE.UU. y Australia

Aprobaciones en EE.UU.

El camino para los ETFs de Bitcoin en EE.UU. ha estado marcado por un significativo escrutinio regulatorio y hitos importantes. En 2017, la Comisión de Bolsa y Valores de EE.UU. (SEC) rechazó la primera petición para lanzar un ETF de Bitcoin físico, reflejando preocupaciones sobre la manipulación del mercado, la liquidez y la protección de los inversores. Esta decisión sentó un precedente para evaluaciones rigurosas de futuras propuestas de ETFs de Bitcoin [358].

Sin embargo, se logró avanzar con los ETFs basados en futuros de Bitcoin. El ProShares Bitcoin Strategy ETF (BITO), que comenzó a cotizar en octubre de 2021, representa un avance importante. BITO rastrea los contratos de futuros de Bitcoin negociados en la Bolsa de Comercio de Chicago (CME), en lugar de mantener Bitcoin directamente. Esta estructura fue vista como menos riesgosa por los reguladores en comparación con la tenencia de Bitcoin físico. El rápido éxito de BITO, alcanzando más de $1 mil millones en activos casi de inmediato, demostró un fuerte interés del mercado y una demanda de los inversores por una exposición regulada a Bitcoin [358].

En junio de 2023, BlackRock, una importante firma de gestión de activos, presentó la documentación a la SEC para un ETF de Bitcoin físico, señalando una nueva fase de optimismo en el mercado. A pesar de la presentación, la SEC aún no había aprobado un ETF de Bitcoin físico en ese momento. La anticipación en torno a la solicitud de BlackRock reflejó una creciente confianza en que tal aprobación podría ser inminente, con expectativas de que la aprobación podría ocurrir más adelante en 2023. Para enero de 2024, este optimismo se materializó cuando la SEC aprobó varios ETFs de Bitcoin físicos de instituciones financieras destacadas, incluyendo BlackRock, Ark Investments, 21Shares, Fidelity e Invesco. Esto marcó un paso significativo en la aceptación regulatoria de los ETFs de Bitcoin en EE.UU., permitiendo una inversión más directa en Bitcoin a través de productos financieros regulados [358].

Aprobaciones en Australia

El enfoque de Australia hacia los ETFs de criptomonedas ha sido notablemente proactivo en comparación con EE.UU. Tras el lanzamiento de BITO en EE.UU., la Comisión de Valores e Inversiones de Australia (ASIC) emitió directrices exhaustivas para ETFs que rastrean activos digitales como Bitcoin y Ethereum. Estas directrices estaban diseñadas para abordar las preocupaciones en torno a la seguridad del mercado, la transparencia y la fijación de precios precisa, asegurando un entorno de inversión más seguro para los inversores australianos [358].

El 12 de mayo de 2022, Australia hizo historia con el lanzamiento de sus primeros ETFs de Bitcoin físico. Este desarrollo fue un evento trascendental para el mercado de criptomonedas australiano, proporcionando a los inversores una nueva vía para una exposición directa a Bitcoin. La aprobación y el lanzamiento de estos ETFs demostraron el compromiso de Australia con la integración de las criptomonedas en los mercados financieros tradicionales [358].

Además, antes de los ETFs de Bitcoin físico, los inversores australianos tenían acceso a un ETF centrado en empresas relacionadas con criptomonedas. El Betashares Crypto Equities ETF (ASX: CRYP), lanzado en noviembre de 2021, ofreció exposición a empresas que apoyan el ecosistema de criptomonedas. Su lanzamiento exitoso, marcado por entradas récord de A$39.7 millones, indicó un fuerte interés de los inversores y el creciente papel de las criptomonedas en el mercado financiero más amplio. Este ETF proporcionó un enfoque diferente para obtener exposición a la economía criptográfica, enfocándose en acciones en lugar de tenencias directas de criptomonedas [358].

Posibles Listados y Desarrollos Futuros de ETFs

El mercado de ETFs de criptomonedas está evolucionando rápidamente, con desarrollos recientes en EE.UU. influyendo en las tendencias en otras regiones, incluida Australia. La Comisión de Bolsa y Valores de EE.UU. (SEC) ha aprobado recientemente ETFs de Ethereum físico, marcando un hito significativo en la aceptación de productos de inversión en activos digitales. Esta aprobación allana el camino para que los ETFs centrados en Ethereum ingresen al mercado, representando un gran paso hacia la integración generalizada de las criptomonedas en los mercados financieros tradicionales. Sin embargo, aunque la aprobación significa progreso, las solicitudes S-1 de los ETFs aún están pendientes de finalización, lo que significa que estos productos aún no están cotizando [359].

En Australia, el panorama de ETFs criptográficos ha sido más proactivo. Los inversores australianos obtuvieron acceso a un ETF de Ethereum físico en mayo de 2022, con el lanzamiento del Global X 21shares Ethereum ETF (EETH). Este desarrollo permitió a los inversores australianos invertir directamente en Ethereum a través de un producto financiero regulado. A pesar de este avance, el Global X 21shares Ethereum ETF ha recibido menos atención en comparación con sus contrapartes en EE.UU., en parte debido a la escala relativamente menor de los flujos de inversión en el mercado australiano [359].

De cara al futuro, el panorama de ETFs de criptomonedas podría extenderse más allá de Bitcoin y Ethereum. En EE.UU., la Bolsa de Opciones de Chicago (CBOE) ha presentado dos formularios 19b-4 para nuevos ETFs centrados en Solana—específicamente, el VanEck Solana Trust y el 21Shares Core Solana ETF. Estas solicitudes indican un interés creciente en diversificar la gama de criptomonedas disponibles a través de ETFs. Los analistas especulan que Solana (SOL) podría ser una de las próximas criptomonedas en ver la introducción de un ETF físico, reflejando una tendencia más amplia hacia la inclusión de una variedad más amplia de activos digitales en productos de inversión [359].

La postura proactiva de Australia sobre la regulación de criptomonedas sugiere que el mercado allí también podría experimentar una mayor actividad. Los desarrollos futuros potenciales podrían incluir listados adicionales de ETFs de criptomonedas en la Bolsa de Valores de Australia (ASX) y Cboe Australia. También podría haber la introducción de ETFs físicos para otros activos criptográficos más allá de Ethereum. Además, es probable que las directrices regulatorias en Australia sigan evolucionando, con un refinamiento continuo para abordar las tendencias emergentes y asegurar la protección del inversor [359].

A medida que nuevos productos ETF se vuelvan disponibles, prometen proporcionar avenidas de inversión más accesibles para los activos digitales. Sin embargo, es esencial que los inversores se mantengan conscientes de la volatilidad inherente de los mercados de criptomonedas. Aunque estos nuevos productos pueden facilitar una entrada más fácil en el espacio criptográfico, también conllevan riesgos que requieren una consideración cuidadosa y una debida diligencia [359].

Alternativas a los ETFs de Criptomonedas

Fondos de Inversión en Criptomonedas

En el ámbito de la inversión en criptomonedas, los fondos de inversión en Bitcoin son una alternativa notable a los ETFs de criptomonedas tradicionales. Aunque la Comisión de Bolsa y Valores de EE.UU. (SEC) ha sido cautelosa al aprobar muchos ETFs de criptomonedas, los fondos de inversión han proporcionado un camino para que los inversores obtengan exposición a Bitcoin y otras criptomonedas. Los fondos de inversión en Bitcoin, como el Grayscale Bitcoin Trust (GBTC), son fondos cerrados que poseen Bitcoin en nombre de los inversores. Estos fondos se negocian en mercados extrabursátiles (OTC), lo que significa que no están listados en las principales bolsas de valores como los ETFs [360].

Una distinción clave entre los fondos de inversión en criptomonedas y los ETFs es la accesibilidad. Los fondos de inversión en criptomonedas suelen estar disponibles para inversores institucionales, inversores acreditados o individuos de alto patrimonio neto, y no están abiertos al público minorista en general. Además, a menudo requieren una inversión mínima significativa y vienen con períodos de bloqueo durante los cuales los inversores no pueden vender sus acciones. A pesar de estas limitaciones, los fondos de inversión en criptomonedas proporcionan un mecanismo para obtener exposición a Bitcoin sin tener que comprar y almacenar la criptomoneda directamente. Sin embargo, estos vehículos a menudo se negocian con una prima o un descuento respecto al valor real del Bitcoin subyacente debido a su estructura de fondo cerrado [360].

ETPs de Criptomonedas

Los Productos Negociados en Bolsa (ETPs) abarcan una variedad de productos de inversión, incluidos los ETFs. Dentro del espacio criptográfico, los ETPs de criptomonedas están diseñados específicamente para poseer valores de deuda emitidos por vehículos de propósito especial (SPVs) que, a su vez, poseen activos criptográficos subyacentes. El SPV utiliza estos activos criptográficos como colateral para emitir los ETPs, que luego se negocian en bolsas financieras [360].

Los ETPs de criptomonedas operan bajo regulaciones diferentes en comparación con los ETFs. Se rigen por la Ley de Valores de 1933, que impone requisitos regulatorios menos estrictos que la Ley de Compañías de Inversión de 1940, bajo la cual están registrados los ETFs. En consecuencia, los ETPs de criptomonedas no ofrecen el mismo nivel de protección para los accionistas que los ETFs. A diferencia de los ETFs, que pueden crear y redimir acciones en función de la demanda del mercado, los ETPs de criptomonedas generalmente tienen un número fijo de acciones. Esta oferta fija puede llevar a discrepancias entre el precio de mercado del ETP y el valor subyacente de la criptomoneda, ya que el precio de la acción puede desviarse del valor real de los activos criptográficos colateralizados [360].

Empresas que Poseen Criptoactivos

Una forma alternativa de obtener exposición a las criptomonedas es invirtiendo en empresas que cotizan en bolsa y que poseen cantidades significativas de criptoactivos en sus balances. Por ejemplo, MicroStrategy (MSTR) es conocida por sus considerables tenencias en Bitcoin, con aproximadamente 214,000 Bitcoins a mayo de 2024. De manera similar, empresas como Galaxy Digital Holdings (BRPHF) y Tesla (TSLA) también poseen Bitcoin. Invertir en estas empresas proporciona una exposición indirecta a los mercados de criptomonedas a través de la propiedad de acciones. Sin embargo, es importante tener en cuenta que estas inversiones conllevan los riesgos adicionales y la volatilidad asociados con las operaciones comerciales generales y el rendimiento del mercado de las empresas, no solo el valor de los criptoactivos que poseen [360].

ETFs Relacionados con Cripto

Para aquellos que buscan una exposición diversificada a los sectores de criptomonedas y blockchain, existen ETFs que invierten en empresas involucradas con la tecnología blockchain y los activos digitales, en lugar de poseer criptomonedas directamente. Un ejemplo es el Amplify Transformational Data Sharing ETF (BLOK), que incluye una cartera de empresas involucradas en el desarrollo y la aplicación de tecnologías blockchain. Estos ETFs ofrecen una forma de invertir en el ecosistema criptográfico más amplio, incluyendo empresas que proporcionan infraestructura y servicios relacionados con los activos digitales. Pueden servir como un método menos directo pero potencialmente más amplio para obtener exposición al crecimiento y la innovación en el espacio blockchain, sin la volatilidad asociada con la tenencia directa de criptomonedas [360].

En general, estas alternativas a los ETFs de criptomonedas ofrecen diversas maneras para que los inversores participen en el mercado criptográfico, cada una con su propio conjunto de ventajas y consideraciones.

17

Creando una Nueva Criptomoneda

Crear una criptomoneda puede estar impulsado por una variedad de motivaciones, cada una única según los objetivos y necesidades del creador [361]. Aquí algunas razones comunes incluyen:

Desarrollo empresarial e innovación: Muchas empresas eligen crear sus propias criptomonedas para aprovechar la tecnología blockchain y mejorar sus operaciones. Por ejemplo, una empresa podría desarrollar una criptomoneda para agilizar las transacciones, reducir tarifas o facilitar una nueva forma de pago dentro de su ecosistema. Este enfoque también puede formar parte de una estrategia más amplia para integrar la tecnología blockchain en su modelo de negocio. Al emitir su propia criptomoneda, las empresas pueden crear una nueva fuente de ingresos, incentivar la lealtad de los clientes e introducir productos financieros innovadores. Esto puede ser particularmente ventajoso para industrias que dependen en gran medida de transacciones e interacciones digitales.

Recompensas directas e incentivos: Otra razón para crear una criptomoneda es recompensar directamente a proveedores de servicios o empleados, evitando las monedas fiat tradicionales. Por ejemplo, una empresa podría emitir un token que represente una parte de las ganancias de la empresa o acceso a servicios especiales. Este enfoque directo puede mejorar la motivación y alinear los intereses de los proveedores de servicios con el éxito de la empresa. Al utilizar criptomonedas como recompensa, las empresas pueden ofrecer una forma flexible y potencialmente valiosa de compensación que se puede negociar o utilizar dentro de una economía digital más amplia.

Construcción de comunidad: Crear una criptomoneda también puede ser una herramienta poderosa para la construcción de comunidad. Muchas criptomonedas se desarrollan para apoyar comunidades específicas o causas particulares. Estos tokens pueden usarse para fomentar la participación, recaudar fondos para proyectos comunitarios o apoyar la gobernanza descentralizada. Por ejemplo, una criptomoneda enfocada en la comunidad podría recompensar a los participantes por sus contribuciones o participación en iniciativas impulsadas por la comunidad. Este enfoque no solo construye un sentido de pertenencia sino que también facilita transacciones financieras dentro de la comunidad sin depender de sistemas bancarios tradicionales.

Diversión y experimentación: Además de las aplicaciones prácticas, algunas personas o grupos crean criptomonedas simplemente por diversión o como forma de experimentación. Esto podría implicar el desarrollo de una nueva moneda o token como proyecto personal, iniciativa educativa o hobby. La creación de estas criptomonedas puede ser una manera de aprender sobre la tecnología blockchain, explorar conceptos innovadores o simplemente disfrutar del proceso de crear algo nuevo. Estos proyectos a menudo sirven como experiencias de aprendizaje y pueden no tener objetivos comerciales serios, pero pueden contribuir a una comprensión más amplia de la tecnología blockchain y las criptomonedas.

Métodos de Creación

Independientemente de la motivación, hay cuatro métodos principales para crear una criptomoneda, cada uno adecuado para diferentes propósitos y niveles de complejidad:

1. **Crear una nueva blockchain:** Este método implica desarrollar una blockchain completamente nueva desde cero. Requiere un profundo conocimiento de la tecnología blockchain, incluyendo mecanismos de consenso, protocolos criptográficos y arquitectura de red. Este enfoque proporciona la máxima flexibilidad y control, pero también demanda una gran experiencia técnica y recursos.

2. **Hacer un fork de una blockchain existente:** Otra opción es hacer un fork de una blockchain existente. Esto implica modificar la base de código de una criptomoneda existente para crear una nueva versión con reglas o características diferentes. Hacer un fork es un método popular para lanzar nuevas criptomonedas, ya que permite a los desarrolladores aprovechar la tecnología existente mientras realizan personalizaciones para satisfacer necesidades específicas.

3. **Emitir tokens en una blockchain existente:** El método más accesible para crear una criptomoneda es emitir tokens en una plataforma de blockchain existente, como Ethereum o Binance Smart Chain. Estas plataformas proporcionan marcos y herramientas para crear y gestionar tokens sin la necesidad de desarrollar una nueva blockchain. Este método es adecuado para quienes desean crear un token con funcionalidades específicas pero no requieren una nueva infraestructura blockchain.

4. **Utilizar plataformas especializadas:** Existen varias plataformas especializadas que ofrecen herramientas fáciles de usar para crear criptomonedas. Estas plataformas proporcionan plantillas e interfaces amigables que simplifican el proceso de emisión de tokens o monedas. Son ideales para individuos u organizaciones que puedan carecer de conocimientos técnicos extensos pero que aún deseen crear y desplegar una criptomoneda.

Dónde Crear tu Criptomoneda

Crear tu propia criptomoneda implica aprovechar la tecnología blockchain, que proporciona la infraestructura necesaria para los activos digitales. Varias plataformas de blockchain ofrecen las herramientas y marcos para ayudar a individuos y organizaciones a crear sus propias monedas o tokens [361]. Estas plataformas varían en sus características, mecanismos de consenso y capacidades, permitiendo una amplia gama de proyectos de criptomonedas. Aquí tienes un vistazo a algunas plataformas populares donde puedes crear tu criptomoneda:

- **Ethereum:** Ethereum es una de las plataformas más utilizadas para crear nuevas criptomonedas, particularmente tokens. Proporciona un entorno robusto y maduro con un amplio soporte para desarrolladores a través de su Ethereum Virtual Machine (EVM). Ethereum utiliza contratos inteligentes—contratos autoejecutables con los términos del acuerdo directamente escritos en código—para crear y gestionar tokens. Esto se logra a través de estándares como ERC-20 para tokens fungibles y ERC-721 para tokens no fungibles (NFTs). Su extenso ecosistema, incluyendo aplicaciones descentralizadas (dApps) y proyectos DeFi, lo convierte en una opción popular para la creación de tokens.

- **Binance Smart Chain (BSC):** BSC es conocida por su compatibilidad con el

EVM de Ethereum, lo que significa que los proyectos pueden migrar fácilmente o desarrollarse en BSC con cambios mínimos en su código basado en Ethereum. Ofrece tiempos de transacción más rápidos y tarifas más bajas en comparación con Ethereum, lo que la convierte en una alternativa atractiva para crear tokens y aplicaciones descentralizadas.

- **Solana:** Solana es reconocida por su alto rendimiento y escalabilidad, con un mecanismo de consenso que combina prueba de participación y prueba de historia. Soporta contratos inteligentes y aplicaciones descentralizadas, lo que la hace adecuada para crear tokens de alta velocidad y bajo costo. La infraestructura de Solana está diseñada para manejar un gran volumen de transacciones, lo cual puede ser ventajoso para proyectos que requieren interacciones rápidas y frecuentes.

- **EOS:** EOS se centra en proporcionar un entorno escalable y fácil de usar para aplicaciones descentralizadas. Utiliza un mecanismo de consenso de prueba de participación delegada (DPoS), que ofrece alta capacidad de procesamiento y baja latencia. EOS permite la creación de tokens personalizados y dApps, y enfatiza la facilidad de uso con características como transacciones gratuitas y alta escalabilidad.

- **Waves:** Waves proporciona una plataforma para crear y lanzar tokens personalizados con un enfoque en la facilidad de uso y la velocidad. Ofrece una interfaz sencilla para la creación y gestión de tokens y soporta una gama de estándares de tokens. Waves también incluye un intercambio descentralizado (DEX) donde los tokens se pueden negociar.

- **BitShares:** BitShares ofrece una plataforma para crear tokens personalizados con un enfoque en servicios financieros descentralizados. Utiliza un mecanismo de prueba de participación delegada (DPoS) y proporciona herramientas para lanzar tokens y gestionar intercambios descentralizados. BitShares enfatiza la escalabilidad y el alto rendimiento.

- **NEM:** La plataforma blockchain de NEM proporciona las herramientas para crear y gestionar tokens personalizados a través de su función Mosaic. Soporta varios tipos de tokens y ofrece características como transferencia de activos y votación descentralizada. El énfasis de NEM está en la seguridad y escalabilidad.

- **Komodo:** Komodo permite la creación de tokens y blockchains personalizados con un enfoque en la seguridad y la interoperabilidad. Proporciona un marco para crear tokens con características como intercambios atómicos y funcionalidad entre cadenas, lo que lo convierte en una opción versátil para los desarrolladores.

- **Nxt:** Nxt es una plataforma blockchain que soporta la creación de tokens a través de su Asset Exchange. Ofrece características para crear y gestionar activos digitales con un enfoque en simplicidad y seguridad. La plataforma de Nxt proporciona herramientas integradas para emitir tokens e integrarlos en varias aplicaciones.

- **TRON:** TRON es conocida por su alta capacidad de procesamiento y bajas tarifas de transacción. Soporta contratos inteligentes y la creación de tokens personalizados a través de su estándar TRC-20. El enfoque de TRON en el entretenimiento y la distribución de contenido lo convierte en una opción popular para proyectos en estos sectores.

- **IOTA:** IOTA está diseñada para el Internet de las Cosas (IoT) y utiliza una tecnología única llamada Tangle, que es un grafo acíclico dirigido (DAG) en lugar de una blockchain tradicional. Esto permite transacciones escalables y sin tarifas, lo que la hace adecuada para aplicaciones IoT y tokens personalizados.

- **NEO:** NEO proporciona una plataforma para crear activos digitales y contratos inteligentes. Soporta varios estándares de tokens y enfatiza la identidad digital y el cumplimiento regulatorio. El enfoque de NEO en una economía inteligente y la interoperabilidad con otras blockchains lo convierte en una opción adecuada para desarrollar tokens personalizados.

- **Cardano:** Cardano es conocida por su enfoque basado en la investigación y su alta escalabilidad. Utiliza un mecanismo de consenso de prueba de participación y proporciona una plataforma para crear y gestionar tokens personalizados a través de sus capacidades de contratos inteligentes. El énfasis de Cardano en la seguridad y sostenibilidad la convierte en una opción prometedora para nuevos proyectos de criptomonedas.

- **Qtum:** Qtum combina elementos de Bitcoin y Ethereum, ofreciendo una plataforma híbrida que soporta contratos inteligentes y tokens personalizados. Su diseño se centra en combinar la seguridad del modelo UTXO de Bitcoin con la flexibilidad de los contratos inteligentes de Ethereum, proporcionando un entorno versátil para la creación de tokens.

Cada una de estas plataformas ofrece características y beneficios únicos, y la elección de la plataforma depende de tus necesidades específicas, como la escalabilidad, los costos de transacción y las herramientas de desarrollo. Ya sea que estés creando una moneda comunitaria, un token de utilidad o un activo digital más complejo, estas plataformas de blockchain proporcionan la infraestructura necesaria para llevar a cabo tu proyecto de criptomoneda.

Crear una criptomoneda se ha vuelto cada vez más accesible debido a los avances en la tecnología blockchain y la disponibilidad de diversas plataformas y herramientas en línea. Estas plataformas simplifican significativamente el proceso, permitiendo a individuos y organizaciones lanzar sus propias criptomonedas con un conocimiento técnico mínimo.

Las plataformas modernas para la creación de criptomonedas han simplificado el proceso hasta el punto de que puede ser tan sencillo como completar una encuesta en línea. Los usuarios generalmente deben proporcionar información básica, como su nombre, el número de activos criptográficos que desean crear y algunos detalles adicionales sobre las características o propósitos de la criptomoneda. Este enfoque amigable permite que cualquiera, incluso aquellos con conocimientos técnicos limitados, pueda crear una criptomoneda. Las plataformas manejan las complejidades subyacentes de la tecnología blockchain, permitiendo a los usuarios enfocarse en definir las características y objetivos únicos de su criptomoneda.

Una ventaja significativa de utilizar plataformas de blockchain establecidas es la mayor seguridad y las características de integración que ofrecen. Al crear una criptomoneda en una blockchain reconocida como Ethereum o Binance Smart Chain, los usuarios pueden aprovechar los protocolos de seguridad y la infraestructura de estas redes establecidas. Esto no solo garantiza un nivel más alto de seguridad para la criptomoneda, sino que también permite que se beneficie del ecosistema existente de herramientas, aplicaciones e integraciones. Las blockchains establecidas a menudo proporcionan marcos robustos para gestionar tokens, lo que puede facilitar el desarrollo y despliegue de nuevas criptomonedas al tiempo que reduce el riesgo de vulnerabilidades.

Los generadores automáticos son otra opción para configurar una criptomoneda, y pueden completar el proceso en solo unos minutos. Estos generadores proporcionan una forma rápida y fácil de crear un token, pero vienen con riesgos. La simplicidad de los generadores automáticos puede atraer a operadores fraudulentos y estafas, lo que puede comprometer la integridad y seguridad de la criptomoneda. Es crucial que los usuarios actúen con precaución e investiguen a fondo la reputación y fiabilidad de cualquier plataforma que utilicen para evitar convertirse en víctimas de fraude.

Para aquellos que buscan control y flexibilidad total, crear una criptomoneda desde cero implica construir una blockchain completamente nueva. Este método requiere una experiencia técnica y un esfuerzo significativos, incluyendo el diseño de la arquitectura de la blockchain, la implementación de mecanismos de consenso y la garantía de protocolos de seguridad. Construir una blockchain personalizada ofrece una libertad sin igual para adaptar la criptomoneda a necesidades y objetivos específicos, pero también conlleva una inversión sustancial de tiempo y recursos. Este enfoque generalmente lo persiguen proyectos con requisitos únicos o aquellos que buscan innovar más allá de las capacidades de las plataformas de blockchain existentes.

Poseer y mantener una criptomoneda presenta varios desafíos continuos, particularmente para aquellos que la han creado ellos mismos. Después de lanzar la criptomoneda, el creador debe abordar diversas tareas, incluyendo actualizaciones continuas de programación, establecer y mantener una red de nodos, e invertir en esfuerzos de marketing para promover y popularizar la criptomoneda. El mantenimiento exitoso requiere no solo habilidades técnicas sino también planificación estratégica y asignación de recursos. El creador debe asegurar que la criptomoneda se mantenga segura, funcional y relevante en un mercado competitivo y en rápida evolución.

Elegir la Solución Adecuada para Crear Criptomonedas y Tokens

Cuando decidas crear una criptomoneda o un token, es crucial seleccionar la red blockchain apropiada y entender las diferencias entre monedas y tokens. Aquí tienes una visión detallada de cómo tomar una decisión informada:

Redes Blockchain Recomendadas

Para la mayoría de los usuarios que buscan crear una criptomoneda o un token, es recomendable utilizar redes blockchain establecidas como Binance Smart Chain (BSC),

Ethereum o Solana. Estas redes ofrecen marcos y estándares robustos que simplifican el proceso de creación:

1. **Ethereum (Estándar ERC-20)**: Ethereum es una de las plataformas más utilizadas para crear tokens. El estándar ERC-20 proporciona un conjunto común de reglas que permite a los desarrolladores crear tokens interoperables con facilidad. Este estándar se ha convertido en la norma de facto para muchos tokens en el espacio cripto. Al usar Ethereum, te beneficias de su extenso ecosistema, que incluye numerosos proveedores de billeteras y aplicaciones descentralizadas (DApps) que soportan tokens ERC-20.

2. **Binance Smart Chain (Estándar BEP-20)**: BSC, que utiliza el estándar BEP-20, ofrece funcionalidades similares a las de Ethereum pero con diferentes compensaciones. Los tokens BEP-20 son compatibles con el ecosistema de Binance, incluyendo su intercambio descentralizado, Binance DEX. BSC es conocido por sus menores tarifas de transacción y tiempos de confirmación más rápidos en comparación con Ethereum, lo que lo convierte en una opción atractiva para aquellos que buscan minimizar costos y mejorar la eficiencia de las transacciones.

3. **Solana**: Solana proporciona una blockchain de alto rendimiento con velocidades de transacción rápidas y tarifas bajas. Es una excelente opción para proyectos que requieren alta escalabilidad y velocidad. Aunque no está tan adoptada como Ethereum o BSC, el ecosistema en crecimiento de Solana y sus ventajas tecnológicas la convierten en una opción viable para crear nuevos tokens.

Uso de Sidechains

Además de las blockchains principales, podrías considerar el uso de una sidechain para mejorar las capacidades de tu proyecto. Una sidechain opera en paralelo con una blockchain principal, ofreciendo características adicionales mientras se beneficia de la seguridad y descentralización de la cadena principal. Por ejemplo, la red Polygon, una sidechain conectada a Ethereum, proporciona menores costos de transacción y velocidades más rápidas. Al aprovechar una sidechain, puedes personalizar la funcionalidad de tu proyecto mientras sigues aprovechando la seguridad y los efectos de red de una blockchain importante como Ethereum.

Uso de Desarrolladores para la Creación de Tokens

Si no tienes la experiencia técnica para crear tu propia criptomoneda o token, puedes optar por servicios profesionales. Muchos desarrolladores y empresas ofrecen servicios para crear tokens basados en parámetros y reglas predefinidos. Esta ruta simplifica el proceso pero generalmente implica costos. Para aquellos que no están familiarizados con los contratos inteligentes y la tecnología blockchain, contratar desarrolladores puede ser una forma eficiente de lanzar un token con mínimo esfuerzo.

Crear Tu Propia Blockchain y Moneda

Para aquellos con planes ambiciosos y los recursos necesarios, crear una nueva blockchain y criptomoneda (moneda) ofrece la máxima flexibilidad y control. Este proceso es complejo y requiere un equipo de desarrolladores y expertos en blockchain. A diferencia de los tokens, que se construyen sobre blockchains existentes, las monedas requieren configurar una red blockchain completa, implementar mecanismos de consenso y asegurar la red. Este enfoque implica un conocimiento profundo de la programación, una inversión financiera significativa y un esfuerzo considerable para establecer y mantener la red.

Token vs. Moneda

Entender la distinción entre tokens y monedas es crucial:

- **Monedas**: Una moneda opera en su propia blockchain. Ejemplos incluyen Bitcoin y Ethereum. Las monedas se utilizan para diversos propósitos, incluidos las tarifas de transacción, la gobernanza y como reserva de valor. Crear una moneda implica una experiencia técnica y recursos significativos, incluyendo la configuración de una blockchain y el desarrollo de protocolos de red. Por ejemplo, Bitcoin Cash es un fork de Bitcoin, representando una nueva moneda con su propia blockchain.

- **Tokens**: Los tokens se construyen sobre blockchains existentes, como los tokens ERC-20 en Ethereum. A menudo sirven para funciones específicas dentro de un ecosistema, como facilitar transacciones o representar activos. Los tokens suelen ser más fáciles y económicos de crear que las monedas porque utilizan la infraestructura blockchain existente. Se benefician de la base de usuarios establecida y el soporte técnico de la blockchain subyacente.

Análisis Comparativo

Al elegir entre crear una moneda o un token:

- **Las monedas** requieren construir y mantener una nueva blockchain, encontrar validadores y tener un conocimiento extenso de programación. Exigen más tiempo y recursos, pero pueden ofrecer un mayor potencial de éxito si se ejecutan bien.

- **Los tokens** son más simples y menos costosos de crear. Aprovechan las blockchains existentes, tienen acceso a bases de usuarios establecidas y son más fáciles de desarrollar utilizando herramientas públicas y software de código abierto. Son una opción práctica para la mayoría de los nuevos proyectos que buscan una entrada eficiente al mercado de criptomonedas.

Creación de la Criptomoneda

Crear tu propia criptomoneda implica varios pasos cruciales, cada uno requiriendo una cuidadosa consideración y planificación. Aquí tienes un desglose detallado del proceso [361]:

1. Crear una Nueva Blockchain

El primer paso fundamental en la creación de tu propia criptomoneda es desarrollar una nueva blockchain. Este proceso requiere un sólido entendimiento de la tecnología blockchain y al menos habilidades básicas de programación. Para aquellos proficientes en tecnologías descentralizadas, esta tarea puede ser relativamente directa. Sin embargo, para los principiantes, las complejidades involucradas en el diseño e implementación de una blockchain pueden ser significativas. Este paso incluye establecer la infraestructura básica de tu criptomoneda, incluido su protocolo y red.

2. Definir la Utilidad y las Características

Antes de lanzar tu criptomoneda, es esencial definir su utilidad y propósito. Las criptomonedas pueden cumplir varios roles, como actuar como medio para acceder a servicios, representar activos financieros o funcionar como un medio de intercambio. Delimitar claramente las características y objetivos de tu criptomoneda desde el principio ayudará a guiar su desarrollo y asegurar que cumpla sus metas previstas. Comprender qué valor proporcionará tu criptomoneda a los usuarios es crucial para su éxito.

3. Diseñar el Modelo Económico

El modelo económico de tu criptomoneda, a menudo denominado tokenomics, es vital. Esto incluye decisiones sobre el suministro total de monedas o tokens, el método de distribución y su valoración. Un modelo económico bien diseñado fomentará la inversión y la participación en tu criptomoneda. Es importante crear una estrategia que promueva la demanda e incentive la participación, ya que un modelo económico mal estructurado puede socavar el éxito de tu proyecto.

4. Navegar por Consideraciones Legales

El cumplimiento legal es un aspecto crítico en la creación de una criptomoneda. Diferentes países tienen regulaciones variables sobre las criptomonedas, y algunos incluso pueden tener prohibiciones absolutas. Es esencial investigar y comprender el panorama legal relevante para tu proyecto. Consultar con expertos legales para navegar por estas complejidades puede ayudar a evitar problemas legales potenciales y asegurar que tu criptomoneda cumpla con todas las regulaciones aplicables.

5. Planificación Estratégica y Definición de Ideas

Un plan estratégico bien definido es crucial para el éxito de tu criptomoneda. Esto implica comprender el ecosistema en el que operará tu criptomoneda, identificar los problemas que pretende resolver y determinar tu público objetivo. Crear una propuesta de valor convincente es clave para atraer a inversores y usuarios potenciales. La oferta inicial de monedas (ICO) o la oferta de tokens de seguridad (STO) deben estar bien planificadas y comunicadas para generar interés y asegurar inversiones.

6. Desarrollar la Blockchain y el Mecanismo de Consenso

Si decides crear tu propia blockchain, necesitarás seleccionar un mecanismo de consenso apropiado. El mecanismo de consenso es el método por el cual se validan y añaden las transacciones a la blockchain. Las opciones populares incluyen Proof of Stake (PoS) y Proof of Work (PoW). PoS es favorecido por sus menores requisitos de hardware y variaciones, mientras que PoW, utilizado por Bitcoin, es conocido por su seguridad pero es costoso y consume mucha energía. La elección del mecanismo de consenso impactará la funcionalidad y sostenibilidad de tu blockchain.

7. Establecer las Reglas de los Contratos Inteligentes

Los contratos inteligentes son contratos autoejecutables con los términos del acuerdo directamente escritos en el código. Estos contratos juegan un papel significativo en tu proyecto de criptomoneda. Es importante definir reglas claras para estos contratos, ya que operarán automáticamente según condiciones predeterminadas. Una vez desplegados, los contratos inteligentes no se pueden alterar, por lo que un diseño y prueba cuidadosos son cruciales para asegurar que funcionen como se espera.

8. Realizar Auditorías Externas

Una auditoría externa es un paso crítico para asegurar la seguridad e integridad de tu blockchain y criptomoneda. Contratar una firma de auditoría de buena reputación para revisar tu código e infraestructura puede identificar posibles vulnerabilidades y ayudar a mitigar riesgos. Este proceso también mejora la credibilidad con inversores y usuarios. El costo de una auditoría varía según la reputación de la firma y la complejidad de tu proyecto, pero generalmente oscila entre $3,000 y $5,000.

9. Crear un Whitepaper

Un whitepaper es un documento detallado que describe el propósito, la tecnología y el plan de desarrollo de tu criptomoneda. Sirve como una herramienta clave para comunicarte con inversores y partes interesadas potenciales. Un whitepaper bien elaborado debe abordar el problema que tu criptomoneda pretende resolver, las soluciones innovadoras que ofrece, el roadmap del proyecto, detalles del equipo y la propuesta de valor. Se recomienda invertir en servicios profesionales de redacción de whitepapers, con costos que generalmente oscilan entre $1,000 y $2,000.

10. Marketing y Construcción de Comunidad

El marketing efectivo es esencial para el éxito de tu criptomoneda. Utiliza diversos canales, incluidos redes sociales, comunicados de prensa y blogs invitados, para promover tu proyecto y su valor único. Construir y mantener una comunidad activa también es crucial. Interactuar con tu audiencia y proporcionar soporte oportuno puede fomentar la confianza y lealtad. Muchas criptomonedas exitosas tienen comunidades fuertes y dedicadas que contribuyen a su crecimiento y éxito.

Costos

Los costos asociados con la creación de una criptomoneda pueden variar ampliamente dependiendo de la complejidad del proyecto y si estás construyendo una nueva blockchain o utilizando una existente. En promedio, desarrollar una criptomoneda desde cero puede costar alrededor de $10,000 y tomar de 5 a 6 meses. Los gastos adicionales incluyen auditorías externas, que van de $3,000 a $5,000, y servicios profesionales de redacción de whitepapers, con costos entre $1,000 y $2,000. Estas estimaciones no incluyen otros costos potenciales, como marketing y gestión de comunidad [361].

Procesos de Creación de Muestra

Crear un Token en Ethereum

Crear una criptomoneda implica varios pasos, cada uno crucial para asegurar que tu token funcione como se espera e integre de manera fluida dentro de la blockchain de Ethereum. Aquí tienes una guía detallada sobre cómo crear un token basado en Ethereum, incluyendo los procedimientos esenciales de codificación y despliegue [362]:

1. Prepararse para Crear tu Token

El proceso comienza con el uso de una aplicación de billetera Ethereum, que es necesaria para desplegar tu contrato inteligente. Comienza descargando e instalando la aplicación de billetera Ethereum desde una fuente confiable. Una vez instalada, abre la aplicación y localiza el botón "Desplegar Nuevo Contrato", que generalmente se encuentra en la esquina superior derecha de la interfaz. Este botón inicia el proceso de creación de tu nuevo token.

2. Escribir el Contrato Básico en Solidity

Al hacer clic en "Desplegar Nuevo Contrato", se te pedirá que ingreses código en Solidity en un campo de código fuente. Solidity es el lenguaje de programación utilizado para escribir contratos inteligentes en la blockchain de Ethereum. Para un token básico, puedes utilizar el siguiente código en Solidity [362]:

```solidity
contract MyToken {
/* This creates an array with all balances */
mapping (address => uint256) public balanceOf;
}
```

En este código, mapping es un array asociativo que vincula direcciones de Ethereum con saldos de tokens. La palabra clave public asegura que cualquiera pueda ver estos saldos. Este código inicial establece la estructura básica del contrato inteligente de tu token.

3. Definir el Suministro de Tokens

Para especificar el suministro inicial de tokens, agrega la siguiente línea de código debajo del código existente en el campo de Solidity:

```solidity
function MyToken() {
balanceOf[msg.sender] = 21000000;
}
```

Este código establece el suministro inicial de tokens en 21 millones, pero puedes ajustar este número según tus necesidades. msg.sender se refiere a la dirección que despliega el contrato, lo que significa que el suministro inicial se asigna a esta dirección.

4. Habilitar Transferencias de Tokens

Para permitir las transferencias de tokens entre direcciones, necesitas agregar una función que maneje estas transacciones. Incluye el siguiente código:

```solidity
/* Send coins */
function transfer(address _to, uint256 _value) {
/* Add and subtract new balances */
balanceOf[msg.sender] -= _value;
balanceOf[_to] += _value;
}
```

Esta función permite la transferencia de tokens de una dirección a otra. El saldo del remitente se disminuye por la cantidad transferida, y el saldo del destinatario se aumenta en consecuencia.

5. Manejo de Validaciones de Transferencias

Para prevenir problemas como los sobregiros (donde alguien intenta transferir más tokens de los que posee), agrega verificaciones de validación:

```solidity
function transfer(address _to, uint256 _value) {
/* Check if sender has balance and for overflows */
require(balanceOf[msg.sender] >= _value && balanceOf[_to] + _value >= balanceOf[_to]);

/* Add and subtract new balances */
balanceOf[msg.sender] -= _value;
balanceOf[_to] += _value;
}
```

La declaración require garantiza que el remitente tenga un saldo suficiente y que la transferencia no cause errores de desbordamiento en el saldo del destinatario.

6. Añadiendo Metadatos del Token

Para incluir información básica sobre tu token, como su nombre, símbolo y decimales, agrega el siguiente código:

```solidity
/* Initializes contract with initial supply tokens to the creator of the contract */
function MyToken(uint256 initialSupply, string tokenName, string tokenSymbol, uint8 decimalUnits) {
balanceOf[msg.sender] = initialSupply; // Give the creator all initial tokens
name = tokenName; // Set the name for display purposes
symbol = tokenSymbol; // Set the symbol for display purposes
decimals = decimalUnits; // Amount of decimals for display purposes
}
```

Este código inicializa el contrato con los detalles del token especificados y asigna toda la oferta inicial al dirección del creador.

7. Creación de Eventos para Monitoreo

Los eventos son cruciales para permitir que las carteras de Ethereum y otras herramientas monitoreen las actividades en la blockchain. Agrega la siguiente declaración de evento a tu contrato:

```solidity
event Transfer(address indexed from, address indexed to, uint256 value);
```

In the `transfer` function, emit this event to notify listeners of the transaction:

```solidity
/* Notify anyone listening that this transfer took place */
Transfer(msg.sender, _to, _value);
```

Eventos ayudan a rastrear las transferencias de tokens y proporcionan transparencia para las transacciones.

8. Desplegando el Token

Una vez que tu código de contrato esté listo, navega a la pestaña “Contratos” en tu aplicación de billetera Ethereum y haz clic en “Desplegar Nuevo Contrato.” Copia y pega tu código Solidity en el campo correspondiente. Ajusta parámetros como _supply, _name, _symbol, y _decimals según sea necesario. Después de confirmar tus configuraciones, ingresa tu contraseña de billetera para desplegar el contrato.

9. Pasos Finales y Consideraciones

Después del despliegue, tu token estará activo en la blockchain de Ethereum. Puedes interactuar con él, transferir tokens y construir aplicaciones alrededor de él. Asegúrate de probar la funcionalidad a fondo y considera características adicionales o mejoras basadas en los comentarios de los usuarios y en los requisitos en evolución.

En resumen, crear un token basado en Ethereum implica escribir y desplegar código Solidity que define las características, funcionalidad y metadatos del token. Siguiendo estos pasos, podrás lanzar con éxito tu propia criptomoneda y comenzar a construir su ecosistema.

Creación de un Token Usando Bitbond

Antes de sumergirte en la creación de tu propia criptomoneda, es crucial entender los fundamentos de los tokens criptográficos y los pasos involucrados en su creación. Los tokens son activos digitales que existen en blockchains y pueden representar la propiedad de activos del mundo real o proporcionar utilidad dentro de aplicaciones descentralizadas (DApps). Familiarizarte con estos conceptos te ayudará a navegar el proceso de creación de tokens de manera efectiva. Una vez que comprendas la tokenización y las finanzas descentralizadas (DeFi), necesitarás preparar los componentes necesarios para crear tu token [363].

1. Carteras Compatibles

El primer paso para crear un token es asegurarte de que tengas una billetera criptográfica compatible. Por ejemplo, si estás utilizando la Herramienta de Tokens de Bitbond, necesitarás usar una billetera compatible como MetaMask, Coinbase Wallet o WalletConnect. Es importante elegir una billetera reputada, ya que la seguridad de tus tokens depende en gran medida de la billetera que utilices. Investiga las características y medidas de seguridad de cada billetera para asegurarte de que cumpla con tus necesidades. Aprende más sobre las diferentes billeteras criptográficas para entender sus distinciones y funcionalidades.

2. Asegurando Fondos Suficientes

Antes de proceder con la creación del token, asegúrate de que tu billetera tenga fondos suficientes para cubrir las tarifas de red y servicio. Estas tarifas son necesarias para procesar transacciones y desplegar contratos inteligentes en la blockchain. Las tarifas se pagan generalmente en la criptomoneda nativa de la red. Por ejemplo, si estás creando un token en la red Ethereum, necesitarás ether (ETH) para cubrir estos costos. Siempre verifica las tarifas actuales y asegúrate de tener suficiente para evitar interrupciones durante el proceso de creación.

3. Investigando Redes Blockchain

Elegir la red blockchain adecuada es esencial para el éxito de tu token. Cada blockchain tiene sus propias reglas de gobernanza, ventajas y estándares de token compatibles. Ethereum es una opción popular debido a su uso extensivo en aplicaciones DeFi y su alto volumen de transacciones, pero también sufre de congestión y altas tarifas de gas. Otras blockchains pueden ofrecer tarifas más bajas o características diferentes. Investiga las redes blockchain para encontrar una que se alinee con las necesidades y objetivos de tu proyecto.

4. Seleccionando una Red y un Estándar de Token

La elección de la red blockchain dictará los estándares de token que puedes usar. Los estándares de token definen las reglas y funcionalidades de tu token. Los estándares comunes incluyen ERC-20 para tokens fungibles y ERC-721 o ERC-1155 para tokens no fungibles (NFTs) en la red Ethereum. Las características y casos de uso de tu token influirán en cuál estándar es el más adecuado. Asegúrate de que la red y el estándar de token que selecciones soporten las funcionalidades que imaginas para tu token.

5. Usando la Herramienta de Tokens para la Creación

Una vez que tengas tu billetera y red listas, puedes usar plataformas como la Herramienta de Tokens de Bitbond para simplificar el proceso de creación. Comienza navegando a la Herramienta de Tokens y selecciona "Crear Token" en el menú. Elige la opción "Token DeFi" para configurar y desplegar tu contrato inteligente. Deberás seleccionar la red que deseas usar en el menú desplegable. La Herramienta de Tokens admite múltiples redes blockchain y sus testnets.

6. Conectando Tu Billetera

Conecta tu billetera a la Herramienta de Tokens haciendo clic en el botón "Conectar Billetera". Elige entre los proveedores de billetera disponibles y confirma la conexión en la interfaz de tu billetera. Asegúrate de que tu billetera esté configurada en la misma red que seleccionaste en la Herramienta de Tokens. Completar la configuración del perfil puede ofrecerte un código de descuento para futuras transacciones. Esta conexión es crucial para interactuar con la blockchain y desplegar tu token.

7. Definiendo las Propiedades del Token

Con la Herramienta de Tokens, crear tu token es tan sencillo como completar un formulario. Define las propiedades de tu token, incluyendo su nombre, símbolo, suministro inicial y unidades decimales. Estas propiedades son fundamentales para cómo se identificará y usará tu token. La plataforma simplifica los aspectos técnicos, permitiéndote enfocarte en configurar estos atributos de acuerdo con las necesidades de tu proyecto.

8. Especificando las Características del Token

En la sección de "configuración del token", puedes habilitar características específicas para tu token, como una tasa de quema o capacidades de acuñación. Estas características afectan cómo se comporta tu token e interactúa dentro del ecosistema. Sé cauteloso al seleccionar características, ya que los contratos inteligentes son inmutables una vez desplegados. Si activas características como la acuñación, no podrán desactivarse más tarde. Revisa y finaliza estas configuraciones cuidadosamente para evitar la necesidad de crear un nuevo token debido a errores.

9. Confirmando la Transacción

Después de configurar las propiedades y características de tu token, revisa todos los detalles cuidadosamente. Haz clic en "Crear Token" para iniciar el proceso. Luego necesitarás confirmar la transacción y pagar las tarifas asociadas en tu billetera. Este paso es crucial para desplegar el contrato inteligente en la blockchain. La transacción será procesada y, una vez confirmada, tu token será creado y desplegado.

10. Gestionando Tu Token

Una vez que el despliegue sea exitoso, recibirás una ventana emergente con un enlace al explorador de bloques y la dirección de tu token. Esta dirección te permite gestionar e interactuar con tu token en la blockchain. Utiliza esta información para rastrear transacciones, verificar detalles del token y realizar cualquier acción necesaria relacionada con tu token.

Crear un Token BEP-20

Crear un token BEP-20 implica varios pasos clave y requiere algunos conocimientos técnicos, especialmente en codificación y despliegue de blockchain. BEP-20 es un estándar de token en Binance Smart Chain (BSC) similar al ERC-20 de Ethereum, pero adaptado para el ecosistema BSC. Aquí tienes una explicación detallada del proceso [364]:

1. Configura MetaMask y la Red Principal de BSC

Antes de comenzar, asegúrate de que MetaMask esté configurado y conectado a la red principal de Binance Smart Chain. MetaMask es una billetera criptográfica popular que admite varias blockchains, incluida BSC. Si aún no has agregado la red BSC a MetaMask, puedes seguir instrucciones específicas disponibles en guías como la guía "Conectando MetaMask a BNB Smart Chain". Esta configuración es crucial, ya que MetaMask se usará para aprobar transacciones e interactuar con el contrato inteligente.

2. Accede a Remix IDE

Remix es un entorno de desarrollo integrado (IDE) para desarrollar y desplegar contratos inteligentes compatibles con redes de Ethereum Virtual Machine (EVM), incluida BSC. Navega al sitio web de Remix IDE. En Remix, haz clic derecho en la carpeta [contracts] ubicada en la sección del explorador de archivos y selecciona [New File] para crear un nuevo archivo donde escribirás tu contrato inteligente BEP-20.

3. Crea y Nombra tu Archivo de Contrato

Nombra el nuevo archivo BEP20.sol. La extensión .sol indica que este archivo contendrá código Solidity, que es el lenguaje de programación utilizado para escribir contratos inteligentes de Ethereum y BSC.

4. Configura el Lenguaje de Programación

Asegúrate de que el lenguaje de programación esté configurado en Solidity. Puedes verificar esto revisando el ícono del selector de lenguaje en el lado derecho de la interfaz de Remix. Si no está configurado en Solidity, tu código de contrato inteligente no se compilará correctamente.

5. Inserta el Código del Contrato Inteligente BEP-20

Copia el código del contrato inteligente BEP-20 en tu archivo BEP20.sol recién creado. Este código define las funcionalidades de tu token, como cómo se rastrean los saldos y cómo se manejan las transferencias. Para parámetros y funciones detallados, puedes consultar el código disponible en GitHub u otras fuentes confiables.

6. Personaliza los Detalles del Token

Modifica el código del contrato inteligente para incluir detalles específicos de tu token. Esto incluye establecer el nombre del token (por ejemplo, Binance Academy Coin o BAC), símbolo, decimales (por ejemplo, 18) y suministro total (por ejemplo,

100,000,000). Asegúrate de que el suministro total se ajuste a la precisión decimal que especificaste.

7. Compila el Contrato Inteligente

Para compilar el contrato inteligente, haz clic en el ícono de compilar en el lado izquierdo de Remix. Marca las casillas [Auto compile] y [Enable optimization], luego haz clic en [Compile]. Este proceso convertirá tu código Solidity en bytecode que se puede desplegar en la red BSC.

8. Copia ABI

Después de compilar, haz clic en el botón [ABI] para copiar la Interfaz Binaria de Aplicación (ABI) del contrato. El ABI es esencial para interactuar con tu contrato inteligente a través de varias interfaces y herramientas.

9. Despliega el Contrato Inteligente

Cambia a la sección de despliegue de Remix seleccionando [Injected Web3] como tu entorno. Esta configuración asegura que Remix interactúe con la red BSC a través de tu billetera MetaMask. Asegúrate de que tu contrato BEP20 esté seleccionado y luego haz clic en [Deploy]. MetaMask te pedirá que confirmes la transacción y pagues las tarifas de gas necesarias.

10. Verifica y Publica el Contrato

Una vez que el contrato esté desplegado, debes verificar y publicar el código fuente del contrato en BscScan. Visita BscScan, pega la dirección del contrato, selecciona [Solidity (Single)] como tipo de compilador y asegúrate de que la versión del compilador coincida con la que usaste en Remix. Esta verificación ayuda a garantizar la transparencia y la seguridad.

11. Aplana el Código del Contrato

En Remix, haz clic derecho en BEP20.sol y selecciona [Flatten]. Este proceso combina todo el código en un solo archivo, facilitando la verificación en BscScan. Concede permiso a Remix para aplanar el código y copia el contenido de BEP20_flat.sol.

12. Verifica y Publica el Código del Contrato

Pega el código aplanado en BscScan, configura la optimización en Sí, y haz clic en [Verify and Publish]. Una pantalla de éxito confirmará que el contrato está verificado.

14. Acuña Tokens

Con el contrato verificado, puedes acuñar tokens. Ve a la dirección del contrato en BscScan, selecciona [Write Contract] y conecta tu cuenta de MetaMask. En la sección de acuñación, ingresa la cantidad de tokens a acuñar, incluidos los decimales, y haz clic en [Write]. Confirma la transacción en MetaMask.

15. Confirma la Acuñación de Tokens

Una vez que la transacción esté confirmada, los tokens serán acuñados y enviados a la dirección que creó el contrato inteligente. Ahora puedes gestionar e interactuar con tu token BEP-20 usando la dirección del contrato.

Listar tu Criptomoneda

Después de crear tu token BEP-20, considera listar tu criptomoneda en un intercambio de criptomonedas como Binance. Este paso implica completar los formularios de solicitud proporcionados por el intercambio y someterse a un proceso de debida diligencia. Proporcionar liquidez y aceptar tokens específicos del intercambio (por ejemplo, BNB, BUSD) también puede ser parte de los requisitos de la lista. Se necesitarán actualizaciones regulares sobre el progreso de tu proyecto durante el proceso de solicitud.

Crear un token BEP-20 implica pasos técnicos, pero con herramientas como Remix y orientación, se vuelve manejable. Asegúrate de realizar pruebas exhaustivas y cumplir con todos los requisitos para lanzar y gestionar tu token con éxito.

Valoración de tu Criptomoneda Después de la Creación

La valoración de una criptomoneda después de su creación es una etapa crítica que influye significativamente en su éxito y adopción. Tras desarrollar tu criptomoneda, el desafío pasa de la creación a asegurar que tu activo digital gane tracción y atraiga a inversores. Aquí tienes una mirada detallada a cómo se desarrolla este proceso [361]:

1. La Importancia de la Comunidad y el Interés del Mercado

El éxito de una criptomoneda no depende únicamente de su creación técnica; depende en gran medida de su aceptación en el mercado y el apoyo de la comunidad. Sin una base de usuarios dedicada, incluso la criptomoneda más técnicamente sólida puede tener dificultades para ganar tracción. Construir una comunidad solidaria y comprometida es crucial porque ayuda a generar interés, crear demanda y establecer el valor de la criptomoneda. Involucrarse con los usuarios potenciales, fomentar relaciones y mantener una comunicación activa son esenciales para cultivar un seguimiento leal.

2. Oferta Inicial de Monedas (ICO)

Uno de los principales métodos para valorar y recaudar fondos para una nueva criptomoneda es a través de una Oferta Inicial de Monedas (ICO). Una ICO es un mecanismo de recaudación de fondos en el que los inversores compran tokens de la nueva criptomoneda a cambio de criptomonedas establecidas como Bitcoin o Ethereum, o a veces incluso monedas fiduciarias. Este proceso te permite generar capital inicial y evaluar el interés del mercado en tu criptomoneda. Durante una ICO, ofreces una parte del suministro total de tokens a los primeros inversores, a menudo a un precio descontado en comparación con el precio de mercado futuro. El éxito de la ICO no solo proporciona el financiamiento necesario, sino que también actúa como un termómetro para el valor potencial del mercado de tu criptomoneda.

3. Desarrollar una Propuesta de Valor Convincente

Para atraer a inversores y construir una comunidad sólida, es esencial presentar una propuesta de valor convincente. Esto implica definir claramente el problema que tu criptomoneda busca resolver, los beneficios que ofrece y cómo se diferencia de las soluciones existentes. Una propuesta de valor bien articulada resonará con los usuarios y los inversores potenciales, ayudando a generar interés y apoyo. Este mensaje debe comunicarse de manera efectiva a través de materiales de marketing, tu whitepaper y otros canales promocionales.

4. Marketing y Promoción Estratégica

El marketing efectivo es crucial para la valoración exitosa de tu criptomoneda. Emplear un plan de marketing estratégico ayuda a alcanzar una audiencia más amplia y generar entusiasmo en torno a tu proyecto. Utiliza diversos canales de marketing como redes sociales, marketing de contenido, comunicados de prensa y participación comunitaria para aumentar la visibilidad. Participar en eventos relevantes de la industria, seminarios web y conferencias también puede mejorar la visibilidad y atraer a inversores potenciales.

5. Construir y Mantener una Comunidad

Una comunidad fuerte y activa es integral para el éxito a largo plazo de tu criptomoneda. Interactuar con tu comunidad a través de actualizaciones regulares, responder a consultas y fomentar discusiones puede construir confianza y lealtad. Ofrecer incentivos para la participación de la comunidad, como recompensas por contribuciones o acceso anticipado a características, también puede mejorar el compromiso. Una comunidad dedicada no solo apoya la criptomoneda, sino que también ayuda a difundir la palabra y fomentar una adopción adicional.

6. Consideraciones Posteriores a la ICO

Después de una ICO exitosa, el enfoque debe cambiar a mantener el impulso y asegurar un crecimiento continuo. Esto implica implementar la hoja de ruta delineada durante la ICO, cumplir con las promesas y mejorar continuamente la criptomoneda basándose en la retroalimentación de los usuarios. Actualizaciones regulares sobre el progreso, nuevos desarrollos y asociaciones estratégicas pueden ayudar a mantener el interés y atraer nuevos usuarios. Además, gestionar la liquidez y el rendimiento del mercado de tu criptomoneda es esencial para mantener su valor y apoyar su ecosistema.

7. Valor y Sostenibilidad a Largo Plazo

La valoración a largo plazo de tu criptomoneda depende de su capacidad para ofrecer valor real y mantener su ecosistema. Esto implica un desarrollo continuo, mantener una infraestructura robusta y adaptarse a los cambios del mercado. Asegurar la utilidad, seguridad y relevancia de la criptomoneda en el panorama digital en evolución es clave para su éxito sostenido. Construir asociaciones estratégicas e integrarse con otras plataformas también puede mejorar su valor y usabilidad.

Referencias

1.Valencia, F., A. Gómez-Espinosa, and B. Valdés-Aguirre, *Price Movement Prediction of Cryptocurrencies Using Sentiment Analysis and Machine Learning.* Entropy, 2019. **21**(6): p. 589.

2.Shahzad, M.F., et al., *Cryptocurrency Awareness, Acceptance, and Adoption: The Role of Trust as a Cornerstone.* Humanities and Social Sciences Communications, 2024. **11**(1).

3.Gil-Cordero, E., J.-P. Cabrera-Sánchez, and M.J. Arrás-Cortés, *Cryptocurrencies as a Financial Tool: Acceptance Factors.* Mathematics, 2020. **8**(11): p. 1974.

4.Alsini, R., et al., *Forecasting Cryptocurrency's Buy Signal With a Bagged Tree Learning Approach to Enhance Purchase Decisions.* Frontiers in Big Data, 2024. **7**.

5.Kaspersky, *What is Cryptocurrency and how does it work?* 2024.

6.Samson, T.K., C.E. Onwukwe, and A.I. Lawal, *An Examination of Cryptocurrency Volatility: Insights From Skewed Error Innovation Distributions Within GARCH Model Frameworks.* Mathematical Modelling and Engineering Problems, 2023. **10**(04): p. 1297-1306.

7.Ahmadi, H., *Is Cryptocurrency Risky as an Investment Instrument? Analysis of Return and Risk With a Comparison of Sharia Stocks.* International Journal of Islamic Business Ethics, 2023. **8**(1): p. 40.

8.Goldbarsht, D., *Adapting Confiscation and Anti-Money Laundering Laws to the Digital Economy: Exploring the Australian Interplay Between Proceeds and Technology.* Journal of Money Laundering Control, 2023. **27**(3): p. 472-488.

9.Olabanji, S.O., et al., *Leveraging FinTech Compliance to Mitigate Cryptocurrency Volatility for Secure US Employee Retirement Benefits: Bitcoin ETF Case Study.* Asian Journal of Economics Business and Accounting, 2024. **24**(4): p. 147-167.

10.Rajharia, P. and M.B. Kaushik, *Cryptocurrency Adoption and Its Implications: A Literature Review.* E3s Web of Conferences, 2023. **456**: p. 03002.

11.Holt, T.J., J.R. Lee, and E.M. Griffith, *An Assessment of Cryptomixing Services in Online Illicit Markets.* Journal of Contemporary Criminal Justice, 2023. **39**(2): p. 222-238.

12.Sami, M. and W. Abdallah, *How Does the Cryptocurrency Market Affect the Stock Market Performance in the MENA Region?* Journal of Economic and Administrative Sciences, 2020. **37**(4): p. 741-753.

13.Hassan, M.K., F.A. Hudaefi, and R.E. Caraka, *Mining Netizen's Opinion on Cryptocurrency: Sentiment Analysis of Twitter Data.* Studies in Economics and Finance, 2021. **39**(3): p. 365-385.

14.Alsmadi, A.A., A. Shuhaiber, and K.S. Al-Omoush, *Rolling the Crypto Dice: The Interplay of Legal Environments, Market Uncertainty, and Gambling Attitudes on Users' Behavioral Intentions.* Human Behavior and Emerging Technologies, 2023. **2023**: p. 1-17.

15.Inci, A.C. and R. Lagasse, *Cryptocurrencies: Applications and Investment Opportunities.* Journal of Capital Markets Studies, 2019. **3**(2): p. 98-112.

16.Varma, P., et al., *Thematic Analysis of Financial Technology (Fintech) Influence on the Banking Industry.* Risks, 2022. **10**(10): p. 186.

17.Alexiadou, M., et al., *Cryptocurrencies and Long-Range Trends.* SSRN Electronic Journal, 2023.

18.Chikobvu, D. and T. Ndlovu, *The Generalised Extreme Value Distribution Approach to Comparing the Riskiness of BitCoin/US Dollar and South African Rand/Us Dollar Returns.* Journal of Risk and Financial Management, 2023. **16**(4): p. 253.

19.Asif, Z. and S. Unar, *Cryptocurrency Market Dynamics: Trends, Volatility, and Regulatory Challenges.* 2024. **13**(1).

20.Ashurbayli, N. and A. Yusifov, *Investing in Cryptocurrency as an Alternative Way of Financial Investments.* 2023. **17**(2): p. 10-16.

21.Enayati, M., S. Arlikatti, and M.V. Ramesh, *A Qualitative Analysis of Rural Fishermen: Potential for Blockchain-Enabled Framework for Livelihood Sustainability.* Heliyon, 2024. **10**(2): p. e24358.

22.Reserve Bank of Australia, *Digital Currencies*. 2024.

23.Asokan, N., *Anonymity in a Mobile Computing Environment.* 1994.

24.Chaum, D., *Security Without Identification: Transaction Systems to Make Big Brother Obsolete.* Communications of the Acm, 1985. **28**(10): p. 1030-1044.

25.Franklin, M.K. and M. Yung, *The Blinding of Weak Signatures.* 1995: p. 67-76.

26.MacKie-Mason, J.K. and H.R. Varian, *Some FAQs About Usage-Based Pricing.* Computer Networks and Isdn Systems, 1995. **28**(1-2): p. 257-265.

27.D'Amiano, S. and G.D. Crescenzo, *Methodology for Digital Money Based on General Cryptographic Tools.* 1995: p. 156-170.

28.Chen, L., *Witness Hiding Proofs and Applications.* Daimi Report Series, 1994. **13**(477).

29.Franklin, M.K. and M.K. Reiter, *Verifiable Signature Sharing.* 1995: p. 50-63.

30.*Applied Cryptography: Protocols, Algorithms, and Source Code in C.* Computer Law & Security Review, 1994. **10**(5): p. 257.

31.Brands, S., *Restrictive Binding of Secret-Key Certificates.* 1995: p. 231-247.

32.Yu, B., *Research on the Features and Functions of Bitcoin and Digital Currencies.* Advances in Economics Management and Political Sciences, 2024. **86**(1): p. 55-60.

33.Su, Z., *Analysis of Cryptocurrency and Its Combination With Quantitative Transactions.* SHS Web of Conferences, 2024. **181**: p. 02016.

34.Avcı, İ., *Analysis of Data Security and Cyber-Attack Methods in Digital Currency.* Mühendislik Bilimleri Ve Tasarım Dergisi, 2022. **10**(3): p. 1000-1013.

35.Wronka, C., *Digital Currencies and Economic Sanctions: The Increasing Risk of Sanction Evasion.* Journal of Financial Crime, 2021. **29**(4): p. 1269-1282.

36.Ozili, P.K., *Can Central Bank Digital Currency Increase Financial Inclusion? Arguments for and Against*.* 2022: p. 241-249.

37.Rhoda Adura Adeleye, N., et al., *Digital Currency Adoption in Africa: A Critical Review and Global Comparison.* World Journal of Advanced Research and Reviews, 2024. **21**(2): p. 130-139.

38.Jakšić, M., V. Todorović, and J. Matić, *The Influence of Digital Currency on the Banking Sector in Europe.* Economic Themes, 2022. **60**(4): p. 481-494.

39.Tan, Y., *Legal Governance of Digital Currencies and Regulatory Sandboxes in the Blockchain Era.* 2022.

40.Chen, H., et al., *The Role of Blockchain in Finance Beyond Cryptocurrency: Trust, Data Management, and Automation.* Ieee Access, 2024. **12**: p. 64861-64885.

41.Kajtazi, A. and A. Moro, *The Role of Bitcoin in Well Diversified Portfolios: A Comparative Global Study.* International Review of Financial Analysis, 2019. **61**: p. 143-157.

42.Hulea, M., R. Miron, and V. Muresan, *Digital Product Passport Implementation Based on Multi-Blockchain Approach With Decentralized Identifier Provider.* Applied Sciences, 2024. **14**(11): p. 4874.

43.Khan, H.H., et al., *Blockchain Technology for Agricultural Supply Chains During the COVID-19 Pandemic: Benefits and Cleaner Solutions.* Journal of Cleaner Production, 2022. **347**: p. 131268.

44.Rivera, T. and D. Foderick, *Ostrom's Razor: Using Bitcoin to Cut Fraud in Hollywood Accounting.* Journal of Risk and Financial Management, 2024. **17**(4): p. 139.

45.Vulpen, P.v., J. Siu, and S. Jansen, *Governance of Decentralized Autonomous Organizations That Produce Open Source Software.* SSRN Electronic Journal, 2022.

46.Bastard, A. and A. Chaillet, *Blockchain: No Pain, No Gain? An Examination of Blockchain Technology in the Vitivinicultural Sector.* Bio Web of Conferences, 2023. **68**: p. 03009.

47.Mihus, I., et al., *The Change of the Monetary Paradigm: Financial Security and Cryptocurrency.* Financial Internet Quarterly, 2024. **20**(2): p. 89-101.

48.Kotey, S.D., et al., *Blockchain Interoperability: The State of Heterogenous Blockchain-to-blockchain Communication.* Iet Communications, 2023. **17**(8): p. 891-914.

49.Jiao, J., et al., *Executable Operational Semantics of Solidity.* 2018.

50.Bragagnolo, S., et al., *SmartInspect: Solidity Smart Contract Inspector.* 2018.

51.Amoo, A., *Research on Automatic Commodity Trading Method Based on Smart Contract.* International Journal of Smart Business and Technology, 2018. **6**(2): p. 31-38.

52.Praitheeshan, P., et al., *Security Analysis Methods on Ethereum Smart Contract Vulnerabilities: A Survey.* 2019.

53.Zhang, P., F. Xiao, and X. Luo, *SolidityCheck : Quickly Detecting Smart Contract Problems Through Regular Expressions.* 2019.

54.Baird, K., et al., *The Economics of Smart Contracts.* 2019.

55.Wang, X., et al., *ContractGuard: Defend Ethereum Smart Contracts With Embedded Intrusion Detection.* Ieee Transactions on Services Computing, 2019: p. 1-1.

56.Malik, H.R., et al., *Performance Analysis of Blockchain Based Smart Grids With Ethereum and Hyperledger Implementations.* 2019.

57.Daluwathumullagamage, D.J. and A. Sims, *Blockchain-Enabled Corporate Governance and Regulation.* International Journal of Financial Studies, 2020. **8**(2): p. 36.

58.Leuprecht, C., C. Jenkins, and R. Hamilton, *Virtual Money Laundering: Policy Implications of the Proliferation in the Illicit Use of Cryptocurrency.* Journal of Financial Crime, 2022. **30**(4): p. 1036-1054.

59.Pawar, A., *Blockchain and Cryptocurrency: A Double-Edged Sword for Financial Inclusion and Regulation.* 2024: p. 129-134.

60.Schaupp, L.C., et al., *Regulation as a Pathway to Individual Adoption of Cryptocurrency.* Digital Policy Regulation and Governance, 2022. **24**(2): p. 199-219.

61.Wiwoho, J., et al., *Islamic Crypto Assets and Regulatory Framework: Evidence From Indonesia and Global Approaches.* International Journal of Law and Management, 2023. **66**(2): p. 155-171.

62.Fletcher, E., C. Larkin, and S. Corbet, *Countering Money Laundering and Terrorist Financing: A Case for Bitcoin Regulation.* Research in International Business and Finance, 2021. **56**: p. 101387.

63.Aydoğan, B., G. Vardar, and C. Taçoğlu, *Volatility Spillovers Among G7, E7 stock Markets and Cryptocurrencies.* Journal of Economic and Administrative Sciences, 2022. **40**(2): p. 364-387.

64.Alibašić, H., *Developing an Ethical Framework for Responsible Artificial Intelligence (AI) and Machine Learning (ML) Applications in Cryptocurrency Trading: A Consequentialism Ethics Analysis.* Fintech, 2023. **2**(3): p. 430-443.

65.Khan, R.U., K. Ullah, and M. Atiq, *Regulatory Constraints, Responsibilities and Consultation (CRC) for Legal Institutionalization of Cryptocurrencies in Pakistan.* Qualitative Research in Financial Markets, 2023. **16**(4): p. 680-708.

66.Andolfatto, D., *Assessing the Impact of Central Bank Digital Currency on Private Banks.* The Economic Journal, 2020. **131**(634): p. 525-540.

67.Ozili, P.K., *Central Bank Digital Currency Research Around the World: A Review of Literature.* Journal of Money Laundering Control, 2022. **26**(2): p. 215-226.

68.Sethaput, V. and S. Innet, *Blockchain Application for Central Bank Digital Currencies (CBDC).* Cluster Computing, 2023. **26**(4): p. 2183-2197.

69.Opare, E.A. and K. Kim, *A Compendium of Practices for Central Bank Digital Currencies for Multinational Financial Infrastructures.* Ieee Access, 2020. **8**: p. 110810-110847.

70.Jung, H. and D. Jeong, *Blockchain Implementation Method for Interoperability Between CBDCs.* Future Internet, 2021. **13**(5): p. 133.

71.Mnohoghitnei, I., C.A. Neguţ, and A. Horobeţ, *The Future Is Near: On the Prospects of Central Bank Digital Currency Adoption in Central and Eastern European Countries.* Kne Social Sciences, 2021.

72.Hofmann, C., et al., *Central Bank Digital Currencies (CBDCs) - Proceedings of a Colloquium.* 2023.

73.Ma, W., *An Introduction to the Impact of India's Use of Central Bank Digital Currency on the International Financial System.* Frontiers in Business Economics and Management, 2023. **7**(1): p. 218-220.

74.Yang, J. and S. Luo, *A Study on the Influence Mechanism of CBDC on Monetary Policy: An Analysis Based on E-Cny.* Plos One, 2022. **17**(7): p. e0268471.

75.Smirna, T.G., et al., *Central Bank Digital Currencies Analyzed in a Banking School Versus Currency School Framework.* Proceedings of the International Conference on Business Excellence, 2023. **17**(1): p. 638-648.

76.Becerra, J.R.J., et al., *Research of the Development of Green Central Bank Digital Currency, CBDC.* Advances in Economics Management and Political Sciences, 2023. **4**(1): p. 449-458.

77.Mungoli, N., *Deciphering the Blockchain: A Comprehensive Analysis of Bitcoin's Evolution, Adoption, and Future Implications.* arXiv preprint arXiv:2304.02655, 2023.

78.Albshaier, L., S. Almarri, and M. Hafizur Rahman, *A Review of Blockchain's Role in E-Commerce Transactions: Open Challenges, and Future Research Directions.* Computers, 2024. **13**(1): p. 27.

79.Danezis, G. and S. Meiklejohn, *Centrally Banked Cryptocurrencies.* 2016.

80.Barrera, J.A., et al., *Blockchain, Information Security, Control, and Integrity: Who Is in Charge?* Plastic & Reconstructive Surgery, 2023. **152**(4): p. 751e-758e.

81.Doğan, M. and G. Övenç, *Central Bank Digital Currencies Under Blockchain Technology: Discussion of Digital Bank Runs and Design Principles.* European Journal of Science and Technology, 2021.

82.Zhou, Q., et al., *Solutions to Scalability of Blockchain: A Survey.* Ieee Access, 2020. **8**: p. 16440-16455.

83.Besançon, L., et al., *A Blockchain Ontology for DApps Development.* Ieee Access, 2022. **10**: p. 49905-49933.

84.Raikwar, M., D. Gligoroski, and K. Kralevska, *SoK of Used Cryptography in Blockchain.* Ieee Access, 2019. **7**: p. 148550-148575.

85.Guo, Y., et al., *Zk-SNARKs-Based Anonymous Payment Channel in Blockchain.* Blockchains, 2024. **2**(1): p. 20-39.

86.Khan, K.M., J. Arshad, and M.M. Khan, *Investigating Performance Constraints for Blockchain Based Secure E-Voting System.* Future Generation Computer Systems, 2020. **105**: p. 13-26.

87.Nasir, M., et al., *Scalable Blockchains — A Systematic Review.* Future Generation Computer Systems, 2022. **126**: p. 136-162.

88.Elwi, D., et al., *Cooperative Mining System to Improve Bitcoin Scalability.* Ieee Access, 2023. **11**: p. 58715-58728.

89.Aumayr, L., et al., *Demand-Aware Payment Channel Networks.* 2020.

90.Kandpal, M., et al., *Towards Data Storage, Scalability, and Availability in Blockchain Systems: A Bibliometric Analysis.* Data, 2023. **8**(10): p. 148.

91.Tang, W., et al., *Privacy-Utility Tradeoffs in Routing Cryptocurrency Over Payment Channel Networks.* Acm Sigmetrics Performance Evaluation Review, 2020. **48**(1): p. 81-82.

92.Machado, C., R.R.S.d. Santos, and C.M. Westphall, *Hop-by-Hop Accounting and Rewards for Packet dIspAtching.* 2021.

93.Bai, Q., Y. Xu, and X. Wang, *Understanding the Benefit of Being Patient in Payment Channel Networks.* 2021.

94.Rejeb, A., J.G. Keogh, and H. Treiblmaier, *Leveraging the Internet of Things and Blockchain Technology in Supply Chain Management.* Future Internet, 2019. **11**(7): p. 161.

95.Alghazwi, M., et al., *Blockchain for Genomics: A Systematic Literature Review.* 2021.

96.Jung, H.S., H. Lee, and J.H. Kim, *Unveiling Cryptocurrency Conversations: Insights From Data Mining and Unsupervised Learning Across Multiple Platforms.* Ieee Access, 2023. **11**: p. 130573-130583.

97.Saad, M., et al., *Exploring the Attack Surface of Blockchain: A Comprehensive Survey.* Ieee Communications Surveys & Tutorials, 2020. **22**(3): p. 1977-2008.

98.Ozili, P.K., *Decentralized Finance Research and Developments Around the World.* Journal of Banking and Financial Technology, 2022. **6**(2): p. 117-133.

99.Velický, M., *Renewable Energy Transition Facilitated by Bitcoin.* Acs Sustainable Chemistry & Engineering, 2023. **11**(8): p. 3160-3169.

100.Yu, C., et al., *Technology and Security Analysis of Cryptocurrency Based on Blockchain.* Complexity, 2022. **2022**: p. 1-15.

101.Mathur, S., et al., *Blockchain Technology for Advancement of Smart Cities.* 2023: p. 229-238.

102.Rogers, I., et al., *Diminishing Dreams.* M/C Journal, 2022. **25**(2).

103.Nabilou, H., *Bitcoin Governance as a Decentralized Financial Market Infrastructure.* SSRN Electronic Journal, 2020.

104.Alsalami, N. and B. Zhang, *Utilizing Public Blockchains for Censorship-Circumvention and IoT Communication.* 2019.

105.Vazirani, A.A., et al., *Blockchain Vehicles for Efficient Medical Record Management.* NPJ Digital Medicine, 2020. **3**(1).

106.Alshater, M.M., et al., *Fintech in Islamic Finance Literature: A Review.* Heliyon, 2022. **8**(9): p. e10385.

107.Chowdhury, R., et al., *An Approach to Predict and Forecast the Price of Constituents and Index of Cryptocurrency Using Machine Learning.* Physica a Statistical Mechanics and Its Applications, 2020. **551**: p. 124569.

108.Kshetri, N., *The Nature and Sources of International Variation in Formal Institutions Related to Initial Coin Offerings: Preliminary Findings and a Research Agenda.* Financial Innovation, 2023. **9**(1).

109.Taher, S.S., S.Y. Ameen, and J.A. Ahmed, *Advanced Fraud Detection in Blockchain Transactions: An Ensemble Learning and Explainable AI Approach.* Engineering Technology & Applied Science Research, 2024. **14**(1): p. 12822-12830.

110.Zhang, Z., et al., *Forecasting Cryptocurrency Price Using Convolutional Neural Networks With Weighted and Attentive Memory Channels.* Expert Systems With Applications, 2021. **183**: p. 115378.

111.Raza, S.A., et al., *Google Trends and Cryptocurrencies: A Nonparametric Causality-in-Quantiles Analysis.* International Journal of Emerging Markets, 2022. **18**(12): p. 5972-5989.

112.Kovalchuk, O., R. Shevchuk, and S. Banakh, *Cryptocurrency Crime Risks Modeling: Environment, E-Commerce, and Cybersecurity Issue.* Ieee Access, 2024. **12**: p. 50673-50688.

113.Sharma, D., D. Pant, and A. Kumar, *Cryptocurrency: An Overview of Its History, Technology and Future Prospects.* International Journal of Advanced Research in Science Communication and Technology, 2023: p. 427-430.

114.Ullah, Z., et al., *Towards Blockchain-Based Secure Storage and Trusted Data Sharing Scheme for IoT Environment.* Ieee Access, 2022. **10**: p. 36978-36994.

115.Zhukovskiy, Y.L., et al., *Fossil Energy in the Framework of Sustainable Development: Analysis of Prospects and Development of Forecast Scenarios.* Energies, 2021. **14**(17): p. 5268.

116.Sapra, N., I. Shaikh, and A. Dash, *Impact of Proof of Work (PoW)-Based Blockchain Applications on the Environment: A Systematic Review and Research Agenda.* Journal of Risk and Financial Management, 2023. **16**(4): p. 218.

117.Shah, A.F.M.S., et al., *On the Vital Aspects and Characteristics of Cryptocurrency—A Survey.* Ieee Access, 2023. **11**: p. 9451-9468.

118.Ngozi Samuel Uzougbo, N., N. Chinonso Gladys Ikegwu, and N. Adefolake Olachi Adewusi, *International Enforcement of Cryptocurrency Laws: Jurisdictional Challenges and Collaborative Solutions.* Magna Scientia Advanced Research and Reviews, 2024. **11**(1): p. 068-083.

119.Ryan, E.V., *Save the Kids: The Need for Regulation of Cryptocurrency to Protect Adolescents From Fraud.* Family Court Review, 2023. **61**(3): p. 650-664.

120.Hayes, A., *Blockchain Facts: What Is It, How It Works, and How It Can Be Used.* 2024, Investopedia.

121.Seth, S., *Explaining the Crypto in Cryptocurrency.* 2024, Investopedia.

122.Boffi, A., *Foundations of Cryptography.* 2022.

123.Dupuis, F., O. Fawzi, and R. Renner, *Entropy Accumulation.* Communications in Mathematical Physics, 2020. **379**(3): p. 867-913.

124.Cañas, G., et al., *High-Dimensional Decoy-State Quantum Key Distribution Over Multicore Telecommunication Fibers.* Physical Review A, 2017. **96**(2).

125.Olijnyk, N.V., *Examination of China's Performance and Thematic Evolution in Quantum Cryptography Research Using Quantitative and Computational Techniques.* Plos One, 2018. **13**(1): p. e0190646.

126.Andono, P.N. and D.R.I.M. Setiadi, *Improved Pixel and Bit Confusion-Diffusion Based on Mixed Chaos and Hash Operation for Image Encryption.* Ieee Access, 2022. **10**: p. 115143-115156.

127.Al-Amri, R.M., D.N. Hamood, and A.K. Farhan, *Theoretical Background of Cryptography.* 2023: p. 7-15.

128.Dür, W., R. Lamprecht, and S. Heusler, *Towards a Quantum Internet.* European Journal of Physics, 2017. **38**(4): p. 043001.

129.Kumar, N.A., et al., *Architecture of Network-on-Chip (NoC) for Secure Data Routing Using 4-H Function of Improved TACIT Security Algorithm.* Wireless Communications and Mobile Computing, 2022. **2022**: p. 1-9.

130.Raghupathy, B.K., et al., *Image Security Using Visual Cryptography.* 2022: p. 281-292.

131.Abusukhon, A., Z. Mohammad, and A. Al-Thaher, *An Authenticated, Secure, and Mutable Multiple-session-keys Protocol Based on Elliptic Curve Cryptography and Text-to-image Encryption Algorithm.* Concurrency and Computation Practice and Experience, 2021. **34**(4).

132.Mathew, S. and K.P. Jacob, *Message Integrity in the World Wide Web: Use of Nested Hash Function and a Fast Stream Cipher.* 2006.

133.Kraken, *How do cryptocurrencies use cryptography?* 2024.

134.Bonneau, J., et al., *SoK: Research Perspectives and Challenges for Bitcoin and Cryptocurrencies.* 2015.

135.Park, S., et al., *Nodes in the Bitcoin Network: Comparative Measurement Study and Survey.* Ieee Access, 2019. **7**: p. 57009-57022.

136.Rahman, A.A., *A Conceptual Model for a Decentralized Central Bank Digital Currency.* 2023.

137.Ramanathan, V., et al., *Public Health Perspectives on Cryptocurrency: The Good, the Bad and the Ugly.* Indian Journal of Community Health, 2023. **35**(3): p. 372-374.

138.Fernández, M.Á.E., et al., *Central Banks' Monetary Policy in the Face of the COVID-19 Economic Crisis: Monetary Stimulus and the Emergence of CBDCs.* Sustainability, 2021. **13**(8): p. 4242.

139.Dallyn, S., *Cryptocurrencies as Market Singularities: The Strange Case of Bitcoin.* Journal of Cultural Economy, 2017. **10**(5): p. 462-473.

140.Li, Q., et al., *DareChain: A Blockchain-Based Trusted Collaborative Network Infrastructure for Metaverse.* International Journal of Crowd Science, 2023. **7**(4): p. 168-179.

141.Vukolić, M., *The Quest for Scalable Blockchain Fabric: Proof-of-Work vs. BFT Replication.* 2016: p. 112-125.

142.Javed, H., et al., *Blockchain-Based Logging to Defeat Malicious Insiders: The Case of Remote Health Monitoring Systems.* Ieee Access, 2024. **12**: p. 12062-12079.

143.Kim, S.-K. and J.H. Huh, *A Study on the Improvement of Smart Grid Security Performance and Blockchain Smart Grid Perspective.* Energies, 2018. **11**(8): p. 1973.

144.Zhang, R., R. Xue, and L. Liu, *Security and Privacy on Blockchain.* Acm Computing Surveys, 2019. **52**(3): p. 1-34.

145.O'Dair, M. and Z. Beaven, *The Networked Record Industry: How Blockchain Technology Could Transform the Record Industry.* Strategic Change, 2017. **26**(5): p. 471-480.

146.Imran, M., et al., *Research Perspectives and Challenges of Blockchain for Data-Intensive and Resource-Constrained Devices.* Ieee Access, 2022. **10**: p. 38104-38122.

147.Deval, V., et al., *Mobile Smart Contracts: Exploring Scalability Challenges and Consensus Mechanisms.* Ieee Access, 2024. **12**: p. 34265-34288.

148.Zamani, M., M. Movahedi, and M. Raykova, *RapidChain.* 2018.

149.Yu, H., et al., *OHIE: Blockchain Scaling Made Simple.* 2020.

150.Wang, X., et al., *Securing Parallel-Chain Protocols Under Variable Mining Power.* 2021.

151.Boehm, F. and P.J. Pesch, *Bitcoin: A First Legal Analysis.* 2014: p. 43-54.

152.Böhme, R., et al., *Bitcoin: Economics, Technology, and Governance.* Journal of Economic Perspectives, 2015. **29**(2): p. 213-238.

153.Rosele, M.I., et al., *The Concept of Wealth (māl) in the Sharīʿah and Its Relation to Digital Assets.* Sage Open, 2022. **12**(2): p. 215824402211024.

154.Begušić, S., et al., *Scaling Properties of Extreme Price Fluctuations in Bitcoin Markets.* Physica a Statistical Mechanics and Its Applications, 2018. **510**: p. 400-406.

155.Yelowitz, A. and M.W. Wilson, *Characteristics of Bitcoin Users: An Analysis of Google Search Data.* Applied Economics Letters, 2015. **22**(13): p. 1030-1036.

156.Hu, A.S., C.A. Parlour, and U. Rajan, *Cryptocurrencies: Stylized Facts on a New Investible Instrument.* Financial Management, 2019. **48**(4): p. 1049-1068.

157.Hałaburda, H., et al., *The Microeconomics of Cryptocurrencies.* SSRN Electronic Journal, 2021.

158.Delgado-Segura, S., C. Tanas, and J. Herrera-Joancomartí, *Reputation and Reward: Two Sides of the Same Bitcoin.* Sensors, 2016. **16**(6): p. 776.

159.Catalini, C. and J.S. Gans, *Some Simple Economics of the Blockchain.* SSRN Electronic Journal, 2016.

160.Henriques, I. and P. Sadorsky, *Can Bitcoin Replace Gold in an Investment Portfolio?* Journal of Risk and Financial Management, 2018. **11**(3): p. 48.

161.Mashatan, A., M.S. Sangari, and M. Dehghani, *How Perceptions of Information Privacy and Security Impact Consumer Trust in Crypto-Payment: An Empirical Study.* Ieee Access, 2022. **10**: p. 69441-69454.

162.Balutel, D., et al., *Bitcoin Adoption and Beliefs in Canada.* Canadian Journal of Economics/Revue Canadienne D Économique, 2022. **55**(4): p. 1729-1761.

163.Andreianova, M., et al., *Bitcoin Usage: Study on Bitcoin Usage Around the World 2020.* The Journal of Fintech, 2021. **01**(02).

164.Rosele, M.I., et al., *The Concept of Wealth (<i>māl</I>) in the Sharīʿah and Its Relation to Digital Assets.* Sage Open, 2022. **12**(2): p. 215824402211024.

165.Extance, A., *The Future of Cryptocurrencies: Bitcoin and Beyond.* Nature, 2015. **526**(7571): p. 21-23.

166.Sathyanarayana, S. and S. Gargesa, *Modeling Cryptocurrency (Bitcoin) Using Vector Autoregressive (Var) Model.* Sdmimd Journal of Management, 2019. **10**(2): p. 47-64.

167.Masama, B. and J.-P. Bruwer, *The Feasibility of Blockchain Technology as a Tool for Zimbabwean Financial Inclusion: An Online Desktop Review.* International Journal of Cryptocurrency Research, 2022. **2**(2).

168.Dobson, D. and A. Fernandez, *IDSov and the Silent Data Revolution: Indigenous Peoples and the Decentralized Building Blocks of Web3.* Frontiers in Research Metrics and Analytics, 2023. **8**.

169.Keogh, J.G., et al., *Optimizing Global Food Supply Chains: The Case for Blockchain and GSI Standards.* 2020: p. 171-204.

170.Choobineh, M., et al., *Blockchain Technology in Energy Systems: A State-of-the-art Review.* Iet Blockchain, 2022. **3**(1): p. 35-59.

171.Suryono, R.R., I. Budi, and B. Purwandari, *Challenges and Trends of Financial Technology (Fintech): A Systematic Literature Review.* Information, 2020. **11**(12): p. 590.

172.Wang, Z., M. Gao, and G. Lu, *Research on Oracle Technology Based on Multi-Threshold Aggregate Signature Algorithm and Enhanced Trustworthy Oracle Reputation Mechanism.* Sensors, 2024. **24**(2): p. 502.

173.Puschmann, T. and M. Huang-Sui, *A Taxonomy for Decentralized Finance.* 2023.

174.Jabbar, R., et al., *Blockchain Technology for Intelligent Transportation Systems: A Systematic Literature Review.* Ieee Access, 2022. **10**: p. 20995-21031.

175.Alqahtani, A.M. and A. Algarni, *A Survey on Blockchain Technology Concepts, Applications and Security.* International Journal of Advanced Computer Science and Applications, 2023. **14**(2).

176.Calik, E. and M. Bendechache, *Blockchain for Organ Transplantation: A Survey.* Blockchains, 2024. **2**(2): p. 150-172.

177.Cambou, B., et al., *Securing Additive Manufacturing With Blockchains and Distributed Physically Unclonable Functions.* Cryptography, 2020. **4**(2): p. 17.

178.Yang, G., C. Li, and K.E. Marstein, *A Blockchain-based Architecture for Securing Electronic Health Record Systems.* Concurrency and Computation Practice and Experience, 2019. **33**(14).

179.Sun, J., et al., *A Blockchain-Based Framework for Electronic Medical Records Sharing With Fine-Grained Access Control.* Plos One, 2020. **15**(10): p. e0239946.

180.Mijoska, M. and B. Ristevski, *Possibilities for Applying Blockchain Technology – A Survey.* Informatica, 2021. **45**(3).

181.Malouin, M., *Organisations Autonomes Décentralisées Et Enjeux De Gouvernance : Le Cas De the DAO.* Revue Organisations & Territoires, 2023. **32**(2): p. 60-72.

182.Bleakley, C., *Next Steps.* 2020: p. 215-228.

183.Floyd, D., *How Does Bitcoin Work? Definition and How to Invest*. 2024, Inestopedia.

184.Benedetti, H. and L. Kostovetsky, *Digital Tulips? Returns to Investors in Initial Coin Offerings.* SSRN Electronic Journal, 2018.

185.Fabus, J., et al., *An Empirical Examination of Bitcoin's Halving Effects: Assessing Cryptocurrency Sustainability within the Landscape of Financial Technologies.* Journal of Risk and Financial Management, 2024. **17**(6): p. 229.

186.Fantazzini, D. and N. Kolodin, *Does the hashrate affect the bitcoin price?* Journal of Risk and Financial Management, 2020. **13**(11): p. 263.

187.Shahriar Hazari, S. and Q.H. Mahmoud, *Improving transaction speed and scalability of blockchain systems via parallel proof of work.* Future internet, 2020. **12**(8): p. 125.

188.Meynkhard, A., *Fair market value of bitcoin: Halving effect. Investment Management and Financial Innovations, 16 (4), 72–85.* 2019.

189.Tovanich, N., N. Soulié, and P. Isenberg. *Visual analytics of bitcoin mining pool evolution: on the road toward stability?* in *2021 11th IFIP International Conference on New Technologies, Mobility and Security (NTMS).* 2021. IEEE.

190.Tovanich, N., N. Soulié, and P. Isenberg, *Visual Analytics of Bitcoin Mining Pool Evolution: On the Road Toward Stability?* 2021.

191.Wang, C., X. Chu, and Y. Qin. *Measurement and analysis of the bitcoin networks: A view from mining pools.* in *2020 6th International Conference on Big Data Computing and Communications (BIGCOM).* 2020. IEEE.

192.El Mahdy, D., *The economic effect of Bitcoin halving events on the US capital market.* Accounting and Finance Innovations, 2021. **65**.

193.The Investopedia Team, *What is Bitcoin? How to Mine, Buy, and Use It.* 2024, Investopedia.

194.Geeks for Geeks, *Blockchain Structure.* 2022.

195.Fáwọlé, J., O. Malanii, and L. Ciattaglia, *Blockchain Architecture Layers: A Comprehensive Guide.* 2024, Hacken.

196.Coinbase, *What is "proof of work" or "proof of stake"?* 2024.

197.Ross, G., *Security and Privacy in Blockchain: Challenges and Solutions.* 2023, LinkedIn.

198.Immunebytes, *Pseudonymity and Anonymity: Be Untraceable in the Blockchain World.* 2023.

199.Hayes, A., *10 Important Cryptocurrencies Other Than Bitcoin.* 2024.

200.Stax, *The Top 20 Most Popular Cryptocurrencies.* 2024.

201.Kim, S.K., et al., *Measuring Ethereum Network Peers.* 2018.

202.Chen, T., et al., *Under-Optimized Smart Contracts Devour Your Money.* 2017.

203.Sharma, T.K., *A Complete List of Top 15 Cryptocurrencies.* 2023, Blockchain Council.

204.Cornèr, K.L., *What is Ripple: Overview, history and XRP cryptocurrency.* 2024, Cointelegraph.

205.Yi, X., et al., *BlockScope: Detecting and Investigating Propagated Vulnerabilities in Forked Blockchain Projects.* 2023.

206.Moşteanu, N.R. and T. Flocea, *Revolutionizing Foreign Exchange Market: A Critical Analysis of Blockchain's Opportunities and Challenges.* European Journal of Theoretical and Applied Sciences, 2023. **1**(5): p. 33-44.

207.Klein, T., H.P. Thu, and T. Walther, *Bitcoin Is Not the New Gold – A Comparison of Volatility, Correlation, and Portfolio Performance.* International Review of Financial Analysis, 2018. **59**: p. 105-116.

208.Lorenzo, L. and J. Arroyo, *Analysis of the Cryptocurrency Market Using Different Prototype-Based Clustering Techniques.* Financial Innovation, 2022. **8**(1).

209.Chahooki, M.A.Z., K. Jahanbin, and T. Sutikno, *Cryptocurrencies Investment Framework Using Sentiment Analysis of Twitter Influencers.* Indonesian Journal of Electrical Engineering and Computer Science, 2023. **30**(2): p. 1068.

210.Pessa, A.A.B., M. Perc, and H.V. Ribeiro, *Age and Market Capitalization Drive Large Price Variations of Cryptocurrencies.* Scientific Reports, 2023. **13**(1).

211.Fasanya, I.O., O.J. Oyewole, and T.F. Odudu, *Returns and Volatility Spillovers Among Cryptocurrency Portfolios.* International Journal of Managerial Finance, 2020. **17**(2): p. 327-341.

212.Akyıldırım, E., A. Göncü, and A. Şensoy, *Prediction of Cryptocurrency Returns Using Machine Learning.* Annals of Operations Research, 2020. **297**(1-2): p. 3-36.

213.Wanidwaranan, P. and S. Termprasertsakul, *Herd Behavior in Cryptocurrency Market: Evidence of Network Effect.* Review of Behavioral Finance, 2023. **16**(3): p. 406-423.

214.Vlahavas, G. and A. Vakali, *Dynamics Between Bitcoin Market Trends and Social Media Activity.* 2024.

215.Ramirez, D., *Crypto Hot Wallet vs. Cold Wallet: The Biggest Differences*. 2024, Nerdwallet.

216.Amure, T.O., *Hot Wallet vs. Cold Wallet: What's the Difference?* 2024, Investopedia.

217.Reiff, N., *Protect Your Bitcoins Against Theft and Hacks*. 2024, Investopedia.

218.Kaspersky Team, *Protecting crypto investments: four key steps to safety*. 2023, Kaspersky Daily.

219.The Investopedia Team, *What Is a Bitcoin Exchange? How It Works, Fees, and Example*. 2024, Investopedia.

220.Maheshwari, R., *What Are Crypto Exchanges And How Do They Work*. 2024, Forbes Advisor.

221.Wilson, J., *How Crypto Exchanges Work: The mechanisms at play*. 2022, Zerocap.

222.Antolin, M., *What Are Crypto Trading Pairs?* 2022, CoinDesk.

223.Cryptopedia Staff, *What Are Trading Pairs in Cryptocurrency?* 2022, Cryptopedia.

224.Team Stash, *How to invest in cryptocurrency: a beginner's guide*. 2024.

225.Royal, J., *How to start investing in cryptocurrency: A guide for beginners*. 2024, Bankrate.

226.Saiedi, E., A. Broström, and F. Ruiz, *Global drivers of cryptocurrency infrastructure adoption.* Small Business Economics, 2021. **57**(1): p. 353-406.

227.Lu, R., V.T. Hoang, and W.-K. Wong, *Do lump-sum investing strategies really outperform dollar-cost averaging strategies?* Studies in Economics and Finance, 2021. **38**(3): p. 675-691.

228.Asness, C.S., T.J. Moskowitz, and L.H. Pedersen, *Value and Momentum Everywhere.* The Journal of Finance, 2013. **68**(3): p. 929-985.

229.Grimes, A., *The art and science of technical analysis: market structure, price action, and trading strategies.* Vol. 544. 2012: John Wiley & Sons.

230.Fang, F., et al., *Cryptocurrency Trading: A Comprehensive Survey.* Financial Innovation, 2022. **8**(1).

231.Kaur, S., et al., *A Research Survey on Applications of Consensus Protocols in Blockchain.* Security and Communication Networks, 2021. **2021**: p. 1-22.

232.Schär, F., *Decentralized Finance: On Blockchain- And Smart Contract-Based Financial Markets.* SSRN Electronic Journal, 2020.

233.Howell, S.T., M. Niessner, and D. Yermack, *Initial Coin Offerings: Financing Growth With Cryptocurrency Token Sales.* Review of Financial Studies, 2019. **33**(9): p. 3925-3974.

234.Fenu, G., et al., *The ICO Phenomenon and Its Relationships With Ethereum Smart Contract Environment.* 2018.

235.Dejong, A., P. Roosenboom, and T.v. deKolk, *What Determines Success in Initial Coin Offerings?* SSRN Electronic Journal, 2018.

236.Wis, A., *Initial Coin Offering as a Funding Source for Projects.* Acc Journal, 2019. **25**(2): p. 90-98.

237.Vidal-Tomás, D., *Blockchain, Sport and Fan Tokens.* Journal of Economic Studies, 2023. **51**(1): p. 24-38.

238.Schellinger, B., *Optimization of Special Cryptocurrency Portfolios.* The Journal of Risk Finance, 2020. **21**(2): p. 127-157.

239.Shanaev, S., et al., *Taming the Blockchain Beast? Regulatory Implications for the Cryptocurrency Market.* Research in International Business and Finance, 2020. **51**: p. 101080.

240.Myalo, A. and Г.Н. Юрьевич, *Factors of Success of Initial Coin Offering. Empirical Evidence From 2016–2019.* Finance Theory and Practice, 2019. **23**(5): p. 30-49.

241.Kim, M.S. and J.Y. Chung, *Sustainable Growth and Token Economy Design: The Case of Steemit.* Sustainability, 2018. **11**(1): p. 167.

242.Antonakakis, N., I. Chatziantoniou, and D. Gabauer, *Cryptocurrency Market Contagion: Market Uncertainty, Market Complexity, and Dynamic Portfolios.* Journal of International Financial Markets Institutions and Money, 2019. **61**: p. 37-51.

243.Hudson, R. and A. Urquhart, *Technical Trading and Cryptocurrencies.* Annals of Operations Research, 2019. **297**(1-2): p. 191-220.

244.Letho, L., G. Chelwa, and A.L. Alhassan, *Cryptocurrencies and Portfolio Diversification in an Emerging Market.* China Finance Review International, 2022. **12**(1): p. 20-50.

245.Lamine, A., A. Jeribi, and T. Fakhfakh, *Spillovers Between Cryptocurrencies, Gold and Stock Markets: Implication for Hedging Strategies and Portfolio Diversification Under the COVID-19 Pandemic.* Journal of Economics Finance and Administrative Science, 2023. **29**(57): p. 21-41.

246.Ma, Y., et al., *Portfolio Optimization in the Era of Digital Financialization Using Cryptocurrencies.* Technological Forecasting and Social Change, 2020. **161**: p. 120265.

247.Sahu, S., et al., *Analyzing Portfolio Optimization in Cryptocurrency Markets: A Comparative Study of Short-Term Investment Strategies Using Hourly Data Approach.* Journal of Risk and Financial Management, 2024. **17**(3): p. 125.

248.Han, W., et al., *The Diversification Benefits of Cryptocurrency Factor Portfolios: Are They There?* Review of Quantitative Finance and Accounting, 2024. **63**(2): p. 469-518.

249.Clément, J. and E.S.E.F. Angaman, *A K-Means Classification and Entropy Pooling Portfolio Strategy for Small and Large Capitalization Cryptocurrencies.* Entropy, 2023. **25**(8): p. 1208.

250.Conlon, T., S. Corbet, and R. McGee, *Are Cryptocurrencies a Safe Haven for Equity Markets? An International Perspective From the COVID-19 Pandemic.* Research in International Business and Finance, 2020. **54**: p. 101248.

251.James, A., *What is technical analysis for crypto trading?* 2024, The Block.

252.Amure, T.O., *What Charts Should Crypto Investors Use?* 2024, Investopedia.

253.One Trading, *Techniques, Indicators, and Applications for Crypto Technical Analysis*. 2024, One Trading.

254.Nikolaieva, O., A. Petrova, and R. Lutsenko, *Forecasting of the Stock Rate of Leading World Companies Using Econometric Methods and DCF Analysis.* International Journal of Innovative Technologies in Economy, 2020(2(29)): p. 33-41.

255.One Trading, *Learn Crypto: Fundamental Analysis*. 2024, One Trading.

256.Daly, L., *How to Create a Well-Balanced Crypto Portfolio*. 2024, The Motley Fool.

257.Chkili, W., A.B. Rejeb, and M. Arfaoui, *Does Bitcoin Provide Hedge to Islamic Stock Markets for Pre- And During COVID-19 Outbreak? A Comparative Analysis With Gold.* Resources Policy, 2021. **74**: p. 102407.

258.Guo, L., W.K. Härdle, and Y. Tao, *A Time-Varying Network for Cryptocurrencies.* Journal of Business and Economic Statistics, 2022. **42**(2): p. 437-456.

259.Abdelkafi, I., Y. Ben Romdhane, and S. Loukil, *Has COVID-19 Changed the Correlation Between Cryptocurrencies and Stock Markets?* European Journal of Government and Economics, 2023. **12**(2): p. 139-156.

260.Wats, S., S. Singh, and S. Gupta, *The Quest for ICO: Identifying and Prioritising the Factors Influencing Initial Coin Offering Selection.* International Social Science Journal, 2023. **73**(250): p. 1035-1055.

261.Olawale Adisa, N., et al., *Decentralized Finance (DEFI) in the U. S. Economy: A Review: Assessing the Rise, Challenges, and Implications of Blockchain-Driven Financial Systems.* World Journal of Advanced Research and Reviews, 2024. **21**(1): p. 2313-2328.

262.Corbet, S., et al., *Exploring the Dynamic Relationships Between Cryptocurrencies and Other Financial Assets.* Economics Letters, 2018. **165**: p. 28-34.

263.Gapurbaeva, S., et al., *International River and Sea Transportation: Specifics of Risk Management in Cryptocurrency Transactions.* Bio Web of Conferences, 2024. **107**: p. 04006.

264.Ni, X., W.K. Härdle, and T. Xie, *A Machine Learning Based Regulatory Risk Index for Cryptocurrencies.* 2020.

265.Tang, Y., et al., *Ethics of Blockchain.* Information Technology and People, 2019. **33**(2): p. 602-632.

266.Nyika, A.M., *The Role of Cryptocurrencies in Shaping the Future of Mobile Money Services in Lusaka, Zambia.* International Journal of Finance, 2023. **8**(4): p. 19-49.

267.Alyami, M., et al., *Phishing Attacks on Cryptocurrency Investors in the Arab States of the Gulf.* Journal of Risk and Financial Management, 2023. **16**(5): p. 271.

268.Xiong, X. and J. Luo, *Global Trends in Cryptocurrency Regulation: An Overview.* arXiv preprint arXiv:2404.15895, 2024.

269.George, K., *Cryptocurrency Regulations Around the World.* 2024, Investopedia.

270.Liebkind, J., *Cryptocurrency Taxes: How They Work and What Gets Taxed.* 2024, Investopedia.

271.Australian Taxation Office. *How to work out and report CGT on crypto.* 2024 [cited 2024 23/7/2024]; Available from: https://www.ato.gov.au/individuals-and-families/investments-and-assets/crypto-asset-investments/how-to-work-out-and-report-cgt-on-crypto.

272.Aryamov, A.A., et al., *Taxation of Digital Assets.* Азиатско-Тихоокеанский Регион Экономика Политика Право, 2019. **50**(1): p. 96-129.

273.Salah, K., et al., *Blockchain for AI: Review and Open Research Challenges.* Ieee Access, 2019. **7**: p. 10127-10149.

274.Coinbase, *What is DeFi?*. 2024, Coinbase.

275.Sharma, R., *What Is Decentralized Finance (DeFi) and How Does It Work?* 2024, Investopedia.

276.Australian Taxation Office, *Decentralised finance and wrapping crypto*. 2024, Australian Taxation Office.

277.Nguyen, L.-T., et al., *Metaverse Banking Service: Are We Ready to Adopt? A Deep Learning-Based Dual-Stage SEM-ANN Analysis.* Human Behavior and Emerging Technologies, 2023. **2023**: p. 1-23.

278.Sharma, R., *Non-Fungible Token (NFT): What It Means and How It Works*. 2024, Investopedia.

279.Skiba, R., *Blockchain technology as a health and safety contributor in the transport and logistics industry–human resource requirements.* 2020.

280.Foley, S., J.R. Karlsen, and T.J. Putniņš, *Sex, Drugs, and Bitcoin: How Much Illegal Activity Is Financed Through Cryptocurrencies?* Review of Financial Studies, 2019. **32**(5): p. 1798-1853.

281.Alsharu, A.I., T.F. Aldowery, and N.K. Mohammed Jawad, *Jordanian Legal Provisions for Electronic Commerce: Consumer Protection Perspectives—A Comparative Study.* Beijing Law Review, 2024. **15**(01): p. 444-456.

282.Zamani, E.D. and G.M. Giaglis, *With a Little Help From the Miners: Distributed Ledger Technology and Market Disintermediation.* Industrial Management & Data Systems, 2018. **118**(3): p. 637-652.

283.Abou Tanos, B. and G. Badr, *Price Delay and Market Efficiency of Cryptocurrencies: The Impact of Liquidity and Volatility During the COVID-19 Pandemic.* Journal of Risk and Financial Management, 2024. **17**(5): p. 193.

284.Corbet, S., et al., *The Destabilising Effects of Cryptocurrency Cybercriminality.* Economics Letters, 2020. **191**: p. 108741.

285.Livieris, I.E., et al., *An Advanced CNN-LSTM Model for Cryptocurrency Forecasting.* Electronics, 2021. **10**(3): p. 287.

286.Lahkani, M.J., et al., *Sustainable B2B E-Commerce and Blockchain-Based Supply Chain Finance.* Sustainability, 2020. **12**(10): p. 3968.

287.ScienceSoft, *Cryptocurrency Ecommerce in a Nutshell.* 2024.

288.Murphy, C., *Cryptocurrency Scams: How to Spot, Report, and Avoid Them.* 2024, Investopedia.

289.Kaspersky, *Common cryptocurrency scams and how to avoid them.* 2024, Kaspersky.

290.George, K., *The Largest Cryptocurrency Hacks So Far.* 2024, Investopedia.

291.Clere, A., *Crypto 2050: what the future holds for digital currencies*, in *FinTech Magazine*. 2023.

292.Sharma, R., *What Will Happen to Bitcoin in the Next Decade?* 2024, Investopedia.

293.Zeller, A., *Top 7 Cryptocurrency Trends (2024 & 2025).* 2024, Exploding Topics.

294.Adrian, T. and T. Mancini-Griffoli, *Technology Behind Crypto Can Also Improve Payments, Providing a Public Good.* 2023, International Monetary Fund.

295.Ivey, A., *The economics of cryptocurrency mining: Costs, revenues and market trends.* 2023, Cointelegraph.

296.Tandan, D., *What Is Bitcoin Mining? How It Works and What It Takes to Make It Pay.* 2024, Toptal.

297.The Investopedia Team, *What Is Bitcoin Mining? How to Get Started.* 2024, Investopedia.

298.Lu, L., *How to Set Up Your First ASIC Miner: A Step-by-Step Guide.* 2023, LinkedIn.

299.Sharma, T.K., *What is Solo Mining & How It Works?* 2024, Blockchain Council.

300.Bybit Learn, *What's a Crypto Mining Rig & How Do You Build One?* 2023.

301.Chamanara, S., S.A. Ghaffarizadeh, and K. Madani, *The environmental footprint of bitcoin mining across the globe: Call for urgent action.* Earth's Future, 2023. **11**(10): p. e2023EF003871.

302.Coinbase, *What is a smart contract?* 2024, Coinbase.

303.BasuMallick, C., *What Are Smart Contracts? Types, Benefits, and Tools.* 2023, Spiceworks.

304.Pontem Network, *Market Analysis of 10 Most popular dApps.* 2024, Pontem Network.

305.Morgen, D., *Best dApps: The Top 10 dApps You Should Know About.* 2024, Changelly.

306.Mosaia, *The Future of Smart Contracts: Trends and Predictions.* 2023, LinkedIn.

307.Mckinley, J., *What Are the Social Impacts of Cryptocurrency Development in 2024?* 2024, LinkedIn.

308.Alam, M.S., et al., *Is Monetary Policy a Driver of Cryptocurrencies? Evidence From a Structural Break GARCH-MIDAS Approach.* Econometrics, 2024. **12**(1): p. 2.

309.Sham, R., et al., *Cryptocurrencies Have Arrived, but Are We Ready? Unveiling Cryptocurrency Adoption Recipes Through an SEM-fsQCA Approach.* The Bottom Line Managing Library Finances, 2023. **36**(2): p. 209-233.

310.Caton, J., *Cryptoliquidity: The Blockchain and Monetary Stability.* Journal of Entrepreneurship and Public Policy, 2019. **9**(2): p. 227-252.

311.Chen, E.R., *Determining the Economic Impact of Cryptocurrency Adoption on International Trade From a Gravity Model Framework.* 2021.

312.Souza, L.L.F.d., et al., *Cryptocurrencies for Microfinance.* Bar - Brazilian Administration Review, 2021. **18**(spe).

313.Majeed, H.L., D.J. Ali, and T.L. Mohammed, *Analyzing the Performance of Bitcoin to Gold Prices, the Telecommunications Market, the Stock Price Index, and Insurance Companies' Performance From (March 1, 2021–September 4, 2023).* Uhd Journal of Science and Technology, 2023. **7**(2): p. 16-31.

314.Strydom, K., J.O. Akande, and A.J. Asaleye, *The Quest for Female Economic Empowerment in Sub-Saharan African Countries: Implications on Gender-Based Violence.* Journal of Risk and Financial Management, 2024. **17**(2): p. 51.

315.Bello, S.M., *The Role of Waqf in Enhancing the Financial Inclusion of Women Entrepreneurs in Developing Countries.* Journal of Islamic Business and Management (Jibm), 2022. **12**(01).

316.Basnet, R.K., *Role of Cooperatives in Women Empowerment in the Nepalese Context.* Cognition, 2023. **5**(1): p. 99-105.

317.Nurul Badriyah, N., et al., *Economic Empowerment Through the Development of Food and Beverage Micro Enterprises.* Journal of Community Service and Empowerment, 2023. **4**(2): p. 308-318.

318.Yusnita, V., N. Tresiana, and I.F. Meutia, *Economic Empowerment Through Community Village.* Przegląd Politologiczny, 2023(4): p. 111-124.

319.Negi, N., *The Impact of Cryptocurrency on the Global Financial System: A Quantitative Investigation.* 2023.

320.El-Chaarani, H., et al., *Factors Affecting the Adoption Of cryptocurrencies for Financial Transactions.* Euromed Journal of Business, 2023. **19**(1): p. 46-61.

321.Schär, F., *Decentralized Finance: On Blockchain- And Smart Contract-Based Financial Markets.* 2021. **103**(2).

322.Chung, S., et al., *Interdependence Between Online Peer-to-peer Lending and Cryptocurrency Markets and Its Effects on Financial Inclusion.* Production and Operations Management, 2023. **32**(6): p. 1939-1957.

323.Othman, A.H.A., et al., *The Impact of Monetary Systems on Income Inequity and Wealth Distribution.* International Journal of Emerging Markets, 2020. **15**(6): p. 1161-1183.

324.El Hajj, M. and I. Farran, *The Role of Cryptocurrencies in Emerging Markets: Investigating the Growing Adoption of Cryptocurrencies in Developing Countries, Their Potential to Improve Financial Inclusion and Economic Empowerment.* 2024.

325.Wang, W., et al., *A Survey on Consensus Mechanisms and Mining Strategy Management in Blockchain Networks.* Ieee Access, 2019. **7**: p. 22328-22370.

326.Dabbous, A., M.M. Sayegh, and K.A. Barakat, *Understanding the Adoption Of cryptocurrencies for Financial Transactions Within a High-Risk Context.* The Journal of Risk Finance, 2022. **23**(4): p. 349-367.

327.Abbasi, G.A., et al., *The Adoption of Cryptocurrency as a Disruptive Force: Deep Learning-Based Dual Stage Structural Equation Modelling and Artificial Neural Network Analysis.* Plos One, 2021. **16**(3): p. e0247582.

328.Sajter, D., *Overseas Transaction Fees: Sending Money via Bitcoin vs. Banks.* Zagreb International Review of Economics and Business, 2022. **25**(s1): p. 65-83.

329.Namahoot, K.S. and V. Rattanawiboonsom, *Integration of TAM Model of Consumers' Intention to Adopt Cryptocurrency Platform in Thailand: The Mediating Role of Attitude and Perceived Risk.* Human Behavior and Emerging Technologies, 2022. **2022**: p. 1-12.

330.Hadan, H., et al., *Gamification and Gaming in Cryptocurrency Education: A Survey With Cryptocurrency Investors and Potential Investors.* Simulation & Gaming, 2024. **55**(2): p. 196-223.

331.Castello, A. and G. Gadzinski, *Trustless, Permissionless, Non-Custodial Stablecoins in Decentralized Autonomous Organizations (DAO).* Theoretical Economics Letters, 2022. **12**(06): p. 1559-1565.

332.Biais, B., et al., *Equilibrium Bitcoin Pricing.* SSRN Electronic Journal, 2018.

333.Hai, N.H., et al., *Factors Affecting the Adoption of Cryptocurrency.* Vnu University of Economics and Business, 2023. **3**(4).

334.Harry B, *Cryptocurrency Adoption in Developing Countries*. 2023, LinkedIn.

335.Crypto 101, *Cryptocurrency Adoption in Developing Countries*. 2023, Bitstamp Learn.

336.Calimanu, S., *The rising popularity of Cryptocurrencies in developing countries*. 2022, Research FDI.

337.Protechbro Media, *The Ethics of Cryptocurrency – Privacy, Anonymity, and Criminal Activity*. 2023, Binance.

338.Silva, E.C. and M.M.d. Silva, *Research Contributions and Challenges in DLT-based Cryptocurrency Regulation: A Systematic Mapping Study*. Journal of Banking and Financial Technology, 2022. **6**(1): p. 63-82.

339.Albrecht, C., et al., *The Use of Cryptocurrencies in the Money Laundering Process*. Journal of Money Laundering Control, 2019. **22**(2): p. 210-216.

340.Dhali, M., et al., *Cryptocurrency in the Darknet: Sustainability of the Current National Legislation*. International Journal of Law and Management, 2023. **65**(3): p. 261-282.

341.Hernández Sánchez, Á., et al., *Cryptocurrencies, Tax Ignorance and Tax Noncompliance in Direct Taxation: Spanish Empirical Evidence*. Economies, 2024. **12**(3): p. 62.

342.Ahn, C. and N. Obermeier, *Cryptocurrency and the State: Evidence From South Korea*. 2024.

343.Calhoun, G., *The Ethics Of Crypto: Good Intentions And Bad Actors*. 2022, Forbes.

344.Spydra, *The Ethics of Crypto: Balancing Innovation and Responsibility*. 2023, Medium.

345.Gorman, B., *What Is a Decentralized Autonomous Organization (DAO)?* . 2023, Avast.

346.Reiff, N., *Decentralized Autonomous Organization (DAO): Definition, Purpose, and Example*. 2024, Investopedia.

347.Hennekes, B., *The 8 Most Important Types of DAOs You Need to Know*. 2022, Alchemy.

348.Chainanalysis Team, *Introduction to Decentralized Autonomous Organizations (DAOs)*. 2023, Chainanalysis

349.Beck, R., C. Müller-Bloch, and J.L. King, *Governance in the Blockchain Economy: A Framework and Research Agenda*. Journal of the Association for Information Systems, 2018: p. 1020-1034.

350.Kannengießer, N., et al., *Trade-Offs Between Distributed Ledger Technology Characteristics.* Acm Computing Surveys, 2020. **53**(2): p. 1-37.

351.Dyball, M.C. and R. Seethamraju, *Client Use of Blockchain Technology: Exploring Its (Potential) Impact on Financial Statement Audits of Australian Accounting Firms.* Accounting Auditing & Accountability Journal, 2021. **35**(7): p. 1656-1684.

352.Liu, J. and Z. Liu, *A Survey on Security Verification of Blockchain Smart Contracts.* Ieee Access, 2019. **7**: p. 77894-77904.

353.Al-Mohammad, M.S., et al., *Factors Affecting BIM Implementation in Post-Conflict Low-Income Economies: The Case of Afghanistan.* Journal of Engineering Design and Technology, 2021. **21**(1): p. 299-318.

354.Alao, O. and P. Cuffe, *Structuring Special Purpose Vehicles for Financing Renewable Generators on a Blockchain Marketplace.* Ieee Transactions on Industry Applications, 2022. **58**(2): p. 1478-1489.

355.Sánchez-Jiménez, F., et al., *Pharmacological Potential of Biogenic Amine–polyamine Interactions Beyond Neurotransmission.* British Journal of Pharmacology, 2013. **170**(1): p. 4-16.

356.Olisakwe, K., *How to Create a Decentralized Autonomous Organization (DAO): A Primer.* 2023, LinkedIn.

357.Kanga University, *62. How to Create Your Own Decentralized Autonomous Organization (DAO)?* 2024, Kanga University.

358.Smith, B., *Bitcoin ETFs: What are they and how do they work?* 2023, Betashares.

359.McGimpsey, P., *Bitcoin ETFs In Australia: The Complete Guide.* 2024, Forbes.

360.Reiff, N., *How Do Cryptocurrency Exchange-Traded Funds (ETFs) Work?* 2024, Investopedia.

361.Kanga University, *78. How to create your own cryptocurrency?* 2024, Kanga University.

362.Anurina, O., *How to Create a Cryptocurrency: Coins vs. Tokens, Tech Matters, & Examples.* 2023, MLSDev.

363.Bitbond, *Create Your Own Token in 5 minutes: A Step-by-Step Guide.* 2024, Bitbond.

364.Binance, *How to Create Your Own Cryptocurrency?* 2021, Binance.

Índice

A

Activo Digital, 24, 80, 199, 259, 329, 331, 490, 527, 546, 561

Activos Cripto, 181, 235, 255, 295, 321–322

Agricultura de Rendimiento, 324

Altcoin, 13, 23, 33, 126–129, 142–145, 233, 255, 269–270, 272–273

Anonimato, 9, 29, 45, 57, 61, 72–73, 99, 119, 122–124, 291–292, 320, 377–378, 382, 490–492, 494–497

Aplicación Descentralizada, 453, 461

Aprobación de ETF, 370

Arbitraje, 204–205, 226–228, 308, 454

Auditoría de Contratos Inteligentes, 122

Avalanche, 108, 144, 155, 258

B

BEP-20, 548, 558–559

Binance Smart Chain, 543, 548

Bitcoin, 11, 15, 17, 32, 66–90, 92, 95–96, 107–109, 112–113, 117–118, 122–124, 126–129, 133, 140–143, 173, 218, 312, 322, 325, 329–330, 335, 337, 368, 381, 387–389, 392, 394–395, 438, 526–529, 531–540, 565–571, 573–578, 581–585, 587

Blockchain, 10, 18, 41, 47, 52–54, 83, 85, 95–125, 219, 256, 329–330, 373, 379, 381–383, 426, 435, 442–459, 461–463, 465, 501–508, 512, 514–516, 518, 520, 522–524, 541–553, 555–559, 565–577, 579, 581–587

C

Cadena, 9, 11, 24, 33, 40, 42, 48–51, 53–54, 60–64, 68–69, 74, 76–78, 81–82, 95–97, 103, 105–106, 109, 111–112, 120, 132, 134, 136, 139, 151–153, 157, 160–161, 170, 190, 192, 219, 228, 259, 265–267, 280, 313, 319, 332–335, 367, 369, 386, 389–393, 443, 452, 463–465, 467, 470, 545, 548

Capa 2, 108

Capitalización de Mercado, 126, 132, 135, 143, 145–146, 148–150, 152–153, 155–158, 160, 197, 264, 266, 268, 456–458, 512

Cardano, 117, 131, 150–151, 170, 545

Cartera Caliente, 166, 168, 173, 175

Cartera de Criptomonedas, 174, 234

Cartera Digital, 345, 347

Chainlink, 144, 160–161

Clave Privada, 52, 110, 163, 171–173, 320

Contrato Inteligente, 121, 123, 133, 306, 322, 329, 333–334, 363, 442–448, 451, 459, 504–505, 553, 557–561

Criptografía, 9–10, 13, 30, 39, 41, 389–390, 466

Criptomoneda, 9–28, 31–47, 49, 51–53, 56–57, 60–62, 64, 95, 97, 103–106, 110–116, 118–120, 122–132, 134–135, 139–153, 155–160, 163–183, 186–190, 192–230, 232–239, 243–249, 251–302, 304–314, 317–321, 323–326, 330, 332, 334–341, 343–363, 365–367, 369–372, 374–376, 378–387, 395, 399–408, 411, 414, 416–418, 420–421, 423, 426–428, 432, 435–440, 442, 444, 448–449, 453–456, 459–462, 466–500, 502–504, 508, 511–512, 514–515, 522, 526–543, 545–547, 549–553, 556–557, 561–563, 565, 567, 569, 571, 573, 575, 577, 579, 581, 583, 585, 587

D

DAO, 446, 501–525, 576, 585–587

dApp, 168, 262, 319–320, 442, 450–455, 509, 511, 522, 544, 569, 583

Desarrollo Económico, 469–471, 498

Descentralización, 9, 13, 33, 41–47, 55, 97–99, 101, 108, 113–114, 117–118, 125, 127, 155, 212, 281, 368, 380, 383–384, 417, 444, 451, 459, 467, 472, 488, 490, 496–498, 501–502, 504, 506, 508, 513, 521, 548

Deslizamiento, 206, 459, 462, 515

DEX, 125

Dirección, 19, 27, 52, 64–65, 110, 121, 123, 133, 171, 173, 179, 223, 241–242, 245–246, 248–250, 261, 397–398, 432, 436, 438, 443, 460, 503, 523, 554–555, 558, 560–561

E

Ecosistema Blockchain, 108, 443, 445, 447, 454–455, 463, 465, 515

Emisión de Tokens, 512, 543

Empoderamiento Económico, 469–472, 475, 478, 482, 498

En la Cadena, 53–54, 96, 103, 109, 132, 161, 190, 192, 389, 393

Encriptación, 164

ERC-20, 548

Escalabilidad, 35, 38–40, 99, 101, 106, 108–110, 113–115, 117–118, 122, 127, 130, 132–135, 139, 142, 144, 154, 157, 159, 234, 253, 257–258, 262, 271, 274–276, 306–307, 367–369, 382–383, 453–454, 466–467, 473, 513, 544–546, 548

ETF, 17–18, 218–219, 370, 526–540, 565, 587

ETF de Bitcoin, 528–529, 533, 536

ETF de Ethereum, 537

ETF de Futuros de Bitcoin, 529

Ethereum, 12, 89, 107–109, 113, 115–117, 120, 123, 130, 133, 135, 312–313, 315–316, 319, 322, 325, 329, 335, 381, 408, 442, 444, 447–448, 451–454, 456–459, 461, 504, 512–513, 520, 526–527, 531, 536–538, 543–544, 546, 548–549, 553, 555–557, 559, 562, 567, 577, 579

F

Finanzas Descentralizadas (DeFi), 312, 314

Fuera de la Cadena, 40, 109, 160–161

Función Hash, 120, 413, 417, 420

Fungibilidad, 325–326, 330

G

Ganancias de Capital, 284, 290, 292–296, 298–304, 324

Gestión de Activos Digitales, 530

I

Identidad Descentralizada, 314

Identidad Digital, 314, 327, 336, 545

Impuesto sobre Ganancias de Capital, 299

Inclusión Financiera, 281, 481

Infraestructura Blockchain, 503, 522, 543, 549

Intercambio Centralizado, 318

Intercambio de Criptomonedas, 16, 179, 186–187, 194–196, 216, 219, 290, 293–294, 299, 302, 305, 318, 323, 561

Intercambio de Tokens, 451

Intercambio Descentralizado, 105, 131, 135, 139, 154, 156, 161, 444, 451, 456, 459, 462, 515, 544, 548

L

Libro de Contabilidad, 325, 377, 379, 475, 488

Libro de Contabilidad Digital, 488

Libro de Órdenes, 187, 189, 191, 265

Liquidez, 135, 137–139, 146–147, 154, 156, 165–166, 187, 189–192, 194, 197–199, 201, 203, 206–207, 264, 313, 318, 320, 322–324, 332, 450, 454–455, 457–460, 462, 512, 514–515, 536, 561, 563

M

Mecanismo de Consenso, 100, 105, 109, 111, 113, 115, 126, 130–132, 134–135, 137, 144, 154, 158, 228, 253, 257, 372, 381, 393, 437, 544–545, 551

Microtransacciones, 258

Minería, 10, 12, 38–39, 67, 69, 78, 80–94, 96–97, 102–104, 107, 113–114, 117, 180, 283, 289, 293, 295, 298–299, 301, 355–356, 368, 371–373, 379–441, 469, 499

Moneda Digital, 12, 28–34, 38, 66–67, 71–72, 75–76, 130, 133, 140, 283, 291, 338, 466

N

Nodo, 27, 41, 48, 77, 98, 102, 104, 107, 112, 116, 119, 390, 393, 448, 451

Nodos, 10, 27, 32, 41, 52, 77, 82, 97–100, 102–104, 106–108, 110–114, 116, 119, 154, 161, 229, 259, 390, 393, 442, 448, 451, 507, 547

O

Oráculo, 106
Orden de Mercado, 187, 535
Organización Autónoma Descentralizada, 514, 519, 521

P

Par de Comercio, 146, 198–204
Peer-to-Peer, 41, 197, 457, 459, 585
Plataforma de Contratos Inteligentes, 157, 447
Polkadot, 144, 156
Pool de Minería, 92–93, 398, 410–411, 413, 416, 419, 425
PoS, 49, 97, 99–100, 102–107, 109–112, 114, 116, 119–120, 124–125, 138
PoW, 572
Protocolos Descentralizados, 316–317, 508, 522
Proyectos de Blockchain, 122–123, 514
Prueba de Participación, 49, 469, 499, 544–545
Prueba de Trabajo, 257, 392–393, 406, 411, 414, 416–417, 423

R

Remesas, 275, 312, 366, 375, 480, 484–488
Rig de Minería, 409–414, 417, 424–433

S

Sentimiento del Mercado, 129, 143, 208, 211, 213, 239, 242–244, 249, 251, 255, 266, 276, 532
Sharding, 108, 156
Sidechain, 109, 548
Sin Permiso, 108, 332, 474
Solana, 105, 132, 144, 153–154, 544, 548
Stablecoin, 38, 128, 130–131, 146–147, 149–150, 159–160, 197, 199, 201–203, 230, 285, 288, 292, 305–306, 310, 312, 322, 340, 377, 444, 451, 461–463, 487, 509, 515, 585
Staking, 116, 298, 301, 455–456, 458, 512–513, 515

T

Tarifa de Transacción, 111, 387

Tasa de Hash, 80, 83, 92, 368, 387–388, 392, 394, 397–398, 400, 404, 407, 409, 421, 427

Tecnología Blockchain, 95, 97, 103–105, 119–121, 124–125, 373, 501–504, 508, 512, 516, 541–543, 546, 549–550

Token de Gobernanza, 457

Token de Utilidad, 546

Tokenización, 313, 450, 556

Tokenización de Activos, 313

Tokenómica, 259, 506

Transacciones Transfronterizas, 150, 161, 480

Transparencia, 10–11, 24, 27, 34–36, 39–40, 42–43, 45, 48–50, 53–55, 95, 98–99, 101, 103, 112, 121, 124–125, 131, 133–134, 136, 138, 151, 195, 212, 257, 260, 263, 274, 287, 291, 310, 313–315, 317, 320–321, 328–329, 332–333, 335, 355, 357, 361–362, 377, 443, 445–449, 451–452, 457, 460–463, 468, 473, 475, 477–479, 485, 491–492, 496–503, 505–508, 510, 517, 524–525, 530, 536, 555, 560

TRON, 132, 154, 545

W

Whitepaper, 262, 552

Made in the USA
Monee, IL
26 January 2026

42396788R00325